16	3	2	13
5	10	11	8
9	6	7	12
4	15	14	1

Apoio cultural

Coleção
Formadores do Brasil

HIPÓLITO JOSÉ DA COSTA

∽

Organização e introdução
Sergio Goes de Paula

editora■34

EDITORA 34

Editora 34 Ltda.
Rua Hungria, 592 Jardim Europa CEP 01455-000
São Paulo - SP Brasil Tel/Fax (11) 3816-6777 editora34@uol.com.br

Copyright © Editora 34 Ltda., 2001
Hipólito José da Costa © Sergio Goes de Paula, 2001

A FOTOCÓPIA DE QUALQUER FOLHA DESTE LIVRO É ILEGAL, E CONFIGURA UMA APROPRIAÇÃO INDEVIDA DOS DIREITOS INTELECTUAIS E PATRIMONIAIS DO AUTOR.

Imagem da capa:
Retrato de Hipólito José da Costa em litografia de H. R. Cook (1811), extraído de Correio Braziliense ou Armazém Literário. *Londres: W. Lewis, Paternoster-Row [R. Greenlaw], 1808-1822 (reproduzido em* Hipólito José da Costa e a imprensa no Brasil. *Catálogo da exposição organizada pela Seção de Exposições. Rio de Janeiro: Biblioteca Nacional, Divisão de Publicações e Divulgação, 1974. Agradecimentos à Biblioteca do Instituto de Estudos Brasileiros da Universidade de São Paulo)*

Capa, projeto gráfico e editoração eletrônica:
Bracher & Malta Produção Gráfica

Revisão:
Adrienne de Oliveira Firmo
Alexandre Barbosa de Souza
Cide Piquet

1ª Edição - 2001

Catalogação na Fonte do Departamento Nacional do Livro
(Fundação Biblioteca Nacional, RJ, Brasil)

```
         Costa, Hipólito José da, 1774-1823
C837h       Hipólito José da Costa / organização e
         introdução de Sergio Goes de Paula — São Paulo:
         Ed. 34, 2001.
         656 p. (Coleção Formadores do Brasil)

         ISBN 85-7326-209-5

         Inclui bibliografia.

            1. História política - Brasil - séc. XIX.
         2. Jornalismo - Brasil - séc. XIX. I. Paula, Sergio Goes de.
         II. Título. III. Série.

                              CDD - 981
```

HIPÓLITO JOSÉ DA COSTA

Apresentação	11
Introdução, *Sergio Goes de Paula*	13
Obras de Hipólito José da Costa	37
Obras sobre Hipólito José da Costa	39
Relação de artigos e documentos	40

1820

1. Revolução do Porto	53
2. Revolução de Portugal	67
3. Causas da revolução em Portugal	74
4. Revolução de Portugal	82
5. Revolução de Portugal	93
6. Documentos citados	104
I. Primeira proclamação publicada na revolta da cidade do Porto	104
II. Segunda proclamação publicada na revolta da cidade do Porto	104
III. Auto da Câmara Geral	105
IV. A Junta Provisional do Governo Supremo do Reino aos portugueses	107
V. Proclamação dos governadores de Portugal sobre a revolução na cidade do Porto	110
VI. Proclamação da Junta Provisional	111
VII. Proclamação dos governadores do Reino, para o chamamento de Cortes	112
VIII. Portaria assinada pelos governadores do Reino nomeando a Comissão Preparatória das Cortes	113
IX. Carta de chamamento das Cortes, pelos governadores do Reino	113
X. Carta do conde da Feira para o conde de Palmela	114
XI. Resposta do conde de Palmela ao conde da Feira	115

XII. Carta dos governadores do Reino à Junta Suprema do Porto 115
XIII. Proclamação da Junta Provisória no Porto, em resposta à
   dos governadores do Reino em Lisboa 118
XIV. Carta da Junta Provisional do Supremo Governo do Reino
   aos governadores de Lisboa 121
XV. Proclamação do Governo Interino em Lisboa 123
XVI. Ofício do Governo Interino de Lisboa à Junta Provisional
   do Porto 125
XVII. Ofício da Junta Provisória do Governo Supremo do Reino
   ao Governo Provisório de Lisboa 125
XVIII. Portaria 127
XIX. Cópia do ofício dirigido ao cônsul e encarregado dos
   Negócios da Espanha 129
XX. Proclamação do conde de Barbacena às tropas do seu comando ... 130
XXI. Proclamação do governo sobre a convocação das Cortes 131
XXII. Instruções que devem regular as eleições dos deputados que
   vão a formar as Cortes Extraordinárias Constituintes,
   no ano de 1821 136
XXIII. Ofício do juiz do povo de Lisboa ao ilmo. e exmo. sr. Gaspar
   Teixeira de Magalhães e Lacerda 140
XXIV. Auto de juramento prestado pelo governo na sessão de
   11 de novembro 141
XXV. Proposta para ser apresentada à Junta Provisional
   do Supremo Governo do Reino, que mostra os desejos e
   opinião do Exército 141
XXVI. Circular sobre as eleições para as Cortes 142
XXVII. A Junta Provisional do Governo Supremo do Reino aos
   habitantes de Lisboa 143

1821

7. Convocação das Cortes em Portugal 147
8. [Duas comunicações sem título] 151
9. Influência da revolução de Portugal no Brasil 152
10. Revolução no Brasil 160
11. Procedimentos das Cortes em Portugal 166
12. Partidos políticos em Portugal 175
13. Volta d'el-rei para Lisboa 180
14. Procedimentos das Cortes em Portugal 184
15. Fim do primeiro ato na Revolução Portuguesa 191
16. Liberdade da imprensa 198
17. Providências dadas pelas Cortes 203

18. Vinda d'el-rei para Lisboa	206
19. Regência no Brasil	210
20. Procedimentos das Cortes	212
21. Mudança de s. m. do Rio de Janeiro para Lisboa	216
22. Governo do Brasil	220
23. Procedimentos das Cortes de Portugal	223
24. Negócios do Brasil	228
25. Estado político do Brasil	231
26. Liberdade de imprensa	235
27. Direitos de cidadão	240
28. Tendência da Revolução em Portugal	242
29. Cortes de Portugal	246
30. Expedição para o Brasil	248
31. Governo provisional no Brasil	249
32. Sistema de intolerância	253
33. Brasil	259
34. Pernambuco	261
35. Responsabilidades dos ministros	270
36. Deputados do Brasil em Cortes	275
37. Constituição	276
38. Conselho de Estado	280
39. Brasil	281
40. Documentos citados	289
I. Edital da Junta do Comércio	289
II. Decreto para a publicação das Bases da Constituição	290
III. Decreto d'el-rei aprovando a Constituição que fizerem as Cortes de Portugal	294
IV. Auto do juramento	294
V. Juramento	295
VI. Ofício do secretário de Estado dos Negócios Estrangeiros no Rio de Janeiro ao governo de Portugal	296
VII. Decreto de s. m. nomeando a Regência no Brasil	296
VIII. Instruções	297
IX. Fala do presidente das Cortes a el-rei, ao tempo em que prestou o juramento, aos 4 de julho	299
X. Fala de el-rei em resposta à do presidente	301
XI. Decreto de el-rei nomeando ministros de Estado	304
XII. Decreto de el-rei anunciando a sua escolha de conselheiros de Estado	304
XIII. Ofício das Cortes ao secretário de Estado, pedindo explicações sobre a fala d'el-rei	305

XIV. Resposta do ministro de Estado 305
XV. Relatório da deputação que foi a bordo da
   nau *D. João VI*, felicitar a s. m., e da outra que o foi esperar
   à entrada do Paço das Cortes 306
XVI. Decreto de s. m. para se elegerem no Brasil os deputados que
   vão às Cortes Gerais 311
XVII. Decreto do príncipe regente do Brasil, criando uma Junta
   Provisória de governo, e novos ministros de Estado 312
XVIII. Decreto aprovando a eleição da Junta 313
XIX. Lei sobre a liberdade da imprensa.................................... 313
XX. Criação de juntas de governo no Brasil 322
XXI. Sentença dos presos enviados de Pernambuco................ 325

1822

41. Conservação da união entre o Brasil e Portugal 329
42. Governadores das armas para o Brasil............................... 341
43. Partidos no Brasil 343
44. Comércio da escravatura 345
45. União de Portugal com o Brasil 347
46. Sistema constitucional 353
47. Liberdade da imprensa 358
48. Revolução no Rio de Janeiro 360
49. Governo político do Brasil, segundo intentam as Cortes 363
50. Interrupções ao comércio do Brasil pelo governo de Portugal .. 372
51. Presos vindos da Bahia 374
52. Procedimentos das Cortes sobre o Brasil 377
53. Interrupções ao comércio do Brasil 391
54. Comércio da escravatura 392
55. Gazetas no Brasil 394
56. Procedimento das Cortes sobre o Brasil............................ 397
57. Bahia 403
58. Deputados do Brasil em Cortes 407
59. Escritos em Lisboa contra o Brasil 411
60. *Post scriptum* 420
61. Medidas de Portugal sobre o Brasil 423
62. Procedimentos no Brasil a respeito de Portugal 435
63. Escritos em Portugal contra o Brasil 441
64. Medidas das Cortes sobre o Brasil 449
65. Procedimento das Cortes contra a Junta de São Paulo 458

66. Planos de Portugal sobre o Brasil	465
67. Procedimentos do Brasil	469
68. Comportamento das Cortes de Portugal a respeito do Brasil	473
69. Hostilidades de Portugal contra o Brasil	484
70. Medidas defensivas que convém ao Brasil tomar	491
71. Estado político do Brasil	494
72. Convocação do Parlamento brasiliense	504
73. Constituição do Brasil	510
74. Medidas defensivas no Brasil	520
75. Procedimentos de Portugal contra o Brasil	526
76. Independência do Brasil	533
77. Comportamento das Cortes de Portugal para com o Brasil	541
78. Guerra de Portugal ao Brasil	549
79. Eleições dos deputados para as futuras Cortes de Portugal	552
80. Mais restrições à imprensa	554
81. Manifesto do príncipe regente do Brasil às potências estrangeiras	555
82. Separação de alguns deputados do Brasil das Cortes de Portugal	559
83. Constituição do Brasil	562
84. Estado político do Brasil	566
85. Relações do Brasil com Portugal	569
86. Escravatura no Brasil	571
87. Estado de coação d'el-rei	574
88. Império do Brasil	578
89. Constituição do Brasil	583
90. Estado político da América, no fim de 1822	588
91. Portugal	593
92. Anúncio aos leitores do *Correio Braziliense*	599
93. Documentos citados	600
I. Parecer da Comissão de Constituição sobre a abolição dos tribunais no Rio de Janeiro	600
II. Consulado Geral Português	602
III. Consulado Geral Português [2]	602
IV. Representação da Junta de Governo Provisório da província de São Paulo, a s. a. r., o príncipe regente do Brasil	603
V. Sessão das Cortes: 327ª sessão, 18 de março [trecho do resumo]	606
VI. Carta ao redator sobre a proibição de exportar certos gêneros da Inglaterra para o Brasil	611

VII. Ofício das Cortes ao ministro dos Negócios Estrangeiros sobre a aplicação dos dinheiros em Londres pertencentes a negociantes do Brasil 612
VIII. Resposta do ministro 612
IX. Decreto de s. a. r., o príncipe regente do Brasil, para a convocação de procuradores dos povos na capital 614
X. Ofícios do general e chefes da Divisão Auxiliadora destacada no Rio de Janeiro, ao ministro da Guerra em Lisboa 616
XI. Termo de juramento às autoridades de Pernambuco, reconhecendo o príncipe regente 618
XII. Portaria do ministro da Justiça em Lisboa à Junta Provisória do Ceará 619
XIII. Portaria do príncipe regente à Junta de Pernambuco 620
XIV. Decreto de s. a. r., o príncipe regente, ordenando a resistência às hostilidades de Portugal 622
XV. Manifesto de s. a. r., o príncipe regente constitucional e defensor perpétuo do Reino do Brasil, aos povos deste reino 624
XVI. Decreto de el-rei sobre certas irregularidades nas eleições dos deputados para as Cortes 631
XVII. Manifesto do príncipe regente do Brasil aos governos e nações amigas 632
XVIII. Protesto dos deputados de São Paulo, abaixo assinados 643
XIX. Edital pelo Senado da Câmara do Rio de Janeiro 647
XX. Decreto de s. a. r., o príncipe regente do Brasil, ordenando que despejem o país os que não aprovarem o seu sistema de independência 647

Apresentação

A Coleção Formadores do Brasil tem o objetivo de resgatar obras fundamentais do pensamento sobre a Nação. Trabalhos de pessoas que formularam os caminhos básicos pelos quais seguiu o Brasil.

A seleção de autores foi realizada por um Conselho Editorial dirigido por Jorge Caldeira e composto pelos historiadores Boris Fausto, Evaldo Cabral de Mello, Fernando Novais, José Murilo de Carvalho e Sergio Goes de Paula.

Para a confecção de cada volume, foram realizadas pesquisas em vários arquivos para, tanto quanto possível, levantar a obra completa dos autores. Feita a seleção do material, este foi editado de acordo com os seguintes critérios:

1) Escolheu-se como base a versão mais completa dos textos, cotejando-se sempre com a primeira, quando foi o caso;

2) Naqueles textos publicados como livro, mantiveram-se as construções originais, atualizando-se apenas a ortografia e, em alguns poucos casos, a pontuação;

3) Nos textos cuja forma não se deve ao autor, especialmente a transcrição de discursos parlamentares, foram atualizadas a ortografia, a pontuação e a separação de parágrafos;

4) Em alguns casos, em que havia necessidade de excessiva repetição de títulos indicativos (exemplo: discurso proferido na sessão de ...), foram dados títulos pelos organizadores, indicando o assunto do texto.

No futuro, os textos não-publicados dos diversos autores deverão estar disponíveis na Internet, no endereço: www.historiadobrasil.com.br.

A realização desta obra se tornou possível graças ao apoio do Banco BBA Creditanstalt.

Hipólito José da Costa e o
Correio Braziliense ou Armazém Literário

Sergio Goes de Paula

> "Hipólito fez também o seu poema, e de assunto nacional. Cada um dos cantos desse poema é cada um dos bons artigos em que sua coragem cívica arrostava as cóleras da metrópole apoucada, em prol dos direitos do Brasil. Ainda hoje seria possível dentre a massa enorme do *Correio Braziliense* escolher 20 ou 30 desses artigos decisivos, publicá-los em livro, e ter assim à mão o escorço do poema do grande homem."
>
> Silvio Romero

Hipólito José da Costa Pereira Furtado de Mendonça nasceu a 25 de março de 1774 na Colônia do Sacramento, onde o pai, Félix da Costa Furtado de Mendonça, servia nas tropas reais. Realizou os primeiros estudos em Porto Alegre e em 1793 partiu para Portugal, para nunca mais regressar ao Brasil, matriculando-se na velha Coimbra, onde se formou em leis e filosofia.

Em 1798, com 24 anos, recebeu de d. Rodrigo de Sousa Coutinho, futuro conde de Linhares e então ministro da Marinha e do Ultramar, o encargo de estudar nos Estados Unidos e no México, para aplicação no Brasil, a cultura do cânhamo, do tabaco, do algodão, da cana, do índigo, do arroz e, principalmente, da cochonilha; deveria também conhecer as técnicas relativas à construção de pontes, moinhos e engenhos d'água, à pesca da baleia etc.

Por dificuldades de transporte (as amostras destinadas ao Brasil tinham de ser enviadas por meio de Lisboa, levando de sete a oito meses de mar), de comunicação (nos primeiros 13 meses no Novo Mundo não recebeu qualquer notícia de Lisboa) e por estorvos do governo espanhol (que lhe proibiu a entrada no México), a viagem foi baldada quanto aos seus propósitos oficiais, morrendo de frio os espécimens animais e vegetais obtidos, salvando-se apenas alguns caixotes remetidos a Lisboa no começo da viagem.

Do ponto de vista pessoal, no entanto, a temporada nos Estados Unidos foi decisiva. Se o voto popular não despertou sua admiração, a prática da liberdade — de crença, de imprensa, de reunião, de discussão — marcou profundamente suas idéias, como se expressa na tenaz e constante defesa do liberalismo que ele praticou por longos anos de sua vida. Outra grande mudança a temporada americana lhe trouxe: em 1799 fez-se maçom, numa loja da Filadélfia.

Regressou a Lisboa em fins de 1800, e a despeito de seus propósitos de regressar ao Brasil, deixou-se ficar em Lisboa, onde assumiu o cargo de diretor literário da Casa Literária ou Oficina Calcográfica, Tipoplástica e Literária do Arco do Cego, dirigida por frei Veloso, autor da *Flora fluminense*, recebendo a mesma pensão a que fizera jus na viagem à Filadélfia e onde traduziu e publicou diversas obras.

Em 1802 foi a Londres; oficialmente, estava encarregado, por d. Rodrigo, de comprar livros para a Biblioteca Pública e máquinas para a Imprensa Régia; particularmente, foi tentar a filiação das incipientes lojas maçônicas portuguesas — Amor e Razão, Virtude, Concórdia e União — ao Grande Oriente de Londres.

Parece que suas atividades maçônicas em Londres não foram bem-sucedidas, mas acarretaram-lhe sérias conseqüências, pois foram conhecidas em Portugal, onde os "pedreiros-livres" eram perseguidos. A despeito de avisos indiretamente transmitidos por d. Rodrigo, Hipólito voltou a Lisboa, onde, com quatro ou cinco dias de desembarcado, foi preso por ordem do chefe da polícia, o tristemente famoso Pina Manique; após seis meses de prisão solitária no Limoeiro, foi transferido, em janeiro de 1803, para os cárceres da Inquisição, onde ficou até 1805, quando conseguiu fugir, passando-se, após algum tempo, para a Inglaterra.

Entre 1805 e 1808, no período inicial do *Correio Braziliense*, Hipólito viveu de traduções comerciais, jornalísticas e literárias e de aulas, e, em parte, dependeu da proteção e amizade do duque de Sussex, membro da família real inglesa e maçom importante, a quem conhecera em sua primeira viagem a Londres e que já havia tentado ajudá-lo por ocasião de sua prisão em Portugal; pode-se supor que também atuou como correspondente de comerciantes brasileiros e portugueses, ou mesmo fazendo corretagens, já que demonstra consistentes conhecimentos dos negócios anglo-luso-brasileiros. É preciso, por sinal, seu acompanhamento mensal, ao longo de muitos anos, da cotação da libra e das principais mercadorias brasileiras.

Não apenas seu jornal, mas também a lista de seus escritos mostra a variedade de seus conhecimentos. Como resultado de sua viagem à América do Norte, temos o *Copiador e registro das cartas de ofício*, dirigidas a d. Rodrigo, publicado em 1955 pela Academia Brasileira de Letras, por iniciativa de Alceu de Amoroso Lima; o *Diário da minha viagem para Filadélfia*; uma *Memória* sobre a viagem aos Estados Unidos, publicada na *Revista do Instituto Histórico e Geográfico Brasileiro*, 316, vol. XXI; e escritos diversos, abrangendo: descrição de uma árvore de açúcar; exposição sobre a cultura do jinsão; descrição de um modo de tocar a bomba a bordo dos navios sem o concurso dos homens; texto sobre os prados artificiais; sobre uma máquina de limpar a lama. Após sua fuga da prisão, publicou em Londres uma *Narrativa da perseguição*, e, em 1811, escreveu uma gramática inglesa. A ele foram atribuídas umas *Cartas sobre a franco-maçonaria* e um *Catecismo maçônico*. Editou, em inglês, uma *História de Portugal composta por uma sociedade de literatos*. Traduziu e fez publicar textos variados, de economia, política, medicina — *História breve e autêntica do Banco de Inglaterra*, *Ensaios políticos, econômicos e filosóficos*, de Benjamin Rumford, *Memória sobre a broncocele ou papo*, de Benjamin Barton. Escreveu ainda uma peça teatral, *Amor de Estranja*. Era um ilustrado pragmático.

Só na Inglaterra ele poderia exercitar seus talentos, não apenas por estar no centro do mundo comercial de então, mas também pelo fato de lá se encontrar a salvo da polícia e das classes dominantes portuguesas: ele conseguira o título de *denizen*, denominação que na Inglaterra designa um estrangeiro admitido a certos direitos.

Morreu aos 48 anos, deixando mulher e filhos ingleses.

Intacto, fresco e belo

O livro que o leitor tem nas mãos reúne artigos e documentos publicados no *Correio Braziliense* em 1820, 1821 e 1822. No período de existência do jornal, estes anos são, sem dúvida, os mais importantes para a vida política brasileira, e este foi o critério para escolher entre um grande volume de material muito variado. Facilitou a decisão de não se tentar fazer uma apresentação mais geral o fato de já existir, embora esgotada, uma antologia do *Correio Braziliense* feita por Barbosa Lima Sobrinho e que abrange todos os anos de publicação do jornal.

São apresentados aqui os artigos que dizem respeito à Revolução do Porto, às Cortes portuguesas, à política de Portugal com relação ao Brasil e aos movimentos que precederam a Independência; ou seja, procurou-se o ponto de vista brasileiro daquele momento, deixando de lado tudo o mais. São

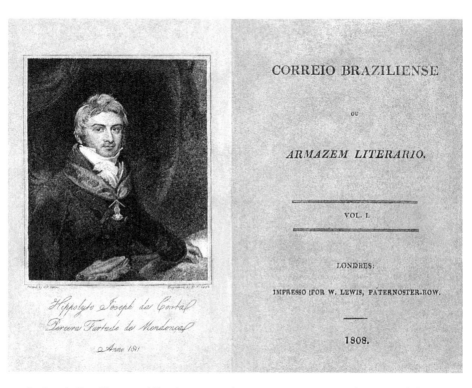

O *Correio Braziliense*, publicado em Londres entre 1808 e 1822, foi o jornal de um homem só. Hipólito José da Costa pesquisava, escrevia e produzia todo o material que saía impresso. Tinha a ajuda de uma rede de informantes, especialmente entre comerciantes, mas era o único a fazer seu jornal. Ainda assim, criou o mais influente órgão de imprensa no período crucial do surgimento de nosso país.

cinco artigos de 1820 (a partir de setembro); de 1821 são 33; e de 1822, 52. E, para mais rigorosamente se acompanhar os fatos, também reproduzimos muitos dos documentos a que se faz referência em diversos artigos e que aparecem no jornal: são 27 documentos de 1820, 21 de 1821 e 20 de 1822.

Em seu conjunto, o jornal é uma obra extraordinária. Poucas vezes se vê uma exposição tão clara dos fatos políticos ocorridos nesses anos fundamentais para a formação da nação brasileira, e, entre os contemporâneos, nada a ele se compara. Apesar de escrito muito depois dos acontecimentos, e de falar de Portugal, da América Espanhola, do Brasil, a partir da Inglaterra, o jornal às vezes tem algo de reportagem de guerra, de texto escrito no calor da refrega que, quase 200 anos depois, ainda nos captura. É espantoso ver como foi bem resolvido o grave problema de se informar a tempo sobre o que ocorria em terras tão longínquas: aqui e ali vislumbra-se a rede de informantes a trazer notícias, capitães e comerciantes que faziam a rota Inglaterra-Portugal-Brasil, correspondências de muitos lugares e de muitas pessoas, leituras de todos os jornais importantes. Seu autor é, sem dúvida, um esplêndido jornalista que sabia muito bem vencer o tempo e o espaço em busca da informação.

Mas não é só; o jornal não quer apenas informar, mas formar. A despeito da distância, ele quer influir na história de Portugal e do Brasil, e faz isso com ironia e graça, mas, acima de tudo, raciocinando, explicando, desmascarando a retórica. Acredita na liberdade e na força libertadora da verdade, e o resultado é não só uma análise extraordinariamente lúcida dos acontecimentos políticos, como também uma impressionante capacidade de previsão; o jornal olhava para a frente, para o que iria acontecer, e quando acabamos de ler o conjunto dos artigos, temos a impressão de que acompanhamos os fatos de perto: mesmo de nosso ponto de vista, séculos adiante, já sabendo o que aconteceu, há um suspense às avessas em acompanhar a construção do futuro que se faz mês a mês, a cada número.

* * *

O *Correio Braziliense ou Armazém Literário* foi lançado em junho de 1808, em Londres. Como afirma Barbosa Lima Sobrinho, "o título ficou sendo realmente o de *Correio Braziliense. Armazém Literário* não seria nem mesmo um subtítulo. Valia apenas para indicar a variedade de seções, ou de assuntos, que nele seriam reunidos"[1].

---

[1] Barbosa Lima Sobrinho, 1996, p. 13.

Foi o primeiro periódico brasileiro e o primeiro jornal em português publicado livre de censura; continuou a ser lançado mensalmente com toda pontualidade até dezembro de 1822: foram 175 fascículos mensais com 123 páginas em média, constituindo 29 volumes e totalizando, a coleção, 21.525 páginas. Trazia na folha de rosto dois versos de Camões que indicavam o público a que se dirigia: "Na quarta parte nova os campos ara/ E se mais mundo houvera lá chegara". O exemplar custava no Rio de Janeiro, ao tempo da Independência, 1.280 réis — uma exorbitância, quase o preço de uma arroba de açúcar mascavo colocado no porto de Londres em 1808.

Como outras publicações da época, tais como o *Revérbero Fluminense*, de Gonçalves Ledo e Januário da Cunha Barbosa, o *Correio Braziliense* tinha tanto de jornal como de livro. De jornal tinha a periodicidade, a divisão em seções, a regularidade. De livro tinha o seqüenciamento de páginas, o formato in-oitavo, a publicação sucessiva de capítulos. Ambos "vendiam-se nos mesmos lugares [...] e [os jornais] tanto na forma como no conteúdo não tinham o caráter ligeiro e descartável que vieram a adquirir depois"[2].

Dividia-se nas seguintes seções: Política, com a reprodução de documentos oficiais; Comércio e Artes, informações sobre o comércio; Literatura e Ciências, notícias, transcrições, críticas sobre obras científicas; Miscelânea, matérias diversas, polêmicas, novidades sobre Brasil e Portugal — da qual foram tirados os artigos aqui apresentados — e que às vezes trazia a subseção Reflexões sobre as Notícias deste Mês, comentários sobre acontecimentos brasileiros e portugueses; e, não obrigatoriamente, Correspondência e Apêndice.

Era produto e arauto da liberdade de imprensa:

> "propusemo-nos a escrever em Inglaterra para poder, à sombra de sua sábia lei, dizer verdades que é necessário que se publiquem, para confusão dos maus e esclarecimento dos vindouros, verdades que se não podiam publicar em Portugal e nunca nos perdoaríamos a nós mesmos se omitíssemos o comunicar aos portugueses..."[3]

Seu objetivo era claro:

---

[2] Isabel Lustosa, p. 29.

[3] *Correio Braziliense*, vol. IV, 1810, pp. 211-2.

"Todo indivíduo particular que se esforça, pelos meios que tem ao seu alcance, para ilustrar e instruir seus compatriotas nas verdadeiras idéias de governo e nas formas que mais podem contribuir para a felicidade pública, faz um bem real à sua nação, porque são essas medidas outros tantos passos para os melhoramentos que se desejam introduzir."[4]

Ao leitor de hoje surpreende a atualidade de sua pauta: ano após ano, publica notícias sobre a América Espanhola, mostrando inusitado interesse pela política continental; defende a construção de uma nova capital para o Brasil: vários artigos insistem na inconveniência da situação geográfica do Rio de Janeiro e argumentam em prol de uma nova capital no interior do país, às margens do Rio das Velhas ou do São Francisco, protegida das marinhas inimigas, eqüidistante das principais províncias; insiste, como depois faria José Bonifácio, na necessidade da abolição gradual da escravidão e do estímulo à imigração européia; propõe a permanência de d. João no Brasil, de onde o rei, distante das cortes européias e menos sujeito a pressões, teria, na sede exótica de seu império austral, mais possibilidades de defender a integridade da nação brasílico-portuguesa. Ri dos "democratas *pé-de-boi* da revolução de 1820", combate as Cortes, "sua incapacidade, o contraditório das suas idéias, a arrogância das suas palavras, a debilidade das suas ações".

Essa "terrível invenção de um jornal português em Inglaterra", como chamou o conde de Funchal, embaixador em Londres e seu inimigo pertinaz, foi a mais influente publicação brasileira da época, com o que até mesmo seus inimigos concordavam: "O *Correio Armazém* tem causado mais perturbações na sociedade que os mesmos franceses causaram com suas pérfidas invasões", afirmava o pe. Agostinho, o "velho caruncho lusitano" que combateu-o em todos os tempos e de todos os modos, e que confessa ter ouvido de um médico a seguinte heresia: "O *Correio Braziliense* é a lanterna que os soberanos levam na mão pela difícil estrada do governo"; Joaquim Ferreira, que tanto o insultou no *Padre Amaro*, reconheceu um dia: "Saber, talento, atividade, tudo se acha reunido em grau eminente na pessoa do redator do *Correio Braziliense*", e, louvando a Revolução do Porto, proclama "ter sido o *Correio Braziliense* quem lançara os primeiros alicerces da restauração

---

[4] *Correio Braziliense*, vol. IV, 1810, pp. 313-4.

A Revolução do Porto, de 1820, marcou o início do período crítico das relações entre Portugal e o Brasil. Recebida inicialmente com entusiasmo por suas propostas liberais, dentre as quais a de maior apelo era a Constituição (no alto, gravura alusiva a feitos dos constitucionalistas). Mas, à medida que os debates em torno da carta prosseguiam (acima, desenho do interior da sala onde se reuniam as Cortes), foi se agravando o impasse entre portugueses e brasileiros, até se chegar à ruptura.

portuguesa, e quem foi, por assim dizer, a causa remota do que agora [outubro de 1820] está sucedendo em Portugal". No Brasil a repercussão era semelhante: Luis Augusto May, redator de *A Malagueta*, referia-se, em dezembro de 1821, ao "respeitável redator do *Correio Braziliense*" e acentuava "o apreço que lhe merecem suas reflexões". Também Gonçalves Ledo e Januário da Cunha Barbosa testemunhavam, em seu *Revérbero Constitucional Fluminense*, "o crédito que ele tão justamente merece de todos os brasileiros" e regozijavam-se com o fato de que "os pensamentos do sábio redator do *Correio Braziliense* concordam muito com os pensamentos do *Revérbero Constitucional Fluminense*".

O prestígio do *Correio Braziliense* junto ao público brasileiro é testemunhado pelos contemporâneos: Luccock se refere à larga circulação do jornal; em 1817, Tollenare o viu na Biblioteca da Bahia; circulavam exemplares em Campo Maior, no Ceará; o motim fluminense de 26 de fevereiro foi atribuído "à caixeirada que se nutre com a leitura dos folhetos de Londres"[5]; vários números do jornal fazem menção à grande quantidade de cartas de leitores trazidas por navios chegados do Brasil e de Portugal. A importância do jornal é ainda atestada por uma das cartas do excelente missivista que foi Santos Marrocos, em que atribuía ao jornal a causa da morte do marquês de Penalva, cuja adesão a Junot fora relembrada no *Correio* algum tempo antes: "Aqui chegou a notícia da morte do marquês de Penalva: os cordatos dizem que foi a causa uma febre biliosa; o povo, porém, afirma que morreu doido, em conseqüência da análise que no *Correio Braziliense* se publicou a uma consulta dele ao *Espectador Português* do pe. José Agostinho, espraiando-se contra os pedreiros-livres"[6].

O incômodo causado pelo *Correio Braziliense* nos círculos oficiais e conservadores é também mostrado pelos folhetos, versos satíricos e até mesmo jornais dedicados a criticar ou insultar seu editor ou suas idéias. Em 1810 e 1811 saem cinco opúsculos de autores diferentes, e em 1811 Funchal lançou *O Investigador Português em Inglaterra*, jornal custeado pelo Erário, e com o propósito explícito de se contrapor ao *Correio*. Entre as muitas sátiras escritas contra o editor do jornal, basta citar a primeira estrofe de *Os burros*, do mesmo José Agostinho que soubera reconhecer seu valor, mas que não sabia a diferença entre o liberalismo inglês e a "jacobínica" bandeira de Napoleão:

---

[5] Carlos Rizzini, p. 26.

[6] Mecenas Dourado, t. I, p. 265.

> "Qual, de tantos heróis, primeiro, ó zanga,
> Me mandas celebrar? Teu guincho escuto.
> Hipólito imortal, dos trolhos mestre,
> Com teu *Correio*, capataz te aclamas
> Da turba jumental que o Tejo assombra.
> Tu, redentor político te dizes,
> Do triste Portugal, que os teus quiseram
> Ir pôr, sem mais, nas mãos do corso.
> Em teu miolo dessorado, um trono
> Se quis erguer (alvar democracia)
> Que o cetro desse à pedreirada infame
> Que a Europa quis encher de sangue e ferros!"

E, claro, o governo português chegou a interditar o *Correio* e todos os escritos do seu "malévolo e furioso autor". Em 1810, em 1812 e 1817 repetiram-se no Brasil e em Portugal as proibições, mas, em geral, sem efeito, já que o próprio jornal afirmava: "Lê-se o *Braziliense* até no Paço, sem rebuço algum".

O *Correio Braziliense* é absoluta unanimidade entre historiadores: Varnhagen ("talvez nunca o Brasil tirou da imprensa mais benefícios do que os que lhe foram oferecidos nesta publicação"), Pereira da Silva, Moreira de Azevedo, Silvio Romero, Tobias Monteiro, Afonso Arinos de Melo Franco se desmancham em elogios; Carlos Rizzini e Mecenas Dourado publicaram sua história; Barbosa Lima Sobrinho escreveu sobre o jornal e selecionou textos para uma antologia; José Honório Rodrigues, quando diretor da Biblioteca Nacional, fez publicar seu índice. Toda esta admiração culmina nas belas frases de Antonio Candido:

> "[...] prosador de raça, [...] primeiro brasileiro que usou uma prosa moderna, clara, vibrante e concisa, cheia de pensamento, tão despojada de elementos acessórios, que veio até nós, intacta, fresca e bela, mais atual que a maioria da que nos legou o século XIX e o primeiro quarto deste. Com ser o maior jornalista que o Brasil teve, o único cuja obra se lê toda hoje com interesse e proveito, foi um escritor e um homem de pensamento, exprimindo melhor que ninguém os temas centrais da nossa época das luzes.
> Dele provém um modo de pensar e escrever que, através dos grandes publicistas da Regência e do Segundo Reinado, contribuiu até os nossos dias para dar nervo e decoro à prosa brasilei-

Para combater a grande influência do *Correio Braziliense* na Inglaterra, os conservadores do governo português financiaram a publicação de *O Investigador Português em Inglaterra*, no qual eram combatidas as opiniões liberais de Hipólito da Costa. Por outro lado, o jornalista recebia uma grande apoio da Maçonaria (abaixo, um colar maçônico do início do século XIX).

ra, contrabalançando o estilo predominante que lhe corre paralelo e, definido naquele mesmo tempo pelos oradores sacros, veio contorcendo-se até a perigosa retoriquice dum Rui Barbosa."[7]

O que tornou possível que o primeiro jornal brasileiro tenha sido o mais duradouro, não só em sua época, de publicações muitas vezes efêmeras, mas também nos dias de hoje, quando suas análises nos surpreendem pela pertinência e permanência?

Sem dúvida alguma, o primeiro crédito deve ser dado à obstinação, talento e cultura de seu editor e redator único, a que se deve acrescentar mais uma improbabilidade: sua notável coerência ao longo de todos esses anos de profundas transformações. No primeiro número ele formula seus propósitos ao empreender a publicação, propósitos que, ao contrário do comum, não se mostraram uma mera construção retórica:

"Feliz eu, se posso transmitir a uma nação longínqua e sossegada, na língua que lhe é mais natural e conhecida, os acontecimentos desta parte do mundo que a confusa ambição dos homens vai levando ao estado da mais perfeita barbaridade. O meu único desejo será de acertar na geral opinião de todos, e para o que dedico a esta empresa todas as forças, na persuasão de que o fruto do meu trabalho tocará a meta da esperança a que me propus."[8]

Mas, sem ajuda, um indivíduo sozinho não seria capaz de tal empresa, e foi principalmente por meio da maçonaria — presente no Brasil e em Portugal no início do século XIX e então já muito forte na Inglaterra — que vieram os contatos imprescindíveis, as articulações com facções de poder que se mostraram suficientes até mesmo para garantir a proteção inglesa contra a polícia portuguesa. É bastante conhecida a importância das lojas maçônicas nas lutas pela independência brasileira e contra o absolutismo de modo geral, quando desempenharam funções hoje atribuídas aos partidos políticos, às organizações da sociedade civil e associações profissionais, à universidade, contribuindo para a laicização da sociedade, formulando e analisando os problemas nacionais à luz das teorias da época. O próprio *Correio Bra-*

---

[7] Antonio Candido, p. 248.

[8] *Correio Braziliense*, n° 3, vol. I, junho de 1808.

ziliense chama a atenção para a necessidade e função das "sociedades particulares", que, segundo Antonio Candido, correspondem a uma necessidade de organização social, pois a marcha da civilização está ligada à diferenciação da sociedade, e condicionam o funcionamento do Estado, ao se interporem entre este e os indivíduos.[9]

No entanto, as qualidades do editor do *Correio* e as características das facções com que ele se alia nos dizem pouco quando fora de seu contexto histórico. Tais atributos só podem ser entendidos se considerarmos os significados de nossa "breve época das luzes", em que os intelectuais deixaram de ambicionar o estatuto de artistas, voltaram-se para a aplicação prática das idéias e tomaram como missão esclarecer a sociedade. É quando o jornalismo e o ensaio político crescem, em detrimento das belas letras; muda a composição da intelectualidade, e padres e bacharéis de formação clássica, identificados com os interesses da Coroa, dão lugar a "ilustrados" com mentalidade progressista, livres, pelo menos em parte, do ranço jesuítico e legalista, e que se voltam para os estudos "filosóficos", marcados pelo idealismo humanista, pela concepção pragmática da inteligência, pela confiança na razão e na ciência. Este era claramente o programa do *Correio Braziliense*:

> "O primeiro dever do homem em sociedade é ser útil aos membros dela; e cada um deve, segundo as suas forças físicas ou morais, administrar em benefício da mesma os conhecimentos ou talentos que a natureza, a arte ou a educação lhe emprestou. O indivíduo que abrange o bem geral duma sociedade vem a ser o membro mais distinto dela: as luzes que ele espalha tiram das trevas, ou da ilusão, aqueles que a ignorância precipitou no labirinto da apatia, da inépcia e do engano. Ninguém mais útil, pois, do que aquele que se destina a mostrar, com evidência, os acontecimentos do presente e desenvolver as sombras do futuro. Tal tem sido o trabalho dos redatores das folhas públicas, quando estes, munidos de uma crítica e de uma censura adequada, representam os fatos do momento, as reflexões sobre o passado e as sólidas conjecturas sobre o futuro. [...]
>
> Levado destes sentimentos de patriotismo, e desejando aclarar os meus compatriotas sobre os fatos políticos, civis e literários

---

[9] Antonio Candido, p. 234.

da Europa, empreendi este projeto, o qual espero mereça a geral aceitação daqueles a quem o dedico."[10]

O jornal durou enquanto foram válidos tais propósitos. Começou com a ida da corte portuguesa para o Brasil, quando se inverteram os papéis políticos dos dois países e se deu o processo de transformação inexorável da colônia, que, na prática, passava a ser metrópole. Por 14 anos o jornal dedicou-se a esclarecer as classes dominantes brasileiras, a ajudá-las a pensar e a relativizar sua situação nacional; e deu por finda sua tarefa com a Independência. Mas, acima de tudo, findava o seu papel com a proliferação da imprensa no Brasil, como dito neste

"Anúncio aos leitores do *Correio Braziliense*
Este periódico, destinado sempre a tratar como objeto primário dos negócios relativos ao Brasil, tem há alguns meses sido quase exclusivamente ocupado com os sucessos daquele país, ou com os de Portugal que lhe diziam respeito; e os acontecimentos últimos do Brasil fazem desnecessário ao redator o encarregar-se da tarefa de recolher novidades estrangeiras para aquele país, quando a liberdade da imprensa nele e as muitas gazetas que se publicam nas suas principais cidades excusam este trabalho dantes tão necessário.
Deixará pois o *Correio Braziliense* de imprimir-se mensalmente, e só sim todas as vezes que se oferecer matéria sobre que julguemos dever dar a nossa opinião, a bem da nossa pátria, e houver ocasião oportuna de fazer as remessas, que, pela incerteza das saídas dos paquetes e navios, inutilizam a pontualidade da publicação mensal de um periódico cujo escopo é unicamente o Brasil, e aonde não pode chegar com regularidade de tempo."[11]

Outra razão, no entanto, influiu ainda na decisão de encerrar o jornal: as negociações pelo reconhecimento da Independência do Brasil, começadas mesmo antes do grito do Ipiranga. A 12 de agosto de 1822, Caldeira Brant

---

[10] *Correio Braziliense*, n° 3, vol. I, junho de 1808.

[11] *Correio Braziliense*, n° 175, vol. XXIX, dezembro de 1822, p. 635.

foi nomeado encarregado de Negócios, e, na mesma data, José Bonifácio enviava ofício ao redator do *Correio Braziliense*, dizendo que d. Pedro

> "tendo em consideração as conhecidas luzes e patriotismo que a vossa mercê tanto têm distinguido, e querendo portanto dar uma demonstração do quanto aprecia suas qualidades, manda participar a vossa mercê que seria muito do seu real agrado que vossa mercê procurasse conferenciar com o sobredito encarregado de Negócios."

Pouco duraram, no entanto, essas atividades diplomáticas. A 11 de setembro de 1823, falecia em Londres, de uma "inflamação intestinal", Hipólito José da Costa.

* * *

A publicação do *Correio Braziliense* era uma tarefa árdua, principalmente quando se pensa que o jornal era todo ele escrito por uma só pessoa, o dinheiro era escasso, o público estava a milhares de quilômetros, as comunicações eram vasqueiras, e, como diz Rizzini, "seis meses levavam os fatos a percutir do Brasil em Londres e a repercutir no Brasil" — o que era muito tempo, mesmo naqueles tempos lentos, e que tirava o jornal da participação próxima nos fatos.

A variável fundamental que estrutura o conjunto da obra composta pelo *Correio Braziliense* é o tempo; o tempo que passa entre os fatos passados e os seus comentários, e o tempo que passa entre tais comentários e os fatos futuros. Na verdade, o tempo do jornal se desenrola de maneiras diferentes, conforme os propósitos do autor. Há um tempo longo, medido em anos, e que corre a um ritmo regular: aqui o objetivo é formar as elites, e para tal são publicadas, mês a mês, traduções de livros inteiros, faz-se a crítica das principais obras políticas e econômicas da época, instrui-se o leitor. Há um tempo mais curto, medido em meses, e de ritmo também regular: o objetivo é informar, sobre os acontecimentos da Europa e das Américas, sobre as cotações de mercadorias, sobre as taxas de câmbio, sobre as idéias mais recentes, sobre o que diziam os principais jornais etc. E há também um tempo ainda mais curto e de medida variável, que depende das incertas comunicações e que apresenta um ritmo irregular: é o tempo dos fatos recém acontecidos, no Brasil ou em Portugal, que devem ser levados ao conhecimento das diversas partes do Império, e cujos desdobramentos deviam ser previstos. As informações do Brasil e de Portugal chegavam a Londres meses e semanas depois de acontecidos os fatos, muitas vezes depois também de suas conseqüências, e ao ser escrito, o jornal estava obrigado a pensar em um futuro relativamente distante, um futuro possível também para os leitores, e que o jornal desejava evitar ou ajudar a acontecer.

Diferentemente do que ocorre com os jornais atuais, cujo exemplar de um mês anterior nem serve mais para embrulhar o peixe, o interesse dos leitores pelo *Correio* se estendia por muito mais tempo. O ritmo era mais lento. Hoje os jornais falam dos eventos de ontem, dando aos leitores as informações necessárias para acompanhar os acontecimentos presentes. Já o *Correio*, que falava de fatos ocorridos meses antes, tinha como horizonte a ocasião em que o jornal circularia no Brasil, o que se daria meses depois. Sua capacidade de influir dependia, portanto, de sua capacidade de prever, de acertar os desdobramentos dos fatos. Considerando-se os acontecimentos ocorridos, ele era escrito no passado, e voltava-se para os acontecimentos futuros, quando sua ação se faria sentir, quando circularia entre seu público. O presente era apenas o tempo da produção.

Na maior parte da existência do jornal, de 1808 a 1820, o ritmo dos acontecimentos políticos favoreceram sua vocação pedagógica. É quando se dá ao luxo de passar cinco anos traduzindo e publicando, capítulo a capítulo, a obra de Sismondi (hoje poucos sabem de quem se trata, mas foi um economista suíço que esteve em voga no começo do século XIX e que Marx considerava o chefe do socialismo pequeno-burguês); é quando apresenta consistentemente, mês após mês, ano após ano, as taxas cambiais, as cotações do tabaco, do açúcar e dos principais produtos de exportação brasileiros; é quando se dedica, sem a pressão do imediato, à tarefa de instruir, iluminar, formar brasileiros e brasilienses. Os fatos se sucediam aos poucos, as informações circulavam lentamente, e um jornal editado em Londres podia, com vagar, acompanhar os acontecimentos da Bahia, de Lisboa, do Rio de Janeiro, fazer suas críticas, apresentar comparações edificantes, atacar seus inimigos — o Gabinete no Rio, a Regência em Portugal. Qualquer mudança nessa sucessão lenta não era acompanhada pelo jornal: os liberais pernambucanos de 1817 ainda esperavam o apoio do *Correio* quando veio a reação de Luiz do Rego; e já haviam sido condenados pelos tribunais de exceção e algumas sentenças já haviam sido executadas, quando chegou ao Recife o exemplar do jornal estampando o repúdio ao movimento, o que muito espantaria os chefes do movimento, caso estivessem vivos.

A partir da Revolução do Porto o jornal muda de caráter, acompanhando a mudança do ritmo dos acontecimentos. No primeiro ano, quando a sede dos acontecimentos ainda está em Lisboa, o jornal assume um papel também informativo, não apenas analítico, e toma como missão informar, levar os fatos ao conhecimento dos brasileiros. Ruía o absolutismo, eram votadas as Bases da Constituição, vigia a liberdade de imprensa, as contas do governo eram pela primeira vez apresentadas ao público. "O povo espantava-se de se achar tão grande, tão livre, tão rico em direito teórico: porque, na realidade, nos fatos materiais, palpáveis, da vida econômica, as coisas estavam pouco mais ou menos na mesma; [...] mas a sinceridade das ilusões é ainda o que mais nobilita os homens."[12] Entre os acontecimentos e sua publicação passam-se poucas semanas, e é a fase mais trepidante do *Correio*. No Brasil, o que acontecia em algumas províncias muitas vezes era antes sabido em Portugal e em Londres do que no Rio de Janeiro, dando tempo ao jornal de influir em sua repercussão na sede do reino, onde as decisões sempre se demoravam a tomar.

O jornal é, então, mais reportagem do que análise; apresenta os fatos e suas causas, e está menos interessado nas conseqüências. De imediato se coloca do lado dos constitucionalistas, contra os aristocratas, e principalmente contra o partido espanhol, que defendia a união com a Espanha — não vamos nos esquecer que d. João, obrigado pelo populacho, chegou a jurar a Constituição espanhola. Nesse período, nenhuma notícia do Brasil, mas o jornal tem o mérito de ser o primeiro a colocar o país como um protagonista que logo fará sua entrada na cena política. Enquanto os "democratas pé-de-boi, gravemente hirtos nas suas gravatas altas [...], solenes nos modos, afogados em rapé, couraçados de Direito Romano" deslumbravam-se com a recente liberdade, embeveciam-se consigo mesmos e embriagavam-se com o "tiroteio de banquetes, procissões, foguetes, discursos, arcos de triunfo, revistas, *Te Deum*, eleições, artigos de jornais e salvas de artilharia, [...] [num] salseiro de hinos, sonetos, canções, dramas, cortes de fato e formas de sapatos liberais [...]"[13], Hipólito lembrava-lhes da política real, advertia-lhes que o mundo mudara, e que o Brasil não voltaria mais a ser a colônia que um dia fora.

Em 1821 os fatos se apressam: os principais acontecimentos sucedem tanto em Portugal, como no Brasil; a partida do rei e as medidas das Cortes, chamando para Portugal as principais instituições administrativas e subordinando cada província brasileira diretamente a Lisboa, animaram os parti-

---

[12] Oliveira Lima, p. 252.

[13] *Idem*, p. 251.

Ao mesmo tempo que pregavam o liberalismo, um dos grandes objetivos dos deputados portugueses era trazer de volta a Lisboa o rei d. João VI, que em 1821 completava treze anos de governo no Rio de Janeiro. Sob grande pressão, ele acabou retornando a Portugal. O gesto foi inicialmente saudado como uma grande vitória. No alto, a litografia *Entrada Triunfante de Sua Majestade o Senhor d. João VI* na cidade de Lisboa. Acima, detalhe de um projeto de arco comemorativo para o monarca.

dários da independência; a liberdade de imprensa — como poucas vezes se viu — multiplicou os jornais e acelerou a circulação de informações. Por um lado, as sessões e decisões das Cortes chamam sua atenção e ele as divulga e avalia, apontando para a cegueira dos deputados portugueses; por outro, os fatos ocorridos no Brasil só podiam ser acompanhados de longe, e as decisões políticas só eram noticiadas quando já haviam provocado as conseqüências (ele não divulga, por exemplo, a partida de d. João do Rio de Janeiro, mas sua chegada a Lisboa). O *Correio Braziliense* passa então a ser mais que tudo analítico, tentando se antecipar aos acontecimentos e buscando um novo lugar nesse novo ambiente. É o seu melhor momento, quando sua fria razão o contrapõe à paixão de todas as outras folhas e à "perigosa retoriquice" de praticamente todos os políticos e jornalistas da época.

Em 1822 praticamente toda a Miscelânea é dedicada ao Brasil, o que significa que ele deixa de acompanhar a sucessão dos fatos, cuja notícia não lhe chega a tempo, e vai construindo, no lugar da ordem real, uma ordem lógica dos acontecimentos, tratando de anunciar o que lhe parece inevitável, antecipar-se, ver apenas o futuro. Aqui é interessante observar como ele constrói os marcos fundamentais do período: a consumação da Independência do Brasil é vista por Hipólito como tendo ocorrido, primeiro, a 3 de junho de 1822, com a convocação da Constituinte brasileira, e depois, a 1º de agosto, com o decreto ordenando a resistência às hostilidades de Portugal (que "declarou a Independência do Brasil"), com o manifesto dessa mesma data ("verdadeiro primor d'obra") dirigido ao povo brasileiro, e com o manifesto de 6 de agosto, dirigido às potências estrangeiras: "a matéria de que trata[vam] é o fundamento da monarquia do Brasil". Tais comentários, contidos no artigo "Independência do Brasil" mostram quais fatos eram considerados importantes: não o gesto simbólico do grito do Ipiranga, mas os atos legais.[14]

Hipólito foi contra a independência do Brasil, e foi este, talvez, o único ponto importante de seu ideário que mudou ao longo dos seus quase 15 anos de jornal; parecia-lhe que a união com Portugal era a melhor alternativa — para o Brasil, para Portugal, para o monarca. Assistiu, com desespero impotente, às Cortes portuguesas tudo fazerem para cortar os laços entre os dois países, agirem como se desejassem a independência de Portugal, movidas por um ressentimento nacional que não lhes deixava ver aquilo que para ele era claro como água. Consumada a separação, tudo o que acontecia de impor-

---

[14] *Correio Braziliense*, nº 173, vol. XXIX, outubro de 1822, pp. 468-77.

Começados os trabalhos das Cortes, logo um grupo de deputados se destacou especialmente pela maneira ao mesmo tempo preconceituosa e violentamente contrária às atitudes e projetos dos representantes brasileiros. Nesse grupo estavam José Ferreira Borges e Manuel Fernandes Tomás. Todos eles foram, por sua vez, objeto constante das críticas feitas por Hipólito da Costa no *Correio Braziliense*.

tante, de seu ponto de vista, acontecia no Brasil; a partir de então, seu jornal já não era essencial, e, a despeito das imensas qualidades de seu editor, estava em desvantagem perante os jornais brasileiros, presentes na própria cena, capazes de acompanhar e de noticiar prontamente os fatos: o tempo se havia acelerado, o *Correio* ficara para trás.

* * *

A probidade e integridade de Hipólito, que hoje admiramos e que tantas vezes foram mostradas em seus escritos, eram, no entanto, postas em dúvida por muitos de seus contemporâneos, que, em bilhetes particulares, em artigos de jornal, em documentos oficiais, acusaram-no de se vender e de vender as opiniões de seu jornal.[15]

Há referências a duas negociações, a primeira malsucedida e a segunda chegada a bom termo. A primeira se fez em Londres, com d. Domingos, conde de Funchal e embaixador português na Inglaterra; sua correspondência, guardada no Arquivo Histórico do Itamaraty, documenta essa afirmação, e nos informa que as conversas, sempre por meio de terceiras pessoas, foram iniciadas em abril-maio de 1810 e interrompidas um ano depois, por iniciativa de Hipólito, exasperado com a demora e ao saber que fora proibida a entrada do *Correio Braziliense* no Brasil. Funchal afirma que arrastou as negociações por tanto tempo para ver se Hipólito se conformava às condições impostas, tais como não tratar da maçonaria, não tocar na religião, preservar alguns membros do governo, e para lhe dar tempo de, aos poucos, adaptar a linguagem e os temas às novas conveniências. Há motivos, no entanto, para duvidar da palavra do embaixador, pelo menos no que diz respeito ao apoio das autoridades à transação; com efeito, em 1814, num bilhete para lorde Strangford, ele se queixa: "*J'ai voulu éteindre le foyer qui s'est allumé en Angleterre, en achetant une fois pour toutes le libelliste. On me l'a defendu, Dieu sait qui a raison! Mais le mal sera fecond... Tout cela auroit eté bien aisé a remédier il y a quatre ans. Sic voluere Priores — ainsi l'a volu le Père Prieur!*" ["Eu quis apagar a fogueira acesa na Inglaterrra, comprando de uma vez por todas o libelista. Fui proibido de fazê-lo, Deus sabe quem tem razão! Mas o mal será fecundo... Tudo isso teria sido fácil de remediar há quatro anos. *Sic voluere Priores* — assim o quis o padre mestre!"]. Enquanto isso, segundo Vicente Pedro Nolasco, um dos intermediários na transação, Hipólito

---

[15] Para esta questão, ver Mecenas Dourado, t. II, cap. 22.

apenas se lamentava da demora e da inconclusão, tendo declarado, ao justificar a interrupção das negociações: "Demais, não sofro o descrédito de vender a minha pena, e não ter dele o lucro".

A segunda negociação se fez com o príncipe regente, d. João, por intermédio, de um lado, do intendente geral de Polícia, Paulo Fernandes Viana, e, de outro, de Heliodoro Carneiro, médico e amigo de Hipólito, que para isso foi de Londres ao Brasil, em 1812. Apesar das tentativas de ocultar a transação, as informações vazaram, e dela sabiam não só diversas autoridades do governo, como também muitos portugueses em Londres: o desembolso se fazia anualmente, tendo o editor recebido duas mil libras adiantadas como garantia do acordo, dinheiro vindo das rendas do estado do Maranhão e que lhe chegavam, pelo mesmo Heliodoro Carneiro, pela Polícia do Rio de Janeiro.

Há motivos para crer que a negociação realmente se fez. E aqui a questão relevante é: pode-se falar em suborno, no sentido que tem hoje em dia? O que significava, para Hipólito, "vender sua pena"?

Na verdade, politicamente, a principal característica do *Correio* foi sempre defender, com grande consistência, os interesses brasileiros, ou, melhor dizendo, os interesses das classes dominantes brasileiras. Que ele fosse financiado para isso, não é de espantar: de uma maneira ou outra, a maior parte dos jornais da época, para durar, tinha de conseguir o que hoje se chamaria de patrocínio institucional, já que a venda de assinaturas nunca era suficiente, e o recurso à publicidade ainda não havia surgido. Tais recursos, em geral, vinham do governo, e como ele era composto de diversas facções, vários jornais circulavam à custa do Erário: as Cortes tinham o seu jornal, o partido aristocrático tinha o seu jornal, era de esperar que d. João tivesse o seu. O fato de se tratar exatamente do melhor e mais influente jornal da época só reforça a idéia de que de tolo d. João não tinha nada...

A orientação geral do periódico não mudou; a d. João, pessoalmente, Hipólito sempre resguardou, e o jornal continuava a atacar o que considerava atos reprováveis dos ministros e governadores do Reino, e disso d. João tirava algum proveito. Os abusos denunciados, que por falta de ânimo ou de forças ele não reprimia, passavam agora a ser punidos pelo desprezo público a que se viam expostas as autoridades. Já era um consolo, e só assim se explica a manutenção dos pagamentos ao longo dos anos; anos em que sistematicamente o jornal desenvolveu campanhas contra Palmela, Funchal, Linhares, entre muitos outros.

Havia cálculo e finura, como diz Mecenas Dourado, nessa ação de d. João. Mas o jornal não era só denúncia, e se caracterizava também pela consistente defesa do liberalismo e das formas constitucionais de governo, e pelos constantes ataques aos abusos de poder e à censura da imprensa que caracterizavam o Estado absolutista de que d. João era rei. Não se pode supor que ele estivesse de acordo; pode-se, no máximo, imaginar que, pragmático e com os pés no chão, d. João visse tais posições como poetadas, insignificâncias apenas retóricas.

Talvez tenha sido isso. Porque, ademais, fazia sentido que esse jornal pago pelo rei português fosse o paladino dos interesses brasileiros, incansável na exaltação de sua importância enquanto nação. Sabemos que essa terceira característica do jornal estava de acordo com as idéias e os afetos de d. João.

Tudo somado, foi um bom negócio para ambas as partes. E talvez a explicação para esse "suborno" sem opróbrio esteja no fato de que Hipólito da Costa continuou sendo escravo da verdade, da sua verdade, que lhe deu o rumo por toda a vida.

BIBLIOGRAFIA

BIBLIOTECA NACIONAL. *Índice do Correio Braziliense*. Coleção Rodolfo Garcia. Rio de Janeiro: Biblioteca Nacional, 1976.

CANDIDO, Antonio. *Formação da literatura brasileira* (6ª ed.), cap. 7, vol. I. Belo Horizonte: Itatiaia, 1981.

DOURADO, Mecenas. *Hipólito da Costa e o Correio Braziliense*. Rio de Janeiro: Bibliotheca do Exército Editora, 1957, 2 tomos.

LIMA, Oliveira. *D. João VI no Brasil: 1808-1821* (2ª ed.). Rio de Janeiro: Livraria José Olympio, 1945.

_____. *O movimento da independência: 1821-1822* (6ª ed.). Rio de Janeiro: Topbooks, 1997.

LUSTOSA, Isabel. *Insultos impressos: a guerra dos jornalistas na Independência, 1821-1823*. São Paulo: Companhia das Letras, 2000.

MARTINS, J. P. Oliveira. *História de Portugal*. Lisboa: Imprensa Nacional/Casa da Moeda, 1988.

RIZZINI, Carlos. *Hipólito da Costa e o Correio Braziliense*. São Paulo: Companhia Editora Nacional, 1957.

ROMERO, Silvio. *História da literatura brasileira* (4ª ed.), t. II. Rio de Janeiro: José Olympio, 1949.

SERRÃO, Joaquim Veríssimo. *História de Portugal* (3ª ed.), vol. VI. Lisboa: Editorial Verbo, 1994.

SOBRINHO, Barbosa Lima (org.). *Antologia do Correio Braziliense*. Rio de Janeiro: Cátedra, 1977.

_____. *Hipólito da Costa, pioneiro da Independência do Brasil*. Brasília: Fundação Assis Chateaubriand/Verano, 1996.

SODRÉ, Nelson Werneck. *História da imprensa no Brasil*. Rio de Janeiro: Civilização Brasileira, 1966.

VARNHAGEN, Francisco Adolfo de. *História geral do Brasil*, vol. V. São Paulo: Melhoramentos, 1957.

Obras de Hipólito José da Costa

Diário da minha viagem para Filadélfia. 1798-1799. Rio de Janeiro: Academia Brasileira, 1955.

Descrição da árvore açucareira e da sua utilidade e cultura. [Folheto impresso em 1800.]

Descrição de uma máquina para tocar a bomba a bordo dos navios sem o trabalho dos homens. [Publicada pela primeira vez em 1800, e reeditada no Rio de Janeiro em 1955, pela Academia Brasileira.]

Memória sobre a viagem aos Estados Unidos. [Escrita em Lisboa em 24 de janeiro de 1801, e publicada na *Revista do Instituto Histórico e Geográfico Brasileiro*, vol. XXI, pp. 351-65.]

Correio Braziliense ou Armazém Literário. Periódico dirigido, editado e redigido por Hipólito José da Costa. Londres: W. Lewis, Paternoster-Row [R. Greenlaw], junho de 1808-dezembro de 1822. [Uma edição fac-similar do vol. I, de 1808, foi publicada em São Paulo no ano 2000, com organização de Alberto Dines, pela Imprensa Oficial do Estado em co-edição com o Instituto Uniemp-Labjor, primeiro da série, a ser lançada, de 29 volumes.]

História de Portugal — composta em inglês por uma sociedade de literatos, trasladada em vulgar com as notas da edição francesa, e do tradutor português, Antônio de Moraes e Silva; e continuada até os nossos tempos; em nova edição por Hipólito José da Costa. Londres: Offic. de F. Wingrave, T. Boosey, Dulau e co./Lackington, Allen e co., 1809.

A narrative of the persecution. Londres: W. Lewis, 1811. [Uma nova edição, *Narrativa da perseguição*, foi publicada em Porto Alegre no ano de 1974, pela Universidade Federal do Rio Grande do Sul.]

Nova gramática portuguesa e inglesa. [Publicada pela primeira vez em 1811, e reeditada em Londres no ano de 1825, por J. Collingwod.]

Sketch for the history of the Dionysian artificers. Esq. London sold by Messers, Shewood, Nelly, and Jones Paternoster-Row, 1820. [Esta obra foi editada em Los Angeles em 1936, pela Philosophical Research Society Press, com introdução de Manly P. Hall.]

Copiador e registro das cartas de ofício dirigidas a d. Rodrigo de Sousa Coutinho. Rio de Janeiro: Academia Brasileira de Letras, 1955.

OBRAS SOBRE HIPÓLITO JOSÉ DA COSTA

BIBLIOTECA NACIONAL. *Hipólito José da Costa e a imprensa no Brasil*. Catálogo da exposição organizada pela Seção de Exposições. Rio de Janeiro: Biblioteca Nacional, Divisão de Publicações e Divulgação, 1974.

_____. *Índice do Correio Braziliense*. Coleção Rodolfo Garcia. Rio de Janeiro: Biblioteca Nacional, 1976.

CASTRO, Therezinha de. *Hipólito da Costa: idéias e ideais*. Rio de Janeiro: Bibliotheca do Exército Editora, 1985.

DOURADO, Mecenas. *Hipólito da Costa e o Correio Braziliense*. Rio de Janeiro: Bibliotheca do Exército Editora, 1957, 2 tomos.

LUSTOSA, Isabel. *Insultos impressos: a guerra dos jornalistas na Independência, 1821-1823*. São Paulo: Companhia das Letras, 2000.

MONTEIRO, Rolando. *Hipólito da Costa e a Independência: documentário e apreciação*. Rio de Janeiro: Cátedra, 1979.

RIZZINI, Carlos. *Hipólito da Costa e o Correio Braziliense*. São Paulo: Companhia Editora Nacional, 1957.

SOBRINHO, Barbosa Lima (org.). *Antologia do Correio Braziliense*. Rio de Janeiro: Cátedra, 1977.

_____. *Hipólito da Costa, pioneiro da Independência do Brasil*. Brasília: Fundação Assis Chateaubriand/Verano, 1996.

SODRÉ, Nelson Werneck. *História da imprensa no Brasil*. Rio de Janeiro: Civilização Brasileira, 1966.

Relação de artigos e documentos

1820

Setembro (n° 148, vol. XXV)
 Artigos:
 1. Revolução do Porto
   Documentos:
   I. Primeira proclamação publicada na revolta da cidade do Porto
   II. Segunda proclamação publicada na revolta da cidade do Porto
   III. Auto da Câmara Geral
   IV. A Junta Provisional do Governo Supremo do Reino aos portugueses
   V. Proclamação dos governadores de Portugal sobre a revolução na cidade do Porto
   VI. Proclamação da Junta Provisional
   VII. Proclamação dos governadores do Reino, para o chamamento de Cortes
   VIII. Portaria assinada pelos governadores do Reino nomeando a Comissão Preparatória das Cortes
   IX. Carta de chamamento das Cortes, pelos governadores do Reino
   X. Carta do conde da Feira para o conde de Palmela
   XI. Resposta do conde de Palmela ao conde da Feira

Outubro (n° 149, vol. XXV)
 Artigos:
 2. Revolução de Portugal
 3. Causas da revolução em Portugal
   Documentos:
   XII. Carta dos governadores do Reino à Junta Suprema do Porto
   XIII. Proclamação da Junta Provisória no Porto, em resposta à dos governadores do Reino em Lisboa
   XIV. Carta da Junta Provisional do Supremo Governo do Reino aos governadores de Lisboa
   XV. Proclamação do Governo Interino em Lisboa
   XVI. Ofício do Governo Interino de Lisboa à Junta Provisional do Porto

XVII. Ofício da Junta Provisória do Governo Supremo do Reino ao Governo Provisório de Lisboa
XVIII. Portaria
XIX. Cópia do ofício dirigido ao cônsul e encarregado dos Negócios da Espanha
XX. Proclamação do conde de Barbacena às tropas do seu comando

Novembro (nº 150, vol. XXV)
Artigos:
4. Revolução de Portugal

Dezembro (nº 151, vol. XXV)
Artigos:
5. Revolução de Portugal
   Documentos:
   XXI. Proclamação do governo sobre a convocação das Cortes
   XXII. Instruções que devem regular as eleições dos deputados que vão a formar as Cortes Extraordinárias Constituintes, no ano de 1821
   XXIII. Ofício do juiz do povo de Lisboa ao ilmo. e exmo. sr. Gaspar Teixeira de Magalhães e Lacerda
   XXIV. Auto de juramento prestado pelo governo na sessão de 11 de novembro
   XXV. Proposta para ser apresentada à Junta Provisional do Supremo Governo do Reino, que mostra os desejos e opinião do Exército
   XXVI. Circular sobre as eleições para as Cortes
   XXVII. A Junta Provisional do Governo Supremo do Reino aos habitantes de Lisboa

1821

Janeiro (nº 152, vol. XXVI)
Artigos:
7. Convocação das Cortes em Portugal
8. [Duas comunicações sem título]

Fevereiro (nº 153, vol. XXVI)
Artigos:
9. Influência da revolução de Portugal no Brasil

Março (nº 154, vol. XXVI)
Artigos:
10. Revolução no Brasil

11. Procedimentos das Cortes em Portugal
12. Partidos políticos em Portugal
   Documentos:
   I. Edital da Junta do Comércio

Abril (n° 155, vol. XXVI)
Artigos:
13. Volta d'el-rei para Lisboa
14. Procedimentos das Cortes em Portugal
   Documentos:
   II. Decreto para a publicação das Bases da Constituição

Maio (n° 156, vol. XXVI)
Artigos:
15. Fim do primeiro ato na Revolução Portuguesa
   Documentos:
   III. Decreto d'el-rei aprovando a Constituição que fizerem as Cortes de Portugal
   IV. Auto do juramento
   V. Juramento
   VI. Ofício do secretário de Estado dos Negócios Estrangeiros no Rio de Janeiro ao governo de Portugal

Junho (n° 157, vol. XXVI)
Artigos:
16. Liberdade da imprensa
17. Providências dadas pelas Cortes

Julho (n° 158, vol. XXVII)
Artigos:
18. Vinda d'el-rei para Lisboa
19. Regência no Brasil
20. Procedimentos das Cortes

Agosto (n° 159, vol. XXVII)
Artigos:
21. Mudança de s. m. do Rio de Janeiro para Lisboa
22. Governo do Brasil
23. Procedimentos das Cortes de Portugal
   Documentos:
   VII. Decreto de s. m. nomeando a Regência no Brasil
   VIII. Instruções

IX. Fala do presidente das Cortes a el-rei, ao tempo em que prestou o juramento, aos 4 de julho
　　X. Fala de el-rei em resposta à do presidente
　　XI. Decreto de el-rei nomeando ministros de Estado
　　XII. Decreto de el-rei anunciando a sua escolha de conselheiros de Estado
　　XIII. Ofício das Cortes ao secretário de Estado, pedindo explicações sobre a fala d'el-rei
　　XIV. Resposta do ministro de Estado
　　XV. Relatório da deputação que foi a bordo da nau *D. João VI*, felicitar a s. m., e da outra que o foi esperar à entrada do Paço das Cortes
　　XVI. Decreto de s. m. para se elegerem no Brasil os deputados que vão às Cortes Gerais

Setembro (n° 160, vol. XXVII)
　Artigos:
　24. Negócios do Brasil
　25. Estado político do Brasil
　26. Liberdade de imprensa
　27. Direitos de cidadão
　　Documentos:
　　XVII. Decreto do príncipe regente do Brasil, criando uma junta provisória de governo, e novos ministros de Estado
　　XVIII. Decreto aprovando a eleição da Junta
　　XIX. Lei sobre a liberdade da imprensa

Outubro (n° 161, vol. XXVII)
　Artigos:
　28. Tendência da Revolução em Portugal
　29. Cortes de Portugal
　30. Expedição para o Brasil
　31. Governo provisional no Brasil
　　Documentos:
　　XX. Criação de juntas de governo no Brasil

Novembro (n° 162, vol. XXVII)
　Artigos:
　32. Sistema de intolerância
　33. Brasil
　34. Pernambuco

Dezembro (n° 163, vol. XXVII)
　Artigos:
　35. Responsabilidade dos ministros

36. Deputados do Brasil em Cortes
37. Constituição
38. Conselho de Estado
39. Brasil
    Documento:
    XXI. Sentença dos presos enviados de Pernambuco

1822

Janeiro (n° 164, vol. XXVIII)
Artigos:
41. Conservação da união entre o Brasil e Portugal
42. Governadores das armas para o Brasil
43. Partidos no Brasil
44. Comércio da escravatura
    Documentos:
    I. Parecer da Comissão de Constituição sobre a abolição dos tribunais no Rio de Janeiro

Fevereiro (n° 165, vol. XXVIII)
Artigos:
45. União de Portugal com o Brasil
46. Sistema constitucional
47. Liberdade da imprensa

Março (n° 166, vol. XXVIII)
Artigos:
48. Revolução no Rio de Janeiro
49. Governo político do Brasil, segundo intentam as Cortes
50. Interrupções ao comércio do Brasil pelo governo de Portugal
51. Presos vindos da Bahia
    Documentos:
    II. Consulado Geral Português
    III. Consulado Geral Português [2]

Abril (n° 167, vol. XXVIII)
Artigos:
52. Procedimentos das Cortes sobre o Brasil
53. Interrupções ao comércio do Brasil
54. Comércio da escravatura

55. Gazetas no Brasil
   Documentos:
   IV. Representação da Junta de Governo Provisório da província de São Paulo, a s. a. r., o príncipe regente do Brasil
   V. Sessão das Cortes: 327ª sessão, 18 de março [trecho do resumo]
   VI. Carta ao redator sobre a proibição de exportar certos gêneros da Inglaterra para o Brasil
   VII. Ofício das Cortes ao ministro dos Negócios Estrangeiros sobre a aplicação dos dinheiros em Londres pertencentes a negociantes do Brasil
   VIII. Resposta do ministro

Maio (nº 168, vol. XXVIII)
   Artigos:
   56. Procedimentos das Cortes sobre o Brasil
   57. Bahia
   58. Deputados do Brasil em Cortes
   59. Escritos em Lisboa contra o Brasil
   60. *Post scriptum*
   Documentos:
   IX. Decreto de s. a. r., o príncipe regente do Brasil, para a convocação de procuradores dos povos na capital
   X. Ofícios do general e chefes da Divisão Auxiliadora destacada no Rio de Janeiro, ao ministro da Guerra em Lisboa

Junho (nº 169, vol. XXVIII)
   Artigos:
   61. Medidas de Portugal sobre o Brasil
   62. Procedimentos no Brasil a respeito de Portugal
   63. Escritos em Portugal contra o Brasil

Julho (nº 170, vol. XXIX)
   Artigos:
   64. Medidas das Cortes sobre o Brasil
   65. Procedimentos das Cortes contra a Junta de São Paulo
   66. Planos de Portugal sobre o Brasil
   67. Procedimentos do Brasil

Agosto (nº 171, vol. XXIX)
   Artigos:
   68. Comportamento das Cortes de Portugal a respeito do Brasil
   69. Hostilidades de Portugal contra o Brasil
   70. Medidas defensivas que convém ao Brasil tomar

71. Estado político do Brasil
   Documentos:
   XI. Termo de juramento às autoridades de Pernambuco, reconhecendo o príncipe regente
   XII. Portaria do ministro da Justiça em Lisboa à Junta Provisória do Ceará

Setembro (n° 172, vol. XXIX)
Artigos:
72. Convocação do Parlamento brasiliense
73. Constituição do Brasil
74. Medidas defensivas no Brasil
75. Procedimentos de Portugal contra o Brasil
   Documentos:
   XIII. Portaria do príncipe regente à Junta de Pernambuco

Outubro (n° 173, vol. XXIX)
Artigos:
76. Independência do Brasil
77. Comportamento das Cortes de Portugal para com o Brasil
78. Guerra de Portugal ao Brasil
79. Eleições dos deputados para as futuras Cortes de Portugal
80. Mais restrições à imprensa
   Documentos:
   XIV. Decreto de s. a. r., o príncipe regente, ordenando a resistência às hostilidades de Portugal
   XV. Manifesto de s. a. r., o príncipe regente constitucional e defensor perpétuo do Reino do Brasil, aos povos deste reino
   XVI. Decreto de el-rei sobre certas irregularidades nas eleições dos deputados para as Cortes

Novembro (n° 174, vol. XXIX)
Artigos:
81. Manifesto do príncipe regente do Brasil às potências estrangeiras
82. Separação de alguns deputados do Brasil das Cortes de Portugal
83. Constituição do Brasil
84. Estado político do Brasil
85. Relações do Brasil com Portugal
86. Escravatura no Brasil
87. Estado de coação d'el-rei
   Documentos:
   XVII. Manifesto do príncipe regente do Brasil aos governos e nações amigas
   XVIII. Protesto dos deputados de São Paulo, abaixo assinados

Dezembro (nº 175, vol. XXIX)
Artigos:
88. Império do Brasil
89. Constituição do Brasil
90. Estado político da América, no fim de 1822
91. Portugal
92. Anúncio aos leitores do *Correio Braziliense*
   Documentos:
   XIX. Edital pelo Senado da Câmara do Rio de Janeiro
   XX. Decreto de s. a. r., o príncipe regente do Brasil, ordenando que despejem o país os que não aprovarem o seu sistema de independência

HIPÓLITO JOSÉ DA COSTA

Glossário das abreviações de formas de tratamento:

Exc.: Excelentíssimo
Ilmo.: Ilustríssimo
Pe.: Padre
Rvmo.: Reverendíssimo
S. a. r.: Sua alteza real
S. exc.: Sua excelência
S. exc. rvma.: Sua excelência reverendíssima
S. m.: Sua majestade
S. m. f.: Sua majestade fidelíssima (rei de Portugal)
S. m. i.: Sua majestade imperial (imperador do Brasil)
Sr.: Senhor
S. sa.: Sua senhoria
V. a. r.: Vossa alteza real
V. ema.: Vossa eminência
V. exc.: Vossa excelência
V. m.: Vossa majestade

1820

1.
REVOLUÇÃO DO PORTO

[N° 148, vol. XXV, setembro de 1820, pp. 332-46]

~

Pelas 9 da noite do dia 23 para 24 de agosto, segundo o plano previamente concertado, se congregaram na casa do coronel do Regimento de Artilharia n° 4, Sebastião Drago Valente de Brito Cabreira[1]; o bacharel José Ferreira Borges[2]; o tenente-coronel do Regimento de Infantaria n° 6, Domingos Antônio Gil de Figueiredo Sarmento; o tenente coronel comandante do Corpo de Polícia, José Pereira da Silva Leite de Berredo; o major de Milícias do Porto, José de Souza Pimentel; o ajudante de Milícias da Maia, Tibúrcio Joaquim Barreto Feio, que depois foi substituído pelo major do mesmo regimento José Pedro Cardoso da Silva; e então, formado o conselho, assentaram que as forças ficariam às ordens dos dois coronéis, que deviam fazer o rompimento convencionado, o que eles aceitaram. Tomadas as medidas precisas, e reunidas as tropas de antemão, leu o coronel Cabreira a Proclamação n° 1, que deixamos copiada à p. 317[3].

No dia seguinte, 24, pela manhã mui cedo, ajuntaram-se as tropas no campo de Santo Ovídio, e ali leu o coronel Sepúlveda[4] a proclamação n°

---

[1] Militar português e bacharel em matemática, (1763-1833). Foi vice-presidente da Junta do Porto e da Junta das Cortes.

[2] Advogado e político, nasceu e morreu na cidade de Porto (06/06/1786-14/11/1838). Foi membro do *Sinédrio* (associação formada no Porto em janeiro de 1817, por Manuel Fernandes Tomás, com o objetivo de preparar uma revolução liberal em Portugal) e redigiu a ata da vereação e da nomeação da Junta Provisional do Governo Supremo do Reino. Ainda em 1820, foi nomeado auxiliar de encarregado dos Negócios Estrangeiros; no ano seguinte, deputado às Cortes pela província do Minho, e em 1823, conselheiro de Estado.

[3] Ver p. 104.

[4] Comandou o Regimento de Infantaria n° 18, que chegou ao Porto no dia 16 de agosto. Fazia parte do *Sinédrio* que organizou a revolução do dia 24. Foi eleito deputado

2[5] (p. 318). Deu-se uma salva de 21 tiros; e num altar preparado no campo celebrou missa o capelão do Regimento de Artilharia n° 4 e prestaram os presentes juramento, cuja fórmula fica copiada à p. 321[6].

Isto feito, marchou a tropa para a Praça Nova, e entraram na Casa da Câmara os chefes militares, e mandaram chamar todas as pessoas principais da cidade. Vieram ali o bispo, o governador das armas, o Senado da Câmara[7], o juiz do povo[8], a Casa dos Vinte e Quatro[9], os juízes de vara branca[10], as pessoas da governança e cidadãos principais; e então se lançou o Auto de Câmara Geral, que deixamos copiado à p. 319[11].

Depois disto a Junta nomeou para vice-presidente o coronel Sebastião Drago Valente de Brito Cabreira e expediu o manifesto ou proclamação à nação, que copiamos à p. 321[12].

Diz o rumor que esta revolução começara antes do período contemplado, que era aos 13 de setembro, porque os conspiradores se descobriram ao conde de Amarante, esperando ganhá-lo a seu partido, mas ele deu parte aos governadores do Reino em Lisboa, que despacharam o marechal Manuel Pamplona Carneiro Rangel para que tomasse o comando das tropas no Porto e prendesse os conjurados. Um destes, Manuel Fernandes Tomás[13], teve

---

às Cortes Constituintes, promovido a brigadeiro, e em 1823 foi nomeado comandante da Força Armada na capital.

[5] Ver pp. 104-5.

[6] Ver no próximo documento, "Auto da Câmara Geral", pp. 105-7.

[7] Câmara Municipal ou os seus membros.

[8] Antigo magistrado popular que presidia a Casa dos Vinte e Quatro.

[9] Junta composta de delegados dos ofícios mecânicos de qualquer terra industrial. Com a Junta do Senado da Câmara dirigia o governo dos municípios. Fundada por d. João I, o seu nome advém de ser constituída por 24 membros, dois de cada mester. Tratava-se de um grupo de representantes dos mesteirais no governo municipal, ao qual cabia, nos termos da carta régia de 1 de abril de 1834, participar de todas as reuniões dos homens-bons da cidade, não sendo válida a deliberação carecida do acordo da sua maioria. Foi extinta por decreto de 7 de maio de 1834.

[10] Tinham como insígnia uma vara delgada, roliça e comprida, pintada de branco e com as armas da nação pintadas no alto.

[11] Ver pp. 105-7.

[12] Ver pp. 107-9.

[13] Jurisconsulto e político; o mais notável dos inspiradores da revolução de 1820 (1771-1822). Autor de *Observações sobre o discurso que escreveu Manuel de Almeida e Sousa*, sobre

aviso do que se passava, comunicou-o aos outros, e resolveram declarar-se instantaneamente.

No entanto que o general Rangel caminhava para sua comissão, soube em Aveiro que o Porto já estava levantando, pelo que retrogradou a Coimbra, com o 10º batalhão de Caçadores; mas, sabendo que o coronel Silveira lhe vinha no alcance com o 22º Regimento de Infantaria, deixou os Caçadores e foi para Lisboa.

O coronel Sepúlveda chegou logo depois a Coimbra, onde reorganizou os Caçadores, com mais outras tropas de seu bando. Então se declarou Coimbra pela Junta Provisória, o que já tinham feito várias outras vilas e cidades.

Quatro dias depois do levantamento do Porto, tiveram dele notícia os governadores do Reino; chamaram a Conselho de Estado, a que assistiu o conde de Palmela[14]; e destas deliberações resultou a proclamação que copiamos à p. 224[15].

Quanto à proclamação dos governadores do Reino, atribuía-se ela aos talentos do conde de Palmela; nós a suporíamos antes obra do pe. José Agostinho[16], que por muito tempo tem sido o coadjutor literário dos senho-

---

o problema agrário de Portugal, criticando os nobres e a Coroa, publicado em 1814. Atendendo à vontade de Gomes Freire de Andrade de mudar a situação de Portugal de "colônia de sua colônia", assumiu efetivamente, no Porto, seu cargo de desembargador da Relação. Iniciando a ação política que culmina com a revolução de 1820, fundou com Ferreira Borges, secretário da Companhia de Vinhos, José da Silva Carvalho, juiz, e João Ferreira Viana, comerciante de grosso trato, o grupo que recebeu o nome de *Sinédrio* (ver nota 14, p. 53). Aproveitou a ida de Beresford para o Rio de Janeiro, em busca de dinheiro para as despesas militares, e aliciou alguns militares. Foi membro da Junta Provisória do Reino, ministro dos Negócios do Reino e deputado às Cortes Constituintes.

[14] Pedro de Sousa Holstein, conde, marquês e duque de Palmela (1781-1850). Em 1805, traduziu *Os lusíadas* para o francês, publicando seu trabalho no *Investigador Português* (ver nota 43, p. 78). Em 1815, representou Portugal no Congresso de Viena. Em 1817, passou a ocupar o cargo de ministro dos Negócios Estrangeiros, indo para o Rio de Janeiro. Avaliando a direção do movimento da junta revolucionária do Porto, aconselhou a d. João VI sobre a conveniência de outorgar uma Constituição. Propõe medidas contra os movimentos liberais no Brasil que não são adotadas, quando então pede demissão do cargo de ministro. Embaixador no Reino Unido quando d. Miguel I se proclamou rei absoluto, pediu demissão do cargo, aderindo à causa de d. Maria II, de quem veio a ser ministro por várias vezes.

[15] Ver pp. 110-1.

[16] O frade Joaquim de Santo Agostinho Brito França Galvão, deputado às Cor-

res governadores do Reino. Até não merece esta proclamação que se lhe faça análise.

O certo é que no outro dia (29) pela manhã se achou rasgada a tal proclamação, ou besuntada de imundície, em todos os lugares públicos onde tinha sido afixada. A esta falta de respeito se seguiu mandarem os governadores equipar a toda a pressa os navios de guerra que se achavam no porto; e ainda que esta medida fosse mui natural nas circunstâncias, o povo a atribuiu logo a preparativo dos governadores para se retirarem ao Rio de Janeiro.

No entanto que isto se passava em Lisboa, a província do Minho seguia a Revolução do Porto, comandando as tropas o marechal Gaspar Teixeira de Magalhães e Lacerda[17]. A Brigada 9 e 11 e Caçadores 12 era comandada por Antônio Lobo Teixeira de Barros e a Brigada 3 e 15 e Caçadores 6, por Joaquim Teles Jordão, estando toda a divisão às ordens do brigadeiro Antônio de Lacerda Pinto da Fonseca.

A cidade de Braga declarou-se pela insurreição aos 28 de agosto, Ponte de Lima aos 26, Viana aos 27, proclamando todos a Constituição que não se sabe ainda qual seja.

No 1º de setembro chegou ao Porto a proclamação dos governadores do Reino, e em resposta a ela publicou a Junta outra proclamação, que copiamos à p. 326[18]; e na noite de 2 se fez uma leva para aumentar as tropas que se destinavam a marchar contra Lisboa.

A Lisboa, porém, chegaram ofícios do conde de Amarante, governador das armas na província de Trás-os-Montes, datados de Chaves, aos 25 de agosto (e que deixamos copiados à p. 291), em que anunciava os preparativos que fazia para marchar contra os revolucionários, chamava louco conhecido por tal a seu irmão, que entrara na revolução, e incluía também o conde a cópia de uma proclamação que publicara contra os revoltosos.

Ao mesmo tempo tiveram os governadores ofícios, na mesma tendência, do corregedor de Vila Real, do governador das armas da província da

---

tes, comendador e sócio da Academia de Ciências, escreveu sobre diversos assuntos e a partir de 1809 publicou uma série de seis críticas anônimas intituladas *Reflexões sobre o Correio Braziliense*, tiradas na Impressão Régia e abrangendo os números 1 a 18, a que deu Hipólito metódicas respostas, embora as considerasse redigidas "por um partidista dos franceses na linguagem das regateiras".

[17] Marechal de campo em outubro de 1815 e tenente-general em dezembro de 1826. Colaborou na revolução de 1820, mas já em 1823 se definiu como miguelista ferrenho, ano em que, por decreto de 4 de julho, foi feito visconde do Peso da Régua.

[18] Ver pp. 111-2.

Beira e do governador de Elvas, em que todos se mostravam prontos a apoiar a autoridade d'el-rei e seu governo. Copiamos estes ofícios com outros documentos da p. 293 em diante.

Não obstante estas notícias, que mostravam terem os governadores do Reino ainda um partido a seu favor, publicaram eles, no dia 1° de setembro, uma proclamação em que prometiam convocar as Cortes, cedendo assim à torrente da revolução (veja-se p. 292[19]). Seguindo-se a isto nomear a Comissão Preparatória das Cortes pela portaria da p. 300[20], substituindo depois outro membro, em lugar do visconde de Barbacena[21], p. 305.

Ultimamente passaram-se as cartas de chamamento das Cortes, para se ajuntarem em Lisboa aos 15 de novembro; e à p. 312[22] damos a que se dirigiu ao Senado da Câmara de Lisboa, ordenando-lhe que elegesse os seus dois procuradores e lhes desse instruções.

Neste documento notamos que os governadores do Reino mudaram a frase e estilo que tão impropriamente tinham adotado desde o princípio de sua administração. As suas ordens eram expedidas falando como se fosse el-rei que as escrevera ou assinara; agora falam os governadores em seu próprio nome, como se convocassem as Cortes de sua própria autoridade.

As notícias da revolução de Portugal foram publicadas nas gazetas inglesas com algum estrondo, mas não apareceu nenhum parágrafo do brasiliano residente em Londres[23], nem para as contradizer, nem mesmo para as explicar ou suavizar; pelo que supomos que o tal brasiliano já aqui não reside, ou estará enfermo; se isto é, damos-lhe os pêsames pelas suas moléstias e lhe recomendamos que incumba alguém a que faça as suas vezes, escrevendo para os jornais ingleses; porque decerto a revolução em Portugal não é bagatela que se deixe ficar no tinteiro.

---

[19] Ver pp. 112-3.

[20] Ver pp. 113.

[21] Francisco Furtado de Castro do Rio de Mendonça e Faro, visconde e conde de Barbacena (1780-1850). No final de agosto de 1820 foi encarregado pelos governadores do Reino de comandar as forças que deviam combater a revolução liberal que rebentara no Porto. Como, porém, esse movimento tomou grandes proporções, estendendo-se pelas províncias, pediu exoneração e conservou-se fora da política até a chegada de d. João VI a Lisboa. Foi nomeado ministro dos Negócios Estrangeiros, sendo depois substituído por Silvestre Pinheiro Ferreira.

[22] Ver pp. 113-4.

[23] Pseudônimo do duque de Palmela, que em suas estadas na Inglaterra colaborava nas colunas do *Times*.

Até aqui os fatos, que narramos segundo as melhores notícias que pudemos alcançar. Agora, porém, faremos algumas observações sobre estes procedimentos e suas conseqüências.

O concurso de causas que tinham motivado o descontentamento dos portugueses era tão manifesto, que nada podia escurecer; os malignos serviam-se disto para caluniar injustamente el-rei; os governadores não davam passo algum para impedir o mal iminente; e os homens principais da nação, empregados por el-rei, fugiam de cooperar para o próprio remédio com um egoísmo, por não dizer outra coisa, verdadeiramente escandaloso.

Por exemplo, o conde de Palmela. Foi este fidalgo nomeado secretário de Estado; e esperava-se por ele na Corte do Rio de Janeiro, como os judeus esperam pela vinda do Messias: o conde sabia, ou devia saber, pois ninguém o ignorava, que era da mais urgente necessidade adotar prontíssimas medidas para aquietar as fermentações que existiam em Portugal, mas em vez de ir para o Brasil a promover, ou ao menos ajudar, os planos que el-rei contemplava, deixou-se ficar em Londres por três anos, fazendo viagens a Paris sob vários pretextos; e até se diz que el-rei, para o induzir a partir, lhe mandara pagar as dívidas, que montavam a somas enormes.

Enfim saiu de Londres, mas foi para Lisboa, onde chegou a tempo para assistir ao enterro, dando-se em razão, que ia para achar-se presente ao casamento da irmã; como se tão fútil causa se pudesse pôr em competência com a magnitude dos objetos que se deviam tratar no Rio de Janeiro, e de que dependia a salvação da monarquia.

Mas não pára aqui o conde de Palmela em faltar à obediência a el-rei. Na *Gazeta de Lisboa* se publicou uma carta do conde da Feira[24], que assina agora os papéis do governo junto com os governadores, sem sabermos com que bulas. Esta carta, dirigida ao conde de Palmela, responde que, apesar dos seus desejos, vista esta requisição, se deixará ficar (veja-se p. 314[25]).

A quem iludirá uma pantomima desta natureza? Depois veremos como esta repugnância do conde em ir para o Rio de Janeiro quadra com outras circunstâncias.

---

[24] Miguel Pereira Forjaz Coutinho Barreto de Sá e Resende, conde da Feira. Tenente-general, foi ministro da Guerra e dos Negócios Estrangeiros da Regência na ausência de d. João VI de Portugal. Como auxiliou Beresford na reorganização do exército português, seu nome ficou ligado à execução de Gomes Freire. Em 1820, depois da revolução liberal, ganhou de d. João VI o título de conde da Feira.

[25] Ver pp. 114-5. Acrescentamos a resposta de Palmela, aqui não referida por Hipólito, mas transcrita no *Correio Braziliense*.

A par deste comportamento egoístico do conde de Palmela, vem o procedimento dos governadores do Reino. Tudo ameaçava a pronta dissolução de sua autoridade, se não se tomassem medidas as mais decisivas para contentar os portugueses, principalmente depois do exemplo da Espanha; mas nada fizeram, senão proibir que se não escrevesse nem falasse sobre a revolução espanhola, como se fosse possível ignorar-se, em Portugal, o que estava passando no outro lado de suas abertas fronteiras; e como se tais medidas restritivas não fossem de si mesmas novo motivo para se contrastar a liberdade espanhola com a servidão portuguesa.

Sucede enfim a Revolução do Porto, no dia 24 de agosto, e tão mal servidos eram os governadores em Lisboa, que só dela souberam aos 28. Aos 29 publicaram sua proclamação, declarando que as Cortes convocadas pela Junta Provisória sempre seriam ilegais, porque só el-rei tem o direito de as convocar; e não obstante isto, quatro dias depois, aos 2 de setembro, se erigem esses governadores em rei, proclamando que iam convocar as Cortes.

Dizem os governadores nessa proclamação de 1º de setembro que assim obram em virtude dos poderes e instruções que têm para os casos urgentes. Se tais poderes tinham, por que não usaram deles a tempo? Se a convocação das Cortes era medida conveniente para impedir o perigo iminente em que se achava o Reino, deviam convocá-las antes de arrebentar a revolução, porque então apareceria como ato gracioso o que somente é agora concessão extorquida; então, um ato de justiça ou benevolência lhes atrairia respeito; agora, uma conseqüência de temor só fará desprezível sua autoridade; então as Cortes, chamadas com deliberação, poderiam ser dirigidas segundo as vistas do governo, para que não adotassem senão reformas graduais; agora, obrando-se com a precipitação a que a revolução impele, o governo será levado pela torrente a qualquer extremo a que a convulsão o arrojar.

A revolução atual só é a manifestação do descontentamento que muito dantes existia; e se a convocação de Cortes é adaptado remédio desse descontentamento, já também muito antes deveriam os governadores do Reino ter proposto essa medida a s. m. Nada disso fizeram.

Se, porém, a convocação das Cortes não era o próprio remédio para acalmar a inquietação que há tanto tempo se observava em Portugal, que justificação poderão alegar os governadores do Reino para ter agora recorrido a tal medida?

Que com isso parariam a revolução e manteriam sua autoridade? Ridícula esperança! Um ato do governo, ditado pelo temor, nunca lhe conservou a autoridade, porque nunca lhe pôde conciliar o respeito dos súditos.

Que se seguiu de fato a esta medida dos governadores e de seus conselheiros? Logo que se soube em Trás-os-Montes que os governadores cediam à revolução e chamavam Cortes, se fez conselho em Chaves, aos 6 de setembro, em que foi resolvido reconhecer, no dia 7, a Junta do Porto. Esta publicou, aos 8, uma proclamação em que ludibriava a medida dos governadores e marchou para Coimbra, para dali se passar a Lisboa, a tomar posse do Governo Geral do Reino. Eis o fruto das resoluções dos governadores: exatamente o que se devia esperar.

Não podemos dar neste número a proclamação da Junta do Porto do dia 8, que, na verdade, é um chefe d'obra em expor o governo de Lisboa, seu conselheiro conde de Palmela e o sistema que tal gente seguia.

Nós exporemos esta miserável facção em suas próprias cores em outro número.

A Mesa do Desembargo do Paço[26], que até aqui nada tinha proposto para o melhoramento dos negócios públicos, depois das medidas do governo se saiu com uma representação para aprovar o que tinha feito o partido dos governadores; o resumo desta representação, copiado da *Gazeta de Lisboa*, é o seguinte:

> "A Mesa, pois, expôs na dita representação que animada dos mais puros sentimentos de lealdade, de amor, e de inteira dedicação à soberana pessoa de s. m., ao bem do seu real serviço e ao interesse geral da monarquia, não podia, nas atuais circunstâncias em que se acha este Reino, deixar de concorrer com a expressão da sua dor pelos acontecimentos que, desde o dia 24 de agosto último, na cidade do Porto, têm abismado o mesmo Reino em um violento estado de crise; unindo a este doloroso sentimento, por tão desastrosos e deploráveis sucessos, o reconhecimento da confiança que a todos justamente inspira a prontidão, a energia, e o acerto das providências que os governadores do Reino têm adotado.

---

[26] Tribunal superior do Reino, a quem competia submeter a despacho do monarca as petições que lhe eram formuladas por particulares, em questões de graça ou de justiça. Este tribunal foi criado por d. João II, o qual, impossibilitado por doença de despachar tudo por si, nomeou dois desembargadores para o auxiliarem. Mas só a partir das *Ordenações manuelinas* de 1521, é que a Mesa do Desembargo do Paço adquiriu verdadeira autonomia, sendo atribuídos poderes aos ministros de despacho para tomar decisões régias. Foi extinta em 1833.

"Expõe a mesma Mesa que tais e tão judiciosas providências eram as únicas que, dando a conveniente direção ao espírito público, vivamente agitado pelas opiniões dominantes do século, como parece não poder duvidar-se, podiam salvar o Reino de uma inteira subversão, que a todos cobriria de opróbrio e de calamidades.

"Penetrada intimamente desta convicção, teve a Mesa por um dos seus principais deveres levar ante o trono augusto de s. m., com a homenagem pura de sua lealdade, a expressão fiel do aplauso com que têm sido aceitas as referidas medidas adotadas pelos governadores do Reino e exprimindo assim o conceito que forma da gravidade do perigo e dos meios empregados para conservar a preciosa herança que dos senhores reis, augustos predecessores de s. m., passou por ventura nossa às reais mãos do mesmo senhor, une-se, como deve, desta sorte, à voz do governo, parecendo-lhe que as mesmas medidas sustentadas com firmeza e perseverança são as mais próprias para salvar o Reino do risco em que se acha presentemente.

"Expõe finalmente a Mesa que uma só circunstância faria o complemento, e poria o remate a tudo: era o de agradar à Divina Providência, que s. m., na alta sabedoria de seus conselhos, resolvesse restituir a este Reino a sua real pessoa, ou a do sereníssimo príncipe real, seu augusto filho; que é seguramente este o voto universal de toda a nação, e a Mesa, interpondo-o, não hesita em suplicar humildemente a s. m. que se digne realizá-lo, concedendo a todos os seus fiéis vassalos de Portugal esta graça que, sobre todas quantas providências se tem adotado, e possam ainda adotar, deve servir a consolidar todas as instituições, extinguir até a lembrança das divisões, dar nova vida e vigor à monarquia, animar completamente todo o sistema da administração e derramar sobre todos os corações os sentimentos de paz, de união, e de concórdia de que tanto se necessita."

Até aqui o Desembargo do Paço, mas deve notar-se que, ao primeiro romper da comoção, se acharam já pessoas obrando como representantes das três províncias do Minho, Trás-os-Montes e Beira, e o novo sistema seguido logo depois por cidades e vilas dessas três províncias. Fatal cegueira, pois, a de quem supôs, em Lisboa, que os elementos da revolução não eram gerais por todo o Reino; e que também o remédio devia ser de natureza geral. Mas, até que a revolução arrebentou, não apareceu nenhuma representação da Mesa do Desembargo do Paço.

A comoção que arrebentou em Portugal não pode causar admiração a ninguém, porque tudo a anunciava depois de muito. Que isso se fizesse sem derramamento de sangue, é circunstância que se deve julgar mais feliz do que talvez houvesse o direito de esperar: e por isso não ficarão menos culpados no tribunal da razão aqueles que podendo impedir o perigo não o fizeram.

Que tudo tendia em Portugal para a revolução que começou no Porto aos 24 de agosto, é coisa que até os cegos conheceriam, por ser não só visível, mas palpável. Mas se os ministros d'el-rei tomaram algumas providências para prevenir o perigo iminente, é o que não aparece; porque até o dia de hoje ainda não sabemos que existisse coisa nenhuma desta natureza.

Pelo contrário, temos razão de dizer que o dinheiro d'el-rei se estava dando a pessoas que trabalhavam o que podiam por derribar a autoridade do mesmo rei. Não disputaremos aqui nem os seus motivos, nem as conseqüências; mas lá é um pouco árduo que o dinheiro d'el-rei se empregue em fomentar medidas de oposição a ele mesmo. Por havermos atacado os abusos que se deviam destruir, nos chamaram jacobinos esses mesmos homens que agora nos apregoam de cortesãos, porque dissemos que seria muito melhor que tais abusos não fossem reformados por meio de revoluções: essas incongruências são naturais a injustos agressores.

Mantemos ainda a mesma opinião. Se quem pode remediar os abusos não o faz, é culpado porque não previne os perigos; se o remédio dos abusos se fizer por comoções populares sem desastres, é acaso que nas regras ordinárias da prudência não deve entrar em cálculo.

Mas, que diremos de empregados públicos que há muito tempo tinham mandado assoalhar, por aqueles a quem davam pensões, a necessidade de mudar em Portugal todas as bases do edifício social; que fomentaram a publicação da cronologia das Cortes; que faziam alarde de proteger, aparecer em público, promover o perdão e dar pensões aos mais escandalosos traidores da pátria no tempo da invasão inimiga?

Se tais eram alguns dos principais servidores d'el-rei, a ninguém deve admirar que ele seja mal servido; e talvez mais agradecimento deva el-rei aos que tramaram a Revolução do Porto, porque se ela tinha de suceder, melhor é que caísse em mãos que livrem a nação ou da anarquia dos democratas, ou do despotismo de uma degenerada aristocracia.

É preciso combinar alguns fatos para virmos a descobrir as vistas ocultas de certa facção aristocrática. Nos mesmos escritos em que vemos recomendada a necessidade da revolução e das mudanças em Portugal, vemos também uma constante declamação contra el-rei, por conceder títulos de nobreza, e principalmente por elevar a grandes empregos homens que não são da classe dos fidalgos. Aqui se vê que quem faz falar esses pregadores é o partido desses aristocratas.

Donde tirou o marquês de Marialva[27], o conde de Palmela, ou outro qualquer título das famílias aristocratas a sua nobreza, senão da concessão dos reis? E que mais direito tem nenhum membro dessas famílias, desfiguradas por vergonhosas bastardias de que tiram sua origem, a serem titulares do que Pedro, Paulo, Sancho ou Martinho, a quem el-rei, por sua afeição particular ou por serviços feitos à sua pessoa ou à sua família, faz entrar na classe da nobreza?

Daqui fica manifesto que o partido que nos tem quebrado os ouvidos com a necessidade de mudar as bases do edifício social, com a prostituição dos títulos de guarda-roupas a pessoas de classes diferentes desses fidalgos, não aspira a mais do que a meter-nos pelos olhos essa aristocracia rançosa, que de nada serve, e que nas ocasiões dos apertos ou tem tomado o partido dos inimigos, porque lhe pareceu o mais forte, ou se tem metido no escuro, fugindo às dificuldades.

Se esses que assim falam têm realmente em vista o desaprovar que pessoas não nobres sejam elevadas a empregos importantes, principalmente na diplomacia, para que estão tão calados a respeito de pessoas tais como um Guerreiro, a quem dão o tratamento de excelência? Que serviços, que estudos, que talentos são os desse diplomático nascido das ervas, senão o de ser um humilde instrumento do partido roevídico[28]? Entretanto, note-se, os mesmos que lhe dão excelência são os que nos empurram a necessidade de mudar as bases do edifício social em Portugal, os que louvam os traidores da pátria, e os que acham culpa em el-rei por elevar pessoas que não são da classe da grandeza.

É assim que, correndo em Londres a notícia de que o abade Corrêa era chamado ao Rio de Janeiro para ministro de Estado, tiveram alguns biltres

---

[27] Pedro José Joaquim Vito de Meneses Coutinho, 6º marquês de Marialva. Em 1807, brigadeiro e embaixador junto a Napoleão; em 1814, junto a Luís XVIII. Em Viena, negociou o casamento de dona Maria Leopoldina com d. Pedro. Em 1823 voltou a exercer sua função como embaixador em Paris.

[28] "Que rói vides", expressão inventada por Hipólito para qualificar a avidez de cargos e honras dos irmãos Sousa (d. Rodrigo, conde de Linhares, ministro do governo no Rio de Janeiro; d. Domingos, conde de Funchal ministro do Reino e embaixador na Inglaterra e d. José, membro da Regência de Lisboa).

adictos à Embaixada Portuguesa a impudência de dizer que o abade só iria para dizer missa a el-rei. Porque se levantou esta antífona, seguiram logo outros a salmodia, insinuando que o abade só sabia de sua botânica.

Comparando, pois, todos estes fatos, não nos resta a menor dúvida de que os principais motores da revolução se devem achar num partido aristocrático que se lisonjeava de poder dar aos negócios de Portugal a direção que lhe aprouvesse, sem consultar a el-rei. Talvez um fidalgo que manejasse as coisas por de trás da cortina tivesse em vista ser o presidente das Cortes; mas jogando, como lá dizem, com pau de dois bicos, ir para o Rio de Janeiro a propor novos planos quando as coisas não saíssem ao som de seu padar.

Mas parece-nos que, depois da confusão que eles maquinaram, os aristocratas se acharão completamente enganados. O partido popular sem dúvida ficará de cima; primeiro, porque tem o talento de sua parte; e segundo, porque o partido aristocrata não tem a menor consideração entre o povo.

Esta nossa conjectura se corrobora com uma observação; e é que, no plano da revolução, como apareceu no Porto, não se admite nem a opinião daqueles que recomendavam a separação de Portugal do Brasil, nem se lembra o outro absurdo caminho da sujeição a Castela, que alguns alvitristas tinham propalado.

Temos já em outros números precedentes exposto o irracionável de ambos estes partidos, que não tiveram seguido na Revolução do Porto; mas ainda assim, os aristocratas, falando pela boca do Desembargo do Paço, em sua representação, insistem em que el-rei volte para Lisboa (o que sabem ser impossível nas conjunturas atuais) ou que mande o príncipe real. Isto claramente é lançar os fundamentos para futuras queixas e para passar a confusão também ao Brasil; mas, nisto, outra vez se acharão enganados os aristocratas, ainda que mandem o conde de Palmela ao Rio de Janeiro, para lá fomentar suas idéias; porque el-rei não pode negligenciar os interesses gerais e permanentes da monarquia para atender às vistas temporárias de meia dúzia de famílias aristocratas que, havendo por longo tempo pisado a nação, lhes parece agora que poderão também pisar em el-rei. S. m. terá sempre por si, como merece ter, os votos da nação, o que se faz bem patente nesta mesma revolução.

Seja-nos agora permitido fazer alguma observação sobre a influência que terá no Brasil a medida dos governadores de Portugal de convocarem as Cortes daquele Reino, com a precipitação que fizeram, sem plano premeditado pelo governo e sem vistas do interesse geral da monarquia.

Se nas Cortes de Portugal não entram procuradores do Brasil, el-rei será o soberano de ambos os reinos, mas eles serão os reinos *desunidos* de Portugal e do Brasil; porquanto, uma vez que as medidas políticas em Portugal dimanem de suas Cortes, e no Brasil só d'el-rei, é impossível que haja a unidade de sistema, sem a qual os dois reinos só serão unidos de nome.

Além disto, os brasilienses[29] não poderão ver com olhos tranqüilos e sem natural ciúme que seus co-vassalos em Portugal tenham Cortes, e não as haja no Brasil. Ora, o estado de instrução no Brasil está bem longe de lhe permitir que tenham lá Cortes como as de Portugal. Exemplo, a dificuldade que tem havido na América Espanhola de achar homens capazes de formar governos bem organizados: todos se supõem políticos, todos arrostam com os negócios do Estado e ninguém ou quase ninguém há com assaz conhecimentos da ciência de governo para dar a devida direção aos negócios públicos.

Estas considerações são da mais transcendente importância para a tranqüilidade do Brasil. O exemplo de Portugal e as idéias do nosso século a favor das formas representativas de governo devem necessariamente mover os espíritos no Brasil, que não tendo, como fica dito, assaz fundamentos, caso adquiram o poder de obrar, só produzirão confusão e calamidades.

Parece-nos, logo, que o remédio devia ser a adoção de medidas tais que, satisfazendo de algum modo a opinião geral, dessem aos povos instituições constitucionais moderadas, adaptadas ao estado de civilização e instrução do país, deixando a sua desenvolução para o diante, seguindo os progressos da instrução do povo.

O governo, e mais ninguém, pode fazer isto; porque uma vez que a reforma não seja iniciada e conduzida pelo mesmo governo, mas sim deixada aos acasos da comoção, ninguém pode assegurar a moderação, nem ainda prever os resultados que produzirá a confusão no meio da concussão dos partidos e das desordens da anarquia.

---

[29] Adiantamos aqui nota de Hipólito no nº 165, vol. XXIX, fevereiro de 1822, pp. 165-7: "Chamamos brasiliense o natural do Brasil, brasileiro, o português europeu ou o estrangeiro que lá vai negociar ou estabelecer-se; seguindo o gênio da língua portuguesa, na qual a terminação *eiro* denota a ocupação; exemplo: sapateiro, o que faz sapato, ferreiro, o que trabalha em ferro, cerieiro, o que trabalha em cera, brasileiro, o que negocia em brasis ou gêneros do Brasil etc.; por outra parte, o natural do Porto chama-se portuense e não portueiro; o natural da Bahia, baiense e não baieiro. A terminação em *ano* também serviria para isto, como por exemplo, de Pernambuco, pernambucano; e assim poderíamos dizer brasiliano, mas, por via de distinção, desde que começamos a escrever este periódico, limitamos o derivado brasiliano para os indígenas do país, usando do outro, brasiliense, para os estrangeiros e seus descendentes ali nascidos ou estabelecidos e atuais possuidores do país".

Quando, porém, assim falamos sobre as medidas convenientes para conservar unidos os reinos de Portugal e Brasil, temos em vista o interesse de Portugal e do soberano, que o é de ambos aqueles Estados; porque quanto ao Brasil, ele não mais, nem tanto, necessita de Portugal, do que os Estados Unidos precisam da Inglaterra.

Portanto o *Correio Braziliense* deve ser propriamente entendido em seus desejos patrióticos, que não são decerto guiados por prejuízos locais. Se o Brasil nada precisa de Portugal, contudo é em sua honra que seu rei continue a sê-lo também de Portugal; assim, desejáramos que, uma vez que os governadores de Portugal se portaram como se têm portado, e são convocadas as Cortes, tais instituições se adotassem que fossem favoráveis à verdadeira, e não nominal, união dos dois reinos, e que não causassem ciúmes de uma parte ou doutra, para que assim a união fosse permanente.

Acabamos de ler em um escrito português que a independência de Portugal do Brasil, como Estado separado, era inadmissível, porque "por sua posição e forças, comparativamente pequenas, seria constantemente um boneco, ou em mãos de um protetor, ou de um rival". Esta proposição é a que temos demonstrado em alguns dos nossos números precedentes.

Do Brasil não se pode dizer o mesmo; mas ainda assim insistimos no grande decoro dessa união dos dois reinos, e por isso, e não por prejuízos locais, outra vez repetimos, desejaríamos ver adotadas tais instituições políticas que abrangessem os interesses de ambos os Estados, e que assim os ligassem em um só corpo político que se pudesse não só chamar, mas de fato considerar, como Reino Unido.

Quanto mais instituições diversas se estabelecerem em ambos os Estados, quanto menor será sua união; a diversidade de instituições políticas, principalmente as essenciais, não pode deixar de ocasionar diversidade de caráter, de interesses e de máximas; e dois povos, ainda que sujeitos ao mesmo soberano, colocados em tais circunstâncias, é impossível que continuem unidos por longo tempo.

2.
Revolução de Portugal

[Nº 149, vol. XXV, outubro de 1820, pp. 446-53]

Havíamos, no nosso número passado, feito o resumo da revolução de Portugal, segundo as melhores notícias que pudemos obter; e deixamos a Junta Provisória do Supremo Governo do Reino em Coimbra, dirigindo-se a Lisboa; e nesta cidade os governadores do Reino tratando de convocar as Cortes.

Neste estado se achavam as coisas, quando os governadores do Reino escreveram à Junta Provisória a carta que publicamos à p. 363[30], propondo-lhe que se submetesse por bons modos a seu mando; mas este passo só serviu de dar à Junta Provisória mais uma ocasião de mostrar o desprezo com que olhava para os governadores do Reino, o que fez em sua proclamação, p. 327[31], e depois na carta à p. 372[32].

A Junta Provisória estava já em Coimbra quando os governadores do Reino resolveram ainda dar outro inútil passo; e foi mandar o marechal Póvoas[33] fazer com ela tratados de ajustes. Mas dos documentos publicados da p. 392 em diante se vê como esta abertura foi tratada: com efeito, os governadores parece que não propunham medida alguma, e só queriam ouvir as proposições da Junta; assim, esta valeu-se de uma falta de formalidade no sobrescrito e no modo por que o marechal se anunciou, para não abrir a

---

[30] Ver pp. 115-7.

[31] Ver pp. 118-21.

[32] Ver pp. 121-3.

[33] Álvaro Xavier da Fonseca Coutinho e Póvoas, marechal de campo em 1820, tenente-general em 1832; foi deputado no Congresso Constituinte depois da revolução de 1820. Desde os primeiros momentos de sua carreira militar revelou-se um absolutista ferrenho, tendo sido comandante supremo do exército de d. Miguel.

carta; recambiou-a fechada, e mandou sair o mensageiro de Coimbra dentro em poucas horas.

Depois de todos estes passos humilhantes e contraditórios, os governadores do Reino não possuíam já a menor força moral, e suas medidas vacilantes tinham desanimado até seus mais acérrimos partidistas.

Por fim, no dia 15 de setembro, as tropas da guarnição de Lisboa marcharam de seus diversos quartéis para a praça do Rocio, clamaram por novo governo, ajuntou-se uma multidão de povo que se uniu no mesmo grito, mandaram buscar o juiz do povo, e por intervenção deste foi nomeado outro governo. As particularidades deste sucesso ficam referidas à p. 378, conforme o que publicou a *Gazeta de Lisboa* no dia 16 de setembro.

Em tudo isto não aparecem os governadores do Reino, nem os seus secretários, nem o seu coadjutor conde de Palmela; parece que até nem se sabia de sua existência, senão porque o novo governo, movido de compaixão por suas pessoas, e para evitar desordens, lhes mandou pôr guardas em suas casas, para os proteger contra algum insulto popular.

O novo governo, que se intitulou provisório, mandou logo pôr um embargo para que não saíssem navios de Lisboa; e depois, examinando o Erário, publicou a conta, que copiamos à p. 383; e como achou o Erário exausto, pediu uma subscrição voluntária, a qual foi correspondida com numerosos donativos, tomando-se as devidas precauções para que eles fossem aplicados aos fins a que se destinavam; e expediram ao povo a proclamação à p. 381[34].

Feito isto mandaram a carta, que fica copiada à p. 388[35], à Junta Provisória, que tinha já saído, ou estava a ponto de sair de Coimbra: e chegando a Alcobaça, expediu a resposta, que se acha à p. 400[36], e a portaria da p. 401[37], pela qual uniu a si o governo interino de Lisboa, e se dividiu em duas seções, uma encarregada da Administração do Reino, outra da convocação copiada à p. 408.

Vejamos agora uma pequena parte do contraste entre o antigo e novo governo.

---

[34] Ver pp. 123-4.

[35] Ver p. 125.

[36] Ver pp. 125-6.

[37] Ver pp. 127-9.

Os governadores do Reino, em sua primeira proclamação, trataram de rebeldes a Junta do Porto e seus sequazes. Legalmente falando, qualquer oposição armada contra as autoridades constituídas é uma rebelião; mas o modo por que os governos costumam e devem tratar as rebeliões depende inteiramente das circunstâncias.

Quando os rebeldes constituem uma parte considerável da nação, já não se pode considerar a rebelião como se fosse tentativa de algum indivíduo ou poucos indivíduos contra a ordem geralmente recebida; então temos uma dissensão civil, e, quando não fosse o direito (que mal se pode considerar achando-se a nação em revolução), a prudência pede que os governos façam a devida distinção entre estes dois casos tão essencialmente diferentes.

Mas os governadores de Lisboa, sem considerar a magnitude da revolução, trataram os portuenses de rebeldes; e logo depois, sem cuidar em medidas que vigorassem o seu partido, cedem à revolução, chamando Cortes, e indicando assim que eles eram os que tinham andado errados e que a Junta Provisória era a que obrara com acerto. Esta declaração, portanto, devia ser o golpe mortal a seu partido.

Depois, escrevem a esses que tão pouco antes haviam tratado como rebeldes, a carta da p. 363, em tom tão humilde que não podia ter outra resposta senão o desprezo; e ainda assim têm a simplicidade de exigir que a nação tenha neles confiança! Ora, que confiança se podia pôr em homens que mostravam tão inconseqüente caráter?

Mas todo o governo estava montado neste sistema de ilusão e engano; e por isso caiu o seu poder, como, quando corre a cortina do teatro, desaparecem as vistas. A gazeta de papel pardo que, no dia 15 pela manhã, declarava que era só um partido astucioso que procurava com falsidades inspirar desconfiança do governo, essa mesma gazeta, no mesmo dia pela noite, preparava o artigo que publicou na manhã seguinte, que era chegado o momento de sufocar, pela unanimidade dos votos da nação, o germe de civis discórdias. E tais eram os podres esteios em que se apoiava tal governo!

Os interessantes documentos que se acham da p. 389 em diante mostraram a atividade tanto do governo provisório de Lisboa como da Junta, que, como mostra o documento da p. 401, se dividiu em duas seções; mas além disto notaremos algumas das medidas em particular, e primeiramente, quanto à escolha de pessoas.

Quando os governadores do Reino se viram nos apertos, pela Revolução do Porto, desapareceu o nome de seu secretário Salter: talvez se pusesse na lista dos doentes; e, para o substituir, nomearam os governadores ao desembargador Antônio Gomes Ribeiro.

De todos quantos homens podiam lembrar, não havia outro que fosse mais geralmente detestado, já por seu caráter individual, já porque fora antigamente encarregado da comissão para devassa duma suposta sublevação da província das Minas no Brasil, já porque fora o juiz que condenara o infeliz Gomes Freire[38]. Deixemos de parte a questão se o ódio geral contra o caráter deste indivíduo era ou não bem merecido; mas perguntamos se uma pessoa tão geralmente mal vista era própria para o lugar de secretário do governo, em um momento mais do que todos em que esse governo precisava de popularidade?

Agora o contraste: os membros do novo governo provisório em Lisboa foram nomeados tumultuariamente, é verdade, e sem as formalidades que se observaram no Porto, mas só se escolheram aqueles que tinham a aura popular.

Sobretudo esse governo provisório teve logo para seu secretário o desembargador Felipe Ferreira de Araújo e Castro[39], homem geralmente conhecido por sua probidade, seus talentos, seus estudos; não havia ninguém que não conhecesse as boas qualidades e aptidão daquele indivíduo para os maiores empregos, exceto os governadores do Reino, que deixavam na obscuridade tão conspícuo merecimento. Assim soube logo a revolução aproveitar-se de uma pérola que dantes estava atirada ao monturo; e de secretário do governo provisório passou a ser membro da Junta Suprema depois da união, como se vê do ofício à p. 411.

Não se achava no governo antigo para pôr à frente do Erário senão um marquês de Borba, que nunca servira em repartição alguma, nem mostrara jamais que houvera feito alguns estudos que para tal emprego o qualificassem; ainda independentemente de seu caráter moral. A revolução achou

---

[38] Marechal de campo e oficial do exército português (1757-1817). Foi mestre de campo na questão entre Portugal e Espanha unida à França, em 1801. Tomado Portugal pelos soldados de Napoleão, Gomes Freire esteve à frente da Legião Lusitana que saiu de Lisboa em 1808. Em 1813, foi promovido a marechal. A Legião Lusitana regressou a Lisboa no ano seguinte. Beresford exercia verdadeira ditadura militar e quando soube da existência de uma conspiração em Portugal, mandou prender em maio de 1817 os conjurados. Gomes Freire foi encerrado na Torre de São Julião e depois executado. Suas cinzas foram jogadas ao mar como as dos demais réus.

[39] Bacharel formado em Direito (05/12/1771-16/07/1849). Ardente liberal, escreveu artigos no *Investigador Português*. No início da Revolução do Porto foi nomeado intendente geral de Polícia. Largou esse cargo e foi transferido para o lugar de chanceler da Relação do Porto, onde ficou até ser nomeado ministro e secretário de Estado dos Negócios do Reino até maio de 1823.

logo o desembargador Manuel Fernandes Tomás, cujos talentos eram já mui conhecidos, e que foi posto nesta repartição pela seguinte

"Portaria
"Sendo indispensável que no Erário haja administrador geral, com a jurisdição da presidência dele, determina a Junta Provisional do Governo Supremo do Reino que o deputado da mesma junta Manuel Fernandes Tomás, encarregado dos Negócios do Reino e Fazenda, sirva o referido lugar de administrador geral do dito Erário; o qual o terá assim entendido e executará, expedindo as participações que se fizerem necessárias.
"Palácio do Governo, em 4 de outubro de 1820.
"[Com as rubricas dos governadores do Reino.]"

Seria impraticável correr por todos os indivíduos do novo governo para mostrar como cada um deles tinha a aura popular; basta notar que de nenhum deles se soube aproveitar o passado governo.

Agora, quanto às medidas: a primeira e a mais importante é o chamamento de Cortes; e o novo governo, dando a isto o peso requerido pela opinião pública, e havendo-se dividido a mesma junta em duas seções, ficou uma delas incumbida das medidas necessárias para esta convocação, exclusivamente de todos os mais negócios; não se podia, portanto, tratar com mais gravidade, nem dar maior respeito para com o público, a essa medida da convocação de Cortes.

Pelo contrário, os governadores do Reino declararam o chamamento de Cortes; mas tão intempestivamente e de maneira tão pouco calculada a inspirar confiança, que ninguém creu na sinceridade da medida; atribuíram-na todos a conselho artificioso do conde de Palmela, riram-se do modo por que tal medida se propunha pôr em execução, e ficaram os governadores no mesmo estado de fraqueza moral em que dantes se achavam.

Já deixamos copiado à p. 398 o mapa do estado em que o governo provisório achou o Erário; mas depois se nomearam claviculários, pela portaria p. 398, para guardar o cofre dos donativos voluntários, e se publicaram listas dos contribuintes, na que achamos uma contribuição de Évora.

Ademais, na *Gazeta de Lisboa* de 4 de outubro se publicou circunstanciadamente a receita e despesa do Erário, desde 16 até 30 de setembro. As particularidades das contas públicas em tão breve período não são em si de nenhum interesse geral; mas servem de maneira mui conspícua para atrair ao governo a confiança da nação, principalmente na crise atual.

Sobre este ponto tão essencial não disseram nada os governadores do Reino, nem lhes sugeriu medida alguma o seu conselheiro conde de Palmela, e por uma razão bem óbvia: porque lhe podiam lançar em rosto que o mesmo conde fora quem pugnara para que a Administração dos Diamantes estivesse em Londres e não em Lisboa, e assim com muita razão se poderia duvidar da sinceridade de suas profissões de patriotismo.

A Junta Provisória havia também publicado já, no Porto, um mapa demonstrativo da receita e despesa do cofre do Tesouro Público desde 26 de agosto até 6 de setembro, em que se mostrou um saldo existente em cofre de 52 contos e 52.839 réis: publicações estas que, mais que nenhumas, vigoram a confiança do público.

Mesmo depois, a Comissão de Governo que ficou no Porto publicou uma conta mensal da receita e despesa com as seguintes palavras no topo:

"Vede aqui, pela primeira vez, a conta regular do dinheiro público recebido no Tesouro Nacional, donde veio, como se despendeu e que balanço resta. Comparai a administração nova com a antiga, e conhecereis o merecimento da nova era que começou aos 24 de agosto passado."

Mandou o governo provisório no dia 20 de setembro expedir um aviso à Junta do Comércio para que participasse por edital que estavam a sair a cruzar até a altura das ilhas a fragata *Lealdade* e a escuna *Constância*, que darão comboio aos navios que quiserem dele aproveitar-se. Assim se começou a tirar, ainda da pobreza em que se achava o Erário, meios de proteger o comércio.

Depois se expediu o seguinte

"Aviso
"O governo interino estabelecido em Lisboa manda que v. s. faça proceder sem perda de tempo a uma visita das cadeias, a fim de se sentenciarem os culpados na conformidade das leis, enviando a esta Secretaria de Estado a conta de se haver assim executado, com o mapa dos condenados, ou absolvidos, circunstâncias notáveis de uns e outros, para que possa constar a efetiva observância das leis, e verificar-se assim a pronta punição do crime, como a justa proteção que se deve à inocência. O que participo a v. s. de ordem do mesmo governo para que assim se execute. Deus guarde a v. s.

"Palácio do Governo, em 27 de setembro de 1820.
"Felipe Ferreira de Araújo e Castro.
"Sr. Antônio José Guião."

Não podia escapar ao novo governo os entraves que o passado punha à imprensa; assim nomeou logo uma Comissão de Censura, como se vê pelo documento à p. 396.

O contraste, pois, dos dois governos salta aos olhos, nem sabemos como possa obscurecer-se; e na participação feita aos ministros estrangeiros (p. 389[40]) assim como nas demais providências, se manifesta uma dignidade de procedimento militar; veja-se a ordem do dia, à p. 445, ao exército da Junta Provisória; e leia-se a proclamação do conde de Barbacena, que copiamos no número passado, p. 316[41].

---

[40] Ver p. 129.
[41] Ver p. 130.

3.
Causas da revolução em Portugal

[N° 149, vol. XXV, outubro de 1820, pp. 453-62]

Pareceria incrível, se não nos fosse demonstrado, o desvario com que os partidistas do antigo sistema de governo têm querido explicar as causas da presente revolução, desviando-se sempre da verdadeira, enganando-se a si e procurando enganar os outros, com o mais decidido e grave perigo, tanto do governo como da nação.

Tem-se atribuído a revolução até às bruxas; e isto nos comunica mui gravemente, de Lisboa, alguém que tem pretensões de político e que talvez depois de isto ler deixe de nos importunar mais com sua correspondência. O argumento de que usa é que só por arte do diabo se podia fazer uma revolução tão geral, sem que houvesse nem motivo justo de queixa, nem combinações prévias.

O pe. José Agostinho, com outros sandeus de sua laia, tem acusado os sebastianistas, que na inocência de suas opiniões só poderiam ser assaltados pela mordaz disposição de tal energúmeno.

Outros enfim, como o conde da Feira, não têm dúvida em jurar que a revolução é obra dos pedreiros-livres e de mais ninguém. Nem nos devemos admirar que haja em Portugal quem assim pense, quando agora mesmo está o imperador de Alemanha pregando uma cruzada contra os franco-maçons, carbonários, místicos etc., e queixando-se mui peculiarmente dos jornais e outras obras literárias, a quem as atuais revoluções se atribuem.

Mas onde estavam os pedreiros-livres e os jornais na Espanha? Onde os de Portugal? Onde nos mostrarão, quer em Espanha, quer em Portugal, essas pretensas sociedades de carbonários, ou outras de tendência política? No entanto que todos os jornais eram rigorosamente proibidos, exceto os que o governo mantinha para neles publicar só o que supunha ser-lhe favorável, no entanto que o trato social dos homens era pesquisado e esquadrinhado ao mais intolerável ponto, a fim de que nem sombras restassem de associações políticas, arrebenta a revolução e aparece logo geral, tanto em Espanha, como em Portugal.

Agora, que não foram os jornais que tal efeito produziram, é evidente; porque tais jornais não havia. Seriam os pedreiros-livres. Mas estes haviam de aparecer depois de declarada a revolução, quando já não tinham que temer a perseguição do extinto governo: mas não aparece o menor sintoma disso. Se se ajuntam em suas lojas ainda, a praticar seus ritos e suas cerimônias, decerto os seus caluniadores os não mostraram na Espanha ou em Portugal tomando parte alguma nos negócios políticos depois da revolução. Ora, é crível que se os efeitos revolucionários fossem filhos dessas associações dos franco-maçons, quando tivessem conseguido a mudança, deixassem de aparecer figurando numa obra que era sua?

Não examinemos aqui até que ponto o gabinete de Áustria crê, ou não crê, nessas patranhas que apregoa sobre os franco-maçons; mas em Portugal estamos persuadidos que os mesmos que imputam aos franco-maçons idéias revolucionárias e que os acusam de ser origem dos sentimentos desfavoráveis ao governo não crêem nisso que dizem, falam assim por hipocrisia e conhecem que são caluniadores. Eis aqui a prova.

Entre outros estratagemas que lembraram ao conde da Feira e seus coadjutores para opor um dique ao espírito revolucionário que se manifestara abertamente no Porto, foi o solicitar que se reunissem em lojas alguns poucos franco-maçons que havia em Lisboa, e procurar com sua influência a criação de uma opinião pública oposta às idéias da revolução.

Claro está que os franco-maçons, em Lisboa, são tão poucos que ainda que seu sistema pacífico lhes permitisse, o que positivamente lhes proíbe, meter-se nas comoções políticas, não podiam ter peso algum em contrabalançar a opinião pública de todo o reino, nem essa opinião era coisa que se desfizesse em três dias; mas a mesma tentativa, só de *per si*, prova a má-fé com que esses godoianos[42] caluniavam e caluniam os franco-maçons, contra a verdade de que estão persuadidos.

Parece evidente que um tão pequeno número como é o dos franco-maçons em Portugal, ainda que eles realmente trabalhassem por causar a revolução, não era capaz de produzir tão geral sublevação; para explicar tão extensivos efeitos é preciso achar causas proporcionalmente gerais, mas a indagação das verdadeiras causas é o que não faz conta aos godoianos, e por isso se apegam a esses ridículos subterfúgios.

---

[42] Referência a Manuel de Godoy, primeiro-ministro da Espanha que em 1796 assinou o tratado de Santo Ildefonso com a França, e em 1801 comandou o exército espanhol que invadiu Portugal. Para Hipólito os godoianos eram os partidários da união de Portugal com a Espanha.

É manifesto que os costumes de Portugal têm mudado prodigiosamente durante os 50 anos passados: e cuidou o governo daquele reino em mudar as suas instituições políticas, de maneira que as adaptasse a esses costumes assim mudados? Não.

Eis aqui, pois, uma causa geral, que devia pôr toda a nação em direta oposição com seu governo.

Porém desçamos a um exemplo na administração. As rendas do Erário não eram adequadas às despesas do governo; nem se podiam aumentar, porque a pobreza da nação não admitia a imposição de novos tributos. Logo, não havia outro remédio senão cortar por todos os estabelecimentos públicos que não fossem da primeira necessidade.

Mas o governo não pensou jamais em tal medida de economia; continuaram os gastos da mesma forma, com um *déficit* que, por força, aumentava todos os anos. Por conseqüência, todo o reino se ressentia desta penúria do governo, que não podia deixar de acabar em uma bancarrota. Eis aqui um motivo mais que bastante para excitar o descontentamento geral contra o governo, porque este mal era geralmente sentido por todos, direta ou indiretamente.

Ajuntem a isto os abusos na administração da Justiça; a existência de um exército, em tempo de paz, que nem a população nem as rendas do Erário podiam manter sem vexame geral; e outros muitos erros de igual tendência e digam-nos se estas causas gerais não explicam melhor a revolução do que os jornais, que não havia, ou meia dúzia de franco-maçons, que nem tinham, nem podiam ter, por sua pequenez, alguma influência na opinião pública, senão enquanto, por ser uma classe perseguida, eram mais um motivo de queixa contra as opressões injustas do governo?

Nem é matéria indiferente, antes sim mui importante, examinar quais são as verdadeiras causas do descontentamento público; porque, dando-se ouvidos a exposições fictícias e impertinentes, se perde de vista a verdadeira origem do mal; e, sendo esta desconhecida, não é possível atinar com o remédio, e por fim chega a crise, quando já nenhum remédio aproveita.

Agora duas palavras sobre as

Conseqüências da revolução

Quando em uma nação aparece nova ordem de coisas políticas, efeito de comoção popular, é impossível determinar as combinações que resultarão de sucessos imprevistos; e contudo é lícito conjeturar, com o auxílio da história e pelo conhecimento das circunstâncias presentes, o que se acha ainda envolto na obscuridade do futuro.

A nação que viu derrubado um governo durante cuja administração observara e padecera tantos males naturalmente se enche de alegria e de entusiasmo; porque se persuade que todas as suas dificuldades devem desaparecer com o governo que as não tinha remediado; e não temos a menor dúvida de que o governo atual muito fará para isso, e que o chamamento de Cortes produzirá um espírito de energia nacional que, sem esta circunstância, será impossível esperar em Portugal.

Eis aqui a parte favorável do quadro; mas as pessoas prudentes e que se não deixam levar do entusiasmo cego (e neste número da gente cordata contamos os membros da Junta do Governo Supremo Provisório) não podem deixar de prever as dificuldades que resultam a Portugal deste mesmo estado de coisas melhorado em tantos respeitos, como dissemos acima.

A mesma Junta Suprema do Porto, na carta que escreveu aos governadores do Reino, e que deixamos copiada à p. 372, reconhece a existência de partidos que nós tínhamos indicado antes em vários números deste periódico, fundados em informações particulares e nos rumores públicos. Sobre isto assim se explica a Junta nessa carta:

"Vossas excelências sabem igualmente que, para cúmulo de nossas desgraças, se haviam formado e iam engrossando em Portugal, nessa própria cidade, três diversos e opostos partidos que, com o aparente intuito de salvar a nação, mas em realidade para conservarem ou promoverem seus particulares interesses, urdiam o indigno projeto ou de nos entregarem a uma nação estranha, ou de nos manterem debaixo da vergonhosa tutela de outra, ou de derrubarem do trono o nosso adorado soberano, para lhe substituírem o chefe de uma ilustre casa portuguesa, cuja lealdade contudo se recusaria, sem dúvida, a tão intempestiva honra."

Esse partido espanhol, cuja existência fica indubitável por este documento, manifestou-se por muitos modos, e não foi menos conspícuo o dos elogios que se prodigalizaram em Portugal e fora dele pelos portugueses desse partido, não somente à Constituição espanhola, mas até ao rei Fernando, que alguns desses mesmos panegiristas haviam pouco dantes pintado como um satanás encarnado.

Um escritor português em Londres copiou passagens de autores portugueses antigos para provar que se devia desvanecer a antipatia nacional entre portugueses e espanhóis; e até inventou o esdrúxulo nome de *luso-espanhóis-constitucionais*, para dar designação a essa suposta união de Portugal com Espanha.

Talvez até isto se negue e se chame "notável descaramento em mentir", mas nem por isso é menos verdade; nem pode admirar que quem sustentou as doutrinas do servil *Investigador*[43] e depois se tornou tão acérrimo *Campeão*[44] dos direitos populares, pregasse a sujeição de Portugal a Castela, e quando viu a revolução de Portugal seguir caminho diverso, se volte outra vez como cata-vento, segundo a parte de que sopra o favor.

Mas quando se trata de descaramento em mentir, perguntamos se não foi no *Investigador Português*, vol. XXII, p. 217, que se publicaram as Cortes de Lamego[45] copiadas por extenso da obra de Brandão[46]? E se esse *Investigador* não era o jornal da embaixada portuguesa em Londres? E quem era o tal ministro nessa época? Ora, leiam-se os comentários do *Investigador* à p. 223 desse mesmo volume, sobre as atas das ditas Cortes, e conhecer-se-á a tendência desse jornal da embaixada portuguesa em Londres.

Não foi o mesmo *Investigador*, à p. 335 do mesmo volume, que publicou as atas das Cortes de Coimbra, em 1385, para dar segunda prova da soberania nacional que se propunha estabelecer como aquela de que dependia a

---

[43] *O Investigador Português em Inglaterra* foi o segundo periódico português em Londres, criado por d. Domingos de Sousa, conde de Funchal e ministro de Portugal em Londres, a expensas do governo português e com o propósito explícito de combater o *Correio Braziliense*, e que circulou de 1811 a 1818. Funchal nele escrevia com constância e sob anonimato, e, segundo Hipólito, seus escritos caraterizavam-se pela abundância de pós-escritos, chegando a por eles começar os artigos.

[44] *O Campeão Português ou o Amigo do Rei e do Povo*, jornal quinzenal e depois mensal, editado primeiro em Londres, de julho de 1819 a junho de 1821, por José Liberato Freire de Carvalho, sempre a favor do sistema monárquico constitucional e contra a política "brasileira" da corte do Rio de Janeiro. Regressando a Lisboa, Liberato reeditou *O Campeão Português em Lisboa ou o Amigo do Povo e do Rei Constitucional* de 1822 e 1823, sustentando as Cortes e prosseguindo seu combate a d. Pedro I. Entre 1813 e 1817, Liberato foi redator-chefe do *Investigador Português*.

[45] Estas supostas Cortes teriam se realizado em 1143, e por elas d. Afonso Henriques havia sido aclamado rei. Hoje se tem como certo que tais Cortes não existiram.

[46] Frei Bernardo Brandão, continuador da *Monarquia Lusitana*, primeiro a pôr em dúvida a autenticidade do documento que supostamente prova a existência das Cortes de Lamego.

soberania real? E quem era o ministro português em Londres, que então protegia aquele jornal?

O modo com que tais senhores têm querido provar que aristocratas portugueses não podiam fomentar tais partidos é usando do argumento teológico, tirado de um texto da Escritura onde se diz que por virtude de Belzebu se não podiam fazer milagres para derrubar Belzebu. Argumento este que só se podia esperar da escola de um militar teólogo.

Mas estando demonstrado, pela carta da Junta Provisória, a existência do partido que queria entregar o Reino à Espanha, ou fazê-lo potência independente do Brasil, não há contradição em que os aristocratas de tal partido fomentassem surdamente a revolução e depois se amargurem contra ela, quando levou o caminho popular, que não era o que eles desejavam.

E senão vejam como explicam pelo seu texto teológico o fato de o duque de Orleans, um grande aristocrata francês, ser promotor da revolução de França, e depois detestando-a quando veio a ser vítima dela.

Como quer que seja, esse partido espanhol não pode deixar de constituir uma das dificuldades do atual governo de Portugal, principalmente se a intriga espanhola obrar depois da reunião das Cortes; porque a mesma liberdade da imprensa que, por força, se há de ampliar mais ou menos em Portugal, e a mesma faculdade ilimitada de falar em Cortes que, por força, hão de gozar os deputados, ainda que em si mesmas sejam um bem, são contudo um meio de que os partidos se podem servir, como se servem em outras partes, para adiantar suas vistas particulares e sinistras.

A estas dificuldades que o governo tem de encontrar, acresce a outra de transcendente importância, que é o modo e maneira de continuar a união de Portugal e Brasil; união a que parecem estar resolvidos os do governo provisório em Portugal e que também parece ser a idéia de toda a gente sensata, apesar dos desvairados planos de meia dúzia de alvitristas.

A dificuldade de continuar nessa união resulta de uma variedade de circunstâncias que seria demasiado longo especificar; mas basta lembrar que, havendo Cortes em Portugal e não as havendo no Brasil, esta disparidade na mais essencial instituição política deve traçar uma linha de divisão, em vez de formar um laço de união entre os dois povos.

Não deve aqui esquecer que, nesta mesma ocasião, depois de já declarado o sistema de revolução que é continuar Portugal unido com o Brasil, estão esses escritores a que aludimos, ou por ignorância ou por fins sinistros, atribuindo ao Brasil os males que sofria Portugal; e eis aqui meios e modos de soprar a discórdia, de fomentar as divisões, que só podem ser úteis às vistas do partido que queria entregar Portugal à Espanha, ou do outro, que desejava realizar o sonho de fazer de Portugal uma nação à parte e cheia de grandeza, e respeitada no mundo. Mas vejamos como a mesma Junta do Porto caracterizou esses partidos na carta que copiamos à p. 372.

"Quaisquer que fossem as imaginadas vantagens destes projetos, eles tendiam essencialmente a roubar-nos a nossa independência, e a riscar da lista das nações um povo leal e bravo, que tem figurado entre elas com tanta glória; e, quando menos, a lançar do trono português uma família augusta, que o possui por títulos tão legítimos, e que por sua clemência, bondade e amor de seus povos tem adquirido os mais sagrados direitos à nossa obediência e fidelidade."

Nessas expressões reluzem sentimentos patrióticos, bem diferentes desses *luso-espanhóis-constitucionais*, que passando de investigadores a campeões, e daí a partidistas da sujeição à Espanha, assopram ainda o fogo da desunião, imputando ao Brasil os males que tem sofrido Portugal.

Que culpa tem o Brasil de que os governadores de Portugal desatendessem as urgentes necessidades do Reino? Porventura veio algum filho do Brasil governar Portugal, para que pelos atos desse indivíduo fosse acusado todo o seu país? Nem um só. Portugueses dos quatro costados foram sempre todos os governadores do Reino, e todos os seus secretários e conselheiros. Se quiserem levar a queixa mais longe, e atribuírem os males todos de Portugal ao gabinete do Rio de Janeiro, outra vez lhes retorquimos que não há nesse gabinete um só ministro filho do Brasil; e o primeiro ministro até no nome é Portugal.

Com que justiça, pois, se acusa o Brasil dos males de Portugal? Se a queixa fosse contra o sistema do governo, contra os indivíduos que o compõem, na Europa ou na América, o argumento seria sensato; mas uma acusação contra o Brasil é tão sobremaneira injusta, que só pode ter por fim provocar a retorção, excitar os ódios e criar divisões só úteis ao partido da dominação estrangeira que temos acabado de descrever com as mesmas palavras da Junta.

Se o nosso fim fosse retorquir, e animar a contenda, que série de males lhes não poderíamos alegar, feitos pelos portugueses no Brasil? Mas nunca nos deixaremos levar de tais provocações.

Desejamos correr o véu sobre cenas tristes, e somente mostrar que a existência destes partidos constituirão uma das grandes dificuldades com que o novo governo tem de lutar. Não temos dúvida de que esse mesmo governo cuidará em sopitar tais partidos: tanto mais, quanto vemos que uma das acusações que faz ao governo passado é a de não haver reprimido esses partidos antipatrióticos. Quanto aos escritores de cata-vento, não temos dúvida que assim como inventaram o nome de *luso-espanhóis-constitucionais*, gritarão contra essa antipatriótica união logo que o governo provisório e a nação se mostrarem, como se mostram já, decididos pela união do Brasil; mas o governo deve guardar-se da hipocrisia de tais vira-casacas.

Devemos ainda acrescentar que até temos lido em escritos, cujas ligações com esse partido espanhol não seria difícil traçar, que "a opinião prevalente é que a Junta em Lisboa declarará uma Constituição semelhante à de Espanha, como passo preliminar para a união dos dois países, em forma de confederação ou de algum sistema livre de governo para toda a península".

Que não é tal a opinião prevalente, se conhece bem das declarações da Junta que deixamos apontadas; mas inculca-se isso assim, para o fim desse partido; e portanto destas mesmas falsas representações se conhece a necessidade de estar em guarda contra as insídias de partidos antipatriotas, cujo fim é destruir a independência nacional.

Por mais gerais que sejam as causas do descontentamento da nação, por mais culpados que tenham sido os governadores do Reino em não remediar isso a tempo, nem por isso deve o governo perder de vista o grande perigo que há em que os integrantes, fundando-se nesses mesmos fatos, inventem exagerações, suponham causas falsas e irritem os ânimos a favor de diversos partidos que, produzindo uma confusão ao depois irremediável, venham a concluir na subversão do Estado.

Queremos de tudo isso concluir que se o governo de Portugal, tal qual se acha, e ao depois de formadas as Cortes, não se guardar das insídias desses partidos que, como todos sabem, foram primeiro intentados por aristocratas degenerados, e depois seguidos por ignorantes ou facciosos palradores, corre Portugal o risco de fazer uma separação total ou parcial do Brasil, ficando então uma potência tão acanhada que mal poderá figurar no mundo com mais graduação do que a província da Andaluzia, e nesse estado de abatimento fácil presa será da Espanha, quando terá um fim que decerto não merece o nome português, e até a linguagem portuguesa na Europa será extinta.

4.
REVOLUÇÃO DE PORTUGAL

[N° 150, vol. XXV, novembro de 1820, pp. 543-54]

Este acontecimento é de tal magnitude e importância para os interesses de todos os portugueses, que não há lugar a ocupar-nos quase de algum outro que lhe não diga respeito; nem quando o pudéssemos fazer, era de esperar que nossos leitores prestassem devida atenção senão a matérias imediatamente conexas com os recentes sucessos daquele país.

Na parte política e no princípio deste número trasladamos os documentos que nos têm chegado à mão, pelos quais se vê os progressos da revolução; mas começamos pela patente do marechal general lorde Beresford[47], por ser o de data mais antiga; e assim começaremos também por ela as nossas observações.

Quanto ao marechal-general, vinha ele do Rio de Janeiro munido com os exuberantes poderes conferidos por esta extraordinária patente, e a bordo da fragata inglesa em que fazia a viagem para Lisboa, vinham também não pequenos fundos d'el-rei, destinados ao pagamento das tropas de Portugal. Soube, no mar, do acontecimento da revolução; mas, não obstante isso,

---

[47] William Carr Beresford (1768-1854), general inglês que esteve em Portugal durante as invasões francesas, e cujos feitos lhe valeram o título de visconde de Beresford e o cargo de comandante em chefe do exército português, em 1809. Vitorioso em diversas batalhas, tornou-se odioso aos portugueses com o fim da Guerra Peninsular, especialmente a partir da condenação à morte do general Gomes Freire de Andrade, bem como de muitos outros implicados na conspiração que levou aquele ao fuzilamento. Voltou ao Brasil e obteve de d. João VI a confirmação de seus amplíssimos poderes para combater a má-vontade da Regência. Regressou a Portugal em 1820, mas com a revolução liberal no Porto, foi notificado pela Junta Provisória que seria detido, caso pusesse o pé em Portugal. Só voltou na regência de d. Maria Isabel (1826), quando esta pediu auxílio à Inglaterra para proteger o regime constitucional, mas mantendo-o afastado do Exército.

entrou no porto de Lisboa na fragata em que vinha e trazia o dinheiro, e tentou desembarcar e exercitar os poderes que sua nova patente lhe concedia.

Que o marechal-general desse mostras de querer exercitar sua autoridade, ainda quando a mudança das coisas fazia esse exercício obviamente impraticável, podia desculpar-se, na consideração de que o marechal julgaria ser de seu dever o mostrar que se não entrava no lugar para que o nomeava a patente, não era isso culpa sua, mas daqueles que o não quiseram receber.

Que o marechal, sabendo da revolução, e devendo conhecer a irritação universal contra o governo passado, no que s. sa. tinha tido tanta parte, se viesse meter em Lisboa, também tem desculpa; posto que noutras circunstâncias tal passo se pudesse caracterizar da mais cega temeridade, terá desculpa aqui; porque s. sa. talvez contasse, no que se não enganou, com a incomparável moderação dos revoltosos, com a brandura de gênio da nação, com a generosidade extrema que haveriam de mostrar, como têm mostrado para todos aqueles que olhavam como seus opressores antigos. Desta brandura de caráter, desta magnanimidade em perdoar, não achará o marechal, decerto, exemplos na sua terra, mas contava com achar isto, como com efeito achou, em Portugal; e por essa razão se lhe pode mui bem desculpar o ir-se meter em Lisboa; onde lhe não fizeram outro mal senão mandá-lo sair de uma terra que o aborrecia; e donde, por uma coincidência que o devia ferir, deu à vela no dia 18 de outubro, aniversário da morte do ilustre e infeliz Gomes Freire.

Agora, porém, o ter s. sa. ido meter-se em Lisboa, com o dinheiro que el-rei tinha na fragata, perdoe s. sa., mas não achamos modo de o desculpar. Nisto só vemos um amor próprio, uma confiança em si mesmo e em sua influência, que não vemos meio de justificar este passo de meter o dinheiro d'el-rei na boca do lobo, por mais que desejássemos fazer este serviço a s. sa.

Quanto à patente, indica ela uma contradição que nos parece irreconciliável. Tão extraordinários poderes concedidos ao comandante das tropas, feito assim absoluto e independente dos governadores do Reino, mostra a olhos vistos que tais governadores não gozavam da confiança da Corte; e se a não gozavam, para que conservá-los em seus lugares?

Por mais desprezíveis, ou por mais aborrecidos que fossem os governadores, a nação se devia sentir humilhada, na pessoa de seus governantes, vendo uma personagem militar obrando independente deles, com tão extensos poderes; ainda além da consideração dessa personagem ser um estrangeiro.

Ademais, o absoluto e independente comando que se dava ao marechal sobre as milícias e ordenanças punha de tal maneira o reino todo à sua disposição que o desgosto devia ser universalmente sentido; e muito nos enganamos se esta patente ao marechal Beresford não fizer uma proeminente figura na justificação dos motivos da revolução de Portugal.

Sabemos mais que mesmo no Rio de Janeiro esta medida encontrou a mais decidida desaprovação da parte de personagens da maior graduação e importância, e de fato de lá se mandaram cópias da patente, para Lisboa e para Londres, acompanhadas das mais amargas queixas contra o marechal, por ter solicitado, e obtido, os poderes que a tal patente lhe concedia.

Depois deste infeliz documento, publicamos à p. 385 a formalidade de prestarem certos titulares o juramento de obediência ao governo existente e à Constituição que ainda está para vir; mesmo sem saber se essa Constituição os privará dos títulos e privilégios a cuja consideração deveram o ser chamados a este ato.

Aqueles que, como nós fizemos, tiverem posto uma estrelinha nos nomes dos senhores que pediram a Bonaparte um rei para Portugal, poderão agora pôr a alguns dos mesmos nomes segunda estrelinha, que formará nova característica, em seus pergaminhos de vanglórias de antepassados, da coragem com que têm defendido os direitos de seu soberano e os seus próprios.

Sejam os primeiros notados, como é devido a sua alta graduação, os governadores do Reino, e seu secretário, conde da Feira por alcunha, Forjaz por nome; pois o outro secretário escapou desta humilhação, provavelmente por sua insignificância.

Sirva de cabeceira à lista o eminentíssimo patriarca, primaz daquele governo que tão denodadamente ameaçou aos rebeldes do Porto; e agora expedindo no dia 3 de outubro uma ordem para que no dia 4 se cantasse um *Te Deum* em todas igrejas em ação de graças pela reunião do Governo Supremo com o Provisório de Lisboa, que o tinha derribado a ele e seus colegas do governo do Reino.

Venha na cauda o secretário conde da Feira, metendo-se a assinar, como governador que não era, a proclamação contra os rebeldes, e agora mandando seu procurador assinar termo de obediência a esse que chamou poucos dias antes rebelde governo, e jurar uma Constituição que não sabe qual será.

Que títulos! Que nobreza de Portugal! E pode alguém admirar-se de que o povo se apoderasse das rédeas do governo, vendo-se regido por tais indivíduos?

Na ordem dos documentos, segue-se depois a provisão, p. 388, expedida pelo Conselho da Fazenda, pela qual se extingue uma arrecadação de certo imposto em Santarém. Tal era o arranjamento dos senhores empregados naquela repartição, que a soma total do tributo que pagava o povo não chegava para satisfazer aos que se ocupavam na sua cobrança. Estes fatos não carecem comento, e por isso remetemos o leitor para o mesmo documento. Mas se abusos tão escandalosos não devem incitar os povos a clamar pelas reformas, não há desarranjo e desordem dos governantes que se possa desaprovar.

A administração do correio e seus abusos caiu já nas vistas do Governo Provisório, como não podia deixar de ser, e a seriedade com que disso cuida aparece pelo documento, à p. 486, em que se propõe examinar e indagar o estado desta repartição.

Metade destas medidas que o governo passado se propusesse sinceramente adotar, ninguém teria sequer sonhado na revolução.

A portaria da p. 485, sobre os despachos dos navios nas alfândegas, vem revogando o alvará de 25 de abril de 1818, e o de 30 de maio deste ano. Este último destinava-se a remediar o abuso com que mercadorias de outras nações se abrigavam com o nome de inglesas, para gozar dos privilégios que o célebre tratado de comércio roevídico[48] dava a estas. Mas este remédio era um verdadeiro mal, conseqüência do outro mal. Mas por esta amostra já se pode ver como o novo governo olha para o tal tratado, e, outrossim, como serão recebidas em Lisboa as ordens do Rio de Janeiro que forem opostas aos interesses de Portugal.

Meditem os ministros do Brasil neste exemplo da contrariedade a dois alvarás, e conhecerão a necessidade de adotar desde já um novo sistema, se não quiserem ver todos os dias comprometida a autoridade de seu soberano, ainda sem mencionar outras conseqüências mais sérias.

Temos depois o aviso à p. 487, sobre os leilões na Casa da Índia[49], por onde se vê que já se atende aos requerimentos dos negociantes, os quais melhor sabem o que lhes convêm para a expedição de seu tráfico do que os que governam.

---

[48] O tratado de Navegação e Comércio celebrado em 1810 entre Portugal e Inglaterra garantia a esta última um lugar privilegiado no mercado colonial brasileiro, conferindo-lhe vantagens importantes como a fixação da tarifa sobre produtos ingleses em apenas 15% de seu valor.

[49] Designação dada à repartição que desde o século XVI se ocupava, no Reino, do comércio e navegação para o Oriente, assegurando o monopólio régio. Originou-se na Casa da Guiné (século XV); depois da fundação do castelo de São Jorge da Mina (1482), passou a chamar-se Casa da Guiné e Índia, reunindo sob a mesma direção as duas casas. Foi extinta em 1833 e incorporada à nova Alfândega Grande, de Lisboa.

A portaria sobre o Terreiro[50], à p. 488, tem já produzido algum bem; porque a comissão anunciou, poucos dias depois de sua criação, que se podiam começar a vender, sem inconveniente, os trigos do país com os do estrangeiro.

A decadência da agricultura era tão conhecida em Portugal, que até os mesmos governadores do Reino a confessaram por mais de uma vez. Em uma portaria de 9 de maio passado, resolvendo uma consulta do Conselho da Fazenda sobre os camalhões[51] do rio Mondego, manda continuar a administração "enquanto durarem as calamidades que arruinam presentemente a agricultura destes reinos".

A Junta do Comércio[52], fazendo uma representação ao governo sobre este assunto, produziu as resoluções que mencionamos e criticamos em outros números, e em que apareceu tanto a dita junta como o mesmo governo, proferindo as máximas do mais ignorante despotismo.

Para todo o remédio da decadência da agricultura, não lembrou àquele governo senão carregar de imposições ou proibir de todo a entrada do grão estrangeiro, não se lembrando que o favor e fomento à agricultura não é para segurar o monopólio dos agricultores, mas para que todo o povo tenha o pão em abundância e barateza; ora, a mera medida de proibir o grão estrangeiro, sem acompanhar isto com outras medidas correspondentes, era favorecer o monopólio do agricultor, e causar a carestia do mais necessário alimento do povo.

A mania (que não tem outro nome) de querer sustentar em tempo de paz um exército tanto além do que podiam suportar as rendas e a população do país era uma evidente causa da decadência da agricultura; junto isto

---

[50] Edifício público de Lisboa que data do tempo de d. Manoel I, onde ficam depositados os cereais para o mercado. Em 1844, foi declarado mercado livre para a venda de cereais somente.

[51] Espécie de cama ou elevações de terra para semeadura.

[52] A *Junta da Companhia Geral do Comércio do Estado do Brasil* foi um tribunal criado em 1649 por d. João IV a pedido dos "homens do comércio". Com jurisdição própria, guardava e comboiava as frotas que vinham carregadas do Brasil. Contava com dez naus de guerra e pessoal em terra e mar. A desordem da administração financeira e o peso dos encargos motivou sua transferência para o Conselho de Fazenda. Como consignação das dívidas pagou-se todo o rendimento do contrato do pau-brasil e 1% do ouro que vinha na frota anual do mesmo Estado. Com a denominação de *Real Junta do Comércio, Agricultura, Fábricas e Navegação destes reinos e seus domínios*, foi restaurada em 1755 como um tribunal supremo. Esta junta cooperou na administração do marquês de Pombal. Foi extinta por decreto somente em 1834.

com o vexame desnecessário das milícias e ordenanças, dificuldades de transportes etc. Mas o governo, não atendendo a nada disto, julgava tudo remediar com a proibição do grão estrangeiro.

Existia há pouco tempo nas províncias grande parte da colheita de 1819 e toda a de 1820; e em Lisboa um depósito de grão estrangeiro de 18.308 moios de trigo, 16.408 moios de milho, e 3.130 barricas de farinha; e o arrátel de pão custava 30 réis nessa mesma época.

Isto mostra o defeito da administração; porque não era a falta de trigo a que fazia a sua carestia, mas sim as opressões e dificuldades que sofria o agricultor, em conseqüência das quais lhes ficava o produto de sua colheita por um preço intrínseco tão subido, que não podia baratear o preço do pão sem se arruinar, e como os estrangeiros de países onde a agricultura não sofria tais opressões podiam vender em Lisboa o seu trigo mais barato, não era factível que o grão português entrasse em concorrência com aquele; assim se dava ocasião ao estrangeiro para subir também o seu preço e alçar seu ganho, em manifesto detrimento do povo.

Pela publicação dos mapas do Terreiro Público de Lisboa se acha que em uma semana se venderam ali 539 moios e 34 alqueires de trigo, dos quais somente 29 moios e 10 alqueires eram produto do reino ou ilhas adjacentes. Em outra semana, de 1.077 moios e 28 alqueires que se venderam, somente 24 moios e 22 alqueires eram do reino e ilhas. Em outra semana, de 928 moios e 30 alqueires vendidos, 16 moios e 58 alqueires eram do reino e ilhas; o demais, estrangeiro.

Ora, todo o mundo sabe que as preferências nesta repartição eram efeito da mais corrupta administração, regulando-se tudo por escandalosas peitas. A comissão, pois, agora nomeada pelo governo, tende a dar e já deu em parte, como dissemos, remédio a este mal imediato; na administração do Terreiro, as outras causas da carestia do pão e opressão da agricultura dependem doutras medidas que ataquem as raízes dos males.

Ultimamente temos de notar a portaria da p. 488, suspendendo a proibição que havia para a introdução em Portugal dos periódicos impressos na língua portuguesa em países estrangeiros.

Pedimos licença ao sr. conde de Palmela, e aos passados e presentes senhores da legação portuguesa em Londres, para louvarmos também esta medida do novo governo de Portugal. Suas excelências e senhorias, embaixadores e secretários mandarão ao *Sovela*[53] que nos acuse de parcialidade

---

[53] *O Padre Amaro ou Sovela Política, Histórica e Literária*, último dos periódicos de peso

neste louvor. Paciência; sofreremos a acusação; mas não pudemos reprovar esta medida do governo, porque até os rapazes da imprensa se ririam de nós; deixamos essa tarefa da reprovação aos mesmos ditos senhores, e o mais que podemos fazer é prometer que lhes não responderemos nesta parte.

À p. 534 publicamos a lista das embarcações portuguesas tomadas ou destruídas pelos corsários em nome de Artigas[54]; um chefe de bandidos no interior da América Espanhola que não possui um só porto de mar, nem vaso algum seu armado. Monta o número dessas embarcações a 38 tomadas ou destruídas, e 26 roubadas.

Que desculpa nos dão desta perda os ministros d'el-rei? Tratariam também disto as negociações do conde de Palmela com as potências estrangeiras?

Agora convém dizer alguma coisa que, sem dúvida, as gazetas de Lisboa não dirão e que mui provavelmente os ultras de ambos os partidos lá chamarão deitar água na fervura. Mas não importa o que dirão, porque de contrariedades ao que escrevemos estamos fartos, e por inconvenientes temporários não sacrificaremos nunca o que julgamos verdades políticas da primeira importância.

Há duas classes de pessoas cujos conselhos têm ajudado a perder todos os governos do mundo. Uma classe é a daqueles que formam certa teoria de um bem ideal; e sem considerar o tempo, o lugar, as circunstâncias, querem trazer o mundo todo a coincidir com o seu sistema de governo; estes podem comparar-se com o alfaiate, que havendo feito um vestido mui elegante, mas que não ajusta ao corpo da pessoa para quem foi talhado, obriga a dar mil trejeitos a ver se o vestido serve; mas arrebenta por fim, ou o pano ou as costuras, e queixa-se o alfaiate que a tal pessoa tem o corpo tão mal feito, que se não pôde acomodar a tão bem acabado vestido.

A outra classe é composta daqueles que por indolência, timidez, ou motivos ainda menos perdoáveis, se opõem a todo o melhoramento, e para tal gente nada é melhor que o estado presente das coisas; tudo vai bem, tudo vai o melhor possível; assim, basta deixar ir as coisas como vão e deitem-se a

---

publicados em português na Inglaterra e que circulou regularmente durante a década de 1820. Fundado por Joaquim Ferreira de Freitas, franciscano egresso e escritor sabidamente mercenário.

[54] José Gervásio Artigas (1764-1850), militar e político uruguaio, principal personagem na luta pela independência daquele país, primeiro contra a monarquia espanhola e depois contra argentinos e portugueses.

dormir todos os que governam. Para com estes é um louco rematado quem lhes propõe a menor reforma ou o mais insignificante melhoramento; e tanto mais patente e convencível é o melhoramento proposto, ou o abuso atacado, tanto mais se temem do resultado. O argumento desta classe é que se não deixem os costumes antigos, porque desampará-los é corrupção e ruína.

Contra este argumento temos a dizer que até as melhores instituições do mundo estão sujeitas a serem pervertidas, simultânea ou gradualmente. Logo, as reformas, neste caso, não são desamparo dos costumes antigos, mas uma volta para eles, depois da separação ou alheamento que tinham causado os abusos. No outro caso, em que o melhoramento proposto introduza novo costume, se este é bom, nada há que repreender. Os romanos, combatendo sucessivamente todos os povos que conheceram, largaram sempre seus costumes para adotar os dos outros povos que achavam melhores, e nada contribuiu mais para a sua grandeza.

Procedendo destes princípios, não podemos deixar de dizer que a reforma em Portugal é da primeira e da mais absoluta necessidade; mas que o Governo Provisório está metido numa carreira tremendamente espinhosa e em que se precisa da mais consumada prudência e de nada de fanatismo político.

Não é de presumir que se obtenham trutas a bragas enxutas. El-rei não há de ficar tranqüilo espectador do que se passa em Portugal, sem fazer alguns esforços para obstar a torrente da revolução, e que o deve fazer não haverá homem cordato que se atreva a negar. Agora, se s. m. terá ministros que façam essa oposição a excessos revolucionários, pela maneira que o devem fazer, e seguindo os princípios de justiça e prudência, que devem guiar tão importantes medidas, é o que só o tempo nos poderá mostrar.

Que el-rei deseja pôr as coisas no melhor caminho possível, é o que nós nunca duvidamos; e com efeito, parece, por todas as declarações públicas, que o povo de Portugal disso está também persuadido. Ora, esta persuasão é já uma grande vantagem, no estado atual das coisas. Mas, obrarão os ministros num sentido uniforme e combinado, e com as vistas de justiça que dirigem seu soberano? Esta é a questão.

Dizem já que, em Londres, o ministro que para aqui veio, e que saiu de Lisboa depois de declarada a revolução, trabalha de concerto com seu predecessor e com um terceiro (todos nas vistas do embaixador, que está em Paris) para fazerem com que o governo inglês e as mais potências européias adotem certa linha de comportamento a respeito de Portugal.

Notamos, no nosso número passado, entre as medidas de alguns dos ministros portugueses em várias cortes da Europa acerca de Portugal, que o embaixador em Paris negara passaportes a portugueses que queriam ir para Portugal. Um daqueles a quem o embaixador fez esta violência foi o comendador Sodré, o qual aludiu às tramas do embaixador e veio ter a Londres.

Aqui pediu também passaporte ao ministro d. José Maria de Sousa, o qual, obrando nas mesmas vistas do marquês de Marialva, negou-se a dar o passaporte. Talvez a embaixada ache algum pe. Amaro, ou pe. José Agostinho, ou outro qualquer padre periodista que negue este fato, em elogio da mesma embaixada; mas estimaríamos que a negativa aparecesse enquanto aqui está o indivíduo que pode atestar da verdade do caso.

Além disto achamos, em um artigo de Stralsund, de 4 de novembro, o seguinte:

"O embaixador português junto à Corte prussiana informou o ministério dos acontecimentos do Porto e de Lisboa, e requereu que se expedisse uma ordem a todos os navios destinados a Portugal para que presentemente não saíssem dos portos. A isto se respondeu que ainda que o governo não reconheça a nova ordem de coisas em Portugal, não pode, contudo, dar passo algum hostil contra aquele país, não havendo ainda nenhuma nação dado exemplo de tal coisa. O ministério expressou também que uma proibição desta natureza encontraria muitas dificuldades. Os negociantes e donos de navios esperam que tal coisa se não conceda em caso algum, a menos que o ministro português não se obrigue a todos os vassalos prussianos, assegurando a indenização das perdas que possam sofrer em conseqüência de tal proibição."

Ora, é evidente que tudo quanto se fizer sem ordens do Rio de Janeiro, e sem ser fundado nas combinações daquele gabinete, não pode deixar de aumentar a confusão, do que tirarão todo o partido as diversas facções que existem em Portugal. O presente Governo Provisório não deve julgar que tudo isto é bagatela.

Se o Governo Provisório puser inteiramente de parte, o que não supomos, a autoridade d'el-rei, ao ponto de que o soberano recorra a medidas coactivas e como Portugal só de *per si* não pode manter-se, necessariamente chamará em seu auxílio a Espanha; esta começa já, como adiante veremos, a tomar um pretexto nos negócios de Montevidéu, para se embaraçar com a Corte do Brasil; ajunte-se a isto o partido espanhol em Lisboa, e ver-se-ia, nesta hipótese, o labirinto em que se achará o Governo Provisório.

Os grandes esforços que fizeram o conde de Palmela e o marquês de Marialva para mostrar ao mundo que não havia em Portugal um partido que queria pôr o duque de Cadaval no trono daquele Reino; o nenhum êxito que tiveram esses esforços em convencer o público do contrário, como se prova até mesmo pelas proclamações da Junta Provisória do Porto; o fato de serem os duques de Cadaval e Alafões[55] os primeiros que juraram obediência a esse Governo Provisório e à Constituição que está para vir, e que nem esses duques que a juraram sabem qual será; o outro fato de haver sido o atual embaixador em Paris o tutor, como é o tio, daqueles dois duques, e seu conselheiro; tudo isto mostra que o Governo Provisório achará dificuldades em sua carreira que não serão tão fáceis de alhanar, como é óbvio contemplar.

Os aristocratas que favoreciam esses partidos, e que por seus supostos interesses deram asas à revolução, claro está que serão agora contra ela, em tanto quanto não se lhes permite reger o timão do Estado. Assim, se até aqui a revolução contou com eles, daqui em diante terá neles decidida oposição.

Os desse partido uniam-se ao grito da nação, de que eram necessárias as reformas; mas uniam-se enquanto esperavam que eles fossem os reformadores. Agora hão de negar todo o apoio ao Governo Provisório, hão de apelar para as nações estrangeiras, hão de intrigar nos gabinetes da Europa, hão de fingir mesmo que estão da parte d'el-rei, tudo a fim de deitar abaixo a ordem de coisas estabelecidas em que eles não têm parte, a ver se nova combinação se produz em que tenham a supremacia.

E no meio disto, laborando a intriga de Espanha para pescar nas águas envoltas e pretextando o gabinete espanhol disputas com el-rei e oferecendo proteção ao Governo Provisório, chegar ao desejado ponto que tem sido o objeto por que a Espanha anelara em todos os tempos.

Qual é o remédio disto? Que el-rei cuide seriamente no remédio dos males, que para com os facciosos serviu de pretexto para fomentar a revolução; e para com os honrados cidadãos foi causa de a aprovarem. Que o Governo Provisório sinceramente se preste à obediência d'el-rei, não de palavras, mas de fato. Se ambas as partes obrarem neste sentido, poderão desfazer as tramas que se urdem contra ambas; do contrário, nada vemos senão acumuladas dificuldades, nas quais, por ora, o público não pensa, porque está cheio do entusiasmo que lhe provém da alegria de ver derribado tão incapaz governo como era o passado.

---

[55] Importantes membros da nobreza de Portugal. A Casa de Cadaval foi, depois da Casa de Bragança, a mais importante casa ducal portuguesa. Os duques de Alafões eram uma linha bastarda descendente dos Bragança.

Além das razões gerais que nos induzem a esta recomendação, há para ela uma particular, que nos obriga a deliberar assim; e é, na hipótese de que o governo de Portugal, ou as futuras Cortes, desejem, como nós desejamos, a continuação da união de Portugal com o Brasil, porque sem a cordial cooperação d'el-rei, é impossível que tal união se possa verificar; o que já começa a aparecer nas diversas opiniões que se têm manifestado sobre o modo de representar, em Cortes, as províncias do Brasil.

5.
REVOLUÇÃO DE PORTUGAL

[N° 151, vol. XXV, dezembro de 1820, pp. 707-11[56]]

Findamos com este número o segundo volume do nosso periódico neste ano, deixando nele registradas três revoluções importantes que obraram todas no mesmo sentido, a saber: a da Espanha, a de Nápoles e a de Portugal; argumento irrespondível de que as formas de governo até aqui existentes na Europa não concordam já com as idéias do século, e que o acomodar-se a elas é o mais prudente partido que podem adotar os governos, se desejarem evitar as concussões de revoluções operadas pela força do povo, de cujo êxito ninguém pode responder.

Mal pensávamos nós, quando no nosso número passado refletíamos sobre os perigos e dificuldades que cercavam o Governo Provisório de Portugal, que teríamos, logo no fim dele e neste número, de mencionar um exemplo das vicissitudes das revoluções que então tínhamos em contemplação.

Um dos primeiros que figurou na Junta do Porto, já lá vai; e um tal como o primeiro presidente da Junta Regeneradora da Pátria[57]!

Porém é daqui escusado dizer coisa alguma sobre os perigos das revoluções, que estas sempre se devem evitar, e que para as prevenir deveriam os ministros d'el-rei ter antecipado por si as mudanças que o povo extorquiria pela força. É escusado dizer mais uma só palavra sobre o que a prudente precaução devia ter prevenido: nunca fomos ouvidos quando era tempo e agora já não há lugar de falar em precauções; somos entrados na revolução, e portanto não há que tratar senão sobre o modo como havemos de rolar adiante com o redemoinho em que andamos, com o menor inconveniente público possível; a prudência humana já não tem que atentar a outra coisa.

---

[56] Seqüência original das páginas: 707, 708, 709, 710, 711, 712, 713, 714, 707, 708, 709, 710, 711.

[57] O primeiro presidente da Junta Provisional foi o brigadeiro Antônio da Silveira Pinto da Fonseca.

Continuaremos, pois, a resumir os sucessos desta revolução de Portugal, referindo-nos aos documentos que publicamos por extenso na parte Política; porque julgamos ser este método o mais adequado a informar nossos leitores, nos países remotos a que o nosso jornal principalmente se destina, dos acontecimentos que lhes devem ser interessantes e que não são fáceis de perceber na leitura de uma multiplicidade de papéis diários onde essas narrativas vêm espalhadas.

O Governo Provisório de Portugal continuava a dar várias providências administrativas (as principais copiadas no princípio deste número) quando a pública expectação estava fixada na convocação das Cortes: e, com efeito, apareceu a circular aos magistrados presidentes das eleições, que deixamos copiada à p. 608; a proclamação, p. 610[58], justificando a forma adotada para a dita convocação das Cortes; as instruções, p. 620[59], e várias tabelas que deixamos de publicar, por já não terem uso.

Cuidar-se-ia que estas medidas satisfariam as esperanças de todos os que obravam no séquito da revolução; mas por um daqueles acontecimentos imprevistos nas revoluções políticas, daqui mesmo se tirou motivo para a concussão dos partidos, que se começaram a desenvolver e que talvez lançarão as sementes para futuras discórdias.

Atores ocultos puseram em jogo o juiz do povo, que fez ao marechal de campo Teixeira a representação copiada à p. 629[60], e com o pretexto dela, o general ajuntou as tropas, preparadas em estado de combater, assestou-se a artilharia em várias partes da cidade, e num conselho militar se formaram as resoluções, p. 630, que sendo apresentadas ao Governo Provisório, este se viu obrigado a ceder à força das baionetas.

Nestas circunstâncias se lavrou o auto de juramento, p. 631[61], adotando o governo a Constituição espanhola, como lhe prescreviam os militares; mas na sessão de 13 de novembro resignaram aos seus lugares os deputados no Governo Provisório Hermano José Braancamp do Sobral, fr. Francisco de São Luiz[62], Manuel Fernandes Tomás e José Joaquim Ferreira de Moura.

Pelo que, ficou encarregado da Repartição dos Negócios do Reino o

---

[58] Ver pp. 131-6.

[59] Ver pp. 136-40.

[60] Ver p. 140.

[61] Ver p. 141.

[62] Fez parte do *Sinédrio* de Manuel Fernandes Tomás.

deputado José Manuel de Sousa Ferreira de Castro; dos Negócios Estrangeiros, o vice-presidente, Antônio da Silveira Pinto da Fonseca; e do Erário, o conde de Sampaio.

Os oficiais militares, porém, fizeram outro conselho, onde se tomaram as resoluções, p. 635[63], contrárias às primeiras, e insistiram em que tornassem a entrar para o governo os membros que tinham dado a sua demissão; obedeceu-se de novo à tropa, expediu-se o aviso, p. 638, chamando os ditos membros, que, por conseqüência, voltaram a seus lugares.

Aqui entrou uma correspondência com o vice-presidente, a qual publicamos à p. 639. Queria este sair do governo, mas os outros não o deixavam; ofereceu-se logo para continuar a servir, mas então não o quiseram, e acabou a correspondência com o aviso, p. 643, pelo qual foi este vice-presidente demitido de seu lugar sem mais formalidade, e desterrado para a sua quinta, onde terá descanso para gritar pela regular administração de justiça e contra as máximas do despotismo.

Serviu de pretexto a estes procedimentos amotinados contra o governo que a convocação das Cortes não era feita debaixo de um plano assaz *liberal*; e foi instrumento dos amotinados o juiz do povo de Lisboa, a quem se chamava com todo o respeito o sr. João Alves, mas que daqui em diante o veremos chamar simplesmente o João Alves, presidente dos mesteres.

O governo, passada a comoção, mandou à Junta Preparatória das Cortes o aviso, p. 644, em conseqüência do qual se expediu nova circular e novas instruções para a eleição dos deputados de Cortes, como deixamos copiado à p. 648[64]. O governo expediu sobre estes assuntos a proclamação, p. 636[65], e o marechal de campo Teixeira também a sua, à p. 631, e escreveu ao governo dizendo que não aceitava o lugar que lhe haviam oferecido de general em chefe, o que o governo lhe agradeceu, p. 645; mas cuidou em formar nova organização do Exército pela portaria da p. 647, ficando à frente da comissão, para este efeito, o mesmo marechal de campo.

Depois disto, por uma portaria do Governo Provisório, dirigida ao presidente da Junta Preparatória de Cortes, se mandam tornar a incorporar nesta, e por conseqüência considerar fora da Junta do Governo Supremo, os três membros, Pedro Leite Pereira de Melo, Francisco de Sousa Cirne

---

[63] Ver pp. 141-2.

[64] Ver p. 142.

[65] Ver pp. 143-4.

de Madureira, e o bacharel José Manuel Ferreira de Castro, que foram ali metidos a instâncias do Conselho Militar; dando-se agora como razão desta mudança que o outro Conselho Militar do dia 17 declarara que só desejava alteração no método de convocar as Cortes.

O *Astro da Luzitania*, um dos melhores jornais que aparecem agora em Lisboa, publicou uma judiciosa exposição contra o juiz do povo e seu procedimento nesta transação, negando, com razão, a autoridade que o juiz do povo tem assumido; e depois, ao marechal de campo Teixeira, a carta que copiamos à p. 701.

Com efeito, aquele magistrado não é nada do que o seu nome indica. Não é juiz, no sentido em que esta palavra denota um julgador, visto que ele é mero presidente dos 24 ofícios incorporados em Lisboa; nem é do povo, mas sim dos representantes desses 24 grêmios, quando se ajuntam para deliberar em comum nos negócios de sua competência; e o povo de Lisboa consta de muitas outras classes que não pertencem a esses 24 ofícios, e muito menos se pode aquele magistrado considerar como representante ou procurador autorizado de toda a nação, não o sendo nem ainda do povo de Lisboa.

Pelo Regimento da Vereação da Câmara de Lisboa, de 29 de julho de 1591, os procuradores da cidade têm assento na Mesa, quando o juiz do povo e os mesteres, pelo parágrafo 2º do dito regimento, só tinham os seus assentos em bancos, abaixo da Mesa, ficando entre ela e os mesteres, espaço e serventia; mas agora requerera o juiz do povo, e lhe foi concedido pela portaria da p. 597, que se assentasse em seguimento dos procuradores da cidade, dando-se-lhe assim uma consideração que não tinha, e que de certo por nenhum princípio deve andar anexa a tal lugar.

Mas concedamos que ao juiz do povo competia fazer esses requerimentos que fez; seguramente era ao governo, e não ao general das tropas a quem se devia dirigir; e assim todo o procedimento contra o Governo Provisório e contra as suas determinações sobre a convocação das Cortes foi uma mera violência de partido auxiliado pelas tropas, que por isso alguns dos jornais de Lisboa as comparam às guardas pretorianas de Roma, que punham e dispunham dos imperadores como bem lhes parecia.

Por mais razão que achemos no escritor da carta no *Astro da Luzitania* contra as pretensões do juiz do povo e contra o escândalo de virem as tropas ditar ao governo o que deveria fazer, não podemos deixar de notar-lhe que por essa mesmíssima ingerência do juiz do povo e das tropas foi instituído o Governo Provisório de Lisboa; e se numa ocasião foi justo, como se pode reprovar na outra?

Estas são anomalias das revoluções e, principalmente, quando se obra sem atender às formas estabelecidas, porque então ninguém pode predizer aonde irão parar os atos que se fazem sem a autoridade de formalidades reconhecidas, ou por lei ou por costume; e assim nos parece que seria o mais prudente esquecer o modo por que se formalizou o Governo Provisório de Lisboa, por intervenção do juiz do povo e da tropa, visto que era necessário ter algum governo, e o passado já não tinha força moral para se manter, e não entrar em disputa se o juiz do povo tinha ou não autoridade de ajuntar-se com as tropas e ditar ao Governo Provisório como devia proceder.

Acabando aqui com o juiz do povo, examinaremos o pretexto da comoção, que foi, como dissemos, que a forma prescrita para as eleições dos deputados das Cortes não era assaz *liberal*, e que o povo queria a Constituição espanhola.

A Junta Preparatória de Cortes, com a aprovação da Junta do Governo Provisório, adotou um plano de convocação de Cortes não reconhecido por lei nem por costume, portanto uma representação inteiramente nova: as Cortes se ajuntariam aos 6 de janeiro, 1821, e havia todas as autoridades jurado que obedeceriam à Constituição que essas Cortes formalizassem.

Entretanto, por esta instigação do juiz do povo, e pelo terror das tropas, jurou o Governo Provisório outra coisa, que foi adotar a Constituição espanhola com as modificações que as Cortes lhe fizerem. Assim, se as Cortes não quiserem a Constituição espanhola, a qual dos juramentos se julgará obrigado o governo provisório?

O que juraram o Governo Provisório, os fidalgos, os magistrados, o clero etc. foi obedecer à Constituição que as futuras Cortes fizessem; por que autoridade jura agora o Governo Provisório a Constituição espanhola que as tais Cortes ainda não fizeram, nem podiam fazer ou aprovar, porque se não ajuntaram ainda?

Mas os mesmos contra-revolucionários esbarraram logo com um ponto da Constituição espanhola que lhes não servia, porque esta determina um deputado por cada 700 almas, o que, segundo a população de Portugal, lhes daria umas Cortes de 40 deputados, número assaz insignificante e perigoso para uma representação da nação que tem de formar nova Constituição.

Atendendo a isto, ordenou a mesma junta militar, com o juiz do povo, que o número de deputados se elevasse a cem, não obstante a Constituição espanhola; mas esse era o mesmo número fixado pelo Governo Provisório, e que não agradou aos contra-revolucionários, os quais por fim, em resolução feita no Quartel General aos 17 de novembro, determinaram que tudo o mais da Constituição espanhola que não respeita as eleições, se *não possa pôr em prática* enquanto se não ajuntar o Congresso dos Deputados em Cortes; e se até então se não há de praticar a Constituição espanhola, que é feito do segundo juramento do Governo Provisório?

Mas o pretexto era que o método da convocação das Cortes não era assaz *liberal*, e por isso se gritava pela Constituição espanhola; examinemos isto.

A Junta Preparatória das Cortes pediu a opinião de todos os homens que por seus escritos, ou de outra maneira, eram conhecidos como literatos em Portugal; e recebeu de muitos as suas idéias sobre o assunto.

Entre outras, nos chegou à mão uma *Memória* do doutor Francisco José de Almeida, médico da Câmara, onde o autor (que a fez imprimir depois) mostra os mais exatos conhecimentos do Direito Público e desenvolve a matéria da convocação das Cortes e da futura Constituição de Portugal com mão de mestre, e sentimos que os nossos limites nos não permitam sequer dar extratos desta exata, concisa e luminosa produção.

Ilustrada a Junta Preparatória de Cortes com estas e outras memórias, adotou um plano de escolha de deputados com o intermédio da nomeação popular de eleitores, como sucede, em alguns casos, nos Estados Unidos da América, e fixou o número dos deputados em cem.

Gritou-se que este método não era assaz *liberal*, e que o povo queria o espanhol.

Mas se pelas palavras *mais liberal* se entende uma forma mais democrática, isto é, em que o povo tenha mais *imediato voto* na eleição de seus deputados em Cortes, então a forma adotada pela Junta Preparatória é mais *liberal* ou mais democrática do que a espanhola; porque, segundo o plano da Junta Preparatória, o povo nomeava os eleitores que deviam eleger os deputados; mas, segundo o método da Constituição espanhola que se adotou agora, o povo só elege compromissários, que hão de nomear eleitores paroquiais; estes elegem depois os eleitores de comarcas e estes então são os que elegerão os deputados, ficando assim a influência imediata e pessoal dos cidadãos removida quatro graus, e portanto menos *democrática* a eleição e representação popular.

Agora se a maior *liberalidade* da Constituição espanhola consiste no número de *Te Deums* em cada eleição, então o segundo método é mais liberal, porque dá três *Te Deums* para cada deputado, ou 300 *Te Deums* para todos os deputados do Reino.

Em outro exemplo não é tão *liberal* a forma espanhola como a que tinha adotado a Junta Preparatória, e é em que a escolha feita à espanhola deve sempre recair num natural do lugar da eleição, ou em quem ali tenha morado sete anos.

Ora, a Junta Preparatória admitia, o que é muito mais *liberal*, que não havendo na comarca sujeito hábil, se pudesse escolher de outra província, método muito mais preferível, além de mais *liberal*.

A representação nacional (como bem observou o doutor Almeida na *Memória* mencionada acima, e citando De Lolme sobre a Constituição inglesa) não é uma junta de deputações diferentes de várias províncias, mas um todo, representando a nação como corporação indizível. Donde se segue que qualquer deputado é representante, até onde chega o seu voto, não da província onde foi escolhido, mas de toda a nação.

Se, portanto, o deputado é representante de toda a nação, pouco deve importar a província donde é oriundo ou onde vive. É importante que a escolha dos deputados se distribua por todas as províncias, visto que todos os cidadãos se não podem ajuntar em um só lugar para fazerem a escolha; e importa que cada cidadão tenha voto nela; mas a mesma razão não milita para obrigar a que o escolhido e eleito seja dentre os eleitores.

Pelo contrário, importa muito que a escolha seja promíscua, a fim de evitar que se formem nas Cortes partidos das diferentes províncias que possam opor seus interesses locais umas contra as outras, o que mais facilmente se evita em uma reunião de deputados escolhidos promiscuamente, e constituindo uma representação indizível.

Há demais outro inconveniente em restringir a eleição aos naturais e habitantes da comarca; porque não só é possível, mas é mui provável que em algumas comarcas haja superabundância de pessoas capazes para serem deputados, e que noutras venham a faltar.

Os homens literatos, instruídos nos negócios e com conhecimentos do mundo acham-se ordinariamente nas capitais e cidades populosas; nas províncias e pequenas povoações são os homens com essas qualificações muito mais raros, porque ainda que no retiro se achem pessoas de literatura, não é ali que se pode saber a prática dos negócios públicos.

Seguindo-se, pois, neste ponto, a mais *liberal* Constituição espanhola, virá a acontecer que entre os cem deputados das Cortes, se achará uma grande maioridade de provincianos ou aldeões que, sendo talvez homens honrados e de influência nas suas terras, mas sem conhecimento do que se chama o grande mundo, serão todos guiados nas Cortes por um pequeno número de homens eloqüentes, hábeis ou astutos, os quais de fato governarão o reino, principalmente em uma representação tão pouco numerosa, como é a de cem pessoas, onde toda a dificuldade consiste em formar-se um partido que compreenda 51 votos.

Quanto ao resto da nação portuguesa fora de Portugal e de Algarves, o primeiro plano da Junta Preparatória somente dizia no artigo 38 das "Instruções" que elas seriam aplicáveis às ilhas adjacentes, Brasil e domínios ultramarinos, sem dizer nem o número de deputados, nem o tempo de suas eleições.

Mas nestas novas instruções à espanhola nem se admite a existência de domínios ultramarinos, senão para dizer que lhes não são aplicáveis os artigos da Constituição espanhola que lhes podiam ser correlativos.

Esta omissão nos parece um passo decisivo para a separação de Portugal do Brasil, o que na verdade sentimos que venha a ser um dos efeitos desta revolução.

Mas de toda a confusão destes procedimentos o que parece é que o partido aristocrata fomentou a revolução para governar o Reino independente d'el-rei; o partido dos patriotas aproveitou-se da revolução para organizar um governo constitucional com el-rei à sua frente; o partido espanhol valeu-se da confusão para propor a adoção da Constituição espanhola como passo preliminar a suas vistas. Mas tudo isto não são senão prelúdios do choque de partidos cuja desenvolução veremos depois nas Cortes.

Houve quem nos argüisse por havermos dito que homens facciosos fomentaram a revolução, a qual, porque prometia reformas aliás necessárias, foi aprovada pelos cidadãos honrados, e que era de supor que el-rei se oporia a seus excessos. Mas para nos combaterem nestas asserções foi preciso *inverter*, ou para melhor dizer, perverter nossas proposições.

Para mostrarmos que motivos de ambição estimularam alguns facciosos a fomentar a revolução, basta apontar o que o mesmo escritor que nos argúi, diz do caráter do primeiro presidente do Governo Revolucionário, do coronel Serpa e de outros; se com justiça ou não sobre os indivíduos, não decidimos, porque não temos os dados para aplicar a estes em particular a asserção que fizemos em geral sobre a revolução, e que é, talvez, verdadeira a respeito de todas as revoluções. Mas diz o mesmo escritor isto:

> "A causa do vergonhoso atentado do dia 11 foi o ambicioso e hipócrita Silveira, que pretendeu desfazer-se de seus quatro colegas, os mais virtuosos e instruídos, só para melhor e a seu salvo levar avante os sórdidos projetos da elevação de toda a sua família (incluso o conde de Amarante).
>
> "O coronel Serpa, aproveitando-se da ocasião de patentear seus princípios, conduziu o juiz do povo à varanda do Palácio do Governo, meteu-o entre luminárias, e entrou a fazer-lhe dar vivas incendiários e sediciosos, que o inocente povo debaixo repetia, sem lhes conhecer a malícia." (Veja-se o *Campeão Português*, nº 30.)

Depois desta descrição, que aquele escritor faz de tão conspícuos corifeus da revolução, um deles seu primeiro presidente, mal podíamos esperar que nos argüisse por havermos dito que os males da nação só eram pretexto para com os facciosos.

E com isto, pode muito bem estar que para com os homens honrados, esses males da nação e o desejo de os remediar não fossem pretexto, mas sim verdadeira e sincera causa de abraçarem e aprovarem a revolução.

Que el-rei se deva opor, com os meios que estiverem a seu alcance, aos excessos da revolução, é outra proposição que nada encontra as anteriores, nem tem nada que não seja de patriótica política.

Se um dos excessos da revolução, por exemplo, for que Portugal, em vez de ser potência, passe a ser província de Espanha; se a revolução chegar ao furor de querer fazer dos portugueses *lusos-espanhóis-constitucionais*, parece-nos que é do dever d'el-rei desaprovar semelhantes excessos revolucionários, quer possa quer não possa impedi-los.

É de desejar, e talvez de presumir, que os membros do Governo Provisório não patrocinem as vistas desses *lusos-espanhóis-constitucionais*, porque tal patrocínio desonraria qualquer governo patriótico; mas no fogo das revoluções não se pode responder dos sucessos, ainda quando o governo põe para isso os meios que pode e tem a seu alcance.

O motim que sucedeu em Lisboa no dia 11, e que pela confissão de todos esteve ao ponto de fazer correr o sangue dos cidadãos, serviu para desmascarar a hipocrisia de alguns, mas não é provável que todos os facciosos se descobrissem por uma vez. E contudo, aqui temos já uma amostra do que dissemos, das dificuldades que tem de encontrar o Governo Provisório, e da incerteza da marcha dos negócios nas revoluções, quando, ou por capricho ou por necessidade, se desatendem as formalidades em que consiste a ordem estabelecida.

Aqueles que, com o cabeça de pau do juiz do povo, atropelaram o Governo Provisório deviam lembrar-se da grande obrigação em que o Reino está a esse governo, pela moderação com que se tem portado e pelo cuidado com que tem suprimido o germe da anarquia que começava a patentear-se em algumas partes, como se colhe do seguinte aviso:

"Senhores juiz, vereadores e mais oficiais da Câmara de Tavira:

"Foi presente ao Governo Interino, estabelecido em Lisboa, a conta de vossas mercês, de 23 do corrente, participando a proposição que se lhes fez para que nomeassem deputados para uma nova junta que se procurava erigir na cidade de Faro, e a maneira por que vossas mercês resistiram a semelhantes solicitações; e o mesmo governo manda louvar a vossas mercês a sua conduta e firmeza de princípios, para não anuírem a tais pretensões que poderiam ser origem de discórdias quando fossem atendidas. O que participo a vossas mercês para sua devida inteligência. Deus guarde a vossas mercês.

"Palácio do Governo, em 28 de setembro de 1820.
"[Assinado Felipe Ferreira de Araújo e Castro.]"

E acrescentamos ainda outro exemplo em diferente gênero, na seguinte notícia publicada em Lisboa.

"Tendo constado ao governo que se imprimiram e puseram em venda alguns escritos que encerram princípios e máximas opostas às da santa religião que professamos, e até às da moral universal, encobertas debaixo de expressões capciosas, e por isso tanto mais nocivas; ordenou imediatamente que se procedesse ao exame das causas que deram azo a um abuso tão escandaloso e tão contrário aos justos sentimentos do governo, muitas vezes proclamados e expressos nas diferentes ordens que a este respeito se tem expedido; e que os referidos escritos fossem apreendidos onde quer que se achassem, para mais não poderem entrar em circulação, estando o governo na firme resolução de manter com toda a autoridade que lhe compete, o vigor da lei e a boa ordem em matéria tão importante e tão intimamente ligada com a tranquilidade e felicidade pública."

Uma das mais louváveis medidas do Governo Provisório é o projeto de liquidar a dívida pública, como consta da portaria da p. 597; porque na verdade, depois da falta de responsabilidade dos empregados públicos, o desarranjo das finanças era o que mais pesava sobre a nação.

À p. 693 damos em extrato a conta de receita e despesa do Erário de Lisboa no mês de outubro de 1820. O Governo Provisório ordenou à Junta da Fazenda do Senado, por aviso de 22 de novembro, e às demais repartições que administram cofres públicos que publicassem mensalmente, pela imprensa, contas de sua receita e despesa.

Por um aviso de 18 de novembro mandou o governo obedecer a Comissão do Terreiro Público de Lisboa às reformas que já tinha feito naquela repartição, destruindo os abusos que obstavam à prosperidade da agricultura do reino; e aprovando a proposta de adiantar, do dinheiro do cofre do mesmo Terreiro, empréstimos a alguns agricultores.

Além das gazetas que já anunciamos que se imprimiam em Lisboa, temos agora notícia de mais seis, que são: *O Liberal*, *O Amigo do Povo*, *Astro da Luzitania*, *Diário do Governo*, *Cidadão Artista* e *Português Constitucional*.

6.
Documentos citados

I. Primeira proclamação publicada
na revolta da cidade do Porto
(n° 148, vol. XXV)

"Soldados! — Uma só vontade nos una: caminhemos à salvação da pátria. Não há males que Portugal não sofra. Não há sofrimento que nos portugueses não esteja apurado. Os portugueses, sem segurança em suas pessoas e bens, pedem o nosso auxílio, eles querem liberdade regrada pela lei. Vós mesmos, vítimas dos males comuns, tendes perdido a consideração que o vosso brio e vossas virtudes têm merecido. É necessária uma reforma, mas esta reforma deve guiar-se pela razão e pela justiça, não pela licenciosidade. Coadjuvai a ordem, coibi os tumultos; abafai a anarquia e criemos um governo provisório em que confiemos, eles chamem as Cortes que sejam o órgão da nação, e elas preparem uma Constituição que assegure os nossos direitos. O nosso rei d. João VI, como bom, como benigno, há de abençoar nossas fadigas, como amante de um povo que o idolatra. Viva o nosso bom rei. Vivam as Cortes, e por elas a Constituição.

"Porto em Conselho Militar, 24 de agosto de 1820.

"[Assinado Sepúlveda, coronel do Reg. n° 18; Cabreira, coronel de Artilharia; tenente-coronel do Reg. n° 6; major das Milícias de Maia; major das Milícias do Porto.]"

II. Segunda proclamação publicada
na revolta da cidade do Porto
(n° 148, vol. XXV)

"Acabou-se o sofrimento! A pátria em ferros; a vossa consideração perdida; nossos sacrifícios baldados; um soldado português próximo a mendigar uma esmola! Soldados, o momento é este: voemos à salvação da pátria; voemos à nossa salvação própria. Camaradas, vinde comigo; vamos com nossos irmãos organizar um governo provisional, que chame as Cortes a fazer uma Constituição, cuja falta é a origem dos nossos males. É necessário desenvolvê-lo, porque cada qual de vós o sente. É em nome, e conservando o nosso augusto soberano, o sr. d. João VI, que há de governar-se. A nossa santa religião será guardada! Assim como nossos esforços são puros, assim Deus há de abençoá-los. Os soldados que compõem o bravo exército português hão de correr a abraçar a nossa; porque é a sua causa. Soldados, a força é nossa; não devemos, portanto, consentir tumultos: a cada um de nós deve a nação sua segurança e tranqüilidade. Tende confiança num chefe que nunca soube ensinar-nos senão o caminho da honra. Soldados! Não deveis medir a grandeza da causa pela singeleza dos meus discursos: os homens sábios desenvolverão um dia este feito, maior que mil vitórias. Santifiquemos este dia; seja de hoje em diante o grito do nosso coração. Viva el-rei, o sr. d. João VI. Viva o Exército português. Vivam as Cortes, e por elas a Constituição Nacional.

"[Assinado.]"[66]

III. Auto da Câmara Geral
(nº 148, vol. XXV)

"E logo, estando reunidos todos os abaixo assinados pelos ilmos. membros do Conselho Militar acima mencionados, foi representado que sendo evidentes os sofrimentos de todas as classes, e tendo de esperar-se a cada momento um rompimento anárquico que levasse a nação a todos os males, que este monstro semeia na sociedade; eles, animados do mais vivo desejo de prestar serviços à nação, de salvá-la, de fazê-la reganhar os seus verdadeiros direitos; e caminhando outrossim sobre a base firme e inabalável de manter fidelidade e vassalagem ao nosso grande e muito poderoso monarca, o sr. d. João VI, se deliberaram a propor, como têm proposto, o seguinte:

"Que se formará uma junta provisória, depositária do supremo governo do Reino, composta das seguintes pessoas, e do vice-presidente que essa mesma junta eleger; a saber:

---

[66] No texto do *Correio Braziliense* não se segue nenhuma assinatura.

"Junta Provisional do Governo Supremo do Reino:
"Presidente:
"Antônio da Silveira Pinto.
"Vogais:
"Pelo clero — o deão Luiz Pedro de Andrade e Brederode.
"Pela nobreza — Pedro Leite Pereira Melo, Francisco de Sousa Cirne de Madureira.
"Pela magistratura — o desembargador Manuel Fernandes Tomás.
"Pela universidade — o dr. fr. Francisco de São Luiz.
"Pela província do Minho — o desembargador João da Cunha Sotto-Maior, José Maria Xavier de Araújo.
"Pela província da Beira — José de Melo Castro e Abreu, Roque Ribeiro de Abranches Castelo Branco.
"Pela província de Trás-os-Montes — José Joaquim de Moura, José Manuel de Sousa Ferreira de Castro.
"Pelo comércio — Francisco José de Barros Lima.
"Secretários com voto — José Ferreira Borges, José da Silva Carvalho, Francisco Gomes da Silva.

"Que esta junta governará em nome do sr. rei d. João VI. Que ela manterá a sagrada religião católica romana, que temos a felicidade de professar. Que a junta é ereta para convocar Cortes representativas da nação, e nelas formar uma Constituição adequada à nossa santa religião, aos nossos bons usos, e às leis que na atualidade das coisas nos convêm.

"A qual proposição foi aceita unanimemente, por todos canonicamente firmada a eleição, sem perturbação alguma, e a aprazimento recíproco. E logo neste mesmo ato, acabada a eleição, foi definido, em nome do Conselho Militar, o seguinte juramento, por mão do coronel comendador Sebastião Drago Valente de Brito Cabreira e do coronel Bernardo Corrêa de Castro e Sepúlveda, ao dr. juiz de fora do civil, que depois o deferiu ao mesmo Conselho Militar e a todas as mais pessoas que neste ato assinam, segundo suas respectivas atribuições, principiando por todos os membros que compõem a ilustríssima câmara; o qual juramento é do teor seguinte:

"Fórmula do juramento
"'Juro aos santos evangelhos obediência à Junta Provisional do Governo Supremo do Reino, que se acaba de instaurar, e que, em nome de el-rei, nosso sr. d. João VI, há de governar até a instalação das Cortes, que deve convocar para organizar a Consti-

tuição portuguesa. Juro obediência a essas Cortes e à Constituição que fizerem, mantida a religião católica romana, a dinastia da sereníssima Casa de Bragança.'

"E sendo em particular dirigida a palavra aos exmos. bispo da diocese e governadores das justiças e das armas, todos expressaram os mais lisonjeiros sentimentos de aprovação e adesão ao sistema e ao procedimento adotado, como legítimo e único meio de salvar a nação.

"E logo convocados o presidente da Junta e mais membros presentes (porque muitos ainda estavam fora da cidade) lhes foi deferido o juramento, a saber: ao presidente, pelo juiz de fora do civil; e por aquele, aos demais. E terminando este ato com toda a regularidade, ordem e júbilo que cabem em tão grande feito, por todos, as vozes dos coronéis Cabreira e Sepúlveda foram repetidas das janelas dos Paços do Conselho: Viva o nosso bom monarca, o sr. d. João VI! Viva a nossa religião sagrada! E desta forma houveram por finda esta vereação, de que mandaram lavrar o presente auto, que foi assinado etc."

IV. A Junta Provisional do Governo
Supremo do Reino aos portugueses
(n° 148, vol. XXV)

"Se na agitação porfiosa que comoveu as nações da Europa e abalou os tronos, o vosso Exército salvou a pátria, imortalizando o seu nome, ele não se mostra hoje menos benemérito dela, acabando de arrancá-la do abismo em que se achava precipitada, e próxima quase a perder até a sua representação nacional.

"Uma administração inconsiderada, cheia de erros e de vícios, havia acarretado sobre nós toda a casta de males, violando nossos foros e direitos, quebrando nossas fraquezas e liberdades e profanando até esses louváveis costumes que nos caracterizaram sempre, desde o estabelecimento da monarquia, e que eram por ventura o mais seguro penhor de nossas virtudes sociais.

"O amor da pátria, sacrificado ao egoísmo, não foi mais do que um nome vão na boca desses homens ambiciosos que ocupavam os primeiros lugares da nação e que só tinham por fito medrar nas honras e nas riquezas, em prêmio de seus crimes, ou da falta de luzes e experiência com que dirigiam as coisas do Estado.

"Assim vimos nós desaparecer desgraçadamente nosso comércio, definhar-se a nossa indústria, esmorecer a agricultura e apodrecer nossa Marinha.

"Poucos dias mais bastavam para perdemos até o último vaso mercante e para acabar de todo a navegação, pela qual fomos tão poderosos no tempo de nossa passada glória: sulcávamos então os mares devassando as suas costas, freqüentando seus portos e espalhando pela Europa espantada e invejosa as preciosidades do Oriente e as riquezas de ambos os mundos.

"Estancadas por tal modo as fontes da prosperidade nacional, devia ser e foi uma conseqüência necessária a perdição de nossos mais caros interesses; e para cúmulo de desventura deixou de viver entre nós o nosso adorável soberano. Portugueses! Desde esse dia fatal contamos nossas desgraças pelos momentos que tem durado a nossa orfandade. Perdemos tudo, e até haveríamos perdido nosso nome, tão famoso no universo, se não mostrássemos que ainda somos os mesmos, pela constância com que temos sofrido tantas calamidades e misérias, e pela heróica resolução que hoje havemos tomado. Nossos avós foram felizes, porque viveram nos séculos venturosos em que Portugal tinha um governo representativo nas Cortes das nações; e obraram prodígios de valor enquanto obedeciam às leis que aproveitavam a todos, porque a todos obrigavam. Foi então que eles fizeram tremer a África, que conquistaram a Índia e que assombraram o mundo conhecido, ao qual acrescentaram outro, para dilatar ainda mais o renome de suas proezas. Nunca a religião, o trono e a pátria receberam serviços tão importantes; nunca adquiriram nem maior lustre, nem mais sólida grandeza; e todos estes bens dimanavam perenemente da Constituição do Estado, porque ela sustentava em perfeito equilíbrio e concertada harmonia, os direitos do soberano e dos vassalos, fazendo da nação e de seu chefe uma só família em que todos trabalhavam para a felicidade geral.

"Tenhamos pois essa Constituição, e tornaremos a ser venturosos. O sr. d. João VI, nosso adorado monarca, tem deixado de a dar porque ignora nossos desejos; nem é já tempo de pedir-lhe, porque os males que sofremos e, mais ainda, os que devemos recear, exigem um prontíssimo remédio.

"Imitando nossos maiores, convoquemos as Cortes e esperemos de sua sabedoria e firmeza as medidas que só podem salvar-nos da perdição e segurar nossa existência política. Eis o voto da nação. E o Exército, que o enunciou por este modo, não fez senão facilitar os meios de seu cumprimento, retardado já em demasia pela timidez ou pela desunião dos amantes da pátria. Nos gloriosos campos de Ourique o Exército levanta a voz, e aparece a monarquia; hoje, no berço de Portugal, o Exército levanta a voz e salva da destruição e da ruína este precioso depósito, confiado à sua guarda e sustentado pelo valor do seu braço invencível, depois de muitos séculos de existência.

"Portugueses! O passo que acabais de dar para a vossa felicidade futura, era necessário e até indispensável; e a vossa desgraçada situação plenamente justifica o vosso procedimento; não vos intimideis, portanto; porque decerto não atraiçoais os sentimentos de vossa natural fidelidade. Nenhuma lei ou instituição humana é feita para durar sempre, e o exemplo de nossos vizinhos bastaria para nos sossegar. O mundo conhece bem que a nossa deliberação não foi efeito de uma raiva pessoal contra o governo, ou de uma desafeição à casa augusta de Bragança; pelo contrário, nós vamos por este modo estreitar mais os laços de amor, e de respeito, e de vassalagem, com que nos achamos felizmente ligados à dinastia do imortal João IV; e as virtudes que adornam o coração do mais amado de seus descendentes, nos afiançam que ele há de unir os seus aos nossos esforços, felicitando um povo que tantas ações de heroísmo tem praticado, para lhe segurar na frente a coroa do luso império.

"A mudança que fazemos não ataca as partes estáveis da monarquia. A religião santa de nossos pais ganhará mais brilhante esplendor, e a melhora dos costumes, fruto também de uma iluminada instrução pública, até hoje por desgraça abandonada, fará a nossa felicidade e das idades futuras.

"As leis do reino, observadas religiosamente, segurarão a propriedade individual; e a nação sustentará a cada um no pacífico gozo de seus direitos, porque ela não quer destruir, quer conservar. As mesmas ordens, os mesmos lugares, os mesmos ofícios, o sacerdócio, a magistratura, todos serão respeitados no livre exercício da autoridade que se acha depositada nas suas mãos.

"Ninguém será incomodado por suas opiniões ou conduta passada; e as mais bem combinadas medidas se têm tomado para evitar os tumultos e a satisfação dos ódios, ou vinganças particulares.

"Portugueses! Vivei certos dos bons desejos que nos animam. Escolhidos para vigiar sobre os vossos destinos, até o dia memorável em que vós, competentemente representados, haveis de estabelecer outra forma de governo, empregaremos todas as nossas forças para corresponder à confiança que se fez de nós; e se o resultado for, como esperamos, uma Constituição que segure solidamente os direitos da monarquia e os vossos, podeis acreditar será ela a maior e a mais gloriosa recompensa de nossos trabalhos e fadigas.

"Porto, Paço do Governo, em 24 de agosto de 1820.

"[Assinado por todos os da Junta Provisória.]"

V. Proclamação dos governadores de Portugal sobre a revolução na cidade do Porto
(n° 148, vol. XXV)

"Portugueses! O horrendo crime de rebelião contra o poder e autoridade legítima do nosso augusto soberano, el-rei nosso senhor, acaba de ser cometido na cidade do Porto.

"Alguns poucos indivíduos mal-intencionados, alucinando os chefes dos corpos da tropa daquela cidade, puderam desgraçadamente influi-los, para que, cobrindo-se de opróbrio, quebrassem no dia 24 do corrente o juramento de fidelidade ao seu rei e às suas bandeiras, e se atrevessem a constituir por sua própria autoridade, naquela cidade, um governo a que dão o título de Governo Supremo do Reino.

"Bem conheciam os perversos que maquinaram esta conspiração que só poderiam conseguir extraviar corações portugueses ocultando-lhes, debaixo de aparências de um juramento ilusório de amor e fidelidade ao seu soberano, o primeiro e tremendo passo que lhes fizeram dar para o abismo das revoluções, cujas conseqüências podem ser a subversão da monarquia e a sujeição de uma nação sempre zelosa da sua independência à ignomínia de um jugo estrangeiro.

"Não vos iludais, pois, fiéis e valorosos portugueses, com semelhantes aparências: é evidente a contradição com que os revoltosos, protestando obediência a el-rei nosso senhor, se subtraem à autoridade do governo legitimamente estabelecido por s. m., propondo-se, como declaram os intrusos, que a si mesmos se constituíram debaixo do título de Governo Supremo do Reino, a convocar Cortes, que sempre serão ilegais quando não forem chamadas pelo soberano; e a anunciar mudanças e alterações, que, quando muito, deviam limitar-se a pedir, por isso que só podem emanar legítima e permanentemente do real consentimento.

"O nosso soberano nunca deixou de prestar-se a solicitações justas, que se dirigem ao bem e prosperidade de seus vassalos.

"Agora mesmo, pela embarcação de guerra entrada ontem no porto desta capital, acabam de chegar providências, que serão prontamente publicadas, patenteando a solicitude verdadeiramente paternal com que se digna atender ao bem deste Reino; o que aumenta ainda mais, se é possível, o horror que a todos deve causar o atentado cometido na cidade do Porto.

"Os governadores do Reino estão dando, e continuarão a dar, todas as providências que tais circunstâncias imperiosamente ditam e que lhes são prescritas pelos mais sagrados deveres do seu cargo.

"Quando, porém, alguns motivos de queixa e de justas representações lhes sejam expostos, eles se apressarão a levá-los respeitosamente à real presença, lisonjeando-se de que os mesmos indivíduos, já envolvidos em tão criminosa insurreição, refletirão nas desgraças em que vão precipitar-se, e voltarão arrependidos à obediência do seu soberano, confiados na clemência inalterável do mais piedoso dos monarcas.

"Entretanto, esperam os governadores do Reino que esta fidelíssima nação conserve constantemente a lealdade que foi sempre o seu mais prezado timbre; que o Exército, cuja heroicidade foi, há tão pouco, admirada pela Europa toda, se apresse em apagar a mancha de que a sua honra está ameaçada, pelo extravio desses poucos corpos que inconsideradamente se deixaram alucinar; e que a maioria da tropa portuguesa conserve, a par da reputação do seu valor inalterável, a virtude, não menos distinta, da sua fidelidade.

"Portugueses! A conservação intacta da obediência a el-rei nosso senhor é a obrigação mais importante para todos nós, ao mesmo tempo que é o nosso mais patente interesse. Haja, pois, firmeza nestes princípios; concorram todas as classes para manter a tranqüilidade pública, e prontamente vereis restabelecida a ordem que os mal-intencionados se arrojaram à tentativa de transtornar.

"É o que vos recomendam, em nome do nosso adorado soberano, os governadores do Reino.

"Lisboa, no Palácio do Governo, em 29 de agosto de 1820.

"Cardeal patriarca.

"Marquês de Borba.

"Conde de Peniche.

"Conde da Feira.

"Antônio Gomes Ribeiro."

VI. Proclamação da Junta Provisional
(nº 148, vol. XXV)

"A franqueza é a primeira das virtudes de um governo justo; vós, portanto, sabereis tudo quanto nós sabemos e cuja certeza vos asseguramos. Os antigos governadores do Reino proclamaram que uns poucos de homens se meteram a mudar a antiga ordem de coisas e que por esta razão ninguém nos deve obedecer. Vós sabeis a que ponto eles estão enganados ou procuram enganar, porque vós sabeis perfeitamente bem com que rapidez o grito que levantastes foi repetido em toda a parte. Não temais. Em Lisboa sois considerados como heróis e verdadeiros patriotas; e os seus habitantes, que desejam imitar-vos no sossego com que proclamastes vossa independência, somente esperam a chegada de alguma força para se declararem, sem temor de sofrer alguns males, e sem se verem na necessidade de os infligir. Cidadãos do Porto, temos forças, temos meios de sustentar a nossa causa. Ela é justa, e é também a causa de nossos vizinhos, os espanhóis; e por esta razão suas tropas ocupam já as fronteiras da Galícia, onde estão prontas a auxiliar a nossa independência. Desejaríamos dever somente a nossos esforços a liberdade que vamos a gozar, mas os inimigos da nação até nisto desejam obscurecer a glória a quem tem tantos títulos. Cidadãos do Porto, não temais coisa alguma. Deus é conosco.

"Porto, no Palácio do Governo, em 2 de setembro de 1820.

"[Assinado Antônio da Silveira Pinto da Fonseca, presidente; Sebastião Drago Valente de Brito Cabreira, vice-presidente.]"

VII. PROCLAMAÇÃO DOS GOVERNADORES DO REINO,
PARA O CHAMAMENTO DE CORTES
(n° 148, vol. XXV)

"Portugueses! Os governadores do Reino, persuadidos do perigo iminente que corre a nação e a monarquia se se prolongar a crise produzida pela sublevação da cidade do Porto; e usando das faculdades extraordinárias, que pelas suas instruções lhes são concedidas em casos urgentes, depois de ouvirem o parecer de grande número de pessoas do Conselho de s. m. e conspícuas entre as diversas classes da nação; resolveram, em nome de el-rei nosso senhor, convocar Cortes, nomeando imediatamente uma comissão destinada a proceder aos trabalhos necessários para a pronta reunião das mesmas Cortes.

"Esperam os governadores do Reino que uma medida que tão decididamente prova a determinação de se atender às queixas e ouvir os votos da nação, reunirá imediatamente a um centro legítimo e comum a nação inteira, e que todas as classes de que a mesma se compõe reconhecerão a necessidade de uma tal união, para evitar os males iminentes da anarquia, da guerra civil e, talvez, da dissolução da monarquia.

"Lisboa, no Palácio do Governo, em 1° de setembro de 1820.

"Cardeal patriarca.

"Marquês de Borba.

"Conde de Peniche.

"Conde da Feira.
"Antônio Gomes Ribeiro."

VIII. PORTARIA ASSINADA PELOS GOVERNADORES DO
REINO NOMEANDO A COMISSÃO PREPARATÓRIA DAS CORTES
(n° 148, vol. XXV)

"El-rei nosso senhor é servido nomear o arcebispo de Évora, o conde de Barbacena, do seu Conselho, o tenente-general conselheiro de Guerra Matias José Dias Azedo, e os desembargadores Antônio José Guião e Antônio Tomás da Silva Leitão, ambos do seu Conselho, para formarem a comissão que deve tratar dos trabalhos necessários para a convenção das Cortes a que s. m. manda proceder, ordenando o mesmo senhor que os membros nomeados se reúnam desde logo no Real Arquivo da Torre do Tombo e se ocupem sem interrupção dos referidos trabalhos.
"Palácio do Governo, em 1° de setembro de 1820.
"[Com a rubrica dos senhores governadores do Reino.]"

IX. CARTA DE CHAMAMENTO DAS CORTES,
PELOS GOVERNADORES DO REINO
(n° 148, vol. XXV)

"Presidente, vereadores, procuradores desta cidade de Lisboa, e procuradores dos mesteres dela:
"El-rei nosso senhor, pelos governadores dos seus Reinos de Portugal e Algarves, vos envia muito saudar. Havendo nós já anunciado a necessidade que há, nas atuais urgentes circunstâncias, de se convocarem Cortes, para nelas se tratarem e discutirem com os três Estados dos ditos Reinos coisas mui importantes ao serviço de Deus, do mesmo senhor, e bem dos seus povos; determinamos, em seu real nome, convocá-las nesta cidade de Lisboa para o dia 15 de novembro do presente ano de 1820. Pelo que, muito vos encomendamos que logo que esta virdes, elejais dois procuradores, que tenham as qualidades e circunstâncias que para tal ato se requerem, os quais virão munidos de procuração bastante (como sempre foi uso e costume) para com eles, e com os das outras cidades e vilas que também mandamos vir às ditas Cortes, se praticar, comunicar e assentar em tudo aquilo que parecer mais conveniente aos referidos fins; e trarão, outrossim, quaisquer

lembranças que vos parecer serão mais interessantes ao bem geral da nação e ao particular desta cidade, e se apresentarão com a conveniente antecipação ao secretário do governo da Repartição dos Negócios do Reino, a quem entregarão a mencionada procuração. E confiamos de vós que assim na eleição dos mesmos procuradores, como em tudo o mais que toca a esta matéria, procedereis com a consideração que ela merece. E porquanto é notório que os povos fizeram grandes despesas e sofreram muitas vexações por ocasião da guerra passada, é vontade do mesmo senhor fazer-lhes mercê em tudo o que se oferecer, mandaremos que os referidos procuradores, bem como os das outras terras do reino, sejam ajudados nas despesas que houverem de fazer nas ditas Cortes, conforme a necessidade de cada lugar.

"Escrita nesta cidade de Lisboa, no Palácio do Governo, em 9 de setembro de 1820.

"Cardeal patriarca.
"Marquês de Borba.
"Conde de Peniche.
"Conde da Feira.
"Antônio Gomes Ribeiro."

X. Carta do conde da Feira para o conde de Palmela
(n° 148, vol. XXV)

"Ilmo. e exmo. sr.:
"Sendo da maior importância que v. exc. continue a prestar a s. m., na assistência que tem feito às deliberações deste governo desde o dia 28 de agosto próximo passado, o serviço mais interessante que nas atuais circunstâncias lhe pode fazer, espera o mesmo governo que v. exc. queira demorar-se por algum tempo nesta capital e assistir às suas sessões, tomando parte em todas as decisões que se fizerem necessárias. E previno ao mesmo tempo a v. exc. de que, para segurar a sua viagem para a Corte do Rio de Janeiro logo que esta possa ter lugar, se manda já aprontar a fragata *Pérola*, como anteriormente havia determinado. Deus guarde a v. exc. muitos anos.

"Lisboa, no Palácio do Governo, em 9 de setembro de 1820.
"De v. exc. o mais atento e fiel cativo.
"Conde da Feira."

XI. Resposta do conde de Palmela ao conde da Feira
(nº 148, vol. XXV)

"Ilmo. e exmo. sr.:
"Em conseqüência do desejo que v. exc. me manifesta, em nome dos senhores governadores do Reino, no ofício que me dirigiu com a data de hoje, diferirei a minha partida para a Corte de Rio de Janeiro até que se ache pronta a fragata *Pérola*, o que espero poderá efetuar-se no espaço de poucos dias.

"Entretanto, não seria nem justo, nem conforme à minha inclinação, o escusar-me de tomar publicamente sobre mim a porção da responsabilidade que me cabe atualmente, pelas deliberações a que o governo me faz a honra de me chamar.

"Permita Deus que eu tenha a consolação de poder levar brevemente ao nosso augusto soberano a notícia, bem grata para o seu coração paternal, do restabelecimento completo da concórdia em Portugal, assim como a certeza de que aderindo os senhores governadores do Reino aos desejos unânimes da nação portuguesa, interpretaram desse modo as intenções sempre benéficas de s. m.

"Deus guarde a v. exc. muitos anos.
"Lisboa, em 9 de setembro de 1820.
"De v. exc. muito atento e fiel servidor.
"Conde de Palmela."

XII. Carta dos governadores do Reino
à Junta Suprema do Porto
(nº 149, vol. XXV)

"Os governadores do Reino à junta que se formou na cidade do Porto, e se intitula Suprema do Reino:

"Os governadores do Reino, considerando que o dever mais sagrado que lhes foi imposto pelo nosso augusto soberano é o de manter a paz entre os habitantes deste reino e de preservar ilesa a unidade da coroa assim como a independência da monarquia, usaram dos poderes extraordinários que lhes são confiados por el-rei nosso senhor para casos urgentes e, interpretando os seus paternais sentimentos, resolveram, em seu real nome, convocar as Cortes, que deverão ajuntar-se em Lisboa a 15 de novembro do presente ano.

"É hoje o dia em que se expedem a todas as Câmaras do Reino as cartas de chamamento para a eleição dos seus respectivos procuradores, conforme os usos e costumes da nação; seja, pois, hoje, o fausto dia da concórdia para todos os corações portugueses. Os governadores do Reino compreendem nos seus puros desejos e nas suas esperanças bem fundadas a mesma junta que se acha estabelecida na cidade do Porto, e não hesitam em lhe dirigir, assim como a todas as mais classes e indivíduos da nação portuguesa, palavras de conciliação. Esqueçam para sempre as acusações, as recriminações e os erros que, voluntariamente ou não, possam haver-se cometido e comecem uma nova era de harmonia e de mútua confiança, pelo enlace que existirá entre o soberano e os procuradores da nação, em seu real nome legitimamente convocados.

"Possuídos de tais sentimentos, não podem deixar os governadores do Reino de repetir o que já solenemente anunciaram, declarando que não deverão recear nem ódios, nem vinganças, nem castigos, por motivo dos últimos acontecimentos políticos, os portugueses de qualquer classe que sejam, que ouvirem a voz do governo e se reunirem logo a este centro legítimo e comum.

"Ao receber a primeira notícia dos acontecimentos do dia 24 de agosto, da cidade do Porto, os governadores do Reino não puderam deixar de qualificar com severidade a conduta de militares que rompiam os vínculos da disciplina, e de uma junta que, elegendo-se a si mesma sem observar nem aparências de legalidade, sem poderes emanados de el-rei, sem missão alguma conhecida dos povos, se intitulava Governo Supremo do Reino e se arrogava até mesmo o direito de convocar Cortes. Porém, ao mesmo passo que os governadores do Reino censuraram, como o deviam fazer, atos tão ilegais e imprudentes, não deixaram de conhecer que a maior parte e talvez mesmo todos os indivíduos que assim se comprometiam poderiam ser a isso movidos por astuciosas intrigas estranhas que eles mesmos desconheciam. Por isso tomou o governo a única resolução que podia salvar a pátria dos horrores de uma guerra civil, e convocou efetivamente Cortes, as quais recebem dos representantes do soberano um caráter de legalidade que nunca poderiam ter aquelas que foram anunciadas pela Junta do Porto.

"Vós sois portugueses; e este título glorioso, que vos pertence, basta para afiançar que não cabe em vossos peitos a falsidade nem a dissimulação; sede pois fiéis às vossas próprias declarações e coerentes com vós mesmos: vós proclamastes a santa religião católica romana: todos nós a temos gravada nos nossos corações; proclamastes o augusto soberano que nos rege e a sua dinastia: toda a nação o reconhece e está inabalável nestes sentimentos de lealdade; as Cortes, elas já se acham convocadas em nome do soberano; a Constituição, esta mesma convocação vo-la assegura, fundada nas leis primordiais desta monarquia que regeram os nossos maiores na época da sua prosperidade e dos seus triunfos. Se isto, pois, que vós proclamastes, é só o que sinceramente quereis, nada mais resta já a desejar; e só falta agora que, desprendendo-vos de uma autoridade que exerceis sem título algum legal e, desde agora, até sem pretexto algum, deis ao mundo e à posteridade uma prova evidente de que não sois movidos por paixões ocultas nem ambiciosas; de que as vossas declarações foram sinceras e de que não quereis expor o reino ao perigo que resultaria da prolongação de uma contenda entre as suas províncias, nem abrir caminho a que as nações estrangeiras, que sempre hão de respeitar a nossa independência enquanto estivermos unidos, intentem prevalecer-se das nossas divisões. Olhai que não há tempo a perder para pararmos à borda do precipício; já os cidadãos se acham armados, em oposição uns aos outros; os comandantes das tropas que vos estão sujeitas ameaçam as cidades e vilas da perda dos seus foros e privilégios; ameaçam os oficiais e soldados que se não unirem a eles de serem julgados e castigados como traidores! Um só passo mais, eis-nos imersos na guerra civil, inundados do sangue dos nossos irmãos, ameaçados de uma série de revoluções que só terão fim com a dissolução da monarquia.

"A vós, e unicamente a vós, serão imputáveis tamanhos males; sobre vós pesará, até à posteridade mais remota, tão enorme responsabilidade se não ouvirdes as vozes que hoje vos dirigem os governadores do Reino. Eles não têm outra ambição mais do que a de salvar a nação e de assegurar a sua felicidade, nem se recusarão a admitir representações algumas que possam conduzir a tão importante e desejado fim; e esperam que a Providência, abençoando os seus esforços, apressará o dia venturoso, e por eles especialmente apetecido, em que possam restituir nas reais mãos do nosso soberano o sagrado e importante depósito que lhes confiou.

"Lisboa, no Palácio do Governo, em 9 de setembro de 1820.

"Cardeal patriarca.

"Marquês de Borba.

"Conde de Peniche.

"Conde da Feira.

"Antônio Gomes Ribeiro."

XIII. Proclamação da Junta Provisória no Porto,
em resposta à dos governadores do Reino em Lisboa
(n° 149, vol. XXV)

"Povo português! A Junta Provisória do Governo Supremo agora mais que nunca tem necessidade de falar-vos com sinceridade e franqueza que cumprem a homens honrados e a bons portugueses.

"Ela não precisa de justificar perante vós os motivos das suas resoluções e dos assíduos trabalhos que tem empreendido com o mais sublime entusiasmo e constância pela vossa causa e pela salvação da nossa amada pátria; a pureza de nossas intenções, a regularidade de seus procedimentos, a firmeza invencível em sustentar e cumprir suas promessas e o incessante desvelo com que se tem empregado em levar ao fim o grande [ilegível] organização pública, devem ser-vos conhecidos pelos papéis, pelos fatos e pelo testemunho dos numerosos povos que mais de perto observam suas operações.

"Os governadores de Lisboa que no dia 26 de agosto foram informados do acontecido nas províncias do norte e do ardente entusiasmo que rapidamente se ia propagando, ficaram ainda por mais três dias indiferentes observadores da opinião pública e dos efeitos de nossos clamores; e só quando puderam saber que os dois generais, de Trás-os-Montes e Beira, se haviam ligado entre si para reprimir o espírito nacional tão altamente pronunciado, para agrilhoar mais os povos e para os conservar na extrema abjeção e miséria a que tinham chegado, é que levantaram a voz da sua até então adormecida fidelidade e se lembraram de proclamar que um milhão de portugueses, que desejavam ser felizes, eram rebeldes ao seu rei; que uma junta que apoiava e promovia tão incontestável direito era intrusa; que os seus úteis e gloriosos trabalhos eram um transtorno da ordem pública; que as Cortes somente podiam ser convocadas por el-rei; e que toda a nação devia esperar em silêncio providências tantas vezes requeridas e prometidas, e outras tantas vezes denegadas aos nossos votos e aos nossos brados.

"Não pudemos supor que os governadores de Lisboa intentassem, com tão absurdos princípios e capciosas frases, desunir os portugueses, armá-los uns contra os outros, e acumular aos nossos males o mal extremo da guerra civil. Eles são homens, e em peitos humanos não cabe tão negro e vil projeto. Mas esta seria por certo a inevitável conseqüência de suas temerárias expressões, se nos ânimos portugueses não falassem mais alto as vozes sagradas da natureza, da religião, do patriotismo e da nobre e bem regulada liberdade.

"A Junta do Governo Supremo não se assustou com esta capciosa medida dos governadores de Lisboa, porque conhece os vossos corações e está firme em seus princípios. Ela não é rebelde ao seu rei, porque o ama e tem jurado firmar e manter a independência e glória do seu trono, que os governadores do Reino deslustravam por sua administração inepta e deixavam minar por odiosos partidos. Ela não é intrusa, porque foi estabelecida pelo voto unânime de um povo numeroso que quis subtrair-se à sua última e já quase inevitável ruína. Ela não transtorna a ordem pública, antes a quer restituir.

"Ela... Mas que necessidade há de expor-vos o que vós sabeis ou tendes observado?

"A Junta prosseguirá firme em seu caminho, e vós já tendes visto os mais felizes efeitos de sua constância heróica e inexpugnável. As bravas tropas de Trás-os-Montes e Beira têm desamparado sucessivamente os seus dois generais, e estão ao presente unidas, quase sem exceção, à santa causa da pátria, que juramos defender. O general Silveira já prestou juramento de fidelidade a esta mesma causa. Os povos das três províncias do norte têm podido desenvolver sem obstáculo o nobre espírito que os anima, e vão marchar ao encontro de seus irmãos, que com entusiasmo igualmente unânime os esperam.

"Os governadores de Lisboa não ignoram estes últimos acontecimentos, tão contrários às suas esperanças quanto opostos à conservação do seu poder e da sua administração. Buscam portanto agora outro artifício mais insidioso, mas igualmente inútil, para alienar vossos ânimos e para vos persuadir que neles achareis os remédios, até agora em vão esperados, da pública desgraça.

"Dizem que vão convocar as Cortes, pelas particulares instruções que têm de el-rei nosso senhor, para os casos urgentes!

"Notai bem, ilustres portugueses! A 29 de agosto ninguém tinha o poder de convocar as Cortes senão el-rei. Os povos que as pediam eram rebeldes. Então ainda havia esperanças de desvariar as opiniões, de reprimir o espírito público, de semear a discórdia. A 2 de setembro já os governadores de Lisboa têm instruções particulares para convocar as Cortes em casos urgentes. E que maior urgência que a desgraça pública, há tanto tempo geralmente sentida e lamentada? Que maior urgência que os clamores gerais da nação, tantas vezes e por tantos modos repetidos em particular e em público? Que maior urgência que a funesta divisão dos portugueses em três partidos bem conhecidos, e nunca reprimidos dos governadores de Lisboa? Que maior urgência que o grito de uma província inteira, que se levanta do abismo, e que pede socorro? Mas esta província então era rebelde, porque ainda havia esperanças de a reprimir e assolar. Os clamores gerais eram vozes de insubordinação, e como tais, castigados e sufocados. Os partidos eram entretenimento de ociosos, que o governo olhava com indiferença. A desgraça da pátria não lhes tocava os corações, porque se não fazia sentir em seus elegantes e soberbos palácios.

"Eles querem convocar Cortes! Mas de que maneira? Para que fim? Com que intenções? Será acaso para verem regulado pela justiça, e por conseqüência diminuído, o seu poder? Será para remediarem a malversação dos administradores das rendas públicas e as derramarem em benefício da agricultura, da indústria e do comércio nacional? Será para ressuscitarem a nossa Marinha de todo extinta? Será para estabelecerem leis justas, que mantenham em paz os povos, que lhes afiancem seus direitos, que reprimam os abusos e os crimes, já quase naturalizados entre nós, que restituam a ordem pública, e que assentem sobre bases firmes a geral felicidade?

"Será para determinarem bem expressamente os direitos sagrados da nação, e para traçarem os justos limites do poder e da obediência? Será enfim para nos darem uma Constituição estável, qual a desejamos, que seja o baluarte inexpugnável da liberdade pública e o sólido fundamento de um trono justo?

"Ah! Não vos enganeis, portugueses! Se estes fossem os intuitos dos governadores de Lisboa, há muito tempo que os teriam executado, porque há muito tempo que as nossas necessidades são extremas. Eles mesmos nos dizem que as instruções de el-rei a isso os autorizavam em casos urgentes. E não era urgente a miséria pública?

"Vai estabelecer-se, dizem eles, ou já está estabelecida, uma comissão de pessoas escolhidas para consultarem o método de convocar e celebrar as Cortes! Pessoas escolhidas por eles e da sua confiança! Pessoas que estão debaixo da sua influência! Pessoas que decerto hão de espaçar seus trabalhos, até que a nação se ponha em discórdia, até que um exército estrangeiro venha talvez subjugar-nos e fazer mais pesados nossos ferros, até finalmente que, por medidas de rigor e severidade, se possam iludir os votos nacionais e a nação volte a ser submergida em um abismo ainda mais profundo!

"Não, ilustres portugueses! Não, valorosas tropas nacionais! Não vos deixeis enganar! Já sabeis o que deveis esperar das pomposas promessas dos governadores de Lisboa.

"Quem até agora foi indiferente a vossos males continuará a sê-lo daqui em diante. Quem até agora frustrou suas promessas e nossas esperanças, não muda de sistema em três dias. O tirânico despotismo que chega a reprimir ou enfraquecer os primeiros esforços da liberdade, torna-se sempre mais pesado e mais audacioso.

"Firmeza e constância são as virtudes que a pátria de vós demanda nesta ocasião. Firmeza e constância são as virtudes que hão de levar ao fim os nossos projetos, e de que a Junta do Governo Supremo há de dar-vos o mais digno exemplo, até derramar a par de vós a última gota de seu sangue, e morrer com honra debaixo das ruínas da liberdade pública."

XIV. Carta da Junta Provisional do Supremo Governo do Reino aos governadores de Lisboa
(nº 149, vol. XXV)

"Ilmos. e exmos. srs.:
"Ninguém melhor que vossas excelências sabe o triste estado de miséria e opressão em que se achava a nossa infeliz pátria, e quanto seus passos eram rápidos e precipitados para uma total subversão. Nós nos poupamos ao dissabor de recordar individualmente males tão universais, tão notórios e tão pungentes a corações portugueses.
"Vossas excelências sabem igualmente que, para cúmulo de nossas desgraças, se haviam formado e iam engrossando em Portugal, nessa própria cidade, na pátria da honra e da lealdade, três diversos e opostos partidos que com o aparente intuito de salvar a nação, mas em realidade para conservarem ou promoverem seus particulares interesses, urdiam o indigno projeto, ou de nos entregarem a uma nação estranha, ou de nos manterem debaixo da vergonhosa tutela de outra, ou de derribarem do trono nosso adorado soberano, para lhe substituir o chefe de uma ilustre casa portuguesa, cuja lealdade contudo se recusaria, sem dúvida, a tão intempestiva honra.
"Quaisquer que fossem as imaginadas vantagens destes projetos, eles tendiam essencialmente a roubar-nos a nossa independência e a riscar da lista das nações um povo leal e bravo que tem figurado entre elas com tanta glória; e, quando menos, a lançar do trono português uma família augusta que o possui por títulos tão legítimos e que, por sua clemência, bondade e amor de seus povos, tem adquirido os mais sagrados direitos à nossa obediência e fidelidade.
"Vossas excelências, a quem o nosso adorado soberano confiou o governo destes reinos, a felicidade dos portugueses e a segurança do seu trono e soberania, não têm tido energia ou poder nem para adoçar aqueles males, nem para dissipar estes projetos. Nós não ousamos supor a vil prevaricação em ânimos nobres e portugueses.

"Que restava pois a uma nação sempre honrada, generosa e cheia de brio? Nenhum recurso senão o de empregar em seu benefício os meios extremos a que recorre, e tem direito de recorrer, qualquer simples indivíduo que vê atacada a sua própria existência ou estancadas todas as fontes da sua prosperidade.

"Não podemos, portanto, ver, sem grande admiração e mágoa, que vossas excelências tão inconsideradamente ousassem qualificar de rebelião o sagrado entusiasmo de tantos ilustres filhos da pátria que, avivando em seus corações o fogo do patriotismo, que tantas desgraças tinham sufocado, mas não extinto, levantaram o primeiro clamor da honra, da liberdade e da independência nacional, e nenhum outro fim se propuseram senão salvar de indelével mancha estes preciosos ornamentos da nação portuguesa.

"Ao caráter de um governo justo, cônscio de suas puras intenções e amante da pública felicidade, cumpre fundar suas resoluções sobre as bases da mais apurada circunspecção e da mais exata e fiel verdade: seja-nos porém permitido dizer a vossas excelências que uma e outra coisa parecem haver-se totalmente preterido na proclamação que vossas excelências publicaram contra esta junta, e contra os numerosos povos de algumas províncias que a desejavam, a aplaudiram e lhe prestam sua obediência.

"Se o verdadeiro e iluminado zelo a ditasse, há muito tempo que este nobre sentimento se teria manifestado em úteis providências que melhorassem a situação dos portugueses e dissipassem os partidos que os iam dividindo, enfraquecendo sua força moral e levando-os à sua total ruína. Há muito tempo que vossas excelências teriam atendido, ou levado à presença do soberano, as multiplicadas representações que lhes foram feitas pelo zelo dos portugueses sobre a situação pública, e que, para opróbrio nosso, somente serviram de engrossar os nossos periódicos impressos nas nações estrangeiras, e de dar ao mundo novos argumentos da funesta indiferença daqueles que nos governavam.

"Não ignoram vossas excelências qual seja atualmente o espírito público em Portugal. A proclamação, porém, que tende a desvairá-lo e a pô-lo em fatal discórdia, pode atrair sobre toda a nação males incalculáveis, cujos efeitos e termo se não podem prever, mas que provavelmente recairão em grande parte sobre vossas excelências e farão agora e na posteridade responsáveis da última desgraça da pátria.

"Este mal, que, até considerado em remota perspectiva, assusta os bons corações, ainda pode evitar-se ou reparar-se, mantendo vossas excelências em paz essa capital e cessando de excitar os espíritos desprevenidos, até que se possa desenvolver sem risco o sentimento de lealdade e independência que anima a todos os portugueses. Nós lhos intimamos, assim, em nome da pátria, da humanidade e da religião.

"A nossa resolução está definitiva e irrevogavelmente tomada: nós sustentaremos à custa das próprias vidas a santa causa que havemos empreendido, e um milhão de portugueses que a seguem não retrocederão facilmente na carreira que começaram, muito mais quando esta carreira é a da honra, e quando ao fim dela se lhes apresenta a imortalidade.

"Nós tomamos por testemunhas a nossa amada pátria, a Europa, o mundo inteiro e o autor e senhor do universo, que as nossas intenções são tão puras como firmes, e que só às vossas excelências serão imputáveis as fatais conseqüências de tão indiscreta e arriscada oposição.

"Nós finalmente desejamos que vossas excelências atendam nossas expressões como ditadas pelo amor da pátria, pela franqueza de homens livres, pelo amor da humanidade e da paz e pelo mais perfeito desinteresse.

"Deus guarde a vossas excelências.

"Porto, e Paço do Governo, 3 de setembro de 1820.

"Presidente — Antônio da Silveira Pinto da Fonseca.

"Vice-presidente — Sebastião Drago Valente de Brito Cabreira.

"Bernardo Corrêa de Castro e Sepúlveda.

"Luiz Pedro de Andrade e Brederode.

"Pedro Leite Pereira de Melo.

"Manuel Fernandes Tomás.

"Francisco José de Barros Lima.

"José Maria Xavier de Araújo.

"João da Cunha Sotto-Maior.

"Secretários — José Ferreira Borges, José da Silva Carvalho, Francisco Gomes da Silva."

XV. Proclamação do Governo Interino em Lisboa
(nº 149, vol. XXV)

"Portugueses! O Governo Interino estabelecido em Lisboa, que vós designastes com votos unânimes e espontâneos perante os corpos militares desta guarnição, penhorado da vossa escolha, deseja corresponder à vossa confiança. A tranqüilidade pública, a segurança individual, a manutenção da propriedade, a confiança no governo, o respeito às leis e às autoridades constituídas são os únicos meios de conseguirmos a nossa regeneração. Esta deve ser obra da sabedoria dos deputados e representantes da nação nas

Cortes. Entretanto, nada se altere; nenhuma perturbação manche a glória que vos cabe pelo vosso comportamento na presente crise. Portugueses! Vós sois um exemplo único na história. A vossa fidelidade à augusta Casa de Bragança, o vosso amor, o mais puro, ao mais amável dos soberanos, a vossa constância na adversidade, a vossa firmeza nos princípios de fidelidade à religião, ao trono e às leis, a despeito das mais vivas concussões, vos constitui um povo de heróis. Sim, portugueses, esquecer longos males, triunfar das próprias paixões e procurar sem desvio e com entusiasmo o bem da pátria, eis o que caracteriza os heróis, e a qualificação que vos pertence entre as nações cultas. Vós tendes dado o primeiro passo para a vossa felicidade, mas é preciso que não vos desvieis do trilho que seguiram os nossos maiores. Não confundais a liberdade com a licença. Aquela é obra da razão, esta é efeito do desatino. A Europa e o mundo inteiro podem aprender de vós a recuperar a liberdade, reformar as leis, cimentar a ventura das gerações presentes e futuras, sem derramar o sangue de vossos irmãos, sem perturbação da ordem, sem perder de vista a dignidade da nação.

"Portugueses! Confiai nos nossos desejos e vigilância. O governo atenderá às vossas justas representações, assim como espera uma cooperação eficaz da vossa parte na obediência às leis e à autoridade em que se acha constituído.

"E vós, exército valoroso, que, imortalizando o vosso nome, haveis duas vezes salvado a pátria, acabai a vossa obra. À vossa honra, à vossa glória compete ser a guarda do trono e das leis. A empresa que começastes em nome do nosso adorado monarca e da pátria deve ultimar-se com o mesmo esplendor. Vós prometestes aos vossos compatriotas auxiliar a sua regeneração. Compete-vos, pois, defender a nação dos males da anarquia, e desempenhar a promessa solene que os bravos militares portugueses não sabem fazer em vão.

"Palácio do Governo Interino, em 17 de setembro de 1820.

"Viva a religião, viva el-rei, viva a Constituição.

"Principal decano.

"Conde de Sampaio.

"Conde de Rezende.

"Conde de Penafiel.

"Matias José Dias Azedo.

"Hermano José Braancamp do Sobral."

XVI. Ofício do Governo Interino de Lisboa
à Junta Provisional do Porto
(n° 149, vol. XXV)

"Ilmos. e exmos. srs.:
"O Governo Interino estabelecido em Lisboa por voto unânime do povo, e perante os corpos militares desta guarnição, instalado no dia 15 do corrente mês, bem convencido do patriotismo e fidelidade do povo, do Exército e do governo proclamado nessa cidade do Porto, querendo fazer cessar toda a divisão que possa retardar o complemento da vontade geral da nação, que tanto anela ser legitimamente representada em Cortes e, por outra parte, estando na mais sincera disposição de cooperar para a efetiva reunião dos ânimos a bem da causa pública, se dirige ao mesmo governo do Porto, participando-lhe a resolução, em que está, de se entender com ele, e de comum acordo deliberarem sobre o modo mais acertado de chegar ao fim que a nação se propõe. Portanto, é da maior urgência, para segurar a tranqüilidade pública, que se verifique a desejada união, e para este fim seria muito conveniente que sem perda de tempo se abrisse um caminho pronto à recíproca inteligência de ambos os governos, para que entre si desempenhem o cargo que lhes impõe a vontade nacional. Assim o espera este governo do assinalado patriotismo com que se tem distinguido o governo e habitantes dessa ilustre cidade.
"Lisboa, em 17 de setembro de 1820.
"Principal decano.
"Conde de Sampaio.
"Conde de Rezende.
"Conde de Penafiel.
"Matias José Dias Azedo.
"Hermano José Braancamp do Sobral.
"Felipe Ferreira de Araújo e Castro."

XVII. Ofício da Junta Provisória do Governo
Supremo do Reino ao Governo Provisório de Lisboa
(n° 149, vol. XXV)

"Ilmos. e exmos. srs.:
"A Junta Provisória do Governo Supremo do Reino, desejando conciliar os interesses da causa pública e o bem do Estado com todas as particula-

res circunstâncias que lhe pareceram dignas da sua atenção, e dar ao mesmo tempo à Junta Interina estabelecida em Lisboa, ao povo desta grande capital e à nação inteira uma prova não equívoca de seus puros e desinteressados sentimentos, depois de madura reflexão julgou conveniente unir a si todos os membros do Governo Interino, para comporem com ela um só corpo, e dividir este em duas seções, na forma que consta da portaria inclusa.

"A Junta do Governo Supremo pensa que esta medida, adotada e combinada com a mais perfeita imparcialidade, acabará de remover todo o gênero de suspeita sobre a sinceridade de suas intenções e procedimentos e conciliará todos os ânimos, trazendo-os ao único ponto que nas presentes circunstâncias deve unir todos os portugueses, à salvação da nossa cara pátria e à sua futura felicidade.

"A Junta Provisória vai continuar sem demora a sua marcha para a capital, que só tem sido retardada por circunstâncias inevitáveis que de nenhum modo dizem respeito às recíprocas relações que há entre ela e o governo de Lisboa, nem tampouco foram causadas por motivo algum que alterasse a justa confiança que a junta tem nos honrados e leais habitantes de Lisboa.

"A Junta nada tem mais no coração do que merecer igual retribuição de confiança e seguridade, e ver-se quanto antes no meio de seus irmãos, para as demonstrações do seu júbilo e pagar-lhes o tributo do mais cordial reconhecimento.

"A Junta deseja que os seus sentimentos aqui expressados sejam imediatamente presentes ao público por meio da imprensa.

"Alcobaça, em junta de 27 de setembro de 1820.

"Presidente — Antônio da Silveira Pinto da Fonseca.

"Vice-presidente — comendador Sebastião Drago Valente de Brito Cabreira.

"Bernardo Corrêa de Castro e Sepúlveda.

"Fr. Francisco Fernandes Tomás.

"Roque Ribeiro de Abranches Castelo Branco.

"José Joaquim de Moura.

"Francisco José de Barros Lima.

"Secretários — José da Silva Carvalho, Francisco Gomes da Silva, José Ferreira Borges."

XVIII. Portaria
(nº 149, vol. XXV)

"A Junta Provisória do Governo Supremo do Reino, tendo respeito aos votos públicos manifestados na capital e aos méritos pessoais de cada um dos indivíduos que compõem o governo interino ora estabelecido em Lisboa, resolveu unir a si os membros do mesmo governo para ficarem compondo com ela um só corpo, encarregado provisoriamente da direção dos negócios e administração pública e dos trabalhos preparatórios à convocação das Cortes, em cuja época deverão cessar infalivelmente os seus trabalhos e dissolver-se o mesmo corpo, como solenemente se há prometido e jurado.

"Considerando, porém, que uma associação tão numerosa é absolutamente incompatível com a simplicidade, regularidade e unidade de um governo, e imprópria para a pronta expedição que nas presentes circunstâncias requerem os negócios das suas diferentes repartições, resolveu, outrossim, dividir aquele corpo em duas seções: uma que continuará a denominar-se Junta Provisória do Governo Supremo do Reino e que terá privativamente a seu cargo a administração pública em todos os seus ramos; e outra que se denominará Junta Provisional Preparatória das Cortes, cujo objeto será preparar e dispor com a maior brevidade possível tudo o que se julgar necessário para a mais pronta convocação das Cortes, e regularidade e boa ordem da sua celebração.

"A Junta Provisional do Governo Supremo do Reino é composta dos seguintes membros:
"Presidente: o principal decano.
"Vice-presidente: Antônio da Silveira Pinto da Fonseca.
"Deputados:
"Conde de Penafiel.
"Hermano José Braancamp do Sobral.
"Desembargador Manuel Fernandes Tomás.
"Dr. fr. Francisco de São Luiz.
"Bacharel José Joaquim Ferreira de Moura.
"Encarregado dos Negócios do Reino e Fazenda — deputado Manuel Fernandes Tomás.
"Encarregado dos Negócios Estrangeiros — deputado Hermano José Braancamp do Sobral.
"Secretário dos Negócios da Guerra e Marinha, com voto nos objetos da sua repartição — tenente-general Matias José Dias Azedo.

"Ajudantes:

"Do deputado encarregado dos Negócios do Reino e Fazenda — bacharel José Ferreira Borges, bacharel José da Silva Carvalho.

"Do deputado encarregado dos Negócios Estrangeiros — Roque Ribeiro de Abranches Castelo Branco.

"Do secretário dos Negócios da Guerra e Marinha — coronel Bernardo Corrêa de Castro e Sepúlveda.

"A Junta Provisional Preparatória das Cortes é composta dos seguintes membros:

"Conde de Sampaio; conde de Rezende; barão de Molelos; coronel Sebastião Drago Valente de Brito Cabreira; coronel Bernardo Corrêa de Castro e Sepúlveda; deão da Sé do Porto Luiz Pedro de Andrade e Brederode; desembargador do Paço Manoel Vicente Teixeira de Carvalho; Pedro Leite Pereira de Melo; desembargador da Casa da Suplicação Joaquim Pedro Gomes de Oliveira; Francisco de Sousa Cirne de Madureira; desembargador do Porto João da Cunha Sotto-Maior; bacharel Francisco de Lemos Bitancourt; Luiz Monteiro; desembargador Felipe Ferreira de Araújo e Castro; bacharel José Maria Xavier de Araújo; coronel de milícias José de Melo Castro e Abreu; Francisco José de Barros Lima; bacharel José Manuel Ferreira de Castro; José Nunes da Silveira; bacharel Francisco Gomes da Silva; bacharel Bento Pereira do Carmo; bacharel José da Silva Carvalho; bacharel José Ferreira Borges.

"Esta junta, para melhor arranjo de seus trabalhos, se dividirá em duas, na primeira das quais se tratará de tudo o que diz respeito à convocação das Cortes; e na segunda, de tudo quanto possa servir de ilustração aos objetos que nelas se devem discutir.

"Da primeira será presidente o conde de Sampaio; vice-presidente, o conde de Rezende; e secretários, o barão de Molelos e o desembargador Felipe Ferreira de Araújo e Castro. E da segunda será presidente o coronel Sebastião Drago Valente de Brito Cabreira; vice-presidente, o desembargador João da Cunha Sotto-Maior; e secretários, o bacharel Francisco Gomes da Silva e o bacharel Bento Pereira do Carmo.

"A Junta, de acordo com todos os seus membros, se reserva o poder de associar aos trabalhos destas suas comissões aquelas pessoas que, por suas luzes e amor da pátria, se julgarem aptas para cooperar no desempenho dos grandes objetos dos seus trabalhos.

"Presidente — Antônio da Silveira Pinto da Fonseca.
"Vice-presidente — comendador Sebastião Drago Valente de Brito Cabreira.
"Bernardo Corrêa de Castro e Sepúlveda.
"Manuel Fernandes Tomás.
"Roque Ribeiro de Abranches Castelo Branco.
"José Joaquim Ferreira de Moura.
"Fr. Francisco de São Luiz.
"Secretários — José da Silva Carvalho, Francisco Gomes da Silva, José Ferreira Borges."

XIX. Cópia do ofício dirigido ao cônsul
e encarregado dos Negócios da Espanha
(n° 149, vol. XXV)

"O abaixo assinado, secretário do Governo Interino estabelecido em Lisboa, tem a honra de comunicar ao sr. d. José Maria de Pando, cônsul e encarregado dos Negócios do Reino de Espanha, que no dia 15 do corrente mês foi instalado o mesmo governo por um voto geral e espontâneo do povo desta capital, perante os corpos militares da sua guarnição, proclamando ao mesmo tempo com os mais decididos aplausos e constante respeito à nossa santa religião, o nosso soberano o sr. d. João VI, a dinastia da real Casa de Bragança, e a Constituição que houverem de fazer as Cortes; o qual acontecimento em nada altera as relações que subsistem entre as duas nações.

"O abaixo assinado aproveita esta ocasião para apresentar ao sr. d. José Maria de Pando os protestos da sua respeitosa atenção.

"Palácio do Governo, em 18 de setembro de 1820.

"Barão de Molelos, secretário do governo.

"Escreveu-se nesta conformidade aos seguintes:
"Ao delegado apostólico; ao encarregado dos negócios de s. m. britânica; ao cônsul geral da nação sarda; ao cônsul-geral e encarregado de Negócios da Corte de Paris; ao cônsul-geral e encarregado de Negócios da Corte de Viena da Áustria; ao cônsul e encarregado dos Negócios dos Estados Unidos da América Setentrional; ao cônsul-geral e encarregado dos Negócios das cidades livres da Alemanha, e aos dos Países Baixos, da Rússia, da Dinamarca, e da Toscana; ao cônsul do comércio das duas Sicílias; e ao encarregado dos negócios consulares da Suécia."

XX. Proclamação do conde de Barbacena
às tropas do seu comando
(n° 149, vol. XXV)

"Soldados! Tornando a ser vosso companheiro de armas, se não me proponho a glória de concorrer outra vez agora na cooperação e no testemunho dos vossos triunfos contra inimigos invasores, alcançaremos outro não menos glorioso contra a guerra civil e contra a anarquia, que por uma funesta alucinação e discórdia de antigos camaradas, ameaça a nossa pátria e que já se acha ressentida por muitos dos fiéis cidadãos da cidade do Porto, nossos compatriotas. Esta causa que nos move grandemente nos aflige, mas também os meios discretos de persuasão e de clemência, de que somos depositários e instrumentos, que pretendo empregar de preferência aos que ministram o vosso reconhecido valor, assim como a bem fundada esperança de se conseguir o objeto que nos é determinado, também grandemente nos consola.

"O governo único legítimo do reino, certificado da benevolência do nosso poderoso e sempre benigno soberano, que ele representa, considerou o incrível comportamento, que deploramos, dessa pequena parte da briosa nação portuguesa, como um delírio devido aos prestígios de mal entendidas doutrinas, afiançando-lhe solenemente, em nome de s. m., inteira anistia, se de pronto entrarem nos seus deveres.

"Procuremos todos os modos, aproveitemos todas as conjunturas de chamar à sombra protetora das nossas bandeiras, que pela vossa fidelidade e pelo vosso patriotismo, não menos que pelo vosso valor, tremulam sem mácula, a esses valorosos militares que se deixaram iludir; será o nosso intento facilitar-lhes esse benéfico refúgio, e teremos a satisfação, que nos é permitida, de os receber com perfeito esquecimento do erro passado; uma endurecida renitência fica somente sendo crime. Soldados! Com a subordinação aos vossos chefes, que não é qualidade nova nos vossos ânimos, prestai sempre a devida obediência e plena confiança no governo, que bem seguro dos vossos sentimentos está determinado a fazer reconhecer, desde Lisboa em todo o reino, a autoridade que s. m. entregou à sua lealdade e sabedoria, tomando desde já por divisa o grito que do coração nasce: viva el-rei nosso senhor! Viva a sua real família e augusta dinastia! Viva a leal nação portuguesa, e viva o único legítimo governo, que, na ausência de s. m. é depositário de sua régia autoridade.

"Quartel de Alcoentre, 9 de setembro de 1820.

"Conde Barbacena, Francisco, comandante do corpo de Exército formado na província da Estremadura."

XXI. Proclamação do governo sobre a convocação das Cortes
(n° 151, vol. XXV)

"O Governo Supremo do Reino, tendo dado primeiramente as devidas graças ao eterno legislador do homem, se congratula convosco em meio da sua e da vossa felicidade, por se aproximar o termo de vos congregardes em Cortes, para que tem a honra de vos convocar. Que diuturnos tempos se têm passado em vergonhoso silêncio, sem que tenha soado aos nossos ouvidos esta palavra tão familiar a nossos avós! Mas hoje é lícito publicar à face dos céus e da terra, o que temíamos desejar até no inviolável asilo de nossas recatadas consciências. Sucedeu a voz legal e majestosa da nação às misteriosas e interessadas sugestões dos áulicos, e brevemente exercitareis, em solene e sublime aparato, as funções da soberania, vós, a quem emudecia a boca, mesmo para vos queixardes da espoliação de vossos direitos civis. Ressurgindo logo do nada para o ser, estais a ponto de consolidar vossa existência política, com instituições dignas de um povo que, mesmo no meio da sua humilhação, confraternizou com os heróis das mais independentes, e bem constituídas da Antiguidade[67]. Beneméritos representantes da vossa supremacia, interpretando e confrontando vossas vontades com a sabedoria da lei eterna, lavrarão com mão generosa e firme a grande carta da vossa liberdade e independência, seguríssimos penhores da vossa futura prosperidade. Sacrificado no altar do bem público o egotismo das paixões e interesses privados, eles confirmarão em vós essas magnânimas tensões com que vos confundis com a pátria, e nada quereis sem a pátria. Lei e vontade será em vós a mesma coisa; direito e justiça, palavras sinônimas; dignidade e igualdade, significações recíprocas; interesse e virtude, qualificação idêntica; sacrifícios e inclinações, hábitos inseparáveis; e a honra de cidadão, a nobreza mais alta a que possa aspirar vossa ambição. Tereis, em uma palavra, Constituição, qual a natureza a copiaria do original eterno, cujos caracteres não é dado à tirania apagar, nem à prescrição dos abusos desfazer, nem à versatilidade das idades alterar; e o século décimo nono, precursor em suas aclamações dos que se seguirem, personalizadas nele a glória e a imortalidade, acompanhará as coroas que vos oferecer com estes oráculos sublimes: esta obra é minha; todo o meu gênio a cunhou; nasceu das maduras meditações dos antigos e modernos tempos.

---

[67] Confere com original.

"Tal código criador, que anima o ser político, lhe derrama pelos membros as funções vitais, lhe equilibra as forças, simetriza o todo e caracteriza as bem pronunciadas feições da nação, debalde o esquadrinhareis nas reiteradas tentativas das Cortes precedentes. Só à consumada erudição é concedido entender a carta enigmática, imperfeita e incoerente de vossos direitos, retalhada em mil pedaços, afogados em enormes complicações. Que tenebrosa confusão! Legislar, executar e julgar, confundem-se não raras vezes na mesma pessoa, como se a imperfeição do homem participasse dos atributos da divindade, ou se dos caprichos de um devessem pender os destinos de todos. Nenhumas demarcações bem determinadas limitam as esferas dos vários corpos ativos da sociedade. Faltam barreiras que resistam às tentações do poder Executivo, tão ardentes por seus incentivos e eficazes pela facilidade dos meios, quanto perigosas por suas fatais e transcendentes conseqüências. Negam-se foros à justa independência do pensamento, e até para a consciência se forjam algemas. Propriedade! Propriedade! Centro da união social, quantas vezes não oscila incerta, e quase tornada nome vão pelo vício de leis multiplicadas e obscuras, a cujo amparo leal e onipotente recorrera. E em que frágil apoio se estriba a segurança pessoal! Pergaminhos, arquivos e usos forçados conquistam, para as classes e massas, atribuições monstruosas, nivelados os indivíduos pela igualdade da escravidão: em uma palavra, a parte torna-se todo, e o todo nada; privilégio é a lei; estados se encravam no Estado; e ao homem, e ao cidadão, nenhuma idéia importante corresponde.

"E que outros resultados menos ingratos e mais felizes nos dariam as Cortes, que só se chamariam hoje impropriamente nacionais? Convocá-las e dissolvê-las, aumentar-lhe ou diminuir-lhe as vozes, atendê-las ou indeferir-lhes, pendia absolutamente do chefe que as presidia, entre a magnificência da majestade, poderoso em forças, senhor das graças e opulento em riquezas. Grandes, prelados e procuradores de algumas povoações ministravam os únicos elementos da sua composição. Nem a nobreza elegia os primeiros, nem o clero os segundos, nem a massa total do terceiro Estado os derradeiros. Três corpos, separados em suas deliberações, ofereciam aos olhos o mui expressivo emblema da parcialidade de interesses que os aparcelava em frações, sem convergência que os impelisse para o contrato de um ponto comum. Tradições marciais e avoengas, que remontavam às primeiras conquistas, nenhum termo punham às indefinidas prerrogativas de uns; nem sempre os outros estremavam suas pertenções sobrenaturais das atribuições políticas, que lhes cabiam em sorte; e os humildes procuradores, cativada sua imaginação pelo respeito civil e religioso, costumados a rastejar perante os mesmos com quem emparelhavam momentaneamente, desconheciam a dignidade do seu caráter e não ousavam elevar-se à eminência da sua missão. O Congresso ora figurava como soberano, ora como suplicante. Consentindo nos tributos, formando queixas e apresentando petições, tinha cumprido à letra com as suas credenciais. Concluíam-se as sessões com esperanças e promessas, que liberalmente se franqueavam. Que dignos representantes da majestade nacional! Que augusto senado para órgão da soberania! Que excelsos legisladores, mais do que homens em suas funções, isentos como a independência, providentes como a divindade, inflexíveis como o fado e como a lei venerandos! Onde o todo da soberania essencialmente indivisível? Que é a unidade de interesses? Quando se identificou o espírito de corporação com o espírito do bem público? É lícito a mandatários exprimir vontades que se lhe não declararam, tratar negócios que se lhe não cometeram e impor obrigações em que nem se cogitara? Nasceram os homens indivíduos ou classes, e ligam-se à sociedade por cabeças ou por massas?

"Portugueses! Não foi para ressuscitar as antiquadas formas do feudalismo e um vão simulacro de Cortes que, nos dias 24 de agosto e 15 de setembro, eternamente memoráveis e gloriosos, tomastes a postura terrível de um povo que, resgatando-se por sua própria virtude dos ferros, hipoteca suas vidas para segurar sua liberdade. Todos vos unistes para todos subscreverdes as condições fundamentais em que vos acordardes. Voltando momentaneamente, por uma ficção política, para o estado da natureza, não careceis para administrar vossos direitos de alheios tutores dados à infância e à imbecilidade; mas de delegados próprios da vossa unânime confiança, dignos de um povo adulto e emancipado. Se não é ilusória a palavra Constituição que com tanta energia pronunciastes, ou nela exprimireis vossas vontades, ou profanastes sacrilegamente um termo sacrossanto, figurando de dementes em farsas pueris e escandalosas. Embora a surda voz de um ou outro, que só tem abusos por patrimônio, reclame frustraneamente o estilo das Cortes antigas, para ele de tão saudosa memória! O clamor geral, de mãos dadas com o bem comum, decreta, sanciona e publica outras leis, rotinas temporárias impostas pela prepotência e continuadas pela ignorância, por mais inveteradas que se inculquem e consagrem, cedem à eternidade de direitos naturais e inalienáveis. Não se liga a vontade do soberano, nenhuma prescrição lhe resiste. Nações constituídas seguem as regras que se prescreveram; um povo que vai organizar-se, confirma, derroga e altera como lhe parece. Portugueses! Colocados no meio de uma atmosfera vasta e luminosa; sabendo já ler no divino código do homem e do cidadão; emparelhados com povos que há pouco se refundiram em verdadeiras nações;

fortes em grandes exemplos, em grandes experiências, postos em espetáculo maravilhoso à observação universal, certo que marchareis ao nível do ilustre século em que tendes a ventura de vos constituirdes.

"Estes, os triunfantes motivos que convenceram o Governo Supremo a oferecer-vos nas instruções que acompanham esta, novo plano de representação nacional. Devendo-vos a sua existência, caráter, dignidade e poder, transporia com ingrata infidelidade os limites da sua comissão, se não se cingisse religiosamente a estudar, e servir de intérprete à vossa ilustrada vontade. Feliz, mil vezes feliz, por achá-la perfeitamente ajustada com a sua própria consciência, com seus princípios inalteráveis, com as suas intenções retas e, sobretudo, com a verdade, justiça e com a vossa ventura. Mimoso e alentado socorro lhe foram inumeráveis memórias, primoroso tributo que o zelo do bem comum se apressou a ofertar, quais primícias sagradas no altar da pátria. Algumas discrepâncias pouco consideráveis não a tolhem de entrever claramente que a grande preponderância dos sábios nacionais, unida com o infalível instinto da classe menos instruída, promete concluir-se eficaz e felizmente a melhor e maior obra dos povos.

"Entre as várias plantas de eleições que não concordaram acidentalmente, mereceu a preferência aquela que, respeitando a verdadeira e legítima representação nacional, simplificava o sistema, economizava o tempo[68]. Qualquer outra, de desenho mais complexo, acarretaria consigo delongas que, além de serem pouco aceitas à bem intencionada impaciência do público, não se acomodariam com a imperiosa exigência das circunstâncias atuais. Nem convinha tomar a mais singela, a fim de precaver que os vários corpos eleitorais, por sua mui carregada multidão, dessem azo a tumultos e confusões. Escusam-se glosas e comentos para desentranhar o espírito por que se guiou o Governo Supremo, na ordenação dos outros artigos. Encerram providentes cautelas, predispostas a desviar astúcias, subornos e surdas manobras que possam empecer à liberdade e acerto das eleições.

"A Junta Provisional do Governo Supremo remata as suas instruções aplicando-as em geral às ilhas adjacentes, ao Brasil e aos domínios ultramarinos. A estreiteza do tempo, a urgência do estado presente dos negócios, a distância imensa dos lugares e outras considerações de peso superior, fáceis de se penetrarem, não lhe permitiu que ela desenvolvesse particularidades mais positivas e circunstanciadas. Limita-se a rogar a seus irmãos ultramarinos, em nome da pátria, de tão íntimas e sagradas relações que nos ligam

---

[68] Confere com original.

na mesma família; em nome de hábitos que a uns e a outros nos são tão caros; em nome, finalmente, dos mútuos e recíprocos interesses que nos prendem, não tardem em cooperar conosco em um mesmo Congresso, na regeneração imortal do Império Lusitano. Extinto para sempre o injurioso apelido de colônias, não queremos todos outro nome que o título generoso de concidadãos da mesma pátria. Quanto nos deprimiu a uns e a outros a mesma escravidão, tanto nos exaltará a comum liberdade; e entre o europeu, americano, asiático e africano, não restará outra distinção que a porfiada competência de nos excedermos e avantajarmos por mais entranhável fraternidade, por mais heróico patriotismo e pelos mais denodados sacrifícios.

"Portugueses! É esta a vez primeira que, no largo decurso dos séculos, podereis eleger mandatários em que se personalize realmente a vontade universal. Tão delicado e espinhoso ensaio desenganará o velho e o novo mundo se chegastes àquele ponto de virilidade madura e nacional em que as instituições, costumes e caráter emancipam naturalmente os povos, tornando-os sem perigo árbitros da sua liberdade e independência. Ai de vós, se os diuturnos hábitos de uma cega e passiva obediência vos submeterem indiferentes aos impulsos dos partidos, ou se a sofreguidão e fanatismo pela nova ordem de coisas vos arrojar pelos despenhadeiros da licença. Apontado está o buril da história para abrir em seus fastos a época, que o seja, ou de vossa glória imortal, ou de indelével vitupério. Pendem por momentos os destinos de milhões de homens da procuração que subscreverdes. A Deus, à religião, à pátria, ao rei e à infinita série de vossos vindouros respondereis pelo uso que ides fazer de vossos tremendos votos. A direção que agora tomardes se converterá em exemplo para as imediatas eleições que se seguirem, e em lei para todas as outras. Sepultareis a pátria no momento em que a perdestes de vista em vossas deliberações, e com as formas da liberdade vos imporeis tantos tiranos quantos descobrirem o segredo de vossa corrupção e vileza.

"Portugueses! Na crise que está iminente não há paixão, assim louvável como torpe, que não fermente e se desenvolva com todas as forças do caráter que lhe é próprio. Subidas ao ápice do entusiasmo, estudarão astutas e perspicazes as mais finas artes de iludir vossa boa-fé e de cativar vossa confiança, pouco versada na tática e manobras das agitações populares. Todos os vícios pedirão emprestadas máscaras às virtudes contrárias, e as farsas da hipocrisia patriótica se repetirão inumeráveis por todo o vosso território. Só o merecimento modesto, tremendo de ser descoberto, se ocultará em seu inocente e retirado asilo. Intrigas surdas, ataques manifestos, conluios poderosos, tramas sutis, calúnias, sátiras, elogios, e até a virtude, e até a religião, e até a pátria, tudo se porá em movimento, de tudo se abusará para o triunfo dos mais reconcentrados interesses. Não haverá um só ponto no vosso coração ou no vosso espírito, tentados os afetos que vos forem mais intrínsecos, a que se não disparem os mais infalíveis tiros.

"Portugueses! Vigilância, cautela, circunspecção. Não esmigalhamos os ferros para nos vendermos servis aos partidos e às facções. Profanam-se as santas mãos da liberdade, quando depositam seus votos noutra urna que não seja o seio da pátria. Considerai, e considerai desde já, e considerai até ao derradeiro momento das eleições, que ides cometer vossos bens, vossas liberdades, vossas pessoas, e todas as relações que vos são mais caras, até a última posteridade, nas mãos de vossos deputados. Serão estes os patriarcas da nação, os fundadores da pátria e os alicerces de Estado. Considerai e elegei.

"Lisboa, em Palácio do Governo, 31 de outubro de 1820.

"Presidente: principal decano.

"Vice-presidente: Antônio da Silveira Pinto da Fonseca.

"Barão de Molelos; coronel Bernardo Corrêa de Castro e Sepúlveda; bacharel Bento Pereira do Carmo; conde de Sampaio; conde de Penafiel; desembargador Felipe Ferreira de Araújo e Castro; dr. fr. Francisco de São Luiz; bacharel Francisco Gomes da Silva; Francisco José de Barros Lima; bacharel Francisco de Lemos Bitancourt; Francisco de Sousa Cirne de Madureira; Hermano José Braancamp do Sobral; Joaquim Annes de Carvalho; desembargador Joaquim Pedro Gomes de Oliveira; desembargador João da Cunha Sotto-Maior; bacharel José Ferreira Borges; José Francisco Fernandes Corrêa; bacharel José Joaquim Ferreira de Moura; bacharel José Maria Xavier de Araújo; bacharel José Manuel Ferreira de Castro; José Nunes da Silveira; bacharel José da Silva Carvalho; Luiz Monteiro; deão da Sé do Porto Luiz Pedro de Andrade e Brederode; desembargador Manuel Fernandes Tomás; tenente-general Matias José Dias Azedo; Pedro Leite Pereira de Melo; Roque Ribeiro de Abranches Castelo Branco; coronel Sebastião Drago Valente de Brito Cabreira."

XXII. Instruções que devem regular as eleições dos deputados que vão a formar as Cortes Extraordinárias Constituintes, no ano de 1821 (n° 151, vol. XXV)

"Capítulo I: *Das primeiras eleições*

"Art. 1) Para se formar a representação nacional, cumpre que haja eleições de eleitores, e eleições de deputados.

"Art. 2) As eleições dos eleitores serão feitas na Câmara cabeça do distrito respectivo. As dos deputados serão feitas pelos eleitores, na Casa da Câmara da cabeça da comarca.

"Art. 3) Toda a Câmara, seja qual for a força da povoação do seu distrito, tendo até 600 fogos, dará um eleitor; se compreender 1.200, dois; e assim consecutivamente; com a declaração que não chegando a povoação a 1.200, mas excedendo a 900, dará dois eleitores; e da mesma forma, se não chegar a 1.800, mas exceder a 1.500, dará três eleitores, e assim em diante na mesma proporção. Esta regra, aplicada às povoações do reino, produz o mapa nº 1.

"Art. 4) O juiz de fora ou o juiz ordinário com assessor preside, e a Câmara assiste à eleição. No impedimento deles, devolve-se a presidência ao vereador mais velho, e seu assessor, não sendo aquele bacharel formado. Onde houver dois juízes ordinários, presidem ambos com assessor.

"Art. 5) Excetua-se a cidade de Lisboa, que, sendo dividida por freguesias, o Senado repartirá as presidências pelos ministros dos bairros; e num templo dos da paróquia que mais cômodo se julgar, se procederá às eleições, com assistência do respectivo pároco, observada a proporção do mapa nº 2. Nos lugares do termo de Lisboa se seguirá a regra geral, presidindo os ministros criminais da mesma cidade, segundo a distribuição legal dos mesmos lugares.

"Art. 6) Logo que o presidente receba a competente participação, nomeará um secretário hábil e fará publicar em todo o distrito, por editais e pregões, o dia e hora em que deva proceder-se à eleição, tomando somente o tempo necessário para que todos os vogais possam concorrer como convém.

"Art. 7) Quando a povoação for tão numerosa que não possam comodamente tomar-se os votos em um só dia, serão designados diferentes, mas sucessivos e contínuos.

"Art. 8) Feita a reunião para as eleições, celebrará o pároco missa votiva do Espírito Santo, e voltando à Casa da Câmara o juiz, vereadores, procurador do Conselho e secretário com os vogais, o juiz recitará uma oração análoga ao ato e adaptada à compreensão dos vogais, fazendo-lhes conhecer o fim deste ato, e as qualidades de que devem ser revestidos os elegendos; e logo lhes deferirá o juramento de votarem conforme suas consciências.

"Art. 9) Têm voto todos os chefes de família, domiciliários nos respectivos distritos, que não são excetuados.

"Art. 10) São excluídos de voto os regulares das ordens monásticas e mendicantes; os estrangeiros não naturalizados; todos os que tiverem incapacidade natural ou legítima; os criados de servir, não sendo chefes de família.

"Art. 11) São elegíveis todos os que podem ser eleitores, sendo neles qualidades essenciais, virtudes e inteligência.

"Art. 12) Proceder-se-á à eleição da maneira seguinte: o vogal chegará à Mesa da Câmara e pronunciará o nome das pessoas em quem vota, de maneira que seja ouvido pelos oficiais dela; e logo será escrito pelo secretário, declarando o domicílio ao pé do nome. E todos os nomes escreverá enfiadamente, de sorte que não haja lacuna no Ato. Este auto se organizará na forma do modelo n° 3.

"Art. 13) Fica eleito o que tiver a seu favor a pluralidade de votos; no caso de empate, a sorte.

"Art. 14) Os nomes dos eleitos serão publicados em editais no mesmo dia ou no seguinte, ao mais tardar. O auto original fica no arquivo da Câmara. Ao presidente das segundas eleições se remeterá um traslado autêntico concertado pelo escrivão da Câmara; e ao eleito se dará outro idêntico. Em todas estas operações não deve perder-se tempo algum.

"Capítulo II: *Das segundas eleições*

"Art. 15) A presidência da eleição dos deputados é encarregada aos corregedores ou provedores ou juízes de fora das respectivas comarcas, na forma do mapa n° 4.

"Art. 16) Excetuam-se as cidades de Lisboa e Porto, que terão por presidente, a primeira, o conselheiro João de Sampaio Freire de Andrade, e a segunda, o desembargador Manuel Marinho Falcão de Castro.

"Art. 17) Logo que o presidente da eleição dos deputados receber o auto da primeira eleição (art. 14), ordenará imediatamente a reunião dos eleitores na cabeça da comarca, expedindo-lhes ofícios e taxando-lhes o tempo mais breve, na razão das distâncias.

"Art. 18) Os eleitores apresentarão logo ao presidente o auto da sua eleição (art. 14) e este nomeará dentre eles dois que verifiquem a autenticidade do mesmo auto, e os destes serão verificados por outros dois, que para isso o presidente designará.

"Art. 19) Reunidos os eleitores na Casa da Câmara na hora indicada pelo presidente, nomearão dentre si, à pluralidade de votos, o secretário e dois escrutinadores, os quais são os primeiros a votar na eleição dos deputados.

"Art. 20) Feita esta nomeação, e ouvida a missa celebrada pelo pároco da freguesia a cujo distrito pertence a Casa da Câmara, o presidente fará um discurso sobre a importância do objeto que vai a tratar-se.

"Art. 21) Reunidos em ordem os eleitores na Casa da Câmara, cuja porta estará aberta e ao acesso de todo o povo, haverá uma mesa separada, na qual cada eleitor irá escrever o nome do que elege; e pegando da tira de papel em que o escreveu, a lançará por sua mão em uma urna, donde tirados por um escrutinador, que lendo-o ao secretário, que o lança no livro das vereações, ou autos da Câmara, o enfiará rubricado pelo presidente, escrutinadores e secretário, sendo depois estes nomes fechados e lacrados na presença de todos, remetidos oficialmente ao arquivo das Cortes, por mão do secretário delas.

"Art. 22) O secretário, para a organização deste ato, seguirá o modelo n° 5.

"Art. 23) Este auto é escrito e assinado em um livro a esse fim destinado, e que ficará no arquivo da Câmara da cabeça de comarca, e outro auto idêntico, com iguais assinaturas originais, é entregue ao deputado eleito, para seu título.

"Art. 24) Tendo de compreender a eleição mais do que um deputado, ela se fará separadamente de cada um.

"Art. 25) A pluralidade faz a eleição. O empate é decidido por sorte.

"Art. 26) O deputado deve reunir a maior soma possível de conhecimentos científicos, deve ter firmeza de caráter, religião e amor da pátria. Deve possuir meios honestos de subsistência, e ser natural ou domiciliário na comarca respectiva; e não os havendo aqui, poderão ser eleitos de quaisquer outras comarcas.

"Art. 27) Só pode ser deputado o que pode ser eleito (art. 9) e que tiver as qualidade apontadas no artigo precedente.

"Art. 28) Nenhum ministro territorial pode ser eleito deputado de Cortes pela comarca onde exercer jurisdição, salvo sendo natural dela.

"Art. 29) Nenhum outro emprego, motivo ou pretexto pode tolher de ser eleito; só o impedimento legítimo pode escusar de servir deputado ao que for devidamente nomeado.

"Art. 30) No caso de ser eleito um mesmo deputado por duas comarcas, considera-se nomeado pela comarca da sua residência com preferência, na falta desta pela da sua naturalidade; fora destes casos prefere a prioridade da eleição.

"Art. 31) Os substitutos serão eleitos da mesma sorte que os proprietários, tendo as qualidades declaradas nos artigos 11 e 26 e servem pelos de qualquer comarca indistintamente.

"Art. 32) Todas as comarcas terão um substituto; mas se o número dos deputados ordinários de comarcas passar de três, terão dois substitutos, e não mais.

"Art. 33) Os substitutos somente serão obrigados a comparecer com aviso do presidente das Cortes.

"Art. 34) Cada deputado vencerá de ajuda de custo a quantia de 4.800 réis diários, pagos pelo Erário a quartéis adiantados, desde o dia que principiar a caminhar para a reunião geral.

"Art. 35) Os deputados substitutos só têm vencimento tendo exercício.

"Art. 36) O deputado, munido de seu título, comparecerá na sala destinada para as sessões das Cortes no dia que lhes for marcado, a fim de verificar o seu título pelos demais deputados, e progredir como desde então convierem.

"Art. 37) Os deputados devem infalivelmente achar-se reunidos em Lisboa no dia 6 de janeiro de 1821.

"Art. 38) As presentes instruções são aplicáveis às ilhas adjacentes, Brasil e domínios ultramarinos.

"Palácio do Governo, em 31 de outubro de 1820."

XXIII. Ofício do juiz do povo de Lisboa ao ilmo.
e exmo. sr. Gaspar Teixeira de Magalhães e Lacerda
(n° 151, vol. XXV)

"Vendo o povo desta capital que a Junta Preparatória de Cortes não acedeu em toda a extensão ao justo requerimento que o juiz do povo de Lisboa, em nome do mesmo povo conjuntamente com o Exército, lhe fez, expondo que era da vontade do povo e de absoluta necessidade para o bem da nação que os deputados de Cortes fossem eleitos pelo método e com as mesmas circunstâncias prescritas na Constituição espanhola, se encheu de mágoa e julgou seus direitos ofendidos; e querendo o povo e o Exército evitar que aquele ato da pluralidade da Junta Preparatória de Cortes fosse avante, em prejuízo da nação, é por isto que recorrem a v. exc., como general comandante em chefe da Força Armada do norte e sul de Portugal e ora nesta cidade, para que se digne de o tomar em consideração.

"Portanto, recorre a v. exc. para que, reunido o Exército, faça proclamar a Constituição espanhola, a qual, sendo modificada pelas Cortes convocadas à maneira espanhola, se adote e aproprie aos usos, costumes e terreno de Portugal, sem que lhe alterem o seu essencial e as idéias liberais que ela contém.

"Eis o que confiamos do patriotismo de v. exc.
"João Alves.
"Veríssimo José da Veiga."

XXIV. Auto de juramento prestado
pelo governo na sessão de 11 de novembro
(n° 151, vol. XXV)

"Aos 11 de novembro de 1820, ajuntando-se no Palácio do Governo o muito honrado juiz do povo desta cidade de Lisboa, João Alves, o seu escrivão Veríssimo José da Veiga, e os generais e comandantes de corpos abaixo mencionados, e fazendo convocar os membros da Junta Provisional do Governo Supremo do Reino, entrando à sala das sessões o mesmo honrado juiz do povo e seu escrivão acompanhados de uma deputação dos referidos generais e chefes militares, apresentaram ao governo a representação por eles assinada.

"E logo os membros da Junta Provisional do Governo Supremo do Reino que foram presentes, juntamente com os novos nomeados, disseram que acediam a todos os artigos propostos na dita representação e, pondo as mãos nos Santos Evangelhos, juraram observar e praticar o que nos ditos artigos se requeria, de que mandaram fazer este termo por eles assinado.

"Vice-presidente — Antônio da Silveira Pinto da Fonseca.

"Conde de Sampaio; conde de Penafiel; Matias José Dias Azedo; Hermano José Braancamp do Sobral; Pedro Leite Pereira de Melo; fr. Francisco de São Luiz; Manuel Fernandes Tomás; José Joaquim Ferreira de Moura; José Manuel de Sousa Ferreira de Castro."

XXV. Proposta para ser apresentada à
Junta Provisional do Supremo Governo do Reino,
que mostra os desejos e opinião do Exército
(n° 151, vol. XXV)

"Art. 1) O estado atual da capital e a opinião pública demandam que novamente entrem no governo os deputados que pediram a sua demissão, para o que não concorreu o Exército, pois que o Exército com a nação o reconheceu até a instalação das Cortes[69].

"Art. 2) Que as eleições para a escolha dos deputados em Cortes sejam feitas pelo mesmo sistema que na Constituição espanhola é prescrito, por ser

---

[69] Confere com original.

a opinião geral da nação e do Exército, único motivo que deu ocasião à parada geral do dia 11 de novembro de 1820.

"Art. 3) Que tudo o mais que se determina na Constituição espanhola se não possa pôr em prática enquanto não se ajuntarem os deputados das Cortes e adotarem a base dela, fazendo, no mais, as alterações que julgarem convenientes, sendo igualmente liberais.

"[Assinado: os oficiais do Exército que assistiram.]"

XXVI. CIRCULAR SOBRE AS ELEIÇÕES PARA AS CORTES
(n° 151, vol. XXV)

"Remeto a v. m. as novas instruções pelas quais se deve regular a eleição dos compromissários, eleitores e deputados das Cortes Extraordinárias, ficando sem efeito as que lhe dirigi com aviso de 8 do corrente.

"A primeira coluna destas instruções é a tradução literal da Constituição espanhola, e a segunda contém as modificações que pareceram necessárias, em nossas particulares circunstâncias, ficando em tudo o mais aplicáveis nesta parte os artigos da mesma Constituição, traduzidos nas referidas instruções.

"Os artigos relativos aos domínios ultramarinos, que agora não são aplicáveis, o serão logo que os seus habitantes queiram espontaneamente aceder aos votos gerais do povo português, e, para não fazer confusão, foi que nesta parte se fizeram as declarações notadas à margem.

"V. m. deve ficar entendendo que não há tempo para fazer perguntas ao governo sobre a extensão das referidas instruções, e é de crer que nem seja necessário fazê-las; porém quando alguma dúvida se ofereça, com qualquer reflexão e conselho de pessoas entendidas, v. m. pode ficar nas circunstâncias de se deliberar, de modo que as eleições se façam infalivelmente nos dias aprazados e indicados nas instruções.

"No caso de não ser possível concluir algumas das eleições nos domingos que estão aprazados, deverá continuar a fazer-se sucessivamente e sem interrupção, na segunda-feira e nos mais dias da semana, de modo que não haja senão aquela alteração que uma imperiosa necessidade absolutamente exigir.

"O lugar para a reunião dos deputados das Cortes é esta capital, como já se acha decidido, e o dia desta reunião é o mesmo dia 6 de janeiro de 1821, como também se achava decidido e indicado nas primeiras instruções.

"Deus guarde a v. m. muitos anos.
"Lisboa, 22 de novembro de 1820.
"Manuel Fernandes Tomás."

XXVII. A Junta Provisional do Governo
Supremo do Reino aos habitantes de Lisboa
(n° 151, vol. XXV)

"Ilustres habitantes de Lisboa:
"Conhecidos são a todos vós os acontecimentos do dia 11 do corrente mês de novembro, que presenciastes nesta capital. O governo, que muito em particular participou da profunda mágoa que então sentiram todos os leais portugueses, não deve agora avivar em vossos corações tão penosa recordação.

"Não é de novo na história das grandes comoções políticas que a boa-fé do homem mais distinto, por sua honra, probidade e zelo patriótico, seja desgraçadamente iludida por artificiosas prevenções que a sua nobre franqueza nem ousa suspeitar; e que muitas vezes, a seu pesar, o conduzem a passos tão arriscados em sua execução quanto funestos em suas conseqüências.

"O dia 11 de novembro ofereceu aos portugueses consternados, e subministrará à história, mais um exemplo de tão triste verdade. Mas a benéfica Providência que parece vigiar com especial cuidado sobre este povo honrado e virtuoso, fez um novo milagre em favor dele e, no meio do mais iminente risco, desviou de cima de nós os tremendos desastres que nos ameaçaram. Tudo entrou na ordem; tudo se restituiu à precedente regularidade; tudo está em quietação e sossego.

"O ilustre general que por um instante se deixou alucinar, e cujas retíssimas intenções e notórios sentimentos foram, por maligna influência, desviados do seu verdadeiro objeto, vem de dar o mais belo exemplo daquela sólida grandeza de alma que faz o herói militar superior às suas próprias vitórias, superior a si mesmo. Ele sabe, e reconhece, que a glória das armas é inseparável do respeito às leis e à autoridade que tem a seu cargo fazê-las executar.

"O bravo Exército, que tantos louros tem adquirido em todo o tempo por seu estremado valor, e que nos memoráveis dias 24 de agosto e 15 de setembro se cobriu de imortal glória pelo seu nobre e heróico patriotismo, fez o seu dever, obedecendo. Esta é a dívida do soldado honrado. A sua reputação é sem mancha aos olhos dos habitantes de Lisboa, aos olhos de todos os portugueses. Ele jamais soube desviar-se do caminho da honra, nem relaxar os estreitos e preciosos vínculos que o unem, de uma parte, ao povo, pela unidade de interesses, pelos direitos de fraternidade; e de outra parte, ao governo e às autoridades legítimas, pelo severo dever da subordinação e da obediência.

"O governo não deve nem pode recusar ao ilustre general e a todo Exército a porção de justo louvor e agradecimento que, respectivamente, lhes compete pela unânime, virtuosa e ativa cooperação que empregaram na manutenção da boa ordem e na restituição da paz pública da capital.

"Mas o mesmo governo, quando deseja elogiar, louvar e agradecer o espírito de moderação e prudência que o povo de Lisboa, os dignos e honrados habitantes da capital, manifestaram em crise tão difícil, não acha expressões que igualem os seus sentimentos; porque nenhuma há também que pinte com suficiente energia a temperança e quietação deste povo fiel e amigo das leis, no meio da terrível e súbita apreensão de males iminentes, que lhe eram desconhecidos, e da perda dos bens mais preciosos e mais caros aos verdadeiros portugueses — a sua liberdade e a sua dignidade.

"Habitantes de Lisboa! Continuai tranqüilos, como tendes feito. Os vossos irmãos de todas as províncias, a Europa imparcial, o mundo inteiro fará justiça às vossas virtudes patrióticas e vos pagará o devido tributo de sua admiração. O governo, cada vez mais firme e consolidado pelos acontecimentos dos precedentes dias e pela cordial e generosa adesão do Exército, cada vez mais unido a vós pelo seu dever e gratidão, cada vez mais penhorado pela vossa honrosa confiança, sustentará intrépido os vossos direitos, que são os de todos os portugueses; manterá com inviolável fidelidade os foros sagrados da justiça e da virtude; e derramará, se necessário for, o seu sangue em defesa da pátria, do rei, da Constituição e da pública liberdade.

"Lisboa, Palácio do Governo, 18 de novembro de 1820.

"[Conde de Sampaio; Matias José Dias Azedo; Pedro Leite Pereira de Melo; fr. Francisco de São Luiz; José Joaquim Ferreira de Moura; conde de Penafiel; Hermano José Braancamp do Sobral; Francisco de Sousa Cirne de Madureira; Manuel Fernandes Tomás; José Manuel de Sousa Ferreira de Castro.]"

1821

7.
Convocação das Cortes em Portugal

[N° 152, vol. XXVI, janeiro de 1821, pp. 62-6]

> *"Amphora caepit institui,*
> *Currente rota cururceus exit?"*
>
> Horat.

Já vimos que o Governo Provisório de Portugal tinha meditado o chamamento de umas Cortes, mas correndo a roda da revolução, saíram-lhe outras, que foram à espanhola, havendo na forma das eleições a mui obnóxia cláusula de limitar a escolha absolutamente aos sujeitos naturais da terra onde ela se fazia.

O primeiro resultado prático deste arranjamento foi a influência que se deu aos eclesiásticos, porque em grande parte das freguesias apareceu o pároco como eleitor. Na cidade do Porto até o povo se amotinou, vendo que ali se elegiam quatro deputados eclesiásticos para as Cortes; motim que não tinha fundamento na lei, porque esta claramente permitia aos eclesiásticos seculares serem membros das Cortes, e se o povo os não queria, que os não elegesse. Assim também em Lisboa e outras partes do reino entrou boa porção de eclesiásticos, e entre eles alguns bispos.

Estes eclesiásticos e os magistrados togados necessariamente hão de ter grande influência nas Cortes, porque pertencem às duas classes mais bem instruídas que tem a nação; e porque são também as duas classes que muita reforma precisam, não será objeto de pequeno louvor o ver classes, que precisam de reforma, reformarem-se a si mesmas.

Notamos uma circunstância mui importante nestas eleições, e vem a ser: que nenhum fidalgo titular foi eleito deputado, posto que pela Constituição espanhola que se adotou como norma destas eleições esses nobres não fossem excluídos. Aqui temos, pois, uma prova do modo por que a nobreza era olhada pela nação, e da insignificância a que os nobres se tinham reduzido a si mesmos, tratando como nada a opinião popular.

Os deputados pela província da Estremadura foram os seguintes:

Agostinho José Freire, Álvaro Xavier da Fonseca Coutinho e Póvoas, Bento Pereira do Carmo, bispo de Leiria, Feliz Avelar Brotero, Francisco Antônio dos Santos, Francisco de Lemos Bitancourt, Francisco de Paula Travassos, Francisco Simões Margiochi, Francisco Soares Franco, Francisco Xavier Monteiro, Henrique Xavier Baeta, Hermano José Braancamp do Sobral, João Alexandrino Queiroga, João Maria Soares Castelo Branco, João Vicente Pimentel Maldonado, José Carlos Coelho Carneiro Pacheco, José Ferrão de Mendonça e Sousa, Luis Antônio Rebelo da Silva, Luiz Monteiro, Manuel Agostinho Madeira Torres, Manuel Alves do Rio, Manuel Antônio de Carvalho, Manuel Borges Carneiro.

Substitutos: Francisco Antônio de Rezende, Francisco Xavier d'Almeida Pimenta, Inácio Xavier Caldeira, Joaquim Annes de Carvalho, Marino Franzini, Pedro de Sande Salema, Rodrigo Ferreira da Costa, Sebastião Francisco Mendo Trigoso.

Estas Cortes agora são de transcendente importância, porque se intenta que elas organizem a Constituição política de Portugal, quando as Cortes que lhe houverem de suceder para o futuro só terão de executar essa Constituição: muito, pois, está pendente da qualidade dos presentes deputados.

Se, porém, houver nas Cortes atuais falta de talento, falta de patriotismo, ou sobejidão de intriga, a voz pública remediará, senão em todo, ao menos em grande parte, esses inconvenientes; porque tal é o entusiasmo da nação, tanta é a gente de conhecimentos que aparece à luz todos os dias, posto que não fossem muitos contemplados nas eleições pelo defeito de seu plano; e tal é a atividade que cada um mostra em fazer o que pode a bem da pátria, que mal poderão os deputados das Cortes desviar-se de seus deveres, sem que a pública opinião lhes lembre o caminho que devem tomar.

Mas para isto assim ser são necessárias duas circunstâncias: uma, que as discussões nas Cortes sejam públicas; outra, que a imprensa tenha a necessária liberdade.

Não nos cansaremos em responder aos argumentos que ordinariamente se produzem contra estes dois expedientes, contentamo-nos com indicar as conseqüências de se não atender a eles; porque temos razão de presumir que há partido em Portugal que recomendará o segredo nas deliberações das Cortes acerca da Constituição, como já recomendaram sobre o plano das eleições na Junta Preparatória; e por causa do tal segredo pôde o partido oposto reduzir a nada, em uma noite, o trabalho daquela junta em muitos dias: também julgamos que esse mesmo partido recomendará o apertar os cordéis à censura da imprensa, para que só o que lhe fizer conta apareça.

Se não forem públicos os debates das Cortes na organização da Constituição, nem a imprensa assaz livre, os homens de capacidade que podem ajudar com seus votos os deputados das Cortes não saberão quais são os pontos em discussão para os elucidarem com seus argumentos; e se os debates forem públicos, mas a imprensa manietada, não é possível que haja meio eficaz de se comunicarem aos deputados os erros que se lhes notarem, para que eles os remedeiem.

Com a falta, pois, destes dois expedientes, ou de qualquer deles, se não aproveitará a nação dos talentos que possui na execução de uma obra tão importante, porque ela será limitada somente aos esforços dos deputados nos quais já os talentos nacionais foram bem cerceados, limitando-se a eleição absolutamente aos indivíduos do lugar, onde talvez não houvesse para eleger senão um cura de *réquiem*.

A queixa que se tem feito contra o sistema de monarquia absoluta que até agora nos tem governado, consiste, quanto à parte legislativa, em se dizer que o secretário de Estado que minuta uma lei consulta uma ou outra das pessoas que conhece e supõe entendidas na matéria; e se acontece que essas pessoas não sejam assaz bem informadas e capazes, sai a lei com os defeitos que aliás se houveram remediado, se maior número de sujeitos hábeis fossem ouvidos e discutissem o ponto entre si.

Ora, podemos dizer que esta acusação será exatamente aplicável às presentes Cortes, se não houver a publicidade dos debates e a plena liberdade da imprensa. Porquanto as Cortes constam somente de cem deputados; e se destes cem descontarmos os leigos em todo o sentido, os eclesiásticos preocupados a favor da sua classe, os desembargadores e letrados que se inclinarão a favor dos atributos da magistratura togada e seus apêndices, o restante de deputados será em tão pequeno número, que não pode exceder ao que os secretários de Estado consultavam para formalizarem suas leis. E onde está então a melhoria desse sistema de Cortes?

Agora, se os debates forem públicos, e se cada qual puder escrever sobre eles, então os pontos discutidos com publicidade nas Cortes receberão o benefício do exame de todos os homens de talento na nação; e os deputados que por fins sinistros fizerem proposições insidiosas, verão seus projetos descobertos pelos atilados engenhos que mesmo de fora das Cortes os hão de vigiar e seguir; e assim o público ilustrado não permitirá que se adotem artigos na Constituição que sejam ditados pelas vistas interessadas desta ou daquela facção, ou que sejam aprovados por deputados ignorantes da ciência de política e de legislação, posto que bem intencionados ou bons patriotas.

A única medida do Governo Provisório que temos de anunciar depois de publicado o nosso número passado é a criação de uma Comissão do Tesouro que tem de administrar o Erário, com os poderes que exercitavam os antigos presidentes.

A portaria por que isto se determinou é a que copiamos à p. 3: sobre as suas disposições, que nos parecem assaz razoáveis, nada diremos, porque julgamos este estabelecimento digno de ser regulado por um ato legislativo, e como as Cortes estão a entrar em suas funções tão brevemente, é escusado entrar no exame de uma providência provisória, quando as Cortes, a quem compete, farão nisso legislação permanente.

Em conseqüência da ordem do Governo Provisório, para que todas as repartições que administravam cofres públicos publicassem mensalmente suas contas, têm saído à luz contas que até aqui se reputavam mais ocultas que o mesmo segredo da abelha. O Erário deu o exemplo, e a isto se atribui o fato de se melhorarem as rendas, fazerem-se pontuais os pagamentos e crescer o balanço no Erário, sem se terem aumentado os impostos.

Quanto ao estado da opinião pública, nada pode igualar o alvoroço e alegria que tem causado em Portugal a novidade de uma eleição para deputados de Cortes; e se o entusiasmo do povo se manifesta em iluminações, fogos de artifício e festas, o prazer e esperanças da parte mais cordata da nação bem aparece nas diversas falas que se fizeram nas juntas eleitorais, e algumas das quais foram impressas e publicadas.

8.
[Duas comunicações sem título]

[Nº 152, vol. XXVI, janeiro de 1821, p. 67]

Depois de escrito o que fica acima, recebemos notícias do Rio de Janeiro até 22 de novembro, quando já ali se sabia dos sucessos de Lisboa em setembro passado.

Não temos tempo de dizer nada mais sobre este assunto, senão que apesar do conhecimento daqueles sucessos, não se tinha posto a menor interrupção à comunicação com Portugal; pelo contrário, continuavam a despachar-se os navios, na forma usual, para o Porto e para Lisboa.

Daqui conhecerão todos portugueses quais são os sentimentos de seu bom e ilustrado monarca; e se quando lá chegar o nosso Merlim Político, as coisas começarem a mudar de face, teremos a prova de quem é causa do mal: se el-rei, se o partido aristocrata.

* * *

A notícia mais importante que chegou pelo último paquete do Rio de Janeiro foi o ter o exército do Rio Grande tomado prisioneiro Artigas, com o que é natural que cessem os distúrbios naquelas fronteiras do Brasil, e provavelmente se acomodem importantes pontos de disputa nos territórios de Buenos Aires e Santa Fé.

9.
INFLUÊNCIA DA REVOLUÇÃO DE PORTUGAL NO BRASIL

[N° 153, vol. XXVI, fevereiro de 1821, pp. 167-75]

Dissemos repetidas vezes que lamentávamos a circunstância de não ter o Ministério do Brasil começado as reformas políticas em Portugal que eram necessárias, antes que o povo as empreendesse por si mesmo; entre outras razões, porque tendo a revolução começado pelo povo e não pelo governo, era impossível prever seu êxito. Isto já não tem remédio em Portugal, ou mui fraco remédio terá, visto que somos entrados na revolução, que sempre desejamos se já evitasse; mas, como ela ainda não se manifestou no Brasil, o que a respeito dele se disser pode ainda ser ouvido a tempo, se ouvidos se prestarem enquanto isso pode servir.

Ninguém poderá duvidar que todos os passos da revolução de Portugal hão de ser sabidos e conhecidos no Brasil, e é impossível que as idéias revolucionárias de Portugal não façam ali a mais profunda impressão.

Asseveramos afoitamente que todos os motivos de descontentamento que se tem alegado em Portugal existem no Brasil em grau mais sensível; mas, para generalizar as idéias, e limitar-nos ao mesmo tempo a um só exemplo, notaremos a forma de administração das províncias, por meio de governadores militares, absolutos em seu poder e irresponsáveis por seus atos públicos.

Quando o poder de um indivíduo é ilimitado, como sucede com os governadores do Brasil, se ele não vexa o povo em toda a extensão que lhe é permitido, ninguém por isso agradece o sistema, posto que louve o indivíduo; e ademais, ainda nesse caso resta a desconfiança, o temor, a desinquietação interna, de que tal indivíduo, por mais bom que seja, abuse uma vez de sua autoridade ilimitada, e cada um tem razão igual para temer que essa exceção da bondade habitual do governador tenha lugar a seu respeito.

Dizemos, pois, que este estado de incerteza proveniente do sistema é um suplício de grande tormento; e dele ninguém se pode dizer isento no atual estado das coisas, seja qual for a bondade individual do governador, que na ilimitada extensão de seus poderes tem a maior tentação que pode oferecer-se ao coração humano.

Isto posto, o exemplo de Portugal deve inspirar no Brasil desejos de imitação com esperança de melhoramento, e por mais terríveis que possam ser as conseqüências, delas ninguém se lembrará para alegar somente com o bom sucesso de Portugal, e quando a desordem geral chegar, não haverá outro remédio senão seguir a torrente.

Se o soberano admitir, por qualquer maneira que seja, ser rei de Portugal debaixo de formas constitucionais, os povos do Brasil sofrerão de mui grau não serem admitidos às mesmas contemplações, e se estas lhes forem concedidas pelas Cortes de Portugal, e não por el-rei, a força moral deste perderá tanto quanto hão de ganhar as Cortes; e enfim se o que, em tal caso, as Cortes fizerem a respeito dos povos do Brasil não for bastante para os satisfazer, então nem el-rei nem as Cortes de Portugal terão assaz influência para comandar aonde suas forças físicas não puderem chegar.

Deve aqui observar-se que as notícias dos sucessos de Portugal chegarão ali sempre por um meio parcial, isto é, engrandecendo os benefícios da revolução e diminuindo os seus resultados desvantajosos; o que provirá de uma duplicada causa: primeira, porque os descontentes do Brasil se acharão sempre inclinados a dar a interpretação mais favorável a todos os sucessos de um estado de coisas que lhes agoura para eles mudanças de melhoramentos.

Contemple isto o Ministério do Rio de Janeiro, e veja se lhe é possível impedir o natural curso das coisas, de passarem ao Brasil as idéias revolucionárias de Portugal.

Tomemos por concedido que passam: os efeitos ali serão bem diferentes e muito mais funestos, considerando as circunstâncias da população dos dois países; e ainda que os godoianos, roevides e aristocratas nos não dêem crédito por nossa reticência, por bem da humanidade deixamos no tinteiro a comparação: damo-nos por satisfeitos com os motivos que para isso operam em nossa consciência.

Porém, se ajuizamos acertados nossos conceitos, se a revolução de Portugal deve necessariamente passar ao Brasil, e se uma revolução popular naquele país pode ser acompanhada de resultados os mais desastrosos, quão culpados não devem ser os ministros que não adotarem medidas próprias para prevenir esses males?

E quais são essas medidas? Dirão os godoianos: medidas coercivas, mais poderes aos governadores. E nós diremos que tais medidas só servirão de acelerar a crise que se teme: as medidas convenientes são as de reforma, e essa reforma, no sentido de satisfazer a opinião pública, isto é, de adquirir a confiança dos povos; com essa confiança, ainda quando os planos do governo falham, o povo desculpa isso, chamando-lhes infortúnios que se não podiam prever; sem essa confiança, nem o bem que o governo faz se lhe agradece, atribuindo-se a circunstâncias fortuitas.

Não nos escusaremos de repetir o que tantas vezes temos dito, que a forma de administração no Brasil, hoje que ele é populoso, rico, comercial e polido com o trato do estrangeiro, é a mesma que existia há 300 anos, quando suas povoações constavam de mesquinhos presídios. No tempo antigo ninguém tinha idéia de outro governo que não fosse o absoluto; hoje em dia, até os rapazes falam em constituições políticas.

Nestes termos, como pode manter-se um governo cujas máximas de administração são partes de um sistema todo oposto às idéias de seus súditos? Como pode achar cooperação ou concordância nos espíritos imbuídos de sentimentos diversos e cercados de exemplos tendentes a inspirar esses sentimentos?

Independente dos sucessos de Portugal, o Brasil está cercado por uma tremenda revolução na América Espanhola; sejam ou não sejam fantásticas essas idéias, estejam ou não estejam os povos do Brasil preparados para terem formas constitucionais, esse prurido deve obrar; e quanto menos preparados estiverem os povos, mais perigosos serão seus desejos, e o meio de atalhar a explosão total é mostrar sinceridade de satisfazer a opinião pública, em tanto quanto for compatível com a prática: uma vez estabelecida a opinião dessa sinceridade do governo, metade das dificuldades estão vencidas.

Mas parece-nos impossível que o governo jamais consiga esse fim, enquanto os povos virem que continua o mesmo sistema e que as mesmas pessoas que desfrutaram os lucros dos pesados abusos são as que se propõem a remediá-los; em tal gente ninguém acreditará, ainda quando os do governo não pregarem outra doutrina senão a do Padre Nosso.

Sem que o povo acredite que o governo lhe prepara planos de melhoramento no sistema de administração, serão ineficazes todos os meios que se possam inventar para impedir os progressos de uma revolução popular, que já é manifesta em Portugal e labora para a explosão no Brasil; e parece-nos sumamente improvável que o povo acredite ou espere reforma alguma a seu modo, continuando a governar os mesmos homens que até aqui foram, ou se suspeitam que fossem, os apoios do sistema antigo.

Temos visto nas gazetas francesas vários artigos que pretendem copiar extratos de cartas do Rio de Janeiro, cheios de elogios ao conde dos Arcos[70];

---

[70] D. Marcos de Noronha e Brito, 8º conde dos Arcos (1771-1828). Foi tenente-general, gentil-homem da Câmara do príncipe d. Pedro, do Conselho de Estado de d. João

em um deles até se disse que chegando o conde à sua casa, vindo do Conselho de Estado onde se tinha oposto às opiniões de Tomás Antônio, concorrera o povo ao campo de Santana, para dar ao conde aclamações e vivas.

Quem mora no Rio de Janeiro sabe que tal fato não sucedeu assim; e quem quiser usar de seu raciocínio, pode muito bem alcançar que assim não podia suceder, pois o povo, vendo vir o conde para sua casa, não podia adivinhar o que ele tinha acabado de dizer no Conselho de Estado, para lhe dar por isso vivas e aclamações. O mais provável é que o conde, primo do marquês de Marialva, tenha na legação de Paris amigos que assoalhem esses boatos como favoráveis ao partido aristocrata que o conde de Palmela põe em jogo.

Porém, achamos nessas mesmas publicações do voto do conde dos Arcos no Conselho de Estado, seja isso verdade ou não seja, outro estratagema de intriga para exaltarem o partido aristocrata à custa da popularidade d'el-rei, porquanto essas publicações deixam ao mundo o tirar a conseqüência de que não é dos aristocratas, mas sim d'el-rei donde provém a oposição, pois se não segue um voto tão poderoso e conspícuo, como é o do conde dos Arcos, contra o de um plebeu sem influência de família, conexões etc., como é Tomás Antônio.

Mas parece-nos que não será difícil dar algumas provas de que não é el-rei quem obra contra Portugal, que não é do soberano de quem se devem temer oposições a um sistema constitucional em que os empregados públicos sejam responsáveis por sua gerência, que é, em duas palavras, tudo quanto a voz pública pede e exige; el-rei não tem interesse em opor-se a isso, porque com a existência dessa responsabilidade nada perde, antes, muito ganha. Os governantes que são os que verão suas mãos atadas para não fazer mal, são os que se deve suspeitar de fazerem essa oposição a um sistema que lhes põe freio.

VI, presidente do Conselho de Ministros, membro da Regência do Reino presidida pela infanta d. Isabel Maria, governador e capitão-general da Bahia, comendador de Santa Maria da Vila de Rei e de Avis. Foi o 15º e último vice-rei do Brasil, cargo que exerceu de 1806 a 1808. De 1810 a 1818 foi governador-geral da capitania da Bahia. Reprimiu energicamente a revolução de Pernambuco em 1817. No mesmo ano, com a morte do conde da Barca, foi nomeado ministro da Marinha no Rio de Janeiro. Regressando d. João VI, assumiu a presidência do Ministério junto a d. Pedro. Em junho de 1821, por pressão popular, foi apeado do cargo e partiu para Lisboa, sendo nomeado por d. João VI membro da Junta do Governo do Reino.

Mas não há simplesmente o raciocínio, são fatos o que nos fazem crer que el-rei está livre das imputações que os escritores dos parágrafos a que aludimos lhe fariam recair quando louvam pelas opiniões opostas os que são, ou pretendem atrair, quando o não sejam, ao partido aristocrático.

Sabia-se no Brasil do que passava em Portugal quando o príncipe real fez à Escola Militar de Lisboa o honroso presente de que fala o seguinte

"Aviso

"O príncipe real, meu amo, ordena-me que participe a v. s. que tomando sempre um vivo interesse por tudo que pode concorrer para o bem geral, viu com bastante prazer o plano de organização e método de estudos que se observa no Real Colégio Militar do qual v. s. é diretor; e desejando dar uma prova da particular atenção que lhe merece um tão útil estabelecimento, determina s. a. r. que eu ponha à disposição de v. s. a quantia de 332 mil-réis, que v. s. receberá com este aviso, a qual será divida em 12 prêmios, como vai indicado na minuta junta, que devem ser distribuídos no fim do ano letivo de 1821 pelos discípulos que maiores progressos tiverem feito nas suas respectivas aulas. S. a. r. espera que este sinal da sua real benevolência desperte nos ditos colegiais uma nobre educação no desempenho de seus deveres, tanto civis como acadêmicos, que os constitua por isso dignos da atenção de s. m., da contemplação de s. a. r. e dos louvores do público instruído; devendo v. s. ficar na inteligência de que s. a. r. terá sempre em grande estima e consideração aquelas pessoas que estando como v. s. encarregados da educação da mocidade, se esmerem do desempenho de uma tão honrosa comissão.

"Deus guarde a v. s.
"Palácio do Rio de Janeiro, em 16 de setembro de 1820.
"Antônio Telles da Silva.
"Ilmo. Sr. Antônio Teixeira Rebelo."

Ora, aqui temos que se as comoções em Portugal tivessem feito com que el-rei olhasse para os portugueses como rebeldes indignos de toda a contemplação, s. a. r. não houvera feito tal presente, e em tais circunstâncias. E temos mais ainda a dizer.

Aos 13 de janeiro chegou a Lisboa o brigue correio *Treze de Maio*, que saíra do Rio de Janeiro aos 20 de novembro. O brigue não trouxe ofícios para o Governo Provisório, porque na verdade não havia ainda tempo de se saber se o Governo Provisório estava ou não consolidado; mas a prudência e circunspecção de s. m. na delicada matéria do estado político de Portugal bem se manifesta, apesar das opiniões erradas e violentas de alguns dos ministros, não só na continuação das comunicações com Portugal, mas nas refletidas expressões das instruções dadas ao comandante do brigue, que são as seguintes:

"O ilmo. e exmo. sr. conde dos Arcos ordena que vossa mercê se faça amanhã à vela deste porto para o da cidade de Lisboa, aonde entregará as malas do correio. Quando regressar de Lisboa para esta corte, depois de uma demora de seis dias, ou dos que o governo daquele reino determinar, virá em direitura à ilha da Madeira, aonde poderá dilatar-se 24 horas para entregar e receber ofícios e malas do correio. E sendo a sua saída de Lisboa desde setembro até o fim de fevereiro, virá fazendo escala por Pernambuco e Bahia, podendo demorar-se em cada um daqueles portos até 48 horas, a fim de entregar e receber ofícios e malas do correio; mas saindo de março até fim de agosto, seguirá a sua viagem da ilha da Madeira para esta corte. Não se esqueça vossa mercê, na sua chegada a Lisboa, de dar logo partes à Secretaria de Estado da Marinha, ao Conselho do Almirantado, e ao inspetor do Arsenal, remetendo com cada uma das partes uma cópia destas instruções, executando depois as ordens que por qualquer daquelas repartições lhe derem, segundo o método do serviço que ali estiver estabelecido.

"Deus guarde a vossa mercê.
"Quartel-general da Marinha, em 19 de novembro de 1820.
"[Assinado.]
"Inácio da Costa Quintela — major-general.
"Sr. Manuel Pedro de Carvalho — primeiro-tenente, comandante do brigue *Treze de Maio*."

Parece-nos que podemos ainda produzir outra prova mais decisiva das benignas intenções de s. m., comunicando a nossos leitores a seguinte notícia:

"*Bruxelas, 18 de fevereiro*. S. exc. o cavalheiro de Brito, embaixador extraordinário e ministro plenipotenciário de s. m. f. junto a el-rei dos Países Baixos, dirigiu ao Consulado de Portugal, Brasil e Algarves, neste reino, a seguinte circular, em conseqüência da qual se darão os papéis necessários, como dantes, aos navios destinados a Portugal, etc.:

"'Não sabendo nem desejando antecipar as resoluções que s. m. f. poderia tomar em conseqüência dos acontecimentos que têm ocorrido em Portugal, desde os 24 de agosto até o fim de outubro do ano passado, era do meu dever adotar aquelas medidas que pudessem manter a dignidade real, tão afetada por esses acontecimentos, e assegurar o comércio e navegação entre Portugal e os Países Baixos, contra toda a violação interna e externa, em tão crítica conjuntura.

"'Em ordem a obter este duplicado objeto, ordenei-vos nas minhas circulares de 17 de setembro e 18 de novembro que suspendêsseis o dar passaportes ou *vistas* consulares aos navios destinados ao Reino Unido de Portugal e Algarves, me prescreve especialmente a abolição da suspensão que eu tinha ordenado, pela minha adesão à sua real autoridade, e pelo profundo respeito que me não permitiam antecipar os seus sentimentos, e a que o meu dever e fidelidade me obrigavam em tão difíceis circunstâncias.

"'Ordeno-vos, senhor, que expresseis os papéis consulares como dantes, e deis esta informação aos negociantes.'"

Como no papel que deixamos copiado há tradução de tradução, não podemos assegurar a exatidão das expressões. Contudo, sendo o sentido quanto nos basta para o presente caso, vemos daqui que el-rei desaprovou já uma parte das medidas que tinha adotado o conciliábulo dos diplomatas portugueses pelo que respeita o bloqueio em que quiseram pôr a Portugal, sem a autoridade do rei e por seu mero arbítrio deles; e é de esperar que as Cortes de Portugal nunca se esqueçam de fazer a devida distinção entre os sentimentos d'el-rei e os de um partido de intrigantes, cujos fins são manter seus interesses a despeito dos da nação e da mesma autoridade do rei, do que os fatos acima citados nos dão a mais cabal prova.

Isto posto, se o voto do conde dos Arcos foi tal como se tem querido inculcar nos parágrafos das gazetas francesas e inglesas, não deixou esse voto de seguir-se por falta de inclinação em el-rei, mas talvez fosse porque o conde não haveria sido da mesma opinião, quando a exposição dela seria de suma vantagem, isto é, antes de se declarar a revolução, para que o governo fizesse de sua própria autoridade aquilo que o povo se deliberou a fazer sem autoridade de ninguém.

Estamos informados de que houve algum empregado d'el-rei na Europa, que escreveu sincera e francamente a el-rei, prognosticando a revolução, e lembrando de precaver que o povo obrasse, fazendo-se-lhe concessões a tempo: diz-se-nos também que a resposta fora que os ministros se opunham a isto; e que o prêmio de falar com tal franqueza foi uma perseguição surda, mas eficaz, contra tal indivíduo.

Se estamos bem informados deste fato (e dele não duvidamos), a justiça d'el-rei se manifestaria publicando as cartas de tal indivíduo e os votos dos ministros que se lhe opunham; mas cedo ou tarde essas verdades aparecerão ao mundo, e se saberá quem era o que dava saudáveis conselhos, e quais os ministros que os desprezaram e tentaram malquistar quem os dava.

10.
REVOLUÇÃO NO BRASIL

[N° 154, vol. XXVI, março de 1821, pp. 339-45]

Cansados estamos de repetir que os ministros d'el-rei devem prevenir as revoluções, adotando reformas convenientes ao tempo em que vivemos; teima o prejuízo, obstina-se a opinião pública e não é duvidoso quem há de vencer. Já dissemos, e já repetimos, que a revolução de Portugal havia fortificar com o exemplo. Começa já a verificar-se o prognóstico, mas ainda não sabemos que começasse o remédio; e se a Corte do Rio de Janeiro continua no mesmo sistema, muito teremos de lamentar a chegada dos males que nunca temos declarado, mas que nos parece termos suficientemente indicado, para quem está em termos de nos entender.

No 1° de janeiro o povo do Pará, de concerto com a tropa, executou uma revolução com êxito tão pacífico como a de Portugal. Nomeou-se um governo provisional, proclamou-se a adoção de um governo constitucional, alegando-se com o exemplo de Portugal.

Pode alguém duvidar que a mesma cena se represente em outras capitanias do Brasil? Pode haver dúvida que o único partido da Corte é entrar ela mesma na revolução, para lhe poder dar uma direção que seja a menos perniciosa possível no Brasil?

Já em novembro passado houve um levantamento do povo no lugar de Bonito, na capitania de Pernambuco: acomodaram o motim as tropas que contra os revoltados mandou o general, mas este se fortificou no palácio da capital, depois de mandar prender várias pessoas de consideração como suspeitas de desafeição, entre as quais se acham alguns oficiais militares; e o general continua fortificado no seu palácio, rodeado de tropas, e até com artilharia assestada, para se defender em caso de ser atacado. Ora, não é esta a posição em que se devia ver um governador paternal no meio de uma população contente e satisfeita.

Aos 28 de janeiro, o povo da ilha da Madeira declarou-se contra a antiga forma de governo e que desejava a forma constitucional adotada em Portugal; a tropa uniu-se a estes votos sem a menor oposição; o governador seguiu a torrente e nomearam-se deputados que viessem notificar isto às Cortes em Lisboa, sendo esses deputados, por parte do governo, o brigadeiro Antônio Ribeiro Palhares; por parte da Câmara, o comendador João de Bitancourt; por parte do povo, o capitão de milícias João Agostinho de Figueiroa. A recepção que estes deputados acharam em Portugal se pode ver pelos procedimentos nas Cortes em Lisboa, às p. 289 e p. 297.

Depois destes exemplos, não pode haver já a menor dúvida de que se generalizem em toda a monarquia os princípios constitucionais; e, contudo, vendo assim cair a pedaços a sua autoridade, ainda não aparece a menor providência no gabinete para impedir a dilaceração do Estado, obstando a uma convulsão geral.

Os procedimentos em Portugal, pelo que respeita o Brasil, têm até aqui levado uma direção mui errada e até contraditória, e tal que nos parece tendente a causar a separação daqueles dois estados, se el-rei lhe não der o único remédio que lhe há próprio.

Primeiramente, quando se promulgou em Portugal o regulamento para a eleição dos deputados de Cortes, copiado da Constituição espanhola, excluíram-se todos os artigos que diziam respeito aos domínios ultramarinos, dizendo-se que não tinham aplicação.

Por que não tinham aplicação? Se a revolução em Portugal era tendente a melhorar o estado da monarquia, sem dúvida a primeira consideração devia ser a preservação de toda a mesma monarquia, e conservação de sua integridade; e o tentar fazer uma Constituição para toda ela por meio de deputados só de uma parte, é lançar os fundamentos à mais justificada desunião: e se o povo de Portugal assenta que como povo tem o direito de escolher para si a constituição que quiser, e não a que outrem lhe imponha, seguramente deve convir que não tem direito de ir impor essa constituição que fizer ao povo do Brasil, que nela não teve parte.

E que maior causa de divisão e discórdia se pode apresentar a duas porções de uma monarquia do que tentar uma delas ditar leis constitucionais sem primeiro buscar de ouvir o voto da outra?

Um dos deputados das Cortes que nelas tem mostrado mais justas idéias de política propôs que se admitisse certa representação nominal, por meio de substitutos aos deputados das províncias ultramarinas. Sem entrar no escrupuloso exame desta proposição, nem de seus resultados práticos, podemos dizer que a mera adoção deste projeto mostraria o desejo das Cortes de reunir com Portugal, no sistema constitucional, as outras partes da monarquia. Mas esta proposta encontrou mui geral oposição, e por motivos evidentemente especiosos; o que não pode deixar de produzir no Brasil o correspondente efeito, quando ali se lerem os debates da sessão 7ª das Cortes, que resumimos à p. 234.

Se, por outra parte, apesar desta estudada negligência em procurar representantes do Brasil para as Cortes, os deputados que a isto se opuseram desejam a união política dos dois reinos, aparecerá como inexcusável infatuação tratar de bagatela todo o reino do Brasil, superior ao de Portugal em extensão de território, em população, em riquezas e em recursos de toda a qualidade.

Mas se esta oposição ao projeto de procurar deputados do Brasil para as Cortes se pode interpretar como indício dos desejos de separação dos dois reinos, a linguagem de alguns deputados e outras circunstâncias concorrentes muito servirão para fortificar estas suspeitas. Na sessão das Cortes em que tantos membros foram de parecer que não convinha procurar os deputados do Brasil, geralmente se admitiu que se chamassem deputados das ilhas; ora, as razões que se expenderam contra os do Brasil eram exatamente aplicáveis às ilhas; logo, há razão para supor que existem outros motivos que se não alegaram.

Mas, além da linguagem dos deputados, há outras circunstâncias, como dissemos, concorrentes, que indicam desejos de não ter o Brasil unido com Portugal; e daremos um exemplo.

O edital da Junta do Comércio copiado à p. 208[71] é um documento assaz notável neste sentido. Proíbe a saída de marinheiros que não sejam os necessários à tripulação dos navios, para impedir a emigração para o Brasil. Primeiramente, mal vai ao povo na sua terra, se é preciso proibir-se-lhe que saiam dela, porque só a má vivenda pode obrigar os homens a deixar o seu país, em tal número que precise isso impedir-se por medidas do governo. Depois, quando se trata de emigração, isto se entende da saída da gente para um país estrangeiro: ora, se se considera o Brasil como parte de Portugal, a palavra emigração e a proibição desta são mui pouco aplicáveis. Se é Reino Unido, à passagem da gente de umas províncias para outras não pode chamar-se emigração; e a prisão dos indivíduos em uma província, a respeito de outra, mostra uma espécie de servidão que mui mal se compadece com as presentes idéias de liberdade em Portugal.

Se, neste ponto, julgamos mui errada a vereda que tem tomado a revolução de Portugal, o procedimento das Cortes, logo depois daqueles deba-

---

[71] Ver p. 289.

tes, apareceu contraditório com os princípios expostos pelos deputados que se opuseram ao projeto de procurar representantes das províncias do ultramar para as Cortes.

Apareceu nas Cortes uma deputação da ilha da Madeira, que anunciava a adesão daquele povo à causa constitucional de Portugal, e que se preparava a nomear seus deputados para as Cortes; este anúncio foi acolhido com grande aplauso, e a deputação recebida formalmente nas mesmas Cortes. Até aqui bem vai.

Mas por que lei, ou providência dada, podem os povos da Madeira eleger deputados para essas Cortes, quando pelo expresso regulamento das eleições, que é o único ato orgânico dessas Cortes, se excluem positivamente delas todos os deputados do ultramar?

A recepção, pois, de deputados da ilha da Madeira é em manifesta contradição com o regulamento orgânico das eleições das Cortes e com as declarações de seus deputados no debate a que aludimos. Por que lei se governarão as eleições na Madeira?

Talvez alguém espere que várias cidades ou províncias do Brasil, não obstante a repulsa das Cortes, mandem a elas (como já se diz que intenta o Pará) deputados, que as representem depois de feita a Constituição.

Se assim suceder, em algumas províncias, não é natural que se generalize o expediente, vista a disposição das Cortes; porque não é possível que todos os povos do Brasil fechem os olhos ao abatimento a que se submetem, aceitando uma Constituição feita por quem os não quis consultar, e tornando assim o Brasil a retrogradar para o estado de colônia de Portugal, quando era já reino, considerado igual em direitos por concessão de seu rei comum.

Por outra parte, como a adesão de algumas, e não de todas as províncias do Brasil ao sistema de Portugal causaria uma cisão entre essas mesmas províncias do Brasil, por mais ignorantes ou mais perversos que sejam os ministros d'el-rei, não deixarão então de ser forçados a chamar uma representação geral dos povos e províncias do Brasil, a qual, reunindo deputados de todo aquele país, terá mais direito de formar leis gerais para o todo, e ainda mesmo para as províncias nesse caso dissidentes no Brasil, do que o distante e menos populoso reino de Portugal tem jus de fazer uma Constituição para províncias que exclui de suas deliberações.

E, na verdade, se o Brasil tem de ser administrado por leis feitas pelas Cortes de Portugal sem os povos do Brasil serem nisso ouvidos, ficarão reduzidos a mera colônia; e então, a experiência tem mostrado que melhor é ser colônia sujeita a um governo despótico que a um governo constitucional; sejam exemplo as colônias sujeitas aos holandeses nesse mesmo Brasil, que debaixo do governo republicano dos Estados Gerais sofreram muitos mais vexames do que nos governos absolutos precedentes, mesmo do tirano Felipe de Castela.

Quando temos por tantas vezes insistido na continuação da união do Brasil com Portugal, os interesses deste é o que tínhamos principalmente em vista; e assim mal podíamos esperar que as Cortes a eles fechassem os olhos, como parece fizeram no ponto de que tratamos.

Não há produção de Portugal que o Brasil não possa comprar com seu ouro a melhor mercado, ou trocar por outras produções suas em países estrangeiros. Mas Portugal tanto precisa do Brasil, que o deputado das Cortes Fernandes Tomás, homem judicioso, e que se instruiu a fundo nesta matéria, foi obrigado a confessar no seu relatório às Cortes (resumido à p. 239), que as exportações de Portugal para o Brasil estavam longe de contrabalançar o valor dos gêneros recebidos daquele país.

Se estas duas partes da monarquia se acham assim situadas, pelo que pertence à sua recíproca dependência comercial, quão desarrazoada não deve ser a linguagem daqueles que se exprimem dizendo que façam as Cortes sua Constituição, e que venham depois os povos do Brasil submeter-se a ela? E ainda assim, como se isso fosse um favor receber a sua obediência!

Portugal, pela confissão do deputado de suas Cortes que citamos, não tem com que possa compensar ao Brasil os gêneros que dele recebe; no caso de continuarem os dois reinos unidos, podia achar-se modo de remediar esta falta, ainda que fosse por meio de sacrifícios que o Brasil fizesse a fim de ajudar seus irmãos europeus; mas no caso de separação, não podem esperar-se esses sacrifícios a favor de uma nação estranha, como nessa hipótese viria a ser Portugal a respeito do Brasil.

Ora, Portugal nem tem, nem pode ter sequer o pão que lhe é necessário para seu sustento; o Brasil, abundante em todas as produções necessárias, só precisa de que se lhe não impeça a indústria; a separação, portanto, dos dois reinos, que os sentimentos das Cortes em oposição ao projeto de procurar deputados do ultramar dão lugar para receiar, não pode deixar de ser mui nociva a Portugal; e é em respeito a este que a lamentamos.

Passando agora do comportamento das Cortes ao que pertence ao gabinete do Rio de Janeiro, nesta mesma questão temos ainda alguma coisa a acrescentar. Indicamos acima que o óbvio remédio para evitar a cisão das províncias do Brasil é convocar uma representação geral de seus povos; mas sobre isto convém fazermos alguma explicação.

É corrente na Europa que o conde de Palmela levou para o Rio de Janeiro uma Constituição já talhada e feita para apresentar a el-rei, com o nome de Constituição Popular, mas, de fato, adaptada a satisfazer a ambição dos nobres. Isto não é o que entendemos por uma representação nacional, própria a evitar os males que desejamos ver precavidos neste momento; porque se os povos hão de ficar sujeitos a um partido oligárquico movido pelo conde de Palmela, ou outro intrigante de sua classe nobre, então melhor seria não cuidar em tal; porque semelhante forma de governo não contentará ninguém, antes causará a mais decidida irritação, da qual se seguirá alguma democracia violenta, ou outra imprevista confusão, como a que têm exibido outros muitos países onde, pela desatenção do governo aos sentimentos nacionais, o desenfreamento e não a deliberação pretendeu guiar os negócios da nação.

A convocação de uma representação das províncias do Brasil deve ser fundada nos princípios da de Portugal, para produzir o efeito que convém; e quando por meio dela fique segura a unidade do Brasil em um Estado conjunto e ligado entre si, a questão que resta é o modo de o unir com Portugal.

A falta desta medida fica evidente com o exemplo do Pará, que, por força, há de ser seguido por outras capitanias; e quando elas começarem a deliberar separadamente, a dificuldade de sua reunião em um ponto comum de interesses e de vistas políticas será cada dia mais conspícua, e é impossível então prever aonde acabará o mal.

11.
Procedimentos das Cortes em Portugal

[Nº 154, vol. XXVI, março de 1821, pp. 346-56]

Temos dado, neste número, as mais amplas notícias dos debates nas Cortes que eram compatíveis com o nosso periódico: servimo-nos principalmente para isto do resumo que vem no *Diário da Regência*; e ainda que mui breve seja esse resumo, é ainda assim mais volumoso do que a natureza da nossa obra permite, e só nos podia induzir a esta extraordinária tarefa o desejo de darmos a nossos leitores no Brasil amplos conhecimentos do que tanto lhes convém saber.

Seria talvez desarrazoado esperar que na falta de experiência, tão natural a uma nação desacostumada aos procedimentos deliberativos em que se acha agora empenhada, pudessem as Cortes logo adotar teorias exatas e procedimentos práticos sem defeito, mas nem por isso convém menos notar-lhe as faltas; porque de tais notas resulta sempre tal ou qual benefício, e principalmente quando homens não instruídos no direito público atiram ao mundo com asserções erradas, donde se deduzem também conseqüências falsas e sumamente perniciosas.

Começaremos pelos poderes das Cortes no presente estado da nação, e seu modo de exercitar esses poderes.

Era a monarquia portuguesa hereditária desde seus princípios, e no soberano residiu sempre o direito de convocar as Cortes do Reino etc. Mas desconheceu-se este princípio fundamental, pela ignorância de muitos homens que pretendiam instruir a nação naquilo que eles mesmos não entendiam.

Por exemplo: *O Campeão*[72], este digno colega do *Padre Amaro*[73] e seu arquivista de documentos justificativos, o mesmo que escreveu sobre as Cor-

---

[72] Ver nota 44.

[73] Ver nota 53.

tes de Portugal no defunto *Investigador*[74] da célebre embaixada de Londres, o mesmo que chamou grande descaramento no mentir ao *Correio Braziliense*, por ter dito esta verdade; o mesmo que no seu nº 30, p. 332, disse "que se a nação portuguesa fosse instruída, não teria reconhecido el-rei d. José como rei, por não haver jurado em Cortes, e não teria ainda reconhecido sua filha e seu neto; porque por uma inaudita usurpação, todos escalaram o trono por força, quebrantando as leis mais sagradas da nossa monarquia".

A falsidade desta asserção é igual ao despejado desacatamento das expressões com que fala dos soberanos, desacatamento, contudo, que se não acha na linguagem nem das Cortes, nem de documento ou publicação alguma que até agora tenha aparecido em Portugal depois da revolução.

Que não fosse crime os reis subirem ao trono sem haverem sido jurados em Cortes, se prova pela natureza da monarquia hereditária, pois o efeito de ser hereditária, e designado quem deve ser o herdeiro da coroa, é que logo que morre um rei, é rei o seu sucessor, sem que jamais se ache vaga a realeza; e se o novo rei, para o ser, precisasse de eleição ou reconhecimento de Cortes, seria a monarquia eletiva, e não hereditária, o que nunca se admitiu em Portugal; pois ainda nos casos de sucessão disputada, o que as Cortes fizeram foi declarar quem era o herdeiro, exceto no caso de d. João I, em que se declarou não haver herdeiro legítimo, e por isso se elegeu para rei ao mestre de Avis.

Mas, além disto ser conforme ao direito público português, que uniformemente tem reconhecido ser a monarquia hereditária, os exemplos da história o provam abundantemente. El-rei d. Duarte e seu filho d. Afonso V e d. João II não precisaram das Cortes para serem aclamados, porque as leis fundamentais os declaravam reis; e posto que na sucessão colateral fosse necessário esse reconhecimento, contudo d. João IV foi aclamado rei a 15 de dezembro de 1640; os primeiros que lhe anunciaram isto ajoelharam, beijaram-lhe a mão, e deram-lhe o tratamento de majestade, tudo em sinal de que o reconheciam como seu rei; e não houve Cortes senão ao depois, no fim de janeiro seguinte.

Erros da natureza do que apontamos, inculcados por escritores que se metem a querer ensinar o que entendem, produzem conseqüências mui sérias; e aos erros desta natureza atribuímos os vários procedimentos das Cortes que nos propomos notar.

---

[74] Ver nota 43.

Toda nação tem o direito de escolher para si a forma de governo que lhe parecer mais conveniente; e seguramente os portugueses no tempo de d. Afonso Henriques não tinham mais direito de estabelecer em seu país uma monarquia hereditária, do que têm os portugueses de hoje de estabelecerem uma monarquia eletiva, ou nenhum monarca absolutamente; mas então, devemos entender-nos.

Se as Cortes agora se não deixassem levar por noções absurdas de direitos fictícios, o seu primeiro ato seria declarar se conservavam a sua forma de governo antigo, ou se a ab-rogavam em todo ou em parte; porque, uma vez que a nação por meio da força derribou as autoridades existentes, o primeiro cuidado para a continuação da sociedade deve ser a substituição de outro governo, sem o que a mesma sociedade não pode existir.

Mas, em conseqüência da confusão de idéias que se formaram do direito público, por erros tais como o que deixamos apontado, as Cortes começaram a fazer leis antes de declarar nem quem havia de ter o poder Legislativo, que até aqui só el-rei se achava exercitando, nem determinar sequer as formalidades com que as leis se deviam promulgar, para terem força de obrigar; e por isso chegou a tal ponto a confusão, que se tomavam por leis até os projetos que cada deputado apresentava nas Cortes, como se conhece dos debates da sessão 12, à p. 263, ao que se deu remédio parcial na sessão 20, à p. 303.

Porém esta falta se fez mui evidente quando, na sessão 10ª, tratando-se da abolição das coutadas, disse um deputado (p. 251) que era justo não se dar por sancionada resolução alguma enquanto não recebesse a sanção do monarca. O deputado foi chamado à ordem, como o deveria ser, porque essa não era a questão de que se tratava; e, na verdade, a sugestão era de tanta importância, que merecia uma proposição separada e formal.

Com efeito, é começar por onde se devia acabar fazerem as Cortes leis para abolir as coutadas, e discutir depois e assentar que el-rei deve ter o veto em todas as leis. O mesmo dizemos nos mais decretos propostos nas Cortes para se venderem os bens da coroa e outros, sem excetuarmos mesmo o da abolição da Inquisição; porque, fazendo as Cortes primeiro as leis, sem determinar quem era o legislador, nem que formalidades se requeriam na sua promulgação, e decidindo depois que era necessária a sanção do rei a quem concederam o veto, se el-rei negar a sua sanção, tais leis devem ficar nulas e de nenhum efeito; o que não sucederia se os procedimentos das Cortes progredissem, declarando primeiro a forma de governo e as formalidades de legislar, e passando depois a formar suas leis, na conformidade das regras primordiais que estabelecessem.

Nem se poderá dizer que a urgência das circunstâncias exigia este preóstero modo de obrar; porque nada era mais urgente do que declarar quem era o legislador, e com que formalidades se deviam fazer e promulgar as leis para serem valiosas; e a mais essencial diferença entre os governos arbitrários e os governos constitucionais é que, nos primeiros, quem governa não se cinge senão à sua vontade, e nos segundos, tudo se faz conforme a regras gerais invariavelmente observadas.

Nem se pode alegar com a urgência das coutadas, porque não é este um mal de tal natureza que, havendo existido por tantos séculos, não pudesse esperar pelo remédio mais um ou dois meses, enquanto as Cortes assentavam na forma de governo que deve ter o reino e estabeleciam as regras de legislar; porque este é o primeiro e mais urgente negócio sobre que incumbia às Cortes decidir.

Supuseram alguns que tudo se remediava declarando-se que a soberania reside na nação. Esta proposição não é tão clara como parece; mas concedamo-la, para argumento. Resta ainda o grande ponto de declarar como a nação tem de exercitar essa soberania; se somente os deputados em Cortes têm o exercício de todas as partes da soberania, ou só de alguma; se deve haver um rei, e qual parte da soberania deve exercitar esse rei. De nada, pois, serve, e nada adianta à marcha regular dos negócios, o declarar que a soberania reside na nação, quando se não declara quem ou como há de exercitar os direitos majestáticos, ou de soberania.

Outro mal, ainda que de menor importância, tem resultado das atribuições que ao *Investigador* do conde de Palmela, e outros que tais mui patrióticos políticos, lhe aprouve imputar às Cortes velhas, quando estas lhes faziam conta; porque, à força de impingir à nação que as Cortes tudo podiam ou tudo deviam fazer, veio agora a pensar-se que as presentes Cortes se devem meter em tudo indiscriminadamente.

Com estas noções vagas de poder infinito, achamos as Cortes ingerindo-se na parte executiva da administração, e os particulares fazendo-lhes petições sobre toda a sorte de negócios grandes e pequenos, como o leitor conhecerá pelo resumo que damos das atas das sessões; pedindo-se às Cortes até o hábito das ordens militares, sendo certo que nem mesmo el-rei, quanto mais as Cortes, podem conceder o hábito de qualquer ordem militar, não mais do que o hábito de qualquer ordem monacal; pois se el-rei concede esses hábitos é como grão-mestre, e não como rei; e se o rei, que ainda se considera como supremo executivo, o não pode fazer, menos o poderão fazer as Cortes, que se não declararam participar em coisa alguma do poder Executivo.

Já notamos que neste mesmo erro se caíra, nomeando as Cortes os secretários de Estado, e quando não fossem as boas razões que a isso se opõem, poderíamos alegar, pelo menos àqueles senhores que tanto se mostram afeiçoados às coisas de Espanha, com o comportamento das Cortes em Madri que abaixo referiremos, que se não quiseram ingerir na nomeação dos secretários, nem ainda propondo a el-rei, quando este lhes pedia, pessoas aptas para esses empregos.

Notamos também como efeito de se não traçar a linha entre o Executivo e poder Legislativo, a hesitação que houve nas Cortes sobre o modo de receber nelas os secretários de Estado; ponto este de formalidade, que facilmente se decidiria se os princípios estivessem assaz determinados.

Os secretários de Estado não devem ser conhecidos das Cortes; sua responsabilidade é como a dos outros funcionários, sujeita aos tribunais de Justiça, e a comunicação das Cortes deve ser com a Regência, que é a responsável pela administração.

Existindo el-rei, todas as comunicações devem ser diretamente com ele; não existindo el-rei, e estando em seu lugar a Regência, só com ela se devem comunicar as Cortes: à Regência, porém, compete o mandar aos secretários das diferentes repartições, que dêem, ou por escrita ou pessoalmente, às Cortes, aquelas informações que forem necessárias; porque se as Cortes se comunicarem diretamente com os secretários de Estado, como pode a Regência ser responsável por atos que não se passam por sua intervenção?

Agitou-se a questão sobre o castigo, ou pelo menos a prevenção do crime dos diplomatas portugueses que em Paris têm maquinado a guerra dos estrangeiros contra a pátria; claro está que contra os ausentes só há o meio de atacar a sua propriedade no seu país, mas a isto obstou a idéia daqueles que desejavam abolir do código criminal a pena de confiscação de bens. Esta idéia, e o presente caso desses diplomatas, é um belo exemplo da oposição das teorias de governo com a prática de governar. Mas o comportamento das Cortes a este respeito nos parece mui singular. Primeiramente, remete-se à Regência o indagar o fato, posto que notório, antes de instituir contra os supostos culpados procedimento algum. Depois, não havendo contra esses homens, porque estão ausentes, outro recurso senão a apreensão de seus bens, houve logo quem lembrasse às Cortes que se não podia recorrer a este expediente, porque se intentava (note-se, só se intentava) abolir a pena de confiscação; e assim se sofre que uns poucos de portugueses maquinem impunemente uma guerra de estrangeiros contra a sua pátria. Não diremos mais nesta matéria, porque o fato é tão extraordinário que deve haver nisso algum mistério que não podemos penetrar por agora.

O que um deputado propôs na sessão 18ª, isto é, "que toda a reunião de cidadãos que não fosse presidida por um magistrado fosse julgada sediciosa", é também mui digno de reparo; e não podemos deixar de ver nesta proposição a segunda edição da lei contra as sociedades secretas promulgada no Rio de Janeiro e tão louvada na Europa pelos partidistas da Santa Aliança.

Leiam-se as leis das *Sete Partidas*[75], e aí se achará que uma das características dos governos tirânicos é a proibição dos ajuntamentos livres dos cidadãos, tanto públicos como particulares. Leiam-se as histórias do direito de várias nações, e principalmente a portuguesa, e se achará que nenhumas reuniões se declararam jamais criminosas, e muito menos sediciosas, senão quando os seus fins eram criminosos, achando-se, porém, determinações desta natureza só debaixo de governos absurdos ou tirânicos. Leiam-se os moralistas, e se achará que não há nada mais natural ao homem do que a propensão para as associações, desde a de família, que é a primeira, até a de cidade, ou nacional, que é a última. Leia-se a história de todas as nações e principalmente a moderna de Inglaterra, e se achará que das diversas associações voluntárias e livres dos indivíduos procedeu sempre a energia pública a que se atribuem os maiores benefícios nacionais. Estude-se, enfim, a origem das Cortes em que se fez tal proposição, e se achará que nunca elas teriam existido se alguma associação ou reunião de indivíduos as não tivera precedido.

Propõe este deputado que todas as reuniões que não forem presididas por um magistrado sejam declaradas sediciosas; mas como esse magistrado deverá sempre depender do governo mais ou menos, nunca se permitirá reunião alguma que possa ser obnóxia ao mesmo governo, ou aos abusos que este deseja perpetuar. Isto falando somente das reuniões para fins políticos, porque a tirania de tal medida, em todas as mais de outra natureza, é assaz manifesta.

Adote-se a proibição das reuniões particulares, como quer este deputado, adote-se a Comissão de Segurança Pública, como queriam outros, apesar do exemplo do *Comité de Sûreté Publique*, inventado em tempo de Robespierre, tudo isto em nome da santa liberdade e proposto por deputados que passam por liberais; e seguir-se-á o seu necessário apêndice, que é a guilhotina, também em nome da santa liberdade.

Sobre esta questão ainda não decidiram as Cortes, e esperamos que não mancharão as suas atas com um borrão de tal natureza.

---

[75] Código elaborado por um grupo de jurisconsultos sob orientação do rei Afonso X, em meados do século XIII, com o intuito de unificar o direito na Espanha.

O projeto de lei proposto por um deputado, vista a decisão de que houvesse um tribunal para conhecer os crimes da imprensa a fim de distribuir os libelos em duas classes e com imoderados castigos, é outra escravidão que se intenta impor à nação debaixo do nome de liberdade, e isto por deputados reputados liberais; mas como este projeto ainda não foi aprovado, reservaremos as nossas observações para quando virmos as emendas que se lhes fazem; se é que as Cortes houverem de admitir mais este ferrete, porque ferrete mui negro será, se se admitir a prisão de oito anos para castigo de um libelo, como quer esse deputado liberal, e pretender ao mesmo tempo que haja liberdade de imprensa.

A apelação do deputado para o povo das galerias na sessão 26ª é o mais irregular procedimento que pode imaginar-se; e em vez de uma demonstração enérgica da parte das Cortes para suprimir uma prática tão cheia de perigo, achamos que o presidente, arcebispo da Bahia, se contentou com pedir pelo amor de Deus ao auditório que não interrompesse com seus aplausos os procedimentos da Assembléia. Se isto se repetir, acabada está a liberdade deliberativa dos deputados das Cortes.

Ultimamente notaremos o decreto de anistia a respeito dos que seguiram o partido francês na guerra passada; é isto matéria de mui inferior importância, exceto para os indivíduos; e, portanto, só diremos que havendo el-rei mesmo empregado uns, perdoado a outros, e até o conde de Palmela, de seu próprio arbítrio, metido na embaixada de Londres a d. Lourenço de Lima, um dos corifeus dessa gente, podem as Cortes perdoar a todo o resto afoitamente, sem que nisso mais se fale; e bom proveito que lhe faça o presente que recebe a nação em tão patriótica população.

※ ※ ※

Havendo assim exposto os erros ou faltas das presentes Cortes, muito desejamos que os nossos leitores não entendam que elas nada têm feito de bom; e muito menos queremos inculcar que melhores coisas se podiam esperar de outras Cortes convocadas pelo sistema antigo ou pelos planos fidalgais do conde de Palmela, proclamados pelo seu *quondam* trombeta no *Investigador*.

As Cortes se têm arremessado a tudo que se lhes apresenta como reforma útil; ouvem todos os pareceres e descobrem todos os dias os defeitos do antigo governo, o que, sem dúvida, é o passo preliminar para o seu remédio.

O mais importante trabalho das Cortes até aqui, e que deveria ter precedido, segundo nossos princípios, a todos os outros, é a formação das Bases da Constituição. O resumo delas achará o leitor à p. 254, e nas seções subseqüentes, as discussões sobre elas.

Contra os princípios sobre que essas Bases se estribam, nada temos a dizer; são mais prolixas do que talvez se requeresse, no que unicamente se denomina Bases da Constituição; pois até há artigos que, posto que úteis, nem lugar teriam na Constituição, quanto mais nas Bases; por exemplo, que as Cortes votarão estabelecimentos públicos para expostos etc. Mas, enfim, não podemos achar culpa em quem saindo da escravidão parece temeroso de que até as sombras lhe tornem a furtar a liberdade.

O tribunal da imprensa, bem longe de merecer discussão nas Bases da Constituição, nem mesmo nela deveria ter lugar, porque é objeto de mera legislação particular. A Constituição só deve conter as regras fundamentais da forma do governo; e as Bases da Constituição, que é o que se pretendia discutir, só deviam conter os princípios em que se fundariam essas regras fundamentais; do contrário, à força de particularizar os casos, se esquecem as regras gerais, e não havendo estas, qualquer caso não enumerado é objeto de dúvida.

Mas, outra vez repetimos, estas precauções, posto que demasiadas, são sumamente desculpáveis; e como a nação goze de tão precioso benefício, como é a liberdade da imprensa, bem se deve desatender à formalidade com que ele é introduzido, contanto que realmente se goze.

Pelo documento que publicamos à p. 203, se mostra que as Cortes aboliram já a Comissão do Tesouro criada pelo Governo Provisório, e assim vemos que bem conjecturamos ser aquela medida de breve duração, quando no nosso número passado a não quisemos analisar, supondo que não valia esse trabalho uma medida que, ainda que fosse introduzida por aquele governo nas vésperas de sua dissolução, bem se via que não podia ser senão efêmera. O decreto por que esta comissão se aboliu fica transcrito à p. 203; e por outro decreto de 21 de fevereiro se aboliu também a Comissão de Administração de Fazenda na cidade do Porto.

Expediram-se ordens a todos os tribunais e pessoas que administram rendas da coroa para informarem a Regência de todas as contribuições que existem, sejam de que gênero forem, assim como dos vínculos, capelas etc. da coroa. O mesmo se fez a respeito dos bens confiscados pela Inconfidência, Repartição das Minas e Metais etc.

Expediram-se também avisos a todos os tribunais para que informassem a Regência de todos os empregados por cada tribunal, seus nomes, incumbências, ordenados, pensões, emolumentos ou gratificações e títulos para isso.

Ordenou da mesma forma a Regência que se lhe remetessem informações sobre o estado dos pinhais e da cordoaria.

Todos os momentos se descobrem, com estas indagações, defeitos consideráveis na antiga administração; defeitos de tal natureza que nem o melhor dos reis, nem o ministro mais hábil, poderiam remediar, porque provinham do sistema, e é este sistema que se deseja remediar; e sem este remédio ninguém pode aparecer contente.

Notaremos disto o exemplo que se deduz do documento copiado à p. 204, pelo qual consta que "não havia no Tesouro inventário ou relação dos direitos ou rendimentos públicos, contas correntes com os exatores, credores ou devedores do mesmo Tesouro". Pode imaginar-se um sistema mais depravado de administração pública? Não é, pois, no alcance da possibilidade humana, que um governo conduzido com tal desmazelo pudesse subsistir por longo tempo.

Com as vistas de remediar estes males foi que a Regência atual de Portugal expediu avisos circulares a todas as repartições públicas, pedindo listas dos empregados, seus ordenados e emolumentos, títulos por que os cobravam e utilidade de tais empregos; e, com efeito, sem saber isto, mal pode nenhum governo saber onde pode aplicar a economia e as poupanças.

Pelos procedimentos da sessão 11ª (p. 257) se vê que um Manuel Maximo de Saldanha Guedes apresentou um requerimento às Cortes queixando-se que estava preso há muitos anos e, ultimamente, há 19 meses de segredo. São isto horrores que nada justifica e por que qualquer governo se deve fazer detestável. Se os crimes daquele indivíduo mereciam a pena última, que lha dessem; um tormento de prisão assim continuada é um ato de tirania por que seus autores deviam ser punidos, sejam eles quais forem, com o último rigor das leis.

As providências que se deram agora sobre a introdução dos estrangeiros, em ordem à segurança pública, constam de um aviso ao intendente geral da Polícia de 7 de fevereiro e outros aos generais das províncias, que mostram considerável temor a este respeito, posto que só mandem renovar providências antigas, as quais, contudo, são de datas em que o governo se tinha achado em circunstâncias apertadas; aperto que agora não há manifesto.

A Comissão de Segurança Pública, contudo, deu agora a entender que se ocupará unicamente em arranjar os regulamentos de Polícia.

A Regência, entre outras providências de pública utilidade, mandou aprontar o navio *Tejo*, para cruzar as costas de Portugal.

12.
Partidos políticos em Portugal

[Nº 154, vol. XXVI, março de 1821, pp. 356-62]

Pouca sagacidade seria necessária para prever o que nós dissemos há alguns meses, que depois do ajuntamento das Cortes se começariam a desenvolver os partidos políticos. Isto principia a descobrir-se, mas a segurança individual ainda não está estabelecida de maneira que cada um possa obrar afoito e à cara descoberta; apenas os homens se podem dar a conhecer, e por isso também apenas se podem traçar as linhas de divisão que distinguem os partidos em suas opiniões.

Não nos fazemos cargo dos alcunhos que se tem já inventado para designar os partidos; mas, pelo que respeita às opiniões, sem dúvida se pode achar, pela linguagem dos debates e pelos votos nas questões essenciais que afetam a forma de governo, quais são as inclinações dos diversos membros e o número relativo de cada partido.

Nas discussões das Bases da Constituição se agitaram várias questões em que os partidos se começaram a declarar. Tais foram, entre outras, sobre a liberdade da imprensa, contra a qual votaram dois lentes da Universidade, e lentes das ciências exatas (Faria e Tomás Rodrigues Sobral).

Mas para que o leitor conjecture os sentimentos dos diferentes deputados, damos aqui a lista de seus nomes, com os votos que deram nas três questões: 1ª) Se el-rei teria um veto absoluto nas leis; 2ª) Se el-rei teria um veto suspensivo; 3ª) Se haveria uma ou duas Câmaras no corpo Legislativo. O leitor, olhando para o resumo dos debates e comparando os votos nesta lista, poderá ajuizar do estado dos partidos nas Cortes atualmente.

Para que se desse um veto absoluto a el-rei na fatura das leis, votaram sete deputados; para que el-rei não tivesse um veto absoluto, votaram 78 deputados. Os seis que vão notados com * estavam ausentes.

Para que el-rei tivesse um veto suspensivo, isto somente por certo tempo e limitado a certas circunstâncias, votaram 81 deputados; para que não tivesse el-rei nenhum veto, votaram quatro deputados.

Para que houvesse duas Câmaras votaram 26 deputados; para que houvesse só uma, votaram 58 deputados. O bispo de Beja deu um voto singular, e foi que quando se contassem os votos, e se soubesse qual era a maioridade, votava com ela.

S. exc. rvma., se não é estúpido de primeira classe, é desejoso de andar pelo mais seguro: as Cortes que consentiram tal voto, o leitor que as caracterize.

Eis aqui a lista dos vogais:

	1 ou 2 Câm.	Veto susp.	Veto abs.
1. Agostinho José Freire	1	Susp.	Não
2. Agostinho Teixeira Pereira de Magalhães	1	S	N
3. Álvaro Xavier da Fonseca Coutinho e Póvoas	1	S	N
4. Antônio Camelo Fortes Pina	2	S	N
5. Antônio José Ferreira de Sousa	2	S	Sim
6. Antônio Lobo de Barbosa F. F. Girão	1	Nenh.	N
7. Antônio Maria Osório Cabral	2	S	N
8. Antônio de Moraes Pimentel	1	S	N
9. Antônio Pereira	2	S	Sim
10. Antônio Pereira Carneiro Canavarro	1	S	N
11. Antônio Pinheiro d'Azevedo e Silva	2	S	N
12. Antônio Ribeiro da Costa	1	S	N
13. Arcebispo da Bahia	1	S	N
14. Barão de Molelos	2	S	N
15. Basílio Alberto de Sousa	1	S	N
16. Bento Pereira do Carmo	1	S	N
17. Bernardo Antônio de Figueiredo	2	S	N
18. Bernardo Corrêa de Castro e Sepúlveda	1	S	N
19. Bispo de Beja	Δ	S	N
20. Bispo de Castelo Branco	*	*	*
21. Carlos Antônio de Gouvêa Durão	1	S	N
22. Feliz Avelar Brotero	*	*	*
23. Francisco Antônio de Almeida Pessanha	1	S	N
24. Francisco Antônio de Rezende	1	S	N
25. Francisco Antônio dos Santos	1	S	N

Δ: Votou que seguiria a maioridade.

26. Francisco Barroso Pereira	1	S	N
27. Francisco de Lemos Bitancourt	*	*	*
28. Francisco Magalhães d'Araújo Pimentel	1	S	N
29. Francisco Manuel Trigoso de Aragão Morato	2	S	Sim
30. Francisco de Melo Brainer	1	S	N
31. Francisco de Paula Travassos	1	S	N
32. Francisco Simões Margiochi	1	S	N
33. Francisco Soares Franco	1	S	N
34. Francisco Vanzeller	2	S	N
35. Francisco Xavier Calheiros	2	S	N
36. Francisco Xavier Monteiro	Nenh.	S	N
37. Henrique Xavier Baeta	1	S	N
38. Hermano José Braancamp do Sobral	2	S	N
39. Jerônimo José Carneiro	1	S	N
40. Inácio da Costa Brandão	2	S	Sim
41. João Alexandrino de Sousa Queiroga	1	S	N
42. João Batista Felgueiras	1	S	N
43. João de Figueiredo	2	S	Sim
44. João Maria Soares Castelo Branco	1	S	N
45. João Pereira da Silva	2	S	Sim
46. João de Sousa Pinto de Magalhães	1	S	N
47. João Rodrigues de Brito	1	S	N
48. João Vicente Pimentel Maldonado	1	S	N
49. João Vicente da Silva	1	S	N
50. Joaquim Annes de Carvalho	1	S	N
51. Joaquim José dos Santos Pinheiro	*	*	*
52. Joaquim Navarro de Andrade	*	*	*
53. José Antônio de Faria de Carvalho	1	S	N
54. José Antônio Guerreiro	1	S	N
55. José Antônio da Rosa	1	S	N
56. José Carlos Coelho Carneiro Pacheco	1	S	N
57. José Ferrão de Mendonça e Sousa	1	Nenh.	N
58. José Ferreira Borges	1	S	N
59. José de Gouvêa Osório	2	S	N
60. José Homem Corrêa Telles	2	S	N
61. José Joaquim de Faria	2	S	N
62. José Joaquim Ferreira de Moura	1	S	N
63. José Joaquim Rodrigues de Bastos	1	S	N
64. José Manuel Afonso Freire	1	S	N

65. José Maria de Sousa e Almeida	2	S	N
66. José Maria Xavier d'Araújo	2	S	N
67. José de Melo Castro e Abreu	1	S	N
68. José de Moura Coutinho	2	S	N
69. José Pedro da Costa Ribeiro Teixeira	2	S	N
70. José Ribeiro Sarmento de Queiroz	2	S	N
71. José Ribeiro Saraiva	2	S	N
72. José Vaz Corrêa de Seabra	2	S	N
73. José Vaz Velho	2	S	N
74. José Vitorino Barreto Feio	1	Nenh.	N
75. Izidoro José dos Santos	1	S	N
76. Luiz Antônio Rebelo da Silva	*	*	*
77. Luiz Monteiro	1	S	N
78. Manuel Agostinho Madeira Torres	2	S	N
79. Manuel Alves do Rio	1	S	N
80. Manuel Antônio de Carvalho	1	S	N
81. Manuel Borges Carneiro	1	S	N
82. Manuel Fernandes Tomás	1	S	N
83. Manuel Gonçalves de Miranda	1	S	N
84. Manuel José Plácido da Silva Negrão	1	S	N
85. Manuel Martins do Couto	1	S	N
86. Manuel Paes de Sande e Castro	1	S	N
87. Manuel de Serpa Machado	1	S	N
88. Pedro José Lopes de Almeida	1	S	N
89. Rodrigo Ribeiro Telles da Silva	1	S	N
90. Tomás Rodrigues Sobral	1	S	N
91. Vicente Antônio da Silva Corrêa	1	S	N

Resulta, pois, destes votos, que os do partido do maior ou absoluto poder d'el-rei são sete, contra 78. Os do partido de que el-rei não tenha poder algum na formação das leis são quatro, contra 81; os que desejam uma Câmara aristocrática são 26 contra 58.

O partido que votou pelas duas Câmaras está para o que votou só por uma, como 26 para 58 dentro das Cortes; mas não é fácil decidir se os partidos fora das Cortes estão nas mesmas proporções.

Contudo, como os 26 que votaram pelas duas Câmaras mostraram querer certa aristocracia, e entre esses 26 se acham dois que serviram no Governo Provisório passado, razão há para supormos que este partido tem maior proporção fora das Cortes do que dentro delas, principalmente quando consideramos que dois dos membros da atual Regência são fidalgos, que é natural se inclinem sempre a tal ou qual distinção aristocrática, o que favorece a opinião das duas Câmaras; e que esta mesma Regência, por um aviso de 3 de fevereiro, restituiu o tenente-general Francisco de Paula Leite ao comando das armas da Estremadura e Corte; e por outro aviso, de 5 de fevereiro, foi restabelecido o brigadeiro Mozinho ao lugar que ocupava com o marechal Beresford, de ajudante-general do Exército.

Agora conviria dizer alguma coisa sobre as vistas destes partidos; mas falta-nos já o lugar, e por isso diferimos a matéria para outra ocasião.

13.
VOLTA D'EL-REI PARA LISBOA

[Nº 155, vol. XXVI, abril de 1821, pp. 469-73]

Apareceu no Rio de Janeiro um folheto que uns dizem ter sido impresso ali, outros que fora da Europa para lá se espalhar; e se destina a provar que el-rei não deve vir para Portugal na presente conjuntura.

Pretende este folheto demonstrar: 1º) que Portugal, no seu estado atual, não pode passar sem o auxílio do Brasil, e que o Brasil não tira o menor proveito da sua união com Portugal; 2º) que a volta da família real para Lisboa seria o prelúdio da independência do Brasil e, portanto, um passo mui impolítico; 3º) que s. m. pode conservar a sua autoridade real no Brasil, e pode ali fundar um florente império de grande peso na balança política do mundo; 4º) que o atrevimento dos revolucionários na Europa se acalmará consideravelmente pela determinação d'el-rei de não sair do Brasil, quando seria esse mesmo atrevimento sem limites se s. m. se achasse em Lisboa à mercê dos rebeldes; 5º) que a melhor posição para el-rei é a em que se acha, possuindo a mais florente parte do império português; 6º) que em todo o caso s. m. poderá sempre voltar para a Europa, quando isso se faça absolutamente necessário.

A publicação deste folheto no Rio de Janeiro, viesse ele donde viesse, fosse quem fosse seu autor, é uma prova manifesta da existência ali de dois partidos sobre esta questão da volta de s. m. para Lisboa. E porque se faz desta questão secundária um objeto primário, assentamos que o partido de que tal folheto provém deseja meter no escuro o principal objeto, sobre que o monarca tem de decidir.

A questão essencial é sobre a linha de comportamento que o gabinete deve seguir na presente crise de revolução em que se acha a monarquia: a vinda ou estada d'el-rei, no momento atual, só pode ser considerada como ponto acidental, e pela relação que pode ter com essa linha política que convier seguir. O autor do folheto parece olhar para essa questão essencial como meramente acidental.

Seja qual for o sistema político que el-rei houver de adotar, a primeira consideração deve ser o conservar a integridade da monarquia, que se acha ameaçada já pelos errados passos das Cortes em Lisboa, já pela indecisão do gabinete do Brasil que temos acima apontado.

As sementes da revolução plantadas na América, e que já começaram a rebentar, merecem a particular atenção d'el-rei, e é de pouca monta o que sobre isto desejarem e decidirem os gabinetes de São Petersburgo e Viena. Explicaremos isto com uma hipótese.

Suponhamos que se resolvia vir el-rei para Lisboa, e que ali se deitava abaixo o sistema constitucional das Cortes, fosse por um partido interno, fosse por um exército austríaco ou russiano, que atravessando a França e a Espanha, viesse mudar a presente ordem de coisas em Portugal. Nesse caso, as províncias do Brasil que já têm abraçado, ou vierem a abraçar, o sistema constitucional desde logo se separavam, e assim tínhamos rompida a integridade da monarquia, porque não vemos a possibilidade de passar ao Brasil esse exército russo que houvesse desmanchado as Cortes de Portugal.

Por outra parte, suponhamos que el-rei fica no Brasil, e não se trata de conciliar o sistema constitucional de Portugal; este reino se achará, *ipso facto*, separado do Brasil, como atualmente está neste momento.

É por estas considerações que assentamos ser matéria secundária a vinda ou estada d'el-rei no Brasil, quando não haja um plano para segurar a integridade da monarquia, independente de um exército estrangeiro que efetue a conquista de Portugal.

Nesta invasão estrangeira se apóiam as idéias do conciliábulo diplomático que move o conde de Palmela; e é bem de presumir que esperanças desta natureza sejam as que tenham influído para a indecisão que tem mostrado o gabinete do Rio; mas se assim for, a separação da Europa portuguesa da América portuguesa será uma conseqüência, tão próxima como inevitável, desse errado sistema e dessas vãs esperanças.

O autor do folheto que mencionamos acima pretende que Portugal não pode passar sem o Brasil, e que o Brasil pode passar sem Portugal. Em ponto de vista comercial, é isto uma verdade, na qual nós mesmos temos já insistido por mais de uma vez. Porém, quanto ao estado político, e principalmente em relação à questão de que se trata, não vemos que Portugal precise de algum modo do Brasil para se governar, nem que o Brasil tenha forças morais nem físicas capazes de influir ou determinar a marcha da revolução em Portugal. Pequeno e pobre, como é Portugal em comparação do Brasil, tem ainda assim meios de fazer com que a sua revolução influa no Brasil, como a experiência vai mostrando e como a razão indica que havia de suceder.

A nomeação e entrada do conde de Palmela para o Ministério é uma grande infelicidade no estado atual das coisas; porque tal nomeação é o sinal de combate entre as classes privilegiadas e a massa da nação, o que fará o Ministério ainda mais odioso, pela consideração de que esse partido procura seu apoio nas forças estrangeiras, ao mesmo tempo que a existência de influência estrangeira é uma das mais gerais queixas que a nação tem produzido contra o governo há muitos anos, e que parece um ferrete humilhante aos olhos mesmo daqueles que mais bem afetos são ao governo. Esta dificuldade, porém, era de bem óbvio remédio, se el-rei, despindo-se por uma vez de contemplações estranhas, nomeasse neste momento um ministério popular: é verdade que faltam os homens capazes, a culpa vem de trás e é inveterada, por isso é escusado tratar agora de suas causas; mas o remédio imediato, que é o que mais importa, está em lançar mão dos que houver, contanto que não sejam pessoas suspeitas à nação, como é e deve ser um chefe do partido aristocrata e um dos instigadores da invasão estrangeira.

Não entramos na questão se el-rei deve ou não voltar para Lisboa, mas sim no exame da razão por que se deseja que ele volte; e esta razão (isto é, que poderá com sua vinda sufocar melhor a revolução) é o que combatemos. Igualmente desaprovamos a razão, que dá o autor do folheto, para que el-rei continue no Brasil, que é justamente a outra do partido contrário. O que discorremos é que, quer el-rei venha para a Europa, quer fique no Brasil, expõe a sua monarquia a uma desmembração se não adotar o sistema de entrar no espírito da revolução para assegurar a integridade de seus estados.

Suponhamos, pois, que el-rei, ou vindo ou ficando no Brasil, segue o plano e obtém por meio de forças estrangeiras deitar abaixo as Cortes e o sistema constitucional de Portugal. Onde se refugiarão os cabeças da revolução, senão naquelas províncias do Brasil que tiverem apoiado o seu sistema? E nesse caso, como irá um exército austríaco desalojá-los do Brasil? E acabada essa influência da revolução de Portugal, quem impedirá a influência da revolução na América Espanhola que cerca o Brasil?

Todo o remédio que se aplicar agora já vem tarde; porém, diz o rifão, mais vale tarde que nunca. O Brasil acha-se ainda hoje governado pela mesma forma de administração que lhe deu el-rei d. João III[76].

---

[76] D. João III foi rei de Portugal de 1521 a 1557 e deu início ao processo de colonização do Brasil. O ordenamento jurídico na colônia seguiu os preceitos do código de direito vigente em Portugal, as *Ordenações manuelinas* de 1521, com algumas modificações feitas para atender às necessidades de defesa e povoamento do Brasil.

Ora, faça-se uma pergunta, e responda cada um sinceramente. É o Brasil agora o mesmo Brasil que era em tempo de d. João III? Não terá o espaço de 300 anos feito mudanças no moral do país que exijam mudanças no seu sistema de governo?

Falamos, como é claro, das mudanças de sistema, e não de pessoas; mas como essas mudanças devem ser no sentido de contentar os povos, será possível que se induza à esperança desse contentamento, quando o Ministério for composto de pessoas contra quem haja suspeitas de só terem em contemplação, nas suas novas bases do edifício social, a vantagem de classes privilegiadas?

O modo por que as coisas se fazem importa tanto ou mais do que as mesmas coisas que se pretende fazer. Um deputado das Cortes em Portugal propôs o outro dia declarar sediciosos todos os ajuntamentos de indivíduos que não fossem presididos por um magistrado: isto é o mesmo que propôs a lei de 30 de março de 1818, contra que nós gritamos, e contra que gritou todo o mundo; mas porque aquela proposição foi feita nas Cortes por um deputado reputado liberal, passou simplesmente com leve desaprovação; enquanto a outra lei, porque emanou de um Ministério reputado despótico, foi recebida com geral execração.

De tudo isto queremos deduzir que el-rei pode vir para Lisboa ou ficar por ora no Brasil e continuar sem alteração a integridade da monarquia, que tanto desejamos; mas que essa integridade se não preservará, se el-rei, quer numa, quer noutra hipótese, se servir de um ministério impopular, que não tendo a seu favor a confiança da nação, antes sendo suspeito de querer favorecer as classes privilegiadas contra os interesses da massa do povo, não poderá obrar causa alguma, ainda que boa seja, pela qual consiga inspirar a concórdia e união entre as diversas partes da monarquia.

14.
Procedimentos das Cortes em Portugal

[Nº 155, vol. XXVI, abril de 1821, pp. 480-9]

Deixamos acima, da p. 424 em diante, um resumo das coisas mais importantes que se têm tratado nas Cortes, e o mais notável é a determinação final das Bases da Constituição, que copiamos por extenso à p. 379[77]. Estas Bases se alargam em recitar princípios de direito que ninguém desaprova, e que se acham abundantemente estabelecidos até na mesma legislação antiga de Portugal; como é, por exemplo, que a liberdade consiste na faculdade de fazer cada um aquilo que a lei não proíbe, que a segurança pessoal consiste na proteção que o governo deve dar a todos, que ninguém deve ser preso sem culpa formada, salvo nos casos que a lei excetuar etc. Mas desejávamos que nestas Bases se houvesse seguido a ordem natural por que devem ser lavradas as leis fundamentais de qualquer Estado, e talvez ainda haja tempo de emendar isso, na Constituição que se propõem fazer, estribada nos princípios declarados nessas Bases.

A primeira base para as leis fundamentais deveria declarar qual era a forma de governo que se adotava; depois, quem devia e como se deveriam exercitar as diversas partes dos poderes majestáticos; e daí, as precauções para impedir que se fizessem leis prejudiciais, ou que os executores não dessem cumprimento às que se estabelecessem para o bem público. Que importa que estas Bases declarem um princípio de que cada um pode fazer tudo o que a lei lhe não proíbe, se alguém tiver a faculdade de fazer leis para restringir indevidamente a liberdade do cidadão? Ou se o executor da lei tiver meio de empecer ilegalmente essa faculdade individual?

O artigo 4 das Bases diz que nenhum indivíduo deve jamais ser preso sem culpa formada. Ora, é uma regra expressa e claramente determinada na *Ordenação*, livro 5, t. CXIX, que ninguém pode ser preso sem constar da

---

[77] Ver pp. 290-4.

culpa do julgador que o manda prender, por querela ou por devassa. Logo, o que era para desejar das Bases não é simplesmente esse reconhecimento de um princípio já estabelecido na *Ordenação do Reino*, e na verdade, no direito romano (*L. Nullus in carcerem, Cod. De exhibend. Reis*) e em todas as legislações regulares; mas sim era para desejar que tal lei fundamental se fizesse, que esse princípio não pudesse ser violado; mas no artigo 3 das Bases se admitem exceções, que se não definem e se deixam para a Constituição. Lembramos isto para que a Constituição não deixe também exceções indeterminadas às Cortes ou a outrem; pois nesse caso tantas e tais serão as exceções, que a regra geral fique de nenhum efeito, como se fez na legislação antiga, por meio da introdução da lei de Polícia, que com o pretexto da segurança pública aniquilou todo o princípio da segurança individual estabelecido na citada *Ordenação*.

O artigo 11 das Bases declara intoleráveis os privilégios do foro, porém faz uma exceção a favor das causas que pertencerem a juízos particulares; exceção tão vaga, que não há privilégio de foro que nela se não possa compreender, sempre que as Cortes assim o quiserem entender, e com efeito já se exemplificou no foro militar que as Cortes retiveram.

O artigo 33 passou, depois de uma acérrima discussão, e foi encontrado por vários pareceres e diferentes opiniões; a nossa, porém, é que o artigo, como se acha, é um erro imitado das coisas más que se encontram na Constituição espanhola; porque se o Conselho de Estado deve servir para ajudar el-rei na administração, e os ministros ou secretários de Estado são os responsáveis pelos atos da administração, a el-rei, com o parecer de seus ministros, deve competir a escolha desses conselheiros; do contrário acontecerá que quando se houverem de adotar medidas executivas em que o Conselho de Estado seja de diverso parecer dos ministros, ou estes obrarão ficando responsáveis, e contudo pela opinião de outrem que não é responsável, ou poderão obrar contra o que opina o Conselho de Estado, e então é inútil tal corpo, e até nocivo, pelo que servirá nesse caso de entorpecer a marcha dos negócios.

Em uma palavra, em toda a série dos artigos destas Bases aparece uma decidida cautela contra o poder Executivo, sem haver coisa alguma que se destine a coarctar o poder Legislativo, de maneira que logo que se forme no país algum partido assaz poderoso para comandar 50 votos nas Cortes, não haverá lei má que esse partido não possa introduzir, nem lei boa que não possa rejeitar; porque só há um caso em que se coarcta o poder das Cortes, que é no artigo 22, em que se diz que a Constituição, uma vez feita, se não alterará pelo espaço de quatro anos; e ainda assim se não determina o modo de conhecer ou prevenir a ilegalidade do procedimento das Cortes em tal caso.

Se alguém duvidar da possibilidade de se formar um partido de 50 membros nas Cortes capaz de passar qualquer lei contra os princípios dessas mesmas Bases ou da Constituição, só podemos remeter quem assim duvidar para a história das nações que têm tido e têm esses corpos legislativos com poderes ilimitados, e sem serem coarctados por eficazes meios, diretos ou indiretos.

Pelo que respeita o andamento dos negócios públicos, notamos em primeiro lugar a falta de comunicações com el-rei. Faz-se a revolução em Portugal, país em que havia um rei, e não se dá parte disso à principal pessoa a quem importa. Resolve-se depois em Cortes o escrever-lhe, e a carta determinada nas Cortes não o informa da natureza das mudanças que se intenta fazer. Por fim, aprovam-se as Bases da Constituição, proclamam-se, juramse e não lembra a ninguém o propor que se informe a el-rei de tão importante resolução. Será o rei uma parte indiferente, nisso a que chamam o novo pacto social? É o rei uma pessoa que só deve ser informada desse ato orgânico do governo do Reino pela mera leitura dos jornais públicos?

Na suposição de que chegaria a Lisboa ou el-rei ou o príncipe real, se determina o formulário de sua recepção; e reduz-se esse formulário a que antes de desembarcar se lhe apresentem as Bases para as jurar, e que logo que desembarque vá direto à sala das Cortes ratificar o seu juramento. Quando as Cortes levaram muitos dias em examinar e debater essas Bases, não seria justo, não seria decente que o rei tivesse algum tempo para considerar e ajuizar desse ato que se lhe propõe que jure, que aceite e que se obrigue a executar?

Dirão alguns: pois bem, positivamente que o sr. d. João VI é rei de Portugal: assim, se a declaração das Cortes, fundada, segundo se diz, na vontade de toda a nação, é que este seja o rei de Portugal, já ninguém pode ter direito de dizer que o não seja; e não achamos que para ser rei se lhe impusesse a condição de convir nisto ou naquilo, o que se deveria fazer, para ser conseqüente.

Além disto, há certo decoro público que é devido às primeiras personagens da república, a que nunca se pode faltar sem trazer confusão à ordem da sociedade. Será moda falar dos reis com menos respeito, mas essa moda tem custado caro a muitas nações, que podiam haver evitado males mui sérios sem diminuir nada de seus direitos, e só conservando certas formalidades para com as pessoas a quem, para interesse público, se deve o maior respeito.

Neste ponto temos observado contradições que não vemos como se possam justificar, havendo até quem escrevesse que o tratamento de majestade, dado aos soberanos, fora invenção do orgulho de Carlos V, quando as mesmas *Institutas* de Justiniano, por que todo o jurisconsulto português principia seus estudos, começam pelas palavras "*Imperiatoriam Majestatem* etc.". Se tais pessoas considerassem os males que ao Estado custam, e o pouco que se perde em usar de fórmulas que inculcam respeito a quem todo respeito é devido, se absteriam das expressões que nos merecem nota. Seguramente, quando se escreveram as *Institutas*, que dão ao imperador o tratamento de majestade, ainda Carlos V não tinha nascido.

Em uma palavra, e para dizermos tudo de uma vez, nós podemos mui bem compreender a existência de um Estado ou nação sem rei; mas não podemos ver qual seja a utilidade de um rei sem os atributos essenciais da realeza.

Passamos agora ao estado da opinião pública em Portugal. A grande maioridade da nação vai com as Cortes, e isto pela bem óbvia razão de que, por mais erros que cometam as Cortes, tudo parece bom, comparado com a deformidade e hediondez do governo que lhes precedeu. E, contudo, não deixa de haver alguém que ainda deseje o sistema antigo, como os judeus suspiravam pelas cebolas do Egito.

O bispo da Madeira lá fez tal bula contra a nova ordem de coisas, que o mandaram preso para Lisboa, onde se acha recluso no convento da Graça.

Alguns eclesiásticos, ou por ignorância ou por vistas políticas, espalharam em Portugal que as Cortes destruíam a religião, e até houve quem dissesse nas províncias que em Lisboa já não batizavam as crianças. Isto obrigou a Regência a expedir o seguinte:

"Aviso
"Para o cardeal patriarca:
"A Regência do Reino, em nome d'el-rei, o sr. d. João VI, determina que v. ema., por uma sua pastoral, recomende a todos os habitantes deste patriarcado uma união recíproca, e a sua sujeição ao governo que se acha estabelecido; provando-lhes que as reformas e melhoramentos de que estão ocupados os seus legítimos representantes de maneira alguma ofendem a religião católica apostólica romana, que todos professamos e juramos manter e defender; e que v. ema. ordene, outrossim, aos párocos das igrejas deste patriarcado, que além da publicação da dita pastoral nas suas respectivas igrejas, eles instruam os seus paroquianos nos

mesmos objetos que são do seu comum interesse particular e da nação geral.

"Deus guarde a v. ema.
"Palácio da Regência, em 26 de fevereiro de 1821.
"[Assinado Joaquim Pedro Gomes de Oliveira.]"

Na mesma conformidade se expediram avisos aos arcebispos e bispos do Reino.

O procurador da Casa da Rainha foi denunciado ante as Cortes de haver estimulado algumas Câmaras a que protestassem contra as mesmas Cortes, o que ocasionou procedimentos contra o tal procurador.

O patriarca também se pôs às maiores com a Regência. Primeiro, negou-se a dar cumprimento à bula do papa, que se publicara com o beneplácito do governo, dispensando o comer carne nos dias de abstinência; mas como os outros bispos do Reino se conformaram logo, e o governo insistiu com o patriarca, cedeu este. Mas logo se meteu noutra disputa quando lhe mandaram o aviso acima copiado, para que fizesse pregar a seus súditos que o presente governo nada tinha, em si ou em suas medidas, contra a religião. Por fim, quando foi chamado a jurar as Bases da Constituição, não veio e mandou como procurador, para o fazer em seu nome, a um principal a quem deu instruções que prestasse o juramento com certas reservas. Isto posto, a Regência teve uma sessão extraordinária no mesmo dia em que resolveu mandar o tal patriarca para o convento de Bussaco, o que logo pôs em execução.

Nisto mostrou a Regência menos brandura do que o Governo Provisório fizera com os condes de Palmela e Linhares, e se aqueles dois fidalgos tiveram ido para o Limoeiro quando recusaram prestar juramento de obediência, não houvera agora sido necessário mandar o patriarca para Bussaco.

A mesma energia não têm mostrado nem as Cortes nem a Regência a respeito dos diplomatas portugueses que andam incitando a cruzada contra Portugal, e que cá da Europa manejam altas intrigas no Rio de Janeiro; porque a respeito destes só achamos o seguinte:

"Edital
"O dr. Francisco de Paula de Aguiar Otollini, cidadão nesta cidade de Lisboa, e nela juiz do Crime do bairro do Limoeiro, servindo pelo do Mocambo com alçada por s. m. f. que Deus guarde etc. Faço saber que por ordem superior, de 15 de fevereiro do presente ano, estou incumbido de indagar quanto antes dos nego-

ciantes desta praça e mais pessoas interessadas, qual seja o prejuízo causado pela degeneração dos passaportes que os ministros e cônsules portugueses tenham feito aos navios que de portos estrangeiros deviam seguir suas viagens para o de Portugal, ou este se mostre já líquido ou ainda por liquidar; e participo a todos que pelo referido motivo se acharem lesados, hajam de comparecer com a maior brevidade possível nas casas de minha residência, na rua direita de Santos nº 6, em qualquer dia exceto segundas, quartas e sextas-feiras de manhã, com os documentos que possam autorizar o seu prejuízo. E para que chegue à notícia de todos mandei afixar este edital que vai por mim assinado.

"Lisboa, em 16 de fevereiro de 1821.

"[Assinado F. Pª. Otollini.]"

Ora, este procedimento é bem digno de reparo; porque só indica um processo civil sobre perdas e danos contra os tais diplomáticos, quando o que se lhes imputa é um crime público; e nada menos do que pretender, sem ordem nem autoridade, pôr em bloqueio toda a sua nação. Por este edital parece que a Regência achou digno de reparar-se o dano que tenham sofrido alguns particulares, mas que não deve instituir procedimento algum pelo que respeita ao mal que se pretendia fazer à nação; e que pela circular de um desses mesmos diplomatas (veja-se o nosso número passado, p. 62[78]) mereceu já a desaprovação d'el-rei.

O que a nação tem de esperar desses diplomatas se conhecerá de um fato recente, que vamos a mencionar, tirado do *Moniteur* de 15 de abril de 1821:

"Antes de ontem a Corte das Assizas de Paris condenou à revelia (*par default*) o comendador Sodré em dois anos de prisão, quatro mil francos de multa, como culpado de ter publicado uma obra intitulada *Pièces politiques*, contendo a dita obra: 1º) ofensas para com s. m. o rei de Portugal; 2º) alegações de ultraje e fatos que, se fossem verdadeiros, atentariam à reputação do marquês de Marialva, seu embaixador junto à corte de França."

---

[78] Hipólito José da Costa não coloca data alguma no texto, e a circular não foi localizada.

Primeiramente é falso que nas tais *Pièces politiques* haja coisa alguma contra s. m.; porque o que ali se diz é que existia uma trama para uma revolução em Portugal; ora, fosse o fato assim ou não fosse, isso não é falar mal d'el-rei.

Dizia-se que estava para acontecer uma revolução em Portugal, e de fato esta aconteceu; dava-se a entender que a revolução era fomentada por certo partido aristocrático; e que fazem esses, ateimam em pôr a carapuça em el-rei, em quem ninguém falava, e traz-se uma ação de libelo, metendo adiante o nome d'el-rei.

Mas isto é já manha velha dos godoianos; o que queremos aqui principalmente notar é que o marquês de Marialva procurou a condenação de Sodré, à revelia, pondo contra ele uma ação em França, quando sabia que o acusado, ainda que tivesse obrigação de se ir defender a um país estrangeiro, não o podia fazer, porque estava preso em Inglaterra por dívidas. Eis aqui o momento que aquele diplomata escolheu, para chamar o juízo em França ao tal Sodré, e se pelo dedo se conhece o gigante, desta amostra deverão ver em Portugal o que tem de esperar dos generosos sentimentos de tais diplomatas, a quem tratam com tão delicada mão.

Não obstante, porém, estas faltas e inconseqüências que temos notado, a revolução marcha adiante com passos decididos e firmes; estão feitas as bases de uma Constituição e distribuída ao mesmo tempo uma proclamação adaptada às circunstâncias e se mandou iluminar a cidade. Aos 29 de março se ajuntaram na igreja de São Domingos as Cortes, a Regência e todas as mais autoridades. Celebrou missa o arcebispo da Bahia, depois da qual se prestou o juramento, e houve *Te Deum* em ação de graças. Salvaram as fortalezas, e houve nos teatros representações alusivas à festividade do dia.

Por ocasião da festividade de se prestar o juramento às Bases da Constituição, promulgaram as Cortes um decreto geral de perdão a todos os crimes, excetuando os seguintes: "Blasfêmia de Deus e dos seus santos, moeda falsa, falsidade, testemunho falso, matar ou ferir com arma de fogo e de propósito, propinação de veneno ainda que se não seguisse morte, fogo posto acintemente, morte cometida atraiçoadamente, arrombamento de cadeias, forçar mulheres, soltar presos por vontade ou peita sendo carcereiro, entrar em mosteiros de freiras para fins desonestos, ferir ou espancar qualquer juiz, posto que pedâneo ou vintenário fosse, por causa do seu ofício, impedir efetivamente as diligências da justiça usando de força para isso, furto feito com violência, ladrão formigueiro sendo pela terceira vez preso, ferimento no rosto, ou de que se seguiu aleijão ou amputação de membro".

Igualmente se expediu outro decreto para o perdão dos desertores.

15.
FIM DO PRIMEIRO ATO NA REVOLUÇÃO PORTUGUESA

[N° 156, vol. XXVI, maio de 1821, pp. 562-9]

O povo do Rio de Janeiro, cansado de esperar pelo que faria o governo a seu favor, seguiu o exemplo do resto da monarquia. Aos 26 de fevereiro ajuntou-se a tropa na praça do palácio, pelas três horas da madrugada, e declarou-se pela Constituição. O povo gritou unânime, e o príncipe real, que se meteu no meio do tumulto, prometeu trazer d'el-rei um decreto a favor do sistema constitucional. Com efeito o trouxe dentro em pouco tempo e era antedatado do dia 24[79].

Esta antedata foi o último subterfúgio dos pérfidos conselheiros d'el-rei, os quais, vendo arrebentar a revolução sem que já houvesse remédio algum, ainda assim fizeram que o soberano passasse um decreto evasivo e datado do dia 18, posto que o fosse no dia 24 em que el-rei dizia ter determinado que o príncipe real passasse a Portugal a fim de tomar as medidas necessárias para o restabelecimento da tranqüilidade, reforma de abusos e consolidação da Constituição. Mas, dizia o decreto, considerando que as leis e instituições de Portugal não serão igualmente adaptadas ao Brasil e outros territórios ultramarinos, ordenava s. m. a convocação dos procuradores das Câmaras do Brasil e ilhas dos Açores e Madeira no Rio de Janeiro, a fim de deliberar sobre as alterações que conviesse fazer à Constituição concordada pelas Cortes de Lisboa. Em outro decreto s. m. também nomeava uma comissão que começaria a obrar enquanto não chegavam os tais procuradores.

Estes decretos, que geralmente se imputaram à influência do conde de Palmela, excitaram, como era natural, grande descontentamento, porque era evidente que o conde de Palmela tinha em vista, nesta medida, a mesma enganosa duplicidade que oferecera às Cortes velhas em Portugal. Mais ain-

---

[79] Ver p. 294.

da: os ministros, como se não bastasse o descontentamento que excitavam por tais medidas, tendentes ao mesmo tempo a excitar desconfianças e a mostrar fraqueza, deram ordem, na noite de 25 para 26, para se prenderem e embarcarem logo para Angola muitas pessoas que suspeitavam serem-lhes opostas em política. Este ato pôs fogo à mina pela aberta resistência das tropas e clamor do povo, submetendo-se então el-rei ao que lhe ditaram, que foi o jurar a Constituição que fizeram as Cortes em Lisboa, sem saber qual será; quando, a não seguir os depravados conselhos de ardilosos cortesãos, pudera s. m. ter de seu *motu proprio* convocado os representantes de seu povo, deliberado com eles sobre as necessidades públicas e seu remédio, e aparecer como legislador quando agora só terá que obedecer.

Finalizou, portanto, isto que chamaremos o primeiro ato da revolução, com a cena de se apresentar em público a família real para declarar sua adesão ao sistema das Cortes e declarar-se o novo Ministério que é composto das seguintes pessoas:

O vice-almirante major-general da Armada Inácio da Costa Quintela, ministro e secretário de Estado dos Negócios do Reino.

O vice-almirante Joaquim José Monteiro Torres, ministro e secretário de Estado da Marinha e Domínios Ultramarinos.

Silvestre Pinheiro Ferreira, ministro e secretário de Estado dos Negócios Estrangeiros e da Guerra.

Conde da Lousã, d. Diogo, presidente da Mesa da Consciência[80].

Intendente-geral da Polícia, Antônio Luiz Pereira da Cunha.

Tesoureiro-mor do Real Erário, José Caetano Gomes.

Ajudante do tesoureiro-mor, João Ferreira da Costa Sampaio.

Fiscal do Erário, desembargador Sebastião Luiz Tinoco.

Inspetor-geral dos Estabelecimentos Literários, José da Silva Lisboa.

Diretor do Banco do Brasil pela Fazenda Real, João Rodrigues Pereira de Almeida.

Chefe comandante do Corpo da Polícia, José de Oliveira Barbosa.

Presidente da Junta do Comércio, o visconde d'Asseca.

---

[80] Tribunal criado por d. João III em 1532, com o fim de auxiliá-lo na resolução de vários casos judiciais e administrativos que não competiam aos tribunais de Justiça e Fazenda, dependendo de sua consciência. Foi extinto em 1833, no reinado de d. Pedro IV.

O decreto d'el-rei aprovando a Constituição que fizerem as Cortes em Portugal, o juramento que prestou s. m. e s. a. r. o príncipe real constam dos documentos que publicamos à p. 518[81].

As gazetas inglesas publicaram que aos 10 de março correu no Rio de Janeiro que el-rei, depois de longa deliberação, decidiu continuar a sua residência no Brasil: disse-se que esta resolução fora tomada em conseqüência dos argumentos que lhe produziu o ministro dos Negócios Estrangeiros, na audiência que el-rei lhe deu aos 9; do que se tomou assento num conselho de ministros, que houve nessa mesma noite.

Não obstante a certeza com que se afirmou esta notícia, as mesmas gazetas inglesas dizem que apareceu no dia 16 um decreto antedatado do dia 7 em que el-rei anunciava a sua determinação de voltar para Lisboa, deixando o príncipe real no Brasil; e com igual certeza se afirmou também que o dia fixo para a partida d'el-rei era o 12 de abril; mas a hesitação que dantes tinha mostrado o gabinete, as falsas datas afixas aos documentos oficiais, as prisões que se fizeram de vários indivíduos (incluído Targini[82] e o juiz da Alfândega), o tornarem-se logo a soltar esses indivíduos, tinham causado tal falta de confiança e crédito no governo, que todos duvidavam que tal decreto viesse a executar-se.

Seja o que for destes rumores, o certo é que a resolução de s. m. voltar para Lisboa foi anunciada ao governo de Portugal pelo ofício do ministro dos Negócios Estrangeiros que publicamos à p. 520[83], e este é o único dado oficial que ao presente temos para discorrer nesta matéria, quaisquer que sejam os sucessos que para o futuro tiverem lugar.

Chamamos a isto o fim do primeiro ato porque estamos bem longe de supor a peça acabada. El-rei declarou-se já obrigado a seguir as Cortes, mas agora temos de ver em atividade os impotentes esforços dos aristocratas, que tudo tinham arruinado, e que nada queriam remediar. É preciso lembrar de passagem esta cena, que ainda vai a ter lugar, para que as Cortes não dur-

---

[81] Ver pp. 294-5.

[82] Francisco Bento Maria Targini, barão e visconde de São Lourenço (1756-1827). Nasceu em Lisboa, de pai italiano. Targini foi comerciante apto que acompanhou a família real portuguesa quando da invasão dos franceses. No Brasil, foi nomeado conselheiro de Estado e membro do Conselho de Fazenda. No regresso a Portugal, foi-lhe vedada a permanência no reino, diante da alegação de ser um absolutista intransigente. Foi para Paris, e lá permaneceu até falecer.

[83] Ver p. 296.

mam sobre tão importante matéria; é mui provável, e quase certo, que tais esforços para uma contra-revolução serão ineficazes; e contudo é do dever das Cortes tomar as medidas necessárias para acautelar as desgraças que daí podem provir.

Passaremos agora a dizer alguma coisa sobre o caráter desta revolução e suas causas, para daí deduzir a marcha que as coisas devem levar daqui em diante.

Quem contempla as coisas presentes e passadas conhece que em todos os tempos os homens tiveram sempre os mesmos desejos, as mesmas afecções, os mesmos vícios que têm agora; de maneira que será fácil prever as coisas do futuro pelo conhecimento da história, e aplicar os mesmos remédios dos antigos, quando se achem expressos, ou inventar outros análogos às circunstâncias. Muitos males provêm de que as pessoas que manejam os negócios do Estado não se aplicam à história e se a lêem não entendem o seu sentido moral e místico.

A história nos ensina que os bons e virtuosos imperadores de Roma, como Tito, Nerva, Trajano, Adriano, Antonino, Marco Aurélio, viveram felizes, não precisavam de outras guardas mais que as ordinárias de honra, chamadas pretorianas, sendo a sua melhor guarda o amor do Senado e do povo. Pelo contrário, Calígula, Nero, Vitélio e todos os mais imperadores de sua casta nunca puderam viver seguros, apesar de todos os seus exércitos de Oriente e Ocidente, contra as inimizades que lhes suscitavam seus viciosos costumes.

Daqui se vê qual deve ser a verdadeira glória de um príncipe, e em que deve apoiar sua seguridade; os exércitos, os espiões de polícia, os serviços de gente corrompida nunca dão segurança ao trono; tudo isto falha quando mais o príncipe necessitar de seu auxílio, e resta somente a miserável infâmia de ter usado de tais meios para conservar um poder que só deveria fundar-se no amor do povo.

Examinando a história romana achamos que de 26 imperadores que reinaram desde César até Maximiano, 16 morreram de morte violenta; e se entre estes houve dois de bom caráter, como foi Pertinax e Galba, que não foram mortos por suas maldades, eles o foram pelos crimes de seus predecessores, que haviam ensinado aos soldados pretorianos a assassinar seus imperadores.

Eis aqui a lição que el-rei deve estudar, e se atender a ela viverá feliz e verá prosperar sua nação. Quanto às Cortes, elas precisão também de ponderar com antecipação os sucessos futuros que se conhecerão pela reflexão do que é passado.

Há muitos anos que existe em toda a Europa uma disposição geral a favor dos governos representativos; mas, além disto, tem cada um dos estados europeus dentro em si causas privativas que induzem mais ou menos a seguir aquela inclinação geral do nosso século.

Pelo que respeita à monarquia portuguesa, observamos que a administração estava levada a tal ponto de corrupção que não era possível tolerar-se por mais tempo, devia ser derribada a máquina política; e para a substituir lembrou logo um governo representativo, que é o que geralmente se aprova.

Tinham os portugueses um rei, brando, pacífico, sofredor, indulgente, sem ambição, nem avareza, nem crueldade; porém, vivendo em tempos dificultosos, nunca teve ministros quais eram necessários para igualar às empresas que se deviam efetuar; pelo contrário, os que deviam ajudar el-rei eram os mesmos que o conduziam à ruína.

Nem esta má escolha de ministros se pode imputar como falta a el-rei; porque dependia do sistema, e este sistema não podia el-rei remediar por si só. Por exemplo, no último arranjamento que el-rei fez no Ministério, em que, entre outros, foi nomeado o conde de Palmela secretário de Estado dos Negócios Estrangeiros, não houve quem se queixasse da má escolha; e até houve muito quem (mesmo jornalistas que não poupavam demasiado a el-rei) louvasse a escolha feita nesta ocasião. Todos porém se desdisseram quando o conde teve ocasião de mostrar quem era.

Mas a verdade é que el-rei não tinha onde escolher, porque no meio da corrupção geral, só os corrompidos podiam entrar na roda e se fazerem conhecidos do soberano. Aqueles mesmos que ele julgava ou tratava como amigos, traíam-no, não executavam suas ordens, diziam-lhe falsidades, ocultavam-lhe a verdade.

A causa principal deste sistema geral de corrupção e de engano em que el-rei se achava envolvido era a prática de ouvir em particular os conselhos de pessoas que não tinham responsabilidade pública; e que, cobertos com a capa do segredo, manejavam suas intrigas ocultas com aparências do serviço d'el-rei, mas suportando-se uns aos outros, e levando assim adiante seus fins sinistros, sem que o mal pudesse ter algum remédio, porque nunca os mestres das intrigas se podiam fazer aparecer em público.

O remédio, pois, que trouxe consigo a revolução, é o único que nas circunstâncias atuais pode salvar a nação, e que teria salvado el-rei se ele o tivesse adotado em tempo. O sistema representativo traz consigo a responsabilidade dos funcionários públicos, incluindo os mesmos conselheiros do rei; em vez das intrigas secretas, haverá os debates públicos, e a nação conhecerá quem são os homens que propõem medidas saudáveis, e quem promove, e por que meios, a ruína nacional; porque todos podem ser chamados a explicar em público suas opiniões e suas ações; e ainda os mais corrompidos se não atreverão tão facilmente a inventar falsidades, quando souberem que há um meio legal e seguro de as descobrir.

Mas as Cortes devem lembrar-se que é coisa mui difícil o manter-se um povo na liberdade que tem recobrado, estando acostumado a viver debaixo de governos despóticos.

Duas são as causas desta dificuldade: 1ª) que o povo não acostumado à liberdade não sabe como há de usar dela; 2ª) que os que cerceavam o príncipe e governavam como queriam, vendo-se privados da vaca-de-leite, ficam inimigos declarados do povo e põem em prática toda a sorte de intrigas para recobrarem os bens, as honras e as riquezas de que se vêem privados.

Ora, estes malvados têm mais meios de formarem entre si um partido do que o povo e os amigos da liberdade, porque num Estado livre as honras e recompensas dão-se a quem mais virtudes cívicas traz a público; assim, os que obtêm essas honras as atribuem a seu próprio merecimento e não se supõem agradecidos por elas a ninguém. Por outra parte, os frutos da liberdade consistem mais em um bem negativo do que num positivo; isto é, o benefício da liberdade consiste em cada um gozar do que é seu sem que ninguém lhe faça violências; e como os homens não agradecem aos outros o deixarem de lhes fazer mal, o povo, se tem essa liberdade, não a agradece a ninguém, nem avalia em toda a extensão o grande bem que nessa liberdade possui.

Qual é o remédio que a história indica? Os filhos de Brutus foram expulsos de Roma porque a liberdade que seu predecessor havia facilitado ao povo, com a morte do último rei, lhes era pesada. "Eu creio", diz um entendido escritor nesta matéria, "que nenhum governo pode ser de longa duração conservando dentro em si aqueles que lhe são formalmente contrários e que sofrem na mudança uma perda imensa". É por estas considerações que achamos justificadas as Cortes no que decidiram a respeito do patriarca; e a isto somente desejamos ver estendido o princípio que citamos.

A corrupção geral duma nação é também a causa de dificuldade para que o povo conserve a liberdade depois de a haver recobrado. Depois da morte de Tarquínio, o povo romano conservou a sua liberdade por muitos anos, mas nem com a morte de César, nem com toda a efusão de sangue que daí se seguiu, tornou o povo romano a ser livre: a razão de diferença é que ao tempo de Tarquínio o povo era assaz virtuoso para poder ser livre, mas nos tempos de César estava já tão corrompido que a liberdade não podia criar raízes em Roma, e posto que os bons patriotas se desfizessem do tirano, não tiveram meios, nem tempo, de cuidar na reforma dos costumes; e os partidos de homens perversos, que as guerras de Mário tinham originado, puderam mais que os esforços dos verdadeiros amigos da pátria.

Os romanos mataram César, Caio, Calígula, Nero etc., mas nunca lhes foi possível cobrar a liberdade, porque os costumes continuavam os mesmos e o partido perverso era sempre o mais ativo e, por isso, o mais poderoso. Isto nos traz a contemplar um fato que se passa em Portugal.

É coisa que ninguém ignora a corrupção geral que existia em todos os ramos da administração pública em Portugal. Chegou a revolução, mudou o governo, começaram as Cortes a dar todas as providências que mostravam seu desejo de pôr as coisas em diferente pé.

Acomodaram-se nessas idéias os empregados públicos? Leiam-se os debates das Cortes na sessão 60ª, e se achará que as queixas contra os magistrados continuam. Mandou-se à Regência que expedisse ordens a este respeito. Mas se os magistrados não obravam com justiça e não obedeciam às ordens anteriores, porque obedecerão agora a estas novas ordens? Ultimamente, como se vê dos debates da mesma sessão 60ª, deu-se poder à Regência para castigar, depor e substituir os magistrados que se portassem mal. Aqui temos já um passo que deve ser eficaz; mas não é ainda o bastante, é preciso outro remédio que toque no sistema; e tal seria, por exemplo, fazer a administração da Justiça dependente do mesmo povo, para o que não faltam meios. Apontaremos dois: um, a introdução dos jurados; outro, o associar com os juízes letrados territoriais, magistrados dentre os homens-bons do país, eleitos pelo povo; porque se esse povo é capaz de eleger os membros das Cortes, melhor o será para escolher seus magistrados que o governem, sendo isto feito com as modificações necessárias para não enfraquecer a mão do governo geral da nação.

16.
LIBERDADE DA IMPRENSA

[N° 157, vol. XXVI, junho de 1821, pp. 662-6]

Publicamos da p. 637 em diante o breve resumo das discussões nas Cortes sobre o projeto de lei a respeito da liberdade da imprensa. Esta lei se deveria denominar "lei para restringir a liberdade da imprensa", porque havendo as Bases da Constituição declarado a liberdade da imprensa, sujeitando o cidadão a responder pelo abuso que dela fizesse, nos casos e forma que a lei determinasse, esta lei agora somente se podia destinar a declarar os casos e forma de tal responsabilidade, isto é, quando a liberdade de escrever se restringe, por ser abuso.

Considerando o caráter individual dos membros das Cortes, que se mostraram mais ansiosos em coarctar a liberdade da imprensa com o fim de prevenir os seus abusos, achamos entre esses membros muitos cujos princípios liberais são bem conhecidos, e cujo patriotismo ninguém questiona. Donde somos obrigados a concluir que eles assim deliberaram porque estão persuadidos de que os costumes de Portugal não são capazes de admitir a liberdade da imprensa sem as cautelas e restrições por que eles votaram nesta lei.

Com efeito, se o fato assim é, são eles justificados em seu voto, porque as leis devem ser adaptadas aos costumes de cada país; e é inútil alegar com o grau de liberdade que se goza em algum Estado, para o aplicar a outro que não tenha a mesma disposição para a receber; como seria absurdo em qualquer legislador o introduzir em Constantinopla as leis de liberdade por que se governam, por exemplo, os Estados Unidos da América Setentrional.

Porém, ainda admitindo isto em justificação das Cortes, não podemos deixar de lamentar que tais sejam os costumes de Portugal, que fizessem precisa ali a lei de que tratamos; e tanto mais lamentamos isto, quanto vemos que alguns dos deputados argumentaram energicamente contra os pontos de maior severidade que se achavam no projeto, o qual foi em mais de um exemplo mitigado em seu rigor pelos esforços dos deputados a que aludimos.

O deputado Castelo Branco, de cujas luzes e patriotismo têm as Cortes e a nação tido as mais irrefragáveis provas, deliberando na sessão 90ª sobre o artigo do projeto que propunha ser abuso da liberdade da imprensa defender ou justificar ações proibidas pelas leis, disse "que ele via nos embaraços propostos o triunfo das opiniões que se opuseram à liberdade da imprensa, que diria francamente o seu voto, o qual era ver por esta lei, na forma que se pretendia, que se ia dar um garrote na liberdade de escrever, indo a ficar do mesmo modo que estava, ou talvez pior".

Com efeito, é inútil declararem as Bases a liberdade de escrever cada cidadão e publicar os seus sentimentos quando nisto se façam tantas e tais exceções que não seja permitida a discussão nas coisas que mais interessam o público.

Por exemplo, houve quem propusesse o castigo de cinco anos de trabalhos públicos para os que abusassem da liberdade da imprensa contra o governo; outros quiseram que se declarasse ser abuso da imprensa o notar defeitos nas leis; outros, que se não admitissem livros portugueses impressos fora do reino; outros, finalmente, que se estabelecesse um Tribunal de Censura, para os escritores que se quisessem sujeitar a ele voluntariamente, ficando com isso livres das penas, caso o escrito se declarasse abusivo.

Ora, é claro que se estas proposições se houveram adotado, ficariam as coisas em muito pior condição do que estavam dantes, apesar das Bases declararem a liberdade da imprensa; porque, não sendo permitido escrever contra as leis, ficaria proibida até a obra de Pascoal José de Melo[84], pois nela se repreendem e acusam muitas leis más. Se não se admitirem em Portugal os livros portugueses impressos fora do país, ficará proibida a mais esplêndida edição de Camões, muitas das obras do pe. Vieira e vários outros escritos importantes que nunca se imprimiram em Portugal; e para o futuro ficará todo o português que quiser imprimir alguma obra obrigado a ir fazê-lo a Portugal, posto que viva na Ásia ou na América, o que não permitindo as circunstâncias particulares do indivíduo, a nação deve ficar privada da vantagem de seu talento, ainda que ele seja um Newton. Finalmente, conseguindo o tribunal censura prévia voluntária, não haveria quem deixasse de recorrer a ele para se livrar do perigo de ir ter às galés por cinco anos; e assim, com o nome de censura voluntária, se introduziria diretamente

---

[84] Pascoal José de Melo Freire dos Reis (06/04/1738-24/09/1798). Célebre jurisconsulto e personagem importante da história do Direito Civil português. Desempenhou vários cargos públicos e é autor de várias obras na área jurídica.

a censura prévia forçada, que as Bases da Constituição tinham declarado inadmissível.

O deputado Bastos, na sessão 91ª, sobre o artigo 16, desenvolvendo mui por extenso o ponto das repreensões ou censuras por escrito contra os empregados públicos, explicou-se assim:

> "Nós em vão trabalharemos por levantar o grande edifício social, e por dar-lhe a necessária firmeza, se uma das suas principais bases não for uma amplíssima liberdade da imprensa. A Inglaterra a tem, a Inglaterra é feliz. Tem-na a América Setentrional próspera. Teve-a a Prússia no tempo do grande Frederico, e essa foi a época mais feliz da Prússia. Teve-a a Dinamarca por muito tempo, e esse foi o tempo dourado dessa nação. Ao contrário, a Convenção Nacional de França armou-se de raiva e de furor contra os escritores: não houve males que a França não sofresse, a mesma Convenção caiu. O Diretório deportou em um só dia 120 jornalistas: os males se agravaram, e o Diretório caiu. Bonaparte não só fez calar a França, mas pretendeu fazer calar a Europa inteira: a França foi vítima de uma multidão de desgraças e Bonaparte caiu."

Estes exemplos alegados por aquele deputado nos parecem assaz convincentes para mostrar que o governo não tem nada a temer das calúnias; e a pena dos escritores cordatos e bem intencionados basta para desfazer os sofismas daqueles que tentarem iludir a nação, apurando a discussão a verdade, que aliás ficaria obscurecida não sendo permitido escrever-se senão a favor do governo e das leis existentes.

O deputado Fernandes Tomás, na sessão 90ª, falando sobre o artigo 11º desta lei, disse que "ficar o escritor fora do direito de censurar a ação da lei, não podendo sobre ela fixar as suas reflexões, era dar um garrote na liberdade de escrever".

As judiciosas observações destes e de outros deputados muito tiraram do que havia de obnóxio no projeto desta lei; mas ainda assim bastante ficou, adotando-se foro e tribunal especial para conhecer dos crimes cometidos pelo abuso da liberdade da imprensa, para que tenhamos de lamentar a existência de circunstâncias em Portugal que justifiquem as Cortes na adoção de semelhante lei. Porquanto, a estar a nação portuguesa em estado de gozar da liberdade da imprensa, parece-nos que nada mais era necessário do que, decretando a Constituição a liberdade de escrever, deixar livre à parte que se supusesse injuriada em qualquer escrito, o direito de obter do escritor ou publicador a reparação da injúria pelo meio ordinário por que se administra a justiça, fosse por ação criminal, para castigo da injúria, fosse por ação mista para obter ambos estes fins. Em todo caso, parece-nos que este crime é de natureza assaz simples para não precisar de um foro especial, no que pertence às ofensas ou libelos contra particulares.

Pelo que respeita os escritos que excitam à rebelião, este crime não é maior sendo cometido por escrito do que sendo por palavra ou por fatos, e se o foro da inconfidência foi abolido, remetendo-se os crimes contra o Estado aos tribunais ordinários, não vemos por que fosse preciso criar de novo outro foro especial para este mesmo caso. É verdade que se introduzem aqui os jurados; mas até nisto deveria este crime igualar-se aos outros, estabelecendo-se os jurados em todos, como a mais eficaz salvaguarda da segurança individual.

A expressão da opinião pública, nas matérias de interesse nacional, é o freio mais eficaz que se pode pôr aos empregados, e é ao mesmo tempo o meio mais adequado de prevenir as combinações ocultas contra o governo. Essa expressão da opinião pública pode obter-se ou pela circulação de escritos, ou por falas nos ajuntamentos populares; não havendo estes em Portugal, restava o primeiro expediente, que se deseja coarctar com esta lei.

É verdade que exprimindo cada indivíduo livremente a sua opinião sobre o caráter das leis, das medidas do governo e dos empregados nele, podem os homens proferir erros e atacar com calúnias; mas isto é um mal inerente à liberdade de discussão que se experimenta agora, e se sofreu em todas as idades nos países onde se tem admitido a liberdade da discussão; e quando a calúnia proferida contra algum indivíduo, seja de palavra, seja por escrito, é de sua natureza intolerável, o ofendido tem o recurso de uma ação de libelo contra o ofensor nos tribunais ordinários de justiça, como teria em outro qualquer caso de injúria.

Como quer que seja, não julgamos necessário dizer mais nesta matéria, porque a lei já foi aprovada; e supomos que assim foi aprovada porque os costumes da nação, no pensar das Cortes, não permitem neste ponto maior grau de liberdade. Mas sempre diremos que se o melhoramento nos costumes é capaz de fazer a nação mais apta para maior grau de liberdade, nunca esse melhoramento chegará enquanto não for livre a discussão pública, quaisquer que sejam os seus inconvenientes; porque a história demonstra, como regra invariável, que à proporção que as nações que já eram livres perderam a franqueza de discutir sobre o caráter das medidas e dos homens públicos, a liberdade decaiu; e nas nações sujeitas a governos despóticos, nunca a liberdade adquirida por algum acidente se pôde conservar quando essa discussão não foi permitida. Resta-nos, pois, desejar que por algum outro meio, que na verdade nos é desconhecido ao presente, os costumes da nação portuguesa possam melhorar a ponto de merecerem de seus legisladores a liberdade de exprimir suas opiniões nos negócios públicos, que em outros países têm feito a base da felicidade nacional.

17.
Providências dadas pelas Cortes

[Nº 157, vol. XXVI, junho de 1821, pp. 667-9]

O breve resumo que da p. 637 em diante damos das sessões das Cortes, mostrarão os muitos projetos de melhoramentos que ocupam diariamente a atenção daquele patriótico Congresso, e ainda assim somos obrigados a omitir, por falta de lugar e tempo, inumeráveis providências que se referem a particulares, ou a interesses locais, como são pontes, estradas, feiras etc.

Entre outros bons efeitos do presente sistema, contamos o acolhimento com que nas Cortes se recebem as memórias e sugestões que vários indivíduos lhes têm comunicado, com o que se excita o patriotismo individual, concorrendo todos às invejas, para darem às Cortes todas as informações que cada um tem ao seu alcance.

O estado das rendas públicas tem ocupado, como era natural, grande parte da atenção das Cortes no meio de seus multiplicados trabalhos, carecendo tudo não só de reforma, mas de regeneração; porém uma enorme dívida atrasada e uma confusão indizível no sistema das imposições e sua coleta têm, até aqui, dificultado o soltar os embaraços.

Entre outros expedientes, recorreram as Cortes ao meio de aplicar parte do tributo chamado dízimo para o pagamento da dívida nacional. Este tributo, como todos sabem, era destinado à manutenção do clero e culto religioso, mas conhecendo-se que parte dele se podia dispensar e que a urgente necessidade pública exigia as poupanças neste ramo para outros fins, as Cortes prudentemente obraram a este respeito, como teriam feito com outro qualquer tributo, originariamente destinado a certa repartição, como tropa, educação etc.; isto é, desviaram-no de sua primitiva instituição para outra em que era mais necessário.

O modo por que isto se tentou fazer nos parece mui razoável, porque: 1º) diminuíram-se as rendas dos benefícios mais pingues, deixando contudo o suficiente para a sustentação dos beneficiados; e 2º) suspendeu-se o provimento dos benefícios, exceto os de cura d'almas, aplicando os rendimentos, durante a vacância, para o pagamento da dívida pública, como consta da seguinte

"Portaria
"As Cortes Gerais e Extraordinárias da nação portuguesa, tendo determinado que da data da presente portaria em diante se entenda proibido o provimento de quaisquer benefícios eclesiásticos que não forem curas d'almas, a Regência do Reino, em nome d'el-rei o sr. d. João VI, assim o manda participar à Mesa do Desembargo do Paço, Mesa da Consciência e Ordens e mais autoridades a quem competir, para sua inteligência e devida execução, na parte que lhe toca.
Palácio da Regência do Reino."

* * *

Pelas discussões das Cortes na sessão 84ª (p. 646), se vê que se tomou a resolução de entrar em negociações com a Corte de Roma para certos objetos de utilidade nacional. Isto nos induz a lembrar a necessidade de abrir negociações com outras cortes estrangeiras, no que parece ter havido na de Lisboa alguma hesitação.

Não entrando nas objeções que até aqui se poderiam oferecer para que o governo de Portugal entrasse nas necessárias relações diplomáticas com outras nações, agora parece que não pode haver obstáculo razoável depois que s. m. jurou as Bases da Constituição e, por conseqüência, reconheceu o presente sistema constitucional, no qual a Regência em Lisboa forma a parte executiva do governo.

Ora, é claro que o poder Executivo de qualquer nação tem o direito de entrar em relações diplomáticas com outras potências, e sem dúvida Portugal precisa abrir e conservar essas relações, principalmente com a Espanha, Inglaterra, Rússia e França, cortes influentes no sistema político europeu, e com que Portugal tem ligações que procurar e escolhos que evitar.

A comissão das Cortes encarregada de examinar o comportamento dos diplomáticos portugueses fez já o seu relatório, do qual damos o resumo à p. 659; e diz a comissão que, não havendo lei que fosse aplicável a este caso, não podia castigar-se o comportamento daqueles diplomáticos, posto que criminoso; e por isso se contentava a comissão com recomendar que os indivíduos mencionados no relatório fossem incapacitados de exercer empregos diplomáticos. Mandaram as Cortes imprimir o relatório da comissão para ser discutido, e se a sua recomendação for admitida, os implicados poderão gabar-se de ter escapado a bem pouco custo dos perigos da conspiração em que se meteram; o que talvez tivessem razão de esperar, depois de verem o modo por que obraram e como haviam sido tratados os condes de Palmela e Linhares, e como sem dúvida não teriam esses homens disposto dos regeneradores da pátria, se houvesse falhado o seu plano.

O governo Executivo de Portugal não procede com menos energia do que as Cortes; porque, entre outras coisas, já lançaram ao mar uma fragata que o governo passado tinha por longo tempo demorado no estaleiro de Lisboa; promoveu uma subscrição voluntária para socorrer às necessidades do Tesouro; e continua no expediente com uma atividade de que por muitos anos se não tinha visto exemplo em Portugal.

18.
Vinda d'el-rei para Lisboa

[N° 158, vol. XXVII, julho de 1821, pp. 64-7]

Aos 3 de julho entrou s. m. no Tejo, com a família real, havendo deixado no Rio de Janeiro s. a. o príncipe real, como regente daquele reino, e sobre o que diremos ao depois alguma coisa.

Logo que s. m. desembarcou, foi com grande pompa à Sé, onde se cantou *Te Deum* em ação de graças; daí passou à sala das Cortes, onde prestou juramento às Bases da Constituição. As Cortes expediram logo decretos, que el-rei sancionou: 1°) para que não se empregassem estrangeiros; 2°) para que não desembarcasse o conde de Palmela e outras pessoas que vinham na comitiva d'el-rei; e 3°) para que se não tirassem por agora de seus lugares o comandante das tropas de Lisboa, o intendente da Polícia e outros empregados de consideração.

Enquanto nos não chegam os documentos oficiais relativos a estes importantes fatos, daremos a nossos leitores as considerações que nos ocorrem sobre o notável acontecimento da volta d'el-rei do Brasil para a Europa.

S. m. tem provado à nação e a todo o mundo que com toda a sinceridade abraçou o sistema constitucional como aquele que todos os bons portugueses desejam; por isso que no estado em que se achava toda a monarquia, somente a adoção de tal sistema podia oferecer a probabilidade de remediar a corrupção geral que havia contaminado todas as partes da administração. Não só a vinda d'el-rei e o ter ele prestado o juramento são provas disso, e prova mui exuberante, porque nada obrigou pela coação a que el-rei viesse a Lisboa prestar juramento; foi isso ato mui voluntário de sua parte; mas também no ofício do secretário de Estado que publicamos à p. 10, declara não só isto mesmo, mas se opõe diretamente a que os soberanos aliados se intrometam em tal arranjo, e manda a seus ministros nas cortes estrangeiras que façam constar esta sua real declaração onde convier.

Isto posto, está acabado todo o pretexto que poderiam alegar os inimigos da Constituição, tanto internos como externos, que pretendiam alegar com a falta de concorrência do soberano para tão útil reforma. Estão acabados os temores de que el-rei pudesse servir de ponto de apoio aos facciosos cortesãos que olhavam para toda a mudança como termo de suas usurpações. Cessou todo o pretexto, e os que daqui em diante ainda se atreverem a maquinar contra o sistema constitucional, serão tanto contra a nação como contra el-rei.

Tudo agora depende das Cortes. Têm elas um rei benéfico, amante de sua nação, pronto a fazer por ela todos os sacrifícios, enfim, dotado de todas as qualidades que se podiam desejar em semelhante crise. Têm as Cortes por si a decidida opinião pública, têm os votos das pessoas bem intencionadas de todo mundo, têm a vantagem das idéias do século.

Com todas estas circunstâncias favoráveis, que tremenda responsabilidade não incorrem os membros daquele Congresso? Nem a geração presente nem os vindouros lhes perdoarão jamais, se não lançarem agora com suas leis as bases da prosperidade da nação. Nunca povo algum tentou a sua reforma política com mais propícios elementos, e por isso nunca a infâmia seria mais negra, do que se as Cortes de Portugal omitissem aproveitar-se de tantas ocorrências auxiliadoras.

Seria impraticável que em uma assembléia, como são as Cortes de Portugal, deixasse de haver membros mais ou menos liberais; nem é mesmo de esperar que todos se achem despidos dos prejuízos de educação, e do contágio de idéias erradas que um governo degenerado tinha espalhado com pródiga e astuta mão por centenas de anos. Não é também seguro que os membros mais ilustrados e mais virtuosos, tentando libertar-se de seus prejuízos nacionais, não cairão, mesmo em seus louváveis esforços, no extremo oposto, pois tal é, muitas vezes, a sorte da fraqueza humana; mas deve confessar-se que em uma nação absolutamente alheia de formas deliberativas, os detalhes e o procedimento das Cortes têm sido marcados com uma ordem verdadeiramente prodigiosa, e que nem a mesma França no tempo da revolução, que se lisonjeava de ter chegado ao cume da civilização, teve meio de conseguir, como se prova pela confusão em que suas assembléias públicas repetidas vezes se acharam envolvidas.

Nestes termos, a vinda d'el-rei para Lisboa é o mais favorável acontecimento que se podia desejar; e este seu ato voluntário merece a gratidão de toda a nação e os aplausos de todos os homens cordatos; se el-rei até aqui governava por seu poder, daqui em diante governará pelo obséquio voluntário, pela submissão livre de todos os povos; e então nada há que possa disputar o título de um trono a quem os mesmos governados apóiam, que nada exige, porque tudo se lhe presta.

Convém, porém, que as Cortes continuem sempre a honrar, como até aqui têm feito, a majestade*, porque daí depende a manutenção da ordem pública, e esse respeito em nada se opõe à responsabilidade de seus ministros, que é todo o necessário para impedir as prevaricações, pois estas nunca podem provir d'el-rei.

As honras feitas à majestade são de fato dedicadas ao cabeça da nação, ao poder Executivo, e ao móvel primário da ordem pública. O povo todo, pois, participa destas honras e dos benefícios que se seguem da permanência de tal ordem.

No mesmo Petardo se acha outro exemplo, à p. 160, e a cada passo em Filesacum, *in Querella Ecles. Gallicanae*.

Não só os reis e imperadores se atribuíram o tratamento de majestade, mas alguns papas, e arcebispos, e príncipes soberanos que não eram reis, muito antes do imperador Carlos V.

Em 1114, Hugo, conde de Champanha, finda uma carta de doação ao convento de São Remigio dizendo que a mandara selar *sigilo magestatis nostrae*. Acha-se este documento em *Mabillon Dipl.*, lib. 2, c. 6, n. 6.

Em 1453, os borgundeses, dirigindo-se a Felipe, duque de Borgundia, se explicam assim: *Confitentes se plura crimina, delita et ofensas contra ditum dominum Ducem, et suam majestatem, perperam inique et indebite perpetrasse*, etc. Acha-se este documento em Math. Conc. in *Carolo* VII, p. 657. E o mesmo estilo de majestade depois à p. 661.

---

* Havendo sido desafiados (*Português*, n° 69, p. 231) para mostrar que houvesse um documento anterior a Carlos V donde se colha que se dera vossa majestade aos reis, como título e tratamento, parece-nos que é de nossa obrigação satisfazer a isto.

Justiniano não somente diz no começo das *Institutas imperatoriam majestatem*, falando do imperador, mas por isso mesmo que os imperadores romanos tinham assumido este tratamento, que dantes só usara o povo e Senado romano, também pela aplicação da lei Júlia de Maj. o crime de lesa-majestade acompanhou o título e foi aplicável às ofensas contra o imperador.

Quinto Cúrcio, referindo no liv. 7 a fala de Amintas a Alexandre, lhe fez dar o tratamento de majestade nestas palavras: *Nos, Rex, sermonis adversus majestatem tnam habiti nullius conscii sumus*.

Agobardus, de *Insol. Jud.*, dirige ao imperador Ludovico Pio estas palavras: *Dicens majestatem vestram comotam esse valde, adversum me proter judeos*.

Carlos Calvo, rei de França, em um diploma na obra de Petardo p. 48, diz assim: *Isaac Liggonensis Eclesiae reverendus Antistes, ad nostram se colligens majestatem, humiliter postulavit*, etc. (Nota de Hipólito José da Costa)

Temos pois que Carlos V, em vez de inventar este título ou estilo de tratamento, o que fez com sua lei pragmática foi querer restringir ao imperador somente o tratamento de majestade que outros príncipes usavam; e nem isso conseguiu, porque na França, Luiz XI, na Inglaterra, Henrique VIII etc., começaram a usar do mesmo tratamento de majestade.

Esse tratamento, que fora, como dissemos, só privativo do povo romano (pois não há a palavra majestade, neste sentido, em outra língua antiga), e passou aos imperadores romanos ao depois, como é expresso no *Cod. Theodos*, t. I, l. 12; se deu pelo Tratado de Cambray ao imperador de Alemanha, que pretende ser o sucessor no império romano. Mas no Tratado de Crespy se deu ao imperador Carlos V o tratamento de majestade imperial, e ao rei de França, Francisco I, o de majestade real. No Tratado de Cambresis aparece Henrique II de França com o tratamento de majestade cristianíssima, e Felipe II de Espanha, com o de majestade católica.

19.
REGÊNCIA NO BRASIL

[N° 158, vol. XXVII, julho de 1821, pp. 68-9]

El-rei nomeou para regente do reino do Brasil, interinamente, s. a. o príncipe real, e para o substituir, em caso que falte, a princesa sua consorte. Os poderes que se lhe conferiram foram quase ilimitados, e também se nomearam os ministros para as diferentes repartições.

Se os princípios liberais do príncipe real não fossem tão bem conhecidos, duvidaríamos da propriedade do expediente de o deixar governando o Brasil com tão amplos poderes, quando a integridade da monarquia, ou a conservação da união de todas as suas partes, deve ser o mais importante objeto do governo, assim como é o mais ardente desejo de todos os bons portugueses.

Mas tudo quanto se poderia dizer nesta matéria deixa de ter lugar, quando vemos publicado, nas gazetas de Lisboa, o seguinte extrato de uma carta de s. a. a um seu amigo confidencial:

"Chegou finalmente", diz a carta, "o grande dia 26 de fevereiro em que tive a felicidade de servir de medianeiro entre meu pai e a nação, e de me constituírem regenerador da pátria, cargo que para mim merecerá eterna lembrança e me obrigará sempre a concorrer diretamente para felicitar a nação dos heróis à qual eu tenho a glória de pertencer; não quero contar nesta, que vai em resposta à sua de 3 de novembro de 1820, nenhum dos feitos acontecidos desde o dia 26 de fevereiro até 18 de março; porque assunto seria um amor-próprio sem igual gabar-me a mim mesmo, até porque nada mais fiz que o meu dever, como príncipe e como vassalo, o qual é concorrer, ainda que seja com a própria vida, para a felicidade de uma nação que outra igual não é conhecida até hoje. Eu aqui fico até pôr a Constituição em marcha e em exata observância, depois terei a glória de ir para lá entregar-me nos braços

da minha amiga nação, para ter parte com ela em todas as suas desgraças ou felicidades, pois me não quero rir quando ela chorar, que eu penso (e penso bem) que o soberano e a nação constituem um corpo no qual, em o mal atacando uma parte, o todo se deve sentir, por amor e por uma recíproca gratidão que entre ambos deve haver. Para prova do amor que consagro a todos os portugueses de ambos os hemisférios, mando já meu filho João Carlos e minha filha Maria da Glória, e eu (repito) aqui fico esperando a Constituição, para que logo que estiver posta em prática nesta metade do Reino Unido, me vá unir a el-rei meu pai e à outra parte da nação, a qual eu ansiosamente desejo felicitar quanto cabe no humano poder. Estes são os sentimentos que sempre tive, como você sabe, mas que enquanto se não rompesse o véu do templo os não podia manifestar tão claramente à nação.
"Rio de Janeiro, 18 de março de 1821."

À vista de semelhantes expressões, nenhuma dúvida pode haver que o grande poder que se confiou ao príncipe, e a popularidade de que ele goza, só serão empregados em fomentar aquela união de toda a monarquia, que é a mais segura garantia de sua força e de sua glória.

O conde dos Arcos ficou com o príncipe, como um de seus principais ministros. Houve tempo em que suspeitamos que o conde se unisse com o de Palmela nas tramas ardilosas que este intentava para obstar à regeneração da nação; mas os fatos subseqüentes nos desenganam que o conde dos Arcos, muito em seu louvor, se eximiu de entrar nos planos do conde de Palmela, retirou-se de suas intrigas e obrou de *per si*. Nestes termos, pede a candura que publiquemos a diferença do nosso modo de pensar, vistos os fatos que nos corrigem as conjecturas.

Achamos que entre outras medidas se levantaram os soldos à tropa do Brasil por um decreto de 7 de março; o que, se por uma parte tem conseqüências favoráveis, por outra aumenta as dificuldades das finanças, que neste momento é matéria da mais grave importância.

20.
PROCEDIMENTOS DAS CORTES

[N° 158, vol. XXVII, julho de 1821, pp. 73-6]

Entre os atos que se estão praticando pelas Cortes em Portugal e de que damos o resumo da p. 26 em diante, temos de notar mui particularmente o fato da acusação feita contra o secretário de Estado do Interior por um membro das Cortes, e o ser ele chamado para se justificar perante elas, como se vê do abstrato da sessão 100ª (p. 32).

Nem o resumo que nós damos habilitará o leitor a julgar do peso e probabilidade da acusação, nem as informações que nós mesmos temos nos põem em estado de dar uma opinião nesta matéria. Mas ao que nos limitamos, e já isso é mui bastante, é a notar, por este fato, que a responsabilidade de um ministro não será daqui em diante mero som de palavras, mas que até os ministros de Estado, funcionários da mais alta hierarquia, terão de dar conta em público de sua administração.

Quando a presente reforma não produzisse outro bem, julgamos que este é de assaz magnitude para justificar os regeneradores da pátria na importante e arriscada tarefa que têm empreendido. O temor de ver o seu caráter assim exposto em público deve ser poderoso freio contra os mal-intencionados: e este exemplo é tanto mais conspícuo quanto o ministro não era acusado de alguma prevaricação, e o mais que dele se disse foi que era frouxo na execução de seus deveres.

Mas não param aqui os exemplos desta responsabilidade. No resumo dos procedimentos da sessão 101ª (p. 34), verá o leitor que um indivíduo preso pelo juiz de fora do Torrão foi mandado soltar, e se determinou a mais rigorosa indagação sobre este procedimento, suspendido logo o dito juiz de fora.

Sobre o governador das ilhas dos Açores, Stockler[85], se deliberou também nesta sessão, remetendo-se os papéis à Comissão do Ultramar para in-

---

[85] Francisco de Borja Garção Stockler, barão da vila da Praia (1759-1829). Ba-

formar com seu parecer, e não duvidamos que aquele governador seja obrigado a responder por seu comportamento.

As Cortes, na sua sessão 102ª, deram providências para melhorar a legislação dos recursos à coroa; e determinaram que se abolisse o uso de darem os desembargadores as suas tenções em latim; e na sessão 102ª também resolveram que se concedesse revista aos processos do infeliz Gomes Freire e outros justiçados, pagando o Erário as despesas desta revista. Ato de humanidade, que fará enxugar as lágrimas a muitos honrados portugueses.

Na sessão 113ª se deu princípio a importantes reformas úteis nas finanças, tomando-se em consideração os ordenados, pensões etc., matéria em que se encontrarão, para remediar, abusos da mais conspícua negligência.

Nem são somente os empregados públicos os que têm de aparecer em público por suas faltas: na sessão 195ª se fez acusação contra certo Fletcher, e suposto que por via ordinária tais negócios não pertencem às Cortes, contudo assim extraordinariamente bem a propósito se publicou o caso, que foi remetido à Regência, para dele tomar conhecimento segundo as leis.

A Regência não tem deixado de obrar no mesmo sentido a respeito dos empregados públicos, porque demitiu já alguns desembargadores por indignos, aposentou outros como menos capazes, e por ocasião do incêndio que houve nas Casas do Terreiro do Paço, onde faziam suas sessões alguns tribunais, tirou os lugares ao inspetor dos Incêndios, que não tinha as bombas em devida ordem, aos presidentes da Junta do Comércio e da do estado de Bragança, por não darem logo parte daquele infortúnio, e deu ao mesmo tempo louvores a d. Miguel Antônio de Melo, porque, sendo simplesmente deputado e não presidente do Conselho da Fazenda, tomou sobre si o fazer esta comunicação à Regência.

Foi também demitido o secretário da Junta de Comércio, José Acursio das Neves; demissão de um indivíduo que mais a merecesse não podia ter lugar. Trata-se também de abolir todo o tribunal, porque muitos deputados de Cortes o julgam pior que inútil. Nós imputaríamos a falta mais aos membros do que à instituição.

---

charel em Matemática, professor da Academia de Marinha e sócio da Academia Real das Ciências. Depois da revolução de 1820, governando os Açores, recusou-se a proclamar o novo estado político, sendo mandado preso para Lisboa e processado pelo governo. Publicou vários folhetos em sua defesa, sendo somente reconhecido pelo movimento absolutista de 1823 que o reintegrou no governo e o agraciou com o título de barão.

A providência, porém, que nos parece mais adequada para extirpar as fontes da antiga corrupção é a que se contém na seguinte portaria da Regência, pela franqueza com que expõe seus motivos, e pelo exemplo que abre, para ser seguido, como deve ser, em todos os mais casos análogos:

"Portaria
"Constando à Regência do Reino que o juiz de fora da vila do Crato, Manuel Monteiro da Fonseca Quaresma, não obstante ter prestado o juramento às Bases da Constituição e executar prontamente as ordens que lhe são dirigidas, se manifesta por sua própria confissão pouco adido ao sistema constitucional, declarando ele mesmo por escrito que lhe custa a conceber que a presente forma de governo seja preferível à pretérita; e sendo necessário que a autoridade pública esteja depositada em mãos que não vacilem, mas sustentem firmemente a causa da nação empenhada em fazer seguro e estável aquele sistema, a Regência do Reino, em nome d'el-rei, o sr. d. João VI, há por bem demitir do serviço o mencionado juiz de fora do Crato, Manuel Monteiro da Fonseca Quaresma. A Junta do Estado e Sereníssima Casa do Infantado, e mais autoridades a quem competir, o tenham assim entendido e executem e façam executar.
"Palácio de Regência, em 14 de junho de 1821.
"S. Luiz Carvalho Cunha Oliveira."

Parece-nos que se deve fazer, como nesta portaria se faz, grande distinção entre as opiniões de um particular, que a não reduz à prática, e as de um empregado público, cujas ações, expressões e modo de pensar nunca se podem reputar indiferentes em matérias desta natureza.

Ao particular deve ser livre o pensar como lhe parecer dos negócios públicos: seus erros não são de conseqüência enquanto ele não passa a atos; mas quanto aos empregados, quaisquer que eles sejam, é evidente que devem ter idéias favoráveis ao sistema constitucional, para que possam ser úteis, formando alguma parte da administração que tem de sustentar esse sistema.

Seja livre aos indivíduos o pensar como melhor souberem sobre os negócios públicos, mas o sistema constitucional nunca poderá prosperar, se se sofrerem nos encargos públicos aqueles que lhe não forem bem afetos. Esta regra não deve admitir exceções.

Mas os abusos acham-se de tal modo arraigados na nação, que é necessária uma força verdadeiramente hercúlea para os arrancar. Vê-se isto pela administração do Correio, onde, apesar das Bases terem determinado a inviolabilidade das comunicações particulares, se continuam a abrir as cartas, mesmo aquelas que são dirigidas a membros das Cortes, como se vê dos debates na sessão 107ª.

Isto não pode provir senão das intrigas do partido anticonstitucional, que, tendo ainda dentre os seus muitos empregados, acha meios de praticar essas traças para indagar do que se passa e tirar disso vantagem. Mas as Cortes mandaram devassar deste caso para lhe dar o remédio, o qual, porém, julgamos que nunca será eficaz enquanto se não cuidar em que o caráter dos empregados seja conforme aos princípios constitucionais.

21.
MUDANÇA DE S. M. DO RIO DE JANEIRO PARA LISBOA

[N° 159, vol. XXVII, agosto de 1821, pp. 156-9]

No nosso número passado havíamos já dado em resumo a notícia da chegada d'el-rei a Lisboa; agora apresentamos a nossos leitores os documentos oficiais de maior importância a este respeito, sendo incompatível com nossos limites o publicar todos, posto que tudo nos parece relevante, em matéria de tão transcendente interesse na história portuguesa.

Deliberado s. m. a voltar para a Europa, instituiu uma Regência na pessoa de s. a. o príncipe real, como se vê do decreto[86] e instruções[87] que publicamos à p. 89; plano este que, mostrando aos portugueses da América a ansiedade de s. m. pelo bem dos habitantes daquele continente, era a mais acertada medida para assegurar a união da monarquia nesta importante crise.

Mas em hora má se permitiu que acompanhassem a el-rei na mesma esquadra certos duendes políticos, que por suas travessuras tinham irritado contra si a opinião pública. Foi logo preciso que as Cortes atalhassem o mal que daqui se poderia seguir, se em uma ocasião de tanto júbilo, como era a recepção do monarca, o povo visse ainda junto do rei pessoas que lhe eram tão desagradáveis; assim foi logo resolvido que as tais pessoas não desembarcassem, e ao depois se lhes ordenou que se retirassem para algum lugar distante de Lisboa não menos de 20 léguas, e da costa do mar, dez. Pequena demonstração de desagrado da parte das Cortes, que motivaram esta resolução unicamente no desejo de poupar a esses indivíduos os insultos que o povo irritado lhes poderia oferecer. Mas como os duendes nunca se aquietam, por sua natureza, julgamos que seria mais conducente à pública tranqüilidade mandar essa gente travessa para lugares mais distantes tanto da Europa como da América, e onde não pudessem maquinar coisa algu-

---

[86] Ver pp. 296-7.

[87] Ver pp. 297-9.

ma, porque precaução e caldo de galinha, diz o rifão, não fazem mal a doente. Quem essas pessoas sejam, verá o leitor nos procedimentos da sessão 123ª (p. 118) e figura em primeiro lugar o ilmo. e exmo. sr. conde de Palmela.

Deixemos, pois, de parte esses indivíduos que as Cortes têm posto em sossego, se eles quiserem ficar sossegados, para continuarmos com outros fatos importantes.

Houve alguma hesitação sobre o desembarque d'el-rei, por ter s. m. entrado no porto demasiado tarde para que pudesse ser recebido como as Cortes desejavam; assim, fez o desembarque no dia seguinte, foi logo à Sé, onde se cantou *Te Deum*, e daí dirigiu-se às Cortes, onde, sentado no trono e com seu manto real, ouviu a oração que lhe fez o presidente e que deixamos copiada à p. 93[88]. El-rei, achando-se fatigado, retirou-se a outro quarto, e mandou que o seu ministro, Silvestre Pinheiro, fosse ler nas Cortes a fala de s. m. em resposta à do presidente; o que assim se fez, e nós a copiamos à p. 97[89].

As Cortes, continuando em sessão, quiseram que el-rei nomeasse os seus ministros, pois pela sua chegada se acabava o governo da Regência, e era preciso saber quem eram os ministros responsáveis. El-rei satisfez a isto pelo decreto que copiamos à p. 102[90].

Logo depois se apresentou a el-rei a lista dos conselheiros de Estado, donde s. m. devia escolher oito, o que ele fez, pelo ofício que copiamos à p. 103[91].

O grande regozijo que causou a solenidade d'el-rei prestar o seu juramento em Cortes, e cujas particularidades o leitor achará no resumo das sessões 123ª e 124ª, não impediu que ao outro dia se não escrutinizassem as expressões da fala de s. m., como se vê dos debates das seguintes sessões, até que resultou daí a explicação que copiamos à p. 100 e 101[92], pela qual ficaram as Cortes satisfeitas, devendo atribuir-se o que se notou de menos conforme aos princípios constitucionais ao breve tempo em que a fala devia ser arranjada, e à dificuldade de conhecer bem as fórmulas mais adaptadas ao presente sistema.

---

[88] Ver pp. 299-301.

[89] Ver pp. 301-4.

[90] Ver p. 304.

[91] Ver pp. 304-5.

[92] Ver p. 305 e resposta do ministro de Estado, pp. 305-6.

Não podemos dispensar-nos de copiar aqui o que disse, sobre a fala de s. m. e reparos das Cortes, o *Times*, uma gazeta inglesa da mais reconhecida inteligência neste tempo. Depois de fazer a recapitulação da fala e do reparo das Cortes em alguma passagem, sobre que pediram explicações ao ministro, diz assim:

"Nós, desde o princípio, expressamos a nossa convicção de que a porção de autoridade que se concedia à coroa espanhola não se acharia, no êxito, corresponder aos fins de uma monarquia unida, mas nisto deve-se fazer uma distinção: quando há grosseiros abusos que destruir, é necessário amarrar as mãos daqueles mais interessados em mantê-los. Quando é preciso tirar ao rei, à Igreja e aos grandes privilégios, prerrogativas, patrocínio e influência que eles por longo tempo empregavam em detrimento público, não se pode em um momento de revolução confiar-lhes com segurança sequer aquele grau de força que ao diante haverá necessidade de fazer, para ser exercitada em vantagem da nação. A crise de uma total mudança no governo, mesmo onde o objeto essencial daquela mudança é uma distribuição mais ampla do poder político, pede a concentração temporária daquele poder nas mãos daqueles a quem a nação o pode mais prudentemente confiar. A destruição de um governo vicioso requer que se estabeleça um ditatorato até que o vício se destrua de todo; e é no ponto de vista deste necessário, mas breve, ditatorato, que consideramos os poderes, aliás extravagantes, que se têm depositado nas Cortes espanholas e seus imitadores. Grandes como são estes poderes, achamos que eles não têm sido mais do que suficientes para interromper a série de conspirações criadas pelo interesse individual, que os antigos monopolistas do despotismo espanhol têm dirigido contra a nascente Constituição. Quando aquela Constituição tiver adquirido mais força, e os seus inimigos tiverem perdido alguma porção considerável de seus presentes meios de a perturbar, o corpo Legislativo, em contemplação do bem comum e das justas pretensões de uma monarquia limitada e da diminuição dos motivos de ciúme e de apreensão no povo, pode dirigir-se, e sem dúvida se dirigirá, de boa-fé à tarefa que lhe é prescrita pelas leis existentes; isto é, rever a Constituição em todos os seus ramos, e suprir ou cortar os defeitos ou superfluidades. A Constituição de Portugal, que é construída quase sobre os mesmos princípios, admite que se raciocine sobre ela no mesmo sentido, porque em toda a probabilidade humana (se não presumimos demasiado em tão remota especulação) terá de andar semelhante carreira. As relações entre estas metrópoles e suas outrora colônias parecem ser a parte de maior embaraço na sua situação; mas é este um embaraço a que as mesmas colônias poderão, talvez, oferecer não mui distante nem mui cerimonioso remédio."

Passado este primeiro ato, apresentaram as Cortes a el-rei uma lista de 24 pessoas, das quais s. m. devia escolher oito para conselheiros de Estado, o que el-rei fez, anunciando os seus nomes pelo decreto da p. 103. Mas o bispo de Vizeu se excusou de servir, pelo que as Cortes apresentaram a el-rei uma lista de três nomes, para deles s. m. escolher um que substituísse o bispo.

Findou ultimamente a entrada d'el-rei no governo constitucional com a publicação da lei em que se estabelece o formulário para a expedição dos decretos, ordens etc., que deixamos copiada à p. 103.

As circunstâncias da chegada d'el-rei pareceram todas tão interessantes às Cortes, que se mandou que as comissões que foram cumprimentar el-rei fizessem um relatório autêntico do que se havia passado, além do que constava pelas atas das mesmas Cortes; e este relatório é o que copiamos à p. 145[93], a que remetemos o leitor.

---

[93] Ver pp. 306-11.

22.
Governo do Brasil

[Nº 159, vol. XXVII, agosto de 1821, pp. 159-62]

Dissemos acima que s. m. deixara a s. a. o príncipe real regente de todo o reino do Brasil, o que fez dando-lhe os mais amplos poderes. El-rei, antes de sair do Rio de Janeiro, expediu vários decretos providenciando a eleição de deputados para as Cortes[94], e, na véspera de sua partida, duas afetuosas proclamações, uma ao povo e outra à tropa.

Contudo, o espírito público não estava tranqüilo no Rio de Janeiro, nem de todo conforme com as idéias d'el-rei na Bahia. No Rio, os eleitores, convocados para escolher seus representantes nas Cortes, meteram-se em outro negócio, que foi pedir um governo provisório, diferente do que el-rei pensara; e como se empregasse tropa para dissolver o ajuntamento, não se fez isto sem decidida violência e efusão de sangue; conseqüência funesta da falta de confiança no governo que a má administração passada tinha necessariamente infundido no povo.

Na Bahia, a intenção geral do povo e do Governo Provisório é não continuar em sujeição ao governo do Rio de Janeiro, como se vê por suas representações às Cortes, e ao que estas julgaram próprio anuir na sessão 136ª.

O príncipe regente, logo que entrou no governo, expediu uma enérgica proclamação aos povos, considerando-se, como se devia considerar pelo decreto d'el-rei, regente de todo o Brasil. Depois entrou em sérias indagações sobre os abusos nas diferentes repartições, e mostrou grande desejo de que se fizessem reformas. Continuou porém o espírito de oposição a este arranjamento da Regência, como se manifestara já antes da partida de s. m., parecendo a muitos que se devia formar uma junta provisória de governo.

Aos 5 de junho houve uma comoção popular no Rio de Janeiro, em que foi preciso intervir a tropa; e em conclusão foi demitido o conde dos Arcos do emprego de ministro de Estado, e nomeado em seu lugar o desembarga-

---

[94] Ver pp. 311-2.

dor Pedro Álvares Diniz, formando-se um governo provisório de nove indivíduos, três eclesiásticos, dois militares, dois desembargadores e dois cidadãos; e se determinou que se não expedisse decreto ou ordem alguma de importância sem a concorrência desta junta, que seria responsável às Cortes.

Os indivíduos que formam o governo provisório são os seguintes: o bispo capelão-mor, presidente; José de Oliveira Barbosa, José Caetano Ferreira de Aguiar, Sebastião Luís Tinoco da Silva, Joaquim José Ferreira de Faro, Francisco José Fernandes Barbosa, Joaquim de Oliveira Alvares e Mariano José Pereira da Fonseca, secretário.

Esta junta expediu uma proclamação aos 16 de junho, em que declarou a sua resolução de manter a união com Portugal, e estar pelo que determinassem as Cortes, donde se vê que os receios de que se rompesse a integridade da monarquia foram os principais motivos daquela nova instituição de governo provisório.

Até aqui parece que a direção da revolução é continuar a integridade da monarquia portuguesa, e que com essas vistas é que se desejava antes uma junta de governo provisório, do que a regência do príncipe com os poderes ilimitados que el-rei lhe concedeu. Nós não possuímos ainda suficientes informações das molas ocultas que operaram esta mudança, para podermos ajuizar de sua tendência. Contudo, a decisão das Cortes sobre a independência da Bahia dá ocasião a reflexões de conseqüências mui extensas.

A distância em que o Brasil se acha da Europa faz mui dificultoso que aquelas províncias se possam governar exatamente com a mesma forma de administração das de Portugal; mas o ciúme de umas províncias a respeito de outras é a verdadeira causa por que a Bahia quer antes estar sujeita a Lisboa do que ao Rio de Janeiro. É preciso governar os homens segundo a sua natureza: Maomé nunca houvera sido tão bem obedecido se, em vez de dar as suas ordens como vindas do céu, dissesse que emanavam dele mesmo. Porque o orgulho de seus capitães os faria julgar que tão bons eram eles como Maomé para fazer leis, mas vindo elas do céu já o ciúme dos homens não acha que é humilhação o obedecer não ao seu semelhante, mas ao céu: assim, um governo em Portugal inspirará mais respeito em qualquer província do Brasil, do que o governo estabelecido noutra qualquer província do mesmo Brasil.

Mas se é que o Brasil tem de ter um governo geral, a cidade do Rio de Janeiro é mui imprópria sede para tal governo. O Rio de Janeiro está quase em uma extremidade do Brasil, e é absurdo fazer ir um recurso do Pará ao Rio, ou uma ordem do Rio ao Pará, navegando contra vento e maré, quando a comunicação com Lisboa é tanto mais fácil.

Nós quase desesperamos de ver as nossas idéias neste ponto adotadas pelas Cortes, porque há ainda prejuízos tão fortes a este respeito, que até temos pejo de os indicar e, contudo, nem por isso deixaremos de dizer o que entendemos.

Se o Brasil deve ter um governo geral, e não duvidamos que ele seria de grandíssima utilidade ao melhoramento daquele país, deveria esse governo existir em um ponto central, fosse ou não em lugar habitado presentemente; porque a sede do governo, a abertura das estradas desse lugar para os principais portos de mar etc. em breve faziam populoso esse território.

Nem nos faz dúvida que um plano dessa natureza pudesse inspirar interesses no Brasil opostos aos de Portugal; porque a prosperidade do Brasil será sempre de recíproco proveito a Portugal, e se isto desse origem a uma subdivisão de patriotismo, nem assim o julgaríamos desacertado. É preciso evitar as rixas de uma província com outra que levam aos feudos e oposições; mas pode bem deixar-se obrar o espírito de rivalidade, que sendo conduzido por um governo sábio, excita o patriotismo, e esporeia a indústria.

23.
PROCEDIMENTOS DAS CORTES DE PORTUGAL

[N° 159, vol. XXVII, agosto de 1821, pp. 162-7]

É quase inconcebível a multiplicidade de negócios que se tratam e despacham nas Cortes. Só para o resumo de suas sessões precisaríamos compilar cada mês um grosso volume, e por isso nos vemos obrigados a fazer como um índice, e isso só dos objetos de mais geral importância, ou em si mesmos ou em suas conseqüências.

O projeto de Constituição começou a discutir-se na sessão 136ª, aos 18 de julho, e tem continuado lentamente, por outras matérias se oferecerem que exigem imediata decisão.

O projeto é em si volumoso, segue os princípios fundamentais estabelecidos pelas Bases, que já publicamos por extenso em outro número, e se encosta de mui perto à Constituição espanhola.

Contudo, afasta-se desta em três pontos essenciais que, se forem aprovados, marcarão uma importante distinção entre as Constituições dos dois países. São estes pontos: a tolerância religiosa, o veto d'el-rei e o método das eleições.

Quanto à religião, declara a Constituição portuguesa, no § 25, que "a religião da nação portuguesa é a católica apostólica romana. Permite-se contudo aos estrangeiros o exercício particular de seus respectivos cultos".

A primeira parte deste artigo se pode entender como meramente declaratória de um fato; e tomada neste sentido, sem envolver coação nem pena ao contrário, pouca objeção admite da parte dos tolerantes. Nisto difere essencialmente a Constituição espanhola, que no § 12 declara que a nação espanhola professa *somente* a religião católica apostólica romana, *com exclusão de todas as outras*.

Isto envolve um princípio de intolerância que a distingue da Constituição portuguesa.

A segunda diferença essencial que notamos é sobre o veto d'el-rei na formação das leis. Pela Constituição de Espanha, tem el-rei 30 dias para deliberar se deve ou não dar a sua sanção a qualquer lei feita pelas Cortes; e, se a negar, não se tornará a agitar a mesma matéria naquele ano. Se a lei for renovada no segundo ano, poderá ainda o rei negar-lhe a sua sanção. E se for ainda renovada e aprovada pelas Cortes no terceiro, então se suporá concedida a sanção do rei, quer ele a dê quer não. Temos pois que o rei pode pelo menos prolongar por três anos a promulgação de qualquer lei que fizerem as Cortes.

Na Constituição portuguesa, o rei deve dar ou negar a sua sanção dentro de um mês (§ 91) pela fórmula de dizer "Volte às Cortes", e por baixo desta fórmula se escreverão as razões por que el-rei nega a sua sanção (§ 90); mas se duas terças partes das Cortes forem de opinião que a lei deve passar como estava, el-rei será obrigado a dar a sua sanção. Assim temos que a maioridade de dois terços força a sanção do rei, o que não há na Constituição espanhola.

O terceiro ponto de diferença é nas eleições, que sofrem em Espanha três apurações, quando em Portugal só se elegem os eleitores, e estes os deputados das Cortes, método muito mais expedito e menos exposto a abusos.

Divide esta Constituição os poderes políticos da nação em quatro ramos, que são o Legislativo, Executivo, Judicial e Administrativo. Não achamos porém o motivo por que se desmembra o poder Administrativo do poder Executivo; antes nos parece que na prática se achará ser esta divisão muito incômoda e capaz de chocar muitas vezes as atribuições do Executivo; porque a complicação da máquina política é sempre um mal, quando não é absolutamente necessária para proteger o indivíduo ou a sua propriedade, com cujo intento se separa, por exemplo, o Judicial do Executivo.

As autoridades locais, escolhidas por alguma forma de eleição popular, são de suma utilidade para dar aos indivíduos, em um governo constitucional, o caráter de cidadão, e o interesse que convém que tenham nas matérias da administração; porém tais autoridades locais não devem ser senão ramos do poder Executivo.

A objeção que estamos fazendo não se dirige ao plano de fazer governar as províncias por estas juntas, e as cidades e vilas por suas Câmaras: este plano nos parece mui bom, e infinitamente preferível ao dos governadores, como sucede maiormente no Brasil; mas observamos que a Constituição não estabelece uma responsabilidade direta dessas juntas ao governo Executivo, pelo que se lhes dá o caráter de um quarto poder político, que julgamos incômodo, por ser suscetível de encontrar-se com o exercício do poder Executivo.

Esta objeção nos parece tanto mais cogente quanto esta Constituição insiste no princípio, que temos já combatido quando se fizeram as eleições para as presentes Cortes, de escolher para deputados somente os que podem ser eleitores, e que, pelo § 55, são só os que residem na comarca.

Esta circunstância, além de privar as Cortes dos talentos de indivíduos ilustrados que concorram com outros no lugar de seu domicílio, quando poderiam ser eleitos por outra parte onde não pudesse haver a concorrência de igual merecimento, tem a tendência de dar a cada província ou comarca interesses desligados, e favorecer demasiado a independência disso que se denomina o poder Administrativo. Ora, se a doutrina das presentes Cortes tem sido que logo que um deputado entra nas Cortes é representante de toda a nação, e não somente da comarca por que foi elegido, não deveria importar que esse representante de toda a nação seja ou não domiciliado entre os eleitores que o escolhem.

Falando da Constituição de Espanha, e ao depois das Bases da portuguesa, dissemos já o que entendíamos a respeito do estabelecimento de um Conselho de Estado; e por isso julgamos desnecessário repeti-lo aqui, mas sempre tocaremos em um ponto.

Se este Conselho de Estado fosse nomeado por el-rei para o ajudar, e só responsável a s. m., assim como seus membros amovíveis por vontade do mesmo rei, ficaria a responsabilidade dos ministros às Cortes sendo perfeita. Expliquemos isto.

Suponhamos que el-rei, pelo parecer do seu Conselho de Estado, queria executar alguma medida a que os ministros se recusavam, por lhes parecer que se não poderiam justificar dela perante as Cortes. El-rei tinha então a alternativa ou de abandonar o parecer do Conselho de Estado e conservar os ministros, ou de insistir em seguir o Conselho de Estado, demitir os ministros e nomear outros, se os achasse, que quisessem tomar sobre si a responsabilidade da medida.

Mas segundo a presente organização do Conselho de Estado, que é responsável às Cortes e não pode ser removido por el-rei, se o Conselho quiser uma coisa e os ministros outra, qual dos dois deve o rei seguir? O Executivo deve ficar parado, ou a execução ser referida às Cortes, que terão nesse caso de intervir nas funções do Executivo, o que nos parece de grande inconveniente à causa pública.

Sendo o Conselho de Estado nomeado pelas Cortes, e os ministros por el-rei, achamos dois corpos distintos no Executivo sem meio de os conciliar, quando estiverem de vistas opostas. Mas se o Conselho fosse nomeado e amovível por el-rei, como o são os ministros, o rei poderia então demitir uns ou outros, para os substituir por pessoas que fossem concordes; pois discordando aqueles dois corpos em medidas essenciais, não vemos como o governo Executivo se possa conduzir com a energia necessária e com a precisa concórdia.

Ultimamente notamos que nenhumas restrições se impõem ao poder Legislativo; porque as Cortes podem tudo fazer, somente no § 73 se diz que a respeito das discussões se seguirá o regulamento que tem feito presentemente, e ao qual poderão fazer alterações. Se as corporações não fossem suscetíveis de abusos, como são os indivíduos, este ilimitado poder das Cortes não seria de temer; mas por desgraça da humanidade temos mil exemplos de maiorias corrompidas em assembléias legislativas, que torcem a seus interesses o que devia só atender ao público.

Isto suposto, apresentamos a hipótese que as Cortes, com uma maioridade corrompida, fazem uma lei oposta aos princípios constitucionais que esta Constituição se propõe a estabelecer, e que os ministros, de mãos dadas com essa corrupta maioridade, obtêm para tal lei a sanção do rei. Neste caso, não vemos que a Constituição providencia remédio algum, porque tudo é permitido às Cortes.

Citaremos um exemplo. Pela presente Carta da França, concedia-se aos franceses a liberdade da imprensa, mas logo que o ministro pôde obter uma maioridade conveniente nas Câmaras, passou-se uma lei que estabelecia a censura prévia, a despeito da liberdade da imprensa que se julgava lei fundamental. Podemos, pois, supor que iguais casos venham a suceder em Portugal e contra este mal não achamos que o projeto de Constituição proponha remédio algum.

Os Estados Unidos poderiam talvez oferecer exemplo da maneira por que se podem coarctar os abusos do poder Legislativo, e para a Constituição geral e Constituições dos estados particulares dos diversos estados daquela União, referimos nossos leitores; mas sempre diremos que, pelo menos, se deveriam declarar nulas as leis anticonstitucionais, por mais difícil que fosse o determinar depois quem devia, e como se podia, julgar dessa nulidade das leis. Nos Estados Unidos, nem os juízes nem os indivíduos são obrigados a obedecer às leis inconstitucionais.

Quanto ao resto, achamos o todo deste projeto de Constituição mui adaptado ao sistema que se propõe estabelecer, mui cheio de método e mui bem pensado na enunciação; e quando fazemos os breves reparos que deixamos acima, queremos com isso mostrar que o nosso elogio não é vago ou feito ao acaso, mas sim fundado no exame que deste projeto fizemos, de sua comparação com a Constituição de Espanha e, enfim, da reflexão nascida de nosso modo de entender.

Não podemos concluir este artigo sem fazer o devido elogio ao presidente, que o foi dois meses consecutivos, o deputado Moura, pela direção que deu aos deveres do lugar de presidente; porque, assumindo a si a decisão de muitos pequenos pontos na ordem dos debates, continuadamente evitou delongas, que aliás ocorreriam se se apelasse para a decisão de toda a Assembléia. Este comportamento, que será óbvio a quem quer que leia os *Diários das Cortes*, onde os debates vêm por inteiro, nos persuade ainda mais que para a presidência das Cortes se deve escolher um membro que tenha para isso o talento peculiar, que faça um estudo particular e adote maneiras adequadas para salvar o tempo com a prontidão de suas decisões e com o exercício de decisiva autoridade, sem infringir jamais, nem mesmo influir na liberdade deliberativa de nenhum membro. Ora, estes requisitos peculiares não é possível que os tenham todos os membros, por mais capacidade que mostrem a outros respeitos; assim, já que as Cortes têm de eleger seu presidente todos os meses, tendo-se mostrado na prática que ele pode ser reeleito, parece-nos que seria de grande vantagem que encontrando-se algum adaptado ao lugar, fosse nele conservado por meio de contínua reeleição.

24.
Negócios do Brasil

[Nº 160, vol. XXVII, setembro de 1821, pp. 232-4]

Começamos este número pela proclamação das Cortes ao Brasil, cuja redação faz muita honra ao deputado que dela se encarregou: é enérgica e cheia de princípios que devem satisfazer os povos a quem é dirigida.

Mas não basta que fiquem em teoria os princípios por que se proclama a unidade da nação e a fraternidade de todos os povos e de todas as províncias que compõem a monarquia: é ademais preciso que esses princípios se realizem na prática, a fim de que essa união por que tanto contendemos seja eficaz.

Já notamos que logo ao princípio se não cuidou em chamar para as Cortes deputados do Brasil; remediou-se depois este erro, mas se ele não tivera existido, estariam já agora nas Cortes os deputados de todas as províncias do ultramar, e não haveria a necessidade de diferir o exame de muitos e importantes pontos, como nas Cortes se tem feito, resolvendo-se esperar até que cheguem os deputados das províncias do ultramar.

Agora mesmo, esta proclamação anunciando com muita verdade os bens que se devem esperar do sistema constitucional diz, entre outras coisas, que "a liberdade da imprensa, esta irmã gêmea da liberdade civil e política, esta filha querida dos governos representativos, é hoje o primeiro e mais apreciável direito do cidadão português".

Não obstante esta declaração, aprovou-se nas Cortes uma lei para proteger a liberdade da imprensa e nela se não compreendeu o Brasil.

Depois diremos nossa opinião sobre esta lei; mas como ela se promulgou por se julgar de tão grande utilidade, é claro que vem a ser uma distinção odiosa não compreender nela o Brasil.

Nem se nos diga que a imprensa no Brasil não mereça esta contemplação por estar ainda em sua infância; porque neste ponto mais atrasadas estão ainda as ilhas dos Açores e Madeira, que foram compreendidas nesta lei, incluindo-se na tabela dos distritos para jurados; e até mesmo em muitos dos distritos mencionados nas províncias de Portugal, não há por ora imprensas, e no Brasil as há, sejam poucas ou muitas.

Se o argumento for de que se esperavam para isto os deputados do Brasil, respondemos que quando esta lei se aprovou, ainda não havia nas Cortes deputados dos Açores, e contudo estas ilhas foram compreendidas na lei.

Ademais, tratou-se nas Cortes das atribuições que devem ter os governadores do Brasil, que é matéria da mais transcendente importância, sem se esperar pelos deputados do Brasil; e neste ponto somos de opinião que se não deve tratar de tais governadores, nem com deputados do Brasil, nem sem eles; porque se não há tais governadores nas províncias de Portugal, é distinção odiosa o conservá-los no Brasil, seja com que atribuições for.

Nem obsta que se chame a isto arranjo provisional; porque para governar provisionalmente, até que a Constituição decida a forma administrativa das províncias, tem o Brasil nomeado suas juntas de governo provisório, e essas juntas se têm mostrado assaz patrióticas, assaz aditas ao sistema constitucional, e assaz decididas pela união e integridade da monarquia, para que não seja necessário mandar-lhes de fora governadores; medida esta que, quando não tivesse contra si outras objeções, bastava aquela de trazer à lembrança o antigo sistema colonial por que o Brasil era governado, e inspirar idéias do passado despotismo dos governadores, de que tem havido tão fatais e tão freqüentes exemplos.

Somos obrigados a lembrar às Cortes estas circunstâncias, entre outras que pudéramos mencionar, porque julgamos que é de última importância que as Cortes evitem até as aparências de que o Brasil continuará a ser governado como colônia; e sabemos que lá existe esse receio, pelas muitas comunicações que recebemos sobre este assunto: e nesses receios fundam seus planos os que mal-avisadamente pensam naquela separação, de que ao adiante falaremos.

Circunstâncias de grande peso se nos têm do Brasil comunicado, as quais faríamos públicas se a mesma pessoa do redator deste periódico não fosse mencionada, sendo contra a linha que sempre nos propusemos seguir o misturar considerações em que nós mesmos somos envolvidos com o que é de interesse público.

Convencidos, como estamos, que as Cortes não têm em vista senão o bem geral da monarquia, mui sinceramente atribuímos as suas medidas, a que em nossa opinião chamamos erradas, à falta de olhar as questões por todos os lados, falta a que todos os homens estão sujeitos; e por isso tanto mais francos somos em expor o que não nos agrada; diremos, pois, em suma:

Se as Cortes, em quaisquer medidas que sejam, derem ao poder Executivo mais arbitrariedade no Brasil do que a estabelecida para a administração das províncias de Portugal, sujeitam-se as Cortes a dois inconvenientes ao mesmo tempo, ambos os quais é da maior importância evitar:

1º) Desgostam o povo do Brasil, que todas as vezes que observar diferença entre a administração das províncias de Portugal e do Brasil, se reputará colônia e não província.

2º) Que quanto maior poder as Cortes puserem nas mãos do Executivo no Brasil, tanto melhor poderá esse Executivo ter meios para oprimir a liberdade em Portugal.

25.
Estado político do Brasil

[N° 160, vol. XXVII, setembro de 1821, pp. 234-9]

Damos à p. 212 a relação da mudança de governo no Rio de Janeiro que havíamos anunciado no mesmo número passado; e à p. 205[95] os dois decretos do príncipe regente relativos a este acontecimento.

A comoção foi fundamentada em que o príncipe regente diferia o prestar, e fazer que se prestasse, juramento às Bases da Constituição, e se atribuía, outrossim, esta demora ao ministro de Estado conde dos Arcos, o qual é, demais, indicado pelo Governo Provisório da Bahia como parte em uma conspiração contra o Estado, que se crê ter sido um plano para fazer o Brasil independente de Portugal, entrando nisto o atual governador de Pernambuco.[96]

Tudo isto tem tanto de conjectura, de suposições e de presunções, que seria imprudência formar, e mais ainda expressar, opinião alguma sobre as causas de tais fatos; e por isso nos contentaremos com referir o acontecido, e refletir unicamente sobre o que é sabido com certeza.

O conde dos Arcos, contra quem se mostrava a indignação pública, embarcou-se a bordo de um bergantim destinado a Lisboa, e, arribando à Bahia em sua viagem, o Governo Provisório não só lhe proibiu desembarcar, mas deu tal conta dele para Lisboa, que quando ali chegou foi logo preso na Torre de Belém, onde se acha.

Que a maioridade do Brasil deseja continuar em sua união com Portugal é o que se manifesta pelas declarações de todas as cidades capitais de províncias, que sucessivamente foram reconhecendo o sistema constitucional; e contudo, pode muito bem haver, e sabemos que há, algumas pessoas que julgam ser chegado o tempo do Brasil se separar de sua antiga metró-

---

[95] Ver pp. 312-3.

[96] Luiz do Rego Barreto era o então governador e capitão-general de Pernambuco.

pole. Este partido, porém, o julgamos por ora pequeno; e os que desse partido forem sinceros facilmente se convencerão que vão errados: os outros que obrarem assim por motivos menos honrosos do que a persuasão de que obram a favor de sua pátria não merecem que se argumente com eles.

Os governos provisórios em todas as províncias do Brasil têm até aqui sido instituídos com o expresso fim de ir de acordo com Portugal, e neste sentido não encontrou o plano com oposição alguma, exceto somente no Maranhão, onde houve alguma diferença de opinião, e isso por parte de pessoas que não gozavam de influência no público. Tivemos uma informação circunstanciada de seus nomes e caráter, mas julgamos ser melhor não fazer uso dela, para não deitar mais lenha ao fogo que desejamos ver extinguido; e tanto mais quanto, nessa mesma participação, os acusados não o são de quererem o sistema velho, mas somente de desejarem o sistema novo por diverso modo.

A comoção no Rio de Janeiro de que tratamos obra no mesmo sentido das demais províncias do Brasil; porque, fossem ou não fossem verdadeiras as suspeitas que se alegaram, instituiu-se uma junta de governo por se supor que esta obraria mais em conformidade com o sistema das Cortes Gerais, juntas em Lisboa, do que se continuasse o governo absoluto do príncipe regente com os ministros que tinha.

A nossa decidida opinião vai exatamente de acordo com a desta maioridade do Brasil; porque se o Brasil tem um dia de ser independente da Europa, nada lhe pode ser mais conveniente do que ir de acordo e em união com Portugal, até que ambos tenham conseguido estabelecer as suas formas constitucionais de governo; porque se antes disso se desunirem, seja por que pretexto for, o partido despótico achará fácil meio nessa desunião de os vencer a ambos separadamente e calcar aos pés a liberdade nascente.

Há ainda outro motivo de interesse para o Brasil que deve induzir os brasilienses sensatos a cooperar para a união com Portugal e preservar a integridade da monarquia.

Se em Portugal, um reino pequeno, onde há, em proporção, muito mais gente instruída, onde a proximidade aos demais países cultos da Europa oferece ocasiões e oportunidades de aprender com a experiência das outras nações, as Cortes encontram a cada dia dificuldades e se cometem erros de política importantes, como por mais de uma vez temos notado, estes males e inconvenientes devem ser muito mais sensíveis no Brasil. A grande extensão de território faz mui difícil que as diversas províncias possam obrar de concerto umas com as outras, e, portanto, uma tentativa para a independência, neste momento, seria o sinal para uma guerra civil.

O pequeno número de gente instruída no Brasil, relativamente à sua população, seria outro obstáculo. Os brasilienses são dotados de talento, mas isso não basta: se agora se declarasse o Brasil independente, se fosse possível, o que julgamos impraticável, que todas as províncias concorressem a mandar deputados para um Congresso sem haver guerra ou a menor comoção civil, achar-se-ia esse Congresso composto de homens de talento, se a escolha fosse boa, mas homens sem conhecimentos políticos, sem nenhuma prática de formas constitucionais, e nesse caso seria um verdadeiro milagre, criados e educados debaixo do mais aviltante despotismo, houvesse logo de um jato de estabelecer um governo livre, e de o sustentar na prática. Não está isto na possibilidade das coisas humanas.

Por outra parte, depois que as Cortes de Portugal tiverem estabelecido no Brasil tais e quais formas constitucionais, depois que os deputados do Brasil tiverem adquirido experiência em matérias de governo nas Cortes de Portugal, depois que a operação de uma administração constitucional tiver acostumado os povos do Brasil a viver sem ser debaixo do cetro de ferro de um governador onipotente, então se poderá pensar em uma independência que não traga consigo os males que apontamos.

Isto avançamos não só pela teoria, mas pela experiência. As Américas Espanholas declararam-se independentes; mas tal era a falta de conhecimentos políticos naqueles países que um punhado de espanhóis tem sido bastante para continuar a guerra em Caracas e distrair por tal modo os habitantes que três Constituições e vários Congressos que têm instituído não puderam ainda manter nenhuma sorte de governo geral. Em Buenos Aires e províncias adjacentes ao Rio da Prata, há mais de dez anos que não aparece um só soldado espanhol, e ainda agora não há naquela província nem esperança ou projeto de alguma forma de governo regular e permanente.

Esta infelicidade não se pode atribuir a outra fonte senão à ignorância geral dos povos em matérias políticas: adquiriram por seu valor a independência expulsando seus tiranos, mas acham-se sem saber como hão de usar da liberdade que obtiveram.

Não seria este agora o mesmo caso no Brasil? A impaciência dos brasilienses em ultimar sua independência traria consigo sua própria ruína, e talvez a sujeição a algum despotismo de que nunca mais se pudessem livrar, senão para cair em outro e outros sucessivamente.

Mas se esperarem que as formas constitucionais adotadas em Portugal se fortaleçam com o tempo, ainda mesmo que a existência das Cortes Gerais em Lisboa cause alguma pequena diferença na administração do Brasil, essa pequena desvantagem é amplamente compensada pelo melhoramento progressivo que a instrução irá tendo no Brasil, até o ponto de que os povos possam apreciar o que é liberdade, e como se pode usar dela.

As Cortes em Portugal, que ao princípio não fizeram muita conta com o Brasil, hoje em dia pensam nele mui seriamente, e se mostram o mais dispostas que é possível a tratar o Brasil com igual cuidado que as demais províncias da monarquia; e quando os deputados do Brasil se reunirem aos demais, não há para que supor que suas sugestões a favor do Brasil não encontrem a mais séria atenção nos demais deputados europeus.

Tratava-se de mandar tropas para o Brasil, mas esta medida foi abandonada pelas Cortes, pela bem pensada razão de que não é pela força, mas pela opinião, que se deve manter e fortificar a integridade e união de todas as partes da monarquia.

Alguns de nossos correspondentes do Brasil se enfurecem contra esta ou aquela opinião que algum dos deputados tem expressado sobre o Brasil. É desnecessário descer às particularidades; basta que respondamos, em geral, que o que diz um deputado nem é lei, nem é prova da opinião da nação, que por mais absurda que seja a opinião de um deputado, ele tem o direito de a expressar, e isso está tão longe de ser motivo de queixa, que é objeto de louvor às Cortes, que dão toda a liberdade a seus membros para exporem suas idéias sem reserva.

Menos razão ainda há para formar queixas pelo que diz algum particular; a este se pode responder como faz um nosso correspondente, cuja comunicação publicamos no fim deste número.

Quando, porém, as decisões das Cortes forem tais que ataquem a união da monarquia, então será justíssimo que seus deputados levantem a voz, que os povos se queixem e que se acuse o governo; mas tal momento ainda não chegou, nem há aparências de que chegue; e portanto dizemos que a menor idéia de separação fará um terrível mal à nascente liberdade de Portugal, e nenhum bem aos povos do Brasil; e se os argumentos que temos produzido não têm aquela força que desejamos, sem dúvida deve ter algum peso a opinião de quem tem sempre mostrado o mais denodado aferro pelos interesses de seu país.

26.
LIBERDADE DE IMPRENSA

[N° 160, vol. XXVII, setembro de 1821, pp. 240-5]

Copiamos, da p. 191[97] em diante, a longa e esperada lei sobre a liberdade da imprensa. É um melhoramento na legislação portuguesa, quando não fosse em outros respeitos, porque dá o primeiro passo para a introdução dos jurados nas causas crimes. Contudo, esta lei fica muito aquém da bondade que pudera ter: repetimos o que já dissemos em outro número, que talvez as Cortes assentassem que o presente estado de civilização em Portugal não permitia coisa melhor; mas essa consideração, ainda assim, nos não parece bastante para deixarmos de notar o que nesta lei nos parece defeituoso, e como não é legislação eterna, talvez o que apontarmos servirá para o futuro, quando algumas alterações se julgarem admissíveis.

Primeiramente achamos mal o princípio geral da lei, que supõe necessária uma aparatosa lei particular para os crimes cometidos pelos abusos da liberdade da imprensa; porque estes crimes são de classe secundária, tanto em sua natureza como em seus efeitos, e a importância que se lhe dá nesta lei só procede do choque das justas opiniões modernas com os antigos prejuízos, com os quais houve, em nossa opinião, demasiada contemplação.

Objetamos ao princípio da lei, porque vai estabelecer crimes novos contra a liberdade da imprensa que não existiam na legislação antiga, quando essa liberdade é altamente proclamada o primeiro paládio das instituições constitucionais; e mui principalmente, quando alguns desses crimes (como, por exemplo, excitar a rebelião) já estavam compreendidos noutras leis, que por esta se não revogam; e assim ficará o réu sujeito às conseqüências de dois crimes: primeiro, o de excitar rebelião e, segundo, o de excitar por escritos impressos, o que é, ademais de desnecessário, injusto.

---

[97] Ver pp. 313-22.

No artigo 10 se classificam os casos contra a religião, e a cláusula é em termos tão gerais que torna impossível as controvérsias polêmicas, matéria em que os governos jamais se ingeriram sem que produzissem mais mal do que bem. A experiência tem mostrado que o intrometer-se o governo em tais disputas tem sido causa de perseguições fanáticas que têm desolado vários países e que, por outra parte, nos estados onde se segue a máxima *deorum injuriae diis cura*, nunca a religião é causa de distúrbios.

A prescrição total nesta legislação, neste sentido, põe as coisas em pior estado do que se achavam dantes; porque, antigamente, quem quisesse ler as obras de Lutero ou Calvino, podia obter uma licença para as comprar; agora não se estabelece meio algum legal para obter tais obras proibidas por esta lei. Isto, pois, leva a intolerância além do que antes estava, para o que não achamos razão suficiente.

O modo de eleger os juízes de fato é sumamente defeituoso, porque as listas são em número demasiado pequeno e estes juízes, permanentes durante uma legislatura, o que faz os jurados conhecidos de antemão e, por conseqüência, sujeitos aos mesmos inconvenientes que se a causa fosse julgada por juízes de direito permanentes.

A maior vantagem da instituição dos jurados é o não se poder saber quem eles serão; e para isso a prática, na Inglaterra e outros países onde esta legislação se tem adotado, é ter listas preparadas de todas as pessoas do distrito que são qualificadas para serem jurados, e em cada sessão do tribunal se tiram dessas listas 36 nomes, dos quais o réu rejeita todos se tem uma razão geral, ou exclui 12; o acusador exclui outros 12, e os 12 restantes servem nas causas todas dessa sessão do tribunal em que não há objeções particulares, e quando há objeção, substitui-se nessa causa outro ao objetado.

Segue-se outra determinação que devemos tanto mais notar, quanto houve algum deputado nas Cortes que alegou para ela o exemplo da Inglaterra, e vem a ser o mandar o juiz de direito prender o acusado e apreender os exemplares do impresso antes do 1º Conselho de Jurados decidir se há ou não motivo de acusação. É um erro alegar para isto com a legislação inglesa; porque na Inglaterra nunca o acusado é preso, senão depois do *Grand-Jury* (que corresponde a esse 1º Conselho) decidir que há lugar para acusação; e ainda assim sempre se admite fiança ao réu para se defender fora da prisão e nunca se procede à apreensão dos exemplares, nem mesmo depois da acusação e sentença.

Temos, pois, que bem longe de imitar esta lei, na matéria de que falamos, a legislação inglesa estabelece um procedimento muito mais rigoroso, e que até nos parece contra as Bases da Constituição, pois elas determinam que ninguém seja preso antes de culpa formada; e segundo esta lei, pertence ao 1º Conselho de Juízes de fato o formar a culpa, isto é, declarar que há lugar para a acusação, e se este é o ofício, e único ofício do 1º Conselho, não vemos como se devesse conceder ao juiz de direito o poder de prender o acusado antes do 1º Conselho verificar o crime e o criminoso.

Quanto aos libelos contra particulares, se faz uma distinção entre os empregados e os que o não são, admitindo-se a prova da verdade do fato como justificação do acusado por libelo. Na legislação inglesa não se atende tanto a verdade ou falsidade do escrito, como à intenção do escritor. Houve quem dissesse nas Cortes, quando se debateu este ponto, que as intenções do criminoso só eram do conhecimento do confessor, e que a lei só devia atender ao fato. Mas este princípio é contrário a toda a boa legislação; porque se um homem mata outro, não se atende somente ao fato da morte, mas à intenção do matador, não havendo nenhuma justiça em meter na mesma classe de crime a morte feita por acidente imprevisto, em própria defesa etc., e a morte de caso pensado, por vingança, para roubar o morto etc. A intenção é justamente o que se averigua para classificar o crime. *Sine dolo nula fit injuria*.

Nos libelos, em Inglaterra, este *quo animo* é objeto da primeira importância na classificação do crime; porque verdades há que se não podem dizer sem grandíssimo mal à parte de quem se diz, e de cuja revelação não provém bem a ninguém e só gratifica a maldade do que a diz; e falsidades se poderão dizer, estando quem as diz convencido de ser verdade o que assevera e na persuasão de um bem que vai a produzir; e mais ainda neste caso de ser falsa a asserção é mais fácil a reparação do dano, contradizendo-se e provando-se o contrário, o que não pode ter lugar se a asserção for verdadeira.

Poderíamos disto tudo alegar muitos exemplos na prática dos tribunais ingleses, se não fosse o receio de sermos demasiado prolixos; mas a quem nisto refletir não será difícil o imaginar os casos que podem ocorrer na prática.

As pessoas que, segundo esta lei, podem ser incursas na sua sanção são o autor, impressor, vendedor e distribuidor. Ora, a palavra distribuidor é demasiado ambígua, e como isto seja legislação nova em Portugal, carece de alguma explicação; porque haverá caso em que alguém distribua só dois exemplares ou um unicamente, ou que alguém, tendo na sua livraria uma dessas obras proibidas, a mostre a alguém. Será tudo isto distribuição do libelo?

Se o é, quem possuir alguma obra volumosa (a *Enciclopédia*, por exemplo) onde haja algum artigo contra a religião católica romana, incorrerá no crime da primeira divisão desta lei, se mostrar alguma parte desta obra a qualquer pessoa. A latitude, pois, da expressão *distribuidor* carece de alguma restrição, para evitar maliciosas perseguições.

Sobre os libelos de manuscritos ou por pinturas, a lei não diz coisa alguma, quando por este modo se pode injuriar e causar danos aos indivíduos de igual magnitude do que pela imprensa, e esta circunstância nos confirma a opinião de que esta lei teve muito em vista atender aos prejuízos nacionais e ao temor que os partidistas do despotismo têm infundido no público por tudo que é, como a chamam, letra redonda.

Os bons governos não têm nada a temer, antes tudo a esperar da liberdade da imprensa; o contrário sucede com os maus governos, e por isso dizemos que estas precauções contra a letra redonda só são filhas de prejuízo, e disto daremos um exemplo que é de casa.

Houve tempo em que o passado governo de Lisboa teve quatro ou cinco escritores empregados em atacar, já com argumentos, já com toda a sorte de injúrias pessoais, o *Correio Braziliense*. Mas esses escritos caíram todos por terra, e o *Correio Braziliense* sobreviveu a todos, até ter a consolação de ver chegar a reforma do governo.

Agora o partido aristocrático lançou mão de um miserável folheto que se imprime em Londres para atacar os procedimentos das Cortes, injuriar os sequazes destas e louvar as pessoas que sofrem o bem merecido desprezo da nação e dos homens-bons. Mas o êxito de tal esforço é que o folheto é lido unicamente por uns poucos de coadjutores ligados com a embaixada portuguesa, que esperavam mundos e fundos do Ministério de seu corifeu conde de Palmela e que, achando-se com suas esperanças frustradas, ladram, como o cão de Alciato, à lua.

Donde procedem estes resultados? De que os escritos que defendiam ou defendem o partido despótico, advogando uma causa evidentemente péssima, nem são cridos, nem atendidos; e ainda que tivessem outra habilidade além de escrever impropérios, nunca haveria quem lhes desse ouvidos, em desprezo da verdade que eles atacam. Assim, o que as Cortes e o governo constitucional devem temer, não é o que se diz, só porque se diz em letra redonda; devem, sim, temer que se diga, quer por escrito, quer de viva voz, fatos desacreditantes fundados na verdade: esta é a que produz o efeito, e não a falsidade, só porque vem em letra redonda.

Ademais, se estes poucos miseráveis, que pela bem merecida queda do conde de Palmela e seu partido se vêem reduzidos à insignificância de que supunham poder sair, gritam e escrevem contra as Cortes, seria injusta opressão privá-los da consolação de gritar, por mais desentoados que gritem, contra o presente sistema que lhes derrubou os castelos que tinham formado no vento.

Até haverá mesmo alguém (posto que raro será) que em sua consciência julgue o sistema antigo preferível ao presente; e se um tal é português, essa sua opinião, contanto que obedeça às leis, não o faz menos português, nem lhe deve tirar o direito de dizer o que entende nos objetos públicos; e mui mal seguro estaria o governo constitucional se o grasnar de tais rãs pudesse produzir, em abalá-lo, o mesmo efeito que outros escritos obtiveram em expor em suas próprias e verdadeiras cores os abusos do governo passado.

As acusações verdadeiras contra o governo passarão de boca em boca quando de todo se não possam escrever e produzirão o seu efeito. As falsas acusações, o bradar de meia dúzia de descontentes, por mais que repitam suas falsidades pela imprensa, só farão acreditar a liberalidade de princípios de um governo justo, sem produzir mais dano que o choque de um mosquito contra a carreira dum elefante.

27.
Direitos de cidadão

[N° 160, vol. XXVII, setembro de 1821, pp. 255-7]

Muito estranho nos tem parecido que, declarando-se tão altamente a voz da nação portuguesa a favor de uma Constituição liberal, haja nas Cortes quem tanto insista em restringir e limitar os direitos de cidadão, o que está bem longe de ser princípio liberal e mais parece ditado pelos princípios da mesquinhez.

Não admira que o bispo de Beja propusesse riscar de ser cidadão português todo o que deixar de ser católico romano a seu modo; não admira isto, primeiro, porque é bispo, e segundo, porque é o bispo de Beja. Como bispo segue a máxima dos fanáticos, que assentam que a verdadeira religião precisa da força, do ferro e fogo para se sustentar; como bispo de Beja, que já votou pelo que houvesse de decidir a maioridade, e quem assim votou uma vez, merece toda a indulgência em tudo quanto disser nas Cortes.

Mas o mesmo não podemos dizer de outros deputados que têm em tantos pontos mostrado seu juízo e discernimento, quando os vemos inclinados a coarctar os direitos do cidadão: já propondo uma distinção odiosíssima entre portugueses e cidadãos portugueses, já limitando a eleição dos deputados de Cortes aos que residirem na província onde se faz a eleição, e já propondo a regra de que os portugueses que residirem fora do reino por cinco anos sem licença do governo percam o direito de cidadão etc.

Esta última restrição nos parece por extremo iliberal; e desafiamos os membros das Cortes a que nos mostrem um exemplo de tal legislação, não dizemos já em países livres e constitucionais, mas em qualquer estado civilizado da Europa, por mais despótico que seja seu governo.

A faculdade locomotiva é inerente ao homem, e mil casos acontecem diariamente em que o cidadão é forçado a sair da pátria; se a licença do governo se lhe deve dar em todos casos, vem a ser uma cerimônia inútil; e se o governo a pode negar, é fazer do cidadão *servus glebae*, escravo do terreno, donde não pode sair sem licença de seu senhor, debaixo da máxima pena, próxima à de morte natural, de perder seu direito de cidadão.

Motivos de família justíssimos, considerações pecuniárias pessoais e muitos outros motivos obrigarão o cidadão a ausentar-se temporariamente, sem que deva revelar seus motivos nem ao governo nem a ninguém; e por isso seria a mais tirânica opressão ao indivíduo expô-lo por isso à máxima pena da morte civil.

Muito má idéia se dá daquela pátria em que é preciso forçar os cidadãos a viver nela, por leis penais de tal severidade; mas como o artigo ainda não passou, não julgamos necessário demorarmo-nos mais nesta matéria, esperando que quando se ventilarem nas Cortes as qualificações dos cidadãos portugueses, deputados haverá assaz ilustrados para se oporem a tão iliberais idéias.

Diremos somente que cada restrição que se impõe ao cidadão é uma porção que se lhe tira de sua liberdade natural; e que quanto menos liberdade tiver o indivíduo, tanto menos liberal será a Constituição, e por isso cada uma dessas restrições deve ser fundamentada na clara e provada necessidade de manter a sociedade política; sem isto toda a diminuição da liberdade do homem é uma infração de seus direitos; por outras palavras, um ato de tirania.

28.
TENDÊNCIA DA REVOLUÇÃO EM PORTUGAL

[Nº 161, vol. XXVII, outubro de 1821, pp. 323-7]

Foi por muitos anos objeto de assíduas elucubrações neste periódico o mostrar a el-rei e a seu governo que os abusos na administração pública eram de tal magnitude que se não podiam remediar, nem mesmo paliar, sem a total reforma do sistema político da nação; e insistimos estrenuamente que a não fazer o governo as necessárias mudanças, o povo faria a revolução, e que, começada esta pelo povo, ninguém poderia predizer os resultados.

Não fomos acreditados, pelo menos não se atendeu a nossos avisos; e porque anunciávamos, como fiel atalaia, que a revolução chegava, insensatamente nos acusavam os áulicos de chamarmos por ela, de a desejarmos, de sermos inimigos d'el-rei etc.

Chegou por fim essa revolução: e então dissemos que já não havia outra linha a seguir, senão o identificar-se el-rei com ela, e seguir a sorte da pátria, acomodando-se aos sucessos do melhor modo que fosse possível, não podendo nas revoluções escolher-se o bem absoluto, mas o relativo, ou o que é menos mal.

Isto mesmo não foi seguido, e os áulicos se persuadiram que podiam, por meio de embustes e subterfúgios, opor-se à revolução, contrariá-la e deitá-la abaixo. Mas quando não houvesse outros indícios desses planos, bastava considerar quais eram as pessoas que apareciam em cena no governo d'el-rei.

Figurava como primeiro o conde de Palmela, cuja política é caraterizada pelo grande defeito de *vouloir toujours tromper*[98]; o mesmo que tinha tido parte na célebre proclamação da Regência em Lisboa contra os *rebeldes* do Porto. Claro está que com tal homem à frente dos negócios, as mais sinceras intenções d'el-rei se deviam tornar suspeitas.

---

[98] Querer sempre enganar.

Seguiu-se daqui o chamamento de umas Cortes no Brasil, que haviam de ser constituídas por tal maneira que só apresentavam um escárnio de representação nacional; e que por mais bem constituídas que fossem, indicavam uma cisão do Brasil, por se não contemplarem as Cortes de Portugal, nem se dar a Corte do Rio de Janeiro por sabedora de que em Portugal havia alguma revolução.

No entanto que isto se passava no Brasil, os diplomatas portugueses nas cortes estrangeiras combinavam planos contra a regeneração de Portugal; e afirmava-se mui abertamente, e sem que os amigos do conde de Palmela o contradissessem, que este ministro do Brasil era o primeiro móvel dessas intrigas diplomáticas na Europa. Daqui cresceram naturalmente as suspeitas contra tudo o que provinha do Ministério do Rio de Janeiro.

Arrebentou naquela cidade uma comoção popular e da tropa, que, já por sua violência intrínseca, já porque tinha sido precedida por outras semelhantes em várias partes do Brasil, forçou os ministros de Estado para fora de seus lugares; e el-rei prometeu unir-se à revolução, e pouco depois embarcou-se para a Europa.

Mas, para que este passo prudente e justo da parte d'el-rei fosse suscetível de sinistras interpretações, acompanharam-no para a Europa o mesmo conde de Palmela com o resto dos sequazes de seu Ministério; e antes de chegarem a Lisboa já todo o mundo apregoava que esses homens haviam aconselhado a el-rei que em vez de chegar a Portugal, aportasse nas ilhas dos Açores, e dali tomasse suas medidas contra a revolução.

Chega, com efeito, el-rei a Lisboa, e não só ali havia já notícia de todas essas intrigas, mas até uma carta de um desses áulicos que vinham com el-rei, em que convidava para se unir a suas vistas um dos corifeus da revolução, atual membro da Regência nomeada pelas Cortes.

Que mais era preciso para despertar os ciúmes e o zelo das Cortes? As Cortes e todos os heróis da regeneração da pátria, se os seus receios contra os áulicos se verificassem, deviam temer o nome de rebeldes, e a sorte dos que arderam nas fogueiras do campo de Santa Ana. Era a salvação da pátria, era a segurança de suas próprias vidas que os obrigava a guardar-se contra o que tão razoadamente deviam recear.

Mas nestes termos, que fizeram as Cortes? Não procederam a infligir em seus oponentes as penas que indubitavelmente deles receberiam, se a revolução fosse derribada: a misericórdia se ofereceu àqueles que na sua proclamação ameaçaram vingança, e que a executariam (testemunha o campo de Santa Ana) se houvessem ficado vencedores. Em vez de subterrâneas masmorras e prisões incomunicáveis, o conde de Palmela e seus sequazes só foram proibidos de viver em Lisboa, onde poderiam com mais facilidade levar adiante suas intrigas. Seja isto dito muito em louvor da revolução, que tem procurado, e tem até agora conseguido, obter a desejada reforma sem sangue.

E de que forma têm esses áulicos correspondido à misericórdia com que as Cortes trataram seus inimigos?

Os folhetos contra a revolução publicados em Londres, as conexões dos protetores de tais folhetos com o conde de Palmela e seu partido respondem amplamente à pergunta, porque são fatos públicos; outros de natureza mais particular em adequado tempo sairão à luz.

Mas, tornando ao fio do nosso discurso, esta série de erros cometidos pelos perversos charlatães políticos que cercavam el-rei produziu o ciúme das Cortes, e fez mudar coisas que nem se meditava negar ao princípio, nem se deveriam negar se não fossem as intrigas desses áulicos, que deram motivo a tão funestas suspeitas.

A conhecida benignidade d'el-rei, seu caráter pacífico e benfazejo, seu distinto amor pela nação o faziam superior a toda suspeita; e por outra parte, a decidida afeição dos portugueses pela dinastia da Casa de Bragança daria a este soberano toda a ascendência nos negócios públicos de que ele, em todos os tempos, se tem mostrado credor.

Mas quando ele se acha rodeado de áulicos tais como os que até aqui têm figurado no governo, a precaução das Cortes é medida da mais urgente necessidade; e esta consideração serve a desculpar muitas decisões das Cortes que nós mesmos reprovamos como inadmissíveis, se as coisas progredissem num estado regular da sociedade em Portugal.

E para que não se suponha que nós desejamos cegamente aprovar, nem ainda desculpar, todos os atos das Cortes, por essa única mas ponderosa razão da própria conservação, diremos a nossa opinião; e é que em tais conjunturas deveriam as Cortes fazer a legislação perfeita, e suspender a execução daqueles artigos em que houvesse perigo, até que este cessasse. Aludimos à composição do Conselho de Estado e outras medidas de igual tendência que temos reprovado.

Outra causa tem contribuído para alterar o caráter da revolução dando-lhe mais a forma de monarquia democrática pelo aumento do poder das Cortes, e vem a ser a negligência dos ministros, mesmo dos nomeados pelas Cortes. Esta circunstância tem obrigado as Cortes a tomar sobre si o despacho de muitos negócios que deveriam pertencer ao Executivo, porque este não tem feito o que lhe cabia.

Eis aqui a demasiada tendência à democracia, governo que, estamos certos, não é adaptado ao gênio da nação portuguesa. Esta mudança, a que chamamos um mal, é um dos efeitos das revoluções populares; efeitos imprevistos, porque era impossível prever as causas incidentais que têm ocorrido, e cujas conseqüências também se não podem prognosticar, porque dependem dos mais erros que ambas as partes forem ao diante cometendo.

29.
Cortes de Portugal

[Nº 161, vol. XXVII, outubro de 1821, pp. 327-8]

Lendo os debates no *Diário das Cortes*, observando os seus procedimentos e meditando nas decisões que adotam, cada vez nos convencemos mais de sua utilidade.

Seria tão inútil como preposterous disfarçar que existem nas Cortes deputados cujas opiniões se inclinam constantemente para o sistema antigo. Mas, longe de julgarmos que isso é um mal para a nação, pensamos que daí resulta algum bem; e só notamos que os deputados liberais têm mostrado com esses, em alguns casos, demasiada condescendência.

As tentativas para salvar os diplomáticos criminosos, os esforços para continuar a intolerância, a defesa dos empregados públicos acusados de prevaricação ou negligência, caraterizam à face da nação os deputados que são contra o sistema constitucional, por mais que eles trabalhem em mascarar com especiosos argumentos suas idéias rançosas. Ao mesmo tempo, o resultado das discussões prova a maioridade dos liberais nas Cortes quando os argumentos satisfazem a nação, de que todos os partidos são ouvidos com igual atenção; e nenhuma opinião é sufocada, posto que seja argüida, e convencida, em tanto quanto o espírito de partido e a obstinação no erro são capazes de convicção.

Os sofismas dos argumentos de uns, o desejo de conciliação em outros, não permite que as Cortes levem suas reformas ao ponto que muitos, e nós mesmos, desejaríamos; e ainda, mesmo assim, muito se faz e tem feito. A desgraça é que o mesmo partido que impede os melhoramentos é o que por baixo de mão acusa as Cortes de não fazerem mais do que fazem.

No entanto as Cortes dão passos que a todos convencem de sua utilidade. Basta lembrar o ex-ministro conde dos Arcos, e o ex-governador Stockler, presos e sujeitos a serem processados: exemplos inauditos na administração passada e que nunca tiveram existido se o antigo governo continuara.

O plano das juntas de governo do Brasil: que estrondoso melhoramento nos negócios públicos da monarquia!

A decisão das Cortes para que as eleições dos deputados seja feita diretamente pelo povo, sem a intervenção de primeiros e segundos eleitores intermediários, com o que se abriria tão ampla porta à corrupção.

A resolução de mandar vir do Brasil o príncipe real. A indagação sobre o modo de educação do sr. infante. Que passos tão essenciais, tão importantes, para o melhoramento da monarquia!

Foram abolidos os capitães-mores e as milícias licenciadas, como prelúdio para desfazer aquele horroroso sistema pelo qual o marechal Beresford, sob pretexto da defesa do reino, reduziria a monarquia a um completo despotismo militar que em poucos anos igualaria a política dos governos asiáticos.

Não esquecem, no entanto, medidas colaterais, que servem para fortalecer o sistema constitucional, como foi a cerimônia de assistir el-rei o lançar a primeira pedra de um monumento no Rocio em comemoração da regeneração da nação. A solenidade foi conduzida com toda a pompa e depois houve um jantar público, a que assistiram 400 pessoas, e regozijos por toda a cidade de Lisboa.

30.
EXPEDIÇÃO PARA O BRASIL

[N° 161, vol. XXVII, outubro de 1821, pp. 329-30]

Na sessão 166ª das Cortes se debateu a questão sobre o mandar um corpo de tropas para o Brasil, segundo era a opinião de muitos deputados e conforme até as intenções d'el-rei. Contudo, havendo mudado as circunstâncias, e achando-se as Cortes melhor informadas sobre o modo de pensar da maioridade dos povos do Brasil, foi aquela opinião grandemente modificada.

Os deputados Carvalho, o abade de Medrões, Gouvêa Osório e outros foram de opinião que não era preciso mandar tropa para o Brasil. Os deputados Serpa Machado, Ferrão e outros queriam que se mandassem unicamente tropas para render as que estavam no Rio de Janeiro. O sr. Fernandes Tomás e outros opinavam por que se esperasse a chegada dos deputados do Rio de Janeiro para ouvir seu parecer sobre a necessidade desta expedição.

Depois de várias opiniões se decidiu que fosse a expedição, mas não os 2 mil homens que originalmente se tinha projetado, e fossem somente 1.200 praças e que regressasse a tropa que lá estava.

Já dissemos, com o voto de alguns deputados de Cortes, que a união do Brasil com Portugal deve ser sustentada pela opinião, e não pela força: assim, estas tropas só poderiam ser enviadas com utilidade, no sentido de render as que se acham no Brasil, e que não estiverem inclinadas a fazer aquele serviço.

Devemos confessar que o procedimento das Cortes, e as opiniões dos deputados que têm o caráter de mais liberais, tendem a pôr as províncias do Brasil em igual pé que as de Portugal. Não bastam estas boas intenções, é preciso, outrossim, que os povos do Brasil estejam convencidos desta verdade: mas, uma vez que se produza esta convicção, ela será a verdadeira força, sem precisão de tropas.

31.
GOVERNO PROVISIONAL NO BRASIL

[Nº 161, vol. XXVII, outubro de 1821, pp. 330-3]

Discutiu-se já e aprovou-se nas Cortes a forma de governos provisórios para as províncias do Brasil, como se vê do documento que publicamos à p. 275[99].

Reduz-se o plano a estabelecer juntas cujos membros sejam escolhidos pelos eleitores de paróquia de toda a província que puderem vir à capital; sendo o número dos vogais sete, nas províncias que dantes tinham capitão-general, e são: Pará, Maranhão, Pernambuco, Bahia, Rio de Janeiro, Rio Grande do Sul, São Paulo, Minas Gerais e Mato Grosso; nas outras, somente cinco vogais. O governador militar não terá outras atribuições mais que as dos governadores das armas das províncias de Portugal.

Ao depois diremos mais alguma coisa a este respeito; por ora contentamo-nos com expressar a nossa satisfação com a medida em geral, que nos parece a mais prudente que era possível adotar nas circunstâncias atuais.

O primeiro benefício que resulta deste expediente é terem provado as Cortes o interesse que mostram pelos povos do Brasil, abolindo a tirania dos paxás que, com nome de governadores, assolavam aquelas províncias. A segunda utilidade consiste em tirar ao Ministério a odiosa responsabilidade da boa ou má administração daqueles governantes; porque, deixando-se a sua escolha aos povos, de si mesmos eles se deverão queixar, caso os indivíduos não correspondam ao que deles se espera. A terceira vantagem é dar-se aos povos do Brasil a oportunidade de olharem por seus interesses, a ocasião de se instruírem nos negócios públicos e um motivo de adquirirem o caráter de cidadão, que até agora estava submergido no mero estado de súdito passivo.

---

[99] Ver pp. 322-5.

Obtido assim este grande bem, tudo o mais são considerações secundárias, que poderão ser mais ou menos bem resolvidas, mas que não podem obstar essencialmente ao plano geral.

Uniram-se já às Cortes os deputados pela província de Pernambuco, cujos nomes são: Inácio Pinto de Almeida e Castro, Manuel Zeferino dos Santos, Pedro de Araújo Lima, João Ferreira da Silva, Francisco Moniz Tavares, Félix José Tavares Lyra, Domingos Malaquias de Aguiar, Pires Ferreira.

Também chegaram os do Rio de Janeiro, e são: Custódio Gonçalves Ledo, Luiz Nicolau Fagundes Varella, João Soares Brandão, o bispo titular d'Elvas, Luiz Martins Bastos e o bispo de Coimbra.

Destes, o bispo de Coimbra ainda não tomou assento, e o bispo titular d'Elvas morreu logo depois de tomar o seu lugar.

Os deputados do Brasil começaram logo por entrar nas deliberações sobre o que pertencia ao seu país; e os de Pernambuco mui principalmente clamando contra o governador Rego[100] e a favor das muitas vítimas que a tirania daquele paxá tem sacrificado, sob o pretexto de desafeição naquela província à união do Brasil com Portugal; pelo que, oprime os indivíduos e mancha o Brasil com uma nódoa que, ainda que verdadeira fosse, convinha não assoalhar; mas nenhuma outra coisa se podia nunca esperar de homens tais como Rego, cuja ignorância e hábito do despotismo lhes não dá outra idéia de governo, senão a do mando absoluto e uma submissão cega da parte dos súditos, tal qual se não encontra nem mesmo numa corporação de franciscanos, e que é incompatível com a sociedade de homens livres.

Os deputados da Bahia ainda não chegaram a Lisboa, e a junta daquela província informou às Cortes de que as eleições se tinham retardado em conseqüência das distâncias, mas que se esperava pudessem partir no mês de agosto.

A mesma causa se alega pela tardança dos deputados do Pará; e no Maranhão não se tinha ainda jurado as Bases da Constituição, porque não foram ali notificadas oficialmente. Por que razão se não perguntou isto ao ministro do Ultramar, e se não fez responsável por esta omissão?

No entanto, se o sistema constitucional não faz no Brasil os progres-

---

[100] Luís do Rego Barreto, visconde de Geraz-do-Lima (1777-1840), foi nomeado governador e capitão-general de Pernambuco em junho de 1817, incumbido por d. João VI de impor a ordem à província depois da insurreição de 1817. Ocupou o cargo até outubro de 1821, quando foi eleita a Junta Provisória presidida por Gervásio Pires Ferreira.

sos que se podia desejar, pelo menos não dá passos retrógrados, e esperamos que o estabelecimento das juntas provisionais de governo lhe dê a consistência que é necessária.

Havendo, porém, expendido as vantagens que resultam ao Brasil das presentes medidas das Cortes, pelo que, se os brasilienses têm sentimentos de justiça, se devem mostrar gratos, convém que não deixemos no esquecimento, pelo que sobre isto teremos de dizer no futuro, os interesses que Portugal tira desta união.

Primeiramente, é melhor que uma nação consista de sete milhões do que de três milhões de habitantes.

Depois, em ponto de finanças, a união do Brasil com Portugal pode ser comparada a dois negociantes, ambos em miserável estado de seus negócios; mas um tem dívidas em soma de 90 milhões, e com poucos meios de os satisfazer; o outro tem uma dívida de 15 milhões, e amplos meios de os pagar. Está claro que entrando estes dois negociantes em parceiragem, o mais endividado tira o maior proveito da sociedade.

À p. 284 publicamos uma conta do rendimento e despesa da província da Bahia; e, apesar da misérrima administração passada, há considerável saldo a favor do Tesouro, que sem dúvida crescerá melhorando a administração, e não temos a menor dúvida que o mesmo se mostre em todas as mais províncias do Brasil. Ora, em Portugal o que aparece é um déficit enorme, como dissemos no nosso número passado. Daqui se vê o proveito que Portugal tira de sua união com o Brasil, em ponto de finanças.

À p. 279, publicamos também o estado da administração dos diamantes. Este artigo deve ser mui interessante a Portugal, mas daquelas contas se vê o misérrimo lucro que tão precioso gênero tem dado, pelo modo por que este negócio é manejado. Há muito quem pense que as Cortes fariam o mais essencial serviço à nação se abolissem essa péssima administração dos diamantes, da qual provêm aos habitantes do distrito diamantino os mais inauditos vexames, quando o proveito é comparativamente tão insignificante, como se vê pelo preço médio de cada oitava, resultante do mapa que deixamos publicado.

Desejaríamos, pois, que essas sobras das rendas do Brasil se aproveitassem realmente em benefício de Portugal, e que não servissem de alimentar déspotas que oprimem o Brasil. Examinem as Cortes os habitantes do Tijuco, e conhecerão o que eles sofrem com o despotismo anexo à administração dos diamantes, o pouco que o Tesouro Nacional lucra com esse método, e a magnitude dos descaminhos pela exportação por contrabando dos mesmos diamantes.

O deputado B. Carneiro olhou por uma face mui importante os interesses que Portugal pode tirar do Brasil, propondo que ali se mandasse construir vasos de guerra. Neste ramo pode o Brasil ser de direta e grande utilidade ao Reino Unido, e a vantagem é tão grande, que se não deverá nunca perder de vista.

Conhecemos mui bem que as Cortes não podem fazer tudo de um golpe; mas convém que se não deixem no esquecimento estes apontamentos.

32.
Sistema de intolerância

[N° 162, vol. XXVII, novembro de 1821, pp. 422-9]

Quando se tratou nas Cortes o artigo da Constituição que declarava a religião católica apostólica romana a religião dos portugueses, quiseram alguns deputados que se estabelecesse que o português que deixasse de ser católico apostólico romano perdesse os direitos de cidadão; e se resolveu que não entrasse a matéria naquele lugar, mas que se reservasse para outro artigo, em que se trate dos direitos de cidadão e modo de perder esse direito.

Não falaremos da tolerância religiosa, mas sim da tolerância civil; e isto, não porque nos faltem argumentos, mas porque não é sobre as decisões de um concílio, e sim acerca de medidas de uma Assembléia Legislativa, que nos propomos tratar.

Como cristãos, basta-nos ter lido os evangelhos e os escritos dos apóstolos para estarmos convencidos de que a religião cristã é fundada na tolerância; porque os seus preceitos são os da brandura, sofrimento, caridade e resignação na humildade; e que somente o espírito anticristão de alguns eclesiásticos, com as vistas de conservar suas riquezas e poder, a despeito e em detrimento das máximas do evangelho, poderiam jamais lembrar de querer sustentar essa religião de brandura com ferro e fogo, valendo-se para isso do auxílio de governos temporais, assaz ignorantes, ou assaz perversos para traficarem com a religião em apoio de suas sinistras intenções.

Basta ler a vida de Jesus Cristo, como a referem os evangelistas, para conhecer que os seus preceitos se destinavam a cortar pela raiz a intolerância dos judeus, que se tinha introduzido entre eles da maneira a mais perniciosa, tanto para seus negócios civis, como para a pureza de seus dogmas. Foi preciso todo o sofisma dos eclesiásticos, todo o manejo oculto de suas embrulhadas, para desfigurar estas verdades tão patentes da religião cristã; quando, em tempos de confusão e nos séculos de ignorância, se valeram da força dos imperadores romanos, do estabelecimento da Inquisição, da usurpação da autoridade temporal, chegando o anticristianismo ao ponto de não só terem os bispos cadeias em que mandavam prender os que não queriam ser cristãos a seu modo, mas até cadeias nos conventos de frades, para obrigar os homens a seguir conselhos evangélicos, a que, pela confissão de todos, não estão os cristãos obrigados.

Poderíamos citar a favor desta tolerância religiosa não só muitos textos da Escritura, mas passagens terminantes dos mais eminentes padres que floresceram nos primeiros e mais virtuosos séculos da igreja cristã. Com efeito, é desgraça que ainda neste século sejamos obrigados a dizer que é contra a mansidão essencial da religião cristã o sistema de um inquisidor que entrega às chamas um miserável, porque Deus lhe não deu o mesmo juízo, o mesmo raciocínio, que tinha o inquisidor que o queria convencer do erro. E quando em Portugal já não há esse inquisidor, haja ainda um bispo que, não podendo queimar esse que não concorda com ele em opinião, trabalhe pelo exterminar, privando-o dos direitos de cidadão. E que tal bispo seja apoiado nas Cortes por um canonista que deseja a mesma intolerância, somente porque outros não têm o juízo tão claro como ele para ver essas verdades que ele deseja manter com leis penais, ou porque esses outros não são tão hipócritas como aqueles, que sem estarem convencidos de tal, mostram muito respeito por esses cânones com a inscrição de *Palha*, e que fazem grande parte do estudo do que chamam os Sagrados Cânones em Coimbra.

Uma coisa só notaremos, e é que se nós não estamos convencidos de que esses cânones de *Palha* merecem a denominação de sagrados, o mandarem-nos para a cadeia, o privarem-nos dos direitos de cidadão seguramente nos não convencerá do contrário. E se o fim dessa coação é não convencer o nosso entendimento, mas fazer que professemos no exterior aquilo de que não estamos convencidos no interior, não sabemos que religião tenha o bispo ou o sr. canonista que se satisfaz com essa nossa hipocrisia, a qual é mais insultante à divindade do que um culto errado procedido de sincera convicção: e claro está que a coação externa produzirá a hipocrisia, mas nunca a convicção.

Deixaremos pois estes pretensos defensores da religião cristã, que o que querem é a exterioridade, isto é, a hipocrisia; citar-lhes a Escritura, os sábios discursos dos padres da Igreja contra os perseguidores Nero, Calígula etc. seria tempo perdido; porque esses argumentos só servem de convencer a quem tem por alguma coisa o convencimento da consciência e não a quem procura somente a hipocrisia externa. Por isso iremos ao nosso fim, que é considerar a matéria em ponto político, como estadistas.

A nossa questão, pois, se reduz a considerar se as Cortes devem instituir leis penais contra os sectários de qualquer das seitas existentes de cristãos, e ainda contra os que seguirem outra diversa religião.

As Cortes, como governo civil, não têm direito de entrar no exame dos dogmas de nenhuma seita, porque o governo civil só pode olhar para as religiões como sistema de moral; e, portanto, o que tem de examinar as Cortes é: se a moral de alguma seita do povo que governam é ou não contrária ao sistema de legislação do país. Se é contrária, tem o direito de a reprimir por leis penais; se o não é, não devem embaraçar-se com seus dogmas.

Não achamos que ao magistrado civil fosse confiada a direção das consciências de seus súditos, nem pela religião revelada, nem pelo direito natural. Não consta de parte nenhuma dos livros sagrados em que se funda a religião cristã que Deus ordenasse aos povos que buscassem nas opiniões religiosas do magistrado a regra de sua consciência; se assim fosse, os israelitas, no tempo de seus reis ortodoxos, deviam seguir a lei de Moisés, e no tempo dos reis idólatras, deveriam sacrificar aos ídolos; e agora, todos os cristãos que vivem em Constantinopla deveriam tornar-se maometanos: é, logo, claro que o magistrado civil, pela religião revelada, não tem direito de prescrever a seus súditos a regra de sua consciência nas matérias de pura crença; ou, como lhe chamam, dogma.

Citaremos a este respeito uma passagem da obra de sr. Francisco Coelho de Souza e Sampaio, no seu *Direito público português*, nota ao § 87, que diz assim:

> "Não quero nisto dizer que o príncipe tem direito coativo para obrigar os súditos seguirem a religião cristã; porque o homem nada tem mais livre, nem mais incapaz de coação do que a religião; porém ele tem o direito de a promover, pelo bem que dela resulta ao Estado, usando dos meios próprios e competentes à natureza da religião."

Citamos de propósito este autor, que não pode ser suspeito, já pelos princípios que segue, e já porque escrevia em tempos da Inquisição; e para mostrar o contraste se as Cortes agora seguirem o contrário.

Mas, deduzir-se-á este poder do magistrado civil do pacto social tácito pelo qual se supõe que os homens cedem ao governo parte da liberdade natural, a fim de conservar a ordem da mesma sociedade?

Dizemos claramente que não; porque a presunção de renúncia desses direitos, ou parte de liberdade cedida, não se pode estender a mais do que aquilo que é necessário para a conservação da sociedade; e muito menos se pode estender tal renúncia, no pacto social presumido, de uma coisa que é impossível renunciar, porque ninguém poderia de boa-fé e sinceramente entrar em um pacto de pensar e estar convencido dos dogmas e opiniões que o magistrado julgasse verdadeiros e de mudar de crença quando o magistrado a mudasse. Sendo tal pacto ou ajuste impossível na execução, não se pode presumir que existisse no pacto social tácito; porque um pacto de impossível execução não se presume de direito, ainda que existisse de fato; ou ainda que as Cortes o declarem como tal, no pacto social que oferecem à nação com o nome de Constituição, a declaração de pacto existente é nula, porque declara um contrato de natureza inexeqüível.

Quem dirá que é de possível execução um ajuste pelo qual nos obriguemos a ser todos os dias da mesma opinião, e estarmos convencidos, sempre no mesmo grau, de certa verdade ou sistema de verdades? Não podemos prometer o que de nós não depende, e nós não somos livres na nossa convicção, pois ela provém irresistivelmente do modo por que os argumentos nos tocam: e é-nos tão impossível o resistir à luz interna do nosso entendimento, como deixar de ser o que somos.

Deduzimos daqui a regra geral, que o legislador não tem direito de regular as consciências, nem por direito divino, nem por direito humano. Assim, se o magistrado pode castigar quem for cometer um sacrílego desacato a uma igreja ou templo, não é porque a ação seja ímpia, mas porque é anti-social. No primeiro sentido, só Deus é o juiz daquela ação do homem; no segundo, o magistrado previne a perturbação da ordem pública, que é justamente o seu dever.

Isto posto, a tolerância civil não é um benefício que se peça às Cortes; é de sua obrigação adotá-la, porque ninguém lhes deu, nem lhes podia dar, o direito de obrar em contrário e de prescrever uma regra para as consciências dos homens. As Bases declararam a religião católica romana como a religião da nação, e como este ponto, em tese, é além do poder civil, é preciso interpretá-lo no sentido o mais restrito.

As Cortes, por essas Bases da Constituição, estão obrigadas a proteger e manter a religião católica romana; mas essa proteção deve ser toda conforme ao sistema do cristianismo e segundo as máximas do Evangelho, que indubitavelmente se opõem a constranger ninguém a que siga o cristianismo.

Se as Cortes sancionarem leis penais para obrigarem alguém a ser católico romano contra a sua convicção, tão longe está isso de ser proteção à religião cristã, que é destruir os seus fundamentos usando de coação no que a mesma religião a desaprova; essa legislação penal seria introduzir no cristianismo a máxima do Alcorão e misturar o sistema maometano com a moral do Evangelho, é degradar, é destruir o cristianismo, em vez de o proteger.

Mas objetar-se-á a isto, a favor da intolerância, o inconveniente que resulta da multiplicidade de religiões e as vantagens da uniformidade de crença. Montesquieu[101] tem amplamente respondido a esta objeção e parece-nos que a autoridade de tão profundo político é de assaz peso nestas matérias.

Acrescentaremos, porém, que essa uniformidade de pensar é quimérica, porque é contra a natureza dos homens; e o resultado de uma legislação intolerante será sempre não produzir a tal uniformidade, mas estabelecer as perseguições e os castigos contra os dissidentes; por outras palavras, estabelecer uma Inquisição de eclesiásticos ou de seculares, com processos públicos ou particulares, com mais ou menos rigor, mas sempre com opressão dos indivíduos que tiverem a infelicidade de não pensar como o magistrado civil, ou que forem assaz honrados para se não mostrarem hipócritas.

Os males que podem produzir as diferentes seitas num Estado não provêm da diversidade de modo de pensar dos sectários se os deixarem gozar de suas opiniões, porém, como a história demonstra, dessa intolerância que combatemos; por ela é que as seitas oprimidas se revoltam contra a seita opressora, que o magistrado quer que se siga pela força; por ela é que se perpetuam os ódios; e por ela é que esses ódios se tornam mútuos, e os homens procedem a vias de fato.

Observem-se os países onde a tolerância está estabelecida; quanto maior é esse grau de tolerância, menos zelos mostram as seitas umas para com as outras, e se essa tolerância é perfeita, nem há sequer aparência de oposição entre os diferentes sectários, como se observa eminentemente nos Estados Unidos, onde cada seita procura estabelecer a sua superioridade, rivalizando as outras em virtudes morais para assim provar sua excelência.

Objetar-se-á mais, que a introdução de novas seitas tem causado distúrbios em várias nações; a isto replicamos outra vez que quem causou esses distúrbios foi a intolerância e não os novos sectários, que se os deixassem, ou os combatessem só com as armas do argumento, não teriam eles que opor a força para se defenderem contra a força que os oprimia.

Se, com efeito, alguns sectários ou inovadores causassem sedições ou introduzissem doutrinas imorais, então o magistrado que os castigue como infratores das leis; mas não se confundam esses criminosos com os que só

---

[101] O escritor francês Montesquieu (1689-1755) é autor de *O espírito das Leis* (1748), importante obra de teoria política, além de *Cartas persas* (1721) e *Considerações sobre a causa e a grandeza dos romanos e de sua decadência* (1734).

pedem a liberdade de pensar e de professar uma crença que supõem a melhor, e com a qual não ofendem os direitos de ninguém.

Quanto à proteção que as Cortes devem dar à religião católica apostólica romana, é evidente que o devem fazer, pois essa é declarada a religião da nação; mas o que contendemos é que essa proteção não compreende a intolerância, nem enforcar, queimar, desterrar ou banir os homens, para os forçar a ser cristãos; porque tal proteção, contendemos, é contra o mesmo espírito do cristianismo e contra a suma bondade de Deus, a que repugna os sacrifícios de vítimas humanas, de qualquer modo praticados, com o pretexto da honra de Deus.

As Cortes são uma corporação legislativa civil, que nenhuma faculdade pode ter sobre as consciências dos povos para que legislam. Se os membros das Cortes são cristãos, isso é um caráter acidental à sua qualidade de legisladores. Se os povos para quem legislam são cristãos, as leis que fizerem se devem conformar com o espírito do cristianismo; e contendemos que toda a coação, toda a força, toda a legislação penal, para obrigar os homens a serem cristãos, é diametralmente oposta ao sistema do cristianismo. Ninguém mostrará uma só passagem nos evangelhos que admita a interpretação de manter ou proteger o cristianismo pela força, nem por leis penais. Se as Cortes assim obrassem, excederiam seus poderes e obrariam de modo anticristão; tomariam como regra as leis do Alcorão, e não o Evangelho.

33.
Brasil

[N° 162, vol. XXVII, novembro de 1821, pp. 434-5]

Pelo documento que publicamos no princípio deste número, se vê a resolução das Cortes para que volte do Brasil s. a. r. o príncipe regente, e passe a viajar algumas capitais da Europa.

Também se apresentou às Cortes um ofício do mesmo príncipe regente, em que s. a. r. representa a pouca autoridade que exerce no Brasil, porque as províncias não contribuem para o Erário do Rio de Janeiro, e este se acha com déficit de 20 milhões, que o mesmo príncipe diz não saber donde lhe hão de vir.

Este mesmo príncipe regente, ou seu ministro, conde dos Arcos, havia dado por justas e liquidadas as contas do tesoureiro-mor, Targini, e passaporte para se pôr ao fresco. E assentam esses senhores que tal modo de proceder é calculado a obter a confiança das províncias, e que estas lhe mandem o seu dinheiro sem saber para que, como se há de gastar ou quem há de ser responsável pelos extravios?

Acabou-se o tempo das mágicas; e os homens, ainda que sejamos nós os tolos do Brasil, já não crêem em bruxas: e antes que se peça dinheiro para suprir esse déficit de 20 milhões, é preciso que se saiba em que se gastaram e que sorte de contas deu quem administrava os dinheiros públicos.

Na sessão 202ª das Cortes se apresentaram os deputados pela cidade de Angra nas ilhas dos Açores; mas da maior parte do Brasil ainda andam retardados; e suposto vejamos esta representação do príncipe regente sobre o déficit, ainda nos não chegaram à notícia as suas providências para acelerar a tão necessária e essencial eleição dos deputados pelo Brasil; e por outra parte se tem feito público o estudado desdém com que o ministro, conde dos Arcos, em vez de conciliar, quis tratar por menor a importante província da Bahia.

Se a estada de s. a. r. no Brasil tendesse a formar um centro comum de união entre aquelas províncias e as de Portugal, a retirada que se ordena pelas Cortes seria para lamentar; mas pelo que se tem passado, vemos que para essa desejada união é preciso recorrer a outras medidas; e assim, a sua residência no Brasil vem, neste sentido, a ser perfeitamente inútil. Quando, manejado o negócio com prudência, havia necessariamente ser da mais decidida utilidade.

34.
PERNAMBUCO

[Nº 162, vol. XXVII, novembro de 1821, pp. 435-47]

No extrato que fizemos dos procedimentos das Cortes, na sessão 209ª, verá o leitor que se resolveu afinal o mandar algumas tropas contra Pernambuco, sendo contrários a essa opinião todos os deputados daquela província. Para se mandarem as tropas alegava-se o estado inquieto e descontente daquela parte do Brasil. Para se não mandarem argumentava-se que as tropas aumentariam o descontentamento, o qual provinha das tropas européias (o batalhão do Algarves) que lá se acha, e do caráter do governador Rego.

Que existem em Pernambuco partidos e descontentamentos é evidente; as suas causas e o meio de as remediar é a questão que muito convém indagar e resolver; e por isso exporemos os fatos que nos induziram a formar uma opinião sobre este assunto. Queixa-se do governador Rego muita gente, outros falam a seu favor; portanto deve aplicar-se a crítica para distinguir qual dos testemunhos é mais crível. A favor do governador existem: 1º) os elogios que lhe fazem as gazetas de Pernambuco; 2º) as diversas representações em seu louvor, publicadas nessas mesmas gazetas e dirigidas ao governador, principalmente na ocasião dos tiros que lhe atiraram; 3º) um memorial apresentado às Cortes na sessão 204ª, assinado por 214 habitantes de Pernambuco, exprimindo-se decididamente a favor do general Rego; 4º) finalmente, uma carta que nós mesmos publicamos no fim deste número, em que se refuta uma das calúnias inventadas contra o governador.

Quanto ao 1º, está tão longe de ser em coisa alguma a favor de Luiz do Rego os elogios que lhe fazem as gazetas de Pernambuco, que é isso prova de sua imprudência; porque é claro que nem o governador nem os seus censores permitiriam, em tão despótica administração, que alguma gazeta se atrevesse a dizer a menor coisa contra o seu paxá. Logo, esses panegíricos não podem ter mais peso de que os elogios forçados de quem não tem faculdade de falar de outro modo, e é prova de falta total de modéstia (para usar do termo mais brando possível) em o governador sancionar nessas gazetas, que se devem chamar suas, os seus próprios elogios.

Pelo que respeita o 2º, é evidente o pouco peso que tais memoriais devem ter em caracterizar o comportamento do governador, porque mui lerdo seria ele, se governando tão despoticamente, que manda a seu belo prazer prender, encarcerar, degradar e arruinar a quem lhe parece, não tivesse meios de obter algumas poucas assinaturas em qualquer papel ou certidão a seu favor. Apenas haveria indivíduo que não julgasse do seu dever comprar o seu sossego e o de sua família a troco de assinar um papel que lhe pedissem a favor de um paxá que, com um mero aceno, podia reduzir a cinzas a quem recusasse essa assinatura.

O terceiro argumento, que é a representação às Cortes assinada por 214 habitantes, labora no mesmo defeito, para merecer crédito; mas, além disso, um desses que a assinou (veja-se a sessão 207ª) representou às Cortes que tal papel assinara porque fora para isso seduzido; e os deputados de Pernambuco asseveraram que a maior parte dos que assinaram aquele papel eram homens que juraram falso na devassa sobre o motim de 1817[102]; tais pessoas não podem ser dignas do crédito.

Ultimamente, a carta que inserimos na correspondência alivia o governador de uma das acusações; desejamos que disto tire todo o proveito que se lhe pode daí seguir e por isso mesmo a inserimos, porque ainda aos homens de quem fazemos a pior idéia, se lhes deve fazer justiça; e, como diz o rifão, não se deve pintar o demônio mais negro do que ele é. Mas olhe-se para o caráter que o escritor dessa carta dá às tropas que mandaram a Pernambuco; considere-se que esse escritor é um elogiador de Rego (e até nos dizem, particularmente, que vivia em sua casa), considere-se o mesmo fato de que o governador foi acusado de que essa carta o justifica, e que se prova ser cometido por um oficial dessa tropa; e decida o leitor imparcial se lhe pode ficar alguma dúvida da razão com que os pernambucanos se têm em vão queixado da existência daquela tropa em Pernambuco.

Diz-se que existe naquela província um partido que deseja a independência; deste desejo se faz um crime que o governador Rego passa logo a castigar com prisão e desterros, tendo mandado uns para África, outros para vários presídios e, finalmente, uma carregação deles para a Europa. Para isto

---

[102] A Revolução Pernambucana de 1817 foi motivada pelo descontentamento dos pernambucanos com os privilégios concedidos aos portugueses, a dominação política imposta do Rio de Janeiro e os sacrifícios econômicos sofridos pela província. Em março de 1817 os revolucionários implantaram em Recife um governo provisório de caráter republicano e conseguiram expandir o movimento pelo sertão, mas foram derrotados pelas forças portuguesas em maio de 1817.

fretou um navio, que outrossim trouxe boa quantidade de pau-brasil, o qual um deputado na sessão 209ª requereu que a Fazenda Real tomasse como seu, querendo a fortuna que até para isto precisasse o Executivo que as Cortes lhe fizessem uma lembrança.

Esta acusação contra os pernambucanos sobre desejos de independência funda-se na continuação da idéia que tem Rego, e os do seu partido, sobre o motim de 1817; e por isso volveremos àqueles fatos, para mostrarmos quão errado é o caminho que alguns querem que se siga nestas importantes e críticas circunstâncias em que se acha o Reino Unido.

Que o governo do Reino Unido era mau, prova a revolução atual; e aqueles que o derrubaram em Portugal, sendo por isso denominados os heróis da pátria, não sabemos como podem caraterizar de criminosos os esforços dos pernambucanos por tentarem fazer isso mesmo em 1817. Mas então esses falaram em independência; mas de quem queriam que se mostrassem dependentes? Da Regência de Lisboa, que os regeneradores de Portugal têm declarado como péssima e incorrigível? Se não havia nenhum governo no Reino Unido que merecesse obediência, nada restava aos pernambucanos senão erigir para si um governo à parte; pois não tinham outra alternativa. Não tentamos desculpar os erros, precipitação e incoerência daquela revolução; se a presente de Portugal se chama uma ação heróica, não sabemos como se possam tachar de criminosos os motivos da outra.

Foi aquela revolução, por isso que era mal conduzida, sopitada pelo governo; o conde dos Arcos, que requer agora justiça e processos nas mãos dos constitucionais, mandou que lhes atirassem, como quem atira a lobos. A Corte do Rio de Janeiro mandou ali uma alçada que por anos consecutivos vexou os pernambucanos com indizíveis suplícios, envolvendo cúmplices e inocentes, roubando a todos e desolando o país. Para grão apoiador desta alta justiça se mandou o governador Rego, assistido pela mais imoral e indisciplinada tropa, como a carateriza até o mesmo escritor da carta a favor de Rego que publicamos neste número.

No meio desta perseguição, deste sistema de atroz rigor, ainda que Rego fosse o melhor homem do mundo, bastava ser o grão executor desses castigos para ser odiado naquela capitania.

Mas não pára aqui; declara-se a Bahia pelo sistema constitucional, e Rego não se comunica com a Bahia; eis aí novas causas de desafeição a um tal governador. Mais ainda, trama-se, no Rio de Janeiro, uma e depois outra conspiração para derrubar o sistema constitucional, depois mesmo d'elrei o ter abraçado; diz-se abertamente em toda a parte que Rego entrava nesses planos, e que para isso fora Maciel a Pernambuco; e depois disto, como era possível que os amigos da liberdade em Pernambuco pudessem sofrer tal general?

Prevalece enfim o sistema constitucional; e Rego, o despótico Rego, o mesmo Rego grão executor da alta justiça pelo antigo despotismo, quer aparecer no mundo como constitucional; que fenômeno! Assumindo este caráter, já não podia perseguir os pernambucanos pelo pretexto de serem amigos da liberdade; mas para continuar o vexame, vai desenterrar o grito vago de independência (de 1817) e persegue os liberais como réus de *independência*. Com esta trama se conseguiam dois fins: um, dar cabo de seus oponentes; outro, o fazer serviços ao sistema atual, para apagar seus despotismos antigos, pretendendo que vigora o sistema constitucional, perseguindo os pernambucanos que desejam ser independentes de Portugal.

Quer o governador Rego que no dia 8 de julho houvesse de arrebentar em Pernambuco uma revolução, ao tempo que se cantava um *Te Deum*; diz Rego que sabia isto, mas tal não sucedeu no tal dia 8; e no dia 9 foi que ele mandou fazer as prisões dos acusados. Diz que há muito tinha notícia que o queriam matar; mas não diz que tomasse precaução alguma para sua cautela, antes passeava de noite pela cidade, sem guardas; depois que lhe atiraram um tiro, então manda cercar de soldados sua casa, fortificar-se de artilharia etc. para se livrar do perigo que já tinha passado.

Está claro que em tais circunstâncias estas acusações de Rego não merecem o menor crédito; mas se é verdade que existem em Pernambuco, em algum grau considerável, essas idéias de independência, seria meio de conciliar os pernambucanos o conservar ali até agora, como se tem conservado esse governador Rego, odiado como é (seja com razão ou sem ela), e a tropa desenfreada, que obriga os pernambucanos a se lembrarem da independência, ou de qualquer desatino, antes do que sofrer tal vexame?

Mas todos estes males se remediariam ainda, talvez, posto que as Cortes ainda se lembrassem de mandar, e mandaram, tropas para Pernambuco sem mandar novo governador, que há muito está nomeado. A medida de uma junta provisória de governo que as Cortes decretaram muito remediaria também, mas acaba de suceder um fato que, suposto já esteja remediado quanto à matéria, nos parece de assaz importância quanto ao modo, pelas conseqüências que pode ainda ter, e por isso nos alargaremos com ele.

Rego, em conseqüência de seu sistema de se mostrar constitucional, agora que não tem outro remédio, depois de outras muitas prisões e desterros prendeu ultimamente 42 pessoas, a torto e a direito, e remeteu-as a Lisboa, com a acusação não de serem amigas da liberdade (disso se livraria ele hoje em dia), mas como amigas da independência.

Até aqui isso vai coerente com Rego, e não podia causar mais dano ao público bem do que suas passadas prisões e extermínios. Mas chegam os presos a Lisboa, e as Cortes, como se tudo isto fosse um procedimento mui ordinário e regular, mandam que os presos se processem e sentenciem. O ministro da Justiça, em conseqüência, ordena ao corregedor de Belém que conduza os presos ao Castelo, e ao regedor das Justiças, que os processasse imediatamente. O corregedor pede auxílio de tropas para esta diligência, e com uma escolta de cavalaria e infantaria, tambor batente e mais pompa de justiça, leva esses presos em procissão pelas ruas de Lisboa até o Castelo com o aparato de um triunfo; recusa a alguns, que tinham meios, o serem conduzidos em seges; a Alfândega impede que tivessem sua roupa, até que o ministro da Justiça ordenou que se revistassem seus baús sem demora.

Antes de passar adiante, diremos aqui que no *Astro da Luzitania* apareceu uma grande diatribe contra estes fatos que, se diz, produziram o maior desgosto no povo de Lisboa que tal presenciou; e estes mesmos sentimentos anunciaram alguns deputados em Cortes: o *Diário do Governo* defendeu o ministro da Justiça, impugnando o *Astro da Luzitania*; e é contra o modo dessa defesa que mais temos a dizer, pela ponderosa circunstância de se acharem no *Diário do Governo* as expressões perigosas, e das mais sérias conseqüências, que vamos anotar.

Quanto ao ministro de Justiça, que é o único acusado no *Astro da Luzitania*, é justamente aquele que é o mais inocente em tudo isto; porque só fez o que mandaram as Cortes, e fê-lo do melhor modo possível; porque mandou desembarcar os presos para o Castelo, ordenando que se lhes dessem as melhores acomodações que houvesse naquela cadeia; ao regedor, ordenou toda a brevidade, e até abrindo para isso relação extraordinária; aos presos que necessitassem, mandou-lhes dar uma ajuda de custo para se manterem, que alguns aceitaram; à Alfândega, deu ordens para que se despachassem imediatamente os baús e fato dos presos. Mais não cabia, segundo nos parece, em sua alçada, e portanto as imputações do *Astro da Luzitania* contra o ministro por si mesmas se destroem.

Quanto ao aparato da procissão que fez o corregedor de Belém, isso é manha velha dos que governam em Portugal, e tirem as inquirições ao tal corregedor e o acharão um completo satélite do despotismo; porque ainda que o *Diário do Governo* queira desculpar essa pompa do acompanhamento de tropa de cavalaria e infantaria, tambor batente etc. como guarda de honra, quem andava a pé dirigido à prisão no meio dessas honradas guardas não podia deixar de sentir-se mui humilhado, considerar-se uma vítima sacrificada ao governador de Pernambuco, e esta procissão, como um triunfo de

Rego. Mas se isto foi estupidez ou maldade do corregedor, com isso nada tem o ministro de Justiça, que só ordenou, como as Cortes quiseram, que o tal corregedor levasse os presos ao Castelo.

Vamos às Cortes. O caráter de Rego, e as opressões que tem sofrido o povo de Pernambuco desde 1817, dá bastante razão para presumir que a oposição e ódio dos pernambucanos contra Rego se originam em motivos bem diferentes do que as idéias de independência de que se argüíam aqueles 42 presos; assim, uma argüição procedente de via tão suspeita não merecia ser tratada como um caso ordinário, mandando estes presos a sentenciar à Relação de Lisboa por crimes que se dizem ser cometidos em Pernambuco em tais circunstâncias, quando com inimigos poderosos do sistema constitucional se tem mostrado a mais ampla indulgência.

Mas damos por concedido que as Cortes deviam acreditar nas acusações de Rego como no Evangelho; que na província de Pernambuco há essas combinações para a independência; que os 42 presos eram os mais influentes autores dela, que Rego julgou importante remover para o sossego da província etc. etc. Se isto assim é, então o caso de Pernambuco já não é de justiça ordinária, para castigar um ou uns poucos de criminosos; é uma medida de política, sobre os meios de apaziguar uma província; e por isso, como caso extraordinário, e das mais sérias conseqüências, pertencia às Cortes o seu conhecimento, e não a um tribunal ordinário de Justiça para onde foram mandados.

Quais fossem as medidas políticas que as Cortes deveriam adotar, pode ser matéria de discussão e diversas opiniões; mas fazer de um caso desta magnitude, como são 42 presos mandados por um governador odiosíssimo em sua província, pela acusação de independência, um mero caso ordinário dos tribunais de Justiça, é o que as Cortes, que aliás se ingerem em tantos outros negócios menos importantes, nunca deviam ter feito.

Quanto às medidas políticas que se deviam adotar em tal caso, é, como dizemos, matéria de opinião; a nossa seria que, ainda sendo verdade tudo quanto diz esse Rego, se tratasse de bagatela para não dar às outras províncias do Brasil, onde possa haver alguns partidistas da independência, a idéia de que achariam em Pernambuco grande apoio; este sistema, a remoção de Rego e do batalhão do Algarves etc., tenderia a destruir tal partido, mostrando-se-lhe assim que não tinham tal suposto apoio em Pernambuco.

Vamos enfim ao *Diário do Governo*, que se propôs a justificar o ministro da Justiça, que de tal justificação não precisava, contra o *Astro da Luzitania*.

Diz esse *Diário do Governo* (nº 255), em um parágrafo, o seguinte:

"Esta imaginação vagabunda e exaltada, que nos pinta alguns milhões de indivíduos sacrificando os seus verdadeiros interesses por 42, e que nos faz antever no futuro as pragas do Egito caindo sobre nós, assim como a prosperidade agrícola e comercial amanhecer já no mato entre os robicudos, esta imaginação é digna do século de Dante ou de Ariosto. Para nós, que sabemos que o Brasil tem excelentes gênios que sabem o que fazem e o que lhes convém fazer, não nos assustamos de que um mal-fundado capricho dê lugar a tão intempestivo sucesso; e quando ele vier a acontecer, ainda assim não desmaiaremos enquanto não soubermos, pela diferença das importações, quanto perdeu a Inglaterra quando os Estados Unidos se separaram de sua tutela; e então teremos ocasião de desmentir ou verificar os escritores que lhe dão um aumento de lucros nunca até ali pensado."

Temos, pois, que o *Diário do Governo* supõe que, seja qualquer que for a injustiça com que sejam tratados 42 cidadãos de Pernambuco, sejam quaisquer que forem os insultos que se lhes façam, o resto dos pernambucanos é demasiado sisudo para preferir ficar sossegado, sofrendo o governador Rego e o batalhão do Algarves, porque essas vítimas não são senão 42.

Não se lembra o *Diário do Governo* que, pela afronta de uma só Lucrécia, foram de Roma expulsos os reis? Não se lembra o *Diário* que, por se pôr a perigo de vida o filho de Guilherme Tell[103], se rebelaram todos os suíços, para nunca mais tornarem a entrar na sujeição de Áustria? Não se lembra o *Diário do Governo* que esses 42 presos são somente uma adição ao número muito maior que aquele governador tinha dantes perseguido? Não se lembra o *Diário do Governo* que cada um dos perseguidos tem um irmão, um parente, um amigo?

Como se pode, pois, argumentar que se este sucesso é um fato opressivo, ou ao menos olhado como tal pelos pernambucanos, deixe de aumentar o descontentamento da província pelo motivo de que estes presos são agora só em número de 42?

Mas vamos à pior parte deste parágrafo: consiste ela no exemplo que trás dos Estados Unidos e da Inglaterra. Não há lembrança mais infeliz, nem pior anunciada, porque fala o parágrafo como se dissesse: "Não há receio

---

[103] Guilherme Tell: figura lendária da Suíça que teria ajudado a libertar o país do domínio austríaco no século XIV.

de que a gente do Brasil se ressinta de injúrias, e quando o faça, ganharemos com isso, como tem ganho o comércio da Inglaterra com a independência dos Estados Unidos". Lembrar ao povo do Brasil que façam, nesta época, semelhante comparação, dando a entender o desprezo com que Portugal deve olhar os recursos que tira do Brasil, é uma lição que mal podíamos esperar achar no *Diário do Governo* de Lisboa; é a linguagem mais alheia da conciliação que se podia imaginar; e é lançar as sementes de uma divisão de que os inimigos da causa pública lançarão mão com avidez.

Por isso desejaríamos lançar um véu sobre este quadro escuro, deixando de dizer o muito a que um tal parágrafo provocava. Esperamos que as Cortes remedeiem este mal; e com o remédio provem ao Brasil que não autorizam os procedimentos atuais de Rego, e menos os do governo passado, que deu motivo ao motim de 1817. Esperamos isto das Cortes e imploramos a sua séria atenção às conseqüências de um parágrafo como este, publicado no *Diário do Governo*, e não em qualquer gazeta particular. Nem se escureça a sua importância com dizer que só os artigos marcados oficiais são por autoridade. O *Diário do Governo* será sempre tido por órgão das opiniões do governo, e nisto consiste o mais pernicioso de semelhante artigo.

Pelo que respeita os tais 42 presos: em conseqüência das prontas e mui louváveis ordens do ministro de Justiça, foram eles logo processados e soltos por sentença da Relação de 27 de outubro. Mas não temos em vista nestas observações unicamente os indivíduos, consideramos também, e mui particularmente, as conseqüências políticas que se podem seguir de erros da natureza destes que apontamos: sobre isto é que insistimos para que se não cometam para o futuro.

O detestado governador de Pernambuco, Rego, estabeleceu uma coisa a que chama Conselho Consultativo (veja-se a sessão 213ª das Cortes, p. 148), e porque a comarca de Goiana não reconhece tal governo, é acusada de rebelde.

Ora, esse governo nem foi nomeado por el-rei, nem determinado pelas Cortes, nem escolhido pelo povo; é uma mera invenção do atroz Rego para obrar seus despotismos com aparente sanção de uns poucos de homens que se diz terem voto consultivo: isto é, que votem como votarem, o governador fará o que quiser. E porque o povo de Goiana não quer sujeitar-se a tal governo, que não tem o menor pretexto de legitimidade, mandam-se tropas a provar com as baionetas que Rego deve ser obedecido, ainda que seja um diabo encarnado.

Foi por muitos anos nossa tarefa escrever para prevenir a revolução, mostrando que os males do Estado eram tão grandes, que ao governo não lhe dar o remédio, a revolução lhe daria. Não conseguimos o nosso fim, o governo não nos ouviu, e seus partidistas acusaram-nos de chamar por essa revolução que nós só pedíamos que se prevenisse.

Agora temos razão para crer que será nosso dever clamar pela união de Portugal com o Brasil: e desejávamos ter uma voz de trovão para inculcar a utilidade desta medida, para persuadir a importância desta união, e declamar contra todos das medidas que tiverem oposta tendência; esperamos a mesma sorte, de que nos acusem de promover essa desunião. Mas se as Cortes não tomarem as mais decisivas medidas para calmarem o descontentamento no Brasil, em qualquer cor que apareça, breve será o espaço de tempo que há de passar antes de se verificar o mal que receamos.

As Cortes se resolveram mandar de Lisboa 400 homens, que já chegaram a Pernambuco, para manter, como se disse, a polícia do país. Como força conquistadora ou dominante, 400 homens é nada para reduzir os pernambucanos; como auxílio de polícia, é esse reforço desnecessário, porque tal número de gente facilmente se levantava em Pernambuco; como motivo de zelos e de ciúme, porque são tropas idas de Portugal, é isso mais que bastante para perpetuar os ódios e para fortificar prejuízos. A que propósito, pois, se mandam 400 homens de Lisboa para Pernambuco?

Em Portugal derrubou-se o sistema antigo, e os grandes empregados do governo são, com toda a razão, tidos por suspeitos, tanto pelos povos, como pelas mesmas Cortes; faça-se pois justiça ao Brasil, e admita-se que, pelo mesmo motivo, os governadores do Pará, Maranhão, Ceará, Pernambuco etc., devem ser desagradáveis àqueles povos. Permitir a sua conservação é irritar as paixões daquela gente, e atribuir essa irritação a desejos de independência é presumir um fato não provado e lembrar aquilo que é da boa política das Cortes deixar na escuridão.

O melhor homem do mundo, como governador do Brasil, deve ser odiado pelo povo, por isso que era um homem que exercitava um poder despótico; conservar tal homem é estimular as paixões que se devem sufocar, e cada indivíduo do Brasil que se sofre ser sacrificado ao ressentimento do governador, é mais um elemento que se ajunta ao sistema de desunião que, infelizmente, tantos imprudentes amam fomentar.

Daremos mais sobre isso uma leve intimação às Cortes, e é que essa divisão não só é agradável a alguém no Brasil; há no exterior quem a fomente e se regozije com ela. Neste ponto, não queremos ser mais extensos, mas as Cortes, partindo deste princípio, devem crer que temos muita razão de gritar-lhes união, conciliação: outra vez união, conciliação, ou tudo vai perdido.

35.
Responsabilidades dos Ministros

[N° 163, vol. XXVII, dezembro de 1821, pp. 520-6]

Não nos demoraremos em provar, porque é princípio geralmente admitido, que a diferença caraterística do governo constitucional é que os poderes políticos estejam de tal modo entre si divididos, que se possa impedir que nenhuma pessoa ou corporação de pessoas que exercitam alguma autoridade na república passem além dos limites que a essa autoridade prescreve a expressa Constituição do Estado; e em Portugal está, outrossim, admitido que esses poderes políticos distintos sejam o Legislativo, Executivo e Judicial.

O primeiro é o que se tem dado e intenta dar às Cortes; o segundo é o que se diz dar-se ao rei, fazendo os ministros, que expedem suas ordens, responsáveis por esses atos; o terceiro, o que deveria competir aos julgadores nas causas forenses civis e criminais.

Por agora, ninguém se atreve, em Portugal, a ingerir-se no que pertence às Cortes, mas estas estão a cada hora obrando de maneira que se intrometem no que não é Legislativo, com o pretexto do direito de inspeção em ver que se executam as leis; resultando daí não só o excederem os limites do poder político que têm proclamado pertencer-lhas, mas destruírem, talvez sem o quererem fazer, a responsabilidade dos ministros, que é da maior importância estar sempre em todo o rigor.

Como talvez estes erros se cometam desprecatadamente, citaremos alguns exemplos e mostraremos o modo por que eles influem em deteriorar a Constituição ainda antes dela sair à luz, ou as suas Bases, que já foram publicadas, juradas e se dão como aceitas por toda a nação, e que de certo o são por sua grande maioridade.

Decretaram as Cortes que o príncipe real voltasse do Brasil para Portugal. Isto não é das atribuições do poder Legislativo, porque se o príncipe real se considera como um simples indivíduo particular, as Cortes, como poder Legislativo, não têm direito de mandar que nenhum indivíduo resida nesta ou naquela parte do Reino Unido ou fora dele, se isso melhor lhe convier. Se o príncipe se considera como uma personagem pública, como exercitando certo emprego nacional, então ao Executivo é que pertence o determinar em que, quando, e onde tal homem público deve ser empregado. Caso os ministros não empregassem esse homem público no lugar mais conveniente aos interesses da nação, então as Cortes façam eficaz a responsabilidade do ministro, mas não lhes compete o ordenar como o indivíduo deve ser empregado ou onde o deve ser.

Suponhamos, para ilustração, um caso extremo: que os ministros mandavam um desembargador do Paço comandar o Exército, e um general servir de bispo; então as Cortes teriam o direito, por sua autoridade de vigiar na execução das leis, de fazer responsáveis os ministros por este mau exercício de suas faculdades; mas nunca poderão, sem incoerência em seus princípios, ditar ao ministro como e qual general deve empregar, e em que serviço.

Na sessão das Cortes de 9 de novembro fez o deputado Baeta uma indicação para que o governo repreenda os corregedores de Torres Vedras, Barcelos e Moncorvo, por não terem ainda cumprido com as ordens do Congresso, mandando as relações dos mendigos da sua comarca. Esta moção foi aprovada.

Ora, isto é uma ingerência do Legislativo com o Executivo, porque ao ministro se pediram estas informações; se não tem apertado como devia os corregedores por essas informações, ele deve ser o responsável; o demais é uma confusão, porque o corpo Legislativo nem lhe compete, nem tem tempo que esperdiçar em repreender os magistrados que não cumprem com seu dever.

O mesmo dizemos a respeito dos ladrões que infestam Portugal. Falando-se sobre isto nas Cortes, houve quem propusesse várias providências legais; outros, que se esperasse pelo novo plano de organização da Guarda de Polícia que se quis introduzir em Portugal, à imitação da gendarmaria em França, que reduziu aquele reino a uma grande prisão política. Ora, ninguém se atreverá a sustentar que não há na legislação portuguesa assaz regulamentos e providências para prender os ladrões, e se isto se não faz, seguramente os ministros devem responder porque se não executam as leis existentes, e não esperar porque se façam mais leis.

Mas os ministros apresentaram participações dos generais das províncias em que asseguravam terem suprimido os ladrões. Acontece, porém, que na sessão 217ª, teimando-se ainda em discutir esse plano afrancesado de uma Guarda de Polícia para todo o reino antes que se cuidasse em prender os ladrões, disse o deputado Ferrão "que os roubos nas províncias continuam do mesmo modo e que agora fazem mais, porque matam, o que lhe foi dito hoje mesmo pelo intendente geral da Polícia; e concluiu que são *falsas* todas as partes que os generais das províncias deram".

Ora, uma acusação de natureza tão séria deveria ter imediato exame; mas passou isso até sem a menor observação.

Em outra ocasião o deputado Fernandes Tomás disse que a Marinha andava tão mal governada como dantes; mas então seguiu com uma moção para que as Cortes informassem el-rei de quão mal servido era com o ministro da Marinha. Isto é o que se chama proceder constitucionalmente e o que se deveria seguir em todos os casos como procedimento mais brando; e como mais rigoroso, sendo necessário, passar a meter o ministro em processo ante as Cortes (se elas reservarem para si, como podem fazer, este único caso judiciário) ou mandá-lo sentenciar nos tribunais ordinários.

Na sessão 227ª se rejeitou a moção do deputado B. Carneiro, para que não fosse o bispo de Coimbra ao mesmo tempo reitor da Universidade. A política e justiça desta proposição era evidente, porque as mesmas Cortes têm energicamente reprovado a acumulação de muitos empregos em uma só pessoa; mas agora resolveu-se outra coisa.

Muito nos regozijamos de ver frei Francisco de São Luiz premiado pelos serviços que fez na revolução; mas quando se nomeia bispo de Coimbra o conde de Arganil, único bispo conde do Reino, parece claro que não era necessário exemplificar nele uma acumulação, tantas vezes reprovada nas Cortes, de dois empregos, cada um deles de assaz importância para ocupar os talentos e atividade de qualquer homem. O ministro deveria responder por esta contravenção dos princípios das Cortes, mas a moção foi rejeitada.

O leitor verá com admiração na sessão 229ª, p. 499, pela indicação que fez o deputado B. Carneiro, até que ponto chegam os abusos que ainda o governo permite. Disto tivemos notícia em muitas cartas que se nos escreveram; nunca lhes demos crédito, negamos a pés juntos que tal fosse verdade, porque nunca nos desejamos persuadir de tal; porém, quando vemos isso autenticado pela indicação daquele deputado, e quando sabemos, por outra parte, que há no Ministério quem lhe chame, por escárnio, acusador público e apóstata da magistratura, vemo-nos mui relutantemente obrigados a prestar-nos à evidência, e ceder a palma a nossos oponentes.

Leia-se essa indicação, e diga-se-nos, ensinem-se, porque sinceramente o desejamos saber, como defender um Ministério que tal consente; ou as Cortes, que não chamam a rigorosa conta tal Ministério? No entanto, as Cortes tomam em consideração, na sessão 223ª, em proposta do deputado Braancamp, o perdão de duas mulheres que tinham feito, ou introduzido por contrabando, alguns arráteis de sabão; como se não bastasse que el-rei concedesse esse perdão caso fosse merecido, ocupando-se o tempo das Cortes com essas pequenas coisas, aliás, da competência do Executivo pelas leis existentes e pelos poderes que se lhe intenta dar na Constituição.

Mas observamos ainda alguma coisa pior nesta confusão dos poderes políticos, que pode trazer consigo as mais sérias conseqüências. Na sessão 222ª, interrompeu o presidente o debate para anunciar que na sala imediata se achava José Xavier Bressane Leite, comandante da Força Naval que ia para Pernambuco; e logo o secretário, Freire, leu a congratulação que aquele oficial dirigia às Cortes, e se resolveu que fossem fora dois secretários congratular-se com o mesmo oficial.

Igual interrupção e por igual motivo houve na sessão 224ª, sendo o oficial que se dirigiu às Cortes, ainda que se não apresentasse, o brigadeiro Moura, que foi nomeado governador das armas de Pernambuco; e foi seu memorial ouvido com especial agrado. Mas logo na sessão 242ª (deve ser 241ª) de 27 de novembro, a interrupção foi não só pelo comandante do batalhão nº 4, que vai para o Rio de Janeiro, mas toda a oficialidade, o que foi recebido com igual formulário e declaração de especial agrado.

Ora, isto é sancionarem as Cortes um poder deliberativo nas tropas capaz de transtornar toda a disciplina militar. As Cortes não nomearam esses oficiais, foi el-rei; logo, só ao Executivo poderiam expressar seus sentimentos, se é que aos militares se pode permitir outro sentimento que não seja o da pronta obediência. Ademais, se os militares são assim autorizados em deliberar sobre as matérias políticas, se se admite que eles podem ir congratular as Cortes, isto é, aprovar os seus procedimentos, segue-se que amanhã podem ir outros às Cortes desaprovar o que elas fizerem; porque o direito de aprovar envolve o desaprovar.

Ora, aonde iria parar a autoridade das Cortes se lá fosse um corpo de oficiais militares representar contra o sistema das Cortes e suas medidas? Entretanto, o princípio disto, que é uma congratulação ou aprovação, foi já recebido pelas Cortes com especial agrado.

Os abusos entram sempre insinuando-se com a capa do bem público; e é preciso atalharem-se ao princípio. Se as Cortes cederem a tudo que parecer a favor de sua autoridade, muitos meios haverá de lisonjear sua ambição ou vaidade, para de propósito confundir os poderes, o que trará por certo consigo a ruína do sistema constitucional.

Haviam-se feito nas Cortes observações mui ásperas por não ter o Ministério mudado os diplomáticos nas Cortes estrangeiras; por fim, fez-se a nomeação, e o ministro dessa repartição remeteu às Cortes, na sessão 226ª, a lista dos nomeados.

Está claro que esta nomeação é privativa do Executivo, mas as Cortes, aceitando o obséquio dessa participação que lhe não diz respeito, aliviaram o ministro de sua responsabilidade, já pela demora, já pela escolha, se ela não for boa; porque, se para o futuro alguém se lembrasse de acusar o ministro a este respeito, ele teria a melhor escusa na aprovação tácita das Cortes, visto que receberam a sua participação sem nada dizer contra ela. Assim, recebendo as Cortes esta aparente condescendência a que não têm direito, tiram do ministro uma responsabilidade que só a ele pertence.

Suponhamos que se vinha ainda a mostrar que, em conseqüência da tardia nomeação desses diplomáticos, o ministro ignorara muitas negociações que se tinham passado em países estrangeiros a respeito da independência do Brasil; o ministro está já livre dessa responsabilidade, porque destramente submeteu sua nomeação à aprovação das Cortes; e estas, posto que tal fosse estranho de suas atribuições, receberam como cumprimento agradável, sem nenhuma observação, o que punha o ministro a salvo: se a nomeação foi tardia ou foi má, tanta culpa tem disso o ministro, como as Cortes, que dela foram oficialmente informadas.

Parece-nos que temos produzido exemplos bastantes para mostrar o pouco que se atende à justa distribuição dos poderes políticos; e tanto mais quanto nos parece que é simples o método a seguir.

Em regra, podiam as Cortes ordenar que todo o empregado público que não mostrasse boa vontade de remediar os antigos abusos, devia ser removido. Estabelecida esta regra, o ministro devia responder por tudo o mais, sendo demitido quando não vigiasse sobre os empregados em sua repartição, como devesse.

36.
Deputados do Brasil em Cortes

[N° 163, vol. XXVII, dezembro de 1821, p. 526]

Chegaram às Cortes, e tomaram seu assento na sessão 226ª, dois deputados pelo Maranhão, e são o desembargador Antônio Vieira Belford, que entrou como substituto de Raimundo de Brito Magalhães e Cunha, o qual pediu e teve escusa para não servir, e o cônego José João Beckmam e Caldas.

Vieram também dois deputados de Santa Catarina, e são o padre vigário Lourenço Rodrigues de Andrade e o major José da Silva Mafra.

Do Pará, Bahia, etc. ainda nenhuns chegaram; assim, a deputação do Brasil em Cortes não é tão numerosa que assuste os deputados europeus.

37.
CONSTITUIÇÃO

[N° 163, vol. XXVII, dezembro de 1821, pp. 526-30]

O exame do projeto de Constituição tem continuado nas Cortes, e já chegou ao artigo 119, como se vê do índice das sessões que publicamos da p. 490 em diante. Vai devagar, não só porque a matéria é de si importantíssima, mas porque a diversidade de opiniões e de vistas de cada deputado requer mútuas e longas explicações, no que forçosamente se consome muito tempo.

Tivemos já ocasião de notar que a revolução ia tomando mais democrática tendência do que ao princípio se anunciara. A frase que se usa é de sistema constitucional; esta expressão é imprópria, porque constitucional pode ser qualquer governo que se regula por uma Constituição, a que o legislador é obrigado a cingir-se.

Dizemos que o próprio nome que se deve dar ao governo de Portugal que se vai estabelecendo pela prática, e se indica formar na Constituição, é o de uma monarquia democrática; e esta, segundo o invento moderno, por via de representação.

Como esta parece ser a tendência da revolução, ou, por outras palavras, os desejos dos homens que nela mais influem, as questões principais sobre a Constituição se reduzem naturalmente a examinar, nessa mistura de monarquia e democracia, que parte dos poderes políticos se é de conceder a um ou a outro ramo.

Assentado, pois, que esta é a forma de governo que se tem de estabelecer, todo o cuidado dos deputados deve consistir em que as diferentes partes da Constituição se conformem umas com as outras, e não sejam jamais, nem direta nem indiretamente, contrárias a esse princípio. É, além disso, necessário que todas as leis regulamentares, e até o sistema de educação, se vão dirigindo ao mesmo objeto.

Não é para aqui o discutir qual forma de governo é a mais preferível; se, por exemplo, a dos egípcios, onde todos os empregos se regulavam pelo merecimento literário dos membros de diferentes colégios, sem atenção a famílias (e como modernamente sucede na China); se a dos israelitas, onde o direito de famílias ou tribos (e como hoje em dia se observa na Índia) era quem designava os empregos. Queremos unicamente dizer que, a exemplo dos povos mais sábios da Antiguidade, em conformidade dos ditames da razão e segundo a opinião dos mais acreditados autores que têm escrito nestas matérias, uma vez adotada qualquer forma de governo, é preciso, para ele se manter, que toda a legislação conspire na mesma tendência; e tanto mais precisa é essa harmonia nos governos mistos, onde essa mesma mistura é já de si um princípio de desunião.

O governo que se está formando em Portugal é uma monarquia democrática representativa, posto que lá se contentem de chamar-lhe pelo termo vago de governo constitucional. Dizemos, pois, que se quiserem fazer esse governo permanente, devem as Cortes adaptar toda a sua legislação a esse princípio. Parece-nos que a parte que o monarca tem na Constituição se lhe limita na prática, e se anula de todo na teoria, quanto à parte legislativa.

Nas sessões 222ª, 223ª e 227ª se examinou o importante ponto do veto d'el-rei e, pelo que se verá do extrato que fizemos dessas sessões, se reduziu a decisão das Cortes a que el-rei seja obrigado a dar a sua sanção às leis, e se a não der, publicar-se-ão as leis e serão válidas sem ela.

Dizemos que se na formação das Bases da Constituição, que indicaram um governo monárquico-democrático, se achou conveniente fazer as leis dependentes da sanção do monarca, isso só podia ser para pôr um freio à precipitação do poder Legislativo; determinar agora que o monarca seja obrigado a dar essa sanção é destruir todo o benefício que dessa sanção podia resultar.

Se, porém, na distribuição dos poderes, se assenta que as Cortes só de *per si* devem fazer as leis, sem dependência alguma do monarca, o decretar essa sanção forçada é uma formalidade pior que desnecessária, porque deixa no Estado uma sombra de poder que não existe na realidade, e não pode servir de outra coisa mais do que suscitar discórdias, uma vez que haja diversidade de partidos no Ministério e nas Cortes.

Não entramos na questão sobre qual dos dois expedientes é o melhor; mas dizemos que se devem adotar medidas coerentes: se as Cortes devem ter exclusivamente o poder Legislativo e sem coação alguma, não se dê o *veto* a el-rei. Se, porém, el-rei tem de possuir o direito de sancionar as leis, faça-se eficaz essa sanção, o que só pode ser dando-lhe o direito de deliberar sobre o que faz, e, por conseqüência, a faculdade de negar essa sanção.

Se a sanção do rei é mera formalidade, fica inútil; e tudo quanto é formalidade inútil na Constituição é pernicioso, porque nela não deve haver nada indiferente.

Na prática vemos que as Cortes se podem dispensar até da formalidade que têm prescrito para a promulgação das leis; porque, determinando muitas coisas por uma mera ordem, esta não é apresentada a el-rei, e se executa sem ter mesmo o formulário de ser promulgada por el-rei. Ora, como não estão definidos os casos em que as Cortes devem fazer os seus decretos por simples *ordem* ou por *lei*, segue-se que as Cortes podem assumir todo o governo sem que el-rei seja disso sabedor.

Dizemos, pois, que não é este o meio de conservar a forma monárquico-democrática, quando se abre a porta para a parte democrática absorver todo o poder político; e se o que se deseja é estabelecer uma Constituição democrático-representativa, então o poder real, ainda tal qual se acha, é incoerente com essa forma de governo; porque só pode servir de empecer-lhe a marcha e não de a promover. Em uma palavra, quando as Cortes puderem fazer tudo, a forma de governo é puramente democrático-representativa, e então o rei será um elemento desnecessário na Constituição.

Tendo notado a pouca exatidão das palavras *governo constitucional* para expressar a forma de governo que se quer adotar em Portugal, observaremos agora outra expressão de que se tem feito grande uso e é igualmente indeterminada: isto é, *Constituição liberal*.

O deputado Bastos, nas Cortes, propôs várias emendas à Constituição em imitação da de Espanha, a que chamou liberal; e outra muita gente, que olha para a Espanha talvez mais do que era para desejar para o bem de Portugal, fazem da Constituição de Espanha o termo de comparação, para dizer que a de Portugal deve ser mais, ou menos, *liberal*. Ora, este termo, que foi pela primeira vez usado para este fim pelo juiz do povo de Lisboa no motim por que se determinou que a eleição dos deputados de Cortes fosse feita pelo modelo de Espanha, é um termo tão indeterminado nesta aplicação que, se o seu uso tem desculpa na boca daquele juiz do povo, não sabemos que interpretação dar-lhe quando é empregado por um deputado em Cortes e quando se trata da importantíssima discussão de organizar a Constituição política do país.

Da forma de eleições que naquela ocasião se adotou, dizendo-se que era mais liberal que a outra, proposta pela Junta Preparatória de Cortes, resultou tal escolha de deputados, que mal serve de explicar a palavra liberal; porque vemos nessas eleições sair eleito deputado pela Beira, somente com 44 votos, Manuel Fernandes Tomás, o corifeu da revolução; José da Silva Carvalho foi rejeitado, quatro bispos foram eleitos, a maior parte decrépitos; desembargadores que assinaram a sentença de Gomes Freire e seus 13 companheiros, primeiros mártires da causa nacional etc. O que explica porque, tendo as Cortes declarado legítimos os atos de revolução pelos quais estas Cortes estão em autoridade, não fizeram o mesmo quanto àqueles mártires que estavam nas mesmas circunstâncias, só com a diferença de se ter malogrado o seu projeto; mas em vez de os compreender naquele decreto por que os atos de uns se declararam de uma vez legais, o processo dos outros foi mandado a sentenciar de novo.

Se pelos termos *mais liberalidade* se quer entender mais *liberdade individual* (pois ninguém tenta definir o que entende pela palavra *liberal*) já se vê que a lei da liberdade da imprensa é um dos maiores embargos que as Cortes podiam pôr à liberdade individual; e, com efeito, tal é a qualidade das pessoas que têm sido eleitas para os conselhos de jurados, que se diz em Portugal que nenhum escritor que lhes cair nas mãos tem a menor probabilidade de escapar; e como deles depende a classificação do crime, está vista a arbitrariedade que se lhes concede; ora, essa arbitrariedade é sempre contrária à liberdade individual, e portanto iliberal, se essa é a acepção que querem dar à palavra.

38.
Conselho de Estado

[Nº 163, vol. XXVII, dezembro de 1821, p. 531]

Quando se instituiu o Conselho de Estado, expusemos as objeções que eram óbvias acerca de sua composição e atribuições. Começam a aparecer os resultados, no seguinte ofício:

"Ilmo. e exmo. sr.:
"O Conselho de Estado remete a v. exc. o requerimento incluso de João Gomes da Cruz, para que v. exc. se sirva esclarecê-lo sobre os objetos de que nele se trata, ordenando a remessa para o mesmo Conselho de todos os papéis que ele menciona e que devem existir nessa secretaria ou no Conselho da Fazenda.
"Deus guarde a v. exc.
"Paço da Bemposta, em 13 de outubro de 1821.
"João Antônio Ferreira de Moura.
"Sr. José Inácio da Costa."

Ora, perguntamos aos fautores de tal Conselho de Estado: se o ministro de Estado a quem este ofício foi remetido não o quisesse cumprir, a quem se queixaria o Conselho? A el-rei; e se el-rei achasse que o Conselho, e não o ministro, estava no erro, como se livraria el-rei desse Conselho, que as Cortes, e não ele, nomearam? Apelaria para as Cortes — então estas tomariam sobre si a responsabilidade de resolver as questões do gabinete, e portanto tirariam do ministro esta responsabilidade.

Ora, é isto o que se intenta estabelecer pela presente Constituição ou pelas Bases já adotadas? Julgamos que não. E seja isto prova da necessidade de pôr as leis todas em harmonia com o princípio que se adotar para a Constituição do Estado. Com o Conselho de Estado tal qual está, el-rei não é livre no seu governo, e a responsabilidade dos ministros não é perfeita.

39.
BRASIL

[Nº 163, vol. XXVII, dezembro de 1821, pp. 531-40]

Deixamos para o número seguinte a consideração do segundo ponto que mencionamos acima (conservação da união do Brasil com Portugal), não só porque o primeiro (responsabilidade dos ministros) nos ocupou mais espaço do que pensávamos, mas porque é esta matéria em que entramos de mui pouca vontade, posto que enfim é preciso entrar nela, já que assim o quer a sorte. Limitar-nos-emos agora aos sucessos de Pernambuco e Rio de Janeiro.

Os 42 presos que de Pernambuco remeteu para Lisboa o governador Rego foram soltos, como tínhamos anunciado no nosso número passado, o que se fez pelo acórdão que publicamos à p. 476[104]. Pareceria que depois daquela decisão não haveria mais dúvida sobre o caráter dos procedimentos daquele governador, visto que uns dos presos foram absolvidos, porque até nem tinham pronúncia; outros, porque não havia prova contra eles; e outros, porque já tinham sido soltos por sentenças pelo mesmo crime por que Rego agora os tornou a prender.

Não obstante isto, houve ainda quem falasse nas Cortes contra os presos, como foi o deputado Bastos; o deputado Pereira do Carmo pediu que se suspendesse o juízo sobre o proceder de Rego, mas nós, vendo o acórdão, que é juízo definitivo, mal podemos em nosso entender dar sentença suspensiva somente.

Enquanto isto se passava em Lisboa, esforçava-se Rego em Pernambuco para obrigar a Junta Provisória de Governo (que se criou na Goiana, e que para se criar tinha a mesma autoridade que todas as mais das outras partes do Brasil que têm sido aprovadas pelas Cortes) a que prestasse obediência à que ele criara como lhe pareceu, e levou suas ameaças e prisões

---

[104] Ver p. 325.

ao ponto de que os de Goiana foram obrigados a armar-se para se defenderem e para não terem a sorte dos mais que Rego podia colher às mãos. Rego, em vez de acomodar as coisas, continuou seus roncos em Pernambuco; os outros vieram contra ele, e o modo por que o apertaram o descreveremos com o seguinte extrato de uma gazeta dos Estados Unidos, que por ser narrativa estrangeira fica isenta da suspeita de ser parcial a algum partido.

Extrato de uma gazeta de Filadélfia:

"O brigue *Nimph* saiu de Pernambuco aos 23 de setembro pelas 3 da tarde, quando ali havia a maior consternação, e várias famílias, principalmente mulheres da maior distinção, se refugiaram a bordo dos navios. A maior parte dos vasos portugueses se estava preparando para sair do porto, e alguns no ancoradouro de fora estavam prontos a dar à vela, tendo já a bordo mantimentos e aguada. Os postos avançados dos realistas foram atacados junto a Olinda. Os piquetes foram rechaçados e houve algumas escaramuças em que se aprisionaram alguns patriotas, que foram trazidos a Pernambuco e tratados asperamente, vindo com as mãos atadas atrás e amarrados aos dois e três, como cães de caça. Sucedeu isto aos 21 de setembro. Ouviu-se o fogo distintamente e via-se a fumaça das pontes do Recife; ao mesmo tempo, um piquete de realistas, em Afogados, aldeia da parte oposta, coisa de três milhas de Pernambuco, foi atacado das casas donde lhe faziam fogo, e dizem que até as mulheres lhe atiravam com cal das janelas, para os cegar. Mas, fosse a provocação qual fosse, mandaram-se para ali três peças de artilharia, que continuaram a atirar às casas, com grande mortandade, por toda a tarde. Dizem que se não perdoou a homem, mulher ou criança, e em um caso foi morto à baioneta um pobre velho que estava doente de cama. A ação se ouviu igualmente na cidade. O número das infelizes e inocentes vítimas que morreram nesta sanguinolenta matança se julgava ser de 300 ou 400 pessoas: não se assinava outra causa mais do que uma altercação entre alguns americanos do país e parte de um piquete composto de tropas européias chamadas do Algarves.

A insurreição ou rebelião, como lhe quiserem chamar, principiou em Goiana, povoação distante de Pernambuco coisa de 20 léguas; é capitaneada por João Martins, irmão de outro Martins que foi cabeça da revolução passada e por isso decapitado; é este o chefe militar e tinha estado preso na Bahia desde aquela época; o cabeça político é um padre, chamado Francisco de Paula Simão da Silva, que acompanha esta divisão, composta de 3 mil homens bem equipados principalmente em cavalaria, mas falta-lhes artilharia; porém as forças que esperavam que se lhes unissem de outras partes formariam um todo de 10 mil homens pelo menos, pois tinha havido uma revolução para o sul, junto ao Cabo de Santo Agostinho, e outra para o poente, de que se recebeu informação autêntica.

A causa aparente é a acusação que fazem contra os atos arbitrários e despóticos do governador: querem que ele seja deposto, e que o coronel do Corpo do Algarves resigne o seu comando; mas pensa-se que nada menos os satisfará do que a expulsão de todos os europeus que estão em poder e julgam, os do país, que eles mesmos podem manejar os seus negócios. Marcham porém com uma bandeira em que tem pintado o retrato do rei e do príncipe regente em corpo inteiro, e a palavra 'Constituição'.

O atual general, que é justamente o presidente do Governo Provisional, é um valoroso oficial, discípulo de lorde Wellington, e que muito se distinguiu nas guerras da Península. Os europeus, geralmente, têm nele a maior confiança; e, na verdade, uma coisa lhe faz muita honra, que é a excelente polícia que estabeleceu em Pernambuco acabar de todo com o sistema de esfaquear e matar, tão fomentado no seu país metrópole, o que fez mandando prender indiscriminadamente quem trouxesse consigo sequer um canivete.

A revolução tem estado em embrião por muito tempo, e julga-se que a expectativa da chegada de tropas que se esperava brevemente de Lisboa ocasionou o rebentar mais cedo do que se supunha. Como quer que seja, derramou-se já o primeiro sangue, e onde ou como terminará, só o tempo o poderá mostrar. A perda na ação dos postos avançados, em Olinda, é diversamente referida. Os realistas perderam 15 homens entre mortos e feridos. Os patriotas, como eles se chamam, perderam 25 mortos e feridos, e 25 prisioneiros.

A cidade de Pernambuco pode dizer-se que consiste em três seções, a saber, o Recife, Santo Antônio e Boa-Vista. A primeira seção, o Recife, é a mais capaz de proteção e de repelir o inimigo; as outras seções foram literalmente desertas; os que não fugiram para o campo, mudaram-se para o Recife, onde todas as casas ficaram cheias. O que os realistas mais temiam era que a água de beber lhes fosse cortada, o que podiam eficazmente fazer os patriotas tomando posse de Olinda, coisa de três milhas distante. Os mantimentos tinham subido em preço bons 100 por cento; isto é, o produto do país.

Para formar uma idéia da situação de Pernambuco quando a *Nimph* dali saiu, que se figure a artilharia plantada em todas as pontes e portas da cidade, com mechas acesas, os soldados estirados nas ruas, e quando eram rendidos da obrigação, procurando dormir alguma coisa, havendo estado debaixo de armas continuadamente por quatro dias e quatro noites; as casas todas fechadas, e toda a gente, moços e velhos capazes de pegar em armas, particularmente os europeus, ausentes de suas casas. Os marinheiros portugueses, que todos, sem exceção, foram postos em requisição, uns meio bêbados, com espingardas e baionetas fixas, correndo pelas ruas; as pobres mulheres nas janelas, olhando em ansiosa suspensão, inquirindo dos que passavam por seus maridos, pais, irmãos ou parentes; patrulhas em toda a parte, para conter os desafetos e os negros, e os patriotas com muitos partidistas na cidade."

Sendo esta a situação de Pernambuco, o governador Rego expediu uma proclamação em que diz não precisar nada do interior do país, convida os habitantes a voltarem para suas casas e assevera que tem forças bastantes para fazer em postas os que ele chama rebeldes. Ninguém creu nele. Da Bahia mandaram-lhe um reforço de tropas, e nem com isso pôde fazer face aos tais rebeldes, antes foi obrigado a fazer com eles uma capitulação, concedendo que os de Goiana se governassem por si até as Cortes determinarem outra coisa; e é o que deveria ter feito ao princípio, para evitar a efusão de sangue nas batalhas que se deram, o qual sangue deve recair sobre sua cabeça, porque devia e podia evitá-lo.

Mas nem assim se deu Rego por seguro; primeiro, escreveu um ofício às Cortes que se leu na sessão 240ª, e vinha assinado por seu consócio, o ouvidor do Recife Antero José da Maria e Silva, em que se diz que por comiseração dos rebeldes se tinha arranjado o armistício; mas logo depois se espalhou que tinham chegado ordens das Cortes, por um navio do Porto, para se instalar a Junta Provisória, o que se praticou logo; Rego entregou-lhe o governo e pôs-se ao fresco num navio francês, deixando aos seus partidistas escaparem-se como pudessem, o que se vê pelo extrato da sessão 251ª das Cortes, que deixamos copiada à p. 516.

Deixamos por agora de fazer as devidas notas sobre a linguagem que se usou nas Cortes nessa ocasião, porque esses e outros fatos ficam necessariamente para serem considerados no número seguinte. Limitamo-nos aqui em dirigirmo-nos aos pernambucanos.

Tiveram eles um completo triunfo em ver fugir o governador que odiavam, ao mesmo tempo que estava blasonando de seu poder. Mas agora, assim satisfeitos, os pernambucanos devem usar com toda a moderação de sua vitória: recomendação que julgamos tanto mais necessária, quanto muitos europeus emigraram de Pernambuco, temendo a retorsão que lhes poderia cair em cima da parte dos ofendidos pelo tal governador.

Dizemos, pois, aos pernambucanos, que se tal fizessem obrariam contra a justiça, contra a política e contra os seus interesses.

Contra a justiça: porque não se segue que os portugueses residentes em Pernambuco sejam todos do partido de Rego; muitos destes haverá, pelo menos muitos há aqui, que nós conhecemos, que tal conduta de Rego têm decididamente desaprovado; e estenderem os pernambucanos seu ódio a todos os europeus é compreender inocentes e culpados, o que nenhuma justiça jamais admitiu, e fazerem o mesmo de que acusavam Rego.

Contra a política: porque talvez muitos desses europeus, mesmo partidistas de Rego, talvez assim se mostrassem por contemplações que não poderiam remediar, e a política pede que se fechem os olhos a faltas dessa natureza, quando sua influência para o futuro deixa já de ser perigosa.

Contra os seus interesses: porque os europeus estabelecidos no Brasil, com suas famílias, seus cabedais, seu modo de vida, bem brasileiros são, e tão bons como muitos dos nascidos no país. Terão talvez alguma maior predileção pela província em que nasceram; isso têm eles direito a ter, está tão longe de ser-lhes nódoa, que lhes serve de louvor, e nem essa parcialidade os faz menos bons cidadãos, não mais do que o paraense no Rio de Janeiro que mostre aferro pelas margens do Amazonas, ou um transmontano no Alentejo que se deleite em louvar os outeiros em que foi criado.

Seja a disputa excitada pelo governador Rego, ou por quem quer que for, se os pernambucanos derem um passo que seja em perpetuar a distinção entre português e brasiliense, mais, se a Junta Provisória de governo não cuidar positivamente em abolir e extinguir esse germe de divisão, tão culpada a teremos então como temos agora o mesmo Rego.

É do primeiro interesse para o Brasil fomentar a imigração para ali dos portugueses; e se os espantarem com pueris distinções, os que para isso contribuírem são tão inimigos dos pernambucanos como se mostrou Rego.

Assim param as coisas por ora em Pernambuco, e se seguirem nosso conselho, esquecendo-se das injúrias passadas, muito aliviarão seus males e muitos bens prepararão para o futuro.

No Maranhão continua o mesmo governador a obrar com sua arbitrariedade, louvado pelos de seu partido mas odiado pelos demais. Há sobre ele um relatório da Comissão do Ultramar das Cortes, que não publicamos agora de propósito, para o tomar em consideração no número seguinte.

Deixamos também o Pará etc., que vão obrando como querem, sem terem providências das Cortes; passaremos também de alto pela Bahia, onde havia alguma coisa a debulhar, e concluiremos este artigo com algumas breves notícias do Rio de Janeiro.

Excitaram-se boatos naquela cidade que a tropa da guarnição intentava fazer outra mudança do governo, e que era no sentido de declarar a independência do Brasil. Como essa tropa tinha já feito duas impunemente, acreditou-se agora neste boato facilmente.

Para experimentar a opinião pública, se recorreu a um curioso experimento. Aos 18 de setembro, estando o príncipe regente no teatro de São João, levantou-se um grito do camarote do Estado-Maior, dizendo "Viva o príncipe real nosso senhor"; e sendo perguntados os oficiais que ali se achavam quem fora o que levantara o grito, responderam que fora um homem desconhecido que ali se introduzira, com o pretexto de falar ao oficial superior do dia, e se escapara logo sem ser conhecido.

Algum europeu inconsiderado lembrou-se de excitar, como remédio, os sentimentos dos portugueses contra os brasilienses, publicando o seguinte:

> "Recruta-se para uma bernardina a favor do príncipe. Dão-se no teatro extemporâneos vivas do príncipe regente nosso senhor. Que quererá isto dizer? Quer dizer que todo o verdadeiro português deve acautelar-se de cair no laço que os vis satélites do antigo despotismo lhes armam, com a sedutora oferta de um reino independente do de Portugal. Alerta, portugueses."

Isto foi impresso e postado em todas as esquinas do Rio de Janeiro aos 21 de setembro, quando a fermentação era grande. Por outra parte, publicou-se e espalhou-se com suma atividade a seguinte décima; indicando as vistas do outro partido:

> "Para ser de glória forte,
> Inda que não fosse herdeiro,
> Seja já Pedro Primeiro.

Se algum dia há de ser Quarto,
Não é preciso algum parto,
De Bernarda atroador.
Seja nosso imperador
Com governo liberal
De Cortes, franco e legal,
Mas nunca nosso senhor."

Entende-se por bernarda e bernardina uma Constituição, por ser esse o alcunho que puseram os soldados à Constituição de Portugal; estas bagatelas e outros semelhantes pasquins excitaram um fermento considerável, de maneira que se dizia abertamente estar a chegar uma crise, assentando todos os que isso ouviam que se aclamaria o príncipe real rei do Brasil; e fizeram esses boatos com que s. a. r. expedisse aos 6 de outubro uma proclamação concebida em termos os mais enérgicos e decididos, não só negando-se a participar nesses projetos de o levantarem rei do Brasil, mas declarando-se que a isso se oporia, arriscando sua vida; e que tinha de sua parte a Força Armada, a qual era bastante para esmagar todos os partidistas da independência do Brasil.

O intendente geral da Polícia (Antônio Luiz Pereira da Cunha) havia já aos 3 de outubro publicado um edital na mesma tendência, vendo que ferviam os pasquins, e que até se designava o dia 12 de outubro como aquele em que se declararia a revolução, ou declaração da independência. Isto era tão público e tão geral que se o intendente houvesse de mandar prender a todos que assim se expressavam, não bastariam todas as cadeias do Rio de Janeiro e seu contorno para conter os pronunciados.

Contudo, o príncipe real parece não se ter contentado com que o intendente se limitasse a exortações; e portanto foi demitido do lugar e substituído por João Inácio da Cunha por um decreto de s. a. r. de 6 de outubro, que foi a data da proclamação do príncipe.

Seguiu-se a isto um aparente sossego e o dia 12, em que se esperava a revolução, passou quietamente. É natural a conjectura de que se os boatos tinham fundamento, fosse pela proclamação de s. a. r. que se desfizesse o que estava assentado; porque se os que eram do partido da independência firmavam a base dessa independência em fazer do Brasil uma monarquia cujo monarca fosse o príncipe, declarando este tão positivamente que se opunha ao projeto, era preciso que eles o abandonassem.

Mas pode ainda duvidar-se se, por haver falhado esse plano de pôr no trono da monarquia do Brasil o príncipe real, os do partido da independência renunciaram a ela ou meditam outros meios de a pôr em execução. É possível que a calma que se seguiu à declaração do príncipe seja somente o efeito da necessidade de concertar novas medidas. Se assim for, os males que devem seguir-se só poderão ser atalhados por uma consumada política, nunca por um punhado de tropas que se possa mandar de Portugal. Veremos o que para esse fim obram as Cortes. Por ora ainda não sabemos de outras providências senão o mandarem-se tropas para ali, cuja expedição deveria sair de Lisboa aos 24 de novembro, mas no 1º de dezembro ainda não tinha partido; e preparava-se uma nau que deve conduzir à Europa o príncipe real.

Em São Paulo tinha-se feito, segundo o exemplo das mais capitanias, uma junta provisória, mas a guarnição de Santos levantou-se amotinada por falta de pagamentos; cometeu muitos roubos e mortes, mas foi por fim submetida pelos esforços tempestivos da Junta de São Paulo, que nisto se portou com louvável vigor.

Temos notícias de Montevidéu até 26 de setembro. A Banda Oriental, formalmente anexa ao Brasil[105], mostra, contudo, o semblante de que procurará constituir-se um governo independente, porque nenhumas medidas se têm adotado para consolidar aquela união. As forças de Entre Rios que cruzaram o Paraná foram totalmente destruídas, e seu chefe Ramirez foi decapitado. Carrera escapou-se, e se retirava para Mendoza.

---

[105] A Banda Oriental foi formalmente anexada ao Brasil, com o nome de Província Cisplatina, em julho de 1821.

40.
Documentos citados

I. Edital da Junta do Comércio
(n° 154, vol. XXVI)

"A Real Junta do Comércio, Agricultura, Fábricas e Navegação baixou em 19 do corrente mês e ano o aviso do teor seguinte:

"'Ilmo. e exmo. sr.:
"'Constando à Regência do Reino que nos navios mercantes que saem deste porto passam especialmente ao Brasil muitos marinheiros, além das tripulações matriculadas, ordena a mesma Regência, em nome de el-rei o sr. d. João VI, que a Real Junta do Comércio destes reinos faça declarar por editais que logo que os navios concluam os seus despachos o participem a esta secretaria de Estado, para pelo navio em comando no porto se mandarem passar as providências adequadas para obstar a esta emigração; medidas que de modo algum impedirão a expedição do comércio.
"'Deus guarde a v. exc.
"'Palácio da Regência, em 17 de fevereiro de 1821.
"'Francisco Maximiliano de Souza.'

"Sr. Cipriano Ribeiro Freire.

"E para que chegue à notícia de todos, se mandou afixar o presente.
"Lisboa, 20 de fevereiro de 1821.

"[Assinado José Acursio das Neves.]"

II. Decreto para a publicação
das Bases da Constituição
(n° 155, vol. XXVI)

"As Cortes Gerais Extraordinárias e Constituintes da nação portuguesa, antes de procederem a formar a sua Constituição política, reconhecem e decretam como bases dela os seguintes princípios, por serem os mais adequados para assegurar os direitos individuais do cidadão e estabelecer a organização e limites dos poderes políticos do Estado.

"Seção 1ª: *Dos direitos individuais do cidadão*
"Art. 1) A Constituição política da nação portuguesa deve manter a liberdade, segurança e propriedade de todo o cidadão.
"Art. 2) A liberdade consiste na faculdade, que compete a cada um, de fazer tudo o que a lei não proíbe. A conservação desta liberdade depende da exata observância das leis.
"Art. 3) A segurança pessoal consiste na proteção que o governo deve dar a todos, para todos poderem conservar os seus direitos pessoais.
"Art. 4) Nenhum indivíduo deve jamais ser preso sem culpa formada.
"Art. 5) Excetuam-se os casos determinados pela Constituição; e ainda nestes o juiz lhe dará em 24 horas, e por escrito, a razão da prisão.
"Art. 6) A lei designará as penas com que devem ser castigados não só o juiz que ordenar a prisão arbitrária, mas a pessoa que a requerer e os oficiais que a executarem.
"Art. 7) A propriedade é um direito sagrado e inviolável, que tem todo o cidadão, de dispor à sua vontade de todos os seus bens, segundo a lei. Quando, por alguma circunstância de necessidade pública e urgente, for preciso que um cidadão seja privado deste direito, deve ser primeiro indenizado, pela maneira que as leis estabelecerem.
"Art. 8) A livre comunicação dos pensamentos é um dos mais preciosos direitos do homem. Todo o cidadão pode, conseguintemente, sem dependência de censura prévia, manifestar suas opiniões em qualquer matéria, contanto que haja de responder pelo abuso desta liberdade, nos casos e na forma que a lei determinar.
"Art. 9) As Cortes farão logo esta lei e nomearão um tribunal especial para proteger a liberdade da imprensa e coibir os delitos resultantes do seu abuso.
"Art. 10) Quanto porém àquele abuso que se pode fazer desta liberdade em matérias religiosas, fica salva aos bispos a censura dos escritos publi-

cados sobre dogma e moral, e o governo auxiliará os mesmos bispos para serem castigados os culpados.

"Art. 11) A lei é igual para todos. Não se devem, portanto, tolerar nem os privilégios do foro nas causas cíveis ou crimes, nem comissões especiais. Esta disposição não compreende as causas que pela sua natureza pertencerem a juízos particulares, na conformidade das leis que marcarem essa natureza.

"Art. 12) Nenhuma lei, e muito menos a penal, será estabelecida sem absoluta necessidade. Toda a pena deve ser proporcional ao delito, e nenhuma deve passar da pessoa do delinqüente. A confiscação de bens, a infâmia, os açoites, o baraço e pregão, a marca de ferro quente, a tortura, e todas as mais penas cruéis e infamantes ficam, em conseqüência, abolidas.

"Art. 13) Todos os cidadãos podem ser admitidos aos cargos públicos sem outra distinção que não seja a dos seus talentos e das suas virtudes.

"Art. 14) Todo o cidadão poderá apresentar por escrito às Cortes, e ao poder Executivo, reclamações, queixas ou petições, que deverão ser examinadas.

"Art. 15) O segredo das cartas será inviolável. A administração do Correio ficará rigorosamente responsável por qualquer infração desta lei.

"Seção 2ª: *Da nação portuguesa, sua religião, governo e dinastia*
"Art. 16) A nação portuguesa é a união de todos os portugueses de ambos os hemisférios.

"Art. 17) A sua religião é a católica apostólica romana.

"Art. 18) O seu governo é a monarquia constitucional hereditária, com leis fundamentais que regulem o exercício dos três poderes.

"Art. 19) A sua dinastia reinante é a da sereníssima Casa de Bragança. O nosso rei atual é o sr. d. João VI, a quem sucederão na coroa os seus legítimos descendentes, segundo a ordem regular da primogenitura.

"Art. 20) A soberania reside essencialmente na nação. Esta é livre e independente, e não pode ser patrimônio de ninguém.

"Art. 21) Somente à nação pertence fazer a sua Constituição ou lei fundamental, por meio de seus representantes legitimamente eleitos. Esta lei fundamental obrigará por ora somente aos portugueses residentes nos reinos de Portugal e Algarves, que estão legalmente representados nas presentes Cortes. Quanto aos que residem nas outras três partes do mundo, ela se lhes tornará comum, logo que, pelos seus legítimos representantes, declararem ser esta a sua vontade.

"Art. 22) Esta Constituição ou lei fundamental, uma vez feita pelas presentes Cortes Extraordinárias, somente poderá ser reformada ou alterada em algum ou alguns de seus artigos, depois de haverem passado quatro anos, contados desde a sua publicação, devendo porém concordar dois terços dos deputados presentes na necessidade da pretendida alteração, a qual somente se poderá fazer na legislatura seguinte aos ditos quatro anos, trazendo os deputados poderes especiais para isso mesmo.

"Art. 23) Guardar-se-á na Constituição uma bem determinada divisão dos três poderes, Legislativo, Executivo e Judiciário. O Legislativo reside nas Cortes, com a dependência da sanção do rei, que nunca terá um veto absoluto mas suspensivo, pelo modo que determinar a Constituição. Esta disposição, porém, não compreende as leis feitas nas presentes Cortes, as quais leis não ficarão sujeitas a veto algum.

"O poder Executivo está no rei e seus ministros, que o exercem debaixo da autoridade do mesmo rei.

"O poder Judiciário está nos juízes. Cada um destes poderes será respectivamente regulado de modo que nenhum possa arrogar a si as atribuições do outro.

"Art. 24) A lei é a vontade dos cidadãos, declarada pelos representantes, juntos em Cortes. Todos os cidadãos devem concorrer para a formação da lei, elegendo estes representantes, pelo método que a Constituição estabelecer. Nela se há de também determinar quais devam ser excluídos destas eleições. As leis se farão pela unanimidade ou pluralidade de votos, precedendo discussão pública.

"Art. 25) A iniciativa direta das leis somente compete aos representantes da nação juntos em Cortes.

"Art. 26) O rei não poderá assistir às deliberações das Cortes, porém somente à sua abertura e conclusão.

"Art. 27) As Cortes se reunirão uma vez cada ano na capital do reino de Portugal, em determinado dia, que há de ser prefixo na Constituição; e se conservarão reunidas pelo tempo de três meses, o qual poderá prorrogar-se por mais um mês, parecendo assim necessário aos dois terços dos deputados. O rei não poderá prorrogar nem dissolver as Cortes.

"Art. 28) Os deputados das Cortes são, como representantes da nação, invioláveis nas suas pessoas, e nunca responsáveis pelas suas opiniões.

"Art. 29) Às Cortes pertence nomear a Regência do Reino, quando assim for preciso; prescrever o modo por que então se há de exercitar a sanção das leis; e declarar as atribuições da mesma Regência. Somente às Cortes pertence também aprovar os tratados de aliança ofensiva e defensiva, de subsídios e de comércio; conceder ou negar a admissão de tropas estrangeiras dentro do reino; determinar o valor, peso, lei e tipo das moedas; e terão as demais atribuições que a Constituição designar.

"Art. 30) Uma junta, composta de sete indivíduos, eleitos pelas Cortes dentre os seus membros, permanecerá na capital aonde elas se reunirem, para fazerem convocar Cortes Extraordinárias, nos casos que serão expressos na Constituição, e cumprirem as outras atribuições que ela lhes assinalar.

"Art. 31) O rei é inviolável na sua pessoa. Os seus ministros são responsáveis pela falta da observância das leis, especialmente pelo que obrarem contra a liberdade, segurança e propriedade dos cidadãos; e por qualquer dissipação ou mau uso dos bens públicos.

"Art. 32) As Cortes assinarão ao rei e à família real, no princípio de cada reinado, uma dotação conveniente, que será entregue em cada ano ao administrador que o mesmo rei tiver nomeado.

"Art. 33) Haverá um Conselho de Estado, composto de membros propostos pelas Cortes, na forma que a Constituição determinar.

"Art. 34) A imposição de tributos e a forma da sua repartição será determinada exclusivamente pelas Cortes. A repartição dos impostos diretos será proporcionada às faculdades dos contribuintes, e deles não será isenta pessoa ou corporação alguma.

"Art. 35) A Constituição reconhecerá a dívida pública; e as Cortes estabelecerão todos os meios adequados para o seu pagamento, ao passo que ela se for liquidando.

"Art. 36) Haverá uma força militar permanente de terra e mar, determinada pela Cortes. O seu destino é manter a segurança interna e externa do reino, com sujeição ao governo, ao qual somente compete empregá-la pelo modo que lhe parecer conveniente.

"Art. 37) As Cortes farão e dotarão estabelecimentos de caridade e instrução pública.

"[Seguiam-se as assinaturas de todos os deputados presentes.]

"O presente decreto se publique, registre, guarde no Arquivo Nacional da Torre do Tombo e, por duplicado, no das Cortes, e se remeta por exemplares impressos a todas as estações a quem competir, para ter desde logo pronto cumprimento, ficando as Bases que nele se contêm servindo provisoriamente de Constituição; com declaração, porém, que os casos exceptuados de que trata o artigo 5 serão interinamente os mesmos da legislação atual, e que a execução dos artigos 8, 9, 10 e 11 ficará suspensa, por depender de novas leis, que serão feitas imediatamente. A Regência do Reino jure as referidas Bases e faça expedir as ordens necessárias, para que em determinado dia sejam também juradas por todas as autoridades eclesiásticas, civis e militares.

"A mesma Regência o tenha assim entendido e faça prontamente executar.

"Paço das Cortes, em 9 de março de 1821.
"Manuel Fernandes Tomás — Presidente.
"Dep. e Sec.:
"José Ferreira Borges.
"João Batista Felgueiras.
"Agostinho José Freire.
"Francisco Barroso Pereira."

III. Decreto d'el-rei aprovando a Constituição
que fizerem as Cortes de Portugal
(n° 156, vol. XXVI)

"Havendo eu dado todas as providências para ligar a Constituição que se está fazendo em Lisboa com o que é conveniente no Brasil, e tendo chegado ao meu conhecimento que o maior bem que posso fazer aos meus povos é desde já aprovar essa mesma Constituição, e sendo todos os meus cuidados, como é bem constante, procurar-lhes todo o descanso e felicidades, hei por bem desde já aprovar a Constituição que ali se está fazendo, e recebê-la no meu reino do Brasil e nos mais domínios da minha coroa. Os meus ministros e secretários de Estado, a quem este vai dirigido, o farão assim constar, expedindo aos tribunais e capitães-generais as ordens competentes.

"Palácio do Rio de Janeiro, em 24 de fevereiro de 1821.
"[Com a rubrica de s. m.]"

IV. Auto do juramento
(n° 156, vol. XXVI)

"Ano do nascimento de Nosso Senhor Jesus Cristo de 1821; aos 26 de fevereiro do dito ano, nesta cidade do Rio de Janeiro, em casa do trono, sala onde apareceu o sereníssimo sr. príncipe real do Reino Unido de Portugal, Brasil e Algarves, d. Pedro de Alcântara, onde se achava reunida a Câmara desta mesma cidade e corte do Rio de Janeiro atualmente, o mesmo sereníssimo sr. príncipe real, depois de ter lido na varanda da mesma casa, perante o povo e tropa que se achavam presentes, o real decreto de s. m. elrei nosso senhor, de 24 de fevereiro do presente ano, no qual s. m. certifica ao seu povo que jurará imediatamente e sancionará a Constituição que se está fazendo no reino de Portugal. E para que não entre em dúvida este juramento e esta sanção, mandou o mesmo sereníssimo sr. príncipe real para que, em nome dele, jurasse já no dia de hoje, e nesta presente hora, a Constituição tal qual se fizer em Portugal. E para constar, fiz este auto, que assinou o mesmo Senado, e eu, Antônio Martins Pinto de Brito, escrivão do mesmo Senado o escrevi e assinei.

"[Assinado Antônio Lopes de Calheiros e Menezes, Francisco de Souza Oliveira, Luiz José Vianna Gurgel do Amaral e Rocha, Manuel Caetano Pinto, Antônio Alves de Araújo, Antônio Martins Pinto de Brito.]"

V. JURAMENTO
(n° 156, vol. XXVI)

"No mesmo dia, mês e ano, e mesma hora, declarou o mesmo sereníssimo sr. príncipe real, em nome de el-rei nosso senhor, seu augusto pai e senhor, que jurava na forma seguinte:

"'Juro, em nome de el-rei, meu pai e senhor, veneração e respeito à nossa santa religião, observar, guardar e manter perpetuamente a Constituição tal qual se fizer em Portugal pelas Cortes.'

"E logo, sendo apresentado pelo bispo capelão-mor o livro dos santos evangelhos, nele pôs a sua mão direita, e assim o jurou e prometeu e assinou:

"'Como procurador de el-rei meu pai e meu senhor, e príncipe real d. Pedro de Alcântara.'

"E logo o príncipe real, em seu próprio nome, jurou na forma seguinte:
"'Juro, em meu nome, veneração e respeito à nossa santa religião; obediência ao rei, observar, guardar e manter perpetuamente a Constituição tal qual se fizer em Portugal pelas Cortes.'
"'Príncipe real, d. Pedro de Alcântara.
"'Infante d. Miguel.'"

VI. Ofício do secretário de Estado dos
Negócios Estrangeiros no Rio de Janeiro
ao governo de Portugal
(n° 156, vol. XXVI)

"Ilmos. e exmos. srs.:
"Tendo el-rei nosso senhor havido por bem declarar, por seu real decreto, da cópia inclusa, na data de 26 do corrente mês, que para mais firmemente consolidar os interesses de todos os seus vassalos de um e outro hemisfério, tinha resolvido aprovar, como com efeito aprovava, para ser aceita e executada em todos os estados deste Reino Unido, a Constituição que pelas Cortes atualmente convocadas nessa cidade for feita e aprovada; toda a real família, o povo e a tropa desta Corte juraram, da maneira a mais solene, observarem e manterem a mesma Constituição.

"Sendo por este modo chegada a feliz época, marcada por s. m., do momento da sua saída dessa cidade para o desempenho da sua real palavra, de que voltaria a felicitar com a sua augusta presença a antiga capital da monarquia logo que, restabelecida a paz geral, lhe fosse lícito regressar sem comprometimento dos interesses dos seus vassalos nem da dignidade da sua real coroa; tem s. m. resolvido partir para essa Corte logo que s. a. sereníssima, a princesa real do Reino Unido, restabelecida do seu feliz parto, que se espera dentro em poucos dias, se achar em estado de empreender a viagem de mar.

"Felicito-me de que a honra que s. m. me acaba de conferir, dignando-se de encarregar-me nestas circunstâncias do Ministério dos Negócios Estrangeiros e da Guerra, me procure a incomparável satisfação de transmitir a vossas excelências, de ordem de s. m., tão agradáveis notícias que não podem deixar de encher de júbilo a todos os bons vassalos do mais benigno de todos os soberanos.

"Rio de Janeiro, aos 28 de fevereiro de 1821.
"Silvestre Pinheiro Ferreira.
"Senhores do governo do reino de Portugal."

VII. Decreto de s. m. nomeando a Regência no Brasil
(n° 159, vol. XXVII)

"Sendo indispensável prever acerca do governo e administração deste reino do Brasil, donde me aparto com vivos sentimentos de saudade, voltando para Portugal por exigirem as atuais circunstâncias políticas enunciadas no decreto de 7 de março do corrente ano; e tendo eu em vista não só as razões de pública utilidade e interesse, mas também a particular consideração que merecem estes meus fiéis vassalos do Brasil, os quais instam para que eu estabeleça o governo que deve regê-los na minha ausência e enquanto não chega a Constituição, de um modo conveniente ao estado presente das coisas e à categoria política a que foi elevado este país e capaz de consolidar prosperidade pública e particular; hei por bem e me praz encarregar o governo geral e inteira administração de todo o reino do Brasil ao meu muito amado e prezado filho d. Pedro de Alcântara, príncipe real do Reino Unido de Portugal, Brasil e Algarves, constituindo-o regente e meu lugar-tenente, para que, com tão preeminente título, e segundo as instruções que acompanham a este decreto e vão por mim assinadas, governe, na minha ausência e enquanto pela Constituição se não estabelece outro sistema de regime, todo este reino, com sabedoria e amor dos povos; pelo alto conceito que formo da sua prudência e mais virtudes, vou certo de que nas coisas do governo, firmando a pública segurança e tranqüilidade, promovendo a prosperidade geral e correspondendo por todos os modos às minhas esperanças, se haverá como bom príncipe, amigo e pai destes povos, cuja saudosa memória levo profundamente gravada no meu coração, e de quem também espero que pela sua obediência às leis, sujeição e respeito às autoridades, me recompensarão do grande sacrifício que faço, separando-me de meu filho primogênito, meu herdeiro e sucessor do trono, para lho deixar como penhor do apreço que dele faço. O mesmo príncipe o tenha assim entendido, e executará, mandando expedir as necessárias participações.

"Palácio da Boa-Vista, em 22 de abril de 1821.

"[Com a rubrica de s. m.]"

VIII. INSTRUÇÕES
(nº 159, vol. XXVII)

"O príncipe real do Reino Unido toma o título de príncipe regente e meu lugar-tenente, no governo provisório do reino do Brasil, de que fica encarregado.

"Neste governo será o conde dos Arcos ministro e secretário de Estado dos Negócios Estrangeiros; o conde da Lousã, d. Diogo de Menezes, ministro e secretário de Estado dos Negócios da Fazenda, como atualmente é. Serão secretários de Estado interinos o marechal-de-campo Carlos Frederico de Caula na Repartição de Guerra, o major-general da Armada Manuel Antônio Farinha da Repartição da Marinha.

"O príncipe real tomará as suas resoluções em Conselho formado dos ministros de Estado e dos dois secretários de Estado interinos, e as suas determinações serão referendadas por aquele dos ministros de Estado, ou secretários da competente repartição, os quais ficarão responsáveis.

"O príncipe real terá todos os poderes para a administração da Justiça, Fazenda e governo econômico; poderá comutar ou perdoar a pena de morte aos réus que estiverem incursos nela por sentença; resolverá todas as consultas relativas à administração pública.

"Proverá todos os lugares de letras e ofícios de Justiça ou Fazenda que estiverem vagos ou venham a vagar, assim como todos os empregos civis ou militares, entrando logo por seu decreto os nomeados no exercício e fruição dos seus lugares, ofícios ou empregos, depois de pagar os novos direitos, ainda quando os respectivos diplomas devam ser remetidos à minha real assinatura, por serem dos que exigem esta formalidade, a qual nas Cartas e Patentes será indispensável. Para a pronta expedição delas poderá o príncipe não só assinar os alvarás em virtude dos quais se passam as Cartas, mas também conceder aquelas dispensas que por estilo se concedem para os encartes.

"Igualmente proverá todos os benefícios curados ou não curados, e mais dignidades eclesiásticas, à exceção dos bispados; mas poderá propor-me para eles as pessoas que achar dignas.

"Poderá fazer guerra ofensiva ou defensiva, contra qualquer inimigo que atacar o reino do Brasil, se as circunstâncias forem tão urgentes que se torne de sumo prejuízo aos meus fiéis vassalos deste Reino o esperar as minhas reais ordens; e pela mesma razão e em iguais circunstâncias poderá fazer tréguas ou qualquer tratado provisório com os inimigos do Estado.

"Finalmente, poderá o príncipe conferir, como graças honoríficas, os hábitos das três ordens militares, de Cristo, São Bento de Avis e São Tiago da Espada, às pessoas que julgar dignas dessa distinção, podendo conceder-lhes logo o uso da insígnia e as dispensas do estilo para a profissão.

"No caso imprevisto e desgraçado (que Deus não permita que aconteça) do falecimento do príncipe real, passará logo a regência do reino do Brasil à princesa real sua esposa, e minha amada e prezada nora, a qual governará com um Conselho de Regência composto dos ministros de Estado, do presidente da Mesa do Desembargo do Paço, do regedor das Justiças e dos secretários de Estado interinos nas repartições de Guerra e Marinha. Será presidente deste Conselho o ministro de Estado mais antigo, e esta re-

gência gozará das mesmas faculdades e autoridades de que gozava o príncipe real.
"Palácio da Boa-Vista, em 22 de abril de 1821.
"Rei."

IX. Fala do presidente das Cortes a el-rei,
ao tempo em que prestou o juramento, aos 4 de julho
(n° 159, vol. XXVII)

"Senhor:
"Os representantes da nação portuguesa, rodeando o trono do seu rei constitucional e firmando a lei fundamental da monarquia, seguem hoje grandes exemplos, renovam épocas brilhantes da sua história e apertam de um modo indissolúvel aquele vínculo político que deve unir os povos aos reis, e os reis aos povos. Esta união, senhor, é o verdadeiro título, é o mais sólido fundamento da legitimidade. O trono dos reis nunca é mais firme, nem mais durável, senão quando as convenções políticas o levantam sobre as bases eternas da justiça e do amor dos povos.

"Cenas tão agradáveis, dias tão afortunados, que, desde o portentoso acontecimento do Campo de Ourique, brilharam já por mais de uma vez em Portugal, repetindo-se hoje, colocam o vosso nome, senhor, a par dos nomes sempre memoráveis do grande Afonso, do magnânimo João I, do ínclito João IV.

"Males passados, sobre que é hoje necessário correr o mais espesso véu; bens e prosperidades futuras, com que é hoje permitido recriar a nossa imaginação, a urgência de remediar os males, a idéia de realizar os bens, nos trouxe finalmente este dia feliz, em que uma lei justa e igual, de todos conhecida e jurada por todos, preserva o governo político de um Estado dos inconvenientes, a que é igualmente sujeito, quando está nas mãos de todos ou quando está nas mãos de um só. Em iguais distâncias de um e de outro extremo se equilibra, senhor, o governo constitucional representativo, apoiado na liberdade da imprensa e na independência dos juízes, que são as duas pedras angulares deste nobre edifício. Estas são as condições mais essenciais do contrato que v. m. jura hoje à face da nação, e que já de antemão jurará em outro hemisfério, por efeito da mais ilimitada confiança.

"V. m. ratificou hoje este mesmo juramento, no meio da representação nacional, e a nação toda, por meio de seus representantes, Portugal inteiro, no meio do mais fervoroso entusiasmo de respeito e de amor por v. m., recebe este juramento como penhor da sua prosperidade futura. A prosperidade de Portugal, senhor, depende unicamente da firmeza, da constância e da perseverança com que este juramento há de ser perpetuamente observado. Ah, senhor. A solenidade augusta de um juramento, proferido diante de Deus e diante dos homens, nunca jamais poderá esquecer aqueles que tão solenemente, que tão espontaneamente, em ambos os mundos, o proferiram. A nação tem jurado, senhor, nas Bases da Constituição, manter a forma do governo constitucional e representativo, e v. m. promete observar esta carta política, decretada pelas Cortes Nacionais. Com a mútua aliança de um povo e de um rei, contraída por meio de condições tão justas e tão obviamente úteis, assegura entre nós a prática daqueles grandes documentos da política dos Estados, cuja adoção nos é recomendada pela história dos povos mais civilizados e mais florentes.

"Reunir todos os anos Assembléias Legislativas, eleger livremente os seus membros, fazer as leis em público, responsabilizar efetivamente os executores das leis, publicar os pensamentos pela imprensa, independência nos juízes, equilíbrio invariável entre as rendas e as despesas do Estado, eis, senhor, a que se reduz em geral o sistema que adotamos. A felicidade pública e particular não pode ter mais sólidos fiadores; está dividido o poder, resta só conservar a divisão.

"Sobeja é, senhor, a experiência dos séculos remotos, ainda mais sobeja a de tempos próximos a nós, e desgraçadamente mui presentes à nossa memória, para nos convencermos, senhor, [de que] não estão bem divididos; e se esta divisão não tem por fiador a probidade cívica dos que governam e dos que são governados, o governo degenera desde logo, ou no infrene despotismo da anarquia, ou na opressora arbitrariedade de um ou de mais indivíduos. A partilha do poder é só quem pode prevenir esta degeneração; é a única tábua em que se pode salvar a justiça e a estabilidade das instituições políticas. É, portanto, necessário que as preservemos deste naufrágio, consolidando aquela partilha. Demos, senhor, ao mundo, exemplos de justiça e de firmeza. A nossa resolução está tomada; perpetuamente constitucionais, vamos todos de mãos dadas, cooperemos todos a promover a felicidade pública de um povo que tantos, ainda que tão infrutuosos, sacrifícios tem feito por esta felicidade; de um povo tão dócil que muda as suas leis fundamentais no meio da maior tranqüilidade, que sabe obedecer, que sabe pedir e que até sabe reclamar.

"O sacrifício do interesse particular ao interesse público é, senhor, a cláusula mais imperiosa do pacto social. Todos os portugueses, senhor, aclamam esta cláusula; todos conhecem a urgência de obedecer a esta lei e de fazer este sacrifício, poucos a quem deve naturalmente ser penosa a luta daqueles dois interesses, sentem mas não relutam. É, portanto, quase unânime a vontade de todos os portugueses, e não foi, senhor, nem a instigação de poucos, nem a ilusão de muitos (como fingiram persuadir-se); foi a influência de causas gerais e bem notórias, que escuso referir, quem promoveu estas felizes alterações. Sobre este objeto, a verdade, senhor, nunca esteve tão perto do sólio; a verdade foi que, ressoando num ponto de Portugal o primeiro grito da Constituição e do rei, Portugal inteiro repetiu este grito e, como a vontade era só uma, não houve nem comoção, nem dissidência. Os cidadãos delegaram logo o seu poder e, ainda bem não tinham posto em nossas mãos este importante depósito, tornaram contentes e pacíficos ao templo, a dar graças ao Criador, e ao seio de suas famílias fazer votos pela felicidade do seu país. Ah! Senhor, que espetáculo este! Muito mais quando se compara com os movimentos convulsivos e frenéticos com que alguns povos infelizmente só tem empreendido mudanças para passarem de um despotismo a outro. Eia, pois, senhor, acabemos de desempenhar o encargo que nos têm confiado tão caros constituintes. O poder que se nos delegou já se acha dividido entre as Cortes e o rei. Toca às Cortes fazer a lei, toca a v. m. fazê-la executar. As boas leis, as leis justas e geralmente úteis, as leis que fazem o menor sacrifício do interesse particular e que promovem a maior vantagem do interesse público; a execução pronta, fiel, severa e indistinta destas leis são o alvo de nossas fadigas.

"Ah! Senhor, e se o impenetrável juízo da Providência eterna, que governa o mundo, se compraz de ouvir nossos votos, de coroar nossas fadigas com um êxito correspondente a nossos ardentes desejos, qual deverá ser ainda depois o voto mais fervoroso e mais ardente dos portugueses. Eu o digo, e não me engano. Dilate a Providência os anos de v. m., para se dilatar entre nós o espetáculo verdadeiramente plausível de um povo e de um rei cooperando de mãos dadas para a felicidade comum; e dilate-se até que, estabelecido o regime constitucional, difunda sua benéfica influência por todas as classes da sociedade e se possa ainda plantar a árvore da felicidade pública à porta das mais abatidas e das mais humildes choupanas."

X. FALA DE EL-REI EM RESPOSTA À DO PRESIDENTE
(n° 159, vol. XXVII)

"Senhores deputados das Cortes destes reinos:
"Se é natural a todo o homem bem nascido sentir um particular regozi-

jo ao rever a cara pátria, depois de haver estado por algum tempo dela ausente, qual não deve ser o júbilo de um príncipe, que ao cabo de uma prolongada ausência de mais de 13 anos se acha restituído à antiga sede dos seus augustos maiores; e saboreia a inapreciável ventura de ser nela recebido com transportes correspondentes ao afeto do seu paternal coração, por toda a nação ao mesmo tempo, na pessoa de seus dignos representantes, felizmente congregados e unidos pelo amor do rei e da pátria, neste augusto Congresso!

"Sim, senhores, eu estou persuadido, que puro amor da pátria, desinteressado desejo do bem público, unânime concurso dos votos da nação, é quem vos conduziu e ajuntou no recinto desta Assembléia, sobre que Portugal e a Europa, o mundo inteiro, tem fitados os olhos, como aquele de quem se espera a ditosa regeneração de um povo que, pelo seu valor, não menos do que pelas suas virtudes, ocupa um dos mais distintos lugares nas páginas da história.

"Ao receber a fausta notícia de que na antiga capital da monarquia se iam reunir com efeito cidadãos conspícuos por suas luzes e qualidades, designados pela opinião pública e com plena liberdade escolhidos para salvarem a pátria do iminente naufrágio de que estava ameaçada, no pélago dos males acumulados na longa série de anos, desde o estabelecimento da nossa primitiva Constituição, era impossível que o vosso rei diferisse por mais tempo o seu regresso ao berço original da monarquia; e que pela primeira vez um monarca português deixasse de ambicionar o reunir-se aos representantes da nação, para de comum acordo tratarem de acudir às suas precisões e assegurarem a sua propriedade.

"Se fosse possível caberem ânimos portugueses à idéia de proscrever a monarquia, o vosso rei não encontraria nos ditames dos seus antepassados outra doutrina, senão de abandonar, penetrado da mais viva mágoa, a nação aos decretos da Providência; mas os portugueses (com doce satisfação o proclamo à face do Universo) não se esqueceram um só instante de que eram portugueses, cujo timbre foi sempre, e sobretudo, valor e lealdade.

"Protestando, no ato da convocação destas Cortes, que o edifício da nova Constituição a que iam proceder assentaria sobre a imutável base de monarquia hereditária que era, na dinastia da Casa de Bragança, e reiterando os juramentos de fidelidade que no ato da minha aclamação ao trono de meus augustos maiores me haviam sido unanimemente prestados por toda a nação, os povos sancionaram o princípio fundamental de toda a monarquia constitucional, que o exercício do poder Legislativo não pode residir separadamente em nenhuma das partes integrantes do governo, mas sim na reunião do monarca e deputados escolhidos pelos povos, tanto aquele como estes para formarem o Supremo Conselho da Nação, a que nossos maiores têm designado pela denominação de Cortes, e às quais coletivamente compete o exercício ordinário do poder Legislativo; por maneira que, se jamais o monarca assumisse a si o exercê-lo sem a Câmara dos Deputados, se reputaria o governo degenerado em despotismo, bem como passaria ao estado não menos monstruoso de oclocracia, se a Câmara dos Deputados intentasse exercitar ela só o poder Legislativo.

"Penetrado, pois, destes inconvenientes princípios do direito constitucional das nações, logo que chegou ao meu conhecimento acharem-se eleitos pelos povos deste reino de Portugal os deputados que os deviam representar em Cortes, resolvi partir sem demora a ocupar nelas o eminente posto, em que pelo reconhecido princípio da sucessão hereditária do trono aprouve à providência colocar-me.

"Não sendo, porém, compatível com o bem geral da monarquia fazer regressar do Brasil para a Europa a sede do governo sem primeiramente lançar as necessárias disposições para que a união dos dois países e a marcha dos negócios daquele reino não sofressem alteração até o estabelecimento da nova Constituição, procedi a dar as providências que a esse fim me pareceram conducentes, e de que aos ministros e secretários tenho ordenado vos façam uma circunstanciada relação; o que concluído, passei sem perda de tempo a reunir-me com os representantes dos povos, a fim de procedermos de acordo, e animados de igual patriotismo, ao importante trabalho, que emanado do seio deste Supremo Conselho, composto todo de pessoas a esse fim chamadas pela espontânea e livre escolha da nação, já de antemão todos e cada um têm jurado cumprir e executar, como atos emanados de uma autoridade cujos legítimos poderes, nem pelos nacionais que lhos conferiram, nem pelos estrangeiros, que para isso são incompetentes, lhes podem ser contestados.

"Vós sabeis, pela participação que logo vos mandei fazer pelo ministro e secretário dos Negócios Estrangeiros, como o primeiro passo que dei na carreira do governo constitucional que entendi me cumpria abraçar para o bem geral dos povos, foi o de prestar em meu nome e de fazer prestar pelas pessoas da minha real família, exército e povos dos estados de ultramar, aquele mesmo juramento de aderência à vontade geral da nação, legitimamente expressada por estas Cortes; às quais determinei enviassem deputados escolhidos pela forma e maneira adotada neste reino. Brevemente representantes de todos aqueles estados se virão unir a esta augusta Assembléia, e na forma do seu juramento concorrerão conosco em nome dos seus constituintes, para a grande obra que deve estreitar os vínculos da inalterável união de quantos se gloriam de possuírem e merecerem o nome de português, em todas as quatro partes do mundo.

"Órgãos dos meus puros sentimentos, e dos sinceros votos que em todo o decurso do meu governo tenho feito pela prosperidade da monarquia, os meus ministros de Estado vos exporão sobre cada um dos objetos de que se houver de tratar, o que eu, tendo unicamente em vista o bem geral da nação, entender que cumpre fazer-vos conhecer ou observar a fim de concluirmos, o mais breve que ser possa, o importantíssimo trabalho que havemos empreendido."

XI. Decreto de el-rei
nomeando ministros de Estado
(n° 159, vol. XXVII)

"Hei por bem nomear, para ministro e secretário de Estado dos Negócios do Reino, ao vice-almirante Inácio da Costa Quintela; para ministro e secretário de Estado dos Negócios da Fazenda, a Francisco Duarte Coelho; para ministro e secretário de Estado dos Negócios da Guerra, ao marechal-de-campo Antônio Teixeira Rebelo; para ministro e secretário de Estado dos Negócios Estrangeiros, o conde de Barbacena, d. Francisco. As autoridades a quem competir o conhecimento do presente decreto o tenham assim entendido e o executem pela parte que lhes pertence.

"Palácio das Necessidades, em 4 de julho de 1821.

"[Com a rubrica de s. m.]"

XII. Decreto de el-rei anunciando
a sua escolha de conselheiros de Estado
(n° 159, vol. XXVII)

"Tendo-me sido propostas pelas Cortes Gerais Extraordinárias e Constituintes da nação portuguesa 24 pessoas igualmente beneméritas, para dentre elas escolher oito para meus conselheiros de Estado, hei por bem nomear para ocuparem o dito cargo, ao conde de Penafiel, conde de Sampaio, bispo de Vizeu, João da Cunha Sotto-Maior, José Maria de Antas Pereira, João Antônio Ferreira de Moura, Joaquim Pedro Gomes de Oliveira e José de Melo Freire, pelo merecimento e mais partes que neles concorrem. O vice-almirante Inácio da Costa Quintela, ministro e secretário de Estado dos

Negócios do Reino, o tenha assim entendido, e lhes faça expedir as participações do estilo.

"Palácio de Queluz, em 11 de julho de 1821.

"[Com a rubrica de s. m.]"

XIII. Ofício das Cortes ao secretário de Estado, pedindo explicações sobre a fala d'el-rei
(n° 159, vol. XXVII)

"Ilmo. e exmo. sr.:

"As Cortes Gerais e Extraordinárias da nação portuguesa, ao passo que ouviram com especial agrado os princípios e expressões verdadeiramente constitucionais que contém parte do discurso de s. m., lido pelo seu ministro Silvestre Pinheiro na sessão de 4 do corrente mês de julho, em resposta ao que lhe havia dirigido o presidente das mesmas Cortes, não podem, todavia, deixar de notar que no § 5 e seguintes se acham idéias e expressões alheias dos princípios sancionados nos artigos 21, 23 e 24 das Bases da Constituição, nos quais, estabelecendo-se a linha de demarcação entre os poderes Legislativo e Executivo, se atribui somente às Cortes a representação nacional e o poder Legislativo, com a exclusão da iniciativa direta do rei, e só com a dependência subseqüente da sua sanção, e de um veto que não será absoluto, tudo na forma declarada nos mesmos artigos. E porque de nenhum modo se pode entender que aquelas idéias e expressões sejam da intenção de s. m., que em todas as ocasiões tem patenteado a mais decisiva aderência aos princípios consagrados nas mesmas Bases, mandam remeter a v. exc. o mesmo discurso para o fazer presente a s. m., a fim de que possa mandar fazer a este respeito as explicações que julgar convenientes.

"Deus guarde a v. exc.

"Paço das Cortes, em 12 de julho de 1821.

"João Batista Felgueiras.

"Sr. Inácio da Costa Quintela."

XIV. Resposta do ministro de Estado
(n° 159, vol. XXVII)

"Ilmo. e exmo. sr.:

"Fiz presente a s. m. o ofício de v. exc. com data de 12 do corrente, sobre a nota que as Cortes Gerais e Extraordinárias da nação portuguesa fizeram ao § 5 do discurso que s. m. mandou ler em resposta ao que lhe dirigiu o presidente das mesmas Cortes na sessão de 4 do corrente mês de julho, assim sobre as idéias e expressões do dito discurso, que pareceram alheias dos princípios sancionados nos artigos 21, 23 e 24 das Bases da Constituição. S. m. manda declarar que, tendo jurado as ditas Bases, pelo modo mais geral e indistinto, não podia ser da sua intenção que houvesse no seu discurso expressões ou idéias que não fossem de acordo e conformes com as mesmas Bases e com o seu juramento. E que se algumas há, a que se possa dar diversa inteligência, s. m. declara que semelhante inteligência é contrária à sua intenção; pois só é da sua vontade aprovar os princípios políticos adotados pelas mesmas Bases; e assim quer que se declare e faça público; e que tal será sempre o desempenho do juramento que prestou.

"Deus guarde a v. exc.
"Palácio de Queluz, em 14 de julho de 1821.
"Inácio da Costa Quintela.
"Sr. João Batista Felgueiras."

XV. RELATÓRIO DA DEPUTAÇÃO QUE FOI A BORDO DA
NAU *D. JOÃO VI*, FELICITAR A S. M., E DA OUTRA
QUE O FOI ESPERAR À ENTRADA DO PAÇO DAS CORTES
(nº 159, vol. XXVII)

"Logo que a deputação destinada a ir no dia 4 do corrente mês de julho a bordo da nau *D. João VI* cumprimentar a el-rei e sua real família chegou, pelas dez horas da manhã, ao lugar do seu destino, foi recebida com todas as honras e introduzida à presença de s. m., que estava em pé, e a recebeu com expressivas demonstrações de satisfação. O arcebispo da Bahia, presidente da deputação, pronunciou logo o discurso seguinte.

"'Senhor:
"'Designado pelas Cortes Gerais Extraordinárias e Constituintes da nação portuguesa, para vir com meus companheiros render a v. m. o fiel testemunho do nosso amor e veneração, no feliz momento em que v. m. volta ao seio dos seus saudosos súditos de Portugal para cooperar com eles na majestosa obra da sua regeneração política, tal é, senhor, a multidão de idéias que este sucesso desperta em meu espírito, que eu quisera antes ficar em um

silêncio respeitoso e admirador. Se trago à memória os pasmosos sucessos dos 14 anos precedentes, tristes e dolorosos uns, cuja recordação ainda hoje é capaz de fazer renascer em nossos corações um susto mortal; faustos e alegres outros, em cuja lembrança ainda agora nos saboreamos como então, e servirão de temperar nossas amarguras, eu não posso, senhor, deixar de ver nesta longa cadeia de bens e males que alternadamente nos cercaram, os efeitos da Providência particular e adorável, que velando sobre Portugal e sobre a augusta dinastia de seus reis, quando os deixava chegar à borda do precipício, era somente para lhes estender a sua mão onipotente e os salvar. Mas quando, em particular, considero a v. m. no presente momento, em que, depois do longo retiro de 14 anos vejo a v. m., salvo de tantos perigos, voltar tranqüilamente a estas praias que tanto estão saudosas, e enlutadas o viram entregar-se aos mares procelosos, quanto hoje serenas e risonhas, se alongariam, se possível fosse, até aqui, apinhadas de exultante povo, para dar-lhe uma passagem triunfal e colocá-lo no antigo e melhorado trono dos seus maiores; quando reflito nos ponderosos motivos que decidiram a incerteza da flutuante alma de v. m. a regressar ao solo português, seu berço, assim como antiga sede de seu trono, com o grande fim de acelerar e solidar a nossa regeneração política por meio de uma Constituição liberal que fará a felicidade da nação portuguesa, é então, senhor, que o espírito transcende os breves limites da sua esfera, e que eu, extasiado, tomo em meus lábios a frase angélica no momento da regeneração espiritual do mundo corrompido: glória a Deus nas alturas, paz e felicidade a todos os portugueses que têm uma vontade reta e amante da justiça.

"'Tal é, senhor, o particular respeito debaixo do qual a nação portuguesa contempla hoje a v. m. e o proclama coberto de uma glória superior a toda a glória de seus augustos predecessores, e que eclipsa o falso brilho dos conquistadores. Dilatar e segurar os limites de um vasto império à força de armas, e levantar um trono forçado sobre montões de cadáveres e ruínas, seja essa a vã glória de um rei guerreiro, que ordinariamente degenera em déspota e opressor dos povos que subjugou; seja essa a funesta glória dos Alexandres e Napoleões, que fizeram a admiração e terror dos seus séculos e mereceram a execração dos seguintes. Mui superior, e somente sólida, é a glória de um rei dócil e pacífico qual

v. m., que triunfou dos longos hábitos que tanto haviam depravado a dificultosa arte de governar povos; rasgou a venda que ofuscava suas vistas retíssimas; separou de si aqueles que entorpeciam o rigor das leis e lhe substituíam o arbítrio, o capricho, o interesse e o feroz despotismo; e restituído assim aos seus naturais sentimentos de justiça, piedade e santo temor de Deus, se desce algum degrau do seu antigo trono, jurando-se rei constitucional, se eleva em outros muitos de glória sua e felicidade nossa, único alvo dos desejos e cuidados do rei, que é digno de o ser.

"'Tais são, senhor, as ricas insígnias de que v. m., apresentando-se hoje adereçado, anuncia a toda a nação portuguesa a mais sólida felicidade. Em uma mão a Constituição, na outra a firme balança da justiça, eis aqui os brilhantes caracteres com que v. m. apaga hoje a nossa constante saudade, e merece de todos nós os mais firmes sentimentos de respeito e amor à sua sagrada e inviolável pessoa. Porque, em verdade, a Constituição — que outra coisa não é senão o código das leis fundamentais por que uma nação deve ser governada, a expressão geral da sua vontade que fixa os invioláveis direitos dos cidadãos, põe-nos a coberto da violação desses direitos, enfreia o despotismo, sufoca a arbitrariedade e segura a felicidade pública — quanto é compatível com a condição das instituições sociais? Pois a justiça, senhor, quem duvida ser ela a única base daquela felicidade, bem como o mais firme apoio dos tronos, sempre vacilantes quando sustentados pela força? Logo o rei que somente estas armas emprega no governo de seu reino dá ao seu trono a mais firme estabilidade, felicidade da nação não menos que a sua, dorme tranqüilo sobre a incontrastável fidelidade de seus súditos, a lei o torna inviolável, o crime o teme, a virtude o ama, e identificado em um só interesse com a massa do seu povo faz as delícias do seu século, e superior às vicissitudes dos tempos e das facções, leva seu nome glorioso à mais remota posteridade.

"'Quão acertado foi, portanto, o conselho de v. m. de se unir a nós na grande obra que a nação principiou, impelida de toda a espécie de opressão em que gemia, e que a ia precipitar no abismo da anarquia ou da guerra civil? A declaração de v. m. foi o remédio saudável de tantos males, e de tantos perigos. O rei o quer — exclamam todos; quanto ele é bom, e digno de nos governar! O rei jura a Constituição, reconhece nossos direitos, somos cidadãos, somos livres, e ficam salvos os legítimos direitos da monarquia. Ditosa voz, que traz os espíritos à concórdia, arranca os escrúpulos, une em um ponto central o português, o brasileiro, o insulano e o continental! Grande arte de ganhar aos ânimos, terminar discórdias, estancar sangue, assemelhar o rei da terra à imagem da Divindade, e fazê-lo mais que nunca credor ao respeito e amor dos povos!

"'Eu, portanto, senhor, como membro da presente deputação e órgão, que me tocou ser, do soberano Congresso das Cortes, e por elas, de três milhões de leais portugueses, felicito primeiramente a v. m. e a toda a sua real família pela próspera viagem que o senhor dos mares lhe concedeu, e pelo melhor estado de sua preciosa saúde, sem que possamos esquecer-nos do príncipe e princesa real, cujas virtudes fazem as melhores esperanças da nação. Em segundo lugar, oferecendo nosso respeito e inviolável fidelidade a v. m. e à sereníssima Casa de Bragança, lhe apresentamos o mais apurado fruto de nossos trabalhos, as Bases da Constituição política da monarquia portuguesa, em que v. m. verá com prazer estatuídos os mais sólidos princípios de nossa regeneração, porque mantida a santa religião de nosso país, a dinastia da Casa de Bragança e os inauferíveis direitos de v. m. e dos cidadãos. O solene juramento com que v. m. no Rio de Janeiro aderiu aos referidos princípios, foi o feliz ensaio deste outro, que a nação hoje reclama de v. m. e dos cidadãos portugueses; e os votos de uma nação eminentemente leal e briosa, unidos aos do seu rei, que tão digno se mostra de o ser, darão ao mundo admirado o perfeito exemplar do melhor dos povos, e do melhor dos reis.'

"S. m. ouviu com muita atenção esta oração, dando pelo decurso dela freqüentes sinais de aprovação e prazer, e do interesse que nela tomava; e sendo finda, disse com muito agrado: que da sua parte nenhuma falta haveria em se cumprir tudo o que pelas Cortes fosse determinado; que desejava trabalhar de acordo com elas para quanto fosse da felicidade dos povos; e que para fazer esta felicidade e se unir à causa da nação viera com muito gosto do Brasil. Estas e semelhantes expressões repetiu por diversas vezes. Logo recebeu da mão do arcebispo um rico exemplar das Bases da Constituição, e havendo perguntado pelos seus nomes a cada um dos membros da deputação, esta se despediu, recebendo todos os testemunhos da consideração e agrado de s. m.

"Imediatamente foi a deputação apresentada a s. m. a rainha, a qual, tendo junto de si as sereníssimas infantas, a recebeu com expressões de muito agrado, e havendo aceito das mãos do arcebispo um exemplar das Bases da Constituição, a deputação se despediu. Enquanto estava a bordo, veio a mesma rainha à porta da sua câmara e, chamando para junto de si duas das sereníssimas infantas, conversou por largo tempo com os deputados que se achavam naquele lugar, mostrando grande contentamento pela nova ordem de coisas, da qual contava infalivelmente haver de seguir-se a felicidade de Portugal.

"Pouco depois do meio-dia se embarcou el-rei com o sereníssimo sr. infante d. Miguel e com o sr. d. Sebastião na galeota para isso destinada, recomendando que fossem sempre junto de si os membros da deputação, os quais se assentaram ao seu lado direito, e ao passo que s. m. de todas as partes recebia públicas demonstrações do mais vivo regozijo, lhes dirigia cheio de alegria e satisfação expressões mui agradáveis, dizendo ser este o mais belo dia da sua vida.

"Ao desembarcar no cais da Pedra ouviu com lágrimas a fala que lhe dirigiu em nome do Senado da Câmara o vereador Bacelar Chichorro. Logo subiu ao coche com o sereníssimo sr. infante e com o sr. d. Sebastião, seguido da deputação e de todo o competente cortejo, se encaminhou à basílica de Santa Maria, e havendo feito oração e assistido a um solene *Te Deum*, se dirigiu ao Palácio das Necessidades, entre os vivas de inumerável multidão, que no entusiasmo da maior alegria clamava de todas as partes: viva a Constituição; vivam as Cortes; viva el-rei constitucional e a sua real família. Os quais vivas eram repetidos pelos numerosos corpos de tropa da 1ª e 2ª linha, que estavam postados nas ruas e no terreiro do palácio, onde se colocara com seu Estado-Maior o general Sepúlveda, comandante geral das mesmas tropas.

"Achavam-se as Cortes em sessão permanente, e como se aproximou a hora em que el-rei havia de chegar ao dito palácio, a segunda deputação, composta de outros 12 membros, se dirigiu à primeira sala do palácio que se comunica com o interior do Paço das Cortes e, dando lugar a que el-rei recebesse o cortejo da Regência, que o esperava, lhe fez participar que as Cortes a mandavam para ter a honra de o acompanhar. A esta participação mandou el-rei responder pelo secretário de Estado dos Negócios do Reino, que necessitava descansar alguns momentos, por se achar fatigado, mas que não tardava em vir receber a deputação; e depois de breve demora, aparecendo na dita sala, o bispo de Castelo Branco, um dos membros da deputação, lhe fez a fala seguinte: 'Senhor, é esta a segunda deputação das Cortes que vem cumprimentar a v. m., manifestar o seu prazer pela sua feliz chegada a este palácio e ter a honra de o acompanhar até a sala onde as Cortes esperam a v. m.'. El-rei respondeu: 'Tenho grande satisfação em me ver no meio destes senhores'. Reunidas então as duas deputações imediatamente aos lados de el-rei, o acompanharam, indo junto de s. m. o sr. infante e o sr. d. Sebastião.

"Antes da entrada na sala, se fez saber a el-rei que estava preparada uma tribuna superior para suas altezas: el-rei, recebendo esta parte com agrado, lhes insinuou que fossem para o lugar que lhes estava destinado, ao qual foram conduzidos com o devido cortejo.

"Ali mesmo se revestiu s. m. do manto real, e entrou na sala das Cortes pela volta das cinco horas da tarde, e subindo ao trono, tomou assento; as duas deputações tomaram os seus lugares.

"Seguiu-se o juramento, findo o qual disse s. m. em voz que bem foi ouvida pelo presidente e secretários, e por alguns deputados que estavam mais próximos: 'É verdade que assim o hei de cumprir, e assim o juro e prometo de todo o meu coração' — as quais palavras repetiu várias vezes depois da fala do presidente. Então se recolheu s. m. com o sr. infante e o sr. d. Sebastião ao dito palácio, até onde foi acompanhado das mesmas deputações. E logo Silvestre da Costa Pinheiro, ministro dos Negócios Estrangeiros, sendo-lhe permitido entrar na sala das Cortes, disse que s. m. acabava de entregar-lhe escrita uma fala que era a sua resposta à do sr. presidente, e lhe ordenara que a lesse em Cortes, ao que logo satisfez."

XVI. Decreto de S. M. para se elegerem no Brasil
os deputados que vão às Cortes Gerais
(nº 159, vol. XXVII)

"Havendo eu proclamado, no meu real decreto de 24 de fevereiro próximo passado, a Constituição Geral da monarquia, qual for deliberada, feita e acordada pelas Cortes da nação a esse fim extraordinariamente congregadas na minha muito nobre e leal cidade de Lisboa; e cumprindo que de todos os estados deste Reino Unido concorra um proporcional número de deputados a completar a representação nacional, hei por bem ordenar que neste reino do Brasil e domínios se proceda desde logo à nomeação dos respectivos deputados, na forma das instruções que para o mesmo efeito foram adotadas no reino de Portugal, e que com este decreto abaixo assinado por Inácio da Costa Quintela, meu ministro e secretário de Estado dos Negócios do Reino, aos governadores e capitães-generais das diferentes capitanias, se expedirão as necessárias ordens, para fazerem efetiva a partida dos ditos deputados, à custa da minha Real Fazenda. O mesmo ministro e secretário de Estado o tenha assim entendido e faça executar.

"Palácio do Rio de Janeiro, em 7 de março de 1821.

"[Com a rubrica de s. m..]"

XVII. Decreto do príncipe regente do Brasil, criando uma junta provisória de governo e novos ministros de Estado
(n° 160, vol. XXVII)

"Desejando em tudo satisfazer aos vassalos de el-rei meu senhor e pai, e concorrer para o bem geral, que é e tem sido o meu particular desvelo, determino por justas e bem atendíveis razões, que me foram ponderadas pelo povo e tropa desta cidade, que os ministros e secretários de Estado continuem a despachar com a minha real pessoa, conforme mandam as instruções de 22 de abril que meu augusto senhor e pai me deixou; e criar uma junta provisória, composta de nove deputados escolhidos de todas as classes, perante a qual os sobreditos ministros e secretários de Estado verifiquem a sua responsabilidade, que lhes é imposta pelo artigo 3 das Bases Constitucionais portuguesas. Esta junta será responsável às Cortes convocadas na muito nobre e leal cidade de Lisboa, pela sua conduta ativa e passiva. Determino, outrossim, que todas as leis que pela necessidade pública eu for obrigado a fazer, sejam remetidas em projeto pelos ministros e secretários de Estado à junta, para que, depois de por ela serem examinadas, subam à minha real presença para eu as sancionar. Os ministros e secretários de Estado são os que constam da relação junta, assinada pelo conde da Lousã, d. Diogo, meu ministro e secretário de Estado dos Negócios da Fazenda.

"Paço, em 5 de julho de 1821.

"[Com a rubrica do príncipe regente.]

"Para ministro e secretário de Estado dos Negócios do Reino e Estrangeiros, o desembargador do Paço Pedro Álvares Diniz; dos Negócios da Fazenda, com a presidência do Erário Régio, o conde da Lousã d. Diogo; dos Negócios da Guerra, o marechal-de-campo Carlos Frederico de Caula; dos Negócios da Marinha, o chefe de esquadra Manuel Antônio Farinha."

XVIII. Decreto aprovando a eleição da Junta
(n° 160, vol. XXVII)

"Tendo eu criado, pelo meu real decreto da data de hoje, uma junta provisional perante a qual se verifique a responsabilidade dos ministros e secretários de Estado do meu despacho, que o artigo 31 das Bases da Constituição portuguesa lhes impõe; e não querendo retardar por mais tempo a instalação desta junta, hei por bem aprovar os deputados dela que me foram propostos pelo povo e tropa desta cidade, constantes da relação junta, assinada por Pedro Álvares Diniz, do Conselho de s. m., ministro e secretário de Estado dos Negócios do Reino e Estrangeiros; o mesmo ministro e secretário de Estado e os das repartições da Fazenda, Guerra e Marinha o tenham assim entendido e o façam executar pela parte que a cada um deles pertence.
"Paço, em 5 de junho de 1821.
"[Com a rubrica do príncipe regente.]
"Pedro Álvares Diniz."

XIX. Lei sobre a liberdade da imprensa
(n° 160, vol. XXVII)

"D. João, por graça de Deus e pela Constituição da monarquia, rei do Reino Unido de Portugal, Brasil e Algarves, d'aquém e além mar em África etc. Faço saber a todos os meus súditos que as Cortes decretaram o seguinte:

"As Cortes Gerais Extraordinárias e Constituintes da nação portuguesa, querendo desenvolver e determinar os princípios que sobre a liberdade da imprensa estabeleceram nos artigos 8, 9 e 10 das Bases da Constituição, por conhecerem que aquela liberdade é o apoio mais seguro do sistema constitucional, decretam o seguinte:

"Título I: *Sobre a extensão da liberdade de imprensa*
"Art. 1) Toda a pessoa pode, da publicação desta lei em diante, imprimir, publicar, comprar e vender nos estados portugueses quaisquer livros ou escritos sem prévia censura e só com as declarações seguintes.
"Art. 2) A faculdade de imprimir qualquer livro ou escrito original ou traduzido constitui propriedade vitalícia de seu autor ou tradutor, a qual ainda pertencerá a seus herdeiros e sucessores por espaço de dez anos. Quan-

do o autor ou tradutor for sociedade literária ou outra qualquer corporação, gozará da mesma propriedade por tempo de 60 anos.

"Art. 3) Quem imprimir qualquer livro ou escrito que, nos termos do artigo antecedente, constitua propriedade de outrem, perderá todos os exemplares dele para o proprietário; e se não chegarem ao número de mil, pagará mais o valor dos que faltarem para preencher este número.

"Art. 4) Todo o escrito impresso nos estados portugueses deve ter estampado o lugar e ano da impressão e o nome do impressor.

"Art. 5) Quem imprimir, vender ou publicar qualquer livro ou escrito sem algum dos requisitos mencionados no artigo precedente será condenado em 30 mil-réis.

"Art. 6) Quem falsificar algum dos requisitos mencionados no artigo 4 será condenado em 50 mil-réis; e se com essa falsificação atribuir o impresso a alguma pessoa existente, será condenado no dobro desta pena.

"Art. 7) O autor ou editor de escritos impressos em estados portugueses, e o impressor deles, quando não conste quem seja seu autor ou editor, responderão por todo o abuso que neles se fizer da liberdade da imprensa nos casos determinados nesta lei; e bem assim, o livreiro ou publicador, pelos abusos que se cometerem nos escritos que vender ou publicar impressos em países estrangeiros, quando contiverem expressões ou estampas obscenas ou libelos famosos.

"Título II: *Dos abusos da liberdade da imprensa e das penas correspondentes*

"Art. 8) Pode abusar-se da liberdade da imprensa: 1°) contra a religião católica romana; 2°) contra o Estado; 3°) contra os bons costumes; 4°) contra os particulares.

"Art. 9) Todos os delitos compreendidos no artigo antecedente serão qualificados em 1°, 2°, 3° e 4° graus, em atenção às diversas circunstâncias, que podem aumentar ou diminuir a sua gravidade.

"Art. 10) Abusa-se da liberdade da imprensa contra a religião: 1°) quando se nega a verdade de todos ou de algum dos dogmas definidos pela Igreja; 2°) quando se estabelecem ou defendem dogmas falsos; 3°) quando se blasfema ou zomba de Deus, dos seus santos ou do culto religioso aprovado pela Igreja.

"Art. 11) Quem abusar da liberdade da imprensa contra a religião católica romana em 1° grau será condenado em um ano de prisão e 50 mil-réis em dinheiro; no 2°, em oito meses de prisão e 50 mil-réis; no 3°, em quatro meses de prisão e 50 mil-réis; e no 4°, em 50 mil-réis somente.

"Art. 12) Abusa-se da liberdade de imprensa contra o Estado: 1°) excitando os povos diretamente à rebelião; 2°) provocando-os diretamente a desobedecer às leis ou às autoridades constituídas; 3°) atacando a forma do governo representativo adotada pela nação; 4°) infamando ou injuriando o Congresso Nacional ou o chefe do poder Executivo.

"Art. 13) Quem abusar da liberdade da imprensa contra o Estado em 1° grau será condenado em cinco anos de prisão e 600 mil-réis em dinheiro; no 2°, em três anos de prisão e 400 mil-réis em dinheiro; no 3°, em um ano de prisão e 200 mil-réis; no 4°, em três meses de prisão e 100 mil-réis; e sempre que se verificar abuso em algum dos dois primeiros graus, acrescerá às penas estabelecidas a do perdimento dos cargos públicos que o delinqüente ocupar; e sendo eclesiástico, a inibição do exercício dos seus ofícios e a privação dos réditos dos seus benefícios, no 1° grau perpetuamente e no 2° por seis anos.

"Art. 14) Abusa-se da liberdade da imprensa contra os bons costumes: 1°) publicando escritos que ataquem diretamente a moral cristã recebida pela Igreja universal; 2°) publicando escritos ou estampas obscenas.

"Art. 15) Quem abusar da liberdade da imprensa contra os bons costumes em 1° grau será condenado em 50 mil-réis; no 2°, em 40 mil-réis; no 3°, em 30 mil-réis e no 4°, em 20 mil-réis.

"Art. 16) Abusa-se da liberdade da imprensa contra os particulares: 1°) imputando a alguma pessoa ou corporação qualquer fato criminoso que daria lugar a procedimento judicial contra ela; 2°) imputando-lhe vícios ou defeitos que a exporiam ao ódio ou desprezo ou ignomínia.

"Art. 17) Quem abusar da liberdade da imprensa contra os particulares em 1° grau será condenado em 100 mil-réis; no 2°, em 80 mil-réis; no 3°, em 60 mil-réis; no 4°, em 40 mil-réis, e além destas penas haverá em todos os graus a reparação civil do dano e injúria, sempre que os juízes de fato declararem ter lugar.

"Art. 18) Havendo reincidência em qualquer dos casos mencionados nesta lei, aplicar-se-á a pena correspondente multiplicada pelo número das reincidências; nos casos do artigo 16, somente se verificará reincidência havendo identidade do delito e pessoa ofendida.

"Art. 19) Será livre de toda a pena quem provar os crimes que imputou, quando forem contra o Estado, ou consistirem em abusos de autoridade, cometidos por algum empregado público; e nos outros casos, quando o fato imputado estiver julgado provado em juízo anterior, ou interessar ao público ou ao particular, não havendo ânimo de injuriar.

"Art. 20) Em todo o caso, porém, de abuso de liberdade de imprensa, serão suprimidos todos os exemplares daquele impresso em que se verificar, estando na mão do autor, editor, impressor, vendedor ou distribuidor, e quem vender ou distribuir algum depois desta supressão ficará incurso nas penas impostas ao autor ou editor.

"Art. 21) Em todos os casos em que, por esta lei, é imposta ao delinqüente pena pecuniária, não tendo ele por onde pague, será condenado em tantos dias de prisão quantos corresponderem à quantia em que for multado, na razão de mil-réis por cada dia.

"Título III: *Do juízo competente para conhecer dos delitos cometidos por abuso da liberdade da imprensa*

"Art. 22) O conhecimento e qualificação dos delitos cometidos por abuso da liberdade da imprensa pertencerá aos Conselhos de Juízes de Fato, que para isso se criarão em cada um dos distritos designados na tabela junta.

"Art. 23) Em cada um daqueles distritos se formarão dois Conselhos de Juízes de Fato: o 1º será composto de nove vogais e o 2º, de 12; haverá também um juiz de direito que, no distrito de Lisboa, será o corregedor do Crime da Corte; no do Porto, o corregedor da 1ª Vara do Crime; e nos outros distritos, os corregedores das respectivas capitais, e haverá igualmente um promotor de Justiça.

"Art. 24) Para exercerem o cargo de juízes de fato serão eleitos 48 homens-bons, que sejam cidadãos em exercício de seus direitos, de idade de 25 anos pelo menos, residentes no distrito e dotados de conhecida probidade, inteligência e boa fama; além destes, se elegerão mais 12 para substitutos, dotados das mesmas qualidades; e um para promotor, e outro para seu substituto, que além de possuírem aquelas qualidades, deverão ser bacharéis formados em alguma das faculdades jurídicas. Não poderá ser eleito para juiz de fato quem o não puder ser para eleitor de comarca.

"Art. 25) A eleição das pessoas mencionadas no artigo antecedente será feita pelos eleitores da comarca ou comarcas que formam o distrito, reunidos para isso na capital dele, sob a presidência do juiz de Direito, bastando que concorram aqueles eleitores que ao tempo da eleição se acharem residindo no distrito.

"Art. 26) A primeira eleição será feita logo que esta lei se publicar, expedindo os presidentes respectivos avisos aos eleitores, para que em dia certo se reúnam nas capitais dos distritos, onde se farão as eleições por listas, e à maioridade relativa de votos. As eleições seguintes serão feitas logo depois das dos deputados de Cortes, pela mesma forma que para estas se prescrever na Constituição.

"Art. 27) Nenhum cidadão poderá escusar-se do cargo de juiz de fato ou de promotor, por motivo ou pretexto algum, exceto o de impossibilidade moral ou física, legalmente provada perante a Junta Eleitoral enquanto estiver reunida; ou perante a Junta dos Juízes de Fato, quando se reunir em sessão periódica na forma do artigo 42. Se, porém, a escusa for temporária, poderá conhecer dela o primeiro conselho, mencionado no artigo 23.

"Art. 28) Finda a eleição, o presidente remeterá uma cópia dela ao governo, o qual a fará publicar no seu *Diário*; e o mesmo presidente fará afixar na capital do distrito uma lista das pessoas que ficaram eleitas para exercerem as funções de juízes de fato.

"Art. 29) As funções destes durarão de uma até outra legislatura, mas poderão ser reeleitos com intervalo de uma eleição. Estes juízes, no exercício de suas funções, gozarão dos mesmos direitos e imunidades que competem aos magistrados.

"Título IV: *Da ordem do processo nos juízos sobre os abusos da liberdade da imprensa*

"Art. 30) O promotor será o fiscal por parte do público para dar a denúncia e promover a acusação dos delitos cometidos por abuso da liberdade da imprensa, e o mesmo fica sendo permitido a todo e qualquer cidadão, exceto nos casos do artigo 16, nos quais somente as pessoas ofendidas o poderão fazer; concorrendo mais do que um denunciante, ficará sendo considerado como tal o primeiro que denunciar e os mais como assistentes, se tiverem concorrido antes da contestação da lide.

"Art. 31) A denúncia do impresso poderá ser feita perante o juiz de Direito de qualquer dos distritos; e, sendo dada perante muitos, ficará preventa pelo primeiro a quem for apresentada.

"Art. 32) O juiz de Direito, no primeiro caso do artigo 12, logo depois da denúncia mandará proceder à prisão do réu se, pela inquirição de três testemunhas, que deve tirar, depreender quem seja; e a seqüestro em todos os exemplares do impresso denunciado em qualquer dos casos desta lei, estando na mão do autor, editor, impressor, vendedor ou distribuidor.

"Art. 33) Imediatamente fará eleger o primeiro Conselho dos Juízes de Fato; e para isso, concorrendo na Casa da Câmara em hora determinada com o escrivão a quem a denúncia tiver sido distribuída, com o promotor e denunciante, se o houver, estando a porta aberta, fará lançar em uma urna cédulas em que estejam escritos os nomes de cada uma das pessoas eleitas para juízes de fato; e fazendo depois de revolvida extrair dela por um menino nove das ditas cédulas, ficarão sendo eleitos para o primeiro conselho aqueles cujos nomes elas designarem, e dos quais o escrivão fará assento em um livro destinado para esse fim, numerado e rubricado pelo juiz de Direito; e assinado o mesmo assento pelo dito escrivão e juiz de Direito, se publicará por editais afixados nos lugares do costume.

"Art. 34) Reunido o Conselho, o juiz de Direito, a porta aberta, deferirá a cada um dos vogais o juramento aos Santos Evangelhos, para que bem e fielmente desempenhe os deveres do seu cargo; e entregando depois ao vogal primeiro na ordem da eleição o exemplar do impresso denunciado e mais documentos que instruírem o processo, lhes fará uma explicação exata e clara de tudo e exporá a questão que tem a examinar e decidir, e que deve estar escrita nos autos do processo na forma seguinte: 'Este escrito contém motivo para se formar processo por tal abuso da liberdade da imprensa'.

"Art. 36) Imediatamente se retirarão os vogais do Conselho para outra casa, onde estando sós, presididos pelo primeiro na ordem da eleição, e a porta fechada, farão o exame do impresso e mais documentos; e depois de conferir entre si, declararão em resposta àquele quesito se o impresso contém ou não motivo para se formar processo pelo abuso indicado; sendo preciso, para decisão afirmativa, que concorram pelo menos duas terças partes dos votos.

"Art. 37) Escrita a declaração nos autos da denúncia por um dos vogais, e assinada por todos, sairão para a primeira casa, onde deve estar o juiz de Direito, e em presença dele, estando a porta aberta, lerá o vogal que serviu de presidente, em voz alta, aquela declaração.

"Art. 38) Se a declaração for negativa, o juiz de Direito proferirá sentença em que julgue sem efeito a denúncia e ordene a soltura do réu, estando preso, e o levantamento do seqüestro dos exemplares do impresso; condenado o denunciante nas custas da denúncia, quando tiver sido feita por algum particular. A denúncia assim julgada sem efeito não poderá ser repetida em outro juízo pelo mesmo caso.

"Art. 39) Se a declaração for afirmativa, o juiz de Direito proferirá sentença em que se declare ter lugar a acusação e ordene o seqüestro em todos os exemplares do impresso denunciado, existentes na mão do autor, editor, impressor, vendedor ou distribuidor; e mande proceder à averiguação de quem seja o réu, e à prisão dele no primeiro caso do art. 12, quando se não tenha verificado pela diligência ordenada no art. 32.

"Art. 40) Proferida a sentença, seguir-se-á a acusação do réu, que deve ser intentada no juízo do distrito do seu domicílio, exceto no caso de ser denunciado por libelos famosos; porque nesses, fica livre ao acusador intentar a acusação naquele juízo ou no próprio domicílio.

"Art. 41) O juiz de Direito, sendo-lhe apresentado o processo, que para isso será entregue ao acusador nos casos de delito particular e remetido pelo correio oficiosamente nos casos de delitos públicos, ficando em uns e outros por traslado no primeiro juízo, fará notificar o réu a requerimento da parte ou do promotor, não a havendo, para que no dia da reunião do segundo conselho compareça perante ele por si ou por seu procurador.

"Art. 42) Esta reunião se fará em Lisboa, Coimbra e Porto de seis em seis semanas; nos outros distritos do reino de Portugal e Algarves, de três em três meses, e nos das ilhas adjacentes de seis em seis meses; concorrendo todos os eleitos para juízes de fato à capital do distrito por aviso do juiz de Direito, quando houver processo, para que seja precisa aquela reunião.

"Art. 43) No dia aprazado, concorrendo o juiz de Direito com os eleitos na Casa da Câmara, a porta aberta e na presença das partes ou de seus procuradores, mandará fazer pelo escrivão a chamada de todos, e fazendo escrever em cédulas os nomes dos que responderem, exceto os daqueles que formaram o primeiro conselho, ordenará que se lancem em uma urna, e que depois, procedendo-se na forma do artigo 33, se extraiam dela os 12 que hão de formar o segundo conselho.

"Art. 44) O acusado e acusador poderão recusar os juízes que lhes forem suspeitos, à medida que seus nomes forem saindo da urna, podendo o primeiro recusar até 20, e o segundo até seis; se forem muitos os acusadores, dividirão o número entre si, de maneira que nunca se recuse maior número do que o de 20. Se antes de se apurarem 12 juízes não recusados se extraírem da urna todas as cédulas, lançar-se-ão nela outras com os nomes dos substitutos, e se continuará na extração até que haja 12 juízes não recusados, com os quais ficará formado o Conselho para se proceder ao juízo da acusação.

"Art. 45) Reunidos os vogais do Conselho, a portas abertas, o juiz lhes deferirá juramento na forma do artigo 35, na presença das partes e de seus advogados ou procuradores; em caso de revelia do réu, terá o juiz nomeado um advogado que o defenda.

"Art. 46) Imediatamente perguntará ao réu o seu nome, idade, profissão, domicílio e naturalidade; se foi avisado do dia e hora da reunião do Conselho e se recebeu cópia do libelo, com o rol das testemunhas, três dias antes da reunião; devendo para isso o juiz de Direito ter dado lugar ao autor para o oferecer antes desse termo. A estas perguntas se seguirão todas as outras que se julgarem necessárias para a averiguação da verdade.

"Art. 47) Ultimado o interrogatório, ordenará o juiz de Direito ao escrivão que leia a acusação do autor, a defesa que o réu deve ter apresentado e mais peças do processo; e fará de tudo uma exata e clara exposição para inteligência dos juízes de fato, das partes e das testemunhas.

"Art. 48) Seguir-se-á a inquirição das testemunhas, principiando pelas do autor e continuando com as do réu sucessivamente; podendo as partes ou seus procuradores contestá-las e argüi-las, sem que as possam interromper. Poderá depois o acusador fazer verbalmente a sua alegação jurídica sobre a acusação e provas, e o acusado defender-se pelo mesmo modo.

"Art. 49) O juiz fará então ao Conselho um relatório resumido do processo, expondo a questão com todas as suas qualidades, indicando as provas produzidas por uma e outra parte e os fundamentos principais da acusação e defesa; e recomendando-lhe que deve consultar somente a voz da sua íntima convicção, resultante do exame do processo, e independente de formalidades judiciais, lhe proporá as questões que tem de decidir à vista do processo.

"Art. 50) Estas questões serão reduzidas às fórmulas seguintes: 1°) O impresso denunciado contém tal abuso da liberdade da imprensa? 2°) O acusado é criminoso deste delito? 3°) Em que grau é criminoso? Nos casos do artigo 16, acrescentará o seguinte 4° quesito: Terá lugar a reparação civil do dano e injúria?

"Art. 51) Escritos estes quesitos, o juiz de Direito os entregará com todas as peças do processo ao Conselho, por mão do vogal primeiro na ordem da eleição; e retirando-se depois todos os vogais para outra casa, estando sós, à porta fechada, e presididos por aquele, farão o exame do processo e, depois de conferirem entre si, decidirão em resposta ao primeiro quesito: se o impresso contém ou não o abuso de que é argüido; e quanto ao terceiro, se é no 1°, 2°, 3° ou 4° grau; e quanto ao quarto, se tem ou não lugar a reparação do dano, sendo preciso nove votos para que se verifique decisão afirmativa e se determine o grau, propondo o presidente cada um deles sucessivamente à votação.

"Art. 52) Escrita cada uma destas decisões em resposta aos quesitos por um dos vogais, e assinada por todos, sairão estes para a casa pública onde deve estar o juiz de Direito, e tomando assento, se levantará depois o vogal que serviu de presidente, e dizendo em voz alta: 'O Conselho dos Juízes de Fato, consultando a convicção íntima da sua consciência, entende que (lerá a declaração)' e entregará as decisões com o processo ao juiz de Direito.

"Art. 53) Se a decisão for de que o impresso não contém abuso da liberdade da imprensa de que é argüido, o juiz de Direito proferirá sentença de absolvição do réu, mandando que seja imediatamente posto em liberdade, estando preso, e que se relaxe o seqüestro dos exemplares do impresso denunciado, condenando nas custas do processo o denunciante, se for particular.

"Art. 54) Se a decisão for de que o impresso contém abuso e o acusado é criminoso, o juiz de Direito proferirá sentença, em que aplique a pena correspondente ao crime e ao grau, e condene o réu nas custas do processo, declarando qual é o artigo desta lei em que foi incurso, e ordenando igualmente a supressão de todos os exemplares do impresso denunciado que estiverem na mão do autor, editor, impressor, vendedor ou distribuidor; e a reparação do dano, se tiver havido declaração de que tem lugar.

"Art. 55) Se a declaração for de que o impresso contém abuso, mas que o acusado não é criminoso, o juiz de Direito ordenará na sentença a supressão dos exemplares do dito impresso, mas que o acusado seja posto em liberdade, se estiver preso, declarando-o absolvido, e condenando o acusador nas custas do processo, se for particular.

"Art. 56) Quando o denunciante ou acusador tiver sido absolvido, e o denunciante ou acusador não for particular, as custas do processo serão pagas pelo cofre da capital do distrito, onde se deve recolher a importância das penas pecuniárias impostas em virtude desta lei.

"Art. 57) Da declaração dos juízes de fato não haverá recurso algum, exceto: 1º) se houver nulidade no processo por falta de algum dos requisitos exigidos nesta lei; 2º) se o juiz de Direito não aplicar a pena correspondente.

"Art. 58) Nos dois casos do artigo antecedente, poderão as partes apelar para o Tribunal Especial de Proteção da Liberdade da Imprensa: 1º) para que, remetido o processo ao juiz de Direito, este convoque de novo o Conselho dos Juízes de Fato, para o reformarem; e no 2º) para que ele mesmo juiz o reforme, aplicando a pena correspondente. Em qualquer destes dois casos poderá o tribunal condenar o juiz de Direito nas custas do processo de apelação.

"Art. 59) A sentença proferida pelo juiz de Direito, não sendo apelada no decênio, passará em julgado e se executará e publicará com a declaração do Conselho dos Juízes de Fato no *Diário do Governo*, enviando para esse fim o juiz de Direito uma cópia ao redator.

"Título V: *Do Tribunal Especial de Proteção da Liberdade da Imprensa*

"Art. 60) Haverá um tribunal especial para proteger a liberdade da imprensa, composto de cinco membros, nomeados pelas Cortes no princípio de cada legislatura, e poderão ser reeleitos. Servirá de presidente o primeiro na ordem da nomeação.

"Art. 61) O mesmo tribunal nomeará um secretário, que não será dentre os seus membros, um escriturário e um porteiro; e, apenas eleito, fará um regulamento para o seu governo interior, que proporá à aprovação das Cortes, bem como o ordenado para os ditos secretário, escriturário e porteiro.

"Art. 62) Os membros do referido tribunal terão de ordenado anual 600 mil-réis. Se, porém, perceberem de outro emprego público um igual ordenado, nenhum outro vencerão por este título.

"Art. 63) Este tribunal terá as atribuições seguintes: 1º) tomar conhecimento das apelações que para ele forem interpostas, na forma dos artigos 57 e 58; 2º) propor às Cortes, com seu informe, todas as dúvidas sobre que as autoridades e juízes o consultarem respectivas à observância desta lei; 3º) apresentar às Cortes, no princípio de cada legislatura, uma exposição do estado em que se achar a liberdade da imprensa, dos obstáculos que for preciso remover, e dos abusos que devam remediar-se.

"Paço das Cortes, em 4 de julho de 1821.

"[Seguia-se a tabela da divisão dos distritos de jurados; a saber, quatro no Minho; dois em Trás-os-Montes; cinco na Beira; três na Estremadura; três no Alentejo; um no Algarves, um nas ilhas dos Açores, um na ilha da Madeira, um em Cabo Verde.]"

XX. CRIAÇÃO DE JUNTAS DE GOVERNO NO BRASIL
(nº 161, vol. XXVII)

"D. João, por graça de Deus e pela Constituição da monarquia, rei do Reino Unido de Portugal, Brasil e Algarves d'aquém e d'além-mar, em África etc. Faço saber a todos os meus súditos que as Cortes decretaram o seguinte:

"As Cortes Gerais Extraordinárias e Constituintes da nação portuguesa, havendo prescrito o conveniente sistema de governo e administração pública da província de Pernambuco por decreto do primeiro do presente mês, e reconhecendo a necessidade de dar as mesmas e outras semelhantes providências a respeito de todas as mais províncias do Brasil, decretam provisoriamente o seguinte:

"1º) Em todas as províncias do reino do Brasil em que até ao presente havia governos independentes se criarão juntas provisórias de governo, as quais serão compostas de sete membros naquelas províncias que até agora eram governadas por capitães-generais, a saber: Pará, Maranhão, Pernambuco, Bahia, Rio de Janeiro, São Paulo, Rio Grande do Sul, Minas Gerais, Mato Grosso, Goiás; e de cinco membros em todas as mais províncias em que até agora não havia capitães-generais, mas só governadores, incluídos, em um e outro número, o presidente e secretário.

"2º) Serão eleitos os membros das mencionadas juntas por aqueles eleitores da paróquia da província que puderem reunir-se na sua capital no prazo de dois meses, contados desde o dia em que as respectivas autoridades da mesma capital receberem o presente decreto.

"3º) Serão nomeados os membros das juntas provisórias do governo entre os cidadãos mais conspícuos por seus conhecimentos, probidade e aderência ao sistema constitucional, sendo além disto de maioridade, no exercício dos seus direitos e possuindo bastantes meios de subsistência, ou provenham de bens de raiz, ou de comércio, indústria ou emprego.

"4º) Será antes de todos eleito o presidente, depois o secretário e finalmente os outros cinco ou três membros, segundo a classificação expressa no artigo 1º, sem que tenha lugar a nomeação de substitutos. Poderá recair a eleição em qualquer dos membros do governo que se acha constituído na província, bem como em qualquer dos eleitores; e quando for eleito algum magistrado, oficial de Justiça ou Fazenda ou oficial militar, não exercerá seu emprego enquanto for membro do governo.

"5º) O presidente, secretário e mais membros das juntas provisórias, além dos ordenados e vencimentos que por qualquer outro título lhes pertençam, perceberão anualmente a gratificação de um conto de réis, naquelas províncias que até agora tinham capitães-generais, e 600 mil-réis em todas as outras províncias.

"6º) Fica competindo às juntas provisórias de governo das províncias do Brasil toda a autoridade e jurisdição na parte civil, econômica, administrativa e de polícia, em conformidade das leis existentes, as quais serão religiosamente observadas e de nenhum modo poderão ser revogadas, alteradas, suspensas ou dispensadas pelas juntas do governo.

"7º) Todos os magistrados e autoridades civis ficam subordinados às juntas do governo nas matérias indicadas no artigo antecedente, exceto no que for relativo ao poder contencioso e judicial, em cujo exercício serão somente responsáveis ao governo do Reino e às Cortes.

"8º) As juntas fiscalizarão o procedimento dos empregados públicos civis e poderão suspendê-los dos seus empregos quando cometam abusos de jurisdição, precedendo informações e mandando depois formar-lhes culpa no termo de oito dias, que será remetida à competente Relação para ser aí julgada na forma das leis; dando as mesmas juntas imediata conta de tudo ao governo do Reino para providenciar como for justo e necessário.

"9°) A fazenda pública das províncias do Brasil continuará a ser administrada, como até ao presente, segundo as leis existentes, com declaração, porém, que será presidente da Junta da Fazenda o seu membro mais antigo (excetuando o tesoureiro e escrivão, nos quais nunca poderá recair a presidência) e todos os membros da mesma Junta da Fazenda serão coletiva e individualmente responsáveis ao governo do Reino e às Cortes, por sua administração.

"10°) Todas as províncias em que até agora havia governadores e capitães-generais terão daqui em diante generais encarregados do governo das armas, os quais serão considerados como são os governadores das armas das províncias de Portugal, ficando extinta a denominação de governadores e capitães-generais.

"11°) Em cada uma das províncias que até agora não tinham governadores e capitães-generais, mas só governadores, será de ora em diante incumbido o governo das armas a um oficial de patente militar até coronel, inclusivamente.

"12°) Vencerão mensalmente, a título de gratificação, os governadores das armas das províncias do Brasil, no caso do artigo 10°, a quantia de 200 mil-réis, e os comandantes das armas, nos termos do artigo 11°, a quantia de 50 mil-réis.

"13°) Tanto os governadores de que trata o artigo 10°, como os comandantes das armas, na forma do artigo undécimo, se regularão pelo regimento do 1° de julho de 1678 em tudo o que se não acha alterado por leis e ordens posteriores, suspenso nesta parte somente o alvará de 21 de fevereiro de 1816. No caso de vacância ou impedimento passará o comando à patente de maior graduação e antiguidade que estiver na província, ficando para este fim sem efeito o alvará de 12 de dezembro de 1670.

"14°) Os governadores e comandantes das armas de cada uma das províncias serão sujeitos ao governo do Reino, responsáveis a ele e às Cortes; e independentes das juntas provisórias do governo, assim como estas o são deles, cada qual nas matérias de sua respectiva competência, devendo os governadores e comandantes das armas comunicar às juntas, bem como estas a eles por meio de ofícios, concebidos em termos civis e do estilo, quanto entenderem ser conveniente ao público serviço.

"15°) Igualmente se entendem a respeito de Pernambuco qualquer das referidas providências que se não achem no decreto do 1° do corrente, o qual fica ampliado e declarado pelo presente decreto.

"16º) As respectivas autoridades serão efetiva e rigorosamente responsáveis pela pronta e fiel execução deste decreto.

"Paço das Cortes, em 29 de setembro de 1821.
"Portanto, mando a todas as autoridades a quem o conhecimento e execução do referido decreto pertencer, que o cumpram e executem tão inteiramente como nele se contém.
"Dada no Palácio de Queluz, em 1º de outubro de 1821.
"El-rei com guarda.
"Joaquim José Monteiro Torres.
"Carta de lei pela qual v. m. manda executar o decreto das Cortes Gerais Extraordinárias e Constituintes da nação portuguesa, sobre o estabelecimento das juntas provisórias e governos das armas nas províncias do Brasil.
"Para v. m. ver.
"Lourenço Antônio de Araújo a fez."

XXI. Sentença dos presos enviados de Pernambuco (nº 163, vol. XXVII)

"Ofício do regedor ao secretário de Justiça

"Ilmo. e exmo. sr.:
Participo a v. exc. que acaba de se julgar na Casa da Suplicação o processo dos 42 presos vindos de Pernambuco, que s. m. mandou sentenciar, convocando eu hoje para esse fim Relação extraordinária, declarando-se que não podiam ser retidos na prisão, uns por falta de processo, outros por falta de provas, no que lhes diziam respeito, e foram por isso restituídos à sua liberdade. Não transmitiu a v. exc o próprio acórdão, porque o escrivão dos autos o levou para o castelo, a fim de lhe dar pronta execução. Deus guarde a v. exc. muitos anos.
"Lisboa, em 27 de outubro de 1821.
"Ilmo. e exmo. sr. José da Silva Carvalho — o chanceler, que serve de regedor, Fernando Luiz Pereira Barradas."

1822

41.
CONSERVAÇÃO DA UNIÃO ENTRE O BRASIL E PORTUGAL

[Nº 164, vol. XXVIII, janeiro de 1822, pp. 57-70]

Deixamos de tratar esta matéria no nosso número passado, onde a indicamos, porque nos faltou o lugar, e porque para nisso falar como é devido vem a ser preciso tocar em pontos a que tínhamos decidida repugnância, preferindo sempre esperar que as coisas se remediariam sem que fôssemos obrigados a propalar verdades de tão extensa influência que somente a mais crassa ignorância ou os mais deploráveis prejuízos poderiam julgar indiferentes. Mas é chegado o tempo, e é imperioso que rompamos um silêncio que só fora ditado por nosso sistema de moderação, mas que daqui em diante se tornaria criminoso e com justiça se atribuiria a fatorizar males que desejávamos ansiosamente fossem removidos.

Acostumadas as nações européias a olharem para as colônias americanas com os mesmos olhos que as viam há três séculos, isto é, considerando-as como pequenos presídios ou meras feitorias de comércio, esqueceram-se do lapso de tempo que desde então tem decorrido e da vasta importância que essas colônias adquiriram vindo a fazer-se nações ricas e poderosas.

A Espanha acaba de dar funesto exemplo desta cegueira, e por isso esperávamos que Portugal, aprendendo essa lição de seus vizinhos, não caísse já nos mesmos erros. Vendo porém totalmente frustradas nossas esperanças, é preciso expor com clareza o atual estado das coisas, rompendo aquele silêncio que, em vez de ser profícuo, só tenderia daqui em diante a deixar correr o mal à rédea solta como a triste experiência nos tem mostrado.

Quando s. m. f. se mudou para o Brasil, era a sua corte toda composta de europeus, e europeus foram sempre todos os ministros de que se formava o seu governo. Na exuberante nomeação de títulos de nobreza que se concederam durante a estada da Corte no Rio de Janeiro, não houve filho algum do Brasil que se elevasse a essa dignidade; eram os brasilienses chamados irmãos para pagarem os tributos e para levarem o peso dos encargos públicos, as contemplações tocavam aos irmãos europeus.

Mas, enfim, eram isso resultados de um governo que, sendo todo de europeus, era o mais absurdo que se pode imaginar; a revolução deitou-o abaixo, foi substituído pelas Cortes e por um governo constitucional de quem se devia esperar melhoramento no sistema; mas vejamos como se tem procedido.

No chamamento de deputados para as Cortes deixaram ficar de fora todo o Brasil. Não foi isso esquecimento, porque nós bem recomendamos essa medida e nas Cortes mesmo houve quem pugnasse por ela. Desatendeu-se a todo o argumento pelo fatal prejuízo de olhar para o Brasil como coisa insignificante. Disseram alguns deputados que o Brasil lá obraria como lhe parecesse, e longe de lhe darem a mão para que abraçasse o sistema constitucional, até nem o contemplaram em suas proclamações, como se não valesse sequer o gasto de duas penadas de tinta.

Deixando assim o Brasil nesse desprezo, nem por isso ele se esqueceu de Portugal; lembraram-se os brasilienses de seus irmãos não em palavras, mas em fatos. As províncias do Brasil, que já muito antes de Portugal tinham dado boas mostras de quererem uma reforma do governo, começaram a levantar-se, e todas no sentido de quererem obrar continuando a sua união com Portugal.

Foi a primeira a província do Pará, e logo que proclamou o sistema constitucional despediu o governador e informou para Lisboa do desejo que tinham de obrar em conformidade com Portugal. Mas de Lisboa nada se fez a respeito do Pará, não se lhe mandaram instruções, não se lhe fez sequer uma proclamação; em uma palavra, não se adotou a mais pequena medida para fomentar os bons desejos daqueles povos e se deixou ficar em abandono a província, entregue até hoje aos baldões dos partidos inerentes a uma gente que, saindo repentinamente do despotismo, se achava sem guia para estabelecer o governo constitucional que desejava.

Isto não são asserções vagas, provam-se pelos registros autênticos das mesmas Cortes donde se vê quanto o Pará desejava obrar de união com Portugal e quanto este o tem deixado em desamparo. Leia-se o seguinte:

"Sessão extraordinária de 23 de outubro.
"Parecer da Comissão de Constituição:
"A Junta do Governo do Pará representa a necessidade de se mandar proceder à nomeação de novo governo que o povo aceitará gostoso, porque há muito existem naquela cidade facções que com capa do bem público acham mal tudo que faz a Junta, e que o emprego da força para os coibir seria em prejuízo da pública tranquilidade. Parece à Comissão que se diga ao governo que sem

perda de tempo remeta à dita Junta o decreto que regula o modo de eleger as juntas provisórias no Brasil e nomeie logo um governador militar que vá tomar o comando das armas com as mesmas atribuições que o de Pernambuco."

Vê-se daqui que um ano depois do Pará se ter declarado a favor da união com Portugal e serem bem sabidos os perigos que havia em conseqüência dos diversos partidos, ainda em outubro era preciso que as Cortes lembrassem ao governo a execução da tardia medida a respeito de nomear governadores das armas para o Brasil.

Por ocasião de outra representação do Pará, em que a Câmara recusou dar posse ao bacharel Francisco Carneiro Pinto Vieira de Melo, nomeado para ouvidor sem que tivesse servido lugar algum da magistratura, mas que a junta daquela cidade fez entrar no lugar apesar das dúvidas da Câmara, disse a Comissão de Constituição a quem foi cometido este negócio nas Cortes que:

"São mui dignas de louvor e muito para elogiar as medidas suaves e de tanta ponderação empregadas pela Câmara, pela Junta e pelo povo neste delicado negócio que os documentos mostram haver sido tratado com todo o calor e energia, sem que isso chegasse a sair dos termos mais regulares que podem empregar homens livres a quem é permitido o direito de petição. Que não se podia duvidar de que o despacho de tal bacharel fosse feito contra as leis do Reino e que o ministro aconselhando a el-rei para isso se constituiu responsável."

Agora esperaria o leitor que a Comissão concluísse recomendando que o tal bacharel saísse do lugar e que o ministro fosse chamado a contas por este fato. Nada disto, eis aqui a conclusão do parecer:

"Não é contudo menos certo que visto achar-se o negócio nas circunstâncias ponderadas, é conforme à razão que o bacharel continue no exercício em que se acha, não sendo de esperar que tornem a ver-se tais absurdos como aquele de que justamente se queixava a Câmara e povo do Pará."

Muito obrigados devem ficar os do Pará à Comissão por esta consolação para o futuro, sem nenhum remédio, nem para o passado nem para o presente, mandando-se continuar o motivo de queixa que era terem por ouvidor um ministro sem experiência nem conhecimentos para administrar a justiça, o que a Comissão admite ser verdade.

A declaração do Pará se seguiu à da Bahia, onde se mostrou o mesmo desejo de união com Portugal; e quando essas notícias chegaram a Lisboa, causou isso a mais entusiástica alegria nas Cortes. Mas em vez de mandarem logo ali um ou mais comissários que examinassem o país para dar informações exatas da opinião pública, e que, congratulando os baianos e congraçando-se com eles, dessem à revolução o impulso mais útil, só depois de muito tempo mandaram para ali algumas tropas que eram o pior apoio que lhes podiam enviar, porque pelo modo com que foram, parecia mais que iam suportar um partido do que favorecer a liberdade.

Em Pernambuco, onde eram tão manifestas as idéias de liberdade, não podia deixar de aparecer logo a mais viva inclinação de se unirem ao sistema constitucional de Portugal, que ali teria o mais decidido apoio quando este faltasse em toda outra parte. O governador Rego, como era natural, pôs em prática toda a força de seu despotismo para suprimir os desejos do povo. Aqui o governo em Portugal fez mais alguma coisa do que abandonar o povo à sua sorte como em outras partes do Brasil, porque se mandaram tropas de Portugal para sustentar o despotismo de Luiz do Rego, fingindo-se que se acreditava nas acusações de Rego, que os movimentos dos pernambucanos eram para a independência de Portugal e não para a união no sistema constitucional.

Dizemos que se fingiu acreditar-se nas acusações de Rego porque o caráter deste indivíduo era tão conhecido, as suas tramas também sabidas, os vexames que ele tinha causado em Pernambuco desde 1817 tão demonstrados, que só os não conheceria quem de propósito quisesse fechar os olhos e os ouvidos.

Chegaram as coisas ao ponto que a província de Pernambuco se viu obrigada a pegar em armas para impedir que esse governador a exterminasse toda; e ainda assim, nem uma só voz se ouviu para a independência, exceto nas acusações de Rego e nas pessoas em Lisboa que fingiam acreditá-lo, e que com esse fingimento lembravam o que não passava nos outros pelo pensamento.

Todos os debates nas Cortes versavam sobre o mandarem-se ou não tropas para Pernambuco; misérrima medida era mandar um punhado de homens para subjugar toda uma província, pareceria que os que falavam em mandar 400 homens para Pernambuco estavam persuadidos que cada soldado europeu era um gigante que mataria mil pernambucanos; mas ninguém pensava em remover esse governador que era a pedra de escândalo e única queixa que alegavam os pernambucanos.

Deixou-se chegar o mal ao ponto de que a província se pôs em guerra aberta com o governador; deram-se batalhas, houve mortes, lançaram-se os fundamentos a ódios irreconciliáveis, e achando-se em Lisboa 400 homens para irem suportar o déspota Rego, não se achava um cabo de esquadra que o fosse substituir no governo.

Enfim Rego foge de Pernambuco e substituiu-o uma junta provisória; mas primeiro que Rego, chegou a Lisboa um navio em que vinham emigrados muitos dos partidistas do mesmo Rego, temerosos de que lhes caísse em cima a justa vingança dos pernambucanos, vingança de que eles mesmos não citavam um só exemplo, quando das vítimas de Rego havia só em Lisboa 42; a tudo isto se fechou os olhos, e só porque aqueles emigrados disseram que vinham fugidos pelo temor que lhes inspirava uma consciência criminosa, bastou isto para que até os mais moderados membros das Cortes invectivassem contra Pernambuco, chamassem a Rego um governador mui constitucional e se propusesse mandar para ali mais tropas.

Quanto a essas tropas recitaremos uma fábula. A águia apanhou um cágado, levou-o nas unhas ao ar até grande altura, e, vendo um rochedo, largou o cágado, para que, caindo sobre a pedra, se despedaçasse e ela o pudesse então devorar; o cágado, vendo o rochedo sobre que vinha precipitando, gritou-lhe: "Guar-te, laje, que te parto".

Aplicando a fábula, 400 homens a irem conquistar o Brasil! Guar-te, laje, que te parto! Vamos adiante.

Disse o deputado Silva Corrêa, na sessão de Cortes de 18 de outubro, que se 400 homens não eram nada no Brasil para o conquistar, para que se assustavam com essa bagatela de tropas?

Ninguém se assusta, por certo, com tal pouquidão de tropas; recomenda-se que elas não vão para o bem de Portugal, entendendo por bem de Portugal a sua união com o Brasil; é a moderação e não o temor quem sugere essa recomendação.

Disse-se nas Cortes que essas tropas não iam a conquistar, mas somente a manter a polícia do país; se isso assim é, para que se faz o governador das armas independente da Junta Governativa da província?

Disse o deputado Moura, nessa mesma sessão de 18 de outubro, que bastava para aquietar os ânimos o declarar o Congresso que aquelas tropas não iam a subjugar. Parece que aquele deputado está persuadido de que as decisões das Cortes têm a mesma fé das do Concílio de Trento, mas o povo ainda não crê que as Cortes sejam inspiradas pelo Espírito Santo e que se elas declararem que o preto é branco e o branco é preto todos estejam por isso, apesar da evidência dos sentidos.

Mas vamos a ver como se provam esses sentimentos de benevolência para com os pernambucanos; o desejo de lhes fazer justiça ou o merecido ódio ao algoz que por tantos anos os tiranizou, já como instrumento do antigo despotismo, já como governador sustentado pela força do governo constitucional de Lisboa.

Chegou a Lisboa o ex-governador de Pernambuco Luiz do Rego, e, apesar de haver nas Cortes quem requeresse a sua prisão, ficou solto e passeando pelas ruas de Lisboa, enquanto Stockler continua preso. Mas como se este contraste não bastasse, certo homem que se intitula procurador da Câmara do Recife requereu às Cortes que se não deixem sair de Lisboa aqueles dos 42 presos de Pernambuco que ainda ali se acham, posto que já absolvidos pela Relação. De maneira que um acusado com presunções tão violentas contra si, como é Luiz do Rego, deve ficar solto, e os outros absolvidos devem reter-se em menagem fora de suas terras.

Ora, as acusações contra Rego são da natureza mais séria; acusam-no de ser inimigo do sistema constitucional, de mandar devassar em Pernambuco (depois de ali ter chegado o navio *São Gualter* com a notícia da regeneração em Portugal) todos que mostraram prazer com aquele acontecimento, de ter escrito para o Rio oferecendo-se a vir a Portugal dar cabo dos rebeldes, de prender injustamente muitas pessoas e nomeadamente os 42 que mandou para Lisboa, de instigar com estas e outras violências os povos a pegar em armas, de dar cabo do dinheiro que estava na Junta da Fazenda de Pernambuco etc. E contudo Rego passeia livre em Lisboa, apesar de dizer o deputado Ledo que o partido militar decidia das medidas contra o Brasil.

No Maranhão houve semelhante revolução e semelhantes desejos de continuar na união com Portugal; para isto era necessário derrubar o governo então existente como se fez nas outras partes, mas quanto à escolha do governo provisional que se lhe havia de substituir, os pareceres foram diversos; escolheu-se a pior vereda, que foi continuar em poder o antigo governador, o que teve forte oposição. Mas o governador, para firmar sua autoridade, valeu-se das máximas de despotismo que dantes eram sua única norma de comportamento, e ademais estigmatizou todos os que se opunham com a nota de independentes. As provas disto as achamos no seguinte registro autêntico das Cortes.

Na sessão de 2 de outubro se leu o seguinte parecer da Comissão do Ultramar:

"O governador da província de Maranhão dá conta, em data do 1º de junho de 1821, de haver mandado tirar pelo desembargador ouvidor geral do crime uma devassa sobre os fatos pelos quais havia mandado proceder à prisão de vários indivíduos suspeitos de anticonstitucionais, já participada a este soberano Congresso, por ele mesmo, em data de 30 de abril deste ano; remete com aquela sua conta uma informação do juiz devassante, extraída da dita devassa, e participa haver mandado soltar alguns dos ditos presos, haver mandado sair para fora da província o contador da Junta da Fazenda Joaquim da Silva Freire e o major de milícias do Piauí José Loureiro de Mesquita, e haver mandado proceder, segundo as fórmulas de direito, contra o capitão de infantaria José Antônio dos Santos Monteiro, por se oferecerem na devassa provas para pronunciá-lo; conclui a sua conta dizendo que terá de empregar medidas mais sérias contra aqueles mesmos que mandou soltar, particularmente contra o coronel de milícias Honório José Teixeira.

"A Comissão do Ultramar, considerando maduramente o negócio, não pode deixar de admirar-se de que havendo na cidade do Maranhão uma Relação, não fosse a ela cometido o conhecimento e decisão das culpas que resultavam da devassa e de que o governador, arrogando a si as atribuições do poder Judiciário, passasse a soltar uns e a exterminar outros sem que estes fossem ouvidos em sua defesa e sem que a respeito daqueles se fizessem todas as diligências que além da devassa se deviam fazer para se conseguir certeza ou da sua culpa ou da sua inocência, como era a acareação deles entre si e deles com as testemunhas; seguindo-se dessa precipitação e irregularidade o ter o governador de prender, ainda outra vez como ele mesmo declara, aqueles que mandara soltar; portanto, parece à Comissão que deve o governador ser advertido para conservar ilesas as atribuições que competem a cada um dos poderes constituídos, observar e fazer observar as leis que regulam os processos."

Principia a Comissão admirando-se que o governador do Maranhão arrogasse a si atribuições do poder Judiciário. Forte admiração! Quem ignora que os governadores do Brasil têm sempre arrogado a si todos os poderes possíveis e impossíveis, reais e imaginários? E andam as Cortes tão atrasadas neste ponto que ainda agora se admiram disto?

Prende-se gente, depois tira-se devassa, mas não saindo ninguém pronunciado, o governador solta, degrada, extermina, com uma Relação ao pé de si, sem se lembrar que as causas desses presos podiam ser por elas sentenciadas.

O governador confessa que das devassas não resultou culpa, mas ainda assim manda-os expatriar. Mais ainda, tem o despejo de dizer que os mesmos que mandara soltar intentava torná-los a prender. Compassivo governador!

Um dos deputados disse que "os brasileiros, agora que lhes vão ordens muito diferentes daquelas que até aqui lhes iam, devem ver que todo o empregado que faltou a seus deveres é imediatamente castigado".

Excelente! Bem, agora vemos o raio cair sobre o governador, o déspota aterrado, os oprimidos com uma satisfação, esse indivíduo chamado a Lisboa, o Brasil desagravado...

Nada disto, amigo leitor, a Comissão modestamente se contenta com recomendar que o governador seja... seja o quê? Ui, advertido para conservar ilesas as atribuições! Nada de remédio aos injuriados, nada de reparação de perdas e danos, nada de mudança de governador. Nada senão que o governador seja advertido!

O parecer da Comissão foi aprovado pelas Cortes.

Ao depois falaremos deste negócio do Maranhão em particular; o que fica dito basta para mostrar como em Portugal se tem olhado para os negócios do Brasil. As províncias do interior estão todas no mesmo desamparo, e talvez em algumas partes nem sequer os governadores tenham deixado saber ao povo que existem as Cortes no Palácio das Necessidades. Vamos a outro ponto particular.

Montevidéu é, como temos por mais de uma vez mostrado, a chave da fronteira do Brasil pelo sul; os povos daquele país mostravam repugnância a sujeitar-se ao governo português, este era tal que ninguém se podia admirar daquela repugnância; mas quando viram que havia um governo constitucional, declararam-se que queriam formar parte integrante do Brasil. Chega disto notícia oficial a Lisboa: todo o mundo suporia que o governo português abraçaria gostoso tão favorável ocasião de firmar pela vontade dos mesmos povos as fronteiras do reino do Brasil num pé estável e tão conveniente. Era de presumir que se enviasse logo alguém a congraçar aqueles povos, que fosse um expresso a convidá-los a que mandassem seus deputados às Cortes, que se lhes perguntasse as medidas que precisavam ou desejavam para seu benefício. Nada disto, lá se deixou tudo a correr pela água abaixo, e o general Lecor, ou barão de Laguna[106], a manejar as coisas como

---

[106] Carlos Frederico Lecor, barão e depois visconde de Laguna, que promoveu a

pudesse ou quisesse, sem dinheiro para pagar as tropas de seu comando, sem ordens, enfim, sem uma resposta ou decisão qualquer das Cortes.

Enfim, como veremos adiante, nomeia-se o barão de Laguna para governador das armas no Rio de Janeiro e deixa-se ficar sem comandante Montevidéu, e nem sequer se fala nele, como se tal não existisse ou já tivesse sido entregue a Fernando VII[107] ou a quem quer que seja, contanto que se consiga o fim de deixar o Brasil aberto e vulnerável por aquela parte.

E é assim que se deveriam tratar tão importantes interesses, tão decididas vantagens que deste fato resultariam ao Brasil?

As pessoas mais conspícuas de Montevidéu acham-se comprometidas pelas promessas que lhes fez el-rei de Portugal. O general que ficar comandando na ausência de Lecor, não tendo com que pagar as suas tropas, não sabe como as há de conter; talvez elas se determinem a fazer um saque para se pagarem por suas mãos, ou o general, para salvar sua vida e para evitar maiores desordens, se ponha à frente delas para exigir contribuições forçadas com que evite maiores males. No entanto, com estas informações, com tais perigos à vista, o governo constitucional em Lisboa recebe estas notícias da América sem dar a menor providência e com uma aparente apatia, como se isso fosse a narrativa de um sucesso no interior da Tartária!

Que mais é preciso para desanimar o Brasil, para lhe mostrar que em Portugal dele se não cuida?

Chega a Lisboa a notícia oficial da revolução em São Paulo; de que ali se tinha formado uma junta provisional à maneira das mais do Brasil, para obrar em concerto com Portugal. Acresce que as tropas em Santos se amotinaram e causaram horríveis estragos que a Junta Provisória de São Paulo coibiu.

Quais foram as providências? Nenhumas ordens, nenhumas instruções, nenhuns conselhos.

Mais, o ofício do príncipe real referia que aos esforços do desembargador José Bonifácio de Andrada[108] se deveu principalmente a tranqüilidade da província. Qual a resposta? Nenhuns agradecimentos ao desem-

---

incorporação da Banda Oriental ao Brasil em 1821 e depois lutou sob as ordens de d. Pedro pela adesão da Província Cisplatina ao Brasil independente.

[107] Fernando VII foi rei de Espanha de 1814 a 1833.

[108] José Bonifácio de Andrada e Silva, foi vice-presidente da junta governativa de São Paulo em 1821. De janeiro de 1822 a julho de 1823 ocupou o cargo de ministro do Reino e dos Negócios Estrangeiros no Rio de Janeiro, dedicando-se à causa da independência e da unidade política do Brasil.

bargador José Bonifácio; pelo contrário, nesta mesma ocasião se fez uma moção nas Cortes para que se lhe tirassem os ordenados que recebia em Portugal. José Bonifácio é um brasileiro de reconhecido merecimento, tratá-lo assim é mostrar ao Brasil o pouco caso que se faz de seus naturais, é provocar ódios e mostrar que se deseja a separação. Seria justiça privá-lo dos ordenados que devia receber em Portugal, mas privá-lo desses ordenados na mesma ocasião em que se referiam seus serviços que mereciam gratidão e não dizer nada sobre esses serviços é o que a política chama fazer inimigos poderosos sem necessidade.

Isto mesmo é o que observamos no governador do Maranhão a respeito do coronel Teixeira. Teixeira terá ou não terá boas qualidades pessoais, mas é um brasiliense de importância na sua terra; embirrar com ele, como se tem feito, é desafiar o país, é mostrar um desprezo pelo Brasil contrário às noções de união que tanto nós recomendávamos.

Tendo assim dado um breve bosquejo do modo por que as diferentes províncias do Brasil têm sido tratadas, do descuido em que se tem deixado e da impressão que deve fazer este sistema de proceder, iremos agora às medidas gerais sobre todo o Brasil.

Já notamos que a convocação de deputados para as Cortes não abrangeu essa que alguns supõem insignificante parte da monarquia, o Brasil; mas quando o mesmo Brasil se veio entregar, se ofereceu voluntariamente, se quis de seu alvedrio unir ao sistema constitucional de Portugal, receberam-se por fim seus deputados em Cortes; mas como se arranjaram as eleições?

Tomou-se para regra um censo velho, quando a população era maior em Portugal do que no Brasil, efetuou-se esquecer-se que desde a época daquele censo, tendo-se passado 20 anos, a população de Portugal tem ido de diminuir e a do Brasil a aumentar, e assim se assegurou nas Cortes a mais decidida maioridade de deputados europeus, para que os do Brasil figurassem como meros comparsas na farsa. Assim os nossos irmãos do Brasil não têm mais que submeter-se aos nossos irmãos de Portugal, e tudo irá em mui boa harmonia.

Faz-se uma lei para a liberdade da imprensa que as Cortes julgaram ser mui liberal (a nossa opinião infelizmente foi por outra parte), mas deixaram-se inteiramente de fora os nossos irmãos do Brasil: se é bom que haja liberdade de imprensa, isso é somente para os nossos irmãos de Portugal.

Achou-se bom que se nomeasse um Conselho de Estado e não se julgou mau ser conselheiro de Estado, mas isto tocou somente aos nossos irmãos de Portugal; aos nossos irmãos do Brasil pertenceu-lhes a glória de obedecer, porque nenhum lhe tocou a ser dos nomeados para o Conselho.

Havia ainda no Rio de Janeiro uma espécie de centro de união que dava ao Brasil as aparências de Reino nos tribunais superiores que ali se instituíram, mas os nossos irmãos europeus vão acabar com isso, pelo que se vê do relatório que publicamos à p. 9[109].

O governo em Lisboa nem sequer mandou para as províncias do Brasil as leis que têm promulgado as Cortes, como se no Brasil se devesse obedecer a essas leis por adivinhação, e quando não obedeçam a leis que não se lhes intimam, tachá-lo de querer ser independente. Foi preciso que ainda na sessão de 20 de outubro se fizesse para isto uma indicação.

Ultimamente falaremos da lei por que se decretaram governos provisórios para as diversas províncias do Brasil, a qual só pudemos publicar no nosso número passado.

O nosso irmão de Portugal, redator do *Diário do Governo* em Lisboa, não julgou que esta lei era de assaz importância para a publicar, pelo que depois de esperarmos em vão pela lei no tal diário, só pudemos obter por outra via para a copiarmos no nosso número passado. Assim, desculpem-nos os nossos irmãos do Brasil a tardança, que só foi ocasionada pela insignificância com que para isso olhou o nosso irmão de Lisboa.

Mas vamos à lei, tal qual está, porque a achamos mui alterada do projeto que tínhamos visto e que em geral dissemos era bom.

Primeiramente as juntas de cada província obram todas separadamente e cada uma de *per si*. Isto destina-se a que o Brasil não tenha governo algum geral que lhe possa dar outra aparência de Reino senão no nome; os nossos irmãos do Brasil concordarão que esta medida é prudente.

Daí o projeto de decreto propunha que os membros da Junta Provisória fossem eleitos pelos eleitores de comarca, as Cortes mudaram a cláusula para eleitores de paróquia; isto é, o governo Executivo, que em toda a parte do mundo onde esse governo é eletivo é escolhido pela gente de maior ponderação, há de no Brasil ser eleito pelo tumulto dos eleitores de paróquia, e os nossos irmãos do Brasil hão de esperar a fortuna de que tal escolha seja feita com muita circunspecção.

Essa junta terá o poder Executivo, mas o governador das armas é independente dela e há de ser nomeado de Portugal; isto também é prudente, para que à Junta do poder Executivo não se lhe meta em cabeça executar alguma coisa para que sejam precisas as tropas, e isto entendem muito bem os nossos irmãos do Brasil.

---

[109] Ver pp. 600-1.

Mas esqueceu aqui aos redatores desta lei que o governador Rego, em Pernambuco, apesar de ter o comando das tropas, não pôde subjugar a província quando ela se levantou e foi obrigado a capitular com o povo. Para este caso é que desejamos ver dirigidas as providências da lei.

Afinal, para que tudo vá em boa harmonia nesses governos do Brasil, estabelece essa lei terceira autoridade independente, que é uma Junta de Fazenda à qual nem o governo Executivo governa, nem o general das armas comanda.

E querem as Cortes que com tão discordantes elementos haja harmonia nos governos do Brasil! Se daqui se não seguir a discórdia e a desunião, grande portento será, mas talvez os nossos irmãos do Brasil o entendam de outra forma.

42.
GOVERNADORES DAS ARMAS PARA O BRASIL

[Nº 164, vol. XXVIII, janeiro de 1822, pp. 70-2]

Apareceu enfim a nomeação para os governadores das armas do Brasil, que se contém no seguinte

"Decreto
"Atendendo às qualidades, merecimentos e serviços que concorrem nos oficiais do Exército nacional e real mencionados na relação que com este baixa, assinada por Cândido José Xavier, encarregado do expediente e despacho dos Negócios da Guerra, hei por bem encarregá-los do governo das armas das diferentes províncias do Brasil, como na mesma relação se acham designados. O Conselho de Guerra o tenha assim entendido e faça expedir os despachos necessários.
"Palácio de Queluz, em 9 de dezembro de 1821.
"Com a rubrica de s. m.
"Cândido José Xavier.

"Relação
"Rio de Janeiro: O barão de Laguna, tenente-general.
"Pernambuco: José Corrêa de Melo, brigadeiro.
"Pará: José Maria de Moura, brigadeiro.
"São Paulo: Augusto Pinto, brigadeiro.
"Minas Gerais: Veríssimo Antônio Cardozo, brigadeiro.
"Mato Grosso: Antônio José Claudino, brigadeiro.
"Rio Grande: João Carlos de Saldanha, brigadeiro.
"Bahia: Inácio Luis Madeira, brigadeiro.
"Maranhão: João Carlos d'Oeynhausen, brigadeiro.
"Ceará: Antônio José da Silva Paulet, coronel.
"Piauí: João José da Cunha Fidié, major.
"Santa Catarina: Daniel Pedro Muller, coronel.

"Palácio de Queluz, em 9 de dezembro de 1821.
"Cândido José Xavier."

Sobre esta nomeação pouco diremos. Não há nesses nomes um só que seja filho do Brasil, o que nos não admira, porque isto vai coerente com o resto que temos notado. Mas deve saltar aos olhos de todos que semelhante exclusão, além de escandalizar o Brasil, mostra a pouca confiança que o governo tem em sua força moral, e com dar essas mostras sem dúvida diminui a que tem.

Convém, porém, referir que alguns dos mesmos periódicos de Lisboa notaram que há entre esses governadores alguns que, apesar de serem europeus, sabe-se que são da opinião da independência, e assim, se escandaliza o Brasil sem prevenir o mal que se desejava atalhar com tão impolítica medida.

Uma nomeação de todos conselheiros de Estado, nenhum filho do Brasil.

Uma nomeação de todo o corpo diplomático juntamente, nenhum filho do Brasil.

Uma nomeação de todos os governadores das armas ao mesmo tempo, nenhum filho do Brasil.

Isto, como dizemos, salta aos olhos de todos, e se nos disserem que não havia filho algum do Brasil capaz de ocupar esses importantes lugares, o escândalo será ainda maior, pois se podem notar nesses empregos homens tão incapazes deles que dizer que no Brasil não havia, pelo menos, iguais, é um insulto à razão que deve irritar até o brasiliense mais fleumático.

43.
Partidos no Brasil

[N° 164, vol. XXVIII, janeiro de 1822, pp. 72-3]

Já não pode duvidar-se que todas as queixas do Brasil, por mais justas que sejam, se hão de caracterizar como provindas do partido da independência. Nós temos recomendado, e recomendamos, a união dos dois países como a medida mais conveniente a ambos os reinos, mas não queremos com isto dizer que do Brasil se não façam representações às Cortes, porque assaz se tem feito para mostrar quanto tais representações e queixas se fazem necessárias, ponham-lhes a alcunha que lhes puserem e que lhes parecer.

Mas quando se trata de designar um partido de independência no Brasil quando todos os filhos do Brasil se têm mostrado tão inclinados a continuar na união com Portugal, não pode atribuir-se isso à rivalidade dos filhos do Brasil contra os filhos de Portugal, porque achamos a mesma acusação feita contra muitos indivíduos que são filhos de Portugal.

Achamos no *Astro*, n° 325, uma denodada asserção de que há no Rio de Janeiro um grande partido pela independência. Chamamos-lhe denodada para lhe não darmos outro nome, por chegar a nomear pessoas. Copiaremos uma passagem, é a seguinte:

> "Além do que sabíamos, falamos agora com pessoa vinda do Rio de Janeiro, a qual nos assegura que o partido (da independência) não é tão pequeno como se imagina, que se fazem *clubs* em casa do barão de Santo Amaro, do secretário militar Sampaio, e que é preciso atalhar estes males, porque os do partido têm muito dinheiro, não más cabeças, e podem, portanto, levar atrás de si homens incautos e causar terríveis perturbações."

Além deste parágrafo, achamos no mesmo *Astro*, em outros números, nomeadas muitas outras pessoas de consideração. Se o *Astro* é bem informado, as idéias de independência são promovidas por alguns dos europeus que lá existem e vão mais adiantadas do que geralmente se pensa. Se o *Astro* não está bem informado, a especificação de nomes e de pessoas, em tal matéria, é mui justo motivo de censura.

44.
COMÉRCIO DA ESCRAVATURA

[Nº 164, vol. XXVIII, janeiro de 1822, pp. 73-4]

Os nossos leitores estarão lembrados de um tratado concluído entre a Corte do Rio de Janeiro e a de Londres, para esta pagar 300 mil libras esterlinas que seriam aplicadas a indenizar os proprietários de navios do Brasil injustamente capturados pelos ingleses por fazerem o comércio da escravatura.

Restava desse dinheiro uma boa soma em Londres, na mão de certos negociantes portugueses que dela eram depositários.

O governo do Brasil deu por várias vezes ordem aos tais depositários para que lhe entregassem esse dinheiro, e o conde de Palmela, no pouco tempo que serviu de ministro, apertou com toda a força que teve as mesmas ordens, as quais, porém, por várias razões, foram iludidas e se salvaram das garras do governo os dinheiros existentes.

Entrou depois o sistema constitucional, e todo mundo creu que o governo não pensaria mais em querer lançar mão desse dinheiro que pertencia aos tais donos dos navios tomados pelos ingleses, mas nessa crença todo mundo ficou enganado, assim como nós.

O atual ministro dos Negócios Estrangeiros em Lisboa mandou ordens positivas, que foram executadas, para que o tal dinheiro fosse entregue ao novo encarregado dos negócios de Portugal em Londres, na conformidade do que já haviam disposto os passados fiéis servidores d'el-rei, isto é, o Tomás Antônio, Palmela etc.

Que os negociantes da Bahia e mais partes do Brasil, a quem tal dinheiro pertencia, fiquem mui desconsolados a chupar no dedo, vendo assim o governo apossar-se sem cerimônia do que era seu, é conseqüência mui natural.

Mas que dirão as Cortes a isso? Um secretário de Estado lançando assim mão de dinheiros de particulares para usar deles, quando as Cortes têm declarado de sua atribuição todas as disposições de receita e despesa da Fazenda?

Agora, que uso faria o secretário de Estado desse dinheiro, assim apanhado por ele a seus donos sem a menor autoridade das Cortes? Foi para pagar os agentes diplomáticos presentes e pretéritos, entrando neste número alguns dos passados fiéis servidores d'el-rei que tão bons serviços fizeram ao sistema constitucional cá por fora.

Com que fosse ou não fosse bem empregado o dinheiro, tenha ou não tenha o secretário de Estado faculdade para lançar mão de quaisquer fundos sem prévia lei das Cortes, o certo é que os nossos irmãos do Brasil, donos dos navios apresados, viram volatilizar-se as suas indenizações, e talvez algum dia se mandem ordens às juntas de Fazenda do Brasil que lá paguem a esses nossos irmãos despojados das indenizações que cá os nossos irmãos europeus lhes embolsaram. Entre irmãos não deve haver cerimônia.

45.
União de Portugal com o Brasil

[Nº 165, vol. XXVIII, fevereiro de 1822, pp. 165-7]

Tínhamos até aqui olhado para esta questão da união de Portugal com o Brasil como aquela de suma utilidade para ambos os países e, outrossim, na suposição de que sendo o Brasil tão superior a Portugal em recursos de toda a natureza, a objeção para a continuação desta união provinha de algumas pessoas inconsideradas no Brasil que desejavam a separação dos dois países antes que ela devesse ter lugar pela ordem ordinária das coisas.

Nesta suposição, recomendando a união, temos sempre dirigido nossos argumentos aos brasilienses, não nos ocorrendo sequer a possibilidade que nos portugueses europeus pudessem existir essas idéias de desunião; porque a utilidade deles, na união dos dois países, era da primeira evidência.

Mas infelizmente achamos que as coisas vão muito pelo contrário, e que é entre os portugueses e alguns brasileiros, e não entre os brasilienses*, que se fomentam e se adotam medidas para essa separação, que temos julgado imprudente por ser intempestiva, e que temos combatido na suposição de que os portugueses europeus nos ajudariam em nossos esforços para impedir, ao menos por algum tempo, essa cisão.

Mostramos, no nosso número passado, a série de medidas que chamamos erradas, na suposição de que em Portugal se desejava essa união, mas

---

* Chamamos brasiliense o natural do Brasil; brasileiro, o português europeu ou o estrangeiro que lá vai negociar ou estabelecer-se; seguindo o gênio da língua portuguesa, na qual a terminação *eiro* denota a ocupação; exemplo: sapateiro, o que faz sapato, ferreiro, o que trabalha em ferro, cerieiro, o que trabalha em cera, brasileiro, o que negocia em brasis ou gêneros do Brasil etc.; por outra parte, o natural do Porto chama-se portuense e não portueiro; o natural da Bahia, baiense e não baieiro. A terminação em *ano* também serviria para isto, como por exemplo, de Pernambuco, pernambucano; e assim poderíamos dizer brasiliano, mas por via de distinção, desde que começamos a escrever este periódico, limitamos o derivado brasiliano para os indígenas do país, usando do outro, brasiliense, para os estrangeiros e seus descendentes ali nascidos ou estabelecidos e atuais possuidores do país. (Nota de Hipólito José da Costa) deixariam de ser um erro involuntário se as Cortes e o governo português desejam com efeito essa separação. E agora, com informações ulteriores dos sentimentos que há em Portugal a este respeito, é aos portugueses que dirigiremos nossos argumentos a favor da união. Se nos não quiserem ouvir, podem estar certos que o que o Brasil perde na separação é muito e muito menos do que Portugal há de sofrer, porque, enfim, a Portugal essa separação até lhe pode importar a perda de sua existência como nação.

Os portugueses que olham com desprezo para a união do Brasil fundam-se nos prejuízos que já notamos no nosso número passado, e argumentam com princípios totalmente falsos.

Alegam primeiro que a união de Portugal com Espanha é mais vantajosa, mais natural e mais fácil do que a união com o Brasil. Daí que a união com o Brasil é perniciosa porque esgota a população de Portugal com as continuadas emigrações para o Brasil. Depois, que a união do Brasil com Portugal se pode comparar à amizade do homem rico com o homem pobre, em que tudo é sempre em vantagem do rico.

Mas se essas razões são as que induzem o governo de Portugal a desprezar, como tem feito, os negócios do Brasil, que nos entendamos; sejam sinceros, declarem o Brasil independente por uma vez e não se fomentem ali partidos que produzirão a guerra civil, degolando-se os povos uns aos outros; declare-se que Portugal não precisa do Brasil e previnam-se assim os males da guerra, a qual, quando começar, não pode deixar de ter o mesmo êxito da que houve na América Espanhola.

Deu-se ao Brasil o nome de Reino, mas ficou isso em aparência. Agora o governo constitucional conservou o nome, mas tirou-lhe todas as aparências de Reino, abolindo os tribunais superiores no Rio de Janeiro, de maneira que fez retrogradar o Brasil de sua dignidade de Reino que tinha na aparência, causando assim uma humilhação desnecessária nos ânimos daqueles povos; porque, enfim, ninguém há que se conforme com andar para trás em dignidade, quanto mais que o trazer o povo do Brasil os seus recursos a Lisboa, quando dantes os tinha no Rio de Janeiro, não é só perder em dignidade, mas também perder muito em comodidade.

O sistema das juntas governativas nas diferentes províncias do Brasil é um meio direto de tirar ao Brasil a categoria de Reino, dilacerando-o em divisões; e para fazer mais sensível este mal, as tais juntas de província não possuem a Força Armada, nem governam as rendas públicas, o que põe de propósito um germe de discórdia em cada província, ao mesmo tempo que desune as províncias umas das outras.

Acresce agora o projeto que se agita nas Cortes, de tornar a fazer de

Lisboa o empório do comércio do Brasil, como o leitor poderá ver pelo que se passou na sessão 271ª, o que tudo tende a mostrar o plano de fazer retrogradar o Brasil de sua dignidade de Reino e reduzi-lo a seu antigo estado de dependência de Portugal; o que não é união, mas sujeição, e o que se devia fazer era a união, que recomendamos, dos dois reinos, mas não a sujeição do Brasil a Portugal, como colônia ou conquista; tal nunca tivemos em vista, e quando o tivéssemos, nenhum brasiliense a isso se acomodaria.

Nós protestamos altamente contra a impolítica medida de mandar tropas ao Brasil, como inútil para o fim a que se destinavam, porque esse punhado de tropas não era capaz de conter o Brasil sujeito a Portugal por meio da força; protestamos também contra a medida como perniciosa, porque essas tropas serviriam de lembrar as atrocidades de Pernambuco. Se os nossos protestos não tivessem peso por serem de um só indivíduo, deveriam pelo menos merecer atenção por serem lançados em um periódico que tem sempre advogado a causa da liberdade racionável dos povos, daquela liberdade compatível com o estado da sociedade, e de toda essa liberdade sem mais restrições do que as absolutamente necessárias; haja rei ou não haja rei, mas seguindo um sistema coerente.

Não obstante tudo quanto temos dito, tem-se continuado a mandar tropas para o Brasil; e ultimamente saiu de Lisboa, aos 16 de janeiro, a divisão com os corpos expedicionários para o Rio de Janeiro, com escala por Pernambuco, não obstante saber-se em Lisboa que com a retirada de Rego tudo ali estava acomodado.

Consta a expedição de 1.190 homens, a saber: 524 praças do batalhão de infantaria nº 3, 494 do batalhão de infantaria nº 4, 108 de uma companhia de condutores. Ocupam estes navios: nau *D. João VI*, fragata real *Carolina*, charruas *Oreste*, *Conde de Peniche*, *Princesa Real*, transportes *Fênix*, *Sete de Março*.

Ora, se os brasilienses desejam fazer-se independentes, o número dessas tropas é, como temos dito, demasiado pequeno para os conter com essas forças; mas, ainda que maiores fossem, o êxito não corresponderia ao intento. Já vimos que no Brasil se aumentaram os soldos às tropas, para as congraçar com o sistema constitucional; as tropas aceitaram de mui boa vontade esse aumento. Agora, se o Brasil se quisesse fazer independente e lhe fosse preciso para isso neutralizar essas tropas, não tinha mais do que aumentar-lhes os soldos e prometer conservá-los a todos os que quisessem dar baixa, dar-lhes terras onde se estabelecessem e uma ajuda de custo para seu princípio. E qual seria o soldado português que com estas vantagens diante dos olhos quisesse fazer a guerra ao seu benfeitor Brasil?

Corre agora com rumor de que o governo de Portugal, conhecendo sua fraqueza, procura valer-se de forças estrangeiras para sujeitar o Brasil; mencionamos isto para mostrar o erro de tal medida e pedir encarecidamente que desistam dela.

Assevera-se que o governo português pedira socorros militares à França e lhe oferecera, em compensação, cessão de territórios na Guiana Portuguesa junto ao Pará.

Além da atrocidade que essa medida envolve, de desmembrar o Brasil, o que irritará já extremo todos os brasilienses, não é possível que a Inglaterra veja tal cessão com indiferença; e o gabinete inglês não pode já olhar para essas conexões políticas com Portugal no mesmo ponto de vista que outrora olhava.

Acaba de publicar-se em Londres um opúsculo com este título: *State of the nation at the commencement of 1822*. Esta obra é um manifesto dos ministros ingleses em que expõem à nação os princípios que têm seguido e se propõem seguir em sua administração, e examina as diferentes repartições de Fazenda, Militar, Negócios Estrangeiros, Internos etc. Na parte dos Negócios Estrangeiros, falando de Portugal, diz assim:

"Antigamente a aliança de Inglaterra com Portugal era para contrabalançar o poder dos Bourbons. As razões desta aliança já não existem e a abertura dos portos do Brasil faz duvidoso seguir esta política, porque as conexões comerciais com França são mais vantajosas do que com Portugal, e as conexões políticas inclinam-se ao Brasil."

Está claro que procurando Portugal esse auxílio da França, e ficando a Inglaterra pelo menos neutra, a desejar o Brasil a sua independência, procuraria também auxílio externo e o acharia mui pronto nas esquadras de lorde Cockhrane e nos exércitos de Colúmbia e mais América Espanhola, que se acham agora desocupados, visto que a Espanha já não tem meios de continuar a guerra e vai reconhecer a independência de suas ex-colônias.

Para evitar esta combinação, medita o governo de Portugal outra desmembração do Brasil pelo sul, cedendo a Buenos Aires, Montevidéu, e deixando assim abertas e vulneráveis as fronteiras do Rio Grande, o que sem dúvida é grande calamidade para o Brasil e de manifesta injustiça aos povos de Montevidéu, que já se declararam parte integrante do Brasil.

Estes projetos explicam porque as Cortes pediram ao ministro os planos dos limites entre o Rio Grande e Montevidéu, e porque o ministério europeu no Brasil, antes da saída d'el-rei, lhe aconselhou que reconhecesse a independência da América Espanhola, como mostra o documento à p. 113, sem sequer esperar que lho pedissem para tirar algum partido da negociação, tal era a pressa com que o ministério português queria tirar Montevidéu ao Brasil.

O agente d'el-rei em Buenos Aires diz, nesse documento, que el-rei está disposto a reconhecer aquela independência porque reputa legal todo o governo que é da vontade dos povos; segundo este princípio, tendo declarado os povos de Montevidéu que queriam fazer parte integrante do Brasil, a este, e não a Buenos Aires, é que devem pertencer.

Mas voltando ao nosso ponto, ainda que o governo português alcance, por essa cessão de Montevidéu, neutralizar Buenos Aires e ainda toda a mais América Espanhola a respeito do Brasil, se este quiser ser independente não poderá fazer o mesmo que Colúmbia? Não poderá procurar armamentos nos países estrangeiros, como fez Venezuela e Chile? Não poderá contrair empréstimos, caso não tivesse os recursos que tem, como fizeram todas as seções da América Espanhola, em Inglaterra, onde os títulos dessa dívida estão hoje com valor muito mais subido do que os títulos da dívida de Espanha? Não poderia o Brasil armar corsários, pelo menos com a facilidade com que os armou Artigas?

Esperamos, pois, que o governo português tome em consideração estas reflexões e que se persuada de quão errada é sua política em usar da força ou meios alguns coercivos a respeito do Brasil, que de boa vontade continuará unido a Portugal, se o não quiserem fazer sujeito.

Consta-nos que as absurdas idéias de sujeitar o Brasil se tem levado a tal ponto por alguns portugueses, que há até quem medite o plano de proibir que os estrangeiros se estabeleçam no interior do Brasil, e que somente se lhes permita negociar nos portos de mar, e isso mesmo com restrições que já se indicaram nas Cortes.

Estes erros e outros que temos apontado são conhecidos mesmo em Portugal, mas é essencial que o *Correio Braziliense* os indique e que proteste contra eles, para que se não diga que todos os brasilienses os aprovam; mas que há em Portugal mesmo quem pensa como nós, o mostraremos com o seguinte extrato do *Astro da Luzitania*, no seu nº 313.

"Pelo que podemos coligir dos fatos e das muitas cartas que recebemos, nós não encontramos motivos para suspeitar que o partido da independência ali (em Pernambuco) tenha influído, mas não nos admiraremos se daqui a dois ou três meses as coisas mudarem de face, porque grandes promotores de uma intempestiva independência brasileira existem em Lisboa. Promotor desta independência é o sr. Magiochi, pelo que disse dos americanos logo no princípio das Cortes; promotor é o sr. Miranda, por dizer que ainda os mais eruditos dos brasilienses não tinham idéia do que era Constituição e por defender Luiz do Rego, o labéu da moral e dos bons costumes; promotor da independência é o sr. Serpa Machado, chamando cabeças de levantamento aos do governo de Goiana; promotor é todo o Congresso, porque dentre ele não houve quem levantasse a voz do trovão quando, com tanta injustiça, se pretendia fazer calar o sr. Ferreira, que queria advogar a causa da sua província caluniada; promotor é o ministro, por ter tratado com tanto desmazelo os negócios do Brasil; promotor é Jacinto José Dias de Carvalho, que anda mui cuidadoso mostrando cartas daqueles que em Pernambuco deram dinheiro para a guerra, pedindo ao mesmo tempo que se não mostrem as que falam a favor dos pernambucanos; grande promotor, enfim, será o Congresso, se não desaprovar solenemente todos os atentados cometidos por Luiz do Rego."

Depois desta série de fatos, apresenta a Comissão das Cortes sobre os negócios do Brasil, na sessão 276ª (veja-se p. 147), um relatório que conclui recomendando que se proclame aos povos do Brasil, fazendo-lhes ver quais são os artigos da Constituição que se tem aprovado e quais as providências que se tem tomado em benefício daqueles povos e a imparcialidade com que têm sido tratados estes negócios. Isto é quererem as Cortes que no Brasil creiam nessa imparcialidade contra a evidência de seus olhos, que creiam, contra o fato, que foi algum irmão do Brasil contemplado nas promoções gerais dos ministros de Estado, dos conselheiros de Estado, dos governadores do Brasil, do corpo diplomático, que creiam, contra o fato, que as atrocidades de Rego foram punidas e ele preso em uma torre, pelas mortes que causou em Pernambuco, que o governador do Maranhão etc. etc., foram punidos.

Mas que pouco valem tais declarações contra a evidência dos sentidos!

46.
SISTEMA CONSTITUCIONAL

[N° 165, vol. XXVIII, fevereiro de 1822, pp. 172-7]

Notamos, nos dois números passados de nosso periódico, os dois erros mais importantes do atual governo constitucional em Portugal: 1°) a falta de boa inteligência e conhecimento na responsabilidade dos ministros; 2°) a falta de cuidado em promover a união de Portugal com o Brasil.

Notamos, além disto, de passagem, outras faltas do governo atual; carregamos a mão no que respeita ao Brasil, e neste ponto tão longe está de nos acharmos satisfeitos, que tornamos agora à matéria e muito temos ainda para dizer.

Os chamados constitucionais muito se agravaram com o que dissemos; uns caracterizaram-nos de corcunda[110], outros afetaram que os nossos escritos não podiam ter influência alguma. A estes, só diremos que se os nossos escritos não têm influência, não há para que se molestem com eles, e se as nossas doutrinas são corcovadas, o público ajuizará delas.

Quanto aos corcundas, mais alguma coisa temos a dizer. Não suponham que nós, notando defeitos no atual sistema, queremos, nem direta nem indiretamente, aprovar o sistema passado; esse era tão mau que nada de mal que aconteça agora é capaz de o igualar. Assim, percam as esperanças, pois se o atual governo se deitar a perder com seus erros, outro o substituirá; esse outro será sucedido por outro, se cometer iguais erros, mas nunca ninguém pedirá os antigos despotismos, os passados desmanchos, a péssima administração que a revolução deitou abaixo.

Os erros que notamos no presente sistema podem comparar-se às pequenas manchas que mal se divisam e nunca obscurecem o luminoso sol. O tenebroso do passado governo era a negridão das trevas em que todos os direitos do homem se perdiam, era um abismo em que nenhum cidadão se julgava livre do perigo, era o estado de ruína em que nenhum homem con-

---

[110] "Corcunda": termo usado para designar os partidários do absolutismo.

tava com sua vida, liberdade ou propriedade. Sendo estes nossos sentimentos, podem os corcundas ficar entendendo que em nós não acham o menor apoio.

Deixando esse depravado e corrompido sistema, voltemos ao constitucional. No meio das premeditadas reformas, no centro da representação da nação, onde se acham tantos homens ilustres, tantos cidadãos beneméritos, há o germe de deploráveis desvios, de erros fatais, de prejuízos intoleráveis. Combatendo estes, não atacamos o sistema constitucional, mas é preciso combater o erro, apareça ele com o garbo que quiser, e sem dúvida a parte sã da nação nos dará crédito quando vir que são os princípios, e não a facção dominante, quem dirige a nossa pena.

Tivemos já o cuidado de definir o que era sistema constitucional, para expor o prejuízo vulgar que lhe não dá um sentido exato. Depois disso, é claro que um sistema de governo constitucional, ainda quando mau, é preferível a um sistema despótico, onde não há outra regra senão a vontade sempre variável do déspota ou déspotas que governam.

Parece-nos que em Portugal ainda se não entende uma qualificação essencial dos governos tais como o que pretendem abraçar: e é o apoiar as operações do governo mais na vontade dos povos do que na força do Executivo, fazer que o povo queira o que lhe é útil e não forçá-lo a seguir o que se não demonstra ser de interesse seu.

A reputação do governo produz influência, a influência é poder; este poder estende as suas operações aonde nem a lei, nem a autoridade, nem mesmo a força podem chegar; e em todos os séculos, a boa vontade do povo para com o governo tem sido o mais firme apoio da administração.

Notamos, pois, os erros do presente governo, para que, emendando-os, possa conseguir estes fins. As tropas são para o tempo da guerra essenciais, no tempo da paz são um mero acessório do governo; as finanças são o escolho em que tem naufragado a maior parte dos governos modernos, e por isso julgamos que os dois primeiros trabalhos das Cortes deviam ser a Constituição e as finanças.

Ocupando-se as Cortes com tantas ninharias, como descrição do tope do chapéu, se os uniformes devem ser bordados de espigas ou cachos de uvas etc., a Constituição e as finanças ainda não estão arranjadas; e quanto ao Brasil, tudo vai desvairado.

À p. 140 copiamos o relatório do ministro da Fazenda, contendo o estado atual da receita e despesa. Por ele se vê que há um déficit de 1.607 contos de réis, e que o ministro não propõe plano algum para ocorrer a este déficit, mas lembra-se de um empréstimo, o qual deve aumentar em vez de diminuir o déficit, pois à soma em que a despesa excede a receita, deve acrescer o importe dos juros do empréstimo.

Porém, o que nos causaria riso, se fosse possível não chorar com as desgraças da nossa pátria, é o ver nessa conta que o Exército custa 4.379 contos e 200 mil-réis, quando a receita toda do Estado importa somente em 7.232 contos e 900 réis; isto é, o Exército custa duas terças partes de todo o rendimento do Tesouro. Ora, como é possível que nenhum Estado exista com semelhante desarranjo e desproporção no custo do Exército? E é nestas circunstâncias de pobreza que ainda se pensa em mandar tropas para o Brasil!

Unindo-se às despesas do Exército as da Marinha, a desproporção fica tal que o mesmo ministro não pôde deixar de lhe chamar enorme; entretanto, não lhe sugeriu o remédio porque não remontou à causa.

A Comissão das Cortes referiu que o papel-moeda em circulação chegaria à soma de nove milhões; tal é o deplorável estado das coisas, que isto é matéria de conjectura, porque o governo não sabe a soma de papel-moeda que circula, pois o governo passado não fazia registro do papel que metia em circulação e o atual não o tem averiguado, o que bem fácil lhe era, fazendo recolher o papel antigo e dando por ele novo, cujo valor registrasse.

Mas, quanto ao ponto, a opinião das pessoas mais bem informadas é que o papel-moeda em circulação, em vez de importar em nove milhões, como parece à Comissão de Fazenda nas Cortes, não monta a menos de 22 milhões e meio.

Para ocorrer às despesas públicas, já se mandaram vender alguns dos bens declarados nacionais; o seu produto servirá para remediar necessidades urgentes do momento, mas esses bens rendiam alguma coisa anualmente, e perdendo-se essas rendas pela venda dos tais bens, essa renda que falta deve ser acréscimo ao déficit, com o que, em vez de remediar, se aumentam as dificuldades do Tesouro.

Não repetiremos o que temos já apontado nos números anteriores sobre os abusos que se permitem ainda em quase todas as repartições do Executivo, tanto na escolha dos empregados como na execução das leis. Este ponto é tanto mais lamentável quanto é diametralmente oposto aos progressos do sistema constitucional.

A repartição que nos parece obrar com mais atividade e mais acerto é a da Justiça. Dizemos isto de tanto melhor vontade quanto sabemos que o ministro daquela repartição[111] é um dos que chama corcunda ao *Correio*

---

[111] José da Costa Carvalho era o ministro da Justiça.

Braziliense, o que sabemos por alguns de seus amigos, mas é do nosso dever fazer justiça a esse ministro de Justiça, chame-nos ele o que nos chamar, que isso não nos tira nem o sono nem a vontade de comer quando tenhamos que.

Mas este ministro todos os dias chama a contas os empregados na sua repartição; suas ordens mais importantes, publicadas no *Diário do Governo*, mostram a sua atividade e até aqui nada há a notar-lhe que se possa tachar de inconstitucional. Na sua política, se somos bem informados, não podemos dizer o mesmo, porque é dos que seguem o partido da união com Espanha e do desprezo do Brasil; o que parece provar-se por ter sido ele quem influiu para que se nomeasse para adido à legação de Espanha um dos mais conspícuos advogados dessa união espanhola e um dos que mais tem apodado e ridicularizado o Brasil, como todo o mundo sabe, até dizendo que bastavam dois ou três deputados do Brasil nas Cortes.

Quanto aos procedimentos destas, vemos um traço digno de louvor, que foi suspender os pagamentos da patriarcal até que esses padres cumpram com as ordens das Cortes. Eis aqui como se podem levar esses homens que se julgam somente sujeitos ao chamado direito canônico; que é tirar-lhes aquilo com que se compram os melões, posto que se lhes deixe o seu direito canônico.

Por outra parte, era para desejar que as Cortes mantivessem melhor a consistência de seus procedimentos. Em 27 de março se aboliu o privilégio da Companhia do Porto nas águas ardentes e que devia começar no 1º de janeiro deste ano; 14 dias depois já se propunha revogar isto. É imperdoável esta leveza em fazer e abolir as leis.

Em 13 de maio se suspendeu o degredo para África, em 16 de novembro foi revogado; agora são tantos os presos destinados aos trabalhos públicos em comutação do degredo de África, que o ministro de Justiça, na sessão 284ª das Cortes, propôs que se revejam outra vez os processos e se mandem para a África os condenados aos trabalhos públicos que tiverem ainda mais um ano para cumprirem suas sentenças.

Eis aqui os efeitos de uma precipitada legislação, e nada pode causar maior descrédito ao corpo Legislativo.

Mas notamos também que os ministros de Estado não observam os formulários como devem, e exemplificaremos isto no ministro da Guerra[112], que por ter sido outrora condenado à forca por traidor à pátria, pouco importa

---

[112] Cândido José Xavier.

que nele se exemplifiquem os erros que as Cortes deixam passar sem cuidar na sua emenda.

Pela lei que promulgaram as Cortes sobre o formulário das leis etc., as ordens d'el-rei deviam ser expedidas pelos secretários de Estado em forma de portarias, em nome d'el-rei e assinadas pelo ministro. Agora achará o leitor, à p. 112, uma ordem que passa o ministro com o nome de circular, e não começando com a fórmula "Manda el-rei etc.".

As Cortes não devem descuidar-se de insistir na exatidão desses formulários, porque deles depende a boa ordem, principalmente quando esses desvios vierem de ministros que o sejam pelo único merecimento de haverem sido enforcados em estátua, circunstância que não pode honrar o sistema constitucional nem servir de desculpa a nenhum desses desvios.

Convém, contudo, fazer aqui menção de uma circunstância, e é que havendo nós em um dos números do nosso periódico, ou o passado ou o antecedente a ele, notado o inconveniente do Conselho de Estado alegando com um documento que se havia publicado, lemos depois um conselho dado ao governo que para evitar tais censuras se não publicassem semelhantes documentos.

Ora, se o mal existe, aconselhar que se não publiquem os documentos é querer somente a sonegação da verdade; mas persuadam-se os do governo que, publiquem ou não essas peças oficiais, a verdade sairá sempre à luz, e quando os ministros seguirem o partido que se lhes aconselha de não publicarem esses documentos nos *Diários do Governo*, alguém os publicará, e então o defeito será tanto mais notável quanto virá acompanhado com a hipocrisia de o querer esconder. O sistema constitucional exige mais candura em seus empregados.

Como observamos de perto os procedimentos das Cortes, devemos notar que na sessão 278ª faltaram 33 deputados, achando-se presentes cem, maior número de ausentes do que ainda tínhamos contado.

47.
LIBERDADE DA IMPRENSA

[N° 165, vol. XXVIII, fevereiro de 1822, pp. 189-91]

Pelo que se passou na sessão 289ª, verá o leitor que se começam a patentear os defeitos da lei da liberdade da imprensa. É o caso: certo homem, fulano Sandoval, imprimiu coisas contra alguns deputados das Cortes que se reputaram libelo; assim o decidiu o jurado que foi o primeiro que se ajuntou em Portugal em conseqüência da lei da Imprensa. Deu-se ordem de prisão contra o réu, mas ele homiziou-se; queixaram-se os ofendidos que não tinham recurso para se justificar, e debateu-se em Cortes se se poderia trazer ação contra o impressor ou publicador na ausência do autor. Alguns deputados disseram que sim, mas a lei era tão manifestamente defeituosa nesta parte, que as Cortes decidiram pela negativa e foi preciso fazer já uma adição a essa lei para compreender o caso omisso. Veja-se sessão 290ª.

Ora, digam-nos agora os que pretendem que tudo quanto fazem as Cortes deve ser admitido como as decisões dos concílios ditadas pelo Espírito Santo, se nós tivemos ou não razão de ralhar contra aquela lei e lhe chamarmos defeituosa e imperfeitíssima. O tempo mostrará os outros defeitos.

Quanto à matéria do libelo, não o pode haver nem mais falso nem mais escandaloso. Ataca os deputados Fernandes Tomás, Moura e Ferreira Borges.

Ora, primeiramente nem Portugal nem qualquer outro país produziu jamais três homens mais honrados, mais patriotas, mais diligentes no serviço de sua pátria. Suas opiniões podem ser, e no nosso conceito têm sido, muitas vezes erradas, mas isso não deslustra um só ápice a integridade de seu caráter.

Depois, a acusação deles terem mandado meter no Banco de Inglaterra 600 contos de réis originou-se em um malvado caluniador em Londres (parece-nos que nem esse mesmo, se a memória nos não falha, compreendeu o deputado Moura na sua mentira) a que ninguém dará crédito, ainda quando recite o Padre Nosso; e portanto só podia ser repetida em Lisboa por outro caluniador, sabendo que era falso o que dizia.

Daí o que se diz é não só improvável, mas impossível, porque 600 contos de sobras se não achavam em Portugal nos cofres públicos todos juntos e muito menos nos mesquinhos réditos que podiam estar no Tesouro do Porto.

Acresce que o deputado Moura nem nunca esteve no Porto e só se ajuntou aos que dali vieram em Alcobaça.

Enfim, é uma calúnia tão atroz como sem o menor fundamento, e é para lamentar que o estado de Portugal seja ainda tal que tão despropositada mentira precisasse ainda da séria e formal refutação que os ilustres caluniados lhe fizeram.

Chamamo-lhes ilustres porque o são em todo o sentido; ninguém tem pugnado mais pelos interesses de sua pátria, ninguém se tem mostrado em Portugal mais inteligente, mais ativo, mais devoto à causa pública. E se a nação der crédito a tais calúnias contra seus mais heróicos defensores, mal por ela.

Uma só circunstância se podia desmentir, nessas acusações, por testemunha; porque uma testemunha se alegou, para outro fato, o desembargador Duarte Coelho: este desmentiu o libelista, em público; que mais era preciso?

Mas, enfim, consolem-se os caluniadores com a reflexão de que seu caráter sem mancha não seria assim atassalhado se seus esforços na causa da pátria fossem menos conspícuos. Consolem-se com a reflexão de que o mundo imparcial lhes fará justiça. Continuem nos seus deveres como têm feito, *ruat coelum*.

48.
REVOLUÇÃO NO RIO DE JANEIRO

[Nº 166, vol. XXVIII, março de 1822, pp. 266-9]

Recebemos em Londres notícias do Rio de Janeiro até a data de 19 de janeiro, e de Pernambuco até 12 de fevereiro, e importantes são, sem dúvida, em todo o sentido, essas notícias.

Chegou ao Rio de Janeiro a ordem das Cortes para que o príncipe real regressasse a Lisboa, e aquela medida causou logo o maior descontentamento em todas as classes de pessoas. A Câmara foi, com grande aparato, representar a s. a. r. as perniciosas conseqüências de sua retirada e requereu-lhe que não deixasse o Brasil; o príncipe aquiesceu a isso, como não podia deixar de fazer, e o júbilo do povo mostrou-se universal, iluminando-se toda a cidade por três noites consecutivas. As tropas de Portugal não deram sinais do mesmo prazer; pelo contrário, ameaçaram violência, e como eram em número de 1.500 ou 2.000 homens, foi necessário ajuntar as milícias do país para se lhes opor. Com isso se retiraram aquelas tropas ao Castelo, onde se fizeram fortes, mas como viessem para a cidade também as milícias dos contornos, julgaram essas tropas mais prudente entrar em capitulação, e foram logo passadas para a outra parte da baía, até estarem prontos os vasos que as devem conduzir a Portugal; naquele sítio foram essas tropas européias cercadas por um cordão das milícias do país, e pela parte do mar, por três navios de guerra que se achavam no porto; mas, no entanto, desertavam muitos soldados que, como é natural, preferem ficar livres no Brasil a virem viver na penúria em que seus camaradas se acham em Portugal.

Em Pernambuco sucedeu semelhante cena, porque aos 28 de janeiro, quando ainda se não sabia do que havia passado no Rio de Janeiro, houve um ajuntamento dos chefes da tropa, clero e principais habitantes, onde se resolveu que as tropas portuguesas eram ali desnecessárias e requereram à Junta que as fizesse embarcar sem demora. A Junta conveio nisso, e faziam-se preparativos para o embarque dessas tropas européias.

Que dirão agora a isto os fautores do sistema de mandar tropas de Lisboa para o Brasil? Incorreram as Cortes em despesas com que a nação não podia, para mandarem ao Brasil armamentos inúteis, porque com um assopro os brasilienses os deitaram fora, e prejudiciais, porque só eram tendentes a inspirar idéias de sujeição com que se irritavam os ânimos daqueles povos já assaz dispostos a isso, por tantos erros que as Cortes têm cometido.

Uma provocação mais e os brasilienses darão seu último passo para a independência; é natural que quando lá chegar a notícia da forma de governo político que as Cortes preparam ao Brasil pela Constituição que estão fazendo, o caso chegue a essa extremidade que será bem lamentável para Portugal.

Este fato de se encurralarem tão facilmente os 1.500 ou 2.000 homens de tropas européias que havia no Rio de Janeiro, e ficarem de quarentena na praia Grande até as fazerem embarcar, prova bem o que nós dissemos, que a ameaça de mandar tropas de Portugal para sujeitar o Brasil é o ronco do cágado: "Guar-te, laje, que te parto!".

Mas isto provado, é preciso que no Brasil obrem com moderação, que só lembrem desses erros que as Cortes têm cometido para não os imitarem e, sobretudo, é preciso que se lembrem, no Brasil, que uma independência intempestiva lhes pode fazer mais mal do que bem.

A medida de requererem ao príncipe que ficasse no Brasil, e a aquiescência de s. a. r. a este requerimento, traz consigo conseqüências importantes a que é necessário atender com muita reflexão e madureza.

Está claro que este passo é uma formal resistência ao decreto das Cortes que mandavam retirar o príncipe real; esse decreto era impolítico em mais de um sentido, e por não considerarem isso, se expuseram as Cortes ao desar de se verem desobedecidas, o que será um golpe fatal a seu poder moral no Brasil.

Mas se os brasilienses, imitando esse comportamento inconsiderado das Cortes, derem também o passo inconsiderado de se declararem independentes, expor-se-ão a que achem resistência em algumas províncias onde não há força de Portugal, porque essa está claro que a não há, mas a intriga e o espírito de partido podem causar fatais desuniões.

Em conseqüência do decreto das Cortes para se criarem juntas governativas no Brasil, muitas das províncias já formaram suas juntas, e é natural que no Rio de Janeiro se execute o mesmo. É pois sumamente indecoroso que o príncipe real continue a residir no Brasil, sujeito a uma junta governativa, ou, pelo menos, sem ter algum comando geral no Brasil consistente com sua alta dignidade.

Parece-nos, pois, que o modo mais prudente de conciliar as coisas no presente estado dos negócios, é formar-se no Brasil um governo central provisório à cuja frente esteja o príncipe real a quem prestem obediência as juntas provinciais.

Este governo central não se pode formar a aprazimento dos povos sem que s. a. r. convoque deputados das diversas províncias, principalmente das mais próximas, que os quiserem mandar; o local desse governo provisório não deve ser o Rio de Janeiro, mas algum no interior, e formado assim esse governo central a aprazimento dos povos por meio de seus deputados; tal governo provisório deve então entrar em correspondência com as Cortes em Lisboa e assentarem nas bases de um governo permanente, no qual se evitem os erros em que as presentes Cortes têm caído.

Se os povos do Brasil refletirem sossegadamente na matéria, verão que este comportamento moderado é o que mais lhes convém, e as Cortes em Lisboa, se se despirem dos prejuízos com que até aqui têm olhado para o Brasil, acharão que este meio de conhecer a vontade dos povos é muito mais próprio do que o seguido até agora, de dar ouvidos às representações de governadores militares só inclinados a justificar despotismo, ou crer a olhos cerrados nas vozerias de quatro mascates europeus que fazem seu negócio nos portos de mar do Brasil.

Demonstrado como está, que Portugal não tem forças para subjugar o Brasil; que os brasilienses, todas as vezes que quiserem, porão as tropas européias no andar da rua, é claro que o Brasil só pode ser governado pela opinião e acedendo à vontade dos povos, o que nos parece se conseguirá pelo modo que deixamos proposto.

Se outro melhor se propuser, embora se adote; mas seguros estamos que nenhum será bem sucedido se for fundado no princípio errado sobre que se tem obrado até aqui, de que o Brasil se pode sujeitar com os poucos soldados que para ali se mande de Portugal, e muito menos com a suposição de que os brasilienses são tão estúpidos que se contentarão com chamar-lhes irmãos, quando tudo quanto haja de empregos, grandeza e consideração seja só para os irmãos de Portugal; o tempo desses ópios, na verdade, está passado; é preciso que as Cortes se convençam disto.

49.
Governo político do Brasil, segundo intentam as Cortes

[N° 166, vol. XXVIII, março de 1822, pp. 269-80]

Acharam os portugueses que era um gravame intolerável serem governados por um rei que residia a tanta distância como é o Brasil; a dificuldade dos recursos era, na verdade, mui onerosa aos povos e por mais de uma vez se sentiu isso na prática, com bastante severidade.

Agora é natural que os brasilienses digam justamente o mesmo, que é gravame intolerável serem governados por um rei que vive a tanta distância deles como é Portugal.

A solução desta dificuldade estava em adotar tal forma de administração para o Reino Unido, que a necessidade desses recursos do Brasil ao rei, em Portugal, fosse a menor possível, e simplesmente quanto bastasse para conservar a união. Este era o ponto principal em que deviam cuidar as Cortes, e nisso se devera ocupar o engenho de seus membros, se dessem a essa união dos dois reinos a mesma importância que nós lhe damos. Mas vejamos como têm obrado as Cortes a este respeito.

Antes de se cuidar no arranjo do governo político do Brasil, antes de se abolirem os governos militares despóticos do Brasil, havia em Lisboa o grito geral de se mandarem tropas para aquelas províncias, o que se continuou fazer com vários pretextos. Mostramos já amplamente a impolítica desta medida, e é claro que se as Cortes tivessem logo ao princípio derrotado aquele colosso do despotismo, teriam com isso feito a maior recomendação ao sistema constitucional que tinham em seu poder fazer; porém, mandando tropas para sustentar o governador Rego e outros que tais, deram a entender aos povos do Brasil que o sistema constitucional não era destinado a trazer-lhes os benefícios que Portugal se propunha.

Para desfazer esta primeira impressão, fosse ela verdadeira, fosse errada, era preciso ao depois duplicados esforços, e as Cortes supuseram que a instituição de juntas governativas provisórias remediaria o mal. A medida vinha já tarde, porque tinha de desfazer a primeira impressão desfavorável, mas além disso veio acompanhada de uma circunstância que, em vez de servir para apagar aquela primeira suspeita, era tendente a confirmá-la: falamos de se fazer o comandante das armas independente da Junta Governativa.

Com efeito, se as tropas no Brasil são para manter a ordem e tranqüilidade interna do país, e não para o subjugar, as operações dessas tropas devem ser efetivas quando e da forma que o governo da província o julgar necessário, e portanto o comandante da Força Armada deve ser sujeito ao governo político. Estes princípios são tão claros que os sofismas empregados em sustentar a opinião oposta, longe de convencer ninguém, só servem de aumentar a suspeita de que as Cortes intentam outra coisa do que dizem.

Sucede porém, agora, que se debateu nas Cortes um ponto da Constituição que toca diretamente na nossa questão sobre os recursos do Brasil para Portugal, e em matéria altamente interessante à tranqüilidade dos povos, porque diz respeito à administração da justiça.

Na sessão 298ª se discutiu o artigo 166 da Constituição que diz assim:

> "Quando a el-rei se dirigir queixa contra algum magistrado, poderá, depois de haver conveniente informação e ter ouvido o Conselho de Estado, mandar temporariamente suspender o magistrado fazendo imediatamente passar a dita informação à Relação ou tribunal competente, para nele se tomar ulterior conhecimento e definitiva decisão."

Aprovou-se o artigo quanto à substância, reservando-se a discussão sobre algumas emendas propostas; e o deputado Vilela fez uma que é a que importa ao nosso caso, nestes termos: "No ultramar terá a autoridade mencionada no artigo, o governo político de cada província".

A discussão sobre esta emenda durou por três dias, e em cada dia por longo tempo; não nos faremos, portanto, cargo de examinar todos os sofismas, todos os subterfúgios, todas as cavilações que se usaram para rejeitar a emenda, que tinha por si o bom senso, a razão nua e crua e a sábia política; levar-nos-ia demasiado tempo semelhante exame, mas ainda assim notaremos aquilo que se refere à nossa questão.

A diferença mais notável que há entre um sistema de governo colonial e o de metrópole é a dificuldade de recursos no primeiro e a facilidade comparativa no segundo para o chefe da nação ou governo supremo, qualquer que ele seja.

O deputado Freire, que argumentou contra a emenda, disse que este recurso o havia tanto no Brasil como em Portugal, e a diferença só estava no tempo. Mas esse tempo é exatamente o motivo de queixa, nessa demora é que existe o mal que o deputado Vilela se propunha remediar com sua emenda; e o deputado Freire passa por essa circunstância essencial como gato por brasas, contentando-se com dizer que só havia diferença no tempo para se alcançar o recurso.

Com o que, queixa-se o deputado do Brasil que o tempo que se gasta em vir do Brasil com esse recurso é um gravame que propõe remediar com sua emenda, e o deputado de Portugal responde-lhe que o recurso é o mesmo, só com a diferença do tempo. É isto argumentar com candura? É isto discutir a matéria de boa-fé? É isto olhar a questão em seu verdadeiro ponto de vista?

No tempo dos governadores despóticos do Brasil também havia esse recurso de se virem os povos queixar a el-rei, mas que sucedia? O agravado julgava melhor sofrer em silêncio a primeira injúria do que vir a Lisboa fazer sua queixa, porque as despesas da viagem, o incômodo de deixar sua família e casa e a incerteza da reparação lhe pintavam semelhante recurso como ruína certa a que era preferível contentar-se com o primeiro mal.

Esta necessidade, pois, em que se deseja pôr o Brasil, de virem a Portugal os povos requerer a suspensão de algum magistrado que se porte mal, é justamente a continuação do sistema colonial no Brasil, chamem-lhe o que lhe chamarem; e o que é mais, um sistema colonial mais desvantajoso do que o passado, como ao depois veremos.

O modo por que se conduziu a discussão nas Cortes neste tão importante objeto, as pessoas que se interessam no debate, os argumentos que se produziram, tudo é tendente a causar no Brasil a mais forte impressão de que as Cortes intentam continuar ali o sistema colonial, sistema que o Brasil não está já em estado de sofrer, nem é possível que sofra.

Há nas Cortes certos membros que com razão são suspeitos de se inclinarem ao sistema despótico e serem contra o constitucional, e suposto que nenhum se atreva a expor essa opinião às claras, contudo fica ela assaz patente pelo que tais membros propõem e pelo seu modo de deliberar; e por isso se lhes opõem sempre rigidamente os outros do partido constitucional.

Mas agora, neste caso sobre o Brasil, uniram-se membros das mais opostas opiniões políticas para concordarem em que o Brasil continuasse a ser governado pelo sistema colonial, sendo necessário vir a el-rei toda a queixa para se poder suspender qualquer magistrado no Brasil.

Uniram-se nisto os deputados Manuel Fernandes Tomás e Trigoso; este, corifeu do partido anticonstitucional; aquele, o primeiro dos constitucionais; assim, quando se trata do Brasil, conspiram-se os elementos mais discordes para que o Brasil continue em sujeição a Portugal.

O deputado Trigoso, vendo que nesta questão seria apoiado por muitos daqueles membros que, aliás, são seus adversários políticos, deitou as manguinhas de fora e falou com um denodo, e até diríamos petulância, a que nunca se atreveria se a questão fosse a respeito de Portugal, onde seus oponentes de certo lhe abateriam as cristas.

Borges Carneiro falou a favor da emenda, mas até este mesmo deputado chamou à fala de Trigoso, nunca assaz louvada fala. Entretanto, se cremos o *Diário do Governo*, nessa nunca assaz louvada fala de Trigoso, concluiu este deputado dizendo "que o Brasil continuaria a ser unido a Portugal, do mesmo modo que sempre o tinha sido até aqui desde a sua primeira povoação".

Se o deputado Trigoso disse, com efeito, tais palavras como refere o diário, que nos querem essas palavras dar a entender? Que a união do Brasil com Portugal continuará como dantes, isto é, sendo colônia.

O deputado de São Paulo, Andrada, respondeu-lhe cabalmente, mas nós explicar-nos-emos ainda mais claro, e anunciaremos ao deputado Trigoso que o Brasil não continuará mais a ser colônia de Portugal, e que se declarará independente tanto mais depressa quantas mais forem as medidas que as Cortes adotarem para o conservar no estado de sujeição.

O deputado Trigoso, em sua fala, que não é senão um pomposo tecido de palavras vagas e de falta de lógica, como bem lhe notou o deputado Andrada, disse que não se assustava com a expressão deste, de que se não queriam que a união dos dois países durasse só um mês, deviam as Cortes mudar de sistema a respeito do Brasil.

Não se assusta Trigoso com essa predição, nós dissemo-lhe mui claramente que se deve assustar com ela, a menos que não suponha que a independência do Brasil é um bem para Portugal, porque as decisões das Cortes, tais como estas de que tratamos, acelerarão a independência a passos rápidos, e as Cortes hão de desfazer o que têm feito a respeito do Brasil ou a independência aparecerá dentro de mui breve tempo.

Todos os deputados, constitucionais e anticonstitucionais, que se opuseram à emenda e pugnaram por que não houvesse no Brasil autoridade alguma que pudesse suspender os magistrados mal comportados, se valeram do argumento de que só o soberano podia exercitar o poder Executivo de que faz parte essa suspensão, e que esse poder Executivo nem é divisível, nem é delegável.

Que manifesta hipocrisia! Com o que, as Cortes ataram as mãos a el-rei com um Conselho de Estado que elas nomearam e agora falam esses deputados de que o poder soberano não é divisível! Neste mesmo caso da suspensão dos magistrados, el-rei não o pode fazer sem ouvir o Conselho de Estado, e argumentam-nos com que o poder Executivo não é divisível. El-rei não pode nomear magistrados nem outros empregados públicos, senão os que o Conselho de Estado quiser; as Cortes, que só têm o poder Legislativo, tanto se intrometem no Executivo que até determinaram onde deve residir o filho d'el-rei; mas agora que se tratava de fazer um bem ao Brasil é que lhes chegaram os remorsos de consciência, que o poder do soberano não é divisível nem delegável! A quem pretenderão iludir esses deputados que assim falaram com tão manifesta impostura?

O deputado Marcos mostrou que ainda mesmo no sistema antigo, quando el-rei exercitava todos os poderes, delegava a seus representantes no Brasil o direito de suspender os magistrados corruptos ou incapazes; e não havendo agora quem no Brasil exercite essa autoridade, aquele país fica em muito pior condição do que estava dantes. Mas a este tão forte argumento ninguém atendeu, porque os deputados continuavam na mesma idéia que quiseram realizar quando, no artigo 158 da Constituição, insistiram em que no Brasil se não decidissem afinal as causas forenses e que houvesse o último recurso para Lisboa. E quando nas Cortes de Portugal se propalam tais doutrinas, nada há mais natural do que suspeitar-se no Brasil que o querem reduzir a pior estado de colônia do que dantes estava.

O deputado Trigoso sustentou com ar de grande triunfo, e com o ridículo orgulho que o caracteriza, que a indivisibilidade do poder real já estava sancionada no artigo 105. O artigo 105 não diz coisa alguma acerca da indivisibilidade do poder real; no artigo 103 é que se diz que a autoridade do rei provém da nação e é indivisível e inalienável. A indivisibilidade aqui evidentemente se refere a não poder el-rei alienar a outro soberano toda ou parte da sua autoridade; porque, declarando-se nesse artigo que essa autoridade provém da nação, esta, fazendo a Constituição, pode determinar o modo por que tal autoridade deve ser exercitada, delegada etc. Foi, logo, um sofisma e falta de lógica concluir deste artigo que el-rei não pode exercitar sua autoridade por delegados, quando ele isso faz em quase todos os casos.

Mas, ainda que assim se pudesse entender o artigo, devia o deputado Trigoso lembrar-se que as Cortes decidiram que depois de juntos os deputados do Brasil, se pudessem rever todos os artigos da Constituição que lhe dissessem respeito, e nada afeta mais o Brasil do que esta imaginária indivisibilidade do poder real. E se os deputados do Brasil não hão de ter o poder de examinar essas partes da Constituição sancionadas antes da sua chegada às Cortes, virão os deputados de Portugal a fazer só por si uma Constituição para os povos do Brasil sem os ouvir; donde se segue que eles não ficam obrigados a adotar ou obedecer a tal Constituição.

Mas essa idéia da indivisibilidade do poder real, de que a hipocrisia lançou agora mão em detrimento do Brasil, é contrária aos mesmos fins do poder Executivo. O rei não pode estar em toda a parte ao mesmo tempo; logo, é da essência desse poder que ele seja exercitado por quem o mesmo rei designar; cada ordem que el-rei dá a um indivíduo para executar, qualquer lei, é uma delegação de seu poder, que nunca se poderia pôr em prática senão por meio dessas delegações e subdelegações.

Quanto ao Brasil, nada pode igualar ao vexame de não haver ali alguma autoridade delegada que exercite o poder real em muitos casos; por exemplo: o direito de agraciar, porque, seguindo-se essa suposta idéia de que o poder real nem é divisível nem delegável, não pode haver no Brasil quem perdoe ou comute a pena de morte, por mais que o caso mereça esse perdão; estado de coisas intolerável e revoltoso ao coração humano, quando se considera que o condenado à morte, em Portugal, pode alcançar o perdão d'el-rei, e o condenado à morte, no Brasil, há de por força morrer.

O deputado Fernandes Tomás, faltando-lhe argumentos com que se opusesse à emenda, recorreu ao ridículo, dizendo que se as Cortes determinassem que o rei podia delegar esse poder no Brasil, onde a distância lhe impedia exercitá-lo por si mesmo, se determinasse também que delegasse esse poder em Lisboa, onde nada o impede de o exercitar por si.

Quando vemos um homem tão sério tratar de ridículo matérias de tanta conseqüência, quando vemos um deputado tão constitucional unido com outros tão anticonstitucionais quando se trata de reduzir o Brasil outra vez a colônia, não podemos deixar de presumir que a idéia de abandonar o Brasil e estimulá-lo a que declare sua independência é mui geral em Portugal e abrange todas as classes e todos os partidos políticos; ao depois veremos mais algum fato que isto mesmo confirma.

No entanto, sempre diremos que a matéria é demasiado importante para se tratar com o ridículo que lhe quis trazer Fernandes Tomás, de que el-rei delegasse sua autoridade em Lisboa, se se julgasse necessária, pela distância, essa delegação no Brasil.

Se aos povos do Brasil se não dão meios legais para se livrarem dos magistrados que os oprimem, eles se livrarão dessa opressão pela força, porque tal é a marcha do espírito humano. Argumentemos sério, sr. Fernandes Tomás, em matérias de seriedade; o vir um homem do Brasil a Lisboa requerer a el-rei a suspensão de qualquer magistrado, mandar el-rei depois disso ao Brasil informar-se do caso, receber daí essa informação, afinal mandar suspender esse magistrado, e o pobre queixoso esperando em Lisboa todo esse tempo, é um remédio ilusório a que ninguém por conseqüência recorrerá, é o mesmo que se tal remédio não existisse, e não havendo remédio legal, os homens recorrerão à força.

Isto é ponto mui sério que se não deve meter a ridículo; se em Portugal não querem viver unidos com o Brasil porque preferem sua união com Espanha, ou por qualquer outro motivo que lhes pareça, façam-no assim muito embora, mas não tentem impor ao Brasil uma Constituição da qual se podem seguir essas vias de fato que apontamos e do que provirá a anarquia e confusão; deixem-se, se assim o querem, do Brasil, mas é uma crueldade tentar introduzir ali a anarquia só pelo prazer de ver arruinar-se aquele país quando disso a Portugal nenhum bem lhe acresce.

Resta-nos unicamente notar uma observação do deputado Moura neste debate, e muito lamentamos ter que falar nela por vir de um deputado tão distinto. É o que ele disse sobre o medo que devem ter os brasilienses de uma sublevação dos escravos, se no Brasil não obedecerem a tudo que quiserem as Cortes.

Esta ameaça já se nos fez a nós mesmos, mas por vias tão insignificantes que julgamos não valer a pena de responder a ela; agora, porém, saindo da boca do ilustre deputado Moura, tem um peso que não deve ficar em silêncio.

Os escravos do Brasil, por mais de uma razão que não é preciso expender ao longo, não estão em circunstâncias de realizar uma sublevação; e quando o pudessem fazer, as Cortes de Portugal, em sua pobreza e falta de recursos, não estão em estado de dar ao Brasil algum auxílio para derrubar tal sublevação; se ela sucedesse e tivesse de ter sopitada, só o havia de ser com as forças dos mesmos brasilienses, porque o pobre Portugal lhe não podia valer.

Ademais, os escravos, rivais entre si pelas diversas nações a que pertencem, e que conservam seus ódios umas às outras, nem sequer podem tentar essa sublevação, a menos que não tenham alguns instigadores; ora, como esses instigadores evidentemente não podem ser os brasilienses, pelo muito que nisso vai seu interesse, só se poderiam achar em alguns portugueses, partidistas das Cortes; e o que sucederia se no Brasil se descobrissem tais instigadores? Pelo menos, se a prudência dos governos pudesse vencer o furor popular, seria fazer embarcar todos os portugueses nos navios que se pudessem achar e mandá-los todos em uma gargalheira para Lisboa.

Tais seriam os efeitos de se pretender verificar tal ameaça; não falemos em tal, é o que pedimos a esses senhores que fazem a ameaça, pelo bem dos europeus que vivem no Brasil, onde ganham sua vida e são mui úteis membros da sociedade.

Se observássemos que tais idéias eram somente apoiadas por homens do partido do deputado Trigoso, não nos haveria isso causado maior sensação; porém, quando vemos assim conspirarem-se também os deputados liberais e constitucionais, não podemos deixar de concluir que o mal está mui agravado, porque os erros a respeito do Brasil estão generalizados. Neste caso, convém ao Brasil tomar a tempo suas medidas para obstar a anarquia que se lhe prepara.

A desgraça é que tudo parece dirigir-se ao mesmo fim. As diferentes opiniões no Brasil, quando começou a revolução, produziram diversos partidos, e as Cortes, em vez de os acomodarem, deixaram-nos correr à rédea solta. Vimos o que sucedeu a respeito de Pernambuco e dos presos que dali mandou Rego, aos quais se não deu satisfação; e ainda agora, na sessão 306ª, foi preciso que um deputado de Pernambuco fizesse uma indicação para se fazer sair o ministro que deve ir a Pernambuco sindicar do comportamento de Rego.

A promoção feita por Luiz do Rego foi confirmada agora em Lisboa em grande parte, e a do governo temporário de Goiana ficou no silêncio. Deve notar-se que a promoção de Goiana era de mui poucos indivíduos, e dos que mais se distinguiram em opor-se aos despotismos de Rego e, portanto, a conservarem a união com Portugal. A promoção de Rego era mui numerosa, compreendia os satélites que o cercavam e que tinham cooperado para as desgraças de Pernambuco quando Rego, em combinação com os áulicos do Rio de Janeiro, tratava de separar aquela província de Portugal.

As Cortes têm fechado os olhos aos procedimentos criminosos da Junta da Bahia, principalmente no fato dos presos que remeteu a Lisboa (do que ao depois falaremos mais por extenso); e a Junta do Pará, entre outros desconcertos, remeteu presos a Lisboa três rapazes, irmãos, do nome de Vasconcelos, acusando-os de chefes de uma conspiração para arruinar o Estado; e o ministro de Justiça, por uma portaria de 31 de janeiro, os mandou meter na prisão do Castelo e depois, por outra portaria, mui solenemente manda processar essas crianças na Relação.

Independente da impolítica que havia em apoiarem as Cortes semelhantes procedimentos arbitrários no Brasil, sem dar a menor providência para lhes pôr cobro, bastava a injustiça manifesta de serem os acusados tirados do país onde se diziam criminosos para serem julgados em Lisboa, onde se dificultam tanto as provas de sua inocência, para que as Cortes marcassem tais procedimentos com as mais decididas mostras de sua desaprovação.

Se as Cortes tivessem obstado a essas prepotências em tempo oportuno, não teriam agora a mortificação de ver a indiferença com que no Brasil se olha para a sua autoridade, e as suspeitas com que se escrutinizam os decretos e decisões dessas mesmas Cortes.

Na sessão 298ª, debatendo-se o ponto de haver ou não no Brasil uma autoridade que suspendesse os magistrados quando fosse necessário, lembrou o deputado Sarmento que as juntas governativas das províncias do Brasil ainda não estavam sancionadas pela Constituição, e que provavelmente o não seriam.

Vejam que desconsolação não é para o Brasil o observar que nem mesmo essa autoridade local é provável que se preserve; que desgosto não vão causar ao Brasil tais declarações.

Parece que tudo conspira para aumentar a classe dos descontentes no Brasil. O ministro de Justiça, na sessão 308ª, fez uma proposição às Cortes para que se desse por acabado o tempo aos ministros, que estão servindo no Brasil, a fim de nomear outros em que o mesmo ministro de Justiça pusesse mais confiança. Aqui temos, pois, uma numerosa e poderosa classe de homens despedidos de seus lugares e, vistas as reformas que se intentam na magistratura, sem esperanças de tornarem a ser jamais empregados; e não desejarão, todos esses, antes a independência do Brasil, com a qual podem conservar seus lugares, de que virem para Portugal morrer de fome?

50.
INTERRUPÇÕES AO COMÉRCIO DO BRASIL PELO GOVERNO DE PORTUGAL

[N° 166, vol. XXVIII, março de 1822, pp. 280-2]

Publicamos à p. 225[113] duas cartas do cônsul geral português em Londres em que se impõem algumas restrições ao comércio do Brasil. A primeira, e nestas conjunturas a mais importante, é a proibição de levar pólvora e petrechos ou munições navais ao Brasil; e dizem-nos que ao depois se fizera uma declaração que só a pólvora e munições de guerra entravam na proibição.

Parece, por esta ordem, que Portugal está pronto a tirar a espada contra o Brasil, porque o primeiro passo que se costuma dar quando se quer declarar guerra a um inimigo é impedir que ele receba munições de guerra. É clara a sensação que tal medida deve causar no Brasil como prêmio de guerra, mas antes de considerar a coisa neste ponto de vista, olharemos para a proibição como de um artigo de comércio.

Neste sentido, perguntamos: com que autoridade o governo de Portugal proíbe que vá algum gênero para o Brasil sem que as Cortes tenham para isso feito lei expressa? Se o governo pode impedir a importação deste gênero no Brasil, pode também impedir outros, e então está o comércio do Brasil sujeito ao capricho do governo, até sem que as Cortes tenham nisso ingerência. Eis aqui um passo verdadeiramente inconstitucional, mas que se admite somente porque é contra o Brasil.

Não sabemos se quem inventou esta medida teria gênio para inventar a pólvora, mas decerto não há medida hostil mais frívola pelo que respeita o Brasil. De que serve essa proibição?

Quatro onças de salitre refinado, uma onça de enxofre, seis oitavas de carvão reduzido a pó, moídos os ingredientes em um almofariz de pedra com uma mão de pau, deitando-lhe água quanto baste para fazer massa, e depois de bem batida e misturada, seca ao sol e passada por um crivo para redu-

---

[113] Ver pp. 602-3.

zir a grão: eis aqui toda a arte de fazer a pólvora. Para as grandes quantidades, em vez do gral ou almofariz, usa-se de pedras em moinho apropriado a esse fim, batendo-se os ingredientes por 24 horas, que é o bastante para se misturarem bem.

Faltará pois no Brasil o carvão de salgueiro, ou de aveleira, ou de outras árvores semelhantes? O salitre todo o mundo sabe que ali o há em abundância, e o enxofre se produz no Peru e outras partes da América.

Mas suponhamos que nada disto havia, persuade-se o governo de Portugal que quando o Brasil precisar de pólvora não haverá quem lá a leve por contrabando?

Quem pediu licença à Espanha para levar pólvora à Colômbia? E por falta dessa licença de Espanha faltou jamais a pólvora em Colômbia? Mas isto não é senão a continuação daquele miserável erro que supõe que a união do Brasil com Portugal se deve sustentar pela força.

Força, como tão repetidas vezes temos dito, não tem Portugal para sujeitar o Brasil; prova disso é como as milícias de Goiana encurralaram Rego e suas tropas européias em Pernambuco; prova é o que acaba de suceder no Rio de Janeiro, onde as milícias do país obrigaram dois mil homens da guarnição européia a despejar a cidade; prova é o que se fez mesmo agora em Pernambuco, que resolveram fazer sair dali todas as tropas européias.

Se as Cortes, em vez de dar ouvidos ao partido militar e a uns poucos de ignorantes que instigavam o mandar tropas para o Brasil, houvessem usado dos meios pacíficos e próprios para conciliar a vontade dos povos do Brasil, não se veriam agora na necessidade de proibir a entrada de pólvora no Brasil e de verem desprezadas a sua autoridade e postergadas com tanto desar as suas ordens, por não terem sequer cuidado em se fazerem reconhecer geralmente no Brasil, no que houve o mais culpável descuido, como amplamente temos demonstrado em outros números.

No suplemento ao n° 359 do *Astro da Luzitania* achamos uma carta assinada "O inimigo da calúnia", em que responde a outro artigo anônimo, publicado contra o governador do Ceará: não entramos nas razões originais da contenda, e só mencionamos isto para notar um fato que se acha nessa carta: e é que a vila do Crato, a freguesia Missão Velha e parte da vila do Icó, na província do Ceará, ainda hoje não abraçaram o sistema constitucional.

Ora, salta aos olhos que se as Cortes não têm sabido estender a sua autoridade a muitas partes do Brasil, que de fato se estão governando independentes por falta de providência das Cortes, querer conseguir isso com a proibição da pólvora é um absurdo de primeira marca, porque não é mais do que mostrar desejos impotentes de sujeitar o Brasil.

51.
Presos vindos da Bahia

[Nº 166, vol. XXVIII, março de 1822, pp. 282-5]

Recebemos uma cópia impressa da petição que fizeram a el-rei os homens que vieram presos da Bahia para Lisboa. Esta petição se limita quase somente a mostrar o mau comportamento da Junta Governativa daquela província; e, com efeito, faz um catálogo tão extenso dos procedimentos ilegais, injustos e arbitrários daquela junta, que é absolutamente incompatível com os nossos limites publicar aquele papel, por mais desejos que tivéssemos de o fazer.

Porém, não obstante essa longa lista de acusações, nem o Ministério nem as Cortes deram o menor passo que indicasse a intenção de averiguar se as acusações eram ou não verdadeiras. Ora, daqui se vê as esperanças que se deixam aos povos do Brasil de serem bem sucedidos em seus recursos a Portugal.

Tanto a justiça como a boa política pediam que o governo se mostrasse disposto a dar uma satisfação aos baianos, entrando no exame de acusações tão sérias; mas nisto nem uma só palavra se disse: os presos jazem na cadeia e os seus opressores vivem como se nada se houvesse objetado contra eles. Tal prospecto é bem de desanimar.

Mas a causa deste silêncio do governo para com a Junta da Bahia acha-se na natureza de algumas das acusações que esses presos fizeram. Entre elas há uma de que aquela junta, sem consultar um só cidadão da província, asseverou e declarou que a Bahia não fazia mais parte integrante do Brasil, e se unia a Portugal. Ora, se essa mesma desunião e discordância é a que se tem proposto as Cortes na instituição de diversas juntas no Brasil e com os comandantes militares independentes, como hão de tomar conhecimento de coisa alguma contra a Junta da Bahia, que favorece essas vistas? As acusações que não são dessa natureza devem necessariamente escapar também ao abrigo das outras que o governo de Portugal tem interesse em deixar no escuro.

Quanto aos crimes dos presos, eles protestam que só requereram a essa junta que demitisse alguns de seus membros que eram impopulares e incapazes; e se aquela junta foi formada gritando o povo, tumultuadamente, que a queria, desejamos ver a lei por que é crime gritar noutro dia o povo que a não quer.

Dizem os presos que só requereram, que não usaram de violência, que até nem houve assuada. Se assim é o fato, a prepotência da Junta em os mandar prender e remetê-los a Lisboa é manifesta, mas da averiguação desse fato depende a declaração da sua criminalidade ou inocência; mas sempre notaremos que nos ofícios da Junta da Bahia se não alega que houvesse violência alguma.

Nestes termos era da razão e da justiça que os presos fossem soltos, e soltos se livrassem, mas isto não mandaram as Cortes e isso não fez o governo, porque se julgou neste caso mais forte do que quando chegaram os presos de Pernambuco. A prisão destes da Bahia não é menos escandalosa, até há entre eles um militar que tinha chegado à Bahia só em agosto, havia sete dias que ali se tinha casado, e viu-se arrancado à sua família e mandado a Lisboa porque foi acusado de desejar apoiar o pacífico requerimento do povo que queria se instituísse na Bahia uma junta governativa semelhante à de Pernambuco.

Isto são vexames mui sensíveis aos indivíduos, mui provocantes a suas famílias e irritantes de todo o povo; as Cortes, pois, não se deviam fazer cúmplices em tais procedimentos, desatendendo às moções que por mais de uma vez fizeram nas mesmas Cortes, a este respeito, alguns dos deputados da Bahia. Estes fatos não esquecem, e chegará o tempo em que seja inútil o arrependimento de os haver perpetrado.

Mui diversa seria agora a perspectiva da união do Brasil com Portugal, se quando aquelas províncias do ultramar se começaram a declarar pelo sistema constitucional, as Cortes, em vez de mandarem tropas para apoiar partidos, enviassem comissários que examinassem a vontade dos povos, e se estabelecessem logo juntas administrativas, formadas com deliberação e verdadeira aprovação do povo. Os que primeiro apossaram do governo da Bahia, sem entrar no exame de seu caráter moral, que a petição de que falamos pinta em negras cores, mostraram logo que não tinham outras idéias de governo que não fosse o despotismo, e passaram para si a arbitrariedade dos antigos governadores. Isto deviam logo remediar as Cortes, e o teriam feito à satisfação do povo, se em vez de mandar tropas em apoio daquela junta, mandassem comissários que a fizessem substituir por outra escolhida com mais deliberação. Não podem as Cortes alegar em sua justificação que ignoravam isto, porque de seu importante dever era informar-se do verdadeiro estado político do Brasil, e mui fácil lhes era obter essa informação adotando a medida que temos indicado.

Mas não pode sequer supor-se que as Cortes obravam por ignorância, porque com elas coincidiu a Junta da Bahia em uma medida que mais tem cooperado para a má inteligência entre o Brasil e Portugal. Foi esta o mandarem-se tropas para sustentar os despotismos de Luiz do Rego, a quem a Junta da Bahia primeiro mandou vilipendiar por seus gazeteiros, e depois auxiliar com suas tropas contra o povo todo daquela província que se queria ver livre de tão grande flagelo.

52.
Procedimentos das Cortes sobre o Brasil

[N° 167, vol. XXVIII, abril de 1822, pp. 425-41]

É chegado o tempo de entrar seriamente no exame da importante medida da união dos dois reinos de Portugal e Brasil, que tanto temos recomendado, e a que infelizmente as Cortes, em Lisboa, não têm prestado aquela atenção que na nossa opinião este poderoso objeto merece.

Anunciamos já no nosso número passado os acontecimentos do Rio de Janeiro; mas eles foram precedidos de outros não menos dignos de reflexão, porque desenvolvem as causas dos primeiros, e quando chegarem a Lisboa as notícias desses fatos que já aqui sabemos, conhecerão as Cortes quão erradas têm andado em dar ouvidos àqueles que aconselhavam o mandar tropas para o Brasil para o conter em sujeição, e quão improvidente era o querer continuar um sistema ilusório de irmandade em palavras, com o real desprezo dos interesses e dignidade do reino do Brasil.

Enquanto estivemos persuadidos que os erros cometidos pelas Cortes eram involuntários e acidentais, sempre nos achamos dispostos a passar por eles; mas quando nos convencemos que eram efeito de sistema que constantemente se não tem desmentido, forçoso nos foi mudar também nosso modo de raciocinar.

Não repetiremos os inumeráveis exemplos que temos já alegado em outros números tirados dos documentos oficiais das mesmas Cortes, mas acrescentaremos agora mais algum, antes de passar a outros objetos.

Na sessão de 6 de março se tratou de uma proposição do deputado Borges de Barros para se suspender a discussão do título 6 da Constituição até a chegada dos deputados do Brasil, ou a maior parte deles. Sucedeu dizer nessa discussão o deputado Ribeiro de Andrada que não havia suficientes deputados do Brasil nas Cortes para se poder tratar essa questão, e eis que daqui se levanta uma poeira desabalada, e insiste o deputado Moura em que o outro declarasse se o que dizia era porque a falta daqueles deputados influía nas decisões do Congresso, ou se era só porque isso fosse mais conveniente.

Aqui temos imprudente e desnecessariamente agitada a questão sobre a legalidade das decisões das Cortes para obrigar o Brasil sem a presença de seus deputados e, ademais, insistindo o mesmo deputado e outros que o Brasil, por justiça, e muita justiça, devia aprovar a Constituição que fizessem só os deputados de Portugal; e outras coisas que o leitor poderá ver à p. 372, onde copiamos o resumo do debate.

Ora, não podia haver disputa mais infeliz neste momento, porque semelhantes opiniões por força vão lançar mais fogo ao incêndio que começa no Brasil, e o que subseqüentemente se propôs nas Cortes já não pode desmanchar o que aqui se patenteou das opiniões desses deputados.

O argumento em que tal opinião se fundou é de não menos conseqüência, porque o deputado Moura citou três cláusulas que se são verdadeiras, ainda que as Cortes mandassem vender como escravos todos os habitantes do Brasil, a tudo isso se deviam eles sujeitar, porque já de antemão ratificaram tudo quanto as Cortes de Portugal fizerem. Aonde vai atirar consigo tal princípio?

O deputado Brito, nesse mesmo debate, levou outra vereda e alegou a superioridade de Portugal sobre o Brasil com o fundamento de que as províncias européias declararam contra o sistema do despotismo primeiro que as do Brasil. O erro em que labora aquele deputado, mesmo nesta insignificante e acidental prerrogativa, se a houvesse, se conhece bem de que, já em 1817, se fez uma revolução em Pernambuco para derrubar o despotismo, e que esse movimento a favor da liberdade foi suprimido pelas tropas européias; e muitas pessoas que foram vítimas do mau sucesso daquela mal conduzida revolução ainda hoje gemem debaixo do peso da vingança dos déspotas, sem que as Cortes nada tenham declarado a seu favor. Onde está, pois, aqui, a superioridade ou prioridade de Portugal, senão em ter suprimido aquela revolução do Brasil?

Mas voltando à proposição do deputado Borges de Barros, era ela ditada pela prudência, para evitar mesmo as questões que se agitaram; mas o prejuízo levou a melhor razão, e proclamou-se em Cortes que os deputados de Portugal só por si podiam legislar para o Brasil, sem dependência dos deputados daquela outra parte do Reino Unido.

O desarrazoado, pois, está em se suscitar uma questão que não vinha ao caso; vamos adiante.

Parece que quando se trata de abater o Brasil, cada indivíduo empregado público tem o privilégio de figurar como poder Legislativo, Executivo, Judicial e todos os mais poderes que se possam excogitar.

Alguém do governo, em Lisboa, se lembrou de dar novo golpe ao Brasil, fazendo-o retrogradar em conhecimentos úteis, e para isto ordenou que se recolhessem a Lisboa os membros que compõem a Academia da Marinha no Rio de Janeiro. Este escandaloso embate aos progressos de instrução útil no Brasil excitou, como era natural, a vigilância de alguns deputados do Brasil em Cortes, e o deputado Vilela, na sessão de 1º de março, propôs que se mandasse sustar essa ordem. A proposição, ou indicação (como se lhe chama no atual jargão), ficou para segunda leitura, e como se discutisse depois na sessão 323ª, quando as notícias do Brasil tinham feito mudar o tom das Cortes, foi a proposição então aprovada logo.

Ora, o governo que isso tinha ordenado não podia tal fazer, por ser aquela instituição fundada por lei que só por outra lei se podia desfazer.

Mas atentam-se essas coisas pelo mesmo motivo por que se atirou para um canto com as proposições dos deputados de Pernambuco e São Paulo que queriam introduzir no Brasil universidades, ou escolas gerais, para as ciências. Das Cortes de Lisboa, portanto, está claro que nenhuma coisa a este respeito pode esperar o Brasil, senão procrastinação e, quando muito, agora que as coisas apertam, boas palavras.

A Junta da Bahia mandou mais cinco presos para serem julgados em Lisboa, continuando estes fatos a provar a enfatuação em que estão os partidistas da sujeição do Brasil a Portugal. Mas está corrida a cortina, isso não pode mais continuar, e tais despropósitos, sancionados pelas Cortes, só servem de agravar os espíritos no Brasil e acelerar uma época que, se as Cortes conhecessem seus interesses, só cuidariam em retardar.

Também chegaram as devassas dos presos que antecedentemente tinham vindo da Bahia. Sobre isto só diremos duas palavras: se as Cortes mandassem lançar esses papéis ao fogo sem se lerem e fizessem recolher os presos a suas casas, era o maior serviço que nesta conjuntura poderiam fazer à sua pátria.

Mas, pelo contrário, hipocritamente têm as Cortes considerado a Junta da Bahia como se fosse um governo popular, o que todos sabem que não é, e os seus procedimentos mais irregulares têm sido sancionados pelas mesmas Cortes só porque essa junta declarou a província da Bahia separada do Brasil; ato este, não só para que a Junta não tinha, nem podia ter, autoridade alguma, mas que a caracteriza de falta de patriotismo em grau eminente.

Na sessão de 7 de março se leu uma carta da Junta Provisional de Pernambuco em que informa da desordem em que se alia a Secretaria da Repartição da Fazenda naquela província. Isto era bem de esperar quando o governador ali era o déspota Rego, cujos cuidados eram somente aplicados a manter o povo na escravidão; tal se achará ser o caso em todas as outras províncias, porque o primeiro fito dos governos era vigorar o despotismo; tudo o mais se considerava como objeto secundário.

As Cortes, que por muito tempo não cuidaram senão em mandar tropas para o Brasil, têm agora uma Comissão de Fazenda do Brasil, mas pelo passado é bem fácil de agourar a utilidade que resultará para o futuro tal comissão estabelecida em Lisboa.

Na mesma sessão de 7 de março se leram ofícios do governador das armas de Pernambuco, em que participa às Cortes o que tem feito. Esta exposição se tratou com atenção, em vez de ser reprovada como merecia, porque aquele oficial é um instrumento do Executivo, com este, pois, se devia comunicar, e não com as Cortes, a quem não compete o Executivo; outrossim, aquele governador mete-se a dar informações sobre o estado da província, necessidade de magistrados etc., o que tudo não é da sua competência, como bem observaram alguns deputados, mas ao que as Cortes julgaram próprio fechar os olhos. Isto se fez mais patente por outras cartas do mesmo governador dirigidas ao ministro da Guerra e lidas nas Cortes na sessão de 9 de março, refere a emulação das tropas de Goiana, o que era bem de esperar; e essa emulação, como lhe chamam, aparecerá com face de ódio quando lá chegar a notícia de que foi desatendida a sua promoção e confirmada a promoção de suas rivais feita pelo governador Rego. Nada pode igualar a cegueira que tem reinado nesta série de medidas erradas, pelo que respeita o Brasil.

Mal nos podemos refrear de fazer mui acerbas e mui acres reflexões, quando vemos uma solene, uma tão importante discussão das Cortes como a da sessão 311ª, discussão que dizia respeito aos mais vitais interesses do Brasil, suspendida; e suspendida para que? Para ouvir as congratulações, intempestivas e intrometidiças (como já muitas vezes temos dito) da tropa. E de que tropa? Do batalhão do Algarves que chegava de Pernambuco carregado de opróbrio e das maldições daquele povo, a cujo benefício as Cortes discutiam uma proposição importantíssima. Que males não produz tão indiscreto comportamento!

Na exposição que então fizeram às Cortes esses oficiais do batalhão de Algarves, de notória memória em Pernambuco, havia alguns elogios a s. m., mas como as Cortes têm assumido este tratamento de que ainda usa el-rei, ficamos na dúvida a quem se dirige o estilo de majestade, se às Cortes, se a el-rei.

Por outra parte, é mui brando, respeitoso e fraternal, o comportamento de Pernambuco exemplificado na carta de seu governo que se leu nas Cortes na sessão de 7 de março. Nessa carta informa a Junta da província que recebeu bem a tropa que se lhe mandou de Portugal, mas pede que se mande retirar. Eis aqui como se desmentem as asserções de Rego e seus sequazes que representam aquela província influída unicamente pelo espírito de rebeldia. Mas as Cortes, como de costume, não atenderam a tais súplicas e, no entanto, já aquelas tropas começaram a portar-se tão mal, e a sua residência em Pernambuco começou a produzir esses efeitos terríveis que se temiam, a tal ponto que a Junta julgou necessário, para a salvação da província, resolver a saída dessas tropas, ainda antes da resposta de Lisboa.

Chegou porém o tempo de se correr a cortina onde estava pintada a cena do engano, e aparecerá, apesar dos pesares, a verdade nua e crua, não obstante os esforços para a cobrir. Está decidido que o Brasil já não sofrerá mais ser ludibriado pelas Cortes, e vamos a ver como as Cortes se portaram quando lhes chegou o primeiro vislumbre desse desengano.

Haviam as Cortes acabado de discutir o ponto de delegar-se ou não uma parte do poder Executivo no Brasil, o que, como temos visto, se decidiu pela negativa; quando, na sessão de 12 de março, chegou a carta de s. a. r. o príncipe regente, que lhes anunciou, por termos não equívocos, que o povo do Brasil estava disposto a romper a união antes do que sujeitar-se às afrontas que as Cortes lhe preparavam.

As Cortes acabavam de decidir que o poder Executivo não era divisível nem delegável, alguns dos deputados houveram-se no debate com o tom da maior altivez e arrogância; eis que chega a carta do príncipe, descobre-se outra cena, e todos às invejas propunham a necessidade de se cuidar já e já nos negócios do Brasil. Esta pressa agora, comparada com a demora de tantos meses, não faz grande honra aos deputados.

Mas, enfim, decide-se logo, sem ser preciso ler a indicação duas vezes, que se nomeasse uma comissão para informar imediatamente com seu parecer sobre o que se deveria fazer a respeito do Brasil. Mas ainda a comissão não tinha dado o seu parecer quando chegou do Brasil outra notícia, ainda de pior agouro.

Na sessão de 15 de março leram-se os ofícios do príncipe real, de 30 de dezembro de 1821 e 2 de janeiro de 1822, nos quais mencionava o estado de espírito público no Rio de Janeiro, e incluía a representação da Junta Provisória do Governo de São Paulo, que publicamos por extenso no princípio deste número[114]. As Cortes remeteram estes papéis à Comissão Espe-

---

[114] Ver pp. 603-5.

cial dos Negócios do Brasil, que já tinham nomeado, sem que ninguém fizesse sobre os documentos observação alguma.

Três dias depois, na sessão de 18 de março, a Comissão Especial fez o seu relatório sobre o primeiro objeto que lhe fora encarregado; e é o que publicamos à p. [...][115]; sobre as últimas cartas do príncipe e representação da Junta de São Paulo, guardou silêncio; mas na sessão de 22 de março, quatro dias depois de ter feito o seu primeiro relatório, propôs às Cortes que se esperassem ulteriores notícias do Brasil para se decidir este negócio. Isto causou um vivo debate que cuidamos em dar com alguma extensão à p. [...][116], mas ficou a questão adiada. Continuou-se porém no dia seguinte à discussão da matéria, e com um calor e veemência que talvez não ache igual em outro debate nestas Cortes, como o leitor poderá ver nos extratos que demos; e se decidiu afinal conforme o parecer da Comissão, por 92 votos contra 22, que se esperassem ulteriores notícias do Brasil, para se tomar então uma resolução sobre a matéria.

No entanto, não se descuidou o *Diário do Governo* de fazer diatribes contra a representação de São Paulo, e se alguns deputados nas Cortes falaram asperamente contra os que assinaram a tal representação, o *Diário do Governo* não ficou atrás em mostrar sua raiva, não só contra a Junta de São Paulo, mas contra todo o Brasil, do modo que pôde, e com a capa que convinha.

Como se não bastasse ao governo as injúrias que publicou o seu diário contra o Brasil, publicou-se ademais outro papel, intitulado "Exame crítico do parecer da comissão" e se atribui a J. B. da R., iniciais que correspondem a João Bernardo da Rocha, redator que foi do *Português*; atribuição esta que lhe não pode fazer desmancho, porque as doutrinas deste papel são análogas ao que já sustentou no *Português*, de que o Brasil se devia contentar com ter dois ou três deputados nas Cortes; que os brasilienses eram vaidosos, ignorantes etc. Mas agora neste escrito deita-se a barra mui adiante porque se intenta provar que o Brasil só serve de peso a Portugal, que a liberdade lhe é injuriosa, que os brasilienses são vaidosos altivos etc., que o Brasil está pobre, fraco, endividado e mal educado etc.

Não temos tempo por agora de responder a isso, mas notamos somente que se faltassem provas para o desengano do Brasil no que tem de espe-

---

[115] Hipólito José da Costa não coloca a página no texto, mas esta é a que se segue: 327ª sessão — 18 de março, páginas 391 a 399 do *Correio Braziliense*. Ver pp. 606-11.

[116] *Idem*: 330ª sessão — 22 de março, páginas 399 a 405 do *Correio Braziliense*.

rar de Portugal, bastava ler os insultos que lhe acumula o autor, o seu caráter público de adido à legação (ou encarregado dos negócios, como alguns dizem) em Madri; amigo íntimo e comensal, presentemente, do mais influente ministro de Estado em Portugal; tire-se daqui a prova e ficará claro o que o Brasil pode esperar de tal governo e de tais Cortes que o consentem. Deixemos porém este escrito para tempo mais oportuno e vamos às Cortes, e examinemos um pouco o relatório da Comissão.

É evidente que o preâmbulo do relatório da Comissão é destinado ao Brasil, como espécie de manifesto justificativo, porque era absurdo que a Comissão das Cortes se ocupasse tanto para provar às mesmas Cortes que tudo quanto elas fizeram era mui justo, prudente e político, e daí concluir recomendando o desfazer-se tudo quanto as mesmas Cortes tinham até agora feito.

Quem ler tal proêmio, em que tudo que as Cortes têm disposto a respeito do Brasil se louva e se aprova, mal pode esperar ver depois dez artigos em que se propõem medidas diametralmente opostas ao sistema até aqui seguido.

A feição mais importante, neste relatório, é a determinação de que haja no Brasil delegação do poder Executivo.

Ora, quem acreditará na sinceridade de tal recomendação, vindo ela assinada por alguns daqueles mesmos homens que dois dias antes sustentaram que o poder Executivo era essencialmente indivisível e indelegável?

O deputado Trigoso, que deitou os bofes pela boca fora para sustentar que era absurdo haver no Brasil uma delegação do poder Executivo, é um dos que assinam esse relatório, recomendando que haja a tal delegação no Brasil.

No nosso número passado observamos que este argumento da indivisibilidade do poder Executivo não era senão uma hipocrisia; fomos alguma coisa severos com o deputado Trigoso, porque nem por sermos da terra das bananas deixamos de ressentir-nos das injúrias que nos fazem os que são criados com a bolota do Alentejo.

Mas se esse argumento (de que o poder real não é divisível nem delegável) não provinha de hipocrisia, como se justifica agora esse mesmo Trigoso e seus colegas de haverem recomendado, não só uma, mas duas divisões, duas delegações desse indivisível, desse indelegável poder Executivo?

Deixamos de parte o opróbrio, a ignomínia com que os indivíduos deputados se cobrem, desdizendo-se assim de sua opinião; mas quanto às Cortes em geral, esta contradição de decisões deve ser fatal à sua influência moral no Brasil, porque prova que lhes extorquiu pelo temor aquilo que deveriam ter concedido de justiça; e uma vez que o temor e as ameaças são o meio de levar as Cortes, haverá muita gente que delas exija aquilo que de razão elas não devem sancionar. Mas tais são os resultados da imprudência até aqui seguida.

A Comissão mostrou-se persuadida da magnitude do perigo, exceto um membro que foi de voto contrário. Assim, no primeiro relatório, a Comissão recomendou tudo quanto lhe pareceu que poderia acalmar a tormenta, e no segundo relatório pediu reforma de termo, para ter tempo de saber o caminho que levavam as coisas no Brasil. Mas ainda que se concedesse afinal o que pedia a Comissão, o fogo da maior parte dos deputados mais influentes nas Cortes fê-los proferir expressões tendentes a fazer mais mal do que a mesma prudência da Comissão poderia alcançar de bem.

Diz a Comissão que o artigo 21 das Bases da Constituição resguardava os direitos do Brasil até que chegassem às Cortes os seus deputados; e contudo, antes de chegarem, já as Cortes dispunham da sorte do Brasil, retalhando-o em províncias isoladas, e agora mesmo estão proibindo levar para ali pólvora etc.

Se não há Constituição sem os deputados do Brasil a aprovarem, donde provém às Cortes o direito de legislar para o Brasil, em matérias tão essenciais a seus interesses? E que obrigação tem o Brasil de obedecer a esses mandados despóticos das Cortes antes de aprovar a Constituição da qual somente podem as Cortes derivar o seu poder Legislativo?

Queixa-se a Comissão, no seu relatório, de que o Brasil tem mostrado sua preguiça em não ser expedito no mandar deputados para as Cortes. A Comissão teria falado com mais candura se lembrasse aqui a prepotência com que os déspotas governadores portugueses, no Brasil, embaraçaram e iludiram as eleições desses deputados; e que tais déspotas governadores receberam, até o último instante possível, todo o apoio, em suas arbitrariedades, que as Cortes lhes puderam prestar. Basta o exemplo de Rego para falar por todos, mas a Comissão mui oportunamente deixou ficar isto no escuro.

Até este momento não sabemos de providência alguma, de nenhuma ordem das Cortes para se elegerem os deputados no Brasil, salve a lei geral; e nem mesmo os decretos das Cortes se remetiam oficialmente para o Brasil, até que sobre isso se fez, há mui pouco tempo, uma moção específica nas Cortes; e não obstante tão crassa negligência, queixa-se a Comissão da preguiça do Brasil em mandar seus deputados.

Diz-se que o Congresso não terá a barbaridade de disputar ao Brasil um centro comum de poder Executivo; assevera-se isto, quando três dias antes tinha o mesmo Congresso decidido que tal centro não podia haver, porque o poder real era indivisível e indelegável. Quem fala mais, a representação de São Paulo ou a Comissão das Cortes?

Dizem que era necessária a abolição dos tribunais no Rio de Janeiro, porque eles eram prejudiciais por induzirem a despesas e por serem apendículos só próprios do antigo sistema despótico, e como tais se vão abolir em Lisboa. Mas se isso assim é, se devia determinar, ao mesmo tempo, a quem os povos do Brasil deviam recorrer lá, nos casos que estavam a cuidado desses tribunais; porque, do contrário, tudo o que fazia o tribunal do Desembargo do Paço (por exemplo) no Rio de Janeiro, é preciso que se venha tratar a Lisboa; e esta circunstância, tão importante, também a Comissão achou que era candura deixar no escuro.

Se a intenção era assemelhar ou modificar os tribunais conforme o presente sistema constitucional, quando se aboliu o Desembargo do Paço no Rio de Janeiro se deveria abolir o de Lisboa; logo, para as diversas medidas, deveria haver diferentes motivos.

Ora, qual podia ser a razão de diferenças, senão fazer afetos a Lisboa todos os negócios mais importantes do Brasil? Se outro motivo havia, valia esta consideração bem a pena de que a Comissão explicasse amplamente o mistério.

Alegou-se também que o Rio de Janeiro estava à borda de uma bancarrota; mas nem por isso vemos que se houvesse cuidado em dar ordem alguma para que as outras províncias do Brasil o socorressem; pelo contrário, louvava-se a Junta da Bahia por mandar os seus sobreexcedentes para Lisboa; e ao Banco do Brasil se lhe tiraram e tiram os gêneros que por lei lhe pertenciam, para, com a ruína daquele banco, acelerar essa bancarrota do Estado.

A circunstância de se fazer a Força Armada independente das juntas governativas das províncias, dissemos nós já há muito tempo que era uma prova de que as Cortes queriam pôr um freio ignominioso a esses governos provinciais; isto que dissemos escandalizou muito os partidistas do poder arbitrário sobre o Brasil. Eis senão quando vem agora a Comissão confessando isto mesmo, e mascarando a confissão com o palavrório que o leitor poderá ver no seu relatório.

O artigo em que se recomenda que o governo possa mandar retirar as tropas quando o julgar conveniente é outra medida ilusória que quando chegar ao Brasil será mais um facho de lenha lançado ao incêndio; e quando chegar a Lisboa a notícia da sorte que tiveram as tropas européias no Rio de Janeiro, se conhecerá que tal artigo é papel escrito desnecessariamente.

O tom de arrogância em que muitos deputados falaram acerca do Brasil é, na verdade, notável. Xavier Monteiro foi o primeiro que propôs que se mandassem processar os membros da Junta de São Paulo que assinaram a representação ao príncipe; seguiu-se-lhe no mesmo parecer Soares Franco, Moura, Girão e Borges Carneiro.

Mas não se lembraram esses deputados da fábula do conselho do rato, para se pôr um cascavel ao pescoço do gato a fim de que com o tinir os avisasse da chegada do inimigo; o conselho do rato foi aprovado e recebido pelos outros ratos com especial agrado. E qual o rato que havia ir pôr em execução o conselho? Não se achou nenhum que o fizesse, e portanto ficou o conselho como se não houvera sido dado.

Deste debate, e principalmente do que disse o deputado Fernandes Tomás, que se o Brasil se queria separar, que se separasse, ficam evidentes os sentimentos que animam tais deputados das Cortes; e o pouco em que eles avaliam a união de Portugal com o Brasil, contra aquilo em que nós insistimos.

Os advogados dessas más medidas contra o Brasil dizem agora que essa união é proveitosa ao Brasil, mas que Portugal nada perde com a desunião do Brasil. Suponhamos que é assim; então, se nas Cortes há sentimentos de fraternidade para com o Brasil, não devem fazer a seus irmãos o mal de os provocarem à separação, antes fraternalmente tomar todas as medidas de conciliação e de brandura para que esses irmãos do Brasil não caiam na grande infelicidade de ficarem sem a proteção, governadores e leis que lhe vão do poderoso, opulento e sábio Portugal.

Outros fundam ainda a sua esperança em poder dilacerar o Brasil com partidos; esta é a mira de lhe proporem dois ou mais centros de poder Executivo.

Confessa a Comissão que existe grande descontentamento nas províncias de Minas, São Paulo e Rio de Janeiro, e que em Pernambuco lavra o mesmo surdamente. Nestes termos, concordando essas províncias em sentimentos, no que indubitavelmente segue o mais do sul do Brasil, só resta encravada a Bahia, que ainda que não tivesse, como sabemos que tem, as mesmas idéias, não se poderia manter cercada de todos os lados por províncias discordantes dela. Quanto às outras províncias ao norte de Pernambuco, as Cortes têm feito quanto podiam para as fazer seguir o exemplo do resto do Brasil.

O deputado Pereira do Carmo, um dos mais prudentes, instruídos, desinteressados e patrióticos que se acham nas Cortes, recomendou eloqüentemente a moderação pelo que respeita o Brasil; mas a temeridade dos outros que se lhe opuseram estragou o bem que ele intentava fazer e, enfim, só a declaração do deputado Trigoso, em que expôs algumas das notícias particulares que tivera a Comissão, pôde alcançar que as Cortes diferissem a sua decisão, esperando mais algum tempo.

As notícias alegadas por Trigoso, e de que as Cortes ainda não tinham sido informadas, eram, entre outras, o terem voltado outra vez do Rio de Janeiro para Minas os deputados desta província que vinham para as Cortes; e terem-se despachado emissários a todas as cidades do Brasil para convidar seus habitantes a que se unissem aos do Rio, São Paulo e Minas.

O temor, logo, e não a justiça, motivou aquela decisão das Cortes. Isto faz aquele debate muito interessante, e por isso demos mais extensão do que costumamos ao resumo que dele fizemos.

Diz o *Diário do Governo* que a representação de São Paulo alega mentiras, mas a Comissão Especial, em seu relatório, expõe que os empregos são dados em Lisboa sem distinção de europeus ou brasilienses; isto, à vista dos três grandes e gerais despachos que houve, de conselheiros de Estado, de ministros diplomáticos e de governadores ultramarinos (sem falar nos secretários de Estado) no que tudo se não compreendeu um só brasiliense. Daqui se vê quem falou verdade, se a representação de São Paulo, se a Comissão das Cortes.

Esse relatório da Comissão passa como gato por brasas sobre este negócio dos empregados públicos, notando como coisa acidental haver poucos nomes de brasilienses nas listas dos despachados. Não houve poucos nomes, porque não houve NENHUM. Daqui se vê quem fala mais verdade, se a representação de São Paulo, se a Comissão das Cortes.

O governador Moura, logo que chegou a Pernambuco, entrou a dar mostras de seu poder e do que se podia esperar de sua autoridade independente da Junta Governativa da província[117]. Removeu os ajudantes que esta junta tinha; obrigou as milícias a reunirem-se por seis domingos consecutivos, contra as ordens que havia; pretendeu desarmar os dois batalhões do país; removeu o governador do forte do Brum, que era brasiliense, e substituiu-o por um comandante europeu.

Chegaram enfim a Pernambuco as notícias do que estavam fazendo as Cortes acerca do Brasil, e principalmente do que se passou na sessão de 7 de dezembro; isto produziu logo o efeito que o mesmo governador Moura confessa em seu ofício; e a 25 de janeiro teve lugar a explosão que, era ób-

---

[117] O brigadeiro José Maria de Moura, nomeado governador das armas de Pernambuco pelas Cortes, chegou a Recife em 24 de dezembro de 1821, o que desencadeou uma série de motins naquela cidade.

vio, devia ser a conseqüência natural de todas essas medidas. Mas ainda assim a prudência da Junta apaziguou a tempestade.

Estava de guarda a principal parte do batalhão do Regimento n° 1 português, e parte do batalhão de Caçadores do país, imprudentemente misturados; pelas três horas da tarde ouviu-se fogo de mosqueteria por detrás do corpo da guarda e era isto um ataque que faziam os soldados europeus contra os brasilienses; mataram um paisano, o que fez acudir o povo; e nisto todo o batalhão de Portugal marchou de ataque contra o de Pernambuco, e deu uma descarga. A Junta Governativa saiu a tranqüilizar o povo, mas os caixeiros das lojas, pela maior parte europeus, não obedeceram à Junta, dizendo que só o fariam ao general. A Junta oficiou ao governador Moura, e este enfim acomodou os amotinados.

Perguntaríamos nós: por que tinha o governador distribuído cartuchos a esses soldados que fizeram fogo?

Mas as conseqüências de tal comportamento fizeram-se tão evidentes, que as Câmaras do Recife e de Olinda representaram mui fortemente à Junta para que mandasse sair aquelas tropas de Pernambuco. A Junta não quis tomar sobre si a responsabilidade desta medida e chamou a conselho as pessoas principais de Pernambuco, entrando os comandantes da tropa e o mesmo governador Moura. Resolveu-se aqui que regressasse à Europa o batalhão português; diz a Junta que por votos unânimes; diz o governador que isso foi contra o seu voto. Qual dos dois é o exato, não temos meio de decidir.

Também discrepam o governador e a Junta em outro ponto, segundo se vê por seus ofícios, mencionados na sessão 333ª. Diz o governador que o tumulto procedeu de terem os mal intencionados desfigurado as notícias que levara o correio marítimo. A Junta diz que as desordens procederam do mau comportamento do mesmo governador.

O que propôs a Comissão Especial nas Cortes a respeito de Pernambuco é ainda outra prova das confusas idéias que reinam em Portugal sobre os negócios do Brasil. Diz a Comissão que propõe os meios únicos, na sua opinião, para estabelecer a tranqüilidade naquela província; e o primeiro é, logo, retirar as tropas européias que ali existem, como o leitor pode ver no extrato que damos acima, da sessão 339ª. No entanto, propõe essa Comissão que o governador estranhe à Junta o ter adotado essa medida, que, segundo a Comissão, era o único meio de restabelecer a tranqüilidade!

Mas dir-se-á que ainda que esse fosse o único meio de restabelecer a tranqüilidade na província, a Junta não tinha poderes para o adotar. Nisto consiste o absurdo, que é estabelecer um governo provincial e tirar-lhe os meios de manter a tranqüilidade pública; aliás, o que as Cortes queriam era que não houvesse tranqüilidade pública em Pernambuco.

A anistia geral de que se lembram ainda agora nesse mesmo relatório só servirá de aproveitar a Rego, que supomos que os seus patronos querem nela incluir; porque os procedimentos das Cortes vêm levando as coisas a ponto que não tardará muito que os pernambucanos, depois do que têm sofrido há tanto tempo, de suas repetidas submissões a Portugal e destes repetidos ultrajes em resposta, se achem sem precisão dessa tardia anistia.

Para edificação daqueles que tanto advogaram a medida de mandar tropas ao Brasil, e que tanto confiavam nos milagres que essas tropas fariam, dir-lhe-emos mais alguma coisa do que se passa no Brasil, e que em Lisboa ainda se não sabia, quando nas Cortes se propunha mandar fazer processo à Junta de São Paulo.

Recebemos em Londres notícias do Rio de Janeiro até a data de 16 de fevereiro, e por elas sabemos dos sucessos ulteriores ao que publicamos no nosso número passado.

As tropas européias, obrigadas a ceder a forças superiores, e recolhidas à praia Grande, deram ainda assim mostras de fazer resistência, e temeu-se um conflito em que fosse preciso pôr fim à contenda, passando-se à espada. A energia e presença de espírito do príncipe regente evitaram o mal iminente. S. a. r. foi para bordo de uma fragata que se achava no porto, e mandou também aprestar algumas barcas canhoneiras. As tropas brasilienses, comandadas pelo general Corado, tiveram ordem de cercar por terra os corpos europeus postados na praia Grande, cujos habitantes evacuaram o distrito, para evitar o serem envolvidos na derrota que se esperava. Então mandou o príncipe chamar os principais oficiais das tropas européias, que vieram ter com ele a bordo da fragata, e explicou-lhes o perigo de sua situação, urgindo o seu imediato embarque. Os oficiais pediram que se pagasse às tropas três meses de soldo que se lhe deviam, e o príncipe prometeu-lhes um mês de soldo logo e o resto quando estivessem a bordo dos transportes; esta oferta foi rejeitada e, segundo dizem algumas cartas, foi o príncipe pessoalmente insultado e os oficiais voltaram para a praia Grande. O príncipe passou a noite a bordo da fragata, animando a gente e arranjando o modo de ataque na manhã seguinte. Declarou sua intenção, segundo dizem essas mesmas cartas particulares, de dar fogo ele mesmo à primeira peça. Foi isto pela tarde dos 9 de fevereiro. Aos 10, pela manhã, começaram as tropas européias, tomando melhor conselho e à vista do perigo que estavam expostas, a deitar abaixo as barracas e continuaram isto até se embarcar a bagagem; mandaram um recado ao príncipe, dizendo que estavam prontas a submeter-se, e no dia seguinte a maior parte se achava nos transportes.

Sucedeu, porém, uma circunstância que causou geral tristeza, e foi a morte do infante d. Afonso, filho do príncipe real. A princesa, com a família real, saiu para Santa Cruz em uma carruagem descoberta, e o calor do sol causou uma febre ao infante, da qual morreu.

As tropas européias saíram do Rio de Janeiro aos 15, escoltadas por duas fragatas que tinham ordem de as ver passar a linha.

Isto posto, despedimo-nos neste número de aconselhar mais as Cortes; porque daqui em diante prevemos que elas serão tratadas com tal menoscabo, que as suas decisões, sejam quais forem, não produzirão algum bem permanente ao Brasil.

Para o Brasil, pois, continuaremos a escrever, e para lhe recomendar a continuação de sua união com Portugal, não a sujeição, porque isso são coisas mui diferentes.

53.
INTERRUPÇÕES AO COMÉRCIO DO BRASIL

[Nº 167, vol. XXVIII, abril de 1822, pp. 451-2]

O leitor achará à p. 334[118] um documento pelo qual se fez a explicação do outro documento publicado no nosso número passado, p. 255, pelo qual se declarou a proibição de exportar de Inglaterra para o Brasil *naval stores*, o que nós traduzimos munições navais e dissemos que nos constava haver-se depois explicado somente pela pólvora.

Agora, por esta nova explicação que não tinha sido publicada nas gazetas inglesas onde se publicou a primeira ordem, achamos que a proibição vai mais adiante do que a pólvora, porque compreende, além desta, peças de artilharia para o serviço dos navios e de terra, espingardas e todas as outras armas de guerra.

Sobre a inutilidade e impolítica destas proibições nada mais diremos do que referir o leitor ao que deixamos observado no nosso número passado. Quanto aos erros ou omissões do ministro no enunciar a tal proibição, é bagatela que não merece falar-se nela; ademais, isto lhes servirá de lição, para que para a outra vez cuidem em dar às emendas a mesma publicidade que vem ter obtido o erro.

---

[118] Ver pp. 611-2.

54.
COMÉRCIO DA ESCRAVATURA

[N° 167, vol. XXVIII, abril de 1822, pp. 452-3]

Na sessão de 25 de fevereiro se fez uma proposição para que o ministro dos Negócios Estrangeiros desse explicações a respeito do modo e motivos por que se tinha disposto de certa soma de dinheiro existente em Londres pertencente a vários negociantes do Brasil e proveniente de indenizações pagas pelo governo inglês por navios ilegalmente capturados no tráfico da escravatura. À p. 324[119] damos o aviso das Cortes por que se manda satisfazer a isto e a resposta do ministro.

Havíamos conjecturado, quando falamos em outro número desta matéria, que o governo de Portugal, tendo lançado não deste dinheiro dos particulares, os remeteria para serem pagos ao Erário do Brasil; agora o ministro, em sua resposta, prova que com efeito isso se verificou.

Mas o ministro alega que os donos assim o requereram, mas isso requereram quando lhes disseram que já esse dinheiro estava gasto, o que não era verdade; mas os donos, nessa suposição, não tinham outra alternativa senão pedir que os mandassem embolsar pelo Tesouro e vale-se disto jesuiticamente o ministro, para dizer que a ordem para embolso pelo Erário foi feita a desejo das partes.

Acrescenta o ministro que só mandou aplicar aquele dinheiro às despesas do Estado depois de ter assegurado aos donos seu embolso pelo Erário; isto é, tirou-lhes o dinheiro que estava depositado na Inglaterra, em boa moeda corrente, para os mandar embolsar por um Erário que sabia estar exausto, porque o mesmo ministro, quando veio do Rio de Janeiro, não ignorava a miséria em que ali ficava o Tesouro.

E contudo chama isto uma transação mercantil mui regular, é tão regular como passar uma dívida do Banco de Inglaterra para ser paga por um

---

[119] Ver pp. 612-4.

tendeiro bancarrota; grande e regular especulação mercantil é sem dúvida essa para os donos do dinheiro!

Alega mais o ministro que não fez mais que continuar o que tinham começado seus predecessores; é justamente disso que nos queixamos, porque se os ministros atuais têm de aprender suas lições dos passados, mal e muito mal vai o sistema constitucional; é preciso que os ministros agora leiam por outro livro.

Mas é notável a razão final do ministro, em que diz era natural supor que as ordens de seus predecessores estivessem já cumpridas; tanto isto não era natural de supor, quanto se não podem admitir suposições contra fatos existentes, e o ministro sabia o fato de que tais ordens se não tinham cumprido; e tanto o sabia, que até a ordem mesmo dele, depois de ser ministro dos Negócios Estrangeiros, não foi cumprida pelos depositários, pelo motivo de que ele não era o ministro da Fazenda, por quem, diziam os tais depositários, lhes devia vir a ordem; e por isso, durante o breve intervalo que este ministro serviu na Fazenda, repetiu a sua ordem por essa repartição, e foi então cumprida.

Se o ministro desse, pelo menos, as datas dessas ordens, e as datas das objeções que fizeram os depositários em Londres, ver-se-ia a impossibilidade de admitir a suposição que ele diz era natural supor.

55.
Gazetas no Brasil

[N° 167, vol. XXVIII, abril de 1822, pp. 453-6]

A revolução começa a produzir escritos no Brasil que já deitam a barra um pouco mais adiante do que se podia esperar. No Rio de Janeiro apareceu uma folha, de que já vimos três números, com o nome de *Malagueta*[120]; não é periódica, porque se publica ocasionalmente, e nem é destituída de instrução nem falta o bom raciocínio e menos a boa linguagem. Começou quando ali chegaram as notícias de que as Cortes mandavam retirar para Portugal o príncipe regente, contra a qual medida se desenvolve; mas dando às Cortes mais crédito do que nós, volta-se também contra o nosso periódico, apesar de dizer "que seu redator goza o diploma de benemérito da pátria há 13 anos, e que em Portugal é lido com o respeito e interesse que, desde a data de 24 de agosto até agora, ainda ninguém lhe negou". Mas espere que lhe cheguem à mão os números em que temos desenvolvido o comportamento das Cortes a respeito do Brasil, e verá se os partidistas das Cortes negam ou não tudo isso. Mas o que diz do nosso periódico não faz ao caso, tratamos dos interesses da nação.

Diz o *Malagueta* (n° 1):

> "Se a posse de uma perfeita liberdade constitucional e da plena força moral que dela resulta não são suficientes para realizar a felicidade daquele dos dois reinos que não for habitado pelo chefe do poder Executivo, então está visto que sempre há de existir o pomo da discórdia; se esta suposição não é verdadeira, se é indiferente a residência do chefe do Executivo aqui ou lá, para que, no nome do bom senso, não se contenta Portugal com a posse d'el-rei?"

---

[120] O jornal *Malagueta* era dirigido por Luis Augusto May (1782-1850).

Quando o redator do *Malagueta* ler os debates das Cortes que no número passado e neste lhe apresentamos, achará a solução da dificuldade e contradição que o amofinam, porque verá claramente as suas causas.

Nota mui judiciosamente o *Malagueta* que diversos partidos querem a retirada do príncipe do Brasil, e por diversos motivos. Os republicanos, porque isso os desembaraça para realizarem suas vistas de uma república no Brasil; os corcundas, porque com isso atrasam o Brasil e fomentam suas esperanças de ver renascer o sistema do despotismo.

Mas por isso mesmo que tal medida serve os fins de maus partidos, é que o príncipe não deve voltar e o Brasil deve fazer todos os esforços para o conservar; e julgamos que isso só se remedeia pondo s. a. r. à frente de uma deputação dos povos do Brasil, convocada no mesmo Brasil.

Considere-se a pouca influência que Portugal tem na Europa, sua existência precária, sua falta de recursos e facilmente se conhecerá que, a haver uma só deputação para o Reino Unido, no Brasil e não em Lisboa deveria ela existir. Até aqui parece que o *Malagueta* vai conforme conosco.

Mas, considerando-se a posição e circunstâncias relativas dos dois reinos, Portugal não pode oferecer ao Brasil senão humilhações ante as mais nações, e o Brasil pode ministrar a Portugal segurança, riquezas, considerações e respeito. A Constituição em Portugal com um sopro dos aliados vai à terra; no Brasil não há forças humanas que a derrubem, salvo as dissensões domésticas a que as Cortes aspiram.

O *Malagueta* (n° 3) pergunta se temos alguma razão oculta para supor que a lei da liberdade da imprensa que fizeram as Cortes não abrange o Brasil, porque o *Malagueta* é contrário a nós e diz que sim. Mas razões ocultas não se precisam quando a mesma lei não fala do Brasil? Tanto isto é verdade, que até já se fez nas Cortes uma moção para que a tal lei se ampliasse ao Brasil.

Diz o *Malagueta* que as nossas ameaças não ficam atrás das de mr. Du Pradt, o qual, na sua obra sobre a América, diz: "E também fica sendo evidente que se jamais o soberano estabelecido no Brasil se passar a Portugal, deixará atrás de si a independência estabelecida nas feitorias do Rio de Janeiro".

O *Malagueta* não tem medo desta comunicação; mas quando assim escrevia, ainda não tinha lido a representação do governo de São Paulo a s. a. r. nem as resoluções de Minas; agora mui provavelmente terá mudado de opinião.

Citou o *Malagueta* o nosso número de setembro passado, e agonia-se com as leves suspeitas que ali entretemos das Cortes. Mas quando ler os nossos números subseqüentes, verá que as nossas suspeitas se tornam em realidade, e que se no Brasil não olharem por si, vão perdidos. Em uma palavra, recomendamos ainda a união, mas só a recomendamos ao Brasil, porque a Portugal é isso tempo perdido; o que lá querem é só a sujeição do Brasil, por isso convém tratar do que o Brasil deve seguir.

As Cortes, com suas imprudências, levantaram uma tormenta que é da maior dificuldade acalmar; o que não será difícil ao judicioso redator do *Malagueta* o perceber, lembrando-se do dito de Virgílio:

Facile est descensus Averni,
Sed revocare gradum, hoc opus hic labor est.

56.
Procedimentos das Cortes sobre o Brasil

[Nº 168, vol. XXVIII, maio de 1822, pp. 569-75]

Começamos este número por um decreto[121] de s. a. r., o príncipe regente do Brasil, pelo qual manda convocar procuradores dos povos das diversas províncias do Brasil; e é esse decreto contra-assinado pelo secretário de Estado José Bonifácio de Andrada e Silva. Reflitamos primeiro nestas duas circunstâncias: quem expediu o decreto e quem o contra-assinou.

Um príncipe, que pudera ser o vínculo de união entre Portugal e Brasil, desamparado pelas Cortes quando a Junta da Bahia, servil das Cortes, se rebelou contra ele; que foi mandado retirar-se à Europa, quando sua autoridade no Brasil devia ser de suma utilidade; que se lhe destinou um desterro disfarçado para viajar, ler a *Medicina doméstica* de Buchanan sob tutores que as Cortes lhe nomeariam, quando ele podia ser a mais influente personagem nos negócios de ambos os reinos unidos. Este príncipe, assim tratado pela Cortes, apesar delas, tem assaz influência para assinar semelhante decreto no Brasil.

O ministro que contra-assinou o decreto é aquele que se propunha nas Cortes mandar prender e castigar, pela representação que assinou em São Paulo e sem que nas mesmas Cortes houvesse quem avaliasse a influência que tal homem podia ter no Brasil, ao menos para o não ofender desnecessariamente, como fizeram, propondo tirar-lhe algum emolumento que tinha em Portugal, ao momento que as Cortes recebiam a notícia dos grandes serviços que tinha feito em São Paulo, e pelo que nem agradecimentos lhe deram. Certo, esses agradecimentos não custavam dinheiro.

Como estão mudadas as cenas! Mas voltemos ao Rio de Janeiro.

O decreto de que falamos é bom começo do rumo que vão a levar as coisas no Brasil; mas não basta, porque é necessário saber qual é a vontade daqueles povos e isso se não pode averiguar sem se convocar uma propor-

---

[121] Ver pp. 614-6.

cionada representação que forme o Parlamento do Brasil; do contrário, os poucos indivíduos que se chamam para aconselhar o príncipe podem iludir-se no que é a vontade geral, e sem esta nenhum governo se pode manter em nossos dias; e por isso esperamos que esse seja o primeiro conselho que os convocados procuradores dêem a s. a. r.

O *Correio Braziliense* está cheio de recomendações feitas em outra época a el-rei, para que seguisse com tempo este partido: os áulicos e os ministros trataram sempre essas sugestões como instigações para a revolução, quando só tendíamos a preveni-la, recomendando a el-rei que se amoldasse às idéias do século. Nada se fez e el-rei foi obrigado a sujeitar-se às leis que lhe impuseram.

Seguiram-se as Cortes, que, por se verem firmadas em seu poder, visto que todo o mundo aplaudia a queda do despotismo, julgaram que podiam desprezar a opinião pública do Brasil, e este país foi tratado do modo que temos visto; nós começamos a reprovar esse sistema, tivemos descomposturas em resposta, mas a conseqüência foi a reação que vemos no Brasil e que já não podem as Cortes remediar, porque chegaram as coisas a ponto que o Brasil há de fazer o que quiser, e não o que as Cortes lhe mandarem.

Resta, pois, falar ao Ministério do Rio de Janeiro e lembrar-lhe estes exemplos. Se os ministros quiserem somente fazer uma farsa de representação nacional, se anunciarem como do povo opiniões que são só deles, se obrarem com palavras à moderna e com fatos à antiga moda, breve será a duração de seu poder. Não temos nenhuns motivos para dizer que o farão, mas temos tantos exemplos de ver os empregados públicos, cegos com o esplendor da autoridade, julgarem que ela nunca se lhes pode arrancar das mãos, que julgamos esta nossa advertência não só útil, mas necessária.

É preciso indagar qual é a vontade geral; e isto se não pode melhor fazer do que tendo um Parlamento composto de suficiente número de membros, escolhidos por toda a massa da nação. Sabida essa vontade geral, é preciso obrar sinceramente conforme a ela; porque a simulação cedo ou tarde se descobre e, quando descoberta, perdem os ministros a confiança pública e, perdida ela, está derrubado o governo. Ultimamente é preciso, atendendo com igualdade a todas as províncias que por si mesmas se quiserem unir ao príncipe, ir buscar o merecimento onde quer que se achar, esquecendo o sistema antigo de dar lugares para acomodar homens, e não nomear homens que sirvam aos lugares. Isto foi uma das principais causas da queda do governo passado e isto vai sendo motivo de acres queixas em Portugal contra o governo atual, como se ouve diariamente e se lêem continuados exemplos nas mesmas gazetas de Lisboa.

Guardando estas balizas, será impossível que se não mantenham com firmeza as resoluções que têm adotado o Rio, Minas, São Paulo e mais sul do Brasil; porque é mais que provável, é quase certo que Bahia e Pernambuco se lhes unam em sentimentos, e não vemos por que o resto deixe de seguir o mesmo, principalmente com o tempo e se para isso se não usar coação. E sendo assim, que parte da América apresenta mais elementos de prosperidade nacional? Serão somente os erros do governo que poderão frustrar esperanças que os dons da natureza, distribuídos naquele país com mão tão liberal, inculcam a quem nisso reflete.

As relações políticas do Brasil com os novos governos estabelecidos na América Espanhola pedem imediata atenção; nisto também o separado ministério do Brasil pode ser útil a Portugal, porque adotando s. a. r., neste ponto, as medidas que julgar convenientes àquele país, fica Portugal livre da responsabilidade que a Espanha lhe quer impor, e com pronta resposta às queixas que está fazendo o gabinete de Madri, que é a impossibilidade da Corte de Lisboa forçar o Brasil a seguir outra linha de conduta diversa da que entendem seus ministros privativos.

Quanto às demais potências: os Estados Unidos, que tão conspícua parte representam no outro lado do Atlântico, têm resolvido reconhecer todos os governos da América Espanhola e, *a fortiori*, o mesmo dirão a respeito do Brasil. A Inglaterra, que por tantos anos tem gozado do comércio direto do Brasil, não pode deixar de continuar a reconhecer aquele governo como independente de Portugal, sempre que as fórmulas públicas adotadas forem tais que não introduzam dificuldades técnicas no proceder do gabinete inglês.

A influência do resto das potências européias, no Brasil, limita-se unicamente à troca de seus gêneros e manufaturas, porque nenhuma dessas potências pode influir diretamente na política do Brasil; assim, esta parte da diplomacia brasiliense facilmente se arranja com um enviado nos Estados Unidos, outro em Londres e terceiro que corra, segundo as circunstâncias exigirem, as cortes da Europa, aonde convier. Cônsules com funções diplomáticas junto aos novos governos da América Espanhola farão por ora o preciso, e darão informação do que for necessário obrar de mais para o futuro.

Mas ainda que digamos que são bastantes cônsules com funções diplomáticas nos novos estados da América Espanhola, nem por isso queremos menosprezar a importância das conexões políticas com esses governos: pelo contrário, as julgamos de peculiar importância ao governo do Brasil.

Os regulamentos comerciais que esses novos estados têm adotado, os meios e modos por que têm mantido a sua independência, a consideração que vão adquirindo tanto na Europa como na América, tudo isto é objeto mui digno de contemplar-se pelo governo do Brasil, e mui necessário que se publique em todos os periódicos daquele país, para que o povo em geral entenda as bases firmes sobre que se procede, e veja, pelo exemplo de seus vizinhos, até que ponto tem meios de dar execução a seus planos.

Se a Espanha, com recursos tanto maiores do que Portugal, nada pôde fazer para forçar suas colônias a uma obediência cega à metrópole, claro está que o poderoso Brasil nada tem a recear do fraco governo de Lisboa em suas injustas pretensões; mas é preciso não cometer erros, porque cada passo errado é uma vantagem que se concede ao partido oponente.

Vejamos agora uma parte, em miúdo, do que se passa no Brasil, e seja isto a expulsão das tropas européias do Rio de Janeiro que anunciamos no nosso número passado.

À p. 480 achará o leitor o ofício[122] do general Zuzarte[123], comandante das tropas no Rio de Janeiro, e em seguimento copiamos também os documentos mais importantes que acompanhavam esse ofício. É evidente que o general Zuzarte e mais oficiais que assinaram a carta de participação sobre os acontecimentos no Rio que deram ocasião à expulsão da tropa européia haviam de contar os fatos a seu modo; e por isso pedia a razão que, antes de se formar juízo sobre essa relação, se esperassem pelos ofícios de s. a. r., o príncipe regente, a ver o que se dizia pela outra parte. Mas não sucedeu assim; pela simples leitura da carta do general se propôs em Cortes voto de agradecimentos àqueles oficiais, e louvores às tropas.

Nós, porém, julgando esses documentos contraproducentes, tiramos uma conclusão diretamente oposta à das Cortes e não hesitamos em dizer que toda a culpa esteve da parte das tropas.

Primeiramente, consta do ofício do general Zuzarte que ele mesmo pedira a sua demissão do comando-em-chefe; e confessa que antes de a receber, no dia 11, se amotinaram as tropas, dizendo que não obedeceriam ao

---

[122] Ver pp. 616-7.

[123] Jorge de Avilez Jusarte de Sousa Tavares, primeiro conde de Avilez (28/03/1785-15/02/1845). Ingressou na carreira militar em 1804 como coronel das Milícias do Crato. Estava de licença no Rio de Janeiro quando foi encarregado, em abril de 1821, de apaziguar os tumultos populares que antecederam a partida da família real para Portugal. Promovido a tenente-general, assumiu o governo das armas do Rio de Janeiro. Juntou-se às tropas portuguesas para exigir o juramento de d. Pedro à Constituição, a demissão do conde dos Arcos e a eleição de uma junta provisória de governo. Depois do Fico pediu demissão do cargo e retornou à Europa com as tropas portuguesas.

outro chefe. Vê-se daqui a falta de disciplina, ou espírito de rebelião, na tropa que pretende ter o direito de escolher seu comandante, e não obedecer a outro algum que o governo lhe nomeie; e os oficiais pretendem justificar essa rebelião. Claro está que com semelhante tropa, cuja falta de disciplina chega a esse excesso, era impossível que o príncipe regente pudesse manter a pública tranqüilidade; porque até aqui não aparece outro motivo para a rebelião da tropa senão o que lhe deu o mesmo general, pedindo a sua demissão.

No entanto, o príncipe regente deu as providências que pôde para subjugar essa rebelião e falta de disciplina das tropas, mandando armar as milícias do país e mais tropa que lhe obedecia para se opor aos rebeldes; e a isto chama o general relaxação da disciplina militar e assim o disse ao mesmo príncipe. Que outra resposta merecia, senão a que recebeu? "Que ao general e à sua divisão faria sair pela barra afora." Talvez foi esta resposta demasiado branda: porque outro príncipe menos prudente faria logo prender e meter em Conselho de Guerra um general que se mostrava tão insubordinado e que se dispunha a capitanear e justificar a insubordinação das tropas.

Achamos depois que o general faz uma proclamação ao povo, sem consentimento do governo. Que direito tem um comandante das tropas de fazer tais proclamações, nem boas nem más? Isso era do dever do governo, ao general só compete obedecer; mas as Cortes, tendo apoiado o mesmo em outros casos, tendo introduzido o costume de receber congratulações e aprovações dos militares, infundem neles a idéia de que as baionetas são as que devem dar a lei e assim não admiram esses exemplos de insubordinação nos soldados. Tempo virá em que as Cortes disso se arrependam.

O general Zuzarte, em sua proclamação ao povo do Rio de Janeiro, lembra-lhe os agradecimentos que do mesmo povo tiveram as tropas quando derrubaram o antigo despotismo.

A isto observaremos que, quando as guardas pretorianas dos romanos assassinavam algum de seus tiranos imperadores, o povo naturalmente lhes dava louvores; mas logo que se dispunham a meter outro tirano no lugar do morto, mereciam e obtinham a execração pública. A gratidão, pois, que o povo do Rio de Janeiro mostrou a essas tropas prova as boas intenções do povo que desejava ver destruído o despotismo, mas não envolve a aprovação da futura conduta das mesmas tropas, quando elas, insubordinadas, se dispunham a sustentar outro qualquer despotismo.

O general não esquece em sua proclamação de repetir o que tantas vezes se tem afirmado pelos europeus, que "as sementes" da liberdade foram plantadas no Brasil por seus irmãos de Portugal! Esta asserção nem por muitas vezes repetida deixa de ser menos falsa e por isso nós também aqui repetiremos o que muitas vezes temos dito; e é que, antes de Portugal, brotaram essas sementes da liberdade no Brasil e sempre foram sufocadas pelos irmãos de Portugal.

Aqui acabaremos com o general e com as tropas, porque também com elas acabaram no Rio de Janeiro, fazendo-as sair pela barra afora; mas não podemos deixar de notar, afinal, que o proporem-se nas Cortes elogios a essas tropas antes de ouvir o príncipe regente, é fazer a este uma censura tanto mais injusta quanto ele não foi ouvido, e autorizar diretamente a insubordinação no Exército.

Ademais, deste exemplo deve aprender o governo do Brasil a não confiar nas tropas para sua segurança interna, a qual só deve depender da boa vontade do povo. Os soldados servem para defender o país dos inimigos externos: quanto ao interior, as leis devem ser tais que cada juiz da vintena seja capaz de se fazer obedecer todas as vezes que fale em nome da lei; e todo o governo que não puder conservar-se assim, não merece o trabalho de o manter.

A expedição que de Lisboa se mandou ultimamente para o Rio de Janeiro ali chegou, com efeito, mas foi mandada voltar e tornou a sair aos 23 de janeiro, porém dela desembarcaram e entraram no serviço do Brasil, 600 ou 700 homens que preferiram viver na abundância do Brasil a voltar para a miséria de Portugal.

57.
BAHIA

[Nº 168, vol. XXVIII, maio de 1822, pp. 575-9]

A instalação da Junta Governativa da província teve lugar na cidade da Bahia aos 2 de fevereiro, ficando eleitos para presidente, o dr. Francisco Vicente Vianna; para secretário, o desembargador Francisco Carneiro de Campos; e para vogais, Francisco Martins da Costa Guimarães, o capitão-mor Francisco Elesbão Pires de Carvalho e Albuquerque, o tenente-coronel Manuel Inácio da Cunha e Menezes, o bacharel José Cardozo Pereira de Melo e o dr. Antônio da Silva Telles.

Desta instalação deu logo a Junta conta ao príncipe real no Rio de Janeiro e a el-rei, e procedeu a declarar comandante interino das tropas, segundo as instruções das Cortes, o oficial da maior patente no lugar, que foi o brigadeiro Manuel Pedro de Freitas Guimarães, o qual logo tomou posse de seu lugar.

Aos 16 de fevereiro, apresentou-se à Junta um ofício do brigadeiro Inácio Luis Madeira de Melo exigindo que se lhe desse posse do governo das armas, para que tinha sido nomeado por Carta Régia[124], posto que disso não houvesse o Ministério em Lisboa feito comunicação à Junta, a qual, não obstante esta falta de atenção, estava pronta a reconhecer o comandante. A Câmara, porém, duvidou da propriedade de entrar o comandante no seu lugar, e a mesma dúvida teve o comandante interino, não só porque algumas pessoas assim o requereram à Câmara, mas porque a Carta Régia não havia sido registrada.

---

[124] A nomeação do brigadeiro Inácio Madeira de Melo (1775-1833) no comando das armas da Bahia, em substituição a Manuel Pedro de Freitas Guimarães, deu início a conflitos que se prolongariam mais tarde, a partir de meados de 1822, na guerra de independência na Bahia. Por mais de um ano Madeira de Melo comandou as forças portuguesas na luta contra o governo provisório daquela província, favorável à independência brasileira, sendo finalmente derrotado em 2 julho de 1823.

Temeu por isso a Junta Governativa o choque de partidos, que ameaçavam violência; mas como pelas medidas adotadas pelas Cortes o poder militar era independente da Junta, não tinha esta autoridade própria para remediar o mal iminente. Tais são as conseqüências bem óbvias, e logo ao princípio preconizadas, da medida que as Cortes adotaram de desunir as autoridades no Brasil, e criar com isso a confusão e a anarquia.

Nestes termos resolveu a Junta convocar a Câmara, os dois chefes militares contendentes e as principais pessoas da cidade, para se tomar neste caso alguma resolução, a ver se pelo peso das opiniões assim reunidas se conseguia reduzir os militares a alguma ordem ou obediência. No entanto crescia a violência dos partidos.

A assembléia das pessoas distintas por seus empregos, saber e influência teve com efeito lugar aos 13 de fevereiro, e foi aí resolvido por quase todos os votos que se criasse uma junta militar, para governar as tropas; mas o novo comandante nomeado, posto que disse se sujeitaria a isso, sendo ele o presidente da tal junta, e, ademais, que se ouvissem os pareceres dos outros oficiais; outrossim declarou, além de outras limitações, que toda a vez, que aparecessem atos hostis, na província, contra a Constituição, ele, governador das armas, reassumiria a plena jurisdição que lhe dá a carta de sua nomeação.

Esta circunstância, que fazia o mesmo comandante juiz do como e quando reassumiria o seu poder absoluto, estimulou mais, em vez de acalmar os partidos. A Junta Governativa publicou a ata em que se referiam por menor todas estas transações, mas ambos os comandantes continuaram a comandar, cada um sua parte de tropas.

Os soldados europeus declararam que tomariam de assalto o forte de São Pedro, guarnecido por tropas brasilienses, e aos 18 pela noite iluminaram as tropas européias os seus quartéis e postaram patrulhas em várias partes da cidade; e daí atacaram a casa do brigadeiro Manuel Pedro, o qual, contudo, havia já declarado que se deixava da disputa com o outro comandante europeu; mas agora, vendo a sua casa rodeada por soldados europeus que intentavam assassiná-lo, escapou-se para o rio Vermelho, ajuntou ali as tropas que pôde e entrou com elas no forte de São Pedro para se defender.

Na manhã de 15 as amotinadas tropas européias tiveram uma escaramuça com as do Brasil, a quem fizeram fogo, matando três e ferindo um; puseram-se todas as tropas em armas, e as tropas de Portugal atacaram os armazéns com duas peças de artilharia, e depois de alguma mortandade repeliram os caçadores brasilienses que ali se achavam de guardada, e foram obrigados a refugiar-se no forte.

Por outras partes da cidade houve também semelhantes e sanguinários ataques; e por fim as tropas brasilienses no forte, não tendo mantimentos, o evacuaram, entrando vitoriosas com bandeiras despregadas as tropas européias.

Eis os efeitos das preciosas expedições de tropas de Lisboa para o Brasil; e depois destes sérios desastres, há de haver ainda quem diga nas Cortes de Portugal que bastará uma proclamação ou declaração das mesmas Cortes que as tropas européias só vão manter a tranqüilidade, boa harmonia e fraternidade entre os dois reinos, para que todo o mundo nisso creia e se esqueça em um momento, como se fosse por mágica, todos esses males que as tropas de Portugal têm causado no Brasil.

Contra estes fatos nada se pode dizer que justifique as Cortes em sua medida de mandar tropas no Brasil, porque desde o princípio se lhes disse, e os deputados não podiam por isso ignorá-lo, que a expedição de tais tropas causaria esses fatais acontecimentos.

Mas dirão que os soldados brasilienses foram os agressores: concedamos isso, por argumento, ainda que tal não cremos ser o fato. Respondemos que, se no Brasil havia essa disposição de atacar as tropas de Portugal, mandar para lá tais tropas era provocar as rixas, as desordens, o derramamento de sangue; e, assim, pelo menos era impolítica uma medida da qual só podia seguir-se esse mal que tem acontecido, e da qual não havia nenhum bem que esperar.

Mas, como já dissemos, cessa de ser impolítica a medida se os fins daqueles que a recomendaram são irritar o Brasil a atos de hostilidade, promover a sua separação e facilitar com isso a união de Portugal com a Espanha.

Voltemos porém à Junta Governativa da Bahia. Esta foi de opinião que a lei sobre a liberdade da imprensa, publicada pelas Cortes, abrangia também o Brasil: em conseqüência, declararam a imprensa livre, abolindo uma Comissão de Censura (que existia na Bahia) por uma portaria de 4 de fevereiro; e por outra portaria da mesma data mandaram proceder à eleição dos juízes de fato[125], para conhecerem dos crimes contra a liberdade da imprensa; os quais juízes foram com efeito eleitos aos 11 de fevereiro.

Ora, supondo que a lei sobre a imprensa abrangia o Brasil, e que a Junta Governativa da Bahia tinha o direito de fixar por si os distritos, como fez, sem que tais distritos se achem expressos na lista deles que acompanha aquela lei, perguntamos agora: no caso de haver processos desta natureza, para

---

[125] Juízes de fato ou jurados, membros do tribunal do júri.

onde apelarão da Bahia os que tiverem queixas contra as sentenças desses juízes de fato?

Se tiverem de vir a Lisboa, onde o tribunal supremo desta repartição não tinha ainda exercício por falta de regimento, então diremos que melhor era aos baianos ter a censura prévia do que viver sujeitos a vir com apelações dessa natureza a Lisboa; porque, enquanto pende o recurso, se passará talvez mais tempo, e incorrerão as partes em mais despesas, do que seria o período de prisão e a soma da multa a que hajam sido condenados.

É preciso, pois, que no Brasil se desenganem e não se olhe como um bem aquilo que é na realidade um mal. A liberdade da imprensa, com tais empecilhos, não pode produzir nenhum bem; porque ninguém se atreverá a escrever ali, tendo diante dos olhos a probabilidade de lhe armarem um processo cuja decisão, em última instância, seja obrigado a vir buscar a Lisboa.

E se disserem que os escritos que não se intrometerem em política, nem em examinar a conduta dos homens públicos estão livres desse perigo, retorquiremos que para tais escritos nunca haveria impedimento na censura prévia que dantes existia; e por isso a presente liberdade da imprensa terá menos de liberal do que tinha de despótica a censura prévia do governo passado.

58.
DEPUTADOS DO BRASIL EM CORTES

[Nº 168, vol. XXVIII, maio de 1822, pp. 581-6]

Pelos extratos da sessão das Cortes de 15 de abril, que deixamos acima copiado, verá o leitor a tormenta que se levantou com o deputado por São Paulo, Andrada; e as conseqüências disso, que foram mui sérias e serão ainda de maior extensão. Atribuiríamos isso ao gênio esturrado de alguns indivíduos, se não tivéssemos observado que a generalidade e intensidade de idéias em tantas pessoas de influência nos negócios de Portugal tendem a mostrar que os ataques ao Brasil são efeito de sistema e não de erro.

O deputado Andrada, resolvendo-se a não assistir mais às sessões das Cortes, e lendo no *Diário do Governo* o que se passou na sessão em que ele fora insultado, julgou necessário escrever ao redator uma carta para corrigir os erros do mesmo diário, visto que já o não podia fazer no seu lugar como deputado. Esta carta publicou-se no *Diário do Governo* nº 89, e servia principalmente de corrigir o diário (que nós copiamos à p. 553) quando diz "que nas galerias houve só algum rumor, que apenas começou, por si mesmo sossegou"; mas, diz a carta, "houve não só rumor, mas alarido de comando, e até se vomitaram contra mim insultos e ameaças, atacando-se a dignidade da minha pessoa e da minha província". Além disso, na mesma carta o deputado Andrada acusa o outro deputado, B. Carneiro, de criminosa ingerência em pedir pelo outro escusa da Comissão, e também que é falso o que diz o diário de se contentar com as razões do deputado F. Tomás; e que, se tornou a falar, depois de ser insultado pelas galerias, foi por não ver enraizado maquiavelicamente o sistema colonial no Brasil.

Os deputados B. Carneiro e F. Tomás replicaram a isto, publicando também cada um sua carta, no *Diário* nº 90 e nº 92, em que tratam Andrada por mentiroso etc. Mas o deputado B. Carneiro, quanto à ingerência que o outro chama criminosa, confessa que enviou ao presidente um recado escrito com lápis; ora o ser o recado escrito com lápis ou com tinta, ou ser verbal, não desmente a ingerência de que Andrada se queixa.

O deputado F. Tomás, na sua carta (*Diário* n° 92), refutando o deputado Andrada por dizer que fora chamado à ordem por um partido dominante no Congresso, diz "que isso é falso, e que afirma positivamente que tal partido não há", e continua com mui acres expressões contra Andrada, por assim infamar os representantes duma nação livre etc. Diz, depois, que com razão fora chamado à ordem, por igualar os deputados da Junta de São Paulo aos das Cortes em sentimentos de honra; e que esta comparação era indecorosa, incivil e por extremo injuriosa às Cortes, por serem aqueles deputados de São Paulo homens criminosos e que trabalham por fazer desgraçada a pátria em que nasceram.

Se não tivéssemos outras razões de julgar que havia um partido nas Cortes contra os deputados do Brasil, bastava ver a acrimônia, o tom insultante, os desnecessários ataques do deputado F. Tomás numa gazeta contra o deputado Andrada, para concluirmos da existência desse espírito de partido, porque só ao espírito de partido se pode atribuir a desmedida linguagem desta carta, vinda de um deputado tão cordato, tão patriota e tão morigerado como F. Tomás. Só o espírito de partido poderia cegar um homem tão sensato a escrever para o *Diário*, quando tinha aberto o seu lugar nas Cortes para dizer tudo o que julgasse conveniente ao bem da nação. Só o espírito de partido lhe podia fazer desconhecer a diferença de sua situação à de Andrada, pois este, não indo já às Cortes, não lhe restava outro meio de justificar-se para com o público das incorreções, senão escrevendo as emendas nesse mesmo *Diário*; e F. Tomás podia falar em Cortes, com toda a dignidade, no seu lugar, certo de que suas exposições seriam publicadas no *Diário*; e assim passar essa contenda do salão das Cortes para a gazeta é tão contra a dignidade do lugar e tão contra o bom senso que em outras ocasiões tem mostrado, que só ao mesmo espírito de partido, que o obrigou já a pedir uma delegação do poder real para cada província de Portugal, caso essa delegação se concedesse ao Brasil, podemos imputar tão estranho comportamento.

Deixamos de fazer inteira análise à carta do deputado F. Tomás, porque isso nos levaria a demasiada extensão; mas sempre lembraremos que, não contentes estes dois deputados com escreverem contra o outro nas gazetas, o deputado F. Borges fez uma moção nas Cortes para que se tomassem medidas contra Andrada; assim, é este atacado no terreno em que se pode de algum modo defender, que são as gazetas, e noutro em que não pode responder, que são as Cortes, porque a elas já não ia.

Mas as conseqüências deste mal pensado ataque ao deputado Andrada começaram já a desenvolver-se em Lisboa, dando o presságio do que ocasionará no Brasil: conseqüências funestas que não prevêem os homens que, por gênio esquentado ou por espírito de partido, não curam das provocações que dão ao Brasil; e de que só podem aprazer os que desejam separar Portugal do Brasil, seja com as vistas de adiantar seu válido plano da união com Espanha, seja movidos por inimigos ocultos, que nessa separação esperam ver a queda do sistema constitucional.

Na sessão de 16 de abril apareceu logo uma representação de outros dois deputados por São Paulo, Bueno e Feijó, pedindo dispensa de assistir às sessões das Cortes. Depois, nessa mesma sessão, pedem sua demissão os deputados pela Bahia, Barata e Gomes.

Aqui temos os insultos contra um, ressentidos já por cinco deputados do Brasil. Porém temos nisto mais alguma coisa: na representação dos deputados Barata e Gomes, queixam-se eles de que nas galerias até chamaram patifes aos deputados do Brasil, vociferando "fora patifes"; e a mesma representação testemunha os alaridos, que disfarçou o *Diário do Governo*, e que pretenderam negar em suas cartas B. Carneiro e F. Tomás.

Se isto fosse um crime cometido nas galerias somente por algumas pessoas malcriadas, como diz F. Tomás, teríamos de falar de outra maneira; mas quando nem o presidente nem as Cortes dão o menor passo para coibir esses excessos, quando um deputado de tanta conseqüência, como é F. Tomás, pretende paliar isso; quando esses fatos são seguidos de pasquins, ameaças, insultos, impressos, dictérios etc., não é de esperar que isso se ouça no Brasil com tranqüilidade.

Depois disto, suponhamos que do Brasil mandavam retirar seus deputados, para não sujeitar a sua dignidade a tais insultos; dir-nos-ão que tal acontecimento era inesperado e não provocado? De que serve a ninguém negar a existência do sol, quando todos o vêem? É preciso que os homens que assim raciocinam não só estejam cegos, mas que suponham também cega toda a mais gente.

Mas o deputado F. Borges fez uma indicação nas Cortes contra Andrada; a indicação foi remetida a uma Comissão, e esta deu o seu parecer na sessão de 23 de abril (que deixamos copiado), e foi aprovado que os deputados se não podiam demitir, e assim eles voltaram às Cortes; porém o deputado Feijó, logo na sessão de 25 de abril, expôs os motivos que o obrigaram a ele e a seu colega (Bueno) a representar ao Congresso, que não podiam voltar a ele enquanto essas causas continuassem; que, posto as não houvessem declarado, o soberano Congresso as atribuiu ao rumor que na sessão de 15 houvera nas galerias e sancionou que eram falsos, do que resultou chamar falsos e de má-fé dois representantes da nação; fez depois esse deputado amargas queixas contra o povo de Lisboa, pelo mau acolhimento que tem feito aos deputados do Brasil, não só nas galerias das Cortes, mas também nas praças públicas; e que o pouco conceito que se faz do Brasil se prova observando o que se tem escrito nos papéis públicos, sem por isso se haver dado providência alguma; não sendo sucedido assim quando apareceu contra outros deputados um papel com o título de *Patriota Sandoval*, pois então se deram logo prontas medidas; por fim, leu um projeto que julgava ser o único que podia manter a união do Brasil com Portugal.

Que se seguiu daqui? O deputado Moura propôs que se declarasse urgente o exame deste projeto, não para averiguar se era bom ou mau; não para satisfazer o deputado do Brasil das queixas que alegara; não para propor meios alguns de conciliação... unicamente, diz Moura, para combater os errôneos princípios que esse projeto envolvia.

O deputado F. Tomás, apoiando a urgência, falou com a indiferença com que sempre se tem explicado a respeito do Brasil e disse que era necessário a decisão deste negócio para se saber se o Congresso pode tratar dos negócios do Brasil.

Nesta têmpera estão os deputados europeus nas Cortes a respeito do Brasil; e porque isto sabíamos nós antes de saírem à luz esses fatos, por isso dissemos já no nosso número passado que só do Brasil e não das Cortes se poderiam esperar medidas que firmassem a união dos dois países, se é que essa união tem de continuar; e estes fatos agora justificam bem o que dissemos.

Mas este modo de obrar em Portugal resulta das idéias que ali geralmente se faz do Brasil; porque, como depois veremos, os escritos, influídos pelos mais conspícuos membros do governo e das Cortes, mostram tão alto desprezo pelo Brasil, que asseveram e se esforçam por mostrar ao povo que a separação do Brasil, em vez de ser perda, é ganho para Portugal. Daqui forçosamente se segue que nas Cortes se não cuidará em medidas de conciliação e que ou o Brasil se há de sujeitar a tudo que quiserem as Cortes e a todos os insultos que fora delas lhe fazem, ou hão de ser os povos do Brasil instigados à separação total, por medidas coercivas, em tanto quanto a pobreza de Portugal o permitir.

59.
Escritos em Lisboa contra o Brasil

[Nº 168, vol. XXVIII, maio de 1822, pp. 586-96]

Quando não houvesse outros dados para julgar dos sentimentos hostis que há em Portugal contra o Brasil, assaz ficaria isso demonstrado pelos escritos que temos visto, impressos em Lisboa, em que se trata dos negócios políticos do Brasil. Seria demasiado longa tarefa encarregar-nos de copiar ou de responder a todos, porém mencionaremos três, que por suas conexões com os membros influentes das Cortes e do governo, merecem ser lembrados, pois servem de índice às opiniões dessas pessoas influentes em Portugal.

São esses três escritos: o *Campeão*, que é continuação do *Campeão* que se publicava em Londres; o *Exame Crítico* do parecer que deu a Comissão Especial das Cortes sobre os negócios do Brasil, que é um papel avulso escrito pelo ex-redator do *Português*, agora adido à legação portuguesa em Madri; "A todos os periódicos de Lisboa, sobre a *Malagueta*, *Despertador Braziliense* e *Representação dos Paulistas*": papel também avulso, atribuído a certo membro das Cortes, dos que escreviam o jornal chamado *Independente*. Destes transcreveremos algumas passagens, para mostrar o espírito que reina em Portugal a respeito do Brasil.

Do *Campeão*, nº 3:

"Tão circunspecto e tão notoriamente avesso a lançar algemas a seus irmãos do Brasil se tem sempre mostrado Portugal, que logo desde o princípio de sua heróica regeneração nada quis decidir tocante ao Brasil sem primeiro conhecer seus desejos e consultar sua vontade. Entre muitos exemplos apontarei o seguinte, que foi quase um dos primeiros do nosso soberano Congresso. Propondo o sr. Bento Pereira do Carmo que se passassem as ordens para a eleição dos deputados do Ultramar, e fossem eles provisoriamente nomeados dentre os indivíduos mais beneméritos residentes em Portugal, não foi aprovada esta proposta pelas Cortes, tal era o melindre com que Portugal olhava para os negócios do Brasil, e tal era a sábia resolução que havia tomado, de não forçar por modo algum a consciência de nossos irmãos residentes no ultramar."

Tanto isto que diz o *Campeão* não é assim, tanto os motivos dessa resolução não foram o melindre de não forçar os povos do Brasil, que, antes de a Lisboa chegarem os deputados do Brasil, as Cortes mandaram tropas para forçar o mesmo Brasil e para apoiar os despotismos do governador Rego. Tanto é verdade que não havia esse melindre, que estando já no Tejo os deputados de Pernambuco, e pedindo um deputado nas Cortes que se esperasse mais dias para haver tempo de ouvir aqueles deputados sobre a resolução que se ia tomar, de mandar mais tropas a Pernambuco, indecentemente foi aquela petição do tal deputado contrariada. Depois, quando esses deputados tomaram seu assento e protestaram contra o mandar as tropas a Pernambuco, apesar deles votou a maioria que fossem as tropas e efetivamente foram. Tanto não houve esse motivo de melindre, que a nova forma de governo para o Brasil, com os generais das armas independentes das juntas, foi resolvida e decretada pelas Cortes antes de virem os deputados do Brasil.

Continua o *Campeão*:

"Poderia alguém imaginar que, sendo Portugal quem quebrara nas mãos do despotismo essa pesada e férrea espada, que depois de tantos anos atrozmente pesava sobre os pescoços dos desgraçados pernambucanos, e que sendo Portugal, enfim, quem fora arrombar as masmorras da Bahia e de seus mais profundos calabouços, arrancara tantas e tantas vítimas que ali jaziam sepultadas entre a desesperação e os tormentos, contra esse mesmo Portugal se levantem agora etc."

É isto tão contrário à verdade, que quando Pernambuco se levantou em 1817, o que Portugal fez foi mandar tropas para o subjugar; que em 1821 Pernambuco se quis levantar e foi contido nesses ferros pelo português governador Rego, com suas tropas portuguesas que lá tinha, e com as que depois as Cortes lhe mandaram, até que a superioridade de forças dos brasilienses o obrigou a capitular. Tão pouco é assim que essa espada férrea (com o que nos explica o *Campeão* que não era espada de manteiga) fosse destruída por Portugal, que a revolução da Bahia, pela que foram soltos os presos de Pernambuco, foi feita lá, sem nenhum auxílio de Portugal, e de Lisboa só se lhe mandaram depois tropas para apoiar, não a revolução, que estava feita e segura, mas as sinistras intenções de uma junta que havia declarado a Bahia desligada do Brasil: para isto se mandaram as tropas.

Se o *Campeão* nos disser que essas revoluções agora no Brasil seriam tão mal sucedidas como a de Pernambuco em 1817 se não fosse o haver a revolução também em Portugal, respondemos que é possível que os atrozes mandões portugueses, que oprimiam o Brasil do Rio de Janeiro, pudessem continuar essa espada férrea se a revolução de Portugal os não fizesse arder em dois fogos. Mas nem por estar a Holanda em rebelião contra Felipe de Castela, e favorecer com isso o bom êxito da revolução de Portugal, em 1640, algum português disse que foram os holandeses que vieram quebrar os ferros de Portugal. Exatamente o mesmo é o que sucede a respeito do Brasil com Portugal. Com que, assim, porque a revolução em Portugal era circunstância favorável à do Brasil, não se segue que fossem as Cortes ou o governo revolucionário de Portugal que fossem quebrar essa espada férrea no Brasil, porque os mesmos brasilienses é que lá o fizeram, e isso contra os mandões portugueses que, como diz o *Campeão*, faziam que essa férrea espada pesasse atrozmente por tantos anos sobre seus pescoços; e para que isso não tornem a fazer é que os povos do Brasil estão cuidando em se governar por si mesmos.

Mais uma passagem do *Campeão*, falando de José Bonifácio de Andrada como um dos que assinou a representação de São Paulo.

> "A decência e a gratidão pediam que tal nome não houvesse de aparecer em uma declaração de semelhante natureza! Quando alguém se recordar que o sr. José Bonifácio de Andrada fora nutrido, educado e brilhantemente honrado em Portugal e que ao mesmo Portugal devera ter um nome conhecido na Europa, que idéia ou conceito poderá então fazer dos motivos que o impeliram a figurar em acontecimentos tão notáveis?"

Já vimos que a revolução que fizeram os brasilienses, querem os portugueses que o Brasil agradeça a Portugal, quando este, o que tem feito, foi tratar de a suprimir. Agora, porque a rainha d. Maria I mandou José Bonifácio viajar pela Europa à custa do Erário, José Bonifácio deve por isso ser agradecido ao presente governo das Cortes. Examinemos esta pretensão.

De que fundos se compunha esse Erário por que José Bonifácio era mantido? De fundos de Portugal e Brasil, e mais deste que daquele, se compararmos as rendas das duas partes da monarquia, então unidas. Pois então por que há de José Bonifácio ser mais agradecido a Portugal do que ao Brasil por sua educação literária, quando ambos pagavam para ela? Suponhamos que as províncias ao sul do Tejo se separavam em interesses políticos das províncias ao norte do Tejo, e que um alentejão que o Erário houvesse mantido seguia o partido de sua província; que direito teriam as outras províncias de o tachar de ingratidão, quando do governo comum o tal alentejão recebera o benefício?

Mas demos por concedido que José Bonifácio devia essa educação só ao Erário de Lisboa? Trazia essa dádiva consigo a condição de que o beneficiado houvesse de obrigar-se por isso a atraiçoar a sua pátria, obrando o contrário do que julgasse ser-lhe útil? Então, sim, se verificaria o dito *Timeo Danaos donaque ferentes*, e nesse caso mais valia a José Bonifácio ter-se enforcado do que receber um dom que lhe impunha a obrigação de ser inimigo de seu país natal. Mas é tempo de passar aos outros escritos.

Exame Crítico:

"Não se me quer sair da memória o nome de um dos principais comparsas nessa burleta de São Paulo. É um homem... (chamá-lo-ei homem?), é um monstro do Brasil, coberto de benefícios, honras e riquezas, pela última nossa rainha de saudosa memória, e por el-rei, nosso magnífico soberano! Assim descobriu o caminho atalhado para pagar benefícios que mal mereceu! É de crer que ainda os julgasse minguados, e pela rebelião quisesse fazer degraus para chegar a proprietário explorador de todas as minas preciosas do Brasil?"

Outra vez José Bonifácio, o monstro, que nem homem é, do Brasil; assim chamado por quem chama a defunta rainha, de saudosa memória, e el-rei, nosso magnífico soberano: bem notáveis expressões no ex-redator do *Português*, onde se leram os memoriais a este mesmo soberano etc.; mas deixemos isto, que não vem ao nosso caso, vamos à ingratidão desse monstro do Brasil.

Quando vemos na revolução de Portugal, e membros das Cortes, tantos desembargadores que devem o que são a favor d'el-rei e da última rainha, quando vemos em Lisboa e em Portugal todo, tantos militares derrubar o governo desse rei que os tinha promovido e nutrido; quando vemos unirem-se à revolução, que priva el-rei do poder que tinha, tantos bispos e outros eclesiásticos que somente ao favor d'el-rei, mui pessoalmente, devem o sair da obscuridade, talvez de um convento, para a mais brilhante situação de um episcopado; onde esta gratidão de todos esses homens para com a passada rainha e para com o presente rei?

Oh, que fácil é a resposta: julgamos que o destruir o poder desse governo velho, ainda que esse rei nosso benfeitor estivesse à sua frente, é um ato meritório, porque julgamos que o bem da pátria pede esta revolução, estas reformas.

Muito bem; mas se José Bonifácio se esquece das promoções que recebeu da defunta rainha para obrar o que entende ser a favor de sua pátria, então já as razões dos outros não servem, então é José Bonifácio monstro de ingratidão! Oh! Lembre-se só de que a defunta rainha o fez desembargador, e deixe por isso que as Cortes levem a ferro e fogo sua pátria; como atualmente querem alguns dos deputados.

Mas já que tanto falam sobre essa gratidão devida à defunta rainha, suponhamos que José Bonifácio dizia: a minha gratidão à defunta rainha, e ao presente rei, me impõe o dever de defender seu poder e direitos de que o soberano está de posse; assim, ou com a minha espada, ou com a minha pena, ou com os meios que estão ao meu alcance, trabalharei por sustentar o poder real contra todas inovações dos revolucionários. Que nome daria o autor do *Exame Crítico* a essas conseqüências da cega gratidão de José Bonifácio?

Nesse caso, dirão, devia calar-se a gratidão e falar só o amor da pátria. Então, para que são hipócritas e nos falam de gratidão, quando só querem essa gratidão caso que lhes faz conta?

"Talvez, talvez (diz o *Exame Crítico*) o Congresso tenha dado ocasião a perder, por sobeja liberalidade, o que se podia ganhar com discreta parcimônia; que mal posso eu agora decidir se não foi extravagância de prodigalidade o no Brasil conceder representação nacional, pela base da de Portugal, e o dar-lhe juntas populares de administração em que nenhum membro é nomeado aqui pelo governo. Não é extraordinário que o sobejo favor das Cortes desse azo a exagerarem suas pretensões os demagogos do Brasil que quisessem arremedar a insolência de Breno em seus contratos com os romanos; pois da injustiça e desmandada cobiça é natural o ser insaciável em proporção das vontades que se lhe fazem; e sempre foi costume e uso da fraqueza o confundir os motivos do temor com os da generosidade e daí carregar mais a mão no arbitrário das pretensões."

Quando se considera a circunstância, que já lembramos no nosso número passado, de ser o autor desse escrito um dos membros do atual ilustre corpo diplomático português, íntimo amigo e comensal do ministro da Justiça quando assim escrevia, deve dar-se a estas opiniões muito peso. Assim temos que até isso mesmo que se tem feito em Portugal acerca do Brasil se chama demasiada prodigalidade, e os desejos dos brasilienses se tratam de arremedo da insolência de Breno. Continua:

"Vaidosos são eles (os do Brasil) por natureza (boa qualidade se for bem aproveitada), e por isso nunca deixaram seus louvores em mãos alheias; porém mui estúpidos seriam se, renunciando à íntima convicção de seu atraso presente e suas muitas necessidades, assim como aos benefícios que já lhes fizeram as Cortes e aos mais que têm de lhes fazer, cortassem de um golpe os vínculos de parentesco etc."

É certo que o Brasil se acha mui atrasado nas ciências e artes, graças a esse paternal governo de portugueses que até aqui o tem regido; porém nenhuma nação, por mais ignorante que seja, dá com isso a outra o direito de a ir governar como quiser; e ainda que esses sonhados benefícios que Portugal tem feito ao Brasil na realidade existissem, os homens renunciariam a eles e se governariam lá como pudessem, antes do que expor-se, recebendo-os, a ser tratados com o soberano desprezo que esse autor e todos os mais da sua facção inculcam. Mas falando das queixas que se farão em Portugal, perdendo o Brasil, diz assim:

"Deixe-o perder, profano vulgo, contanto que possamos dizer como Francisco I depois da derrota de Pavia: 'perdeu-se tudo, menos a honra'."

Em verdade são de fazer inveja os nobres espíritos de um mui ilustre deputado que hoje mesmo no Congresso proferiu estas palavras, dignas de se esculpirem em letras de ouro: "percam-se dez Brasis, mas fique salva a honra nacional, e não se perca a do Congresso".

Aqui temos, pois, apregoado em escritos ministeriais fora das Cortes, o que nelas se sustenta. Seja assim: seja indiferente a Portugal a perda de um ou de dez Brasis; mas então não mandem para lá tropas, que antes de irem se lhes disse não podiam servir de outra coisa mais do que fomentar ali a guerra civil; e isto que se lhes disse antes, é o que a experiência mostrou depois e ainda assim se teima em que vão mais tropas para o Brasil.

Logo, se não têm sustentado o Brasil em sua sujeição por meio da força, é porque mais não puderam; e os infrutíferos esforços que fizeram só provam a impotente vontade de Portugal; onde está, pois, aqui, salva a honra de Portugal? Em terem falhado as Cortes no seu plano de aquartelarem tropas no Brasil, independentes do governo local e prontas a sublevarem-se quando quisessem, como têm feito?

O autor passa depois a consolar Portugal da perda do Brasil; que isso não diminui a sua consideração nacional, que ficando sem o Brasil, fica Portugal sem o cuidado de o defender etc. etc. Seja isso assim muito embora, que não queremos tirar aos portugueses essa sua consolação; mas em nome do bom senso, se ganham com a separação do Brasil, deixem-nos separar em paz, e não vão lá instigar a guerra civil.

Mas, no meio desses lucros que, supõe o autor, Portugal tiraria da separação do Brasil, repetindo outra vez as palavras do deputado Fernandes Tomás em Cortes, adeus, adeus, passe por lá muito bem, senhor Brasil, recomenda, por mera comiseração aos povos do Brasil, que se mandem 1.500 soldados tomar posse da ilha de Santa Catarina! *Risum teneatis?* Adeus, sr. *Exame Crítico*.

"A todos os periódicos etc.":
Este terceiro papel propõe-se a refutar o *Malagueta* e o *Despertador*, folhas impressas no Rio de Janeiro; depois, a célebre *Representação da Junta de São Paulo*. Apenas nos poderíamos persuadir ser verdadeira a informação que temos, de haver saído este papel das mãos de um tão cordato como patriótico membro das Cortes, se não tivéssemos a experiência do muito que o tem alucinado o espírito de partido, como se vê pelo que ele tem dito em Cortes sobre negócios do Brasil.

À *Representação de São Paulo* chama-se insolência, desaforo; aos que a escreveram, hipócritas, publicistas fofos, loucos, infundados, pedantes, frenéticos, insolentes paulistanos e todos os mais termos oprobriosos que a língua portuguesa podia ministrar, enfurecendo-se contra os 12 de São Paulo; mas como a Junta era composta de 13 membros, quer o escritor, falando só em 12, excluir o presidente, que sabia ser europeu; mas não sabia que mais seis da mesma junta são europeus, o que prova que o vexame intentado pelas Cortes, de trazer todos os recursos do Brasil a Portugal, produz iguais sentimentos nos naturais daquele país e nos europeus que lá residem, porque nuns e noutros pesa igualmente o gravame.

Alguns dos partidistas do poder arbitrário das Cortes sobre o Brasil, vendo-se obrigados a alterar o tom em que falavam, dizem agora que não são os povos do Brasil os que se queixam das Cortes, mas somente alguns poucos de intrigantes, que são os instigadores. Eis aqui a linguagem que usavam os antigos déspotas: todas as vezes que alguém lhes mostrava o errado de seu sistema, que tendia a desgostar o povo, diziam precisamente o mesmo; isto é, que tais asserções eram falsas, que o povo estava contente, que só poucos intrigantes falavam de reformas, e que quem dava tais conselhos de mudar de sistema era instigador de revolução; chegou enfim o tempo de se pôr esta contestação à prova, e que sucedeu? Caiu esse despotismo por terra sem haver ninguém do povo que tomasse a sua parte. O mesmo ganharam os presentes, imitando a mesma linguagem.

Mas voltemos ao nosso autor, e demos uma passagem deste papel para mostrar o espírito de conciliação que reina em Portugal a respeito do Brasil, e o que daí é possível esperar:

"Despotismo é governo arbitrário, perjúrio é quebrantar um juramento. Loucos, frenéticos e insolentes paulistanos. As Cortes não governam, legislam. Qual foi o juramento a que faltaram? Vãs palavras são as vossas; vós é que nutris e alimentais em vossas cabeças vulcânicas fantasmas ocos. O bom siso dos portugueses honrados em ambos os mundos vos condena e vos detesta; vós sois os inimigos da ordem na América, mas não produzireis a desordem nas Cortes de Lisboa, onde esta vossa carta foi lida com indignação geral e com horror. A vossa rebelião está pública, todo o mundo atina com a perfídia de vossas adulações e com a mira da vossa ambição. Mas é provável que vos enganeis, e que o cálculo vos saia errado."

Passa depois a recomendar que se castiguem esses rebeldes com todo o rigor das leis, e daí vem outra passagem digna de copiar-se.

"Ora, aqui haja prudência, senhores tigres amadornados de São Paulo. Deixem-se estar a dormir como até agora, e não se incomodem. Vossas mercês não são tão raivosos como dizem, porque bastantes latagadas lhe estendeu pelos lombos o velho despotismo, e vossas mercês sempre beijaram humildemente o látego que lhes estendia, e se não fossem os ecos de 24 de agosto, que soaram de cá do berço da nossa pátria comum, ainda hoje vossas mercês obedeceriam ao mero e misto império de s. exc. o sr. governador, a cujo aceno vossas mercês, senhores tigres, obedeciam como os mansos cordeirinhos. Portanto, não haja sangue, que tudo se há de compor a bem e a prol comum."

Aqui diríamos nós: obrigado, sr., pela pouquidade, porém é já tempo de cuidar em não sofrer essas latagadas dos senhores portugueses; e lá no Brasil não se lerão estes pungentes sarcasmos da parte de seus antigos opressores sem emoções mui vivas.

Conclui com uma exortação aos brasilienses para que se não iludam com as imposturas desses aristocratas de São Paulo; e como também nós devemos levar a nossa latagada, pois não bastam, para excitar o nosso agradecimento, quatro anos que nos presentearam de prisão na Inquisição nem 16 anos de extermínio da nossa pátria, assim se nos assenta o látego:

"Não vos iludais, outrossim, com a fala política de que é infecto veículo o periódico do vosso compatriota em Londres, que tudo ultraja, exceto os instrumentos da sua notória venalidade."

Se essa recomendação lhe pode servir de algum bem a seus fins, bom proveito que lhe faça, sr. escritor; copiamo-la para lhe dar maior circulação e ao menos disto não se deve queixar de nós. O Brasil está respondendo por nós.

60.
POST SCRIPTUM

[N° 168, vol. XXVIII, maio de 1822, pp. 611-14]

Somos obrigados, ainda que não seja esse o nosso costume, a fazer um artigo adicional a este periódico depois de o termos mandado para a imprensa, porque vimos nas gazetas inglesas artigos que dizem respeito ao nosso país e que merecem ser notados.

O primeiro é no *Times* de 3 de maio, onde vem a correspondência entre o secretário de Estado dos Negócios Estrangeiros em Lisboa e o ministro de Sardenha naquela Corte, inserta em uma circular do secretário de Estado português dirigida aos ministros portugueses nas cortes estrangeiras, na qual vêm estas palavras:

"Logo que este governo foi informado pelos nossos ministros residentes em Viena, Nápoles e Turim que aqueles governos tinham declarado que, conquanto não hesita reconhecer aqueles ministros de s. m. f. que haviam sido nomeados antes de 24 de agosto 1820, estavam determinados a não reconhecer pessoa alguma que, em virtude de nomeações subseqüentes, chegassem com o fim de os substituir em seus lugares, porque tinham de comum acordo resolvido não reconhecer o governo atualmente existente em Portugal; s. m. ordenou não somente retirar dessas cortes os mencionados ministros, mas suspender as funções dos respectivos cônsules etc."

Daqui se vê quão verdade foi o que asseverou o *Correio Braziliense* sobre a negativa da admissão dos ministros portugueses em várias cortes da Europa e quão falsas foram as notícias do *Diário do Governo* em Lisboa, quando ostentou a boa recepção dos seus ministros nas cortes da Europa. Daqui se vê, mais, os alicerces de barro em que se fundam os castelos que o presente governo está edificando, ao mesmo tempo que, se soubessem do que se passa no mundo, se não tivessem de fiar-se só nas informações de quatro ignorantes que, de Londres e Paris, afetam dar-lhes as mais corretas notícias quando nada sabem nem têm meios de o saber, poderiam fundamentar as necessárias e úteis reformas sobre bases inconcussas.

O segundo é um parágrafo do *Morning Chronicle* de 20 de maio sobre o Brasil, contendo uma pretensa carta do Rio de Janeiro em que se diz que aquela província é a única que tem manifestado o desejo de conservar o príncipe; que os brasilienses não amam nem conhecem as vantagens do governo monárquico; que quando instam pela estada do príncipe no Brasil é só para ter hábitos de Cristo etc.

É lástima que uma gazeta que adquiriu tanto crédito na Europa durante a vida de seu último proprietário, mr. Perry, que infelizmente morreu, tenha caído em mãos que sejam capazes de desacreditar esse papel periódico, outrora respeitável, publicando tais inépcias.

Se as pessoas que se empregam em recolher novidades para aquela gazeta procurassem notícias nas respeitáveis casas de comércio inglesas que negociam com o Brasil, seriam melhor informadas do que obtendo informações de alguns míseros portugueses em Londres, cuja insignificância como negociantes os reduz à necessidade de se intrometerem em negócios políticos tanto além do seu alcance, quanto uma gazeta, que neles crê, deve perder em reputação e deteriorar os interesses dos sucessores incautos do respeitável proprietário, que é morto.

Na mesma gazeta de 30 vêm outras notícias do Brasil, sobre a volta da expedição do Rio de Janeiro, em que diz que 400 homens dessa expedição ficaram no Rio, principalmente por deserção; deveria dizer 600 ou 700, mas fossem os que fossem, isso prova quão misérrimo é o expediente de mandar tropas do faminto Portugal para conquistar o abundante Brasil, quando essas tropas se julgam felizes em se poderem unir aos povos que eram mandados combater.

Grande ignorância dos fatos é dizer que só a província do Rio de Janeiro é a que tem por ora manifestado o desejo de que o príncipe regente resida no Brasil; porque dos documentos oficiais de que publicamos parte neste número, consta que São Paulo, Minas e Rio Grande se uniram ao Rio de Janeiro no requerimento para que ali ficasse s. a. r.

Que os brasilienses nem amam nem conhecem as vantagens do governo monárquico! Que absurdo, numa gazeta em outro tempo respeitável! El-rei de Portugal teve sempre no Brasil o mais distinto bom acolhimento; com os olhos arrasados de lágrimas viram aqueles povos a sua partida para Lisboa, onde previam a nulidade a que se ia reduzir. O príncipe regente é amado por todos e as reformas que ali se propõem no governo trazem o caráter da maior moderação.

Que os brasilienses só querem os hábitos de Cristo! Lembre-se o escritor desse parágrafo no *Chronicle* que o seu amigo *Português* mui honrado se achou por lhe darem um hábito de Cristo, para ser adido a uma legação; e que para nisso o ridicularizarem, até em Lisboa representaram um papel que o imita em um entremês no teatro público. Ora, esse não é brasiliense, mas é dos que os acusa de vaidosos.

Se esse coletor de novidades para o *Chronicle* examinasse, como deixamos dito, seus respeitáveis compatriotas que têm conexões com o Brasil, saberia melhor o caráter daqueles povos e lhes faria justiça, pela indignação que lhes causa ver que o indigente reino de Portugal intenta, ainda agora, mandar governadores das armas para o Brasil independentes do governo civil e extorquir tal sujeição, que nenhum natural do país figura em algum emprego público de consideração. Isto não é a ambição pueril do *Português*, que se empavona com um hábito de Cristo, é um sentimento de justa dignidade que não sofre ver toda uma nação governada por meia dúzia de estranhos, que arrogam a si tudo quanto há de consideração, e que sem rebuço propalam a máxima de que isso assim deve ser, porque nenhum natural do país é capaz de ser nem juiz da vintena. Faça-se justiça aos sentimentos nobres, e não se confunda com a vaidade de desejar um hábito de Cristo sem ter feito algum serviço em que tal distinção assentasse; não se confunda o patriotismo de um homem independente, que deseja ver livre sua pátria, com a baixa intriga e vil cabala de algum mísero bancarrota, que até se honra com lhe chamarem alcoviteiro político, metendo-se a dar notícias que lhe não pedem, e intrometendo-se em negócios que nunca foram, nem podiam ser, por sua humilde educação, objetos incluídos em sua limitada esfera.

61.
MEDIDAS DE PORTUGAL SOBRE O BRASIL

[Nº 169, vol. XXVIII, junho de 1822, pp. 698-712]

Quando se discutia nas Cortes o que se devia fazer acerca do ofício recebido do governador das armas da Bahia, resolveu-se suspender a discussão, ingerindo-se nisso o presidente, como sendo a matéria além do que a ordem das sessões permitia tratar; mas, na verdade, como se colhe do que disseram muitos deputados, para que os deputados do Brasil não tivessem ocasião de dizer mais do que disseram, porque era preciso sustentar o brigadeiro Madeira, na Bahia, pelo mesmo motivo que se apoiou e mandaram tropas ao Rego em Pernambuco, e se mandariam ao demo, se o demo tivesse uma patente de governador das armas no Brasil pelo governo de Lisboa; e, ultimamente, para que o Ministério ficasse com as mãos desligadas para mandar tropas ao Brasil sem o incômodo de ouvir o que os deputados do Brasil poderiam mais expor na matéria.

O secretário das Cortes, o deputado Freire, mostrou-se neste caso mui zeloso dos poderes do Executivo, a quem disse que pertencia e não às Cortes, de manter a segurança (aliás sujeição) do Brasil. Mas se o governo nomeou um governador das armas para a Bahia, o qual governador esse governo teve informações de ser do partido anticonstitucional e, por outras causas, impróprio do lugar, seguramente às Cortes pertencia examinar esses fatos. Não terá o sr. Freire votado em outras ocasiões para que as Cortes se intrometam no que pertence ao Executivo? Sem dúvida; mas dirão que este caso é diferente dos outros. Assim é, porque se tratava agora do Brasil!

Nessa mesma sessão se discutiu outro ponto de suma importância ao Brasil, e foi o parecer da Comissão sobre o negócio de Montevidéu; e verá o leitor, no extrato que damos dos debates, que a Comissão recomendou que se retirassem as tropas e se abandonasse Montevidéu, sendo isto fortemente apoiado pelos mais decididos inimigos da prosperidade do Brasil, como o leitor facilmente conhecerá pelos nomes das pessoas que tomaram parte no debate e pelos argumentos que usaram.

Que este plano de evacuar Montevidéu é uma medida dos inimigos do Brasil para o deixarem aberto e vulnerável por aquela parte, prova-se bem de que a Comissão, recomendando a evacuação, não diz uma só palavra a respeito dos limites para dentro dos quais as tropas se deviam retirar no Brasil; e os oradores que defenderam o parecer da Comissão só urgiam os direitos de Espanha; e se esses se regulam pelas pretensões da Corte de Madri, metade, ou duas terças partes, da província do Rio Grande deveria ser evacuada, assim como Montevidéu.

Não nos faremos cargo dos argumentos que se produziram a favor do parecer da Comissão; porque a eles responderam cabalmente vários deputados do Brasil, e principalmente o deputado Fernandes Pinheiro, que manejou a disputa com mão de mestre. Além disso, não vale já a pena de argüir de novo a matéria, porque o parecer da Comissão foi rejeitado, pelo motivo que depois diremos; no entanto, examinaremos um dos argumentos, porque os regulamentos das Cortes não permitiam talvez aos membros do Brasil o responder-lhe como merece.

Vimos que a respeito da Bahia se acabava de decidir que as Cortes não tomassem resolução sobre a ida das tropas para a Bahia, que pedia o governador das armas, pelo argumento de que a segurança das províncias e o modo de a obter, era das atribuições do Executivo. Agora, na mesma sessão, sustentava-se que as Cortes deviam decidir a retirada das tropas de Montevidéu, sem consultar sequer o Executivo sobre a influência que essa medida teria na segurança do Brasil.

Venham cá, hipócritas, se o sistema de subjugar o Brasil à força d'armas, ou de manter a sua união por medidas pacíficas legislativas, pertence à decisão do Executivo, quanto mais não deveria depender dele o julgar se a estada das tropas em Montevidéu é, ou não, necessária para segurar a fronteira do sul no Brasil? Pelo menos era necessário saber a quem se entregava aquele território, quem respondia pela linha divisória do Brasil e onde era essa linha; o que, tudo, só o Executivo podia averiguar.

Mas assim como no outro caso se usou jesuítico argumento de que ao governo pertencia mandar ou não tropas para a Bahia, quando todas as expedições que até aqui se tem feito contra o Brasil têm sido por ordem das Cortes, assim também, pelo mesmo maquiavelismo, as Cortes, sem falarem no Executivo, diziam que podiam de plano mandar evacuar Montevidéu.

Mas eis um dos argumentos produzidos com muita gravidade pelo partido inimigo do Brasil: a honra nacional pede que respeitemos o direito das outras nações e larguemos Montevidéu, que não é nosso.

Senhores Maquiavéis de Portugal, se Montevidéu não pertence ao Brasil, a quem o querem entregar? Dizem que é preciso respeitar o direito das outras nações; e não será preciso respeitar o direito dos povos de Montevidéu, que declararam que não queriam ser mais sujeitos à Espanha e depois declararam que se uniam ao Brasil? E falam da honra nacional, esses hipócritas; e seria honra nacional o abandonar esses povos sem motivo algum, depois de eles se haverem declarado parte integrante do Brasil, e isto por prévia oferta e posterior aceitação do rei do Reino Unido de Portugal e Brasil?

Enfim, foi preciso que chegasse o sistema constitucional para que os inimigos do Brasil pudessem propor retalhá-lo, desmembrá-lo, arruiná-lo, com a capa de justiça, de honra nacional e de conveniência. Se disso ainda alguém duvida, leia-se o que disse o deputado Pereira do Carmo, nesta sessão, e do qual sem dúvida não esperávamos que seguisse semelhante opinião.

Disse este deputado, com a candura que lhe é tão natural, que o que se temia na Europa era que o Brasil viesse a ser um vasto império, abarreirado pelos rios Amazonas e Prata. Basta; por isso mesmo é que o Brasil o deve desejar e que os seus inimigos, os invejosos de sua grandeza, se dispõem a privá-lo das imensas vantagens dessas barreiras.

Mas o partido que desejava arruinar o Brasil por esta parte não conseguiu desta vez os seus fins, porque as Cortes rejeitaram o parecer da Comissão. E sucedeu assim.

O deputado Borges Carneiro, que obra muitas vezes de repente, sem consultar aqueles seus colegas com quem ele mesmo costuma ir de concerto, saiu-se inesperadamente com o que chamou emenda ao parecer da Comissão, e que na realidade era rejeitar o parecer *in totum*; porque a Comissão propunha que se abandonasse Montevidéu e Borges Carneiro propôs que se conservassem as tropas ali, porém em menos número e com mais economia do que até aqui.

Esta emenda, porque se chamou emenda, e não rejeição do parecer da Comissão, tomou a muitos por surpresa; faltaram os generais da intriga à manobra, e foi seguida a chamada emenda, rejeitando-se o parecer da Comissão por 84 votos contra 28, e ordenando-se a Borges Carneiro que trouxesse depois a sua indicação por escrito.

No entanto que assim meditava esse partido o desonroso e impolítico abandono de Montevidéu, aquele país elegia seu deputado para as Cortes; mas portava-se nisto com tal precaução, que mostra estar prevenido dos sentimentos que influem o partido dominante em Portugal. Assim, o deputado que nomearam para as Cortes teve ordem de passar pelo Rio de Janeiro e seguir o que s. a. r., o príncipe regente, lhe dissesse; e seguindo ali a vontade do príncipe, lá ficou e não veio para a Europa. Ora, quando se souber em Montevidéu das disposições que têm mostrado as Cortes de abandonar aquela província a seus opressores ou a seus rivais, como não darão parabéns à sua fortuna por haverem resolvido unir seus destinos aos do príncipe regente e ao Brasil? Voltemos, porém, aos negócios da Bahia.

Na sessão das Cortes de 30 de abril se leu o ofício do governador das armas da Bahia, em que descreve a seu modo os desastrosos sucessos daquela cidade, e que nós referimos ao nosso número passado, segundo o que fez público o governo da província e mais notícias que tivemos.

Começa o governador das armas expondo que o governo provincial se mostrara ao princípio indiferente na disputa desse governador com o outro seu oponente. Mas que se podia esperar do plano das Cortes que fizeram o governador das armas independente do governo civil da província? Se este se intrometesse a decidir quem devia governar as armas, certo que em Lisboa se gritaria logo contra a rebelião, traição e sabe Deus o que mais dessa junta; e o Ministério em Lisboa até nem julgou que era civilidade necessária o informar aquela junta de que o brigadeiro Madeira fora nomeado governador das armas.

Ora, o tal brigadeiro, seguindo o mesmo que têm feito as demais tropas portuguesas no Brasil, recorreu à força das baionetas para pôr em vigor o que ele chamava seus direitos, e na noite do dia 16 fez em sua casa um conciliábulo com os oficiais do seu partido, para obter o que, por culpa das Cortes, não lhe restava meio legal de alcançar. Isto consta do mesmo ofício do brigadeiro Madeira.

A junta, que viu iminente a guerra civil e ao mesmo tempo que não tinha autoridade das Cortes para dar remédio algum a este mal, chamou a conselho as pessoas mais principais da cidade, a ver se com a junta opinião de todos podia persuadir a desenfreada tropa a portar-se menos violenta; o brigadeiro, referindo isto em seu ofício, omite uma circunstância essencial: e é que pusera uma condição a sujeitar-se ao projeto em que se concordara nesse ajuntamento, e a condição foi que estaria pelo arranjamento enquanto não visse motivos para assumir o comando absoluto; isto, por outras palavras, era declarar que faria o que quisesse todas as vezes que lhe parecesse.

No entanto, o brigadeiro Madeira teve logo nas Cortes muitos elogiadores de seu comportamento, apesar de declararem alguns membros que tinham feito saber aos ministros de Estado quão impróprio era o brigadeiro Madeira para aquele governo, não só por sua falta de discernimento, sendo mui suscetível de que o enganassem homens mal-intencionados, mas porque sempre se mostrou do partido a que chamam corcundas, e se opôs rigidamente, e quanto pôde, à introdução do sistema constitucional; por outra parte, que o brigadeiro Manuel Pedro, que aparece como seu rival, era o mais acérrimo defensor do sistema constitucional, mui estimado na província e de excelentes qualidades pessoais. Não obstante estas informações, Madeira foi nomeado pelo governo e é defendido agora nas Cortes; tudo isto é coerente e mostra as sinistras intenções que há em Portugal contra a liberdade do Brasil.

Alguns dos deputados nas Cortes falaram, no debate que houve a este respeito, precisamente a mesma linguagem dos passados déspotas; e por encurtar razões, e para que não sucedesse o dizer algum deputado do Brasil verdades que aos outros convém ocultar ao público, votou-se que não continuasse a discussão.

Depois de resolverem as Cortes que não a elas, mas ao Executivo, pertencia mandar ou não tropas para a Bahia, apareceu a seguinte portaria:

"Manda el-rei, pela Secretaria de Estado dos Negócios da Marinha, que a Junta da Fazenda proceda a afretar os navios que forem necessários para transportar à cidade da Bahia um batalhão de 600 praças, admitindo-se à concorrência os navios estrangeiros.
"Palácio de Queluz, em 18 de maio de 1822.
"Inácio da Costa Quintela."

O deputado Lino Coutinho apresentou nas Cortes uma indicação, assinada por grande parte dos deputados do Brasil, para que se dissesse ao governo que não mandasse mais tropas para a Bahia.

A indicação de Lino foi debatida na sessão 374ª e ficou a discussão adiada; e continuando na sessão 375ª, foi então decidido, por 80 votos contra 43, que se rejeitasse a indicação, isto é, que o ministro pudesse mandar ao general Madeira na Bahia mais um reforço de 600 homens para continuar as desordens que ali tem feito a tropa européia.

Nos debates que houve nessas duas sessões falaram energicamente os deputados Andrada, Lima, Borges de Barros, Araújo Lima, Marcos, Vergueiro, Moniz e outros; mas nada do que disseram apareceu no *Diário*, senão alguns pedaços truncados de alguns dos oradores; nós, por isso, julgamos que era mais decoroso não referir nada de suas falas do que fazer-lhes a injustiça de publicar somente os mutilados fragmentos que pudemos obter pelo *Diário do Governo*.

Mas, ao mesmo tempo que se suprimiu o que disseram os deputados do Brasil, a fala que fez o deputado Moura contra eles não só se publicou em resumo, no competente *Diário do Governo*, mas até se tornou a publicar, por extenso e com as correções necessárias, noutro *Diário*, n° 121.

A este respeito, porém, somos obrigados a dizer que se o *Diário* não quer publicar as falas que fazem os deputados do Brasil, publiquem-nas eles em separado; e se nem isso lhes permitir, mandem-nas imprimir fora do Reino; mas é essencial que seus constituintes no Brasil saibam que os deputados fazem o seu dever, como sem dúvida nesta ocasião fizeram. O serem vencidos em votos é desgraça, mas pugnar pela justiça é dever; e publicar que assim obram é mostrar que conhecem o que é devido a seu caráter.

Não é, porém, esta, a única ocasião em que se tem mostrado o sistema de ocultar e suprimir o que faz a bem do Brasil; as repetidas vezes em que o mesmo tem acontecido provam a continuação do plano.

Publicaram-se os ofícios que o brigadeiro Madeira escreveu, referindo às desordens da Bahia; mas os da junta daquela província em que os sucessos se narravam de modo diferente, nem sequer os deu o *Diário* em resumo, posto que fossem lidos na sessão 381ª.

Na sessão de 28 de maio se leu o ofício do ministro da Guerra no Rio de Janeiro em que narrava os acontecimentos que conduziram à expulsão da Divisão Auxiliadora e de seu general Zuzarte; também estes ofícios se não mandaram imprimir no *Diário*.

Já vimos no número passado que à chegada dos ofícios de Zuzarte, sem se ouvir o que s. a. r., o príncipe regente, tinha a dizer sobre o assunto, se vociferaram aclamações de aprovação ao general que implicavam censura ao príncipe; e mandaram-se publicar todos os ofícios de Zuzarte, com os documentos anexos, no *Diário do Governo*. Na sessão das Cortes de 9 de maio leram-se os ofícios do príncipe regente que narravam os fatos sobre o mesmo assunto, mas não houve ninguém que propusesse que esses ofícios se mandassem publicar no *Diário do Governo*.

Eis aqui a imparcialidade das Cortes; manda-se imprimir e publicar tudo o que podia afetar a opinião pública contra s. a. r. e seu governo no Brasil; mas os seus ofícios, em que se podia ver a sua justificação, ficam no escuro, até que a calúnia tenha tempo de lavrar e produzir seu efeito. Daí ordena-se, para se fazer a injustiça mais odiosa e o contraste mais claro, que estes ofícios fossem impressos separadamente e vendidos na loja do *Diário das Cortes* a quem os quisesse comprar, sabendo todo o mundo a pouca circulação que têm os *Diários das Cortes*, pela tardança com que aparecem, e a menor circulação que ainda teria um papel separado, que por isso que não faz parte do *Diário*, se não entrega aos subscritores dele, senão por ordem expressa; e assim, pelo que respeita o Brasil, primeiro há de chegar lá a notícia pelo *Diário do Governo* que tais ofícios se imprimiram em Lisboa por separado; depois, quem quiser ler esses ofícios no Brasil há de mandar ordem a Lisboa para que lhes enviem, e daí há de esperar até que haja tempo que lá lhe cheguem; no entanto, os ofícios de Zuzarte vão viajando livres por toda a parte. Tal é a justiça das Cortes no que respeita o Brasil, em tudo quanto obram.

Como quer que seja, havendo-se publicado as falas dos membros inimigos do Brasil nos interessantes debates sobre o mandarem-se tropas para a Bahia, temos nisso amplas lições para o Brasil aprender o que lhe convém obrar, e se não seguir o caminho de sua salvação, não será por certo culpa nossa, que bem claro lhe exporemos o que nisso se passa.

Há tempos que o deputado Moura se tem desenvolvido contra o Brasil, de maneira que não esperávamos. Tão difícil é conhecer os homens antes da ocasião de os experimentar! Mas na fala que fez, na sessão 375^a, sobre a indicação de Lino Coutinho para que se não mandassem tropas para a Bahia, excedeu-se aquele deputado a si mesmo, e deixou-nos cheios de admiração.

Parece-nos da última evidência que no Brasil todos querem o sistema constitucional; mas isto não é nem nunca foi querer a continuação dos abusos antigos, que ainda predominam em toda a parte; e, menos, o quererem sofrer os insultos que se proferem todos os dias nas Cortes e em inumeráveis escritos contra o Brasil, ao mesmo tempo que o deputado Moura chama aos que disso se queixam escritores venais.

Não faremos a injustiça de dizer que este deputado merece igual retorsão, porque nenhuma irritação nos obrigara a escrever o contrário do que pensamos; ademais, como brasilienses que somos, temos de nos mostrar agradecidos ao deputado Moura, por haver tirado a máscara e dizer-nos claramente quais são as vistas de seu partido político, e tanto mais quanto ministra ao Brasil argumentos que serão de bastante uso.

Antes, porém, de passar adiante, tomaremos a liberdade de perguntar ao deputado se, no caso de os escritores que defendem a causa do Brasil irem errados, não se poderia explicar isso por outras causas que não fosse a venalidade? Em Portugal até já passa em provérbio a vaidade de Moura, o desbocamento de Borges Carneiro, a grosseria e a filáucia de Fernandes Tomás etc. etc. e a ambição desmarcada de todos; e não poderia o deputado Moura atribuir os erros dos escritores que defendem o Brasil a alguns desses defeitos venais, antes do que saltar logo à imputação de venalidade? E se esses escritores são tão venais como os pinta o deputado Moura, que coisa é mais fácil que comprá-los? Terão os do partido do deputado Moura feito tentativas para comprar algum ou alguns desses escritores, e achado com efeito que eles se oferecem a aceitar a peita? Se tal não experimentou, a sua acusação, tão genérica, é pelo menos temerária.

> "Se a união do Brasil, diz Moura, nos há de custar o residir o príncipe no Brasil, por tal preço atrevo-me a dizer à face da nação e do mundo todo, NÃO QUERO A UNIÃO DOS DOIS REINOS."

Ora, acabemos com isto: demos graças ao deputado Moura por nos ter desenganado de uma vez. Não se quer a união dos dois reinos; quer-se a sujeição, não só do Brasil, mas do príncipe que há de residir onde esse partido das Cortes determinar. Dizemos esse partido, porque ao fazer o deputado Moura aquela declaração, vociferaram os outros: "Apoiado! Apoiado!".

Notaremos aqui, de passagem, que a razão por que o deputado Moura quer por força a Corte em Lisboa é porque o nome latino daquela cidade é Ulissipona; donde, evidentemente, se segue que Ulisses foi o seu fundador e é igualmente claro que por isso deve ali sempre residir o rei e o herdeiro da coroa; e é também manifesto a todas as luzes da sã razão do deputado Moura que, como Ulisses era descendente dos deuses, não podiam os reis antigos, sem impiedade, ter a sua corte em Guimarães ou Braga. Donde, segundo este irrefragável argumento do deputado Moura, todo o escritor venal que se atrever a dizer que o deputado Moura, ou outro qualquer homem que for, é capaz de crer em bruxas quando crê na história de Ulisses, é esse escritor, decerto, não só venal, mas inconstitucional; porque é um raciocínio de um estadista profundo, o que assevera que Ulissipona é Ulisses, e isto tudo junto faz indubitável que a Corte do Brasil é Lisboa, sejam quais forem os interesses da nação (porque disso não fez cargo o orador); tudo o mais é venalidade, libelo e alta traição anticonstitucional. O *Diário do Governo* chamou a esta, uma eloqüentíssima fala do ilustre deputado Moura. Mas a esse argumento podem responder no Brasil com outro igualmente ponderoso; e é, que havendo o gigante Niterói de Saturnéia formado a baía do Rio de Janeiro, ali deve ser a Corte, e não na cidade que fundou Ulisses em Lisboa para ser a capital do Brasil, o que Ulisses decerto não profetizou.

Diz mais o deputado Moura que tudo concederá ao Brasil, menos o não obedecer: ora, muito lhe devem ficar obrigados os povos do Brasil por esta liberdade; e obedecendo a tudo quanto quiser o deputado Moura, que mais tem Moura a desejar? Nesse caso da cega obediência, se aproveitariam as Cortes do pequeno número de deputados do Brasil para determinarem com a sua maioridade de deputados europeus tudo quanto quiserem, e de tal maneira aferrariam o jugo ao Brasil, que não poderia por séculos levantar cabeça.

Diz Moura que se o príncipe herdeiro tem de ficar no Brasil, por tal preço não quer a união; responderam os mais deputados: "Apoiado! Apoiado!". A isto pode e deve responder o Brasil que ao preço de tornar a reduzir-se à colônia de Portugal depois de ter sido elevado à categoria de Reino, não lhe faz conta comprar a união e passará sem ela.

Disse Moura, além disto, na sessão 375ª, que Portugal se podia levantar, como fez, contra o governo antigo; mas que o Brasil se não pode levantar contra o presente; mas nós não vemos a razão de diferença: porque se a regra é que os povos se podem levantar contra um governo mau, e Moura diz que o povo todo é disso o juiz, a questão vem só a ser se o povo do Brasil julga ou não mau, esse governo de Portugal; ora, o mandar para ali tropas a sujeitar o povo está tão longe de provar que o povo julga bom esse governo, que essa mesma expedição de tropas é argumento de que o povo não está satisfeito com ele.

O deputado Pessanha, em sua fala, ataca outro deputado, que o era pelo Brasil, por haver dito que arriscava sua cabeça se Pernambuco não ficasse em paz depois da retirada de Rego e do batalhão do Algarves; e diz Pessanha com ar de grande triunfo: que seria agora da cabeça desse sr. deputado, se lhe tomassem à risca a sua palavra?

Nós respondemos que a cabeça desse deputado devia estar onde está, porque se cumpriu exatamente o que ele disse. Depois da retirada de Rego e do batalhão do Algarves, tem Pernambuco continuado em paz, salvo os efeitos das rixas entre europeus e americanos que as atrocidades do batalhão do Algarves, os despotismos de Rego e as erradas medidas das Cortes excitaram; e excitaram a ponto tão grande, que é impossível se acalmarem sem que o tempo faça de algum modo esquecer aos parentes e amigos dos mortos, roubados e maltratados essas maldades praticadas pelos europeus em Pernambuco desde o ano de 1817, e com sanguinária fúria e com implacável constância. E para que se não tornassem a abrir de novo essas chagas de antigos ódios, não quis o Governo Provisório de Pernambuco receber as outras tropas que lhe iam de Lisboa, ato de prudência, que manteve a continuação da paz na província, mas que por isso mesmo mereceu a reprovação dos incendiários inimigos do Brasil em Lisboa.

B. Carneiro, entre outras expressões dignas de acre censura, disse, falando do príncipe real: "que tal era o rapazinho?". Em um sistema constitucional em que se admite a monarquia, é essencial promover o respeito ao governo, mostrando acatamento ao rei e à família real, e quem assim não obra dá bem a conhecer o pouco que entende os elementos do governo que se propõe sustentar. Quanto às tropas para a Bahia, sustentou que não deviam ir somente os 600 homens que o governo intentava mandar, mas deviam ir, pelo menos, 2.600. Com efeito, já se diz que no Conselho de Estado que houve aos 31 de maio foi resolvido mandarem-se até oito mil, segundo as circunstâncias forem permitindo.

Mas aqui cabe o perguntar para que vai esse flagelo de tropas à Bahia? No Rio de Janeiro é que foram expulsas as tropas européias, o príncipe dali é quem tem fustigado esses inimigos do Brasil em Lisboa, por que não mandam contra ele as tropas? Por que as não mandam a São Paulo, de cujo Governo Provisório tantas queixas se têm feito nas Cortes? Mas não; a Bahia, que é a que mais humilde se tem mostrado, é a que vai a pagar as favas; depois diremos por quê.

Divididos como estão os ânimos em Portugal sobre a pouca observância dos princípios constitucionais pelo partido dominante, foi geral, em Lisboa, a aprovação da medida de se mandarem tropas contra a Bahia. Os negociantes portugueses, esperando ainda recobrar seu monopólio do comércio do Brasil (que lhes tornará somente com seu rei d. Sebastião), levaram vantagem às outras classes em recomendar medidas de força contra o Brasil; e o governo não foi capaz de refletir em que as instigações dessa mesma classe de negociantes, e pelo mesmo motivo, foram as que fizeram com que a Inglaterra perdesse as colônias que são agora os Estados Unidos; e causaram idêntico mal à Espanha, engodado seu governo com as ofertas de alguns milhares de pesos duros que lhe ofereceram os monopolistas de Cádiz.

Mas não obstante todos esses desejos e entusiasmos que levanta esse partido, as coisas vão bem diferentes do que eles se pintam, e as tropas, quando se desembainhar a espada no Brasil, acharão uma tarefa de alguma dificuldade, posto que tenham o apoio que se lhes prepara na Bahia, e que as extorsões que ali sem dúvida farão as possam sustentar e pagar por algum tempo.

Para se preparar a expedição de tropas que foi para o Rio de Janeiro, e que se malogrou porque as mandaram sair outra vez pela barra afora, foi preciso pedir o dinheiro emprestado; e para o embolsar ao que o deu, se sacaram letras sobre o Rio de Janeiro; esse empréstimo perdido vai a quem o deu, porque lá não são tão desassisados que paguem as custas havendo vencido a demanda. É claro que o mutuante dessa soma em Lisboa fica sem ela, e quando muito entrará na classe dos mais famintos credores do exausto Erário; e visto isso, quem há de emprestar o dinheiro para a nova expedição?

As expedições de mar todos sabem que são muito mais dispendiosas que as de terra; e quando o Brasil se determinar à defesa, pelejam no seu terreno, onde terão vantagem. Mas é, sem dúvida, preciso que se resolvam a isso, o que até aqui nunca meditaram: os fatos presentes lhes farão conhecer o que lhes convém, porque vistas as declarações que se manifestam agora, já não poderão duvidar que das Cortes de Portugal nada têm a esperar.

Os deputados do Brasil de nada servem, senão de testemunhar os insultos feitos a seu país; porque o seu pequeno número os deixa sem influência, e só por acaso aparece alguma coisa em que a justiça do Brasil seja contemplada.

As Cortes, tomando melhor conselho, posto que tardio, declararam aos 29 de abril uma anistia para os presos que tinham vindo da Bahia; depois, como consta de uma portaria do ministro da Justiça de 7 de maio, declararam compreendidos nesta anistia os três rapazes que vieram presos do Pará como chefes de uma revolução. Mas isto se fez quando foi promovido pela indicação de um deputado europeu; todas as medidas que a este respeito propuseram os deputados do Brasil foram rejeitadas.

Também, na sessão 375ª, apesar dos esforços do partido antibrasílico, se ordenou que a felicitação do general Avilez não fosse mencionada na ata a ser recebida com agrado: mas, não obstante a insolência com que aquele general tratou o príncipe real, não obstante conhecer-se claramente que ele capitaneou as tropas em sua rebeldia, não obstante asseverar o príncipe em seu ofício que esse general e sua divisão se embarcaram como mansos cordeiros, para serem expulsos do Rio não por princípios de honra, mas por medo; não obstante tudo isso, o mais que se pôde conseguir nas Cortes, nesta ocasião, foi que se não declarasse na ata que as suas congratulações eram recebidas com agrado; mas isto só suspensivamente.

O deputado Andrada disse, na sessão de 31 de maio, que recebera um ofício da Junta Provisória do Governo de São Paulo em que pedem a seus deputados que representem às Cortes a necessidade de revogar os decretos por que se mandava regressar o príncipe para a Europa, criar as juntas governativas das províncias e extinguir os tribunais superiores no Brasil. Também disto se não fez caso.

A Câmara da Bahia, em sua representação às Cortes, culpa o brigadeiro Madeira das desordens que ali houve e pede que se lhe não mandem mais tropas; mas em Lisboa trata-se Madeira, sem mais investigação, como benemérito do governo; ordena-se que vão mais tropas, e Borges Carneiro diz que se deve mandar um cão de fila ao Brasil, isto é, um general de tal caráter que leve tudo a fogo e ferro.

Quanto aos arranjos comerciais, claro está que, segundo os atuais projetos, tudo vai em perda do Brasil.

Achamos no *Diário do Governo* n° 102 uma dispensa das Cortes, concedida a favor do negociante Manuel Teixeira Basto, para que possa navegar para a Índia um navio que tinha, de construção estrangeira. Suponhamos que um negociante do Brasil se achava nas mesmas circunstâncias desse de Lisboa, e merecia igualmente a mesma dispensa: teria de vir do Brasil a Lisboa requerer o indulto, quando o outro, de sua casa o obteve. Deve logo confessar-se que a suposta igualdade de comércio dos dois reinos, uma vez que esteja sujeita a restrições, e essas restrições dispensáveis em Lisboa, devem sempre pesar contra o Brasil.

62.
Procedimentos no Brasil a respeito de Portugal

[Nº 169, vol. XXVIII, junho de 1822, pp. 712-8]

Já anunciamos, no nosso número passado, que as tropas da Divisão (a que lá chamaram maldita) Auxiliadora tinham sido mandadas sair do Rio de Janeiro, tendo s. a. r, o príncipe regente, a bondade, não somente de lhes não dar castigo algum pelas desordens que fizeram, nem pela falta de subordinação que mostraram, porém de mais fornecendo-lhes transportes, víveres e acomodações para regressarem a Portugal.

Com efeito, aos 11 de maio chegou a Lisboa o primeiro transporte, que era a galera sarda *Verdadeiros Amigos*, trazendo a seu bordo 180 daqueles soldados e 20 mulheres; logo aos 14, o tenente-coronel de Artilharia, seu comandante, José da Silva Reis, foi interromper a sessão das Cortes com suas congratulações, sendo recebido com as honras do costume. Nesse mesmo dia 14 chegou a Lisboa outro dos transportes, *Duarte Pacheco*, com 166 praças e 42 pessoas de família debaixo do comando do tenente-coronel de Infantaria José Maria da Costa. Aos 17 de maio chegou a Lisboa a galera portuguesa *Constitucional*, com mais 152 praças do regimento de Infantaria nº 11 e 200 do regimento nº 15. Aos 24 entrou a galera *Despique*, com o comandante do 3º batalhão de Caçadores, Antão Garcez Pinto e 196 praças. Aos 25 entrou a galera *Indústria* com mais 149 praças.

As tropas da Divisão Auxiliadora tinham já todas saído do Rio de Janeiro quando ali chegou o chefe de divisão Francisco Maximiliano de Souza com uma pequena frota em que levava novos reforços de tropa; mas tiveram ordem para fundear abaixo da fortaleza de Villegagnon e permitiu-se aos oficiais somente que desembarcassem, para que as tropas não fossem continuar as desordens que haviam começado as que há pouco tinham sido expulsas. Os comandantes, logo que desembarcaram, fizeram este protesto:

"Nós, abaixo assinados, protestamos de obedecer em tudo às ordens que nos forem dirigidas por s. a. r., pois tal é o nosso dever; assim como de nada nos embaraçarmos, nem tomarmos parte nas disposições do governo, salvo sendo-nos ordenado pelo mesmo augusto senhor.

"Paço do Rio de Janeiro, em 9 de março de 1822.

"Francisco Maximiliano de Souza, chefe de Divisão e comandante da esquadra.

"Antônio Rozado, coronel do Regimento Provisório."

Ora, o príncipe regente tinha-se preparado para esta visita mandando buscar tropas das províncias vizinhas, e foi ele mesmo acelerar a sua marcha, viajando, desde 22 até 25 de fevereiro, mais de 54 léguas, passando além do Rio Paraíba. Aos 26 de janeiro chegaram a São Cristóvão 700 homens de São Paulo, com 30 ou 40 milicianos que se lhes quiseram adir debaixo do comando do general Lázaro Gonçalves, que é um dos membros da junta governativa daquela província; fazendo estes, com outros corpos, a soma de mil homens, prontificados em São Paulo dentro em 15 dias.

Munido assim o príncipe regente não só com a expressão da vontade das províncias do Rio de Janeiro, São Paulo, Minas, Rio Grande, Montevidéu e Santa Catarina, que também mandaram suas deputações a agradecer a s. a. r. a sua determinação de ficar no Brasil, mas além disso fortificado o príncipe com estes essenciais auxílios de tropas brasilienses, ordenou à tal expedição que tornasse a sair e deixasse o país em paz como estava; a expedição, com efeito, tornou a sair pela barra afora, e no entanto ficou no Rio de Janeiro uma fragata das que formavam a expedição, e coisa de 600 ou 700 homens que preferiram viver no país.

Enfim, aos 28 de maio, entrou a nau *João VI*, em que voltava do Rio de Janeiro o chefe da expedição que ali não fora recebida, Francisco Maximiliano de Souza; vindo também nela os ex-ministros de Estado no Brasil, Carlos Frederico Bernardo de Caula e Francisco José Vieira e a família do vice-almirante Luiz da Mota Feio. O chefe foi mandado meter em Conselho de Guerra, por ter deixado a fragata, trabalho de que o livraria s. a. r. se também ordenasse ficar no Rio a nau capitânia.

No mesmo dia entrou na Bahia a galera *São Gualter*, em que vinha preso o brigadeiro Manuel Pedro de Freitas Guimarães.

Duas companhias que vinham do Rio de Janeiro na galera *São José Americano*, pertencentes à expedição que não fora recebida pelo príncipe regente, desembarcaram na Bahia por ordem do general, para reforçarem as tropas européias.

As províncias do Sul do Brasil têm já conhecido claramente que de Portugal nenhum bem têm de esperar, mas parece-nos que ainda não estão convencidas dos males que têm a temer e que o governo de Lisboa vai a representar no Brasil as mesmas cenas que Madri exibiu na América Espanhola; e por isso coligimos neste número as notícias que levam consigo o desengano, até para que as províncias do norte conheçam a sorte que também as espera.

A Junta de Governo da Bahia mandou tirar devassa pelo juiz do crime, em portaria de 25 de fevereiro, para saber quem originara as primeiras desordens na disputa do brigadeiro Madeira com o seu predecessor, a fim de ter documentos autênticos que comunicasse às Cortes. Aos 23 de fevereiro tinha a mesma junta já ordenado que o desembargador ouvidor do crime, junto com o desembargador Francisco José de Freitas, tirassem uma devassa das mortes, arrombamentos, violação de clausuras, roubos e outros crimes cometidos pelas tropas européias na mesma ocasião; mas as Cortes, sem esperar por nenhuma dessas informações, deram-se logo por mui satisfeitas com o comportamento do brigadeiro Madeira, porque era o seu governador das armas e porque obrava contra o Brasil: este será sempre o mérito.

O deputado Lino Coutinho apelou para o mundo inteiro que servisse de juiz dos motivos que tem o Brasil para se queixar das Cortes. Borges de Barros disse que daquele dia em diante voltaria, sim, às Cortes, por obediência passiva, mas não porque se considerasse como deputado efetivo pelo Brasil. Todos os deputados brasilienses votaram contra irem tropas para a Bahia, exceto três, que foram o bispo do Pará, Beckman, do Maranhão, e Soares Brandão, do Rio de Janeiro. Ora, isto posto, para que é conservar deputados do Brasil nessas Cortes, quando todos os seus esforços se reduzem à nulidade pela decidida e combinada maioridade dos deputados europeus?

A Câmara do Rio de Janeiro escreveu uma carta a seus deputados, datada de 17 de fevereiro, em que lhes remete o manifesto do povo e declara que quer a união com Portugal, mas pelos vínculos de um pacto social e em condições em tudo iguais, que fazendo o bem geral da nação, faça também o daquele reino do Brasil.

Depois das declarações que se tem presenciado em Lisboa, claro está que é vão entreter tais esperanças. O príncipe regente, porém, conhecendo já que de Lisboa lhe não pode ir coisa boa, como diz o rifão, expediu a seguinte ordem:

"Manda s. a. r., o príncipe regente, pela Secretaria dos Negócios do Reino, prevenir o desembargador do Paço e chanceler-mor do Reino que de hoje em diante não deve fazer remessa a repartição alguma das leis que forem vindo de Portugal, sem que elas

primeiramente sejam submetidas ao conhecimento do mesmo augusto senhor, que, achando-as análogas às circunstâncias deste reino do Brasil, ordenará então a sua devida execução.
"Palácio do Rio de Janeiro, em 21 de fevereiro de 1822.
"José Bonifácio de Andrada e Silva."

Esta ordem de s. a. r. para que o chanceler-mor do Brasil não promulgue as leis que lhe forem de Lisboa sem sua permissão prova bem que só a força o obrigará a dobrar o colo, pois as leis já não serão executadas sem a sua sanção. Isto é o que não pode fazer el-rei em Lisboa. Mas sendo assim, é necessário preparar-se para o resultado.

No entanto, ainda estão construindo navios de guerra no Brasil para mandar para Lisboa; ainda se manda para o Erário o pau-brasil; e esses recursos se estão empregando em expedições para irem acabrunhar o mesmo Brasil, causar lá desordem e reduzi-lo outra vez a colônia. Aqui bem cabe a regra: quem seu inimigo poupa, nas mãos lhe morre.

Esta falta de desengano e de uma resolução final, esta contemplação e esperança em que ainda estão algumas pessoas, de que é possível levar as Cortes por bem, aparece mui notavelmente em Pernambuco, onde a Junta de Governo recusou mandar ao Rio de Janeiro os deputados que s. a. r., o príncipe regente, exigia por seu decreto de 10 de fevereiro.

Apenas julgamos possível que na conduta do presidente da Junta de Pernambuco influísse de modo algum o desejo de querer contemporizar com o governo de Portugal, por outros motivos que não fossem de supor ser isso o mais útil ao Brasil; mas nós julgamos de outro modo e com fundadas razões.

A maneira obsequiosa com que o presidente da Junta de Pernambuco se tem portado para com as Cortes e governo de Lisboa está tão longe de haver conciliado ao presidente a boa vontade dos inimigos do Brasil em Portugal, que os agradecimentos que a isso dão é chamar-lhe a hipocrisia do Gervásio[126]. Donde se vê claramente que logo que tenham a força, assim como têm o desejo, quaisquer que sejam os cumprimentos que agora

---

[126] Gervásio Pires Ferreira (1765-1836) participou da revolução pernambucana de 1817, ficando depois preso até 1821 na Bahia. Em outubro de 1821, foi eleito presidente da primeira Junta de Governo Provisório de Pernambuco e permaneceu no cargo até setembro do ano seguinte, quando uma conspiração política levou à queda de seu governo.

façam a Pernambuco, enquanto parece recuarem, se preparam para dar o salto, e se puderem colher às mãos a Gervásio, fá-lo-ão pagar bem caro o arrojo de ter expulso o batalhão do Algarves e não ter recebido os novos algozes que para lá lhe mandaram. Pouca previdência é preciso para conhecer isto, refletindo-se na linguagem que sempre se expressou nas Cortes a respeito das desordens em tempo de Rego, no que disseram os periódicos do partido do governo em Lisboa a este assunto, e das opiniões que ainda hoje mesmo propalam.

Nem se engane Pernambuco com as aparências de que as expedições se dirigem para a Bahia. Esta cidade é a que menos rancor tem atraído a si do partido inimigo do Brasil em Lisboa, porque os baianos são os que mais submissos se têm mostrado às Cortes. Logo, o fim dessas expedições à Bahia não é senão o formar ali um ponto de apoio donde saiam depois a atacar os lugares que se supõem mais obnóxios à dominação de Lisboa; e podem estar seguros os pernambucanos que eles não deixam de lembrar na cabeceira do rol.

Está claro que os generais portugueses recrutarão na Bahia, e a gente que os patriotas não empregam em defesa de seu país será distribuída pelos regimentos europeus e obrigada a ir degolar seus patrícios e irmãos; nisto virão a cair as contemplações presentes, quando medidas decisivas agora remediariam cabalmente esse mal para o futuro.

Não agradando em Pernambuco o decreto de s. a. r., seria melhor seguir outra vereda do que a praticada por aquela junta governativa. O decreto mandava convocar deputados de todas as províncias do Brasil. Mas o presidente da Junta de Pernambuco objetou, e parece-nos que com razão, que esses deputados só teriam, segundo a letra do decreto, voto consultivo e não deliberativo; desagradou, portanto, o modo por que o decreto estava anunciado, mas o remédio era dar a esses deputados as instruções necessárias sobre o modo por que haviam de proceder, e caso não cumprissem com isso, ou caso não fossem atendidos, mandá-los retirar; porque isso certo que está claramente providenciado no dito decreto.

O maior mal que daí se podia seguir era tentar o príncipe introduzir um governo despótico, mas isto poderiam os deputados das províncias remediar a todo o tempo; quando que a falta de ligação de Pernambuco com o Rio de Janeiro dá espaço para que os inimigos do Brasil concentrem suas forças na Bahia, e daí ataquem Pernambuco primeiro e depois alguma das províncias do sul, com os mesmos recursos que tirarem de Pernambuco.

O resultado final não é duvidoso; porque não entra na cabeça de ninguém que oito mil homens, ainda quando isso se realize, sejam bastantes para conquistar, guarnecer e conservar todas as cidades marítimas do Brasil; mas, no entanto, se isso se prevenisse agora, o que fácil seria com a união de Pernambuco e Rio de Janeiro, poupar-se-iam muitas mortes, muitos incômodos e muito atraso que terão os negócios do Brasil; e ainda que o resultado de tudo isso venha a ser a ruína total de Portugal e sua final sujeição à Espanha, todo esse mal de Portugal não é consolação para o que houver de sofrer o Brasil.

Quanto às duas últimas províncias do norte: aos 11 de março tomou posse a Junta Governativa da província do Pará, eleita segundo a recente lei das Cortes. Foi nomeado presidente, o doutor Lacerda, e secretário, João Lopes da Cunha; os vogais são o tenente-coronel Manuel Gomes Pinto, o cônego Joaquim Pedro, o capitão de fragata José Joaquim da Silva e José Rodrigues de Azevedo.

O Maranhão conserva-se, bem como o Pará, obediente às Cortes, mas essas províncias devem, mais dia menos dia, seguir o impulso das outras; principalmente quando Pernambuco se desenganar de que lhe convém unir-se ao Rio de Janeiro e, mui principalmente, se para isto se não usar da menor coação, mas sim da persuasão, para não cair nos mesmos erros das Cortes e não ficar exposto às mesmas conseqüências.

63.
Escritos em Portugal contra o Brasil

[Nº 169, vol. XXVIII, junho de 1822, pp. 729-39]

Entre os expedientes que se tem adotado em Portugal para inflamar os espíritos e promover a desunião do Brasil, não tem esquecido aquele de publicar escritos em que por insultos se azedem os brasilienses e por sofismas se preparem os portugueses para essa desunião. Persuadidos sempre da grande utilidade que Portugal tiraria de sua união com o Brasil, recomendando-a, como tão afincadamente fizemos no que temos escrito para o Brasil, confessamos que nos vimos atônitos e desconsolados, achando-nos contrariados tão depressa por esse partido dominante em Portugal, que assoalha por toda a parte a insignificância do Brasil e o proveito que Portugal tiraria de sua separação.

O *Campeão* português em Lisboa, que é agora o órgão desse partido, parece ter por fito principal a propagação dessas idéias; e nós não nos faríamos cargo de expor aqui alguns de seus argumentos, se não fora pela influência que isso tem no que respeita o Brasil; porque quanto a Portugal, ele tem o direito de se aniilar como potência independente, de se sujeitar à Espanha ou de seguir outro qualquer partido que suponha ser-lhe útil, contanto que deixe em paz o Brasil.

Começa o *Campeão* o seu nº 5 com estas palavras:

> "Foi sempre usança velha de todos os governos arbitrários ou despóticos prender, desterrar, e até setembrizar[127] ora em grosso, ora por miúdo, a todo o homem independente que não queria ou sabia curvar-se às opiniões ou caprichos do poder absoluto."

---

[127] Por "setembrizar" entende-se perseguir e prender sem provas, sem culpa formada. O termo é provavelmente derivado dos acontecimentos em Portugal de setembro de 1810, quando dezenas de personalidades foram presas arbitrariamente.

Quando o *Campeão* isto escrevia decerto não estava no segredo do que se meditava fazer, e se fez, antes de esse número sair à luz em 4 de maio; porque aos 29 de abril ordenaram as Cortes que o ministro de Justiça tivesse esse poder de setembrizar, o qual tem já posto em prática; e se nos disserem que isso é necessário para a segurança do presente governo, lembrará logo que essa mesma razão, e pelas mesmas palavras, alegava o governo passado em sua justificação.

Ora, este espírito de arbitrariedade que aparece em Portugal, sendo tão contrário às idéias do nosso século, tem-se feito ainda mais temível no Brasil; porque ali se tem sentido seus efeitos com maior veemência pela espada férrea, e não de manteiga, que o mesmo *Campeão* descreveu.

Depois das Cortes terem dado ao ministro o poder de setembrizar pelo espaço de um mês, descobriu ele uma conspiração pela qual parece não só justificar-se a concessão daquele poder arbitrário, mas lançar os fundamentos para que ele se estenda a mais tempo; e notamos, logo, que se diz em Lisboa ter sido o general Rego quem descobriu a conspiração, preparando-se assim a opinião pública para receber esse general tão odiado no Brasil ao grêmio constitucional; e comparando isto com o que disse Borges Carneiro, de se dever mandar um cão de fila ao Brasil, boa razão se dá ao Brasil de suspeitar de que este é o dito cão de fila que se tem em vista.

O *Campeão* examina esta questão: "Tem direito o Brasil de se declarar independente?". Resolve pela negativa, e pergunta se a província da Beira tem o direito de se separar do resto de Portugal? E resolvendo também que não, diz, pela mesma regra, que o Brasil não tem direito de se separar de Portugal. Nós, porém, invertendo a questão, perguntamos: tem o pequeno Portugal direito de se separar do grande Brasil, quando a respeito dele está, em grandeza, na mesma proporção da província da Beira para com o todo de Portugal?

No n° 6 o *Campeão* faz descansar as esperanças de seu partido em sujeitar o Brasil nos dois estratagemas de opor as mesmas províncias do Brasil umas às outras e de suscitar uma revolução dos negros naquele país; e desenvolve muito ao longo estas lembranças, para que os executores desses planos se não esqueçam desses expedientes quando estiverem apoiados com suficiente número de tropas de Portugal.

Não nos demoraremos em refletir sobre a imoralidade destes meios, porque claro está que o espírito de partido não deixa a esses homens a razão livre para meditar a atrocidade de tal conspiração; mas é de importância dizer alguma coisa sobre o abismo em que Portugal se vai submergir com esse sistema.

As notícias de Espanha referem que a Corte de Madri fez um tratado com a de Lisboa para esta lhe enviar um auxílio de 12 mil homens; e adiantam mais, de que, com efeito, um corpo de dois mil homens de Cavalaria comandados pelo general Sepúlveda e um belo parque de Artilharia marchavam já em duas divisões, uma por Segóvia e outra por Valladolid. Ora, o governo em Lisboa tem resolvido mandar para o Brasil oito mil homens, que com esses 12 mil para a Espanha fazem 20 mil; e como todo o Exército de Portugal (em papel) consta de 24 mil, restam 4 mil homens para todo o serviço de Portugal. Como é possível que o governo atual se mantenha, com tão extravagante sistema?

O êxito da expedição para o Rio de Janeiro prova quais serão as conseqüências de mandar tropas para o Brasil. Dessa expedição lá ficou uma fragata e de 600 a 700 homens; e também ficaria a nau, única que tem Portugal, se o príncipe regente assim o quisesse. Os oito mil homens que forem para o Brasil, ou a parte deles que se puder preparar e equipar, em breve se farão agricultores no país, aumentando a sua população, porque sendo favorecidos pelos habitantes, não haverá forças humanas que embaracem a deserção. Acabados esses oito mil homens, que ruína não se segue a Portugal se os quiser substituir por outros oito mil? Mandem dez, 20, 30 mil homens, tantos mais colonos receberá o Brasil.

Já que esse partido antibrasílico se não quer lembrar dos exemplos antigos, de como a Espanha se arruinou por querer subjugar os holandeses à força de armas e com o que fez a prosperidade da Holanda, do exemplo da Inglaterra, que pelo mesmo inconseqüente método perdeu os Estados Unidos, pelo menos deveriam olhar os portugueses para o que está sucedendo agora mesmo à Espanha com suas colônias; para isto não era preciso abrir os livros da história, medíocre informação das gazetas diárias bastava para conhecer o que nisto há e prevenir que Portugal fosse seguindo os mesmos erros e pelos mesmos passos.

O governo central do Brasil não tem necessidade nem de obrigar por força todas as províncias a que se lhe unam logo, nem de as riscar da união, que é a alternativa que supõe o *Campeão*. O príncipe regente acha-se já apoiado pelas mais importantes províncias que constituem todo o sul do Brasil; as outras por si virão à união logo que as circunstâncias se lhe proporcionem, e este acontecimento será sem dúvida acelerado pela invasão que se intenta em Portugal.

As últimas notícias que recebemos do Rio de Janeiro referem que ali meditava o plano de franquear o distrito diamantino a todos que ali quiserem tirar os diamantes e ouro, contanto que sejam homens livres. Considere Portugal a vastidão das conseqüências de semelhante medida. O clima de Minas é mui semelhante ao de Portugal, e esta nova atração fará correr para ali todo o soldado português que se puder escapar. Mandem oito, 10, ou três vezes 10 mil homens de Portugal, e ver-se-á em breve o caminho que tomam: serão todos novos braços empregados no Brasil e outros tantos escravos menos que se precisam; e a Portugal, que falta não fazem?

O *Campeão* divide a história dos interesses que Portugal tem tirado do Brasil: primeira a do ouro, segunda a do comércio, terceira a passagem d'el-rei para o Rio de Janeiro.

Quanto à primeira, queixa-se de que a imensa soma de ouro que o Brasil deu a Portugal, durante o tempo mais produtivo das Minas, toda passou para o estrangeiro. Mas que culpa tem o Brasil desses desperdícios de Portugal? Os portugueses, em vez de com essas riquezas melhorarem o seu país e favorecerem sua agricultura, abrindo canais, construindo estradas, edificando pontes etc. etc., gastaram esse dinheiro nas mais fúteis vaidades; e, por exemplo, deram um milhão a Roma para comprar um altar em mosaico que se acha na igreja de São Roque de Lisboa; daí, outro milhão ao papa para que dissesse missa nesse altar antes de vir para Portugal; daí, outro milhão à mesma Corte de Roma para que consentisse o dividir-se Lisboa em Oriental e Ocidental, com um arcebispo numa parte e um bispo na outra; logo depois, outro milhão para se tornar a desfazer essa divisão e reunirem-se as duas dioceses em um patriarcado etc. etc. etc. Ora, que culpa tem o Brasil de haver Portugal assim dissipado tão estupidamente esse ouro que se lhe mandou do Brasil?

Na segunda época, diz o *Campeão* que muito mal se aproveitou do comércio do Brasil; assim é, mas a culpa não é dos brasilienses, que viviam debaixo da espada férrea dos portugueses; só com Lisboa e Porto podia o Brasil comerciar, e só pelas leis ditadas por Portugal; o Brasil não fazia mais que obedecer; portanto, se a ignorância e inércia dos portugueses lhes não permitiu aproveitar-se desse comércio do Brasil, que todo se vinha fazer a Lisboa; se pelas más leis que se faziam em Portugal, e só em Portugal, os estrangeiros tiravam desse comércio todo o partido, que culpa tem disso o paciente e sofredor Brasil, que gemendo debaixo do mais ruinoso monopólio comercial e do mais opressivo despotismo político, não podia progredir ou adiantar-se em ramo algum? Porque tudo tendia a coarctar as vantagens do clima, da fertilidade do terreno e das facilidades do comércio.

Quanto à terceira época, o *Campeão* faz-se por extremo engraçado; porque, seguindo a linguagem da moda agora em Portugal, diz que a abertura dos portos do Brasil ao comércio estrangeiro, o que foi conseqüência da passagem d'el-rei para a América, arruinou o Brasil. Grande piedade e compaixão se mostra pelo Brasil! E como se há de se remediar esse mal? Por uma conseqüência necessária dos princípios do *Campeão*, o remédio é tornar a fechar os portos do Brasil ao estrangeiro, e que todo o comércio do Brasil se faça só em Lisboa! Sr. *Campeão*, é já demasiado tarde para se entreterem os brasilienses com histórias de bruxas.

O Brasil está decidido a cuidar de seus interesses, e tem meios de o fazer. Portugal vai a meter-se em uma guerra com que não pode, e seguindo as pisadas dos espanhóis, há de por força ter a mesma sorte.

O *Campeão*, no n° 10, falando do príncipe regente, mostra-se

> "magoado por ver como aquele desgraçado príncipe caiu incauto nas mãos de uma bárbara facção que não só intenta desacreditá-lo para sempre, reduzindo-o a um miserável instrumento de suas fatais combinações, porém, de mistura, procura ainda envolver em seus enredos tenebrosos a paz e felicidade de um povo inteiro."

Ora, tal é a compaixão desse *Campeão* e seu partido pelo príncipe real, que nenhuma simpatia lhe ficou para el-rei. O príncipe obra, por ora, livre e sem coação; tudo o que faz é de seu moto próprio, mas convocou deputados das províncias do Brasil, para que eles o aconselhem na linha política que deve seguir. El-rei, pelo contrário, nem pode propor às Cortes lei alguma, nem pode negar sua sanção às leis que essas Cortes lhe apresentam. Ora, quem tem mais liberdade, ou quem merece mais compaixão no estado coarcto em que se acha: el-rei ou o príncipe? Este obra o que entender ser mais útil, sem mais coação que a de sua prudência; aquele é forçado a escrever seu nome em todo o documento que as Cortes lhe mandarem assinar. O príncipe confere todos os lugares a quem lhe parece. El-rei não pode nomear um escrivão sem que os ministros o queiram. No entanto, o *Campeão* está magoado pela situação do príncipe, mas não fala da escravidão do rei.

Diz o *Campeão* que "é calúnia inventada para desacreditar as Cortes, o imputar-lhe perdidos intentos de escravidão e vassalagem do Brasil". Mas como as intenções do acusado só se podem conhecer por suas ações, é pelo comportamento dessas Cortes que o Brasil ajuíza de suas vistas ocultas. A fautorização de Rego, de Madeira, de Zuzarte, enfim, de todos os generais que têm maltratado o Brasil; a exclusão de tudo quanto era filho do Brasil dos empregos de consideração; o desprezo com que os deputados brasilienses são tratados nas Cortes etc. etc., são fatos, e não calúnias, donde se tem concluído que havia em Portugal o plano de tornar a reduzir o Brasil, de reino independente ao de colônia escravizada.

Falando do desagrado que causou no Brasil a criação das juntas provinciais, diz o *Campeão*:

> "Como sejam incompatíveis com a fruição e exercício de uma moderada liberdade os governos provinciais e populares, é esse um ponto político que eu quisera ver bem desenvolvido pelos chefes dessa facção, hoje dominante no Rio de Janeiro."

As diversas matérias que temos a tratar não nos permite que desenvolvamos este ponto com a extensão de que ele é suscetível, mas diremos, em resumo: que assim seriam bem aceitas as juntas populares governativas em cada província enquanto davam ao povo uma justa ingerência nos negócios públicos, mas essas juntas se fazem odiosas quando vêm envolvidas no maquiavélico plano de retalhar o Brasil, deixá-lo sem um ponto central de governo e causar uma desunião real que previna às províncias o obrar nunca de concerto, nem para a sua prosperidade interna, nem para a sua defesa externa. Isto foi o que abriu os olhos ao Brasil, e não essas pressupostas calúnias. O exemplo que nota o *Campeão*, dos Estados Unidos, é completamente contraproducente, porque se nos Estados Unidos há um governo particular em cada província, há também um Congresso geral para toda a união, que tem todo o poder necessário para o que respeita a nação; e pela razão, bem óbvia, de que sem esse governo geral não haveria nação, mas um agregado de povos ou pequenas nações separadas, que jamais poderiam obrar de concerto em nenhum negócio nacional.

Diz o *Campeão* que a primeira impostura é dizer que o povo do Brasil prefere o "governo infantil do príncipe". A expressão é sumamente injusta e desacatada, porque o príncipe se tem mostrado suficientemente varonil em tudo que tem obrado. Chamou uma deputação do Brasil para saber o que é a vontade do povo, e no entanto, em vez de fazer um governo infantil, tem bigodeado esses pequenos licurgos de Lisboa que não tiveram assaz prudência para contraminar os planos do Brasil.

Diz o *Campeão* que a segunda impostura é dizer "que a residência do príncipe no Brasil é o único meio de prevenir a separação imediata dos dois reinos". Isto está tão longe de ser uma impostura, que é atualmente o que declararam a s. a. r. cinco das mais importantes províncias do Brasil; e o príncipe mostrou ainda mais sua consumada prudência mandando convocar uma deputação do Brasil para verificar essa vontade dos povos do modo mais legal e autêntico que se podia imaginar.

Voltando-se depois o *Campeão* contra os deputados brasilienses nas

Cortes, diz "que eles nem sabem pedir, nem ainda sabem o que querem". Nada pode exceder o descaramento desta impostura, quando os deputados brasilienses em Cortes não só se opuseram quanto puderam a que fossem tropas para o Brasil, em todas as épocas, mas protestaram contra essa e outras medidas, e foram sempre desatendidos; e daí as Cortes e o *Diário do Governo* lhes fizeram a injustiça de não publicar os documentos que justificavam o Brasil, e suprimiram no *Diário* as falas desses deputados; e depois disto tem este partido o descaramento de dizer que os deputados brasilienses nem sabem pedir, nem sabem o que querem.

Declama depois o *Campeão*, dizendo: "Falai, pois, dizei o que quereis, ou diretamente pelo órgão das vossas províncias, ou indiretamente pela voz de vossos deputados". Que mais claro se pode falar do que fizeram os de São Paulo? Que resposta se deu nas Cortes? Que lhes mandassem cortar as cabeças. Ora, falem claro com tais exemplos!

O *Campeão* faz depois a mais poética mistura de democracia e aristocracia, querendo que estes elementos discordes se combinem no Brasil para obrar no mesmo sentido. Diz ele "que ao homem sem virtude e sem caráter pareceu sempre bom todo o caminho que o leva ao termo em que estão suas ambições". Lemos esta mesma expressão no *Investigador Português* em Inglaterra, quando escrevia contra o *Correio Braziliense* a favor do antigo despotismo, e por isso achamos mui natural a mesma idéia no *Campeão*. Mas, entendamo-nos: essa suposta facção no Brasil quer a democracia ou a aristocracia? Quererem ambas é absurdo; logo, o que se quer no Brasil é uma monarquia temperada, e não um rei de copas, como se tem feito em Portugal; porque com tão inútil rei, é melhor não ter nenhum. Se o rei não serve de nada, se não pode exercitar poder algum político, é pior que inútil o ter semelhante rei, porque as despesas inerentes à sustentação da realeza são encargos ao Estado de que, nessa hipótese, não resulta proveito algum; pois um rei que é obrigado a fazer tudo o que lhe manda outra qualquer autoridade, é um ente não só inútil, mas gravoso, pela despesa que desnecessariamente ocasiona.

Por fim, acaba o *Campeão* com um ridículo jogo de palavras, que o príncipe diz que jurou dar aos povos uma Constituição que o povo é que a deve fazer, e não o príncipe dar. Mas é claro que sendo a convocação dos deputados do povo feita pelo príncipe, a expressão só quer dizer que ele concede, como chefe, o que o povo deseja como corpo.

Agora, sobre as palavras do decreto do príncipe, "Propor-me medidas e planos a bem do Reino Unido", diz o *Campeão*: "Aqui se enganou o mordomo de palácio, porque onde hoje reside o supremo Congresso da nação, não pode aceitar planos propostos a um príncipe desobediente por homens sem caráter político e legal".

Ora, senhores do partido do *Campeão*, o príncipe não é desobediente a seu pai, porque obedece ao que ele lhe mandou, que era ser regente do Brasil, e mandou isso enquanto el-rei obrava livremente; agora o que el-rei manda não é por si, mas porque é obrigado pelas formas prescritas no sistema constitucional, porque el-rei não tem vontade livre, há de por força fazer o que mandarem as Cortes, e o nomear seu filho regente do Brasil, com poderes amplíssimos, obrasse bem ou obrasse mal, fez isso de sua livre vontade.

Que esses planos são propostos por homens sem caráter legal ou político. Sr. *Campeão*, que caráter legal ou político tinham os que formaram a Junta do Porto, que introduziu o presente sistema constitucional? Nenhum: disseram que obravam pela vontade presunta do povo; cremos que assim era. Mas o príncipe convoca deputados pelo legal poder que seu pai, el-rei, uma autoridade legal conhecida, lhe concedera. E como obra? Convocando deputados do povo para saber sua vontade e para obrar, segundo presumimos, conforme essa vontade. Pode haver procedimento mais legal? O príncipe, depositário da única autoridade conhecida, convoca o povo para obrar segundo a vontade desse povo. Se isto não é legal, não há procedimento político legal sobre a terra.

Se o príncipe não obrar segundo esses princípios que tem declarado, se os deputados do povo não obrarem segundo o que dita o bem desse povo e aconselharem medidas despóticas, então poderá haver razão de queixa, e então podem nossos leitores ficar seguros do que o *Correio Braziliense* será tanto contra esse príncipe, e tanto contra esses deputados, quanto o foi contra o governo passado e quanto o é contra os despotismos do presente.

Em modo de profecia dizemos que assim como vimos cair por terra o despotismo passado, assim como vemos desacreditado no Brasil o presente sistema errado, assim veremos derrubado esse príncipe e seus sequazes, se eles se atreverem, o que de nenhum modo esperamos, a introduzir no Brasil qualquer sistema de despotismo, venha ele mascarado como for.

64.
MEDIDAS DAS CORTES SOBRE O BRASIL

[N° 170, vol. XXIX, julho de 1822, pp. 183-93]

Copiamos neste número os debates das Cortes sobre dois negócios da mais alta importância que nelas se trataram; e para que o leitor pudesse comparar o que temos sobre isto a dizer com o que se argumentou nas mesmas Cortes, damos os mais amplos extratos das sessões que podemos obter, ainda assim mui diminutos, pela razão que ao depois explicaremos. O número destes importantes objetos é o relatório da comissão encarregada de fazer os "Artigos adicionais à Constituição respectivos ao Brasil".

Lembrados estarão nossos leitores de que, quando alguns deputados do Brasil em Cortes requereram ser ouvidos sobre a parte da Constituição já sancionada antes da sua chegada, se lhes negou isto, mas disse-se-lhes então que para o diante se lhes daria ocasião de formarem aqueles artigos adicionais, ou proporem aquelas emendas que julgassem convenientes às províncias que representavam.

É claro que uma Constituição arranjada somente pelos deputados de Portugal para reger os povos do Brasil era uma medida que trazia logo à frente a marca de uma dominação e superioridade que devia causar geral e permanente desgosto no Brasil. Para adoçar tão impolítico como injusto ditame, se nomeou uma Comissão, composta de deputados do Brasil, com o fim de propor os aditamentos e emendas à Constituição já feita e que fossem necessários ao Brasil; a Comissão fez o seu relatório na sessão de 17 de junho e o copiamos à p. 46; e começou a discutir-se na sessão de 26 de junho, que copiamos à p. 61.

Abriu a discussão o deputado Girão e começou dizendo que lhe fervia o sangue à vista do relatório. Daqui se patenteia que um legislador, deliberando com tal ímpeto de furor, estava incapaz de exercitar suas funções, e assim o provam o excesso das expressões descomedidas e os erros de opiniões que este e outros deputados proferiram na cegueira da paixão que Girão confessa; e que os induziu a insultar a Comissão com todos os impropérios que lhes lembraram.

Diz o deputado Girão, no meio de mil declamações intempestivas e irrelevantes, que se o Brasil arvorar o estandarte estrelado, isto é, se se declarar independente, ou a mãe pátria usará de seus direitos, ou nações ambiciosas irão colonizar as províncias que mais conta lhe fizerem, ou os escravos renovarão as cenas de São Domingos.

Nenhuma das três alternativas, porém, são de temer, apesar das profecias do deputado Girão e apesar de esforços dos de seu partido. Não a primeira: porque se pela expressão "usar a mãe pátria de seus direitos" entende o deputado Girão que Portugal mandará forças militares a conquistar o Brasil, a experiência tem mostrado o ridículo de tais ameaças, pois as tropas européias têm sido expulsas do Brasil em todas as províncias em que os povos determinaram; e o Estado exausto, endividado e falto de recursos do Tesouro de Portugal prova a todas as luzes a impotência daquele Erário até para ocorrer às despesas diárias, quanto mais para pensar em mandar expedições contra o Brasil que sejam capazes de produzir algum efeito, naquele país, favorável às vistas desse partido, que o deseja fazer voltar à dominação colonial.

A segunda alternativa é puramente quimérica, porque não há nação alguma na Europa que possa tentar uma invasão no Brasil; e a única que estaria em circunstâncias de o fazer, por sua força marítima, é a Inglaterra; mas esta conhece demasiado bem os seus interesses, e o povo inglês tem demasiados sentimentos de justiça, para empreender uma guerra que destruiria uma considerável fonte de seu comércio externo e não lhe apresentava vantagem alguma equivalente.

A terceira alternativa foi amplamente respondida pelo deputado Andrada em sua fala que copiamos à p. 64; até ridicularizando a idéia de que os negros do Brasil, na Bahia só um terço dos habitantes, noutras províncias só um décimo, pudessem assoberbar todo o resto da população que lhe é tão superior em todos os sentidos.

Haviam dito os adversários do Brasil que os seus deputados nem sabiam sequer pedir às Cortes o que queriam. Eis que pedem: esta Comissão propõe o que queria o Brasil, e só quer com a maior moderação de sua parte: responde-se-lhe pela negativa e nega-se-lhe tudo com desprezo e com impropérios.

Girão insinua em termos tão claros, como já o tinham feito alguns escritores de seu partido, que se recorrerá a fomentar uma insurreição dos escravos no Brasil, e até já corre o rumor de que há planos mui adiantados para provocar esse mal. O deputado Carneiro decidiu-se, em sua fala, pelo outro plano de dilacerar o Brasil, separando os interesses das províncias do norte daquelas do sul, e esta idéia, como menos atroz e mais justificável em aparências, tem sido geralmente seguida nas Cortes.

A sinceridade com que o Brasil desejava a sua união com Portugal, a ilusão que essa mesma sinceridade produziu nos deputados do Brasil quando chegaram a Lisboa, acreditando então que achavam correspondentes sentimentos em seus colegas europeus, a hesitação que daqui se tem seguido, é a causa da vantagem que hoje em dia ainda gozam os inimigos do Brasil.

A errada crença em que se achavam esses deputados fez que eles assinassem o relatório, uma espécie de proclamação ao Brasil, aos 18 de março deste ano, em que asseveram a pureza das intenções das Cortes, o que lhes lança agora em rosto F. Borges. A hesitação no Brasil, procedida da mesma crença, não lhe vem permitindo tomar medidas decisivas, pois podia de uma vez acabar com a introdução de escravos de África, e substituí-los por trabalhadores livres da Irlanda e Alemanha, que lhe custariam mais barato e produziriam bens que nunca se podem esperar dos escravos, e livrariam o Brasil dessas tramas de levantamentos de negros com que de Lisboa o ameaçam.

Mas, entrando na questão, recomendava a Comissão que o Brasil tivesse suas Cortes Especiais, e outras, Portugal; mas que houvesse umas Cortes Gerais para legislar sobre o que fosse de interesse comum etc. Sobre este plano se fundava todo o mais arranjamento que propunha a Comissão e, assim, sobre este artigo foi toda a força da oposição. O *Diário do Governo* não só deu as falas dos deputados que falaram contra o projeto, mas tornou a publicar as de alguns, mais corretas, como ele diz, e emendadas, quando as falas dos deputados do Brasil ou são de todo supressas ou deformemente mutiladas; e, no entanto, copiamos por extenso todos os extratos do *Diário*, porque não temos melhor documento.

Deles verá o leitor, à p. 67, o deputado B. Carneiro opondo-se extremamente a que haja Cortes no Brasil; no meio de mil impropérios a que não julgamos necessário responder, diz que fazendo o Brasil uma só nação com Portugal, não pode ter senão um corpo Legislativo. Ora, isto é um sofisma, porque todas as colônias inglesas, posto que constituam uma só nação com a Inglaterra, como advertiu o deputado Fernandes Pinheiro, têm suas legislaturas particulares para o que lhes diz respeito; e por não irmos mais longe, até às Câmaras de Portugal era concedido certo poder de legislar, no que chamavam posturas; e agora mesmo as Cortes decretaram que as Câmaras do Brasil pudessem abolir certos impostos e substituí-los por outros, sem que ninguém alegasse que essa legislação local destruía a unidade da nação. Mas o deputado B. Carneiro e outros que se lhe seguiram estão de tal modo imbuídos da superioridade que Portugal tem sobre o Brasil, que usam sempre do termo conceder isto ou aquilo ao Brasil, como se o Brasil, insistindo em seus direitos, aparecesse no caráter de suplicante a Portugal.

O deputado Serpa Machado argumentou contra a admissão dessas Cortes no Brasil por ser contra o que já está sancionado nas Bases e na Constituição. O deputado Vilela e outros do Brasil provaram que as Bases se não opunham a isso; nenhum europeu se quis dar por convencido disso. Quanto à Constituição, tal coisa ainda não há, porque nem está aprovada, jurada ou admitida, e nem está ainda acabada, principalmente pelo que respeita o Brasil.

Quando os deputados do Brasil requereram que queriam ser ouvidos acerca da Constituição, respondeu-se-lhes que ao depois se lhes daria lugar de proporem todos os aditamentos e alterações que fossem precisas ao Brasil; agora que propõem essas alterações, dizem-lhes que não são admissíveis, porque são contra o que os deputados europeus já assentaram.

Nestes termos, que vieram fazer às Cortes os deputados do Brasil, se hão de por força estar pelo que os deputados de Portugal já tinham decidido? As procurações que receberam dos povos foi para que concorressem na fatura da Constituição; as Cortes dizem-lhe que essa Constituição já está feita; logo, os deputados do Brasil ficam só figurando como o companheiro do pregador, que vai com ele ao convento, para não fazer mais nada senão estar ao pé dele.

Os deputados europeus e a facção dominante em Lisboa não podem deixar de conhecer que o Brasil não se submeterá à humilhação de ver seus deputados reduzidos a figurar como companheiros de pregador; logo, esta provocação é reconhecidamente destinada a induzir o Brasil a atos de violência, a fim de que se lhe impute a separação, que só é obra e filha dos planos dos intrigantes de Portugal.

Nada prova isto mais do que a nímia moderação que mostrou a Comissão no que pediu para o Brasil; mas ainda assim o deputado Moura se julgou autorizado para estigmatizar o relatório, atribuindo-o aos facciosos e anarquistas de São Paulo e à resistência que fizeram aos decretos das Cortes, para o que não tinham direito.

Este princípio da obediência passiva e obrigação de não resistir foi depois sustentado por outros deputados, como Fernandes Tomás, Pessanha etc.; e este fez uma distinção entre resistir ao poder Legislativo ou ao Executivo; negou o primeiro, mas concede o segundo.

Aqui cabe-nos perguntar: quando os senhores do Porto, e depois em Lisboa, pegaram as armas contra o governo então existente e o derrubaram e estabeleceram em seu lugar o atual, contra quem resistiram? O rei gozava e exercitava tanto o poder Legislativo como o Executivo. Os portugueses tiveram direito de resistir a esse governo e de o aniilar, porque o julgaram mau; mas querem agora que a Junta de São Paulo não tenha de forma alguma, nem todo o Brasil goze desse direito de resistência.

Outra pergunta: se o governo passado de Portugal tivesse ou juízo bastante, ou forças suficientes, para rebater e afogar a revolução que começou no Porto, onde estariam agora os srs. Fernandes Tomás, B. Carneiro etc. etc.? Que depressa se esqueceram de que neste mundo há o direito de resistência, mantido quando se está oprimido, e negado quando se está no comando!

Mas alega-se com as Bases, para se dizer que é inadmissível haver Cortes no Brasil. Assim mesmo se alegou com elas para dizer que não devia haver delegação do poder Executivo no Brasil; mas agora, porque isso faz jeito aos planos que abaixo desenvolveremos, já os mesmos deputados, que isso sustentaram energicamente, sustentam com igual energia que isto não é contra as Bases, e que deve haver no Brasil não só uma, mas muitas delegações desse outrora indelegável poder Executivo.

O deputado Moura não admite modificação alguma na Constituição; mas passados quatro anos, então ouvirá o que sobre isso tiverem a requerer os brasilienses. Ora, já que tanto falam nas Bases a que os povos do Brasil se obrigaram, diga-nos o deputado Moura em que parte das Bases vem esse estribilho, de que os povos do Brasil não possam propor nada para a Constituição (que ainda não juraram) senão daqui a quatro anos? Quem, como e quando juraram ou admitiram os povos do Brasil esse prazo de quatro anos? Não foi o mesmo deputado Moura que recusou assinar o relatório da Comissão porque nele se recomendava uma delegação do Executivo no Brasil? Não foi o mesmo deputado que declarou ser essa delegação contra as Bases, e por conseqüência perjurou a elas os que tal queriam? Não é ele mesmo que agora advoga não só uma, mas muitas delegações do poder Executivo no Brasil? Como decidiremos sobre essas denúncias e pronúncias de perjúrios, se ontem declararam perjuro o que hoje chamam legal e constitucional?

Porém, o fim da fala do deputado Moura nos dá a chave para explicar essas incoerentes pronúncias de perjúrios:

> "No Brasil, diz ele, há uma poderosa facção que promove a independência; desta verdade ninguém há que possa duvidar, e eu receio que o momento em que se unam 80 representantes daquele reino seja o momento em que proclame essa independência."

Eis aqui a chave dos procedimentos desse partido, e não os subterfúgios de perjúrios, que não existem senão em suas cabeças. A Independência do Brasil é um acontecimento que se não pode prevenir, mas em vez de ser feita sossegada e gradualmente, como todos os homens moderados desejam, para evitar os males das concussões repentinas, esse partido quer antes promovê-la, com irritações, para que Portugal goze da infrutífera vingança de ver desolado aquele que não pode conseguir tornar a reduzir a colônia.

A suposição do deputado Moura que logo que se ajuntem 80 deputados do Brasil declararão sua independência, mostra que ele supõe geral esse desejo no Brasil; assim o supõem todos, porque as medidas que Portugal erradamente tem seguido impeliram os brasilienses ao que não pensavam: os homens moderados desejavam espaçar o termo, mas o partido antibrasílico em Portugal acelera-o com provocações para que, pelo menos, não goze o Brasil esse bem sem passar pelos incômodos de ver revoltados os escravos etc. etc.; outra vez dizemos: infrutífera vingança, que inflige aos outros um mal sem que ao vingativo resulte algum bem.

A declaração do deputado Moura, no fim de sua fala, só serve de produzir abertamente a prova do que os fatos já indicavam e continuam a evidenciar. As desordens de Rego foram sempre desculpadas nas Cortes, e, ultimamente, ele foi declarado livre das acusações, tendo, ademais, pródigos elogios do deputado Moura e outros; e isto, como diz em baixos termos um elogiador de Rego, "para dar figas aos de Pernambuco". O mesmo tem acontecido com Madeira, Zuzarte e todos os mais homens que são desagradáveis ao Brasil; aos que lhes podem ser gratos, só se dão desprezo e insultos, tolerando-se até que nas galerias das Cortes se dissesse aos deputados do Brasil "Fora patifes". A fala, pois, do deputado Moura não faz senão declarar formalmente o que todos esses fatos indicavam, para assim desenganar mais aos brasilienses que ainda forem incrédulos.

A discussão sobre esta matéria foi continuada na sessão de 3 de julho, quando o deputado Girão tornou à carga contra as Cortes no Brasil como contrárias às Bases, que, segundo Girão, requerem umas só Cortes, e que essas devem ser aqui (em Lisboa) nesta capital, e que portanto nunca podia haver Cortes no Brasil; e isto porque o artigo 27 das Bases diz capital de Portugal, como se por capital de Portugal se não pudesse ou não devesse entender qualquer ponto da monarquia em que as Cortes fossem convocadas.

B. Carneiro espraiou-se na ingratidão dos brasilienses, que sempre estiveram sujeitos aos açoites dos governadores e nunca se queixaram, mas o fazem agora contra seus benfeitores que os libertaram. Como esta acusação de ingratidão é tantas vezes repetida, somos obrigados a repetir também muitas vezes a negativa: desta vez porém seremos breves.

Carneiro diz que os brasilienses nunca se queixaram dos açoites: ora, quem dava esses açoites, ou (como lhe chamou outro colega de Carneiro) latagadas, eram os europeus, patrícios desses senhores; e é por esses açoites que os brasilienses lhes devem ser gratos? Por outra parte, se esses deputados tivessem em vista conciliar o Brasil com Portugal, estariam sempre trazendo à lembrança dos brasilienses as latagadas que este deu àquele? Tais recordações, neste momento, só servem de abrir de novo feridas velhas; e saindo isso de deputados tão cordatos, não podemos deixar de o atribuir, como fazemos, ao fato de irritar e estimular o Brasil a que se separe por uma irrupção repentina, sem esperar as delongas que a natureza das coisas exigiria, a fim de deixar esse partido em Portugal liberto para pôr em prática seus ulteriores planos.

Mas quanto a que no Brasil se sofreram sempre esses açoites sem murmúrio, engana-se o deputado B. Carneiro; porque sempre isso se sofreu de mui mau grado, e só quando a força superior não permitia outra coisa. Sem lembrar as heróicas ações dos brasilienses na expulsão dos holandeses, quando desamparados por Portugal, passaremos a ver alguns exemplos do mal que sofrem as latagadas dos portugueses, quando isso podem impedir.

Sebastião de Castro, sendo governador de Pernambuco, em 1710, trabalhou para que os mascates europeus do Recife entrassem na governança e Senado da Câmara de Olinda, e não o podendo conseguir, obteve d'el-rei, com falsas representações, erigir o Recife em vila; cresceu o desgosto, o governador recorreu a prisões: tinha por si a Força Armada, os pernambucanos a razão. Armaram-lhe uma emboscada e deram-lhe um tiro; e ele escapando desta, e receando pior aventura, fugiu para a Bahia, levando consigo alguns dos negociantes que então representavam no Recife o mesmo papel que, agora, os amigos de Luiz do Rego. Note-se que então deliberaram os pernambucanos quem devia ser o governador, e nomearam de sua própria autoridade o bispo.

O governador da Bahia, Antônio de Souza de Menezes, em 1682 teve um valido, Francisco Teles, que à sombra disso fez muitos desconsertos e cometeu muitos atentados; os habitantes, injuriados, atacaram-no e mataram-no.

Em Vila Rica, em 1720, se amotinaram os povos pela introdução do direito do quinto no ouro e estabelecimento das casas de fundição, e o governador foi obrigado a perdoar a todos os amotinadores, para prevenir maiores desordens; mas depois, violando o prometido, procedeu a prisões, com o que se originaram resistências abertas que duraram por muitos anos.

Pelos anos de 1708, os paulistas, que faziam guerra em Minas e viram seu partido derrotado, se retiraram; mas foram recebidos com desprezo, até de suas mulheres, o que os fez ajuntar em grande número e, elegendo por seu general a Amador Bueno, voltaram ao combate, onde obraram proezas consideráveis.

Os habitantes de São Paulo, cansados de sofrer os despropósitos do governador, a quem puseram a alcunha de Pilatos, fizeram-no montar em uma burra, com a cara voltada para o rabo do animal, e depois de assim o fazerem passar pelas ruas, exposto à vergonha, o expulsaram da cidade.

Em Minas, há pouco mais de 30 anos, se tramou segunda conspiração, que foi atalhada, mas que tinha em vista aniilar esse açoite e latagadas dos europeus; foi porém mal sucedida, por se haver descoberto.

Finalmente, em 1817, se levantaram os pernambucanos, como está ainda fresco na memória de todos. Omitimos mais exemplos. E, depois disto, dirão os senhores deputados de Portugal em Cortes que o Brasil beija o açoite que lhe dá latagadas?

Porém, B. Carneiro, entre outras dificuldades que aponta para o Brasil se erigir em Estado independente, menciona aquela de não terem uma capital central, e o trabalho de a erigir. A empresa é tão fácil, que se não fosse o ter tido el-rei um estúpido e perverso Ministério europeu desde que foi para o Brasil, já hoje em dia havia no centro do Brasil, nas cabeceiras do rio Doce ou rio de São Francisco, uma cidade capital; porque a presença do rei e dos tribunais de apelação, a fertilidade do terreno e imensidade de rios que daquelas partes tiram a sua origem e se encaminham a todos os pontos da costa do Brasil haveriam, no decurso de dez anos somente, feito uma mui populosa cidade. Mas os cortesãos europeus que acompanhavam el-rei, achando no Rio de Janeiro um pequeno teatro, casas de alcouce que forneciam objetos a sua depravação e outras conveniências de uma cidade mercantil, nunca se poderiam resolver a fazer o sacrifício de viver por alguns anos em uma cidade principiante; porque para esses egoístas cortesãos europeus qualquer prazer presente era superior a séculos de glória póstuma ou à felicidade da nação; a isto se deve atribuir a falta de uma capital central no Brasil, e não às dificuldades que aquele deputado imagina, porque as não há.

O deputado Girão, rindo-se da idéia de se erigir o Brasil num Estado independente, argumenta que a população relativa não está no auge de aspirar a ser a nação. Mas o deputado brasiliense Vergueiro tinha já mostrado que a população do Brasil, mesmo segundo os cálculos mais apurados, monta a 2.100.000; o abade Corrêa dá-lhe mais a quarta parte, o que faz três milhões; ora, isto crescendo sempre a população do Brasil e diminuindo a de Portugal, como provou o deputado Franzini.

Nestes termos, compare-se esta população com a de Colômbia, ou Buenos Aires, ou Chile, ou México, que se erigiram em nações independentes, que já foram como tais reconhecidas pelos Estados Unidos e em breve o serão pelas potências européias, e digam-nos: que dificuldade relativa se pode encontrar para o mesmo no Brasil?

Havendo assim passado uma revista breve e sumária dos argumentos produzidos nas Cortes sobre a questão, e referindo nossos leitores aos extratos que publicamos, resta-nos dizer o resultado.

Resolveram as Cortes que a proposta da comissão de deputados brasilienses não se devia nem sequer propor a votos; e assim foi decidido por uma grande maioridade, composta de todos os deputados europeus.

65.
PROCEDIMENTO DAS CORTES CONTRA A JUNTA DE SÃO PAULO

[N° 170, vol. XXIX, julho de 1822, pp. 193-202]

Na sessão de 27 de junho se discutiu o parecer da Comissão Especial dos Negócios do Brasil que, havia muito tempo, fora encarregada de dar a sua opinião sobre a representação da Junta de São Paulo, comportamento do príncipe real e outros fatos no Brasil que tinham azedado, ou, para melhor dizer, desorientado as Cortes.

Os nossos leitores estarão lembrados de que este negócio se foi demorando de tempos em tempos, debaixo do pretexto que era preciso esperar mais notícias, até que, supondo-se que os feitos de Madeira na Bahia garantiam algumas esperanças, julgaram os cabeças do partido antibrasílico em Lisboa que era tempo agora de sair a Comissão com seu relatório, mais brilhante que o outro que produziram em março, e o resultado de seus trabalhos é o que o leitor achará no relatório da sessão de 10 de junho, que nós copiamos à p. 33.

Começou a discussão sobre este relatório aos 27 de junho (p. 79); o sr. B. Carneiro, proferindo que tanto a Junta de São Paulo como o príncipe, depois de haverem jurado as Bases da Constituição, se haviam feito perjuros passando a serem rebeldes e inimigos do sistema constitucional, fez sobre isso grande discurso.

Para responder ao deputado Carneiro: se usássemos da frase de Moura, diríamos que usou uma atroz divergência da verdade; se falássemos como Tomás, diríamos, mente o labrego; se imitássemos Carneiro, nos expressaríamos é um ladrão da reputação alheia etc.

Mas deixemos a fraseologia dos outros, usemos da nossa. Nem a Junta de São Paulo, nem o príncipe regente, nem outra alguma pessoa ou corporação do Brasil se tem até agora declarado, nem dado o menor indício de contrariedade ao sistema constitucional; todos parecem abraçá-lo às invejas, cada qual mais; porém estão resolutos a não sofrer despotismos com a capa de liberalismo e tanto assim, que antes se declararão independentes de

Portugal, o que tão pouco desejavam, do que sofrerem ser outra vez reduzidos a colônia, quaisquer que sejam as aparências de formalidades.

Propôs a Comissão, como pode ver o leitor (à p. 33), que se mandasse prender, processar e castigar os membros da Junta de São Paulo, o bispo daquela diocese e os ministros do Rio de Janeiro; excetuaram porém o príncipe real de algum castigo, mas que viesse logo para Portugal. Depois de longo debate, aprovou-se o parecer da Comissão, menos que se castigasse o bispo; e quanto ao príncipe, que ficasse no Brasil até se publicarem os artigos adicionais à Constituição relativos ao Brasil.

Aqui se oferece logo a pergunta: quem há de ser o meirinho que vá prender aos ministros de Estado? B. Carneiro, na sessão 414ª, apoiou isto fortemente, dizendo que fossem presos todos os da Junta de São Paulo, preso o bispo, presos todos os ministros de Estado do Rio de Janeiro. Valha-nos Deus com tantas prisões! Mas o deputado Carneiro não indicou qual era o meirinho que havia de ir executar essas prisões.

Suponhamos que o grão-senhor, em Constantinopla, cometa algum atentado contra Portugal; que figura fariam as Cortes passando ordem de prisão contra o grão-senhor e todo o seu divã? Eis aqui o que sucede exatamente a respeito do Brasil. Porém, vamos aos argumentos.

Dizem que o Brasil deseja a anarquia porque não se sujeita passivamente a todos os despotismos que querem as Cortes de Portugal. Mas não era a mesma linguagem que usavam os passados déspotas? Como os havemos, portanto, de distinguir dos presentes constitucionais? A verdade pura é que, com tais palavras e semelhantes obras, foi à terra o passado governo, e por semelhantes meios se aniilará o presente a si mesmo, com grande prazer dos corcundas, que nisso não terão mais mérito do que aproveitar-se dos erros dos constitucionalistas.

Diz B. Carneiro que o príncipe real insultara a Divisão Auxiliadora; os documentos provam que esta asserção não é verdadeira: o príncipe não fez mais do que repelir os insultos da Divisão; mas suponhamos que a imputação é verdadeira, nisso não havia rebeldia: Zuzarte não era general nomeado pelas Cortes, era, como a sua Divisão, sujeito às ordens do príncipe real, cujas ordens não tinha direito a disputar.

Diz que o príncipe insultou as Cortes, pode assim ser; mas diz o rifão português que é manha do açougue, quem mal diz, pior ouve: nas Cortes se tem proferido o nome de s. a. r. com a mais decidida desatenção, deviam esperar dele igual sem-cerimônia. Se os membros das Cortes se consideram soberanos para dizer o que quiserem, o príncipe, e ainda menores personagens, não se acham na disposição de respeitar sem murmúrio as afrontas de

150 soberanos: um déspota custa muito a sofrer; 150 são absolutamente intoleráveis.

Acusa-se o príncipe de receber com morrões acesos a expedição que se lhe mandava: erro fora que, sabendo o príncipe das expressões de Carneiro e de outros nas Cortes, deixasse entrar mui sossegadamente no Rio de Janeiro uma expedição que se destinava a mandá-lo amarrado a Lisboa, para aí aprender a *Medicina doméstica* de Buchanan! Depois das falas de Carneiro e outros, nas Cortes e fora delas, a respeito de s. a. r., era preciso ser mentecapto para supor que ele sofreria ser transportado a Lisboa como carneiro ao degoladouro, sem murmúrio, sem resistência; só a ignorância e fanatismo de uma facção em Lisboa, cega por suas paixões, podia tal conceber. Mas tal é o modo por que têm conduzido os negócios públicos os presentes constitucionalistas.

O deputado brasiliense Bueno respondeu a Carneiro; mas disse o taquígrafo, como refere o *Diário*, o mesmo que a respeito de Fernandes Pinheiro, que o não ouviu, porque há uma surdez constante a respeito do que dizem os deputados do Brasil, quando as falas dos deputados europeus até se publicam duas e três vezes; e assim só se pode conjecturar o que disse Bueno pela refutação que lhe fez Moura. Esta é sempre a imparcialidade em Portugal, pelo que respeita o Brasil.

Moura, em sua resposta, diz que o povo não tem direito de resistir. Já acima deixamos perguntado: qual era o direito da conspiração começada no Porto, para resistir e derrubar o passado governo? Quando nos responderem a isto, replicaremos a Moura.

Mas este deputado, no princípio de sua fala, diz que devem haver no Brasil centros do poder Executivo. Já este poder não é indelegável e indivisível, já essa delegação não é contra as Bases juradas, nem contra a Constituição, que ainda se não sabe qual é, mas que é irrevogável pelo espaço de quatro anos. O fato, porém, é que então não se previa o que hoje é necessário fazer; e assim as Bases têm um nariz de cera que se pode adaptar às circunstâncias.

O deputado Moura diz que se não empreguem forças contra o Brasil, mas sim contra as frações que resistem às Cortes; e assim, por uma distinção metafísica, empregaria forças, se pudesse, contra todas e cada uma das províncias do Brasil, separadamente, gritando sempre que não empregava força contra o Brasil. Porém, como é possível que suceda que alguma província seja tão forte que lá não possam entrar forças militares, aqui vale ao sr. Moura o seu nariz de cera: então, diz ele, se alguma província não quiser obedecer às Cortes, abandona-se a si mesma e à sua própria anarquia. Muito obrigado sr. Moura: mouro, o que não podes haver, dá-o pelo amor de Deus.

No entanto, diz Moura no terceiro arbítrio que propõe (veja p. 83) que deve ser castigado todo o que não obedecer. Isto já não é entregar o delinqüente à anarquia; mas, quem há de ir impor o castigo? Hão de os decretos das Cortes operar no Brasil como as bulas do Papa sobre as almas do purgatório? Ouçamos porém um traço de eloqüência mourisco, isto é, do deputado Moura; diz ele nessa fala:

"Diz um grande sábio que a idéia de fazer um processo a uma cidade só faz tremer; que poderíamos pensar duma província?" (Veja-se p. 63.) E daqui conclui o deputado que se faça processo a toda a Junta de São Paulo e a todo o Ministério do Rio de Janeiro. Assim aproveitaram as lições do grande sábio. Mas se quer fazer o processo a toda essa gente, como executa a regra que estabeleceu, de entregar os refratários à sua própria anarquia?

Segue logo o deputado, querendo excetuar o príncipe, porque é delegado de seu augusto rei. Mas a verdade é que se ele é ainda o delegado d'elrei, é porque se não submeteu ao capricho das Cortes, e teve meios de resistir-lhes, do contrário achar-se-ia fechado, como o deputado Moura se expressou, dentro dos muros da quinta de Queluz, ou talvez em mais estreito território.

Segundo Moura, nem a Junta de São Paulo nem outra qualquer pessoa ou corporação no Brasil tem direito de resistir às Cortes, porque todos juraram a observância das Bases. Bem, nessas Bases se jurou, como ponto cardeal, a dinastia da Casa de Bragança; que direito, logo, tem nenhum deputado das Cortes, sem ser perjuro, de ameaçar o príncipe com a perda da coroa se não vier para Lisboa? Que o príncipe deve ser o rei quando morrer seu pai, achamos nós nas Bases, e portanto há perjúrio a elas quem propuser o contrário; mas aí não se diz palavra sobre o herdeiro residir no Brasil, ou em Lisboa, ou na Índia.

A violência do deputado Moura e dos seus colegas contra tudo que é do Brasil, de boa vontade lhes perdoamos; mas não podemos passar-lhes de todo pela hipocrisia. Moura começa recomendando a moderação nas expressões, e logo chama a José Bonifácio de Andrada um energúmeno político. Se se propõe só buscar o crime para o castigar, não é preciso insultar o criminoso, chamando-lhe energúmeno; isto é indigno de um legislador e muito mais impróprio quando esse legislador se erige em juiz, como sucede neste caso; porque então dá esse juiz por certo o crime, ainda antes de ouvir a parte: nenhuma lei, nenhuma razão admitiu jamais tal procedimento.

Quanto à Junta de São Paulo, ela não foi criada por autoridade das Cortes, mas sim do povo, foi um governo revolucionário como o de Portugal; e para as Cortes lhe chamarem rebelde, era preciso que essa junta concorresse na Constituição comum, que ainda não está feita, que estivesse por ela, que a jurasse, que recebesse a sua autoridade das Cortes; ora nada disto há, e assim as Cortes nem têm direito, nem têm forças para insistirem na obediência de um governo tão revolucionário e tão popular como o dessas mesmas Cortes; a pretensão é, logo, mal fundada, e o tom elevado em que se anuncia torna-se ridículo, pela fraqueza do pretendente à superioridade.

Forma o deputado Moura várias hipóteses, e na segunda diz que os povos do Brasil mandaram seus representantes às Cortes para formarem uma Constituição; bem, mas as Cortes dizem-lhes que já está feita, que se não pode alterar, e danado aquele profano que ousar tocar esta sagrada arca da aliança; então, perguntamos outra vez: a que vieram a Lisboa esses deputados do Brasil? Que mais direito tem uma província do que outra para mudar e determinar a forma de governo?

Faz o deputado Moura um floreio de retórica, pondo na boca dos brasilienses estas palavras: "Bem-vindas sejais, Bases da Constituição, que nos vindes livrar da escravidão e dar a liberdade". Lindo rasgo de eloqüência, mas infelizmente peca por um terrível anacronismo: porque quando as Bases foram arranjadas em Lisboa, já as províncias do Brasil se tinham libertado a si mesmas; logo, não podiam aqueles povos imputar às tais Bases a liberdade que já possuíam antes de essas Bases nascerem.

Daí vem com a outra, que os povos no Brasil receberam com alegria e adotaram com entusiasmo o anúncio do estabelecimento do sistema constitucional em Portugal. Bem, assim sucedeu na Holanda, na Itália e noutras partes da Europa, quando a França lhes prometeu a liberdade; mas depois, quando viram que os franceses destruíram o despotismo desses países para introduzir o seu, o rancor que sobreveio contra os impostores foi maior que o ódio aos antigos opressores, e foi só um pequeno punhado de estúpidos entusiastas que ainda ficou crendo na liberdade que viria da França. Tenha a bondade o deputado Moura de aplicar isto ao Brasil.

Em casos semelhantes, ainda que houvesse já um pacto expresso e uma Constituição feita a prazer de ambas as partes, qualquer delas que se achasse enganada podia retirar-se; porque em todas as leis (e nas ordenações de Portugal) todo homem tem direito de se arredar do contrato em que entrou, quando acha nele lesão enorme.

Vamos, porém, à parte política da fala do deputado Moura; porque ele em todas as ocasiões se apresenta como corifeu do partido contra o Brasil. Falando de s. a. r., diz que se o príncipe aparecesse na foz do Tejo, tudo esqueceria, tudo lhe perdoaria. Ora, não tenha receios o deputado que o príncipe, atraído por essas melífluas expressões de perdão, se venha apresentar na foz do Tejo; o príncipe conhece já mui bem as coisas, e não está de acordo a vir à Europa aprender a *Medicina doméstica* de Buchanan.

Mas o deputado muda logo de tom, porque não pode guardar por longo tempo a máscara. O fim, diz ele, do decreto do príncipe que convida deputados ou procuradores dos povos do Brasil no Rio de Janeiro foi fazer desandar o sistema constitucional e tornar a pôr em vigor o despotismo.

Se o deputado Moura assim o cresse, não seria, ou não deveria ser, tão fácil em oferecer perdão ao príncipe; e se isso assim é, e o deputado Moura o provar, desde já lhe declaramos que seremos inimigos acérrimos daquele príncipe; mas perdoe-nos o deputado se, para prova de sua asserção, exigimos mais alguma coisa do que a sua mera palavra.

Por outra parte, queremos também prova de que as Cortes não queriam tornar a reduzir o Brasil a colônia; porque a presunção é mui forte disso assim ser: mandou-lhes governadores de fora, independentes das juntas governativas, tratando todos os naturais sem nenhuma consideração, não empregando nenhum em lugares de preeminência, insultando seus deputados nas Cortes etc. etc. Nesse caso em que tal prove, seremos logo a seu favor.

Conclui o deputado Moura a sua fala com uma apóstrofe ao Brasil, com outro rasgo de eloqüência; mas é bem fora de propósito em uma oração dirigida às Cortes para convencer os deputados sobre os votos que tinham de dar: dirigindo-se ao Brasil, que nem estava presente nem tinha voto, a figura é sem dúvida um pouco fora do comum.

Mas, enfim, toda a fala é deste caráter, saindo sempre para fora da questão, que era unicamente o que se devia fazer acerca dos chamados rebeldes; trata por simples infante d. Miguel, o filho d'el-rei, sem ao menos dizer sr., prodigalizando-se os membros das Cortes, uns nos outros, os epítetos de nobre, ilustre, honrado, chupando excelência etc., sem haver lei que tal mande, nem razão para que tais tratamentos se dêem à maior parte dos membros das Cortes. E, enfim, diz que se dê ao infante, se for para o Brasil, um conselho composto de homens de reconhecido saber etc.; quando todos os brasilienses sabem que tal escolha seria feita como a do corpo diplomático, dos governadores do Brasil, dos ministros e conselheiros de Estado etc. etc.

Mas vejamos ainda o que disseram outros deputados a este respeito. Freire trata ao príncipe, sem cerimônia, por um mancebo ambicioso à testa de um punhado de facciosos. Deixando o indecoro das expressões, se o fato assim é, que idéia faremos nós da prudência e sabedoria dessas Cortes, que assim se têm deixado levar debaixo por um mancebo ambicioso à testa só dum punhado de facciosos? Se sabem melhor obrar, mas não têm forças para isso, teriam mostrado sua prudência não entrando no combate, e não haveriam mandado uma fraca expedição ao Rio de Janeiro para ser recambiada com desar por esse mancebo à testa de um punhado de facciosos.

Freire recorre também a dizer que o príncipe deseja impor um jugo de ferro ao Brasil. Primeiramente, antes um jugo de ferro que se quer, do que um de barro que se não quer. Em segundo lugar, os brasilienses livraram-se de Rego em Pernambuco, que não tinha governado com espada de manteiga, e em todas as províncias do sul o partido do deputado Freire ainda não pôde meter dente; então, por que se há de presumir que os brasilienses se sujeitarão ao jugo de ferro do príncipe, caso ele lhes quisesse impor? Nisto não se aflija o deputado Freire, porque os governadores europeus no Brasil têm ensinado mui bem àqueles povos quanto importa fugir desses jugos de ferro.

Os procedimentos das Cortes não têm até aqui dado ao Brasil idéias de grande justiça, mesmo em pontos de administração relativos a Portugal. Por exemplo, pediram já as Cortes contas a Silvestre Pinheiro por ter iludido suas ordens soberanas, nomeando novos oficiais de Secretaria quando isso lhe era defeso? Repreendeu-se esse ministro por lançar mão do dinheiro dos negociantes do Brasil que estava em Londres? Pois que justiça se pode esperar no Brasil de tal governo?

Diz Freire que é um dever de todo o homem amante da liberdade desmascarar os tiranos. Isto seguimos, isto fazemos a respeito de uma facção em Lisboa que pretende escravizar o Brasil.

Supõe essa gente que o príncipe quer introduzir o despotismo no Brasil; e dizem: perdoe-se-lhe, como se fez a Rego. Supõe que a Junta de São Paulo quer a independência, por outros termos, a liberdade do Brasil; e dizem castigue-se, haja ou não justiça: recaia a vingança em 16, já que temos medo de envolver todos os que julgamos culpados!

Ferreira Borges contentou-se com lançar em rosto aos deputados do Brasil a sua boa-fé no relatório que assinaram em março passado; esperamos que não cairiam noutra, ainda que continuassem nas Cortes; mas as personalidades de Borges contra José Bonifácio são verdadeiramente bem impróprias. Não tendo outra coisa que alegar contra ele, cita que desagradara ao déspota Forjaz, e por quê? Porque sendo José Bonifácio intendente de Polícia no Porto, mandara soltar os presos acusados de partidistas franceses, no tempo da passada revolução: e traz Borges este caso como prova da disposição despótica de José Bonifácio!

Seria inútil produzir mais exemplos destes absurdos; recomendamos aos nossos leitores os mesmos debates que copiamos, assegurando-lhes que a lição que neles aprenderão, para bem avaliar as Cortes de Portugal, amplamente lhes pagará o incômodo da leitura.

66.
PLANOS DE PORTUGAL SOBRE O BRASIL

[Nº 170, vol. XXIX, julho de 1822, pp. 202-7]

O que temos até aqui dito e o que vamos dizer sobre o que se faz em Lisboa acerca do Brasil já não é pelo que respeita este país: a sua sorte está decidida, como depois veremos; mas é pela mágoa que nos causa ver desacreditado o ótimo sistema abraçado em Portugal pelos ambiciosos que só projetam seus interesses particulares, os quais trarão consigo a ruína de muitos que por incautos os seguem.

Nada pode dar mais forças aos sequazes do passado despotismo em Portugal do que ver que o Brasil se separou com a adoção do sistema constitucional, porque a este, e não aos atores em cena, se atribuirá o mal; mas vejamos como se vão a portar neste ponto.

As proposições da Comissão de Cortes composta de deputados brasilienses foram rejeitadas com tal desprezo, que se decidiu que não deviam sequer ser postas à votação; e depois de assim obrar, tornam a remeter o negócio à mesma Comissão para fazer outro projeto que seja conforme às vistas dos deputados europeus. Eis aí a que se não podiam sujeitar os deputados brasilienses, e quando o fizessem, certo que seus constituintes não estariam por isso; mas isto mesmo é o que se quer.

O deputado Andrada fez uma indicação para que se fizesse eficaz a responsabilidade do governador das armas da Bahia e do ministro da Guerra pelos desastrosos acontecimentos daquela cidade; remeteu-se a indicação a uma Comissão, a qual fez o seu relatório na sessão de 11 de junho; a Comissão evadiu isto, dizendo que se esperasse pela devassa.

O deputado Moura, como tomou a seu cargo ser o orador do partido contra o Brasil, sustentou o parecer da Comissão, dizendo que dos mesmos ofícios da Junta da Bahia se colhe que não era sabido qual dos dois generais fora o primeiro agressor; e que assim era preciso esperar pela devassa que se mandou tirar. No entanto, o brigadeiro Manuel Pedro está preso em Lisboa e o brigadeiro Madeira está solto governando as armas na Bahia; eis o modo de distribuir justiça igual ao Brasil!

Por outra parte, requer o atroz Luiz do Rego que fosse declarado inocente, antes de chegar da Bahia a devassa que dele se mandou tirar; as Cortes concedem logo isto, o deputado Moura enche Rego de elogios ainda em cima, e diz, com outros, que era preciso declará-lo livre para que o governo o pudesse já empregar: o que se entende de o empregar como cão de fila contra o Brasil, como se expressou B. Carneiro.

O deputado Andrada, argumentando sobre a necessidade das Cortes no Brasil para satisfazer aqueles povos e atraí-los à união de Portugal, disse por ironia que se as leis que fizessem as Cortes não fossem agradáveis, mandariam batalhões a forçar-lhes a execução. A isto chamou Moura insolência contra as Cortes; Andrada quis replicar o chamarem-lhe insolente, mas foi chamado à ordem e não o deixaram falar.

A injustiça do deputado Moura, a prepotência das Cortes contra Andrada são palpáveis; porque o argumento de ironia sempre foi admitido, é uma figura usada em todos os discursos, e quando assim não fosse, o sarcasmo da ironia recaía contra os argumentos dos seus adversários que Andrada combatia, e não contra as Cortes.

Fernandes Tomás confessou que quando, ao princípio, se tratou da representação de São Paulo nas Cortes, não se falou com franqueza. Disto mesmo acusamos nós as Cortes naquele tempo, porque já então estávamos bem convencidos de que essa falta de franqueza, esse refolho, essa duplicidade em tudo quanto dizia respeito ao Brasil tendiam a irritar aquele país e induzi-lo à separação. Agora, porém, se descobrem claramente os efeitos dessa hipocrisia, como nós dissemos e previmos quando Moura, Trigoso, Fernandes Tomás etc. etc. argumentaram que se não devia dar ao Brasil uma delegação do poder Executivo porque este era, de sua natureza, indelegável. Conhecemos logo mui bem que eles não estavam persuadidos do que avançavam, porque era a sua opinião um absurdo que não cabia em homens dos seus conhecimentos, como agora eles confessam, desculpando-se para votar o oposto do que então votaram, que hão mudado de opinião.

Disse Moura que era chegado o tempo de falar claro: nós sempre falamos claro e assim falaremos agora. Esse partido em Lisboa tem sempre querido uma de duas alternativas: ou conservar o Brasil como colônia e governá-lo pela força, ou instigá-lo a declarar-se independente.

Agora pergunta Fernandes Tomás, de quem é o Brasil? E se são duas nações? Sim, que já o são, porque esse partido em Portugal assim o quis. A razão por que há tanto furor contra José Bonifácio não é pelo que ele escreveu, disse ou fez contra as Cortes, porque no mesmo caso estavam outros muitos a quem as Cortes quiseram dar anistia. O crime de José Bonifácio é ser secretário de Estado; porque é crime imperdoável a um brasiliense aspirar a tão alto emprego. Este o crime aos olhos de um partido que quer ter sempre debaixo dos pés tudo quanto é brasiliense.

Mas nesse caso em que se não possa conservar o Brasil em abjeta sujeição, dizem os desse partido: que se separe, Portugal não perde nada com isso, antes ganha. Parece que esses políticos portugueses são de opinião que Estados são como as covas, que tanto mais se lhes tira maiores ficam.

Freire, na sessão nº 403, explicou o que entendia por facções e quando os revoltosos se deviam considerar beneméritos da pátria; e diz que é quando se fundam: 1º) em querer salvar a pátria; 2º) em serem seguidos pelo resto ou maior parte da nação; 3º) em escolherem o momento favorável; e 4º) em serem bem sucedidos. Bem, pois aqui temos tudo isto verificado no Brasil.

Xavier Monteiro fez uma fala começando por uma citação de Cícero que lhe é inteiramente inaplicável, pois não sabemos quais são os inimigos da República que se tenham feito inimigos pessoais dele em todo o decurso de sua vida. O *Correio Braziliense* podia apontar pessoas a quem o ditado de Cícero é aplicável em todos os períodos de sua vida. Mas a fala de Monteiro ou foi escrita e dada ao taquígrafo, ou ele a trazia decorada; porque falando em prosa, ninguém, em português, põe os verbos sempre no fim da oração nem usa da colação transposta, o que só se faz escrevendo; mas as belezas das falas contra o Brasil se conservam, quando, como já temos dito, se omite tudo que é favorável aos brasilienses.

Porém Monteiro, que jurou as Bases, onde se admite essencialmente a dinastia da Casa de Bragança, é o mesmo que propõe que se deserde o príncipe real por um crime inventado pelas Cortes e que as mesmas Bases não mencionam. Assim tratam seus juramentos aqueles que se atrevem a chamar perjura a Junta de São Paulo!

Vamos às medidas últimas que se propõem as Cortes sobre o Brasil; achamo-las recopiladas na fala do deputado Ferreira Borges na sessão de 28 de junho (o leitor o pode ver por extenso na sessão de 10 de junho, p. 23); diz o seguinte:

Que se mande formar culpa aos membros da Junta de São Paulo, ao bispo, aos quatro que assinaram o discurso de 26 de janeiro; anistia sobre os mais; que se faça efetiva a responsabilidade dos ministros do sr. d. Pedro pelo decreto de 16 de janeiro e mais atos da sua administração; que continue o príncipe real a governar no Rio de Janeiro as três províncias do sul que lhe obedecem, até que sejam sancionados os artigos adicionais da Constituição.

Ora, os mestres do enredo em Portugal e os cabeças do partido antibrasiliense sabiam tão bem qual era o verdadeiro estado do Brasil, e que tais medidas já não eram esquisíveis, que ao mesmo tempo que nas Cortes se iludia a nação com falas pomposas e argumentos especiais sobre estas medidas, o Ministério preparava um manifesto em nome d'el-rei para se apresentar às Cortes estrangeiras contra o príncipe real, herdeiro da coroa.

Obrigar aquele partido a el-rei, a que assine um manifesto contra seu próprio filho, e um manifesto cheio das mais indecorosas expressões, é o cúmulo do desvario; porque isso é uma prova incontestável de que el-rei se acha coacto e sem liberdade de obrar, e por conseguinte desonera o príncipe, no Brasil, de obedecer a outras ordens em nome d'el-rei, para seguir somente as instruções que s. m. lhe deu no Rio de Janeiro quando obrava livremente; instruções em que ao príncipe se concediam os mais amplos poderes e em virtude dos quais ele tem obrado e vai agora continuar a obrar com menos restrições e contemplações.

Eis a política desses Licurgos de Lisboa, que tratavam os brasilienses de macacos, o príncipe de um mancebo estouvado. Compare-se a prudência de um e outros, e veja-se qual das partes merece o riso e o escárnio! O êxito o tem demonstrado.

67.
PROCEDIMENTOS DO BRASIL

[Nº 170, vol. XXIX, julho de 1822, pp. 207-11]

A grande torrente dos sucessos tendentes a separar a América de sua sujeição política à Europa e as vastas seqüências dessa separação são efeitos tão naturais, deduzidos das circunstâncias, e são tão irresistíveis como os de um vulcão, ou a rotação dos cometas em torno de suas órbitas.

Quão ridícula, pois, não deve aparecer aos olhos dos homens sensatos a presunção daqueles portugueses que supunham que as Cortes iam fazer parar essa torrente no Novo Mundo, enviando contra o Brasil uma expedição de 600 homens! Seiscentos indivíduos sacrificados contra uma causa em que se acham envolvidos milhares de milhares de gente! É a presunção de um mosquito, querendo fazer parar o elefante em sua carreira! Mas voltemos ao Brasil.

Nós, assim como muitas outras pessoas a que aborrecem os excessos de comoções políticas, tínhamos esperado que as Cortes de Lisboa, com prudência medíocre, houvessem de fazer com que Portugal desfrutasse ainda por algum tempo as vantagens de sua união com o Brasil, e que a separação desse país fosse só gradual e se fizesse sem grandes transtornos de nenhuma das partes.

Enganamo-nos em nossas esperanças: as Cortes precipitaram o Brasil, rompendo com ele sem necessidade, e narremos o que nisto sucede.

O príncipe real, depois dos acontecimentos que referimos no nosso número passado, partiu para Minas Gerais aos 26 de março, acompanhado dos deputados que aquela província tinha mandado para as Cortes de Portugal, mas que não haviam ainda saído do Rio de Janeiro. Recolheu-se o príncipe de volta aos 25 de abril, tendo no curto espaço de um mês consertado suas medidas em Minas e disposto as coisas para o que ia suceder.

Estando todo o sul do Brasil, assim, debaixo do governo de s. a. r., e contra o que Trigoso asseverou ainda há poucos dias nas Cortes e contra o que as mesmas Cortes declararam, que só três províncias lhe obedeciam, decidiu-se também Pernambuco a seguir a mesma linha de comportamento das províncias do sul. Havia já o Ministério do Rio de Janeiro enviado para Pernambuco uma fragata e uma charrua em que iam embarcados 700 soldados que se achavam degredados em Montevidéu pela revolução de Pernambuco em 1817; mas quando esta pequena expedição chegou ao Recife, achou que já ali se tinham declarado unidos ao Rio de Janeiro aos 3 de junho.

Este acontecimento era bem de esperar, porque os fatos de Rego e do batalhão do Algarves, a impunidade destes, o acolhimento que tiveram das Cortes etc. etc. tornavam impossível que os esforços da Junta de Pernambuco, por mais aferrada que ela fosse ao partido antibrasílico de Lisboa, o que decerto não era, pudesse obstar ao povo o unir-se com as províncias do sul. Eis aqui a Bahia somente encravada no meio de toda essa combinação, e com revoltosos na capital e no Recôncavo, como informou às Cortes o mesmo brigadeiro Madeira. Mas vamos ao mais importante, e copiaremos tanto a notícia como as reflexões do jornal inglês (*Times* de 26 de julho) a ver se a lição, não vinda de nós, aproveita alguma coisa em Lisboa.

"Uma carta do Rio de Janeiro de 18 de maio anuncia um fato que, se a observação que o acompanha, de quem a escreveu, é bem fundada, é de caráter interessante e importante. O príncipe real, nos dias dos anos de seu pai (13 de maio), estando as tropas em parada na praça do palácio, declarou a sua resolução de assumir o título de príncipe regente e protetor constitucional do Brasil. Acrescenta-se que os deputados de Minas Gerais e outras províncias não virão para Lisboa a tomar seu assento em Cortes, conforme os arranjamentos por que tinham sido eleitos. Diz a notícia também que o governo está preparando um manifesto que há de enviar a todas as cortes da Europa, justificando o ter s. a. r. assumido estes títulos. A inferência que se tira destes preparativos é provavelmente correta, e vem a ser que se procederá de uma vez à declaração da independência e à final separação da mãe pátria. Com que sentimentos se olhará para este prospecto em Portugal, não é difícil o conjeturar. Os portugueses não seriam semelhantes às demais nações se vissem com indiferença acontecer uma desmembração que priva a monarquia de mais da metade de sua grandeza. Porém, se os brasilienses desejam esta mudança, esperamos, por amor do povo de Portugal, que ali tenham já assaz aprendido das nações vizinhas para não as imitar, disputando direitos que já não são questionáveis, nem opondo-se a uma força física a que deve ser vã toda a resistência. Se a América setentrional se arrancou aos braços da Grã-Bretanha, que pode Portugal fazer, para reter por força as suas províncias do Brasil? A Espanha é talvez uma lição mais impressiva. Esta não tem tido força para contender com suas colônias. Até limitou os seus esforços somente a uma só província, que foi a de Venezuela, e vê-se como e quão depressa acabou o conflito! O Brasil tem em todos os respeitos crescido além da tutela de sua mãe. Tem proporções que se não podem desenvolver senão por um governo que exista no país; e tem uma população que já não pode sofrer a sujeição dos interesses coloniais aos de metrópole, os quais constituíam até aqui a única relação entre o Estado soberano e seus dependentes. Nestas circunstâncias, não podem fazer outra coisa melhor do que dar o último abraço e despedirem-se. Uma contenda, ou para melhor dizer, um princípio de contenda, visto que Portugal a não pode continuar a tal distância, submergiria Portugal em profunda ruína. Presentemente prevalece inda no Brasil um sentimento de bondade e antiga amizade para com a mãe pátria e isto poderia, sendo bem guiado, e com prudência, vir a ser o meio de estabelecer, para bem de ambos, uma comunicação íntima, igual e permanente, comercial. Este é o verdadeiro laço da harmonia entre estados independentes. Portugal, livre em suas instituições, marítimo por sua posição e industrioso por necessidade, não pode deixar de prosperar sem que olhe para recursos além do alcance que a providência e os sólidos interesses das nações vizinhas lhe têm assinado. Tem tido tempo para estudar o seu caso, e no espírito de verdadeira afeição por antigo, experimentado e valoroso amigo, esperamos que não venha afinal a não entender isto."

Até aqui o *Times*; e muito desejamos que a lição aproveite. Agora temos de acrescentar mais outra notícia, e é que a Câmara do Rio de Janeiro fez uma representação a s. a. r., o príncipe protetor constitucional do Brasil, pedindo convocação de Cortes naquele país. Com efeito, foi isto já decretado e constarão de cem deputados.

Disse Trigoso, o desejo de novo governo é parcial no Brasil e não atendível por não ter a sanção do Congresso. Ora, esperar essa sanção seria estupidez de primeira marca; e quanto a não ser geral o desejo, assim era no princípio, mas as Cortes tudo têm feito pelo generalizar.

Moura disse, na sessão 408ª, que os brasilienses não tinham interesse em que a delegação do poder Executivo recaísse no príncipe real. Mas nós achamos nisso muito interesse para o Brasil, porque a mandarem-se outras pessoas, recairia a escolha em esfaimados, que assolariam o Brasil mais do que os antigos governadores. Qual seria essa escolha, bem se pode conjeturar pelos vagabundos que têm sido empregados nos lugares da mais alta importância depois de arranjado o presente Ministério em Lisboa.

A representação da Câmara do Rio de Janeiro em que se fundou a convocação de Cortes no Brasil é demasiado extensa e chegou-nos demasiado tarde para a copiarmos neste número. Ela procede ainda na sua suposição de que é possível continuar a união do Brasil com Portugal, mas os debates e mais notícias que se encerram neste número do *Correio Braziliense*, quando lá chegarem, farão mudar inteiramente essa face às coisas, porque mostrarão a todas as luzes que em Portugal não se deseja a união do Brasil, mas só a sua abjeta sujeição; ora, a têmpera desta representação prova *ex abundanti* que no Brasil a tal se não sujeitam.

A resposta de s. a. r., o príncipe protetor, é breve, mas cheia de dignidade; e de caráter decidido, como devia ser; porque, enfim, em crises tais, adotar meias medidas é andar meio caminho para a perdição.

68.
COMPORTAMENTO DAS CORTES DE PORTUGAL A RESPEITO DO BRASIL

[N° 171, vol. XXIX, agosto de 1822, pp. 264-77]

Vimo-nos obrigados, no nosso número passado, a dar tão copiosos extratos das sessões das Cortes que apenas nos restou lugar para as nossas observações. Não pudemos então dispensar os debates, porque nas falas dos diferentes deputados que neles tomaram parte se acha o corpo de delito praticado na prematura cisão do Brasil que as Cortes provocaram, mui intempestiva e imprudentemente, segundo nosso modo de pensar, mas mui judiciosamente, segundo os que pensam, ou afetam crer, que a separação do Brasil é uma vantagem para Portugal.

Como quer que seja, os debates das Cortes cessam já de ser interessantes ao Brasil e por isso neste número apenas fizemos mais do que enumerar as sessões e o objeto da ordem do dia de cada uma, pois outros são os pontos que nos importam discutir relativamente ao Brasil, e assim brevemente tocaremos no que fazem as Cortes.

Na sessão de 16 de julho se recebeu um ofício da Junta de Governo do Maranhão, datado de 6 de maio, informando haver recebido notícia, posto que não oficial, do decreto do príncipe regente de 16 de fevereiro para a reunião dos procuradores do povo do Brasil no Rio de Janeiro: a Junta expunha o estado de dúvida em que se achava a este respeito e pede as providências necessárias.

O deputado Alves do Rio tratou, sem mais cerimônia, de rebelde o príncipe regente e requereu que este ofício se mandasse, com urgência, à Comissão dos Negócios Políticos do Brasil; e por sugestão do deputado Castelo Branco se resolveu que o parecer que a Comissão tinha de dar contivesse medidas aplicáveis a todas as províncias do Brasil.

A impropriedade desta sugestão se fez patente na mesma sessão, porque se receberam logo ofícios da Junta do Governo do Ceará, em data de 27 de abril, anunciando ter recebido aquele decreto do príncipe real e que, na conformidade dos desejos de todo o povo, se lhe tinha dado execução. Ora, se o Maranhão e Ceará obraram tão diversamente, que um resolveu esperar pelas instruções das Cortes, e outro obedeceu logo ao decreto, que providências se podem dar, com justiça, que abranjam igualmente os dois casos opostos?

E, contudo, na sessão seguinte (de 17 de julho) o deputado Guerreiro leu o parecer da Comissão sobre este assunto, que é da forma seguinte:

"A Comissão examinou o ofício do ministro dos Negócios do Reino, em data de 15 do corrente, com o qual remeteu um ofício da Junta do Governo Provisório da província do Maranhão, em data de 6 de maio próximo passado, para ser presente ao soberano Congresso o seu conteúdo, a fim de se deliberar a seu respeito aquilo que julgar conveniente. Neste ofício refere a Junta do Maranhão terem-se publicado nos periódicos daquela cidade os impressos vindos do Rio de Janeiro que anunciam opiniões, medidas e resoluções pouco análogas com a legislação e disposições do soberano Congresso e d'el-rei, sendo mais notável, entre aqueles impressos, os decretos do príncipe real para a convocação dos procuradores das províncias do Brasil, que constavam ter sido remetidos do Rio de Janeiro em uma escuna para todas as províncias; pede a Junta ser instruída do modo por que deve conduzir-se à chegada daquele decreto, e quando a força e maioria da opinião pública premedite contraditar as determinações dele, que por vontade nunca se afastará do cumprimento dos juramentos prestados. A mesma Comissão examinou outro ofício da Junta do Governo Provisório da província do Ceará, de 27 de abril, em que participa o júbilo e aplauso com que ali fora recebido e mandado executar pela Junta, de acordo com o comandante das armas, oficiais, clero, membros das estações públicas, nobreza e povo, o decreto acima indicado. Já em sessão de 10 de junho passado, propôs a Comissão a este soberano Congresso, e viu aprovada a opinião que entendeu devia fazer-se daquele decreto, que é de 16 de fevereiro próximo passado, o qual excede a faculdade do governo do Rio de Janeiro, é contrário ao decreto das Cortes, contém uma usurpação do poder soberano, altera a atual forma do governo da monarquia e prejudica a regulação definitiva do governo do Brasil que vai fazer-se no Ato Adicional Constitucional; e por isso é evidente que a Junta do Governo Provisório da província do Maranhão o não deve cumprir, ainda que lhe seja oficialmente comunicado, e que a do Ceará muito erradamente ordenou a sua execução. Como, porém, fazer executar as leis e fazer remover quaisquer obstáculos que a elas se oponham sejam da competência do poder Executivo, entende a Comissão que os ofícios das juntas devem ser remetidos ao governo para dar as providências que couber nas suas faculdades, e para evitar qualquer falsa interpretação que possa dar-se ao silêncio das Cortes sobre este objeto de tanta transcendência; propõe mais a Comissão que desde já se declare por um decreto deste Congresso que o decreto de 16 de fevereiro do presente ano, expedido pelo governo do Rio de Janeiro para a convocação de um Conselho de Procuradores-Gerais das províncias do Brasil, é nulo, írrito e de nenhum efeito e, como tal, inexeqüível, devendo sustar-se todo o cumprimento que em algumas províncias se haja começado a dar-se-lhe."

Este parecer foi aprovado logo e expedido o decreto nessa conformidade aos 23 de julho. Mas já em 18 do mês tinha o ministro da Justiça determinado isto mesmo, pela portaria que publicamos à p. 232; assim, não é o ministro o que se cinge à vontade das Cortes; são as Cortes que seguem o impulso do ministro. E nisto tem já vindo a parar o sistema constitucional!

Na sessão 421ª, tratando-se do artigo 5 do parecer da Comissão dos Negócios Políticos do Brasil sobre a questão se o comandante das armas devia ou não ser sujeito à Junta Provisional, fez o deputado Girão uma longa fala; nela diz assim:

"Este artigo é tão perigoso, que eu o comparo a uma mina atacada, e pronta a voar, debaixo do mais importante baluarte da única praça que possuímos livre do contágio da rebeldia e unida a nós; e vejo mesmo as tropas assediantes preparadas ao assalto, empunhando a espada para o saque e para a degolação. Sr., eu me explico: a praça é a Bahia; o baluarte, o general Madeira; os assediantes são os facciosos do Brasil; e a mina bem se sabe o que é."

Aqui temos, pois, declarado que esta legislação com aparências de geral tem um fito particular e é a Bahia. Determina-se em geral que o comandante das armas, no Brasil, seja independente da Junta Governativa da província; mas o fim desta aparente legislação geral é fazer com que o brigadeiro Madeira assopeie a Junta Governativa da Bahia.

Esta província é a que mais sujeita se tem mostrado às Cortes, e ainda assim se lhe prepara essa escravidão. Que não devem esperar as outras províncias, menos servis às Cortes que a Bahia, quando o governo de Portugal lhe puder deitar as garras em cima, como tem feito na Bahia?

Na sessão 423ª tornou-se a suscitar a questão sobre o dinheiro de vários negociantes do Brasil que estava em Londres, procedido da compensação paga pelo governo inglês pelas presas da escravatura e que Silvestre Pinheiro, ministro dos Negócios Estrangeiros, empalmou destramente para pagar a certos diplomáticos portugueses da sua facção. As Cortes, sendo-lhes isto comunicado, referiram o caso a uma comissão, mas pôs-se-lhe uma pedra em cima e ninguém falou mais nisto.

Agora requereram os interessados que pelo Erário se lhe mandasse restituir esse dinheiro que o governo lhes havia furtado; isto passou sem que se determinasse coisa alguma, mas logo depois, na mesma sessão, por ocasião do requerimento da mulher de um oficial, que pedia se lhe pagasse pelo Erário de Lisboa uma tença que dantes recebia pelo do Rio de Janeiro, disse o deputado Fernandes Tomás "que o parecer da Comissão que recomendava o pagamento da pensão complica com o Tesouro do Rio de Janeiro, com o qual presentemente não deve ter transações algumas o de Portugal".

Olhando nós sempre para Fernandes Tomás como um homem de integridade, sem fazer caso de sua grosseria, que é uma coisa acidental, vimos nele sempre com prazer seu merecimento pessoal, que para nós tem mais valor do que o acaso de nascer em uma família cujas posses e cabedais possam ministrar meios de uma educação regular e de freqüentar sociedades onde se adquiram maneiras polidas.

Mas quando vemos Fernandes Tomás, o julgador Fernandes Tomás, o desembargador Fernandes Tomás, deixando passar em silêncio a queixa dos proprietários do Brasil que reclamam o dinheiro que indevidamente lhes tirou Silvestre Pinheiro, que pedem o seu embolso pelo Erário de Lisboa, dizer agora o mesmo Fernandes Tomás que o Tesouro de Lisboa não deve ter transações algumas com o Erário do Brasil, ficamos cheios de espanto e vemo-nos obrigados a confessar que erramos, que nos enganamos, fomos iludidos na opinião que fizemos sobre a integridade daquele indivíduo.

Fernandes Tomás vê que se faz um roubo pelo governo de Portugal aos indivíduos brasilienses que tinham seu dinheiro em Londres e cala-se, deixa passar esse roubo em silêncio; mas depois, por porta travessa, na questão da pensão da mulher do oficial, estabelece o princípio (que servia para justificar aquele seu silêncio) que o Tesouro de Lisboa não deve ter transações com o do Brasil.

Se Fernandes Tomás, como julgador, tivesse de sentenciar uma causa em que a parte que houvesse estafado, defraudado ou roubado a outra dissesse que não queria satisfazer à justiça de seu adversário porque o seu caráter era tão mau que se não deviam ter transações com ele, que diria Fernandes Tomás? Se como juiz fosse capaz de admitir tal desculpa, dar-nos-ia o direito de lhe chamarmos o mais corrupto dos corruptos desembargadores de Portugal; se não julgaria assim, mas assim o julga agora, como membro das Cortes, dizemos que é homem de duas consciências, uma que lhe serve para desembargador, outra para deputado, quando fala nos negócios do Brasil; e como os louvores que sempre lhe tributamos foram na suposição de que tinha uma só consciência, pedimos vênia para retratar o nosso dito, *si et in quantum*.

Segue-se dizermos alguma coisa do deputado Moura, o que julgamos mui essencial por este princípio: e é que se estes deputados e homens públicos, de quem fazíamos tão bom conceito (como o que temos por várias vezes expressado), já pelo conhecimento pessoal que tínhamos de uns, já por amplas informações que tínhamos de outros, se têm todos portado tão mal, com tanta hipocrisia e tão avelhacadamente em tudo que respeita o Brasil, que parece de acinte estarem a querer desmentir-nos dos louvores que lhes temos dado, que idéia tenebrosa não devemos fazer daqueles que de todo nos eram desconhecidos, e cujas idéias só se patenteiam no mesquinho ciúme, na baixa detração e na constante hostilidade atraiçoada contra tudo que é brasiliense?

Moura fez uma fala sobre o Brasil na sessão de 22 de julho, não se contentou com o que de sua fala publicou o *Diário do Governo* no dia seguinte; assim fez publicar segunda edição da mesma fala, no *Diário do Governo* nº 174. Nesta se acham expressões contra o Brasil que convém muito notar, pelas razões sobreditas.

> "Ouça a Europa toda (diz ele), ouça Portugal, ouçam os meus constituintes, que quando eu votei que uma porção de força militar fosse posta à disposição do governo para ser colocada num ponto daquele país, não foi nem para o manter no sistema de colonização, e menos para o reduzir à escravidão."

Ora, sr. Moura, conhecido já pelas suas falas, pelas suas cartas e por seus discursos que tudo quanto faz é por hipocrisia e que se gaba de dar ópio até aos seus amigos, como é possível que ninguém dê crédito a esta sua asserção? Quando os homens públicos adquirirem o hábito de obrar de um modo e falar de outro, não há melhor pedra de toque para lhes conhecer a sinceridade do que comparar-lhes as palavras com as obras. Assim, tendo Moura votado sempre contra tudo que podia ser em honra e benefício, grandeza ou consideração do Brasil, que crédito merece a sua asserção de que, votando pelas expedições de tropas contra o Brasil, não tinha em vista a sua recolonização? Os fatos dão a bem fundada presunção que ele não desejava outra coisa; ou, aliás, que era Moura dos do partido que se destinava a irritar o Brasil a uma separação, para assim facilitar a união de Portugal com a Espanha.

Mas o deputado Moura continua, expondo quais foram seus motivos para que fossem tropas contra o Brasil, e diz:

> "1°) Foi para que ela (a tropa) se opusesse ao desordenado e frenético liberalismo dos demagogos que, contra a vontade geral do Brasil, reclamam uma independência importuna e prematura."

É tão pouco verdade que tal fosse o motivo do deputado Moura quando votou pela primeira vez que fossem tropas para a Bahia, e depois para Pernambuco auxiliar os despotismos de Rego, que naquele tempo ninguém falava em independência no Brasil, e estas idéias só depois se começaram a espalhar e a radicar, até se fazerem universais, quando a experiência foi mostrando as sinistras intenções desse partido em Lisboa para recolonizar o Brasil. Nem o deputado Moura, nem outro algum, alegou mais razão para que fossem as tropas da primeira expedição à Bahia, senão o temor de que el-rei mandasse do Rio de Janeiro algumas forças a subjugar a Bahia, que se havia declarado pelo sistema constitucional; cessou porém esse pretexto porque el-rei mesmo abraçou o sistema constitucional, mas insistindo o sr. Moura e os demais de seu partido em que fossem as tropas, ficou então claro que o motivo oculto era outro do que se alegava em público; e assim se fez patente a hipocrisia do deputado Moura e seu partido. Diz mais:

> "2°) Foi para proteger os desgraçados europeus que na América são objeto de uma preocupação bárbara e de um ódio o mais enfurecido."

Aqui se mostra outra vez a duplicidade do deputado; porque quando ele votou que fossem tropas para a Bahia, nenhuns sintomas apareciam de ciúme e rivalidade entre portugueses e brasilienses. Essa dissensão, que nós nunca deixamos de lamentar como injusta em si mesma e como prejudicial ao Brasil, começou muito depois da ida daquelas tropas, agravou-se com as tiranias de Rego e barbaridades do batalhão do Algarves em Pernambuco, a que o sr. Moura e todos os de seu partido têm fechado os olhos; e confirmou-se pelo desprezo que o governo e as Cortes mostram a tudo que era do Brasil, chegando as coisas ao ponto de se sofrer, com impunidade, que das galerias das Cortes se gritasse aos deputados do Brasil: "Fora patifes!".

É, logo, falsa, é hipócrita, a alegação de que o deputado votou pela ida das tropas para a Bahia a fim de proteger os portugueses; porque de tal proteção não precisavam, nem contra eles mostraram indisposição alguma os brasilienses, senão depois das repetidas provocações que lhes fizeram, esses do partido antibrasílico em Lisboa. Quanto a nós, tornamos a repetir: nem com todas essas provocações das Cortes justificamos a menor desatenção, a menor falta de hospitalidade para com os europeus no Brasil; e dizemos, porém, que tal não havia quando o deputado Moura votou que para lá fossem tropas com esse pretexto. E continua:

"3º) Foi para com esta força aumentar os meios de resistência contra os negros, que ali ameaçam a renovação das cenas de São Domingos."

É tão falso este pretexto do deputado Moura, é tão manifesta a sua hipocrisia em tal alegação, que ainda até agora se não apresentou nem ao governo de Portugal, nem às Cortes, ofício ou documento algum em que se alegasse ou dissesse que tinha havido no Brasil insurreição alguma dos negros. Pelo contrário, é nas Cortes, é pelos escritores de seu partido, que se tem insinuado esta idéia do levantamento dos negros, a fim de dar pretexto a estas mesmas alegações; e não obstante a idéia não se ter realizado ainda, apesar de se ter lembrado tantas vezes nas Cortes, já com ela argumenta hipocritamente o deputado.

Depois diremos as informações que temos sobre este artigo e do plano desses intriguistas de Lisboa em fomentar uma insurreição dos negros do Brasil, para ver se a necessidade os obriga a pedir socorros de tropas a Portugal e abrir assim a porta à introdução do despotismo português. Por ora basta-nos dizer que no tempo em que o deputado Moura votou para que fossem tropas para a Bahia e Pernambuco, não havia o menor sintoma ou apreensão, da parte de ninguém, de um levantamento de negros; que tal não constou às Cortes, nem direta nem indiretamente; que nem mesmo o deputado Moura alegou com tal razão para o seu voto; e que, portanto, está claro que é uma refinada hipocrisia alegar agora com tal motivo, que nunca então lembrou nem a ele nem a ninguém.

Deixando aqui, por ora, o deputado Moura, passaremos a observar mais alguns fatos desse partido antibrasílico em Portugal.

Já nos queixamos, em outro número, da notável parcialidade com que as Cortes mandaram assoalhar no *Diário do Governo* os ofícios do general Zuzarte, que eram em desdouro do príncipe regente do Brasil, quando os ofícios de s. a. r., pelos quais se podia conhecer a sua razão, só se mandaram imprimir em separado, para que não tivessem a mesma circulação que os outros. Mas não pára aqui; declara-se nesses mesmos folhetos, na página seguinte ao título, isto:

"Faz-se esta impressão por ordem das Cortes, proibida a reimpressão por particulares."

Ora, os ofícios de Zuzarte, abocanhando o príncipe, imprimiram-se no *Diário do Governo*, e foi lícito a todo o bicho-careta reimprimi-los, publicá-los e comentá-los; mas os de s. a. r. que continham a sua justificação, ninguém os pode reimprimir. E onde estão as Bases, que dão a imprensa livre, se se não podem reimprimir e publicar documentos oficiais?

Quais Bases, nem meias Bases, pelo que respeita o Brasil. Despotismo e mais despotismo para o Brasil, é a ordem do dia.

Mas fez-se parcial essa publicação, ou, para melhor dizer, proibiu-se, a fim de que circulassem amplamente em 1ª, 2ª e 3ª edições as falas dos deputados contra o príncipe, e se não visse nada do que ele dizia a seu favor; e daremos disso algum exemplo.

Disse s. a. r., no seu ofício de 17 de julho de 1821, que achava a sua dignidade comprometida, vendo-se simplesmente governador de uma província, e assim desejava retirar-se a Portugal; o que aludia a tê-lo deixado s. m. regente de todo o Brasil, e as Cortes fomentarem e aprovarem a rebelião e oposição que lhe fazia a junta composta de partidistas europeus na Bahia e o tirânico governador Rego em Pernambuco. As Cortes, não publicando os ofícios do príncipe, fazem-se desentendidas deste tão notável motivo de queixa no príncipe, e acusam-no de contraditório, dizendo que se escandaliza pelo mandarem retirar, quando ele mesmo expressou o desejo de se retirar; e hipocritamente fazem aparecer que, mandando retirar a s. a. r., não fizeram mais do que anuir à sua vontade.

Ninguém se pode admirar que o príncipe, vendo esta duplicidade e jesuitismo, destampasse com gente que assim tão injustamente o caluniava e expunha seu caráter ao público com tão falsas cores.

O príncipe pediu a sua demissão em 21 de setembro porque as Cortes fomentavam a rebelião das províncias contra a sua autoridade; as Cortes não dão resposta alguma a s. a. r., deixam-no comprometer a sua honra, não dão providências algumas. A 14 de dezembro escreve o príncipe, pintando energicamente o estado de inquietação dos povos; esta carta merecia, e devia ter, a mais pronta resposta: nenhuma resposta, nenhumas providências. Torna s. a. r. a escrever em 15 de dezembro que estava no dilema ou de partir em execução das ordens das Cortes, e então o Brasil declarava a sua independência, ou de desobedecer às ordens das Cortes deixando-se ficar, para atalhar essa independência; nada de resposta e, por outra parte, vários membros das Cortes o insultam por seus atos de consumada prudência, tão pouco de esperar de seus anos e das dificultosas circunstâncias em que se achava. Ainda assim, nada de providências, e rebela-se contra ele a Divisão Portuguesa no Rio de Janeiro que o devia auxiliar; as Cortes fazem publicar as alegações do general rebelde que o justificavam, aprovam sua conduta e suprimem o que o príncipe dizia a seu favor. Podem dar-se provocações mais estrondosas?

Por fim toma o príncipe por si um partido; eis que se desprega contra ele a linguagem mais insultante nas Cortes, vociferam contra ele os deputados e dão-lhe por fim a conhecer que se s. a. r. se submetesse a tais indignidades era incapaz de ser príncipe. Isto posto, resolveu-se (nada mais natural) a seguir a sorte do Brasil, onde o respeitam e onde ele está determinado a respeitar os direitos dos povos e abandonar umas Cortes e uma porção da nação donde não recebia senão impropérios, ameaças e desprezos e de quem a outra parte da nação, que s. a. r. governa, já não espera senão opressão e despotismos.

Que outra coisa podia todo o homem de senso comum esperar desta marcha dos negócios? Como era possível que s. a. r., nem brasiliense algum honrado, se sujeitasse a receber ordens de um ministro da Guerra cujo merecimento único consiste em se lhe ter perdoado, por anistia geral, a sentença de forca a que fora condenado por traidor à pátria?

Basta ler as condições que a Divisão maldita Auxiliadora exigiu do príncipe regente no Rio de Janeiro, para se ver que era melhor que s. a. r. resignasse o seu lugar e se reduzisse a mero particular, do que sujeitar-se à insolência da parte daqueles soldados, a quem só competia obrar como seus súditos, mas que se fiavam em que teriam o mesmo aplauso que mereceu ao seu ministro da Guerra: ser ministro, quando uma sentença jurídica o mandava enforcar por traidor.

Essa maldita Divisão Auxiliadora no Rio de Janeiro propôs ao príncipe uma capitulação em 11 artigos. Capitulação de tropa para com o príncipe regente!!

E atreve-se essa tropa até a estipular que na sua partida (artigo 11) nenhum indivíduo de qualquer classe poderia ser inquietado pelo governo de s. a. r. por suas opiniões políticas que até agora tem seguido.

Que depois disto o príncipe se portasse com tanta moderação é digno de tanto maior elogio, quanto é um fenômeno raro, que quase ninguém deveria esperar; mas assim foi: o príncipe contentou-se com mandar sair as tropas, outrem as teria mandado dizimar. As Cortes aprovaram o comportamento do general rebelde, censuraram o príncipe, publicaram os ofícios do general e as falas dos deputados que acusavam o príncipe e proibiram a publicação dos ofícios de s. a. r. em que ele se justificava.

Mas tudo vai coerente. Requereu-se nas Cortes a soltura do brigadeiro Manuel Pedro, que seu rival, Madeira, tinha remetido preso da Bahia; evadiu-se a proposta com o pretexto de que se esperasse pela devassa; chegou a devassa e as Cortes puseram-lhe pedra em cima. Mas a razão é clara: Madeira obrou segundo as ordens secretas que tinha; se as Cortes ou o governo se arriscassem a trazer a público os fatos que ele praticou, ou permitiu praticar às suas tropas, ele publicaria as ordens que tinha; assim o remédio foi pôr-se pedra em cima da devassa e conservar-se preso Manuel Pedro.

E pode ninguém capacitar-se que o Brasil se submeteria tranqüilo a tanta injustiça, a tanto menoscabo?

Essa Divisão, maldita Auxiliadora, trouxe do Rio de Janeiro, a título de voluntários, vários caixeiros que roubaram seus amos e se aproveitaram desta aberta para fugir, soldados que haviam desertado doutros corpos e escravos que se furtaram a seus senhores. Estas acusações constam de um ofício do ministro da Guerra, no Rio de Janeiro, ao brigadeiro Carretti, em data de 12 de fevereiro de 1822. E contudo, sendo este ofício apresentado às Cortes, elas passaram por isso sem exame e sem sequer perguntar ao general Zuzarte coisa alguma sobre tão sérias acusações.

Finalmente, a Junta do Ceará, participando ao governo em Lisboa que tinha obedecido ao decreto do príncipe regente de 16 de fevereiro e que, em conseqüência dele, havia nomeado os procuradores que fossem ao Rio de Janeiro e que, por ter adotado essa medida, cessaram os partidos no povo, contentou-se a província e se estabeleceu a concórdia entre todos os cidadãos; responde-lhe o ministro com a portaria da p. 232, depois seguida pelas Cortes, como já dissemos, em que se desaprova o comportamento da Junta; porque, haja ou não discórdia no povo do Brasil, isto não importa ao governo de Portugal, o que se quer é que o povo brasiliense obedeça ao governo de Lisboa; degolem-se ou não os povos uns aos outros, isto não importa, contanto que Lisboa impere; tanto basta, ainda que reine sobre cadáveres.

Isto é o que se depreende igualmente do parecer da Comissão das Cortes sobre o ofício do Maranhão, na sessão 417ª, e pela decisão sobre os governadores das armas na sessão 421ª, que, como já dissemos, tem em vista a Bahia, chegando até a dizer nessa sessão o deputado Borges Carneiro que se deviam extinguir as juntas populares no Brasil.

Basta o que fica dito sobre este assunto: escusamos referir mais fatos, porque as sinistras intenções desse partido antibrasílico em Lisboa são já assaz conhecidas. Passemos, pois, ao que é mais interessante, que são as vias de fato que se adotam em Portugal para realizar suas teorias de recolonizar o Brasil.

69.
HOSTILIDADES DE PORTUGAL CONTRA O BRASIL

[N° 171, vol. XXIX, agosto de 1822, pp. 277-84]

Temos tão amplamente demonstrado as disposições de Portugal contra o Brasil, que nos parece não haverá já brasiliense algum tão incrédulo que possa disso duvidar. Segue-se agora tratarmos das operações hostis já adotadas e contempladas.

Há muito tempo que se fez evidente que os do Ministério português e do seu partido nas Cortes dirigiam-se a fazer popular essa meditada guerra civil, desencaminhando a opinião pública de maneira que os iludidos portugueses se prestassem de boa vontade à sua ruína. Conseguido isto, em grande parte, é escusado que falemos mais nos desastres que aguardam Portugal; porque, não restando ao Brasil outra escolha senão preparar-se para sua justa defesa, este é o ponto principal a que se deve dirigir a atenção de todos os brasilienses.

Vociferaram nas Cortes os deputados partidistas dos planos do Ministério que se deviam mandar tropas e mais tropas para o Brasil; mas quando alguns deputados mais cordatos, principalmente os brasilienses, quiseram que se discutisse formalmente esta matéria, taparam-lhes os outros a boca, sopitando a discussão com o pretexto de que isto era objeto só pertencente ao Executivo.

Claro está que isto não era senão uma falácia, porque nas Cortes se discutiram sempre as demais expedições que se têm mandado contra o Brasil. Mas agora, preparado o espírito público com as invectivas da imprensa contra o Brasil, com as falas incendiárias de vários deputados das Cortes, com os ofícios arranjados de propósito, escritos por vários comandantes das tropas européias no Brasil, com a supressão dos documentos que provariam a impolítica de tais medidas e com as vozerias daqueles negociantes de Lisboa que são interessados e que ainda esperam conservar o monopólio do comércio do Brasil, foi resolvido pelos mestres da intriga que se começassem as hostilidades contra o Brasil, sem que as Cortes, que em tudo se têm intrometido, nisto parecessem tomar parte.

Já de antemão se tinha prevenido que da Inglaterra não fossem munições de guerra para o Brasil. Mas os Estados Unidos, que pouco caso fazem dessas ordens de Lisboa, continuaram a mandar os seus navios ao Brasil com as cargas que bem lhes pareceram, sem lhes importar com os despachos dos cônsules portugueses, o que consta de ofícios do ministro dos Negócios Estrangeiros em Lisboa, que teve a singeleza de os publicar no *Diário do Governo*.

Passando, porém, a medidas mais ativas, decidiu-se a juntar na Bahia um corpo de tropas suficientes para subjugar aquela província, e fazer dali ataques às outras, segundo as circunstâncias permitirem; e começou o plano mandando para a Bahia a única nau que tem Portugal, levando a seu bordo de 600 a 700 homens.

Para se preparar o resto da expedição faltava dinheiro, navios e tudo o mais necessário. Assim, publicou o ministro da Marinha que estava pronto a receber os donativos voluntários que se lhe quisessem oferecer para a expedição da Bahia. Que o ministro estava pronto a receber, não há dúvida; mas a questão era se havia quem pudesse ou quisesse dar esses donativos voluntários, apesar do furor popular que se tinha criado no povo.

Era de esperar (depois veremos o resultado) que a popularidade que se tinha trabalhado em dar a esta guerra civil contra o Brasil produzisse alguns oferecimentos; mas é sem dúvida notável que suponham os ministros de Portugal que podem empreender tão dispendiosa guerra, como a que vão fazer ao Brasil, com os meios com que os franciscanos edificavam seus conventos suntuosos, que era pedir esmola. É possível que os sebastianistas de Portugal ainda creiam assaz nesta cruzada para contribuírem com o seu vintém da bula para tão pio fim, mas acabados estes vinténs, então começarão os choros.

Aos 24 de julho publicou o ministro da Marinha seu edital em Lisboa, para o concurso das propostas que se quisessem encarregar do preparo, municiamento e transporte da expedição contra a Bahia; e nos três dias 27, 28 e 29 apareceram as seguintes ofertas.

João Antônio de Almeida e cia. oferece fazer a despesa dos víveres, transportes e o mais inerente por menos 20% do que importaram as três antecedentes expedições, recebendo 10% mensais sobre a importância total pelos rendimentos da Alfândega Grande, Casa da Índia e Sete Casas, pagando-se-lhe a primeira destas mesadas um mês depois da data da confirmação deste ajuste.

O patriotismo destes oferentes não fez com que se esquecessem do seu interesse particular; porque, sendo bem sabido o enorme custo das expedições precedentes, muito seu salvo poderiam oferecer esse rebate dos 20%, principalmente sendo o pagamento feito a mesadas de 10%, o que os deixaria pagos em 10 meses; e contando os juros dessas mesadas, pode-se calcular que o pagamento seria recebido só com três meses de crédito, espécie de negócio que faria conta a qualquer comerciante, fosse a expedição a favor do governo de Portugal, ou de Argel, ou de quem quer que fosse.

Quanto da parte dos oferentes, tudo vai bem, mas da parte do governo a coisa é bem diversa, porque não chegando essas rendas da Alfândega para pagar aos empregados públicos que estão morrendo de fome, hipotecadas essas rendas a João Antônio de Almeida e cia., donde há de sair o dinheiro para as despesas ordinárias do governo? Depois veremos como se intenta remediar isto.

O segundo oferente é João Baptista de Salles: oferece o seu navio *Gram Careta*, por venda, no estado em que se acha, ou aparelhado, estabelecendo-lhe prestações certas e moderadas para o seu pagamento, sendo infalíveis.

O patriotismo deste oferente reduz-se a querer vender o seu navio, de que não precisa, se o governo lhe compra com prestações infalíveis; o mesmo faria naturalmente a qualquer particular que lhe quisesse comprar e tivesse com que lhe pagar; aqui o favor não parece demasiado.

Caetano Martins da Silva oferece o navio *Canoa* gratuitamente, por tempo de seis meses, entregando-o agora no estado em que se acha e recebendo-o aqui ou na Bahia, no fim do dito tempo, como então se achar, tanto em casco como em quaisquer fornecimentos; e como reputa o dito no valor de 40 contos de réis, pagar-lhe-á o Estado 8% sobre o dito valor para fazer o respectivo seguro. Findos os seis meses, se por mais tempo for necessário ao Estado, ficará vencendo dois contos de réis por mês até a entrega, sendo todas as despesas por conta do mesmo Estado. Quanto ao pagamento, ou seja, do prêmio do seguro, ou das demoras se as houver, se lhe fará na Casa da Índia, ou por encontro de despachos de suas próprias fazendas, ou por consignações de 10% por mês.

Esta oferta gratuita tem por objeto o aparelhar-lhe o governo o navio deste patriota, pagar-lhe o seguro para o Brasil, para onde, se seu dono o quisesse mandar, o mandaria em lastro, ganhando assim este patriótico negociante todo o preparo de seu navio e mais 8% no preço que arbitra; depois, dois contos de réis mensais ou, por outras palavras, 5% por ano sobre o valor arbitrário que pôs ao navio; ora, é preciso confessar que é esta uma oferta bem gratuita! No caso de não convir este contrato, oferece o mesmo navio *Canoa* e o *Gram-Pará* pelas mesmas condições oferecidas por João Antônio de Almeida e cia. Pode oferecer isto afoito, que já vimos acima o que nisso lucra.

Segue-se Antônio José de Miranda Júnior. Este oferece o seu brigue *General S. Paio*, com as condições: o seu fretamento menos 3% de outro qualquer; que o importe dele lhe deve ser pago pela terça parte dos direitos das fazendas que ele tem a despachar, tanto nas alfândegas desta cidade, como na Casa da Índia, e isto lhe será abonado até seu real embolso; que a aguada e alojamento para os oficiais e tropas será prontificada pelo Arsenal.

Este oferente também obra seguro, porque, ademais requerer o mesmo pagamento dos outros, só com a pequena diminuição de 3%, requer o pagar-se por sua mão nos direitos da Alfândega, o que obterá sempre que entre com fazendas suas, ou em seu nome, na Alfândega, cujos direitos montam a três vezes o importe da dívida, condição de pouca dificuldade na execução.

João Foster oferece o seu brigue *Fulham*, pelo preço do seu frete, um conto de réis livres de toda a despesa. Este favor faria ele naturalmente a outrem qualquer.

João Armando oferece a galera sarda *Verdadeiros Amigos*, não declara preço. Supomos que se contenta o ordinário que lucrou na expedição passada, em que trouxe tropas do Brasil.

Finalmente, João Paulo Cordeiro propõe a venda de 249 sacas de arroz da Bahia pelo preço mais cômodo que desta qualidade for oferecido, sendo pago no dia que se lhe arbitrar. Este é o único oferente que não afeta serviços de patriotismo: é um negociante que tem arroz para vender e vendê-lo-á ao governo se este lhe pagar prontamente.

E mais não disse este deponente; e não aparecendo outras ofertas voluntárias, viu bem o governo o pouco que era de esperar das benditas esmolas para fazer a guerra; assim recorreu-se com muita pressa ao plano de um empréstimo, por duas vezes tentado para pagar aos empregados públicos e por outras duas vezes abandonado; desta vez, porém, promete melhor sucesso.

Aos 2 de agosto anunciou o ministro da Fazenda, em Lisboa, que receberia as propostas para um empréstimo de 10 milhões de cruzados; e como esta medida se anunciara há muito tempo, achavam-se já em Lisboa os agentes de várias casas inglesas, com instruções para proporem seus termos.

Se o empréstimo se realizar, será necessariamente por alguma dessas casas inglesas, porque em Portugal claro está que não há tais 10 milhões para emprestar ao governo. Supomos a hipótese mais favorável que podem desejar estes alvitristas de guerra contra o Brasil, e é que se realiza o empréstimo.

Em primeiro lugar, as condições devem ser mui onerosas, porque ninguém emprestará dinheiro a um governo tão falto de crédito e recursos e que vai empreender tão desastrosa guerra, sem que os lucros sejam tanto de tentar que equivalham grande risco da perda iminente do capital.

Depois, sendo este empréstimo feito por capitalistas da Inglaterra, fica o pobre Portugal, além das demais desgraças, sujeito a pagar à Grã-Bretanha um tributo anual igual à soma dos juros desse empréstimo; e daqui se seguirá logo o outro mau filho deste, de abaixarem os câmbios contra Portugal em razão das remessas que tem a fazer nos pagamentos desses juros.

Finalmente, gritando todos que era preciso fazer um empréstimo para pagar aos empregados, agora vai o governo aplicar esse dinheiro na guerra do Brasil, e portanto ficam os empregados a morrer de fome, como dantes estavam.

Ora, devemos lembrar que entre as pessoas que, nas Cortes e fora delas, têm mostrado os perigos de não pagar o governo aos empregados, Castelo Branco disse que sem se tomarem medidas próprias para este pagamento, desfar-se-ia tudo quanto se tem feito em mudar o governo; Borges Carneiro julgou essa providência essencial à mantença do presente sistema; e Fernandes Tomás declarou que sem isto estava acabado o sistema constitucional, porque reforma sem dinheiro e sem pagar o governo a quem deve, nem sequer concebia que pudesse existir.

Vistas pois estas profecias dos mesmos corifeus da revolução, a conclusão é que a aplicação deste empréstimo para a guerra do Brasil, em vez de pagar com ele os empregados, vai atirar com o governo em terra.

É de presumir que os partidistas da união de Portugal com Espanha se não embarassem com estas conseqüências, visto que elas favorecem o seu plano. Com efeito, exaurido o Erário com a guerra do Brasil, amotinados os empregados e talvez a tropa por não terem que comer, facilmente poderão os espanhóis entrar por Portugal e assenhorar-se dele, não tendo já o governo português nem vigor, nem crédito, para se lhe poder opor.

Como, porém, a perversidade desse partido intenta, não podendo recolonizar o Brasil, tratar de reduzi-lo a cinzas, têm muitos sugerido, e já se começa a pôr em prática, o plano da sublevação dos escravos.

Nós já indicamos este mal para que no Brasil se acautelassem dele; agora diremos mais as notícias que sobre isto temos, porque convém que se faça geral o conhecimento desta horrorosa conspiração portuguesa, cujos resultados serão tão funestos ao Brasil, que não há indivíduo algum que não deva fazer todos os sacrifícios pessoais a fim de o prevenir.

Paris é o foco desta conspiração. E os agentes portugueses ali que estão neste segredo convidaram dois sujeitos que, indo viajar ao Brasil a título de naturalistas, se ocupassem de organizar entre os negros uma insurreição geral. Um desses convidados não quis ultimar o ajuste por desconvir no preço, deu com a língua nos dentes e por este meio, diz o nosso informante, se veio a saber quem eram os que meditavam esta negra trama, e cujos nomes nos foram transmitidos, sendo o cabeça um ex-diplomático português.

O norte do Brasil era o principal alvo desta infernal maquinação, porque na Bahia se deixa isso para último recurso, visto que se supõe segura atualmente a posse daquela cidade. Temos feito nosso dever anunciando estas notícias, mas se apesar delas o Maranhão e Pará continuarem a deixar-se governar pelos mandões portugueses, dando-lhes tempo e oportunidade para verificarem suas medidas, terão os habitantes dessas duas províncias mais culpa em seus próprios desastres, por se não precaverem sendo admoestados do perigo, do que os próprios inimigos, que recorrem a esse funesto estratagema.

Quanto à Bahia, se ali não há uma apatia quase próxima à demência, devem já estar mais do que convencidos do jugo que lhes preparam as Cortes. As tropas portuguesas assim têm feito conhecer à Bahia o jugo de ferro que intentam impor-lhe: a Bahia deve ser espremida para pagar esses mesmos verdugos que para lá lhe mandam; e quando não tiver mais que dar, a cidade será saqueada; e se depois disto forem as tropas portuguesas obrigadas a largar esta presa, farão antes de sair sublevar os escravos, para deixarem desolada a província que não podem conquistar ou reter.

Se os baianos nos argumentarem que há muito risco em se oporem às tropas que já estão de posse da cidade capital da província, respondemos que essa objeção procede da nímia credulidade com que se têm sujeitado a tudo o que quiseram as Cortes, quando a Bahia podia e devia seguir o partido do Brasil e não ligar-se, como se ligou, cegamente com seus senhores de Portugal.

Mas proceda isso do que proceder, só diremos que meditem os baianos no quadro horroroso que aqui lhes apresentamos de sua sorte futura, comparem-no com o risco de resistir às tropas portuguesas que ali há, antes de serem mais reforçadas; pesem na balança da razão os dois males um com outro, e tomem a sua decisão. O mundo todo não hesita em dizer qual essa decisão deve ser; qual será, é o ponto que devem decidir para sempre, enquanto a história lembrar esta época do Brasil, do caráter dos baianos que presentemente vivem.

A questão é simplesmente esta: se devem sofrer e morrer calados pelas baionetas portuguesas e pelos cutelos dos escravos; ou se devem correr o risco de morrer no campo de batalha em defesa de suas vidas, de suas mulheres, de seus filhos e de suas propriedades.

70.
MEDIDAS DEFENSIVAS
QUE CONVÉM AO BRASIL TOMAR

[N° 171, vol. XXIX, agosto de 1822, pp. 285-7]

Temos visto acima os mesquinhos recursos de Portugal para fazer a guerra ao Brasil e a grande probabilidade que há de que as medidas hostis, instigadas pelo partido antibrasílico em Lisboa, levem os portugueses à sua ruína. Mas, seguir-se-á daí o Brasil não precaver-se e defender-se contra seus inimigos?

Não, certamente. Portugal vai fazer um empréstimo de 10 milhões de cruzados; pouco é isso, mas enquanto durar esse pouco, e até onde chegar esse pouco, há de o Brasil sofrer os desastres de uma invasão e suas conseqüências. A primeira medida, logo, do governo do Brasil, é fazer empréstimo de 20 milhões, para com eles sufocar aqueles 10.

Se há quem empreste 10 milhões a Portugal, muito melhor haverá quem empreste 20 ao Brasil; prova disto são os empréstimos que realizaram na Inglaterra os governos recentemente criados de Colômbia e de Chile, os quais não têm recursos que se possam comparar com os do Brasil. Como o Brasil pode conseguir isto, tendo para hipotecar diamantes, pau-brasil etc. etc., o que os outros não tinham, dizemos que esta é a primeira medida a adotar, porque 20 milhões por força hão de assoberbar 10.

Daí, Portugal tem três navios de guerra para mandar ao Brasil; este deve já procurar seis, e achá-los-á prontos em Inglaterra, e a crédito, com os termos por que quiser recebê-los.

Portugal manda tropas contra o Brasil; este deve também preparar o seu exército, e para não aumentar os vexames da guerra com o peso de um recrutamento numeroso, deve o Brasil recorrer para isto à Europa. Lembramos a facilidade com que os insurgentes em Colômbia levantaram recrutas em Inglaterra e outros países da Europa; houve mais gente que para isto se oferecesse do que os agentes de Colômbia queriam receber ou podiam pagar. Que dificuldade pode ter o Brasil em seguir aquele exemplo?

É do seu dever fazê-lo, porque tendo meios à sua disposição, não deve o governo do Brasil sofrer que os povos daquele país padeçam os males de uma invasão dos portugueses, por mais insignificante que ela seja.

O governo de Portugal mandou-se apossar da propriedade dos negociantes portugueses em Inglaterra, e diz agora que não quer ter contas com o Erário do Brasil.

O Brasil deve desde já mandar fazer seqüestro nas propriedades de portugueses que estiverem a seu alcance; evitar com isso que elas se tornem em meios de hostilidades e aplicá-las aos fins de defesa que o Brasil precisa.

As Cortes de Portugal mandaram reter em Lisboa os deputados do Brasil para que ficassem em reféns, com o pretexto de servir nas futuras Cortes; isto contra a vontade dos povos que os elegeram só para as Cortes Constituintes, e contra a declaração que os mesmos deputados fizeram.

O governo de Brasil deve desde já usar de represálias, reter os principais negociantes portugueses nas cidades marítimas do Brasil e mandá-los para o interior, onde não possam favorecer as intrigas de seus consócios em Portugal.

As Cortes de Lisboa declararam no decreto para chamamento de deputados do Brasil, em data de 24 de abril de 1821, no artigo 5 (veja-se o *Corr. Braz.*, vol. XXVI, p. 596): "A ocupação violenta de qualquer porção de território português será considerada como declaração de guerra a Portugal".

O governo do Brasil, seguindo estes princípios de direito público adotado em Portugal, deve tomar por declarada a guerra, visto que de Lisboa se mandam tropas a ocupar violentamente e por força d'armas cidades do Brasil, contra a representação da Câmara da Bahia e protestos dos deputados; e deve o governo do Brasil dar desde logo patentes a corsários contra o comércio português e adotar as mais medidas defensivas que o direito das gentes permite nos casos de guerra.

É possível que alguém nos diga que estas medidas são demasiado violentas e prematuras; convém antecipar a resposta. Quanto a serem violentas as medidas que recomendamos, sendo a guerra um estado violento, fazendo Portugal a guerra ao Brasil, isto é, cometendo violências, não sabemos que haja outro meio de as repelir senão a violência oposta.

Quanto a serem estas medidas prematuras, só lembraremos que se o Brasil esperar, para se defender, que Portugal declare formalmente a guerra, bem podem os brasilienses contar que terão tempo para serem todos queimados antes que apareça tal declaração, porque todas as medidas hostis, todas as expedições de tropas, todas as revoltas dos escravos, tudo será feito com os protestos do governo de Portugal, que isso é a bem e para proteção dos nossos irmãos do Brasil; e o homem deve ter perdido o juízo quando se deixa degolar por seu inimigo só porque este lhe diz: espere irmão, que esta pequena sangria é para seu benefício e lhe corto o pescoço para lhe tirar algum sangue, para que não morra de apoplexia; sofra por isso, meu irmão, a pequena operação de lhe cortar o pescoço até lhe separar a cabeça.

 Estamos persuadidos que o Ministério do Rio de Janeiro se não esquece deste dever; porque, além de se terem mandado concentrar tropas no Rio de Janeiro, o príncipe regente tinha mandado dois vasos de guerra para cruzar defronte da Bahia e impedir quanto fosse possível a entrada de expedições hostis destinadas contra o Brasil. Só queremos lembrar que estas operações defensivas se devem arranjar em escala mais grande e decisiva, porque quanto mais potente for a posição defensiva do Brasil, tanto mais depressa se dará fim à contenda, e o Brasil tem demasiado em que cuidar nos seus melhoramentos internos para que possa delongar, um só momento que seja, desnecessariamente, essa guerra que lhe movem seus afeiçoados irmãos de Portugal.

71.
ESTADO POLÍTICO DO BRASIL

[N° 171, vol. XXIX, agosto de 1822, pp. 287-98]

A boa-fé com que no Brasil se desejava uma união fraternal com Portugal é demonstrada por inumeráveis fatos que têm acontecido desde o princípio da atual revolução portuguesa; o *Correio Braziliense* os têm citado e publicado. Mas o que prova esta verdade, além de toda a dúvida, é a consideração da cegueira com que os povos do Brasil se entregaram de todo nas mãos das Cortes, quando podiam obrar de outra maneira. E que podiam seguir diverso caminho, se mostra mui bem agora, quando conhecendo a perfídia com que eram tratados, resolveram vindicar os seus direitos.

Mencionamos no nosso número passado o novo título por que s. a. r., o príncipe d. Pedro, fora aclamado no Rio de Janeiro. No princípio deste número achará o leitor a íntegra do auto da Câmara do Rio de Janeiro que serve de documento oficial deste novo título porque s. a. r. nele se assinou.

Pernambuco, pelas resoluções das Câmaras do Recife e Olinda, que publicamos à p. 226 e seguintes[128], mandou deputados agradecer ao príncipe a sua resolução de se pôr à testa do governo do Brasil.

São Paulo, Minas Gerais, Rio Grande e Montevidéu já estavam no mesmo acordo com o Rio de Janeiro e ultimamente o Ceará, em cumprimento do decreto do príncipe regente de 16 de fevereiro, elegeu os seus deputados para o Rio de Janeiro.

Não obstante isto, o ministro da Justiça em Lisboa expediu contra o Ceará a inexeqüível portaria de 13 de julho, que publicamos à p. 232[129], e repetiu outra semelhante para o Maranhão.

Aos 3 de junho tinham chegado ao Rio de Janeiro os deputados de Pernambuco, Minas e São Paulo. Não vieram da Bahia, porque aquela cidade

---

[128] Ver pp. 618-9.

[129] Ver pp. 619-20.

estava sopeada pelas tropas européias, mas ainda assim a Junta escreveu ao príncipe regente que a vontade de todo o povo daquela província era unir-se ao governo de s. a. r., e que disso mesmo tinha dado parte às Cortes de Lisboa e a el-rei. Os procuradores nomeados pelo Ceará, em conseqüência do decreto de s. a. r., o príncipe regente, de 16 de fevereiro, ainda ali não tinham chegado.

Havendo s. a. r. considerado a importante crise em que se achava o Brasil, e as representações que sobre isso se lhe fizeram, mandou convocar o Conselho de Procuradores do Povo, pelo seguinte:

"Decreto

"Urgindo a salvação do Estado que se instale quanto antes o Conselho de Procuradores-Gerais das províncias do Brasil que mandei criar pelo meu real decreto de 16 de fevereiro do ano que corre, hei por bem mandar convocar para o dia de amanhã os já eleitos e aqui residentes, não obstante faltarem ainda os de uma província, para a literal execução do citado decreto. José Bonifácio de Andrada e Silva, do meu Conselho de Estado e do Conselho de s. m. f., el-rei o sr. d. João VI, e meu ministro de Estado dos Negócios do Reino do Brasil e Estrangeiros, o tenha assim entendido e faça executar.

"Paço, 1 de junho de 1822.

"[Com a rubrica do príncipe regente.]

"[Assinado] José Bonifácio de Andrada e Silva."

Na ocasião de sua reunião prestaram os procuradores-gerais o seguinte juramento:

"Juro aos Santos Evangelhos de defender a religião católica romana, a dinastia da real Casa de Bragança, a regência de s. a. r., defensor perpétuo do Brasil, de manter a soberania do Brasil e sua integridade e a da província de quem sou procurador, requerendo todos os seus direitos, foros e regalias, bem como todas as providências que necessárias forem para a conservação e mantença da paz, e bem entendida união de toda a monarquia, aconselhando com verdade, consciência e franqueza a s. a. r. em todos os negócios e todas as vezes que para isso for convocado. Assim Deus me salve."

Juramento dos secretários de Estado:

"Juro aos Santos Evangelhos de sempre, com vontade, consciência e franqueza, aconselhar a s. a. r. em todos os negócios e todas as vezes que para isso for convocado."

Aos 2 de junho, ajuntados os procuradores, explicou-lhes s. a. r. o motivo de os haver convocado na seguinte proclamação:

"Ilustres e dignos procuradores:
"As representações de São Paulo, Rio de Janeiro e Minas Gerais, em que me pediam que ficasse no Brasil, também me deprecavam a criação de um Conselho de Estado. Determinei-me a criá-lo, na forma ordenada no meu real decreto de 16 de fevereiro deste ano, e cuja forma era exigida pelas três províncias legalmente representadas. Foi inexplicável o prazer que minha alma sentiu quando estas representações chegaram à minha presença, porque então conheci que a vontade dos povos era não só útil, mas necessária para sustentar a integridade da monarquia em geral, e mui principalmente a do grande Brasil, de quem sou filho. Redobrou ainda muito mais o meu prazer, por ver que as idéias dos povos coincidiam com as minhas puras, sinceras e cordiais intenções; e não querendo eu retardar-lhes os bens que uma tal medida lhes prometia, determinei no citado decreto que imediatamente que se achassem reunidos os procuradores de três províncias, o Conselho entrasse a exercitar sua funções. Esta execução, porém, não pode ter lugar literalmente, visto ter-se manifestado sobremaneira a vontade dos povos de que haja uma Assembléia Geral Constituinte e Legislativa, como me foi comunicado pelas Câmaras. Não querendo, portanto, demorar nem um só instante, nem tampouco faltar em coisa alguma ao que os povos desejam, e muito mais quando são vontades tão razoáveis e de tanto interesse, não só ao Brasil como a toda a monarquia, convenci-me de que hoje mesmo devia instalar este meu Conselho de Estado, apesar de não estarem ainda reunidos os procuradores de três províncias, para que eu, junto a tão ilustres, dignos e liberais representantes, soubesse qual era o seu pensar relativo à nossa situação política, por ser um negócio que lhes pertence, como inteiramente popular, e nele interessar tanto a salvação da nossa pátria, ameaçada por fac-

ções. Seria para mim muito indecoroso, assim como para os ilustres procuradores muito injurioso, recomendar-lhes suas obrigações; mas se, sem ofender, nem levemente, a nenhum, me é permitido fazer uma única recomendação, eu lhes peço que advoguem a causa do Brasil, da forma há pouco jurada, ainda que contra mim seja (o que espero nunca acontecerá); porque eu, pela minha nação estou pronto até a sacrificar a própria vida, que a par da salvação da nossa pátria é nada. Pelas expostas razões, acabais de ver a necessidade, que houve, desta instalação repentina, e sabei que dela depende a honra, a glória, a salvação de nossa pátria, que está em sumo perigo. Ilustres procuradores, estes os sentimentos que regem a minha alma, e também os que hão de reger a vossa. Contai comigo, não só como intrépido guerreiro que pela pátria arrostará todos e quaisquer perigos, mas também como amigo vosso, amigo da liberdade dos povos e do grande, fértil e riquíssimo Brasil, que tanto me tem honrado e me ama. Não assenteis, ilustres procuradores, que tudo o que tenho dito é nascido de grandes cogitações, esquadrinhando palavras estudadas e enganadoras; não, é filho do meu amor da pátria, expressado com a voz do coração. Acreditai-me.

"A 2 de junho de 1822.
"Príncipe regente."

Juntos assim os procuradores dos povos, e havendo recebido a proclamação acima copiada de s. a. r., o príncipe regente, dirigiram-lhe a seguinte representação:

"Senhor!
"A salvação pública, a integridade da nação, o decoro do Brasil e a glória de v. a. r. instam, urgem e imperiosamente comandam que v. a. r. faça convocar com a maior brevidade possível uma assembléia geral de representantes das províncias do Brasil. O Brasil, senhor, quer ser feliz; este desejo, que é o princípio de toda a sociabilidade, é bebido na natureza e na razão, que são imutáveis; para preenchê-lo é-lhe indispensável um governo que, dando a necessária expansão às grandíssimas proporções que ele possui, o eleve àquele grau de prosperidade e grandeza para que fora destinado nos planos da Providência. Foi este desejo, que há longos tempos o devorava e que bem prova a sua dignidade, que o

fascinou no momento em que ouviu repercutido nas suas praias o eco da liberdade que soou no Douro e no Tejo, para não desconfiar do orgulho europeu, nem acreditar que refalsado maquiavelismo aparentasse princípios liberais para atraí-lo e adormecê-lo, e estribar depois sobre sua ruína e recolonização o edifício da felicidade de Portugal. No ardor da indignação que lhe causou a perfídia de seus irmãos, que reluz por entre todos os véus que lhe procuram lançar, e que nasceu daqueles mesmos princípios de generosidade e confiança que os deviam penhorar de gratidão, o Brasil rompia os vínculos morais de rito, sangue e costumes, o que quebrava de uma vez a integridade da nação, a não ter deparado com v. a. r., o herdeiro de uma Casa que ele adora, e serve ainda mais por amor à lealdade do que por dever e obediência. Não precisamos, senhor, neste momento, fazer a enumeração das desgraças com que o Congresso, postergando os mesmos princípios que lhe deram nascimento, autoridade e força, ameaçava as ricas províncias deste continente. A Europa, o mundo todo que o tem observado, as conhece, as aponta, as enumera. O Brasil já não pode, já não deve esperar que de mãos alheias provenha a sua felicidade. O arrependimento não entra em corações que o crime devora. O Congresso de Lisboa, que perdeu o norte que o devia guiar, isto é, a felicidade da maior parte sem atenção a velhas etiquetas, já agora é capaz de tentar todas as tramas e de propagar a anarquia, para arruinar o que não pode dominar. Maquinam-se partidos, fomentam-se dissensões, alentam-se esperanças criminosas, semeiam-se inimizades, cavam-se abismos sob os nossos pés; ainda mais, consentem-se dois centros no Brasil, dois princípios de eterna discórdia, e insistem na retirada de v. a. r., que será o instante que os há de pôr um contra o outro. Deverá v. a. r. cruzar os braços e imóvel esperar que rebente o vulcão sobre que está o trono de v. a.? É este, senhor, o grande momento da felicidade ou da ruína do Brasil. Ele adora a v. a. r., mas existe em uma oscilação de sentimentos, movido pelo receio de seus antigos males, pelo receio do despotismo, que as facções secretas muito fazem valer e muito forcejam por aproveitar. A âncora que pode assegurar a nau do Estado, a cadeia que pode ligar as províncias do Brasil aos pés do trono de v. a. r. é a convocação de Cortes, que em nome daqueles que representamos, instantemente requeremos a v. a. r. O Brasil tem direitos inauferíveis para estabelecer o seu governo e a sua independência: direitos tais, que o mesmo Congresso lusitano reconhecia e jurou. As leis, as constituições, todas as instituições humanas são feitas para os povos: não os povos para elas. É deste princípio indubitável que devemos partir: as leis formadas na Europa podem fazer a felicidade da Europa, mas não a da América. O sistema europeu não pode, pela eterna razão das coisas, ser o sistema americano: e sempre que o tentarem será um estado de coação e de violência, que necessariamente produzirá uma reação terrível. O Brasil não quer atentar contra os direitos de Portugal, mas desadora que Portugal atente contra os seus. O Brasil quer ter o mesmo rei, mas não quer senhores nos deputados do Congresso em Lisboa. O Brasil quer independência, mas firmada sobre a união bem entendida com Portugal; quer, enfim, apresentar duas grandes famílias, regidas pelas suas leis, presas pelos seus interesses, obedientes ao mesmo chefe. Ao decoro do Brasil, à glória de v. a. r., não pode convir que dure por mais tempo o estado em que está. Qual será a nação do mundo que com ele queira tratar, enquanto não assumir um caráter pronunciado? Enquanto não proclamar os direitos que têm de figurar entre os povos independentes? E qual será a que despreze a amizade de seu regente? É nosso interesse a paz; nosso inimigo só será aquele que ousar atacar a nossa independência. Digne-se, pois, v. a. r. ouvir o nosso requerimento: pequenas considerações só devem estorvar pequenas almas. Salve o Brasil, salve a realeza portuguesa.

"Rio de Janeiro, em 3 de junho de 1822.

"[Assinado Joaquim Gonçalves Ledo, procurador-geral pela província do Rio de Janeiro; José Mariano de Azeredo Coutinho, procurador-geral desta província do Rio de Janeiro; Lucas José Obes, procurador-geral do Estado Cisplatino.]
"Conformamo-nos José Bonifácio de Andrada e Silva, Caetano Pinto de Miranda Montenegro, Joaquim de Oliveira Alvares, Manuel Antônio Farinha."

Visto, pois, este requerimento dos procuradores do povo, determinou s. a. r. a convocação de um Corpo Legislativo Constituinte do Brasil, e isso fez pelo seguinte decreto, expedido no mesmo dia:

"Havendo-me representado os procuradores-gerais de algumas províncias do Brasil já reunidos nesta Corte, e diferentes Câmaras, e o povo de outras, o quanto era necessário e urgente para a mantença da integridade da monarquia portuguesa e justo decoro do Brasil, a convocação de uma Assembléia luso-brasiliense que, investida daquela porção de soberania que essencialmente reside no povo deste grande e riquíssimo continente, constitua as bases sobre que se deva erigir a sua independência, que a natureza marcara e de que já estava de posse, e a sua união com todas as outras partes integrantes da grande família portuguesa que cordialmente deseja; reconhecendo eu a verdade e a força das razões que me foram ponderadas, nem vendo outro modo de assegurar a felicidade deste reino, manter uma justa igualdade de direitos entre ele e o de Portugal, sem perturbar a paz que tanto convém a ambos e tão própria é de povos irmãos; hei por bem, e com o parecer do meu Conselho de Estado, mandar convocar uma Assembléia Geral Constituinte e Legislativa, composta de deputados das províncias do Brasil, novamente eleitos na forma das instruções que em Conselho se acordarem, e que serão publicadas com a maior brevidade. José Bonifácio de Andrada e Silva, do meu Conselho de Estado e do Conselho de s. m. f. o sr. d. João VI, e meu ministro de Estado dos Negócios do Reino do Brasil e Estrangeiros, o tenha assim entendido e o faça executar com os despachos necessários.

"Paço, em 3 de junho de 1822.

"[Com a rubrica de s. a. r. o príncipe regente.]

"[Assinado José Bonifácio de Andrada e Silva.]"

Ora pois, temos já as Cortes do Brasil convocadas para se ajuntarem no Rio de Janeiro; e para evitar a confusão de nomes, chamar-lhes-emos daqui em diante o Parlamento do Brasil, para que, quando disso falarmos, se não se equivoque com as Cortes de Portugal; e como não esteja no poder do partido antibrasílico em Lisboa impedir a reunião do Parlamento do Brasil, faremos aqui aos brasilienses uma lembrança que talvez não seja desnecessária.

O primeiro fito do Brasil, para bem se defender de seus inimigos, é a união das províncias umas com outras. Deparou a Providência àqueles povos, um príncipe que se tem mostrado digno de os governar, desejoso de manter o direito dos povos e capaz de executar quaisquer medidas que o Parlamento brasiliense julgar próprio adotar.

É impossível que qualquer forma de governo que se adote em um país tenha os sufrágios unânimes de todos cidadãos; não será pois de admirar, nem é para reprovar, que se proponham no Parlamento brasiliense, logo que ele se convoque, diferentes planos sobre a forma de governo. Mas é essencial, para haver a união, que prevaleça a vontade da maioria, e que a ela se acomodem os votos dissidentes.

Uma vez que se designam os devidos limites aos diferentes poderes políticos, parece-nos que, quanto às miudezas, não vale a pena de querelar por isso, de gastar 18 ou 20 meses em debates, e daí sair com uma Constituição que faz um volume, como aconteceu nas Cortes de Portugal. A Constituição deve unicamente conter as regras gerais por que se devem fazer as leis, e os limites de poder naqueles que as devem executar. Tudo o mais é objeto de leis regulamentares, que a experiência e as circunstâncias do tempo devem ir sugerindo pouco a pouco; do contrário, é legislar em teoria, sem poder alcançar o que se precisará na prática.

Estando, como estamos, persuadidos que a forma de governo que será mais agradável ao Brasil em geral é a monarquia, parece-nos que a Constituição dos Estados Unidos, com as pequenas alterações que requer para se adotar a uma monarquia hereditária, dará modelo de fácil imitação ao Brasil. Adotem-se os princípios fundamentais de governo que se acham naquela Constituição, apliquem-se ao caso da monarquia hereditária; e ali temos quanto basta.

Desejaríamos, portanto, que os brasilienses se despissem das idéias que naturalmente lhes terão sugerido as rabulices discutidas nas Cortes de Lisboa, sobre mil sutilidades fúteis acerca da sua Constituição. De cada argueiro se tem feito um cavaleiro, e à força de sutilizar, e de prover a casos particulares, ficam esquecidas muitas das regras gerais, que são só as que pertencem a uma Constituição.

Quando não tivéssemos muitas outras razões para recomendar esta concisão na formação de uma Constituição para o Brasil, bastaria esta, e é que tanto menos pontos de discussão, tanto menos motivos haverá de discórdia; e é a união o que mais se precisa, nas conjunturas em que se acha o Brasil.

Determinando-se quem e como deve fazer as leis, por quem e como devem ser executadas, tudo o mais se deve deixar à prudência dos legisladores que se forem seguindo, e isto por uma simples razão.

Ou os legisladores que para o diante vierem são homens de probidade e inteligência, ou não. Se o são, eles irão fazendo as leis e dando as providências que as circunstâncias exigirem e a experiência mostrar que são necessárias a bem da nação. Se o não são, então nem todos os entraves, nem todas as precauções de todas as constituições do mundo serão capazes de fazer com que legisladores, ou corrompidos ou ignorantes, deixem de usar mal o seu poder e convertê-lo na ruína da pátria.

Bem definido qual é o poder Legislativo e os deveres do Executivo, as precauções para evitar os abusos não consistem em cláusulas da Constituição, dependem de uma educação no povo ilustrada e virtuosa. Seja qual for a Constituição presente, se os futuros legisladores forem viciosos ou ignorantes, nada conseguirá a mais ampla, a mais cheia de cautelas Constituição que se possa imaginar.

Assim, não julgamos que vale a pena de os povos do Brasil, ou seus deputados, se afadigarem muito ou terem dissensões sobre artigos de Constituição, contanto que convenham nos pontos essenciais do governo que querem ter. Educação moral e física, virtude e ciências é quem lhes há de conservar suas boas instituições políticas; e como nesses pilares da sociedade se fundamenta a felicidade do povo, escusado e mui escusado julgamos as cláusulas e repetidas cláusulas de Constituição para que os legisladores não legislem mal, se a falta de virtude ou de saber lhes não permite legislar bem.

Este ponto merece maior desenvolução do que temos tempo para dar-lhe neste parágrafo, mas não nos esqueceremos dele para o futuro.

Quanto à essa união do Brasil com Portugal, de que ainda falam os documentos que deixamos copiados acima, já está claro, demonstrado e evidente, que tal coisa não quer o partido dominante em Portugal; ou o Brasil há de tornar a ser colônia de Portugal, ou então que se separe, tal é a linguagem dos portugueses. Nestes termos julgamos de todo supérfluas essas contemplações de união de que ainda se fala no Brasil. Está passado o tempo dessas cerimônias.

No ofício que s. a. r., o príncipe regente, escreveu a el-rei, seu pai, aos 14 de março deste ano, diz assim:

> "Dou parte a v. m. que Montevidéu se quis voluntariamente unir ao Brasil, de quem já se conta parte componente deste vasto reino, segundo diz e afirma o doutor d. Lucas José Obes, que é deputado da província; este d. Lucas era mandado às Cortes, levando estas instruções: 'Vá representar nas Cortes a província de Montevidéu e saiba o querem lá dispor dela; mas em primeiro lugar vá ao Rio e faça tudo que o príncipe regente do Reino do Brasil, de quem esta província é parte componente, lhe mandar: se o mandar ficar, fique; se continuar; execute'. Eu mandei-o ficar no Conselho, por ele me dizer que antes queria os remédios

do Rio que os de duas mil léguas, e era a razão de se terem separado da Espanha. Deu-me a entender que Entre-Rios também se queria unir, e Buenos Aires confederar, por conhecer que nós somos os aliados que lhe fomos dados pela Providência, assim como ele para nós."

Na sessão de 24 de julho se receberam nas Cortes de Lisboa ofícios do barão de Laguna em data de 30 de janeiro remetendo o orçamento da despesa mensal, com soldos, gratificações, prets[130], hospitais etc. do exército de Montevidéu. Consta deste orçamento que importa o soldo da Divisão dos Voluntários Reais d'el-rei em 42 contos e 87.396 réis; e que o total do Estado-Maior do Exército do Brasil e Corpos das províncias, no mesmo expostas, 35 contos e 968.507, cujo total é 78 contos e 55.903 réis.

E não obstante isto, as Cortes tentaram mandar evacuar Montevidéu, a ver se desanexavam mais esta nesga do Brasil; mas vendo que o não puderam conseguir, deixaram aquelas tropas sem a menor providência; elas seguiram, com a província, o partido do Brasil, e bem haja o seu general, que conheceu como devia obrar.

---

[130] Prés (do francês *prêt*): vencimentos diários de um soldado (diárias).

72.
Convocação do Parlamento brasiliense

[N° 172, vol. XXIX, setembro de 1822, pp. 364-71]

Começamos este número pela portaria[131] expedida por ordem de s. a. r., o príncipe regente, em que se explicam os motivos e fins do decreto de 16 de fevereiro deste ano, pelo qual se criou e mandou eleger pelo povo um Conselho de Estado no Brasil.

A portaria é dirigida à Junta Provisória de Governo de Pernambuco, porque esta recusou cumprir o decreto; e nada há mais próprio de um príncipe constitucional do que semelhante explicação; e nem ela podia ser concebida em termos mais moderados, conciliatórios ou argumentativos.

Mas a Junta ainda assim se não deu por convencida, e suposto não possamos convir com ela quanto ao argumento, contudo reconhecemos que tinha o direito de fazer tais representações segundo seu melhor entender; do contrário, de nada serviriam essas corporações populares; e tanto mais quanto a Junta, apesar da opinião que expusera, mandou consultar as Câmaras para saber autenticamente qual era a vontade dos povos da província.

Este comportamento, visto o modo de pensar da Junta, era prudente e acautelado; e, contudo, mereceu a reprovação das Cortes em Lisboa, onde houve quem dissesse que isto era uma farsa preparada pela mesma junta: juízo este, temerário, não suportado pelos fatos, e tendente a irritar a gente de Pernambuco e fazer que se decidissem pela medida adotada pelo príncipe regente, aqueles que ainda poderiam hesitar.

O presidente da Junta de Pernambuco argúi que a criação do Conselho de Estado era uma medida só pertencente ao poder Legislativo; mas, entre outras coisas que esse Conselho de Estado tinha a fazer, era deliberar se devia ou não haver no Brasil um poder Legislativo; e sendo certo que as

---

[131] Ver pp. 620-2.

Cortes de Lisboa em tal nunca consentiriam, claro está que só no Brasil se podia tomar uma resolução a este respeito.

Agora, se o Conselho de Estado tinha de dar ao príncipe regente o seu parecer sobre haver ou não um corpo Legislativo no Brasil, sem o qual parecer o príncipe se não podia resolver a chamar deputados para o corpo Legislativo por não saber autenticamente qual era a vontade dos povos, fica o argumento do presidente de Pernambuco nos mesmos termos da questão metafísica de qual existiu primeiro, se o ovo, se a galinha; porque não há galinha que não saísse de um ovo, nem ovo que não viesse da galinha. O príncipe resolveu a dificuldade, e resolveu-a bem; porque chamou um Conselho de Estado eleito pelo povo para saber se esse povo queria ou não um corpo Legislativo no Brasil. Assim, não há neste decreto de 16 de fevereiro medida alguma legislativa, mas sim uma de mero expediente, e única que se podia adotar nas circunstâncias atuais. Agora, se para o diante deve ou não haver um Conselho de Estado, como deve ser composto e quais as suas atribuições, isso mui bem está que seja obra de um corpo Legislativo, quando o houver.

O outro argumento da Junta de Pernambuco apenas vale o tempo de mencionar, porque se estriba na espera dos bens que podiam resultar do relatório que fez às Cortes a Comissão Especial sobre os Negócios Políticos do Brasil. Não precisava ser grande adivinhador para saber o que iria resultar de tal relatório; atendesse a Junta de Pernambuco ao que lhe têm exposto os periódicos do tempo, não já nos raciocínios ou reflexões de cada um, mas nos documentos oficiais dimanados das mesmas Cortes, e fácil seria prever o resultado. Mas, enfim, esse resultado agora faz já inúteis essas profecias: o relatório em que a Junta de Pernambuco fundava suas esperanças foi rejeitado pelas Cortes e mandado fazer outro projeto, e o segundo apresentado ainda não satisfez, por ser demasiado liberal ao Brasil.

Mas não queremos parar aqui; porque os argumentos da Junta de Pernambuco nos obrigam a ir mais longe. O presidente da Junta observa que era necessário, antes de se fazer um Conselho de Estado no Brasil, e antes de se tratar de constituir um corpo Legislativo, revogar as procurações dos deputados que o Brasil mandou às Cortes de Portugal, e seguir outras formalidades de direito que pudessem fazer mui regular todo este procedimento.

Assim houvera de ser em casos ordinários; mas no presente, extraordinário, o Brasil se veria queimado e assolado antes que se revogassem as procurações de seus deputados ou se executassem sequer metade das formalidades que aquele presidente exigia. Prova disto é a resolução das Cortes para que os deputados do Brasil fiquem detidos em Lisboa e que sirvam na seguinte legislatura, queiram ou não queiram os povos do Brasil; e o que sobre o mesmo presidente de Pernambuco se disse nas Cortes, apesar dessa moderação de desejos: que devia ser enforcado.

Essas formalidades que desejava a Junta de Pernambuco, quando muito seriam admitidas no caso de argumentos legais ou pleitos em que há o tempo preciso e a proteção necessária de um governo para a réplica, tréplica, embargos etc.; mas quando se faz um armamento em Lisboa para subjugar o Brasil, perder tempo em formalidades e alegar com as réplicas e tréplicas para se não preparar a defesa, é um excesso de boa-fé, que apenas merece desculpa em homens que aceitaram o governo político de tão importante província como é a de Pernambuco.

O argumento mais especioso do presidente da Junta de Pernambuco é que dois poderes Executivos destroem a unidade da monarquia, e que o seu juramento em obedecer ao Executivo e Legislativo de Portugal não pode ser violado. Vamos por partes.

Quanto ao destruir-se a união, pela existência de dois Executivos: o presidente de Pernambuco tirou isto dos argumentos que se produziram nas Cortes de Lisboa para mostrar que o poder Executivo era indivisível e indelegável. Mas os mesmos que tão estrenuamente sustentaram este princípio voltaram a casaca por tal maneira, que não só quiseram um poder Executivo no Brasil, mas dois, três ou tantos mais quantas são as províncias, e assim trataram de menoscabo esses escrúpulos do presidente de Pernambuco.

Quanto ao juramento: a mesma Junta de Pernambuco decidiu que se ouvissem as Câmaras da província para saber autenticamente qual era a vontade dos povos. E por que decidiu assim? Porque *salus reipublicae suprema lex esto*. Logo, se os povos mostrarem que desejam um corpo Legislativo no Brasil, seja qual for o juramento da Junta ou de seu presidente, essa vontade se há de seguir; do contrário, seria ilusório pedir a opinião dessas Câmaras. Donde se segue que a questão ante a Junta de Pernambuco não era o juramento que seus membros tinham prestado, mas a vontade do povo, e qual o expediente por que se podia salvar a nação, conservando a integridade e união do Brasil para se poder defender contra seus inimigos, que procuravam aniilar o país, reduzindo-o de Reino a colônia. E isto que a Junta será obrigada a fazer, quando as Câmaras lhe declararem que tal é sua vontade, podia muito ter executado a Junta logo ao princípio, quando tal revolução houvera sido de suma importância para a salvação de sua pátria.

Vejamos agora o resultado prático desses escrúpulos e dessa hesitação de Pernambuco. Meros pontos de formalidade impedem que a Junta obre de concerto com s. a. r., e então dão tempo a seus inimigos em Lisboa para preparar uma expedição, que vai ter à Bahia, formar um ponto de apoio ali, e atacar Pernambuco, desprovido e destituído da cooperação do Rio de Janeiro.

E quem comandará essa expedição contra Pernambuco? Está já nomeado, e preparem-se os pernambucanos para contender com Rego, o seu antigo déspota, movido por todos os prejuízos dos portugueses contra os brasilienses, estimulado por motivos de vingança contra Pernambuco, e desesperado de recuperar sua fama passada ou adquirir futura glória; senão fazendo descarregar sobre Pernambuco tão pesada mão de despotismo que justifique seus procedimentos passados e faça com eles persuadir o mundo de que todos os seus anteriores despotismos eram necessários, e que só um cetro de ferro pode conter em sossego a província de Pernambuco.

Este quadro fatal, tão terrível aos pernambucanos, e que resulta de sua hesitação, nada influirá nos futuros destinos do Brasil, porque estes marcham seu caminho e já não podem retroceder; mas pesará sobre Pernambuco com duplicado furor, e aquela província, se não tomar as mais vigorosas medidas de defesa, terá de sofrer males que lhe custarão longos anos a remediar.

Mas, no entanto que isto se passava em Pernambuco, s. a. r., o príncipe regente, progredia em seus trabalhos a favor do Brasil; porque mandou instalar o Conselho de Estado com os deputados que tinha presentes; estes requereram a convocação de um corpo Legislativo Constituinte; e o príncipe ordenou a sua convocação, como se vê pelos documentos que publicamos no nosso número passado.

De todo o Brasil só se acham as seguintes províncias discordes:

1º) A Bahia, pelo que respeita a capital, porque está assoberbada por uma força européia, posto que o resto da província não só está decidido contra a continuação da obediência às Cortes de Lisboa, mas até já criaram na vila da Cachoeira uma junta provisória de governo, a fim de servir de centro de união à província; e a mesma junta que está na cidade da Bahia tem declarado ao príncipe regente e às Cortes de Lisboa que a vontade dos povos da província é unirem-se a s. a. r. como centro da união do Brasil.

2º) Pernambuco, que só deixou de aceder à união brasílica temporariamente, pelos escrúpulos do presidente da Junta e enquanto se ouviam as Câmaras, cujas respostas, sem a menor dúvida, serão pela mesma união brasílica; e a lição que Rego lhe vai dar, acabará de decidir a questão.

3º) Maranhão e Pará, que sendo governados nas duas cidades capitais pelo partido dos negociantes europeus que ali residem, estão em direta oposição com os sentimentos dos naturais do país, e só se sustentam porque têm ainda alguma força européia que os apóia.

Notaremos aqui, de passagem, que o bispo do Pará disse agora nas Cortes que a vontade manifesta de sua província era que houvesse duas delegações de poder Executivo no Brasil. Mas há alguns meses, quando foi moda nas Cortes o sustentar-se que o poder Executivo era indelegável e indivisível, disse este mesmo bispo que os povos de sua província só queriam estar sujeitos ao poder Executivo em Lisboa.

Como isto era uma asseveração de fato, e não argumento de teoria, o bispo do Pará, asseverando em duas vezes duas coisas diversas, em uma delas não nos disse a verdade; quiséramos, pois, que nos dissesse s. exc. rvma. qual das suas asseverações não era verdade. Enquanto não ouvirmos a sua explicação, inclinamo-nos a crer que em ambas as vezes faltou a ela s. exc. rvma., e que o povo da província do Pará, não os mascates daqueles portos de mar, nem querem duas delegações de poder Executivo no Brasil, nem serem desmembrados dele ficando sujeitos a Lisboa; e quando virmos prova do contrário, teremos grande prazer em retratar-nos de nossa opinião e reparar a injúria que nesse conceito fazemos ao exmo. e rvmo. deputado.

Tomando, porém, o Brasil na situação em que se acha, unido em uma só vontade e com as três exceções que, pelo que temos visto, são meramente temporárias, convém examinar a medida proposta da convocação de um Parlamento brasileiro.

A cidade do Rio de Janeiro não é o lugar mais próprio para este ajuntamento dos deputados do Brasil; na presente situação das coisas, não há outro melhor: o Parlamento decidirá depois aonde deve ser sua residência.

Seja qual for o número das províncias que mandem seus deputados para a Assembléia Geral Constituinte do Brasil, essa Assembléia deve legislar somente para as províncias que a compõem por seus representantes e quando tenham feito sua Constituição; deve ficar livre às demais províncias unirem-se ou não às que estiverem constituídas, sem que nisso se obre com a menor coação.

Com efeito, no estado de dilaceração em que se acha a monarquia portuguesa, não há autoridade que possa obrigar a essa união; e, quando a houvesse indisputável, seria imprudente o tentá-lo, porque a convicção, e não a força, é quem pode fazer uma durável união das províncias do Brasil entre si, persuadindo-se os povos de que lhes convém e é da sua maior utilidade terem um centro comum de legislação e de execução, para, em corpo de nação, se fazerem respeitáveis no mundo.

Se paixões particulares, se considerações erradas, se princípios falsos fizerem com que, por agora, algumas províncias do Brasil se não queiram unir ao centro comum de governo que se lhe prepara, o remédio para isto não é a força, nem a violência; a convicção, a experiência, o tempo são os que devem remediar este mal.

Outra coisa, porém, dizemos da coação externa que algumas províncias possam sofrer; porque, nesse caso, será do dever das demais províncias já coligadas socorrer aquelas e auxiliá-las com todas as forças para expulsarem seus opressores.

Pelo que respeita os primeiros trabalhos da Assembléia Constituinte, somos de parecer que, desligando-se de toda a outra consideração, deixando obrar o Executivo livremente, como está nas mãos de s. a. r., aplique toda a sua atenção a formar a Constituição por que se deve reger o Reino do Brasil; então pôr em movimento a máquina política, fazer tomar posse de suas repartições às diferentes autoridades que a mesma Constituição estabelecer, daí fazer a Portugal as proposições que julgar convenientes.

No entanto, s. a. r. terá de dirigir livremente as medidas do Executivo para a tranqüilidade interna e cuidar dos meios de defesa contra invasões externas. E enquanto o governo de s. a. r. se conduzir com a prudência e atividade que até aqui tem mostrado, continuará a gozar da ilimitada confiança dos povos que agora possui, e que é essencial para o bom desempenho das importantes funções que tem a exercitar.

A convocação do Parlamento brasiliense, além de ser indispensável para formar a Constituição daquele reino e pôr fim à incerteza em que se acham os povos sobre seu destino político, trará consigo outro incalculável bem ao Brasil, e tal qual nunca ali se viu, nem se poderia ver no passado governo, nem era de esperar da imperfeita representação que se tentou fazer de deputados do Brasil nas Cortes de Portugal.

Com este Parlamento se verão as províncias em comunicação política direta umas com outras por meio de seus representantes; poderão expor, combinar e deliberar sobre suas mútuas precisões e vantagens; adquirirão um caráter de nacionalidade que por nenhum outro modo se poderia obter; e tomando parte nas deliberações sobre a coisa pública, conhecerão a necessidade de sua união, sendo instruídas dos motivos das leis gerais a que pelo bem comum são obrigadas a obedecer.

Já não será um governador que despoticamente comande uma província, e cujo fim primário seja desligar essa província de todas as mais; serão, pelo contrário, partes componentes de uma nação, combinando medidas entre si, e todas dirigidas ao bem comum; enfim, não serão colônias destacadas, sem outro objeto comum que servir de engrandecer a metrópole; serão, sim, províncias de uma mesma nação, ligadas para o bem de todas.

73.
CONSTITUIÇÃO DO BRASIL

[N° 172, vol. XXIX, setembro de 1822, pp. 371-84]

Está enfim decidido que o Brasil vai a ser um Estado soberano independente, e estão convocados os representantes do povo para decidirem qual é a forma de governo que esse povo quer ter.

Escolhida a forma de governo e adotada uma Constituição que a maioridade aprove, é de dever de todo o cidadão submeter-se a ela de boa-fé, porque sem isso se dissolveria a sociedade civil; mas enquanto se não resolve a forma de governo, é livre a cada indivíduo dar a sua opinião particular.

Esta faculdade se deve tanto mais exercitar no Brasil, quanto a monstruosa Constituição de Portugal, que está concluída e a que seus autores, com exemplar modéstia, chamam a mais sábia de toda a Europa, pode iludir alguns incautos brasilienses, que não conhecendo a Portugal, se poderão deixar alucinar ou perverter, fascinados com o exemplo daquela produção, que sendo só obra de uns poucos entusiasmados facciosos, se cobre com o honorífico de uma pátria onde nasceram os Camões, os Osórios, os João das Regras, os Ribeiros, os Pombais etc.

Isto não é assim; os chefes da facção dominante em Lisboa, que imitaram, na sua Constituição, muitos dos desvarios dos espanhóis, não se parecem mais com um daqueles ilustres portugueses antigos do que os presentes napolitanos com os romanos do século de Bruto ou Catão, e por isso é de suma importância precaver os brasilienses, na formação de sua Constituição, contra os erros que em Portugal se têm adotado.

Portanto, segundo o princípio de que cada cidadão deve agora dar a sua opinião sobre a Constituição que se há de adotar, aqui apresentamos o parecer de um indivíduo, em um esboço de Constituição para o Brasil. Outros a darão melhor, este deverá sofrer emendas ou ser de todo rejeitado, mas, no entanto, cada um cumpre com seu dever, oferecendo o cabedal que tem. Diremos, porém, poucas palavras sobre o esboço da Constituição para o Brasil que vamos transcrever.

Primeiramente, estabelece uma monarquia; esta forma de governo é tão conforme com a educação, modo de vida e costumes daquele país, que só precisaria de uma recomendação se ela já não existisse, e vem a ser o acharse a grande maioridade do Brasil de opinião análoga a isto que é o seu decidido interesse.

Portanto, nos princípios gerais que neste esboço de Constituição se propõem, só há um que possa admitir dúvida, e por isso diremos as razões que temos para decidir-nos a aprová-lo, sem que, contudo, desejemos, por forma alguma, invectivar a este respeito contra o que possa pensar a maioridade dos representantes do Brasil. Falamos da introdução de duas Câmaras no poder Legislativo, princípio que se rejeitou em Portugal por quererem ali imitar o exemplo da Espanha.

Não se pode negar que a Inglaterra tem chegado a um ponto de esplendor de virtudes civis, de patriotismo, de prosperidade nacional, de que são raros os exemplos na história dos povos civilizados, e tudo isto se atribui à sabedoria de suas instituições civis. Entre estas, tem conspícuo lugar a sua segunda Câmara, onde se acham, por educação, por interesses e por princípios, homens ligados às leis do país e que resistem constantemente às inovações prejudiciais.

Entre as nações modernas, os Estados Unidos da América setentrional ocupam o primeiro lugar. Ali vemos a constituição da segunda Câmara não como coisa introduzida pelo acaso, mas como fruto de meditação e de princípios, provando ademais a experiência, a utilidade deste segundo escrutínio na formação das leis; e nenhuma nação goza mais ampla partilha de liberdade civil.

É natural que a facção dominante em Lisboa e seus sequazes, ou pelo menos seus imitadores no Brasil, gritem aqui contra os princípios aristocráticos do *Correio Braziliense*, que recomenda duas Câmaras e, por isso, convém dizer duas palavras para prevenir esta acusação.

Quem isto escreve, nem tem esperanças, nem precisa, nem deseja aproveitar-se das vantagens de um estabelecimento aristocrático no Brasil; tem em vista unicamente o que lhe parece ser mais útil a seu país natal. Raciocina segundo as idéias que tem adquirido pela lição da história, pelo conhecimento dos países de quem tira o exemplo, e pela experiência que tem dos costumes e circunstâncias do Brasil; além disso, pela autoridade de homens abalizados por seu amor pela liberdade civil.

Nenhum desses Tomás, Mouras, Borges Carneiros etc. de Lisboa pretenderá ser maior advogado da liberdade civil do que um abade Du Pradt, um Lanjuinais, um Adams, um Washington, um Franklin; no entanto, todos estes grandes homens têm advogado a instituição de duas Câmaras, com mais ou menos modificações.

Du Pradt, felicitando os espanhóis pela sua regeneração política, disse que esperava que eles em breve tempo corrigissem a monstruosidade de uma só Câmara Legislativa.

Lanjuinais, apontando aos napolitanos as correções que deveriam fazer na Constituição de Espanha, insistiu sobretudo na formação de segunda Câmara de Senadores, Anciãos ou o que quer que fosse, lembrando os abusos da Assembléia Nacional de França.

Adams escreveu dois volumes para mostrar aos seus compatriotas os perigos de uma só Câmara, e os americanos ingleses, depois de uma experiência de dez anos, com efeito estabeleceram no seu Congresso Geral duas Câmaras, assim como já as havia em todas as legislaturas dos estados separadamente, com a plena aprovação de Washington, Franklin, e todos os mais conspícuos defensores da liberdade americana.

Dirão agora que todos esses heróis eram emissários da Santa Aliança? Seria isso um absurdo e assim, com tais autoridades, quer o plano aqui proposto se adote, quer não, o *Correio Braziliense*, que se acha acima dessas considerações pessoais recomendando o projeto de Constituição que vai submeter à consideração dos povos do Brasil, não só se escuda em seu individual raciocínio, mas na autoridade dos mais conspícuos e decididos filantropos e patriotas de que a história faz menção.

Com esta breve introdução para justificar nossa opinião, passamos a transcrever o seguinte:

PROJETO DE CONSTITUIÇÃO POLÍTICA DO BRASIL

1) Os cidadãos dividem-se em natos e naturalizados. Os primeiros são todos os homens que nascem livres no país não tendo a qualidade de cidadão em outro, e os que nascerem de pai cidadão nato, posto que nasçam em outro país. Os segundos são os que adquirem a qualidade de cidadão segundo as formas prescritas pelas leis para a naturalização de estrangeiros.

2) O território do Brasil será dividido em províncias, e estas em distritos, segundo a população exigir e as circunstâncias locais indicarem.

3) Todo o poder político do Estado será dividido em três autoridades: I. LEGISLATIVO, II. EXECUTIVO, III. JUDICIAL.

I. Poder Legislativo

4) O poder Legislativo dependerá de três autoridades:
1. O rei.
2. O Conselho de Estado.
3. Os representantes.

1. Do Rei

5) O rei é hereditário só na linha descendente direta. Nos seus impedimentos, faz as suas vezes um regente.

6) O regente será o herdeiro da coroa. Se o não houver, ou tiver impedimento, os representantes nomearão o regente com aprovação do Conselho de Estado.

7) Os impedimentos do rei ou do regente são: menoridade, decrepitude, demência, ausência para fora do território do Estado.

8) O Conselho de Estado declarará quando existe qualquer desses impedimentos.

9) Extinta a linha de sucessão, será nomeado o rei pelo modo que se diz do regente.

2. Do Conselho de Estado

10) O Conselho de Estado será composto, ao princípio, do dobro de membros quantas forem as províncias.

11) Servem por cinco anos os primeiros nomeados; ao depois o seu número, tempo de serviço e propriedade necessária para exercer tal emprego serão designados por lei.

12) As atribuições do Conselho de Estado são: nomear seu presidente, rever e aprovar ou rejeitar as leis, aconselhar o rei na assinatura dos tratados, na declaração da guerra, na estipulação de tréguas, na conclusão da paz.

3. Dos Representantes

13) Os representantes são eleitos pelos cidadãos qualificados para votar, recolhidos os votos na paróquia em que cada eleitor estiver domiciliado pelo menos um ano antes da eleição.

14) Poderão ser eleitores os cidadãos natos ou naturalizados, cabeças de casal, isto é, não agregados ou alojados em casa d'outrem, de idade de 21 anos para cima.

15) Eleger-se-ão os representantes na proporção de um para cada 15

mil eleitores, e para isto se dividirão as paróquias em distritos de eleição segundo sua população, de maneira que cada distrito contenha o mais próximo que for possível aquele número de eleitores.

16) A proporção dos representantes para os eleitores poderá ser mudada por lei, segundo o exigir a alteração da população.

17) Podem ser eleitos representantes os que podem ser eleitores, tendo servido em alguma Câmara.

18) Logo que estejam reunidos em sessão, nomearão seu presidente, que servirá por toda a sessão, e decidirão depois da legalidade ou ilegalidade das eleições de seus membros.

19) Os representantes servem por três anos; podem ser reeleitos; são dispensados do lugar público que ocuparem, mas recebem o ordenado que de tal emprego lhes competir e contam nele sua antiguidade.

20) Os representantes são invioláveis nos debates; não podem ser presos senão por crime que mereça pena capital; não podem ser demandados senão com licença da Casa dos mesmos representantes.

21) Os representantes vencem o ordenado e ajuda de custo que for determinado pela lei na sessão precedente, exceto os primeiros, que a taxarão para a primeira e para a sessão subseqüente.

22) Os representantes poderão ser excluídos da Casa, temporária ou absolutamente, votando dois terços dos membros, mas nesse mesmo caso podem ser reeleitos.

23) Os representantes se ajuntarão em sessão impreterivelmente uma vez cada ano no 1º de abril; continuarão em sessão enquanto os negócios o exigirem, o que determinarão os mesmos representantes e o Conselho de Estado.

24) O Conselho de Estado abrirá sessão e continuará nela por todo o tempo que durar a sessão da Casa dos Representantes.

25) O rei poderá convocar sessão extraordinária do Conselho de Estado e da Casa dos Representantes quando o julgar conveniente.

Formação das Leis

26) As leis serão propostas na Casa dos Representantes; se aí forem aprovadas, serão examinadas pelo Conselho de Estado; se aí forem também aprovadas, serão apresentadas ao rei; se ele as sancionar terão então força de lei desde o dia de sua suficiente promulgação.

27) A lei será proposta por um dos representantes, apoiada por outro, pelo menos; referida a uma comissão e por ela exposta à Casa em outro dia, discutida em outro ou outros dias consecutivos segundo a matéria exigir;

posta a votos quando a maioria decidir que está suficientemente discutida, e aprovada ou rejeitada segundo votar a maioria.

28) Os votos se darão fazendo a chamada dos nomes ou por aclamação, segundo a Casa julgar conveniente.

29) Logo que a lei for aprovada pela Casa de Representantes, será remetida ao Conselho de Estado; este a referirá a uma comissão para informar sobre ela; recebida essa informação, será a lei discutida e aprovada, emendada ou rejeitada, segundo decidir a maioria.

30) Se a lei for aprovada, será remetida a el-rei para sua sanção ou rejeição. Se for rejeitada, não se tornará a discutir na mesma sessão.

31) Se o Conselho de Estado propuser emendas na lei, voltará à Casa dos Representantes; se ali se aprovarem as emendas, tornará a lei emendada ao Conselho de Estado, para a enviar ao rei.

32) Se as emendas do Conselho de Estado não forem admitidas pelos representantes, voltará a lei ao Conselho de Estado, onde se discutirá de novo e ou se aprovará sem as emendas, ou se discutirá, ou se proporão novas emendas.

33) Neste último caso se tornará a seguir a mesma formalidade até que toda a lei seja aprovada pelos representantes e Conselho de Estado, para ser enviada à sanção do rei ou rejeitada pelo Conselho de Estado.

34) Sendo a lei assim aprovada pelos representantes e Conselho de Estado, será enviada ao rei; este a aprovará ou rejeitará.

35) Aprovando-a, o rei comunicará isso ao Conselho de Estado e Casa dos Representantes e dará à lei a sua sanção promulgando-a; e o poder Executivo lhe dará cumprimento desde o dia de sua suficiente promulgação.

36) Rejeitando-a, o rei anunciará isso ao Conselho de Estado e Casa dos Representantes, e a matéria se não tornará a propor na mesma sessão.

Atribuições do poder Legislativo

37) Só por lei se declaram os empregos necessários, suas atribuições, seus ordenados.

38) Só por lei se impõem tributos, estabelece o modo de sua arrecadação e sua aplicação.

39) Só por lei se fazem as divisões do território em províncias, distritos para as eleições e distritos das Câmaras.

40) Só por lei se determina a variação dos representantes para os proporcionar à população.

41) Só por lei se determina onde deve ser a capital.

42) Só por lei se designam os crimes e se lhes cominam as penas.

43) Só por lei se determinam as formas dos processos tanto civis como criminais.

44) Só por lei se determina o modo por que o cidadão pode adquirir, conservar ou perder sua propriedade individual.

Fundamentos das leis

45) As leis devem dirigir-se a manter a liberdade, segurança e propriedade individual.

46) Que ninguém seja preso ou punido senão por transgressão de lei prévia.

47) Que se não impeça a faculdade de pensar ou de publicar os pensamentos por palavra ou por escrito, salvo as calúnias.

48) Que se proporcionem as penas aos delitos e as recompensas aos serviços.

49) Que nos processos se adote a legislação dos jurados, tanto nas causas civis como nas criminais, salvo a disciplina militar.

50) Que cada empregado público seja responsável por suas obrigações e por não fazer responsáveis seus subalternos.

51) Que seja livre o direito de petição.

52) Que as leis para imposição e cobrança de tributos não durem mais de um ano, mas se possam renovar cada ano, se assim se julgar conveniente.

II. Poder Executivo

53) O poder Executivo se distribui nos seguintes ramos:
1. Rei ou regente.
2. Conselho de Ministros.
3. Juntas de Província.
4. Câmaras de Distritos.

1. Rei ou regente

54) O rei, na sua falta o regente, sanciona e publica as leis, assina os tratados, declara a guerra, estipula as tréguas e conclui a paz, com a aprovação do Conselho de Estado; nomeia os empregados públicos, vigia na observância das leis; comanda as forças de mar e terra.

55) O rei tem o direito de modificar as sentenças dos crimes, perdoando a pena, ou comutando-a em menor castigo, depois da sentença final.

2. Conselho de Ministros

56) O Conselho de Ministros aconselha o rei na negociação dos tratados, na declaração da guerra, na estipulação das tréguas, na conclusão da paz, nos meios de defesa, na escolha para os empregos públicos, na sanção ou rejeição das leis.

57) Cada um dos ministros expede as ordens do rei na sua repartição e a assina.

58) Cada ministro é individualmente responsável pelo voto que der no Conselho de Ministros, ou ao rei nas matérias de sua repartição; é responsável pela execução das leis, cada ministro na sua repartição, provando-se que aconselhou ou obrou de má-fé, e com sinistra tenção.

59) Os ministros são nomeados pelo rei, e por ele demitidos, segundo o julgar conveniente.

60) As ordens expedidas pelo rei só terão execução sendo assinadas pelo ministro da repartição a que o negócio competir, o qual ministro será o responsável pela legalidade da ordem imediata do rei.

61) A responsabilidade dos ministros se fará eficaz ante o Conselho de Estado, acusando-os os representantes por meio de uma comissão:

    1º) Se assinarem alguma ordem contra a Constituição ou contra alguma lei expressa.

    2º) Se deixarem de dar as ordens necessárias para a execução das leis.

    3º) Se negligenciarem fazer responsáveis os demais empregados pela não execução das leis ante as autoridades competentes.

    4º) Se aconselharem o rei, ou regente, contra a Constituição, contra as leis ou contra o bem do Estado, por motivos sinistros.

62) O Conselho de Estado, provado o crime, arbitrará a pena, a qual, neste caso, o rei não poderá remitir nem comutar.

3. Juntas de província

63) Haverá em cada província uma junta composta de tantos membros quantas forem as Câmaras da província.

64) Cada membro será eleito pela Câmara do respectivo distrito: servirá por três anos, mas poderá ser reeleito: deverá ter servido na Câmara.

65) A Junta de Província terá um presidente, nomeado pelo rei, e pelo tempo que a lei determinar.

66) A Junta de Província terá o governo político e administrativo da província, sob as ordens do rei, e segundo um regimento que a lei determinar.

4. Câmaras

67) Cada província será por lei dividida em certo número de distritos, segundo melhor convier à sua população e localidades, para a administração política e judicial aos povos e negócios da mesma província.

68) Cada distrito terá uma Câmara composta de sete membros, os quais serão eleitos pelos eleitores das paróquias dos distritos com as qualificações dos §§ 13 e 14.

69) Os eleitos para membros da Câmara servirão por três anos, serão cidadãos natos, de idade de 21 anos para cima; sairão em rotação, decidindo-se as primeiras vacâncias por sorte, as subseqüentes por antiguidade; podem ser reeleitos.

70) Os membros da Câmara nomearão dentre si o seu presidente que servirá por um ano, mas poderá ser reeleito se não houver findado o seu tempo de serviço na Câmara ou tiver sido reeleito membro da mesma Câmara.

71) As atribuições da Câmara serão designadas por lei; mas compreenderão o governo político do distrito, sob a inspeção da Junta de província, debaixo das ordens do rei.

III. Do Poder Judiciário

72) Constará o poder Judiciário de três autoridades:
   1. Um Tribunal Supremo.
   2. Relações das províncias.
   3. Juízes dos distritos.

1. Tribunal Supremo

73) O Tribunal Supremo de justiça se comporá de 33 membros que serão vitalícios, salvo o caso de resignação, demissão ou expulsão.

74) Na vacância de algum membro do Tribunal Supremo entra o mais antigo membro das Relações das províncias; havendo mais de um de igual antiguidade, dentre estes escolhe o rei um para entrar na dita vacância.

75) São demitidos por incapacidade física, provada ante o mesmo tribunal; são expulsos por erro de ofício julgado em causa criminal ante o Conselho de Estado, acusando os representantes por meio de uma comissão e servindo de assessores ao Conselho de Estado o mesmo Tribunal Supremo.

76) O Tribunal Supremo conhece por apelação das causas civis e criminais, segundo o regimento determinado por lei.

2. Relação de Província

77) Haverá uma Relação em cada província, composta de 12 membros vitalícios, salvo a promoção para o Tribunal Supremo, resignação, demissão ou expulsão.

78) Na vacância, entra o juiz mais antigo que for letrado na província; contando essa antiguidade em um só e mesmo distrito em que tenha servido continuamente; e se mudar para ser juiz em outro distrito, tornará a começar aí a contar a sua antiguidade.

79) Havendo em uma província mais de um juiz de igual antiguidade, o rei escolherá, dentre estes, um para entrar na vacância da Relação.

80) São demitidos por incapacidade física ou expulsos por erro de ofício, provado um e outro caso ante o Tribunal Supremo.

81) A Relação de Província conhece das causas civis e crimes, com jurisdição original ou por apelação dos juízes, conforme o regimento que lhe determinar a lei.

82) Por lei se determinará também quando um ou mais dos membros da Relação deverão sair em correição por toda ou parte da província e seus poderes e obrigações nessas correições.

3. Dos Juízes de Distrito

83) Haverá em cada distrito um juiz, nomeado pela Câmara, letrado, podendo ser de idade de mais de 21 anos, cidadão nato.

84) Servirá por três anos, mas pode ser reeleito.

85) Sairá do lugar, antes dos três anos, se for promovido para a Relação; se resignar; se for demitido por impedimento físico ou se for expulso por erro de ofício, provado ante a Relação da província, com apelação para o Tribunal Supremo.

86) O juiz do distrito conhece das causas civis e crimes, com a apelação para a Relação da província, segundo seu regimento, determinado por lei.

ADMINISTRAÇÃO DA FAZENDA PÚBLICA

87) A administração da Fazenda Pública sempre se fará por lei, e poderá ser confiada ou às Juntas de Províncias e Câmaras em todo ou em parte, ou a corporações ou pessoas distintas segundo se julgar conveniente.

74.
MEDIDAS DEFENSIVAS NO BRASIL

[N° 172, vol. XXIX, setembro de 1822, pp. 384-91]

Tendo assim exposto o esboço que nos propomos oferecer para uma Constituição, como a primeira e mais importante medida de que deve cuidar o Parlamento do Brasil, passamos à consideração da matéria imediata a esta, em magnitude, que é a conservação da paz interna e defesa externa do país.

Tanto havemos recomendado a moderação e a tolerância das províncias do Brasil umas para com as outras, e do governo para com todas, quanto julgamos que é necessário, pelo que respeita o exterior, adotar a mais rigorosa linha de comportamento que os recursos do país permitirem, a fim de evitar a prolongação da guerra.

Em vão se argumentará que os fracos meios de Portugal não são de temer; não se deve contar com isso, porque pequenas como são as suas forças, bastam para fomentar os partidos no Brasil, auxiliar os dissidentes e causar distrações ao governo que lhe tirarão o tempo para cuidar no estabelecimento da nova monarquia e nos melhoramentos de que o país carece. Um armamento respeitável no Brasil, ao princípio, poupará muitos anos de atraso. Poderá até argumentar-se com um princípio, verdadeiro em alguma extensão, e é que a guerra de Portugal produzirá no Brasil o bom efeito de reunir os povos para cuidarem em sua mútua defesa, sufocando-se assim a diversidade de opiniões internas e dando, a mesma guerra, lugar a que convenham com mais facilidade em sua forma de governo; porque a mútua necessidade de defesa convencerá os brasilienses da importância de sua união.

Mas nem ainda mesmo esta consideração pode induzir-nos sequer a vacilar em nossa opinião, porque estamos persuadidos de que é um dever primário do governo prevenir, enquanto possa, os desastres e misérias da guerra; pois cada homem que morre na peleja, quando isso se possa impedir, é um assassínio que, nesse caso, o governo permite.

O usar de meias medidas, no caso de guerra, é dar ao inimigo duplicada vantagem, e uma vez que Portugal desembainhou a espada contra o Brasil, só a mais rigorosa retorsão é o que convém, e os planos defensivos, na maior extensão; se nisto se descuidarem no Brasil, se se embalarem ou adormecerem com algumas palavras doces, com alguma proclamação cavilosa, com protestos hipócritas de seus irmãos de Portugal, não farão os brasilienses outra coisa mais do que dar tempo a seus inimigos para lhes descarregarem o golpe.

O governo do Rio de Janeiro teve em sua mão a única nau de guerra que possui Portugal, e mui generosamente permitiu que essa nau regressasse para Lisboa. Que alcançou o governo do Rio de Janeiro com essa moderação? Acumularem-se nas Cortes mais insultos contra s. a. r. o príncipe regente, e expedir-se ordem para que se mandassem vir a Lisboa, presos, os seus ministros de Estado. A nau restituída vai agora capitanear uma expedição que tem de queimar a Bahia e assolar as costas do Brasil, em tanto quanto as forças dessa nau permitirem. Não fica logo claro que essa nau deveria ser apreendida quando esteve no Rio de Janeiro, para com essa medida de prudência e precaução prevenir os estragos que essa mesma nau agora lhe vai lá fazer?

A Bahia tem-se sujeitado às Cortes de Lisboa com a maior humilhação, que tem ganhado com isso? Que o general Madeira ali está tiranizando os povos, reduzindo à nulidade a autoridade da Junta Provisória, ameaçando toda a província e fortificando-se na cidade, para ter um ponto de apoio donde possa assaltar todos os lugares do Brasil que lhe fiquem a seu alcance. Não obstante toda a humilhação da Bahia, para ali é que as Cortes enviam suas expedições, suas armadas hostis, seus indisciplinados soldados, a quem a Bahia terá de sustentar, pagar e sofrer.

Pernambuco, depois de haver experimentado as maiores atrocidades do general Rego e das tropas portuguesas, contentou-se unicamente com o moderado expediente de mandar para Lisboa aqueles furiosos batalhões. Que ganhou com esta moderação Pernambuco? O estigma que nas Cortes se proferiu contra o presidente daquela junta, se chamou hipócrita rebelde, e o mandar-se agora mais tropa que vá atacar Pernambuco, sob o comando do antigo açoite dos pernambucanos, o atroz Rego.

O mesmo Rio de Janeiro que permitiu ao general Zuzarte embarcar-se para Lisboa, que aprovisionou e deu acomodações às tropas para se retirarem a seu salvo, que vê agora? Essas mesmas tropas voltando ao Brasil, raivosas pelo abatimento que sofreram no Rio, não podendo obter seus fins de se assenhorearem da capital, respirando vingança, irem assolar e destruir outros indefesos e inocentes do Brasil, sobre quem descarregará seu furor, já que o não podem fazer contra os do Rio de Janeiro.

Os negociantes portugueses no Brasil têm tido faculdade ampla para se retirarem a Portugal, com todas as riquezas, navios e bens que nesse mesmo Brasil têm adquirido. Que tem ganhado o Brasil com esse comportamento de moderação? Que esses mesmos negociantes empregam o cabedal do Brasil em fornecer as expedições que vão assolar o país que deu o ser a essas riquezas.

À vista, pois, de tão palpáveis exemplos, poderá ainda haver no Brasil quem suponha que a linha de moderação, que meias medidas de guerra, sejam capazes de proteger o Brasil, ou poupar-lhe as misérias que se lhe preparam em Lisboa?

Todas as pessoas que aqui chegam de Portugal nos confirmam as notícias do plano de insurreição dos escravos: assevera-se até que essas são as ordens que levam os generais da expedição. E depois disto haverá ainda quem diga no Brasil que se devem esperar por planos conciliatórios, dormir descansado nas protestações das Cortes e poupar as pessoas e as propriedades de portugueses, que empregam as suas riquezas, que o Brasil lhes deixa gozar, em fornecer armamentos com que destruam o mesmo Brasil?

Se o receio do êxito que pode ter esta contenda induz alguém do Brasil a pensar que as medidas de moderação para com Portugal são convenientes, para não irritar seus conquistadores no caso que saiam vitoriosos, respondemos que o êxito final não pode de modo algum ser duvidoso: o Brasil há de por fim vencer e assegurar a sua independência; e então as províncias que se não portarem com a tempestiva firmeza terão de passar pela humilhação de não haverem feito seu dever na causa comum, e entrarão de necessidade na união brasileira, depois de haverem sofrido todos os males que essas hostes portuguesas lhes vão infligir, males que poderiam remediar, preparando-se antecipadamente para uma resistência oportuna.

Consideremos, para aclarar isto, os meios que Portugal tem para continuar a guerra, as dificuldades que nela tem a encontrar, e a comparação de suas forças e recursos com os do Brasil, e não será difícil prognosticar o resultado.

Portugal, com dois anos de regeneração, e depois de banidos os áulicos de todas as repartições, tem somente 16 milhões de renda, que devem ir diminuindo com a falta de comércio e despovoação que essa mesma guerra do Brasil ocasiona. O Brasil, ainda na execrável administração de Targini, tinha 27 milhões de renda, a sua população cresce rapidamente, e com ela, os seus recursos.

Portugal só tem a seu favor a amizade da Espanha; amizade não só infrutífera, porque a Espanha está ainda mais fraca do que Portugal para lhe prestar auxílios, mas até perniciosa, pelo interesse que tem a mesma Espanha em ver enfraquecido Portugal a fim de o poder assim melhor subjugar. O Brasil tem a seu favor a maior parte da Europa e toda a América, a quem a independência do Brasil é nova garantia para sua liberdade e nova fonte de comércio.

Portugal tem de fazer a guerra em país distante, onde o custo das expedições marítimas absorve triplicadas despesas do que a manutenção dos exércitos. O Brasil peleja em sua casa e com todos os seus recursos à mão.

Quem pode logo duvidar do êxito final desta contenda? Bastava, para demonstrar a certeza de um resultado favorável ao Brasil, a experiência dos Estados Unidos na sua guerra da independência contra a Inglaterra, e o tão recente exemplo das Américas Espanholas. Mas não se precisa isto; assaz é ponderar que os mesmos corifeus da regeneração de Portugal têm, todos, considerado que é impossível submeter o Brasil pela força, se os seus habitantes se quiserem defender.

E a que monta essa declaração? Que os males que se pretendem infligir ao Brasil, degraduando-o do caráter de reino independente que já possui para o tornar a reduzir a colônia, só podem ter lugar se aqueles povos se não quiserem defender. Não é possível que o Brasil se submeta a tal humilhação, qualquer que seja a apatia que prevaleça nesta ou naquela província.

Não se pense, pois, que nós estamos aqui a regatear com as províncias dissidentes do Brasil sobre a independência daquele país quando propomos ao governo toda a moderação para com os de opiniões desconformes, e toda energia de preparativos contra os invasores externos. A independência do Brasil está irrevogavelmente decidida, porque é da natureza das coisas; tratamos somente de expor os meios de precaver os sofrimentos temporários a que se expõem aqueles que não atenderem à sua defesa; porque esses sofrimentos mui bem se podem prevenir com os preparativos necessários para uma resistência eficaz.

Passemos agora a ver as medidas de defesa já adotadas pelo governo do Rio de Janeiro. De Lisboa se mandou, para socorrer o general Madeira na Bahia, uma expedição de 600 ou 700 homens que era escoltada por uma corveta de guerra, navio muito raso e de poucas forças. Saiu esse reforço pelo meado de julho, mas aos 14 do mesmo mês saiu também do Rio de Janeiro uma expedição que constava de uma fragata, duas corvetas e um brigue, com 300 soldados de terra a bordo e 300 de Marinha, muitos oficiais, armamentos, munições e artilharia, tudo debaixo do comando do general Le Bate[132].

Claro está que esta força deve ter chegado ao Recôncavo e desembarcado na Cachoeira antes que à Bahia possa chegar o socorro que lhe mandaram de Lisboa; mas suponhamos que se encontravam no mar: o êxito não pode ser duvidoso, atendida a superioridade da força marítima vinda do Rio de Janeiro, com a que foi de Lisboa.

Madeira tratou de fortificar-se na cidade da Bahia, apenando todos os escravos para trabalhar nas obras, arrasando as casas que ficavam nos lugares aonde quis erigir baterias, e ajuntando mantimentos para esperar os socorros que sabia lhe iam de Portugal; mas as tropas do país, que tinha desarmado, fugiam em bandos a incorporar-se com as que se ajuntavam na Cachoeira e suas vizinhanças, e até alguns soldados dos batalhões europeus de Madeira seguiam o mesmo partido, não sendo possível que as maiores precauções impedissem essas deserções, porque os ricos habitantes da província se ofereciam a aprontar aos desertores soldo e mantimento, e com isto se fazia cada dia mais precária a situação do general Madeira.

Como o mesmo general Madeira confessou, em seus ofícios para as Cortes, que a tropa que tinha não era bastante para se manter na Bahia, publicaram-se esses ofícios a fim de estimular o povo de Portugal a que contribuísse para se mandarem socorros àquele general; e com efeito aparelhou-se já a primeira expedição que vai em seu auxílio, e o governo de Lisboa se dispõe a mandar-lhe mais tropas.

Que o general se não enganou na sua opinião, bem se mostra, porque tendo-se ajuntado alguma gente do país na Cachoeira para fazer uma resistência formal, Madeira não se achou com meios de sopitar aquele princípio de comoção, e duas barcas canhoneiras que mandou contra os insurgentes lá ficaram aprisionadas com a gente que nelas ia. E deste ensaio se conhece que quando chegarem à Cachoeira os auxílios que se lhe mandaram do Rio de Janeiro, a situação de Madeira se tornará absolutamente insustentável.

Mas, suponhamos que chegam a Madeira muitas tropas de Lisboa; quanto mais numerosas forem, maior será a dificuldade de lhes procurar mantimentos, porque do interior do país só há uma estrada que vai para a Bahia, a qual fácil é de interceptar.

---

[132] Referência ao general francês Pedro Labatut, que atuou no Brasil às ordens de d. Pedro durante as lutas de Independência.

Porém Madeira, com as muitas tropas que receber de Lisboa, irá derrotar o pequeno exército de Cachoeira; mas então este retirar-se-á para o interior, onde nenhuma força lhe podem chegar. Dir-nos-ão que nesse caso Madeira incendiará as povoações e talhará os campos; seja assim, mas com isso mesmo arruinará os seus recursos para obter mantimentos.

O segundo ponto que levam em vista essas expedições de Lisboa para a Bahia é atacar Pernambuco. Nós supomos que a hesitação dos pernambucanos em se unirem a s. a. r. o príncipe regente, e tomarem as necessárias medidas para se prepararem à defesa dê ao general Rego a oportunidade de se apossar do Recife. Nesse caso, a Junta não levará a sua hesitação ao ponto de se deixar ficar na vila do Recife, esperando que Rego mande todos os membros desse governo provisório em uma gargalheira para Lisboa. Mas ainda que assim suceda, os povos da província não têm mais do que recorrer ao expediente que já tomaram quando se quiseram descartar desse mesmo Rego, que foi cortar-lhe a aguada e o mantimento, sem o quê, nenhuma força se pode manter no Recife.

75.
Procedimentos de Portugal contra o Brasil

[N° 172, vol. XXIX, setembro de 1822, pp. 391-400]

Ocupados com nosso objeto principal, que é o Brasil, são os importantes negócios daquele reino os que mais particularmente merecem a nossa atenção; e assim, pouco mais diremos sobre as coisas de Portugal do que aquilo que respeita o Brasil.

As Cortes, ao mesmo tempo que mandam uma expedição fazer a guerra ao Brasil, publicaram uma longa proclamação que foi inserta no *Diário do Governo*; mas por um desses procedimentos contraditórios de que as Cortes de Lisboa nos têm dado tantos exemplos, ordenaram ao governo que suspendesse a remessa da tal proclamação para o Brasil até segunda ordem, como se a publicação no *Diário do Governo* não fosse bastante para levar essa bela produção ao além-mar.

A proclamação começa confessando o direito que tem o Brasil de se constituir independente; mas logo depois nega isto mesmo, com o trilhado e já muitas vezes rebatido argumento de que no Brasil adotaram as Bases da Constituição feita em Portugal; e como isso se repete, repetiremos também a resposta.

Quando as diversas províncias do Brasil declararam sua vontade de obrar de concerto com as de Portugal na obra da regeneração comum, não tiveram jamais em vista o serem excluídas das vantagens que se podiam derivar do novo sistema constitucional; e muito menos quiseram admitir, como de fato não admitiram nem expressa nem tacitamente, o pacto de se tornar o Brasil a governar por formas de administração que na essência são semelhantes às do antigo sistema colonial.

Menos ainda poderia entender-se aquele desejo do Brasil de continuar unido a Portugal como incluindo a idéia de que as províncias portuguesas na América teriam, com o sistema constitucional, abatimento de sua dignidade como reino, mais incômodos na administração da Justiça pela obrigação de fazer seus recursos a Lisboa, ou deterioramento em seu comércio para favorecer o monopólio de alguns negociantes de Portugal.

As Cortes, porém, interpretaram aquela declarada união do Brasil com Portugal como se fosse um desejo de sujeição ilimitada, um pacto de submissão cega e um rendimento de todos os seus direitos nas mãos de uma maioridade de deputados europeus. Obrando neste sentido, procederam as Cortes a formalizar a Constituição sem esperar pelos votos dos deputados do Brasil; e tendo chegado a Lisboa alguns destes, não só foram suas proposições rejeitadas nas Cortes pela decidida maioridade dos deputados europeus que nelas dominam, mas sustentou-se o princípio de que as Cortes não eram de justiça obrigadas a atender aos votos do Brasil na formação da Constituição, porque as decisões dos deputados europeus bastavam para obrigar o Brasil a receber e obedecer à Constituição.

A dignidade de Reino do Brasil foi extinta por um decreto das Cortes que mandava retirar s. a. r., o príncipe real, a quem s. m. tinha nomeado regente do Brasil, tirando-se assim ao Brasil o centro de sua união, dividindo o território em províncias separadas e desconexas entre si, com o que se tornou ilusório o título e prerrogativas de Reino que dantes gozava.

A forma de governo das províncias do Brasil, objeto da maior importância ao país, foi pelas Cortes determinada antes que se lhes unissem os deputados dessas províncias para quem se legislava; e foi tal o plano, que os governos provinciais ficaram sem a administração da Fazenda Pública e com a força militar independente, sistema contrário a todos os princípios da sã política e meramente calculado para introduzir a anarquia e confusão no Brasil.

Os antigos déspotas governadores, ou as novas juntas de governo que se formaram nas diversas províncias do Brasil, foram sustentados e mantidos pela autoridade das Cortes, em tanto quanto tendiam a favorecer as idéias do sistema colonial (como se verificou com o governador Rego em Pernambuco e com a Junta da Bahia), desatendendo-se conseqüentemente a todas as outras considerações de justiça, de política e de sentimentos fraternais, que enunciados mil vezes por palavras nas Cortes, eram na prática meras vozes sem efeito.

Na distribuição dos empregos de maior consideração e importância que fez o presente governo em Lisboa, nem as Cortes nem os ministros de Estado nomearam um só indivíduo que fosse natural do Brasil, ensejo este do mais funesto agouro, que descobriu ao Brasil a sorte humilde a que os governadores de Portugal o destinavam.

Os atos de patriotismo que em Portugal se têm reputado dignos do distintivo do heroísmo são considerados crimes atrozes, quando se verificam no Brasil, sancionando-se com despejo a prisão e remessa para Lisboa de muitos indivíduos do Brasil, contra quem se não alegava outra culpa senão de se atreverem a pensar nos meios mais conducentes para obter a felicidade de seu país.

O leitor nos desculpará de repetirmos isto que tantas vezes lhe temos dito, mas julgamo-nos obrigados à repetição sempre que os adversários do Brasil repetem a alegação de haverem os brasilienses acedido à união com Portugal, e querendo daí deduzir que eles por isso se submeteram a toda e qualquer insolência que com eles se quisesse praticar.

Tornam a declarar as Cortes, nesta sua proclamação, que não pretendem reduzir o Brasil a colônia e que as tropas que para ali mandam não são bastantes para fazer uma conquista pela força, e vão só a proteger os europeus que lá residem.

Diz o rifão que palavras não adubam sopas. Quaisquer que sejam as declarações das Cortes, os fatos são os que decidem no Brasil; e o que lá vão fazer as tropas, assaz o conhecem em Pernambuco, pela experiência de Rego; bem o viu o Rio de Janeiro, no comportamento de Zuzarte; bem o sente a Bahia, com Madeira; e, enfim, bem claro o demonstram essas indisciplinadas tropas portuguesas em Montevidéu, de que ao depois falaremos.

Assevera esta proclamação que "os representantes do Brasil nas Cortes de Lisboa cooperam com atividade e sabedoria para se fazerem na Constituição aquelas adições que forem compatíveis com a unidade do poder e do Império". É até aonde pode chegar o despejo, quando o mundo todo sabe que não há proposição que tenham feito os deputados do Brasil que não fosse rejeitada; que um deles (Pinheiro Fernandes) declarou que se via oprimido, coacto e sem a necessária liberdade para deliberar; que outros deputados pediram ser escusados de continuar nas Cortes, vista sua nulidade. (Veja-se a indicação na sessão 451ª, p. 462) e ainda assim se diz que os representantes do Brasil cooperam nas adições à Constituição!

Mas não podiam as decisões das Cortes deixar de ser desfavoráveis ao Brasil, e com toda a razão suspeitas, quando se vê pelos debates quais são as opiniões dos deputados que nelas mais figuram. Disto daremos alguns exemplos tirados das últimas sessões, mencionadas neste número do nosso periódico.

Na sessão 434ª, tratando-se dos artigos adicionais à Constituição que propusera a Comissão relativamente ao Brasil, disse o deputado Girão que para rebeldes era perdida a lógica, e que só silogismos de aço os podem chamar a seus deveres.

O abade de Medrões disse que se no Brasil não quisessem estar pelo que determinassem as Cortes, "el-rei ainda não perdeu o direito àquele reino, e já que não querem ser constitucionais, sejam governados como escravos, mandem-se para lá tropas, e se for preciso eu irei também por capelão".

Na sessão extraordinária de 23 de agosto, em que se tratou de evacuar Montevidéu, entre outros deputados do Brasil que se opuseram a essa medida, foi o deputado Pinheiro Fernandes que o fez com suma energia, e concluiu dizendo "que seria a maior indignidade e coisa inaudita e espantosa que as tropas portuguesas, sobre o deixarem o Brasil exposto por aquele lado depois de levarem ali a paz e a segurança à custa de tantas vidas e cabedais, vagassem pelo centro da campanha à mercê que Montevidéu lhes assinasse os pontos e os limites que deveriam ocupar e guarnecer".

A isto não se podia responder, mas disse Borges Carneiro que o governo devia repelir as facções do Rio de Janeiro e por isso podia dispor à sua vontade de todas as tropas, fazendo ocupar aqueles pontos que melhor lhe convierem.

O deputado Moura, depois de longa fala, disse: "Mas fora destas há uma outra razão superior que exige se tire aquela força daquele sítio, e é a necessidade de a empregar onde ela possa melhor defender a integridade da monarquia". Explicou depois que aludia ao espírito anárquico do Brasil.

Ora, que a intenção das Cortes é não só empregar aquelas tropas de Montevidéu em subjugar o Brasil, mas de propósito deixá-lo indefeso por aquela parte, é o que nos declarou em sua fala o deputado Miranda. Disse ele assim: "Seria na verdade singular que achando-se o governo das províncias do sul do Brasil em perfeita dissidência, em vez de se empregarem estas forças para o fazer entrar na ordem, continuem a guarnecer uma província estranha, que pondo a coberto um governo rebelde, o habilitam a desenvolver a seu salvo as loucas idéias que tem ousado conceber".

Ora, depois destas declarações, creia-se na proclamação das Cortes, que diz não irem as tropas senão a proteger os europeus!!

Na sessão 438ª, por ocasião de uma indicação de B. Carneiro para que o governo mandasse inquirir do que se passou em Pernambuco no 1º e 2 de junho, disse Fernandes Tomás que o protesto da Junta era uma história, e que oito mulatos não eram bastantes para em Pernambuco alterarem a ordem estabelecida. Ora, tendo os membros das Cortes tão desprezíveis idéias do Brasil, que chamam a um ato solene das Câmaras de Olinda e Recife uma história de oito mulatos, que consideração ou que respeito pode nunca o Brasil esperar de tais Cortes?

Com efeito, apesar de o Brasil ter dado as mostras de seu poder, e apesar do que se tem determinado no Rio de Janeiro, acaba agora o governo de Lisboa de obrigar el-rei a expedir cinco cartas régias em execução das ordens das Cortes, e são todas datadas do 1º de agosto.

A primeira manda inquirir por que não vieram os deputados de Minas. A segunda, que continue o príncipe regente a governar as províncias do Brasil que já lhe obedecem, suspensa a primeira resolução das Cortes de 29 de setembro passado; manda que se elejam as juntas provinciais onde ainda as não houver e participa estarem nomeados por el-rei os secretários de Estado que devem servir com o príncipe, e são: para a repartição do Reino e Justiça, o desembargador Sebastião Luiz Tinoco da Silva; para a Fazenda, o dr. Mariano José Pereira da Fonseca; para a Guerra, o tenente-general Manuel Martins do Couto Rei; para a Marinha, o vice-almirante José Maria de Almeida. A terceira declara nulo, írrito e de nenhum efeito o decreto de s. a. r. de 16 de fevereiro deste ano. A quarta manda verificar a responsabilidade do Ministério do Rio de Janeiro pelo sobredito decreto e mais atos da administração. A quinta manda processar os membros da Junta de São Paulo, os quatro indivíduos que assinaram a representação ao príncipe regente etc.

Nada diremos sobre o ridículo deste governar o mundo em seco, com palavras embrulhadas em papel; porque até já mesmo alguns deputados nas Cortes lembraram quanto elas se faziam dignas de riso, mandando semelhantes ordens para quem já lhes disse que lhes não quer obedecer. Notamos, porém, este absurdo, para com ele mostrar que essa facção de Lisboa não se pode despregar da idéia de governar com poder absoluto a sua colônia do Brasil; porque até neste sonho, que mal lhe podemos dar outro nome, supõem que os ministros do Rio de Janeiro se submeterão a meia folha de papel, resignarão os seus lugares aos outros que vão nomeados de Lisboa, e virão a Portugal, como o rapaz de escola vem ter com o mestre que o chama para lhe dar os açoites pelas travessuras que fez.

Na sessão 446ª propôs o deputado Xavier Monteiro uma adição ao artigo 98 da Constituição, que o leitor poderá ver à p. 347. E por essa ocasião, disse o deputado Guerreiro que não havia um português que em vez do benéfico, doce e paternal governo do sr. d. João VI, nosso augusto rei, quisesse antes o de um seu filho rebelde. A isto responderam os demais deputados em chusma: "Rebelde! Rebelde!".

Vamos por partes. Os portugueses preferem o governo doce do sr. d. João VI. Ora, qual governo doce nem azedo do sr. d. João VI, que não pode fazer lei alguma, que não pode propor lei alguma, que não pode rejeitar lei alguma, que não pode expedir ordem alguma sem que queira o secretário de Estado; que não pode conferir lugar algum sem que queira o Conselho de Estado; enfim, que para fazer um presente da insígnia de uma ordem militar a el-rei de Espanha manda pedir às Cortes, como de esmola, a insignificante quantia de coisa de 100 libras esterlinas?

Um rei em tais circunstâncias é um mero autômato do partido dominante; e portanto não se pode dizer que ninguém prefere ou rejeita o seu governo doce ou azedo, porque nenhum governo exercita. Qualquer mordomo de um *milord* inglês tem mais representação do que se tem dado em Portugal ao rei: e fala o deputado Guerreiro do governo doce do sr. d. João VI, que todos os portugueses preferem ao de um filho rebelde!

Mas vamos ao rebelde. Se as Cortes gritam em chusma que é ele rebelde, para que o excetuaram dos castigos que dizem ter merecido os ministros do Rio de Janeiro, os quais não fizeram mais que obedecer às ordens de s. a. real? E quem chama rebelde ao príncipe? Esses que se rebelam contra o rei. E se nos disserem que a nação tinha o direito de escolher a forma de governo que quisesse sem incorrer em rebeldia, se todo o português, ainda o de mais ínfima condição, podia votar nessa escolha sem ser rebelde, por que não terá o príncipe o mesmo direito, principalmente quando o seu voto vai conforme com o de toda aquela parte da nação que deseja tê-lo por seu chefe?

As mesmas Cortes, em sua proclamação, confessam que o Brasil tem direito a escolher a forma de governo que quiser; logo, qualquer habitante do Brasil pode deliberar nisso como lhe convier, e, *a fortiori*, também o príncipe; portanto, pela mesma declaração das Cortes, não é rebelde o príncipe real e, assim, só lhe deram esse epíteto para o vilipendiar e a todo o Brasil.

O príncipe regente, porém, com a firmeza que lhe faz a maior honra, e que o mostra digno de ocupar o grande lugar em que vai a figurar no mundo como fundador de um novo e grande império, desenganou as Cortes de sua irrevogável resolução nas duas últimas cartas que escreveu a el-rei seu pai.

A primeira carta é datada do Rio de Janeiro em 19 de julho; acusa o príncipe regente a recepção de suas cartas de s. m., e expõe as circunstâncias que o têm obrigado a tomar as medidas que têm tido lugar no Brasil, acrescentando que está próxima a realizar-se a separação daquele reino, pelo ódio que todos os povos tem às Cortes de Portugal, a que o príncipe dá os títulos de facciosas, vis, pestíferas etc.; e que em tais circunstâncias, lembrando-se do que s. m. lhe dissera no Rio de Janeiro, que no caso de separação era melhor que ele, príncipe, ficasse com aquele reino antes do que um aventureiro, ele tinha aderido ao que os habitantes do Brasil têm querido, tendo-o já a maior parte daquelas províncias reconhecido por seu defensor perpétuo; e lhe consta que querem aclamar a s. m. por imperador do Reino

Unido, e a ele, rei do Brasil, porém que não anuirá a tal sem consentimento de s. m. Faz ver que a separação do Brasil é necessária e pede que haja de conceder licença para que o infante d. Miguel vá para a sua companhia a fim de um dia casar com sua linda filha, a princesa d. Maria da Glória, e recomenda a s. m. que, como pai, não queira cortar a este filho a sua fortuna, negando-lhe a licença para se transportar ao Brasil. Diz que toda a família real se acha com perfeita saúde, e remete um figurino da guarda de honra que se formou no Rio de Janeiro e um retrato da senhora princesa d. Maria da Glória.

Na segunda carta, datada de 22 de junho, expõe que o brigadeiro Madeira continuava na sua horrorosa política, tiranizando a Bahia; porém que ele, príncipe, ia já e já deitá-lo fora daquele ponto, obrigando-o pela força, fome ou miséria.

Agora tiveram os ministros de Lisboa a falta de delicadeza de fazerem que el-rei desmentisse ao príncipe seu filho. Todos sabem que el-rei não é quem nisso obrou, porque é obrigado a fazer o que querem seus ministros; mas no entanto eis aqui a cópia do ofício em que, em nome d'el-rei, se contradiz o que assevera o príncipe, que todos sabem que é incapacíssimo de avançar uma falsidade:

"Ilmo. e exmo. sr.:
"S. m., firme na resolução de sustentar o sistema constitucional que felizmente nos rege e que de todo o seu coração jurou manter, e dando continuamente não equívocas provas de sua boa-fé, sinceridade e franqueza com que abraçou a nova ordem de coisas, manda remeter a v. exc., para serem presentes ao soberano Congresso, todas as cartas que ontem recebeu de s. a. r., o príncipe d. Pedro, as instruções para eleição dos deputados das províncias do Brasil, e os mais papéis e peças que as acompanham; e manda outrossim s. m. declarar ao soberano Congresso haver equivocação nas expressões sublinhadas na carta de 19 de julho deste ano, em que s. a. r. alude a conversas que tivera com seu augusto pai.

"Deus guarde a v. exc.
"Palácio de Queluz, em 26 de agosto de 1822.
"Ilmo. e exmo. sr.
"João Batista Felgueiras.
"José da Silva Carvalho."

76.
Independência do Brasil

[Nº 173, vol. XXIX, outubro de 1822, pp. 468-77]

Já nos princípios da Revolução Francesa escrevia Du Pradt, na sua obra *Trois âges des colonies*, que uma mudança nas colônias européias da América era indispensável e inevitável.

O Brasil, seguindo o exemplo das outras seções da América, começou em 1817 a desenvolver os desejos da liberdade civil; mas sufocados esses primeiros impulsos, arrebentou de novo e com mais energia o mesmo espírito em 1820. Então, como a revolução de Portugal prometia Constituição liberal, cujos efeitos benéficos fossem igualmente úteis ao Brasil, este declarou, sem hesitação, que se lhe queria unir.

A facilidade, porém, com que a nova ordem de coisas foi admitida em Portugal cegou inteiramente os corifeus da revolução, no que dizia respeito ao Brasil; e como sucede aos imprudentes nos momentos de felicidade, esqueceram-se das calamidades passadas, encheram-se de orgulho, e julgaram que até os elementos lhes deviam obedecer, empreendendo nada menos do que tornar a sujeitar o Brasil aos caprichos da facção que governasse em Lisboa. Foi fácil generalizar esta idéia num povo que se lisonjeava com as recordações do extenso império do mar e do monopólio do comércio do Brasil e Índia que um dia gozaram os portugueses; e com as Bases deste sonhado ou quimérico poderio, se dispuseram, nas Cortes de Lisboa, os fundamentos da linha política que a facção dominante havia seguir no tocante ao Brasil.

Incautos como estavam os brasilienses, confiados em extremo nas idéias liberais dos portugueses de quem tudo esperavam, não puderam ainda assim deixar de conhecer bem cedo que os enganavam; porque o desprezo que mostrava a facção dominante em Lisboa por tudo quanto era do Brasil; o apoio que se dava a todos os atos arbitrários e injustos dos governadores e outras autoridades que regiam no Brasil segundo as máximas de Lisboa; as expedições de tropas enviadas ao mesmo tempo ao Brasil, contra o desejo dos povos e de seus representantes nas Cortes; o péssimo comportamento dessas tropas, nunca castigadas, antes louvadas em Portugal; a dilaceração do Brasil em frações dispersas com a criação de juntas desligadas entre si e despidas da Força Armada, privadas dos recursos da Fazenda; tudo mostrou quase de um golpe as sinistras intenções de Portugal, que chamando ao Brasil irmão e usando de frases amigáveis, não havia fato que concordasse com as palavras.

O Brasil começou a ressentir-se disto e a mostrar este ressentimento nos escritos impressos e nas falas de seus deputados em Cortes; a isto só se respondeu com insultos em Portugal. Passou o Brasil às representações enérgicas; então essa facção em Lisboa respondeu-lhe com ameaças e mostrou querer realizá-las fazendo mais expedições de tropas. Neste caso, forçoso era que o Brasil perdesse as esperanças, que o desgosto passasse a irritação, e que os brasilienses conhecessem, posto que tarde o fizeram, que não tinham outro recurso, se queriam gozar a liberdade, senão preparar força defensiva para repelir a força ofensiva com que se dispunham a subjugá-los.

Como s. a. r., o príncipe regente, é o primeiro brasiliense, em todo o sentido, nele e no que com ele se passou exemplificaremos o que sucede com todo o país, neste resumo retrospectivo dos sucessos do Brasil que o levaram a declarar a sua independência.

Repetidas vezes informou s. a. r. o governo de Lisboa sobre a situação política do Brasil; descreveu enérgica e claramente os sentimentos dos povos e daí previu as consequências; mas em vez de ser escutado, seus ofícios ficavam não só desatendidos no que recomendava, mas até sem resposta; e quando urgiu a importância da matéria, trataram-no de fautor dos decorrentes, mandaram-no retirar para Portugal com insinuações mui indecentes; e depois, com a última audácia, trataram-no abertamente de rebelde.

A alta dignidade do herdeiro da coroa exigia acatamento; a política pedia que se conciliasse a amizade de uma personagem que tanta influência podia ter no Brasil; mas nenhuma destas considerações venceram o orgulho que as fortunas dos revolucionistas em Lisboa lhes fizeram conceber, e nada os satisfazia senão ver humilhado a seus pés aquele que comandava no Brasil a povos com interesses idênticos ao seu, dele, e que mostrava tanta prudência no deliberar quanto energia no obrar. O resultado não era difícil de prever, assim como não é duvidoso o êxito final da contenda. Portugal recorreu às armas para vigorar suas pretensões. O Brasil armou-se para se defender; e agora já não há outra apelação senão o sucesso da guerra, porque o mesmo que dizemos a respeito de s. a. r. é o que foi praticado com todas as províncias do Brasil.

S. a. r. chamou a si um Conselho de Estado, composto de pessoas eleitas pelos povos; daí expediu um decreto para convocação de uma Assembléia Constituinte e Legislativa; e finalmente declarou a independência do Brasil, por um decreto[133] do 1º de agosto deste ano, que o leitor achará à p. 429; e, na mesma data, o manifesto[134] justificativo deste procedimento com o qual começamos este número.

O manifesto e o decreto são dois documentos da mais alta importância, a matéria de que tratam é o fundamento da monarquia do Brasil e a maneira por que são lançados faz a maior honra ao governo que os expediu. Tão bem explicado está o manifesto, que não achamos nele que acrescentar, nem tem precisão de comento; à sua íntegra, pois, remetemos o leitor, sem mais observação, que declaramos que na nossa opinião é um verdadeiro primor d'obra. Quanto ao decreto, as suas medidas são ditadas pela necessidade da ocasião, e não era possível usar de maior moderação, no meio de tantas provocações.

Aqui caberia talvez fazer a comparação deste tão bem deduzido manifesto com a fútil e evasiva proclamação que as Cortes recentemente fizeram ao Brasil; mas, além de que elas, já envergonhadas de sua obra, a mandaram recolher, não queremos ofender a sublimidade do manifesto, abatendo-o ao ponto de fazer seu paralelo com aquela rasteira proclamação; e julgamos que é bastante o que dela dissemos no nosso número passado, e sobejo o que acrescenta um nosso correspondente no papel que inseriremos no fim deste número.

A este manifesto, que é dirigido ao povo do Brasil, se seguiu outro às potências estrangeiras, datado de 6 de agosto. Já não temos lugar de dar neste número a sua íntegra, o que pouco importa, porque em suma contém os mesmos fatos do primeiro, adaptando simplesmente o raciocínio à diversidade de pessoas a quem é destinado.

Consideremos, porém, as conseqüências desta bem pensada medida da declaração da independência, e pesemos quais devem ser os seus resultados, tanto próximos como remotos.

Este manifesto, expondo claramente e sem reserva quais são as vistas do príncipe regente, destrói toda a hesitação que ainda podia influir receios em alguns espíritos tímidos no Brasil. Traçando a linha de conduta que o governo se propõe seguir, apresenta aos povos o caminho que têm de se-

---

[133] Ver pp. 622-4.

[134] Ver pp. 624-31.

guir ou rejeitar. Daqui em diante ninguém pode ficar neutral ou afetar indiferença. Este, pois, era o importante passo que convinha dar.

Fosse pretexto, fosse motivo sincero, alegou a Junta de Pernambuco que não tinha expressa determinação da vontade do príncipe regente; esta falta de declaração da parte de s. a. r. devia ministrar semelhante argumento a muitos indivíduos, a quem a timidez, o egoísmo ou talvez piores incentivos inclinavam a não favorecer a causa de sua pátria. Tudo isto cessa, à vista do manifesto e decreto de que tratamos; e daqui em diante, ou se há de seguir o caminho que o governo tem traçado, ou se há de abraçar o partido inimigo do Brasil.

Como não é duvidosa a parte desta alternativa que os brasilienses adotarão, seguir-se-á logo uma união declarada de vontades no Brasil, que oporá a mais decidida barreira contra essas invasões e intrigas que se meditam em Portugal.

A esta declarada união de sentimentos se deve seguir maior energia no governo, não só pelo maior apoio que obterá no povo, mas também pelo mais abundante suprimento de meios que esta nova ordem de coisas lhe subministrará; e como estas vantagens se auxiliam mutuamente umas às outras, é evidente que o governo central do Brasil conciliará cada vez mais respeito, e o regime de s. a. r. poderá estender, na mesma proporção, sua benéfica influência.

Se tais são os resultados que esta medida da declaração da independência deve produzir quanto aos mesmos povos do Brasil, não é menos importante o que daí se há de seguir, pelo que respeita as potências estrangeiras.

Até aqui olhava o mundo civilizado para o Brasil como meras províncias dissidentes dos planos políticos que se pretendiam adotar em Portugal; duvidava-se de qual seria a resolução final e nenhuma potência se atreveria a fazer acordo algum permanente com o Brasil, receando que ele pudesse de novo sujeitar-se a Portugal e assim se frustrassem ou anulassem quaisquer convênios em que o Brasil entrasse com outras potências. Agora, depois de tal manifesto e declaração de independência, já todos estão seguros que só na hipótese de ser o Brasil conquistado por Portugal seria possível ver aniilados os tratados em que entrasse com os governos estrangeiros; e como essa hipótese é, a todas as luzes, impossível de verificar-se, já não resta obstáculo algum a que o Brasil entre, com as outras potências, nas negociações que convierem à sua felicidade e prosperidade.

Mas não para aqui a esfera da influência que terá nos negócios do Brasil a sua declaração de independência. Milhares de indivíduos europeus, de várias nações, contemplavam ou emigrar para o Brasil, ou mandarem ali fazer especulações em grande escala, já na compra de terras, já na introdução de vários ramos de indústria, já no emprego de capitais a que a exausta Europa não oferece útil ou vantajosa aplicação; não podiam realizar suas vistas enquanto não soubessem qual devia ser a sorte do Brasil. Agora soltam-se esses diques, e o especulador, seguro daquilo com que tem de contar, correrá ao Brasil, onde esses esforços reunidos produzirão a mais rápida e decidida elevação do mesmo Brasil.

Mesmo nos Estados Unidos, onde só a bondade do governo contra os rigores do clima e contra a esterilidade comparativa do terreno, atraiu tamanha emigração da Europa, haverá segundo movimento da população, dirigindo-se dali para o Brasil aqueles a quem a carestia das terras induzirá a procurar habitação noutra parte da América, onde são tanto mais fáceis os meios de subsistência, de abastança e até de adquirir riquezas, como se verifica no Brasil.

Nada disto podia acontecer antes desta declaração da independência que fixa os destinos do Brasil, e por isso vemos nessa medida a consumada prudência de s. a. r., seus benfazejos intentos a favor do povo que governa, e seus mais bem estabelecidos direitos à gratidão dos brasilienses.

Quanto às ameaças das Cortes, ou às fracas hostilidades que Portugal poderá intentar contra o Brasil, apenas vale o trabalho de tomar isso em consideração, exceto para repetir o que já dissemos no nosso número passado: isto é, que o governo do Brasil deve tomar ao princípio as medidas mais enérgicas para que a guerra civil se não prolongue desnecessariamente; porque quanto ao mais, mandem as Cortes de Lisboa o que mandarem, é absurdo o supor que elas possam, no menor grau, impedir a prosperidade do Brasil.

Mandem as Cortes que se acabe o ouro das minas; que desapareçam os diamantes do Serro do Frio; que se murchem todas as árvores do pau-brasil; que as canas não produzam açúcar; que cessem os campos de criar gado; as salinas de produzir sal; as searas de fornecerem trigo, milho etc. na abundância de que é suprido o Brasil, ao mesmo tempo que Portugal morreria de fome se não obtivesse esses gêneros do estrangeiro. Quando as Cortes houverem podido fazer esses milagres com suas ordens, então serão eficazes suas medidas para a ruína do Brasil.

Devemos agora lembrar uma objeção contra esta declaração de independência, que é a dificuldade de achar no Brasil elementos com que se possa constituir um governo representativo. Devemos tanto mais considerar esta objeção, quanto nós mesmo a produzimos em outro tempo.

Quando recomendamos tão extremamente a união do Brasil com Portugal, além de outras razões que alegamos para assim discorrer, era a consideração de que muitos indivíduos do Brasil que viessem servir de deputados nas Cortes de Portugal ali aprenderiam as formas constitucionais, para as ensinarem e propagarem depois no Brasil, preparando-se este, assim, gradualmente, para se poder constituir de *per si* uma nação livre, que em todas as hipóteses julgamos sempre devia ser o resultado final, mais ou menos remoto.

Porém, discorrendo assim, claro está que nunca supusemos a hipótese de que essa experiência, que desejávamos que o Brasil adquirisse antes de se estabelecer em nação independente, havia de ser comprada ao caro preço á voltar a ser colônia de Portugal; isto nunca sequer nos passou pela imaginação, nem supusemos (no que redondamente nos enganamos) que os membros das Cortes mais influentes, dos quais tínhamos algum conhecimento pessoal ou de reputação, fossem capazes de empreender tal projeto, como os fatos infelizmente têm mostrado que o são.

Mas, uma vez que as coisas assim vão, não há porque recear que o povo do Brasil não seja capaz de constituir o seu governo representativo, e conduzir os seus negócios públicos mais ou menos bem, e aprendendo com a própria experiência. Que hão de cometer erros, e talvez erros mui crassos, desde já o prognosticamos; mas servir-lhes-á de desculpa, quando não seja de justificação, os palpáveis absurdos em que têm caído os seus supostos mestres de Portugal.

E, porém, considerando as coisas em outro ponto de vista: se os povos do Brasil sinceramente desejarem ter um governo constitucional e uma racionável liberdade, não precisam mais de que obrar de boa-fé, e estudar em se livrarem daquele orgulho e filáucia que tem sido o defeito em Portugal; porque o primeiro passo para sermos sábios, é convencer-nos do que precisamos saber e aprender.

Para se pôr em marcha a Constituição, pela parte que pertence aos povos, não achamos que seja necessário nem grandes mistérios, nem extraordinários conhecimentos; basta que o governo deixe obrar o bom senso do povo, e não lhe embarace a faculdade de raciocinar, como fazia o governo passado.

Se o Brasil não tinha sociedades civis ou políticas particulares, porque todas eram proibidas, tinha contudo confrarias religiosas, que bastam para dar uma idéia do que são eleições, e dos fins dos governos representativos. Naquelas confrarias havia um compromisso a que se obrigavam os confrades; no Estado há a Constituição, que é o pacto da associação civil. Nas confrarias os irmãos elegiam uns tantos para compor o que chamam a Mesa, e esses irmãos de Mesa governam a corporação durante o tempo por que são eleitos; assim também escolhem o juiz ou presidente da Mesa, tesoureiro, secretário, andador. Tudo isto é o que se verifica em ponto grande nas eleições dos parlamentares, Cortes, Dietas, Congressos etc., sem que nisso haja grandes mistérios com que nos pretendem aterrar os inimigos do sistema representativo; e o mesmo grau de informação e de conhecimentos que basta para as eleições das irmandades é o que se precisa para a escolha dos membros do Parlamento.

Produzimos de propósito este exemplo em tão apertada esfera, para mostrar a possibilidade de estender o mesmo princípio à mais importante matéria quando se tiver sincero desejo de obrar a favor de seus próprios interesses e de sua liberdade.

Quanto aos costumes e atraso nos conhecimentos, a desenvolução que se tem feito no Brasil durante o ano passado, os escritos que ali têm aparecido, e a energia que têm mostrado as províncias são prova de que o Brasil não se acha tão atrasado em conhecimentos positivos como se supunha; porque quanto ao engenho e talentos de seus habitantes, ninguém que conhece o Brasil duvida desse fato.

Por outra parte, em Portugal se observam ainda sintomas da mais crassa ignorância. Há poucos anos que um impostor atraiu ao cais do Sodré, em Lisboa, grande parte da população daquela que se chama ilustrada cidade, para ver esse homem passear por cima do Tejo com umas botas de nova invenção; e não aparecendo o homem das botas, como de fato não podia aparecer, para cumprir o prometido, ficou assim o ilustrado povo de Lisboa exposto ao bem merecido ridículo do mundo inteiro.

Agora mesmo se acaba de verificar outra patranha de um milagre de certa imagem que se achou em umas vizinhanças de Lisboa, e que, tendo sido levada para uma igreja, fugiu dali e tornou-se a meter na cova; e o ministro da Justiça, com toda a gravidade, expediu uma portaria a quem se deu a solenidade de ser impressa no *Diário do Governo*, mandando que a tal milagrosa imagem fosse conduzida com todo o respeito a um templo.

Se com tão estupenda ignorância e superstição o povo de Portugal se julga capaz de formar e gozar de um governo representativo, o Brasil, que ainda não deu de crer em homem das botas, nem possui imagens que fogem milagrosamente da igreja para a cova, também poderá ser capaz de instituir para si essa ou outra qualquer forma de governo que lhe convier.

Em uma palavra: o Brasil pode e quer ser independente; sua independência está declarada e é já de fato uma nação livre e soberana e estão convocados seus representantes para determinar sua forma de governo; e isto não por um começo ilegal, contra a autoridade do soberano e governo existente, como sucedeu em Portugal, mas com uma legalidade inaudita na história das nações; porque é o mesmo príncipe que os rege, e o delegado de seu rei, por ele espontaneamente nomeado, quem faz essa convocação e quem propõe ao povo nova Constituição.

A legalidade, pois, com que começam os procedimentos do Brasil, bem diversa do que sucedeu em Portugal, onde a sorte das armas foi quem decidiu se os revolucionistas eram rebeldes a seu rei, se bons patriotas; esta legalidade no Brasil, dizemos, é o mais favorável agouro de seus bons resultados; porque, mostrando a união de sentimentos entre o príncipe que os governa e o povo governado, preconiza a mais útil harmonia.

Eis, pois, senhores das Cortes de Portugal, vejam-se nesse espelho. O Brasil quer ser livre; pode ser livre; é já livre.

77.
COMPORTAMENTO DAS CORTES DE PORTUGAL PARA COM O BRASIL

[N° 173, vol. XXIX, outubro de 1822, pp. 477-86]

Sendo, no princípio da revolução de Portugal, quase unânimes os votos dos brasilienses em continuar sua íntima união com a parte européia da monarquia, foram ao depois as medidas impolíticas das Cortes gradualmente incitando o Brasil a uma separação. Em cada período desta série de provocações das Cortes, que tanto por extenso temos registrado neste periódico, houve ocasiões oportunas para mudar de sistema; mas as Cortes, em vez de pararem na sua carreira desajuizada, insistiram em comprometer-se de mais em mais, e nem agora mesmo, que as coisas chegaram às extremidades que todo o homem prudente não podia deixar de prever, as Cortes se dão por convencidas de seu erro e teimam no projeto de mandar mais expedições de tropas contra o Brasil.

A última prova da preocupação das Cortes apareceu na discussão que houve sobre prestarem ou não os deputados do Brasil o juramento de aprovação à Constituição, contra a qual tinham votado em quase todos os artigos que dizem respeito ao Brasil. Recapitularemos pois, aqui, o que nisto se passou.

As Cortes fingiram sempre que acreditavam ser a vontade dos povos do Brasil o submeterem-se ao governo de Lisboa com ilimitada sujeição; e nesta hipótese recusaram tudo quanto os deputados brasilienses propuseram tendente a conservar ao Brasil a dignidade e atribuições de Reino que el-rei lhe havia concedido. Nestes termos se fez manifesto que os povos do Brasil nem aprovariam, nem receberiam, a Constituição feita pelas Cortes, com evidente desatenção dos interesses vitais do mesmo Brasil. Seguiu-se a declarada resistência dos deputados brasilienses ao todo da Constituição.

O deputado Fernandes Pinheiro fez uma indicação formal, na sessão 465ª, para que o dispensassem de jurar a Constituição, porque tinha votado contra ela e porque sabia que vários artigos essenciais eram diretamente contra os interesses e contra a vontade dos povos do Brasil. Esta indicação foi remetida à Comissão de Constituição, para informar com seu parecer.

Na sessão 462ª assinaram também os deputados da província da Bahia uma indicação semelhante, pedindo ser dispensados de assinar a Constituição. Seguiram-se a isto iguais declarações de deputados de Santa Catarina, São Paulo, Pernambuco, Espírito Santo, Alagoas etc. Mesmo alguns que estavam doentes escreveram às Cortes para declararem o seu voto contrário à Constituição; enfim, esta resistência dos deputados do Brasil foi geral, com mui poucas exceções.

O deputado Castro e Silva, deliberando na sessão 471ª contra o parecer da Comissão, concluiu assim: "Como já se diz que se deve aplicar aos deputados do Brasil o legislado para o patriarca, eu estremeço, e desde já declaro, que por dever e por obediência a que me obriguei para com este soberano Congresso, submeter-me-ei à sua positiva decisão".

Ora, se as Cortes até aqui fingiam acreditar que sua Constituição era agradável ao Brasil, o fingimento se tornava uma palpável falsidade, vistas estas expressas declarações dos deputados brasilienses; mas o partido anti-brasílico nas Cortes estava determinado a saltar por cima de toda evidência e continuar em seus absurdos.

Para coroar a obra, chegaram já a Falmouth, no último paquete vindo de Lisboa, os seguintes deputados do Brasil, que recusaram não só assinar a Constituição, mas até tomar parte alguma nas deliberações das Cortes: Aguiar d'Andrade, Ribeiro de Andrada, Bueno, Agostinho Gomes, Feijó, Lino Coutinho.

E à vista deste fato, ainda há hipócritas em Lisboa que digam que a Constituição é feita com a concorrência dos deputados do Brasil! Mas continuemos o fio de nosso discurso.

A Comissão de Constituição fez o seu relatório sobre a indicação dos deputados da Bahia na sessão 266ª; e como o documento que os deputados apresentaram declarava que a vontade dos povos daquela província era unirem-se ao príncipe regente e obedecerem aos seus últimos decretos para a convocação de uma Assembléia Constituinte no Brasil, a Comissão recorreu ao mísero e desprezível subterfúgio de fingir que não acreditava que fossem autênticas as assinaturas das numerosas pessoas que subscreveram o documento; como se fosse necessário que as assinaturas viessem reconhecidas pelo general Madeira, ou como se fosse possível que esse déspota, que está tiranizando a Bahia em nome das Cortes, consentisse em um ajuntamento público do povo onde todos assinassem, de uma vez, o instrumento por que declaravam sua vontade contra as decisões das Cortes.

Para se ver o absurdo deste subterfúgio das Cortes, basta lembrar o ofício que lhes fez a Câmara da Bahia, e que foi lido na sessão 455ª. Deste documento consta que o general Madeira, só porque suspeitou que aquela Câmara poderia vir a tomar alguma resolução favorável à união da província com o governo do príncipe regente, mandou-lhes cercar a Casa com tropas e impediu, assim, que houvesse vereação. Como era então possível que o povo da Bahia se pudesse ajuntar ou convocar em público na presença dessas tropas de Madeira, para assinarem a representação que remeteram a seus deputados?

As Cortes negaram, contra a verdade conhecida por tal, que o povo do Brasil estivesse unido em desejos a s. a. r., o príncipe regente; mostrou-se então, pelos deputados baianos, essa longa série de assinaturas de pessoas que declaravam ser essa a vontade do povo; e sai-se agora a Comissão com seu parecer de que essa vontade deve ser mais meditada e expendida.

É isto uma chicana de que só usaria algum desprezível rábula. Mas até a mesma Comissão reconhece que as assinaturas são autênticas, e que o documento expõe a vontade do povo, quando diz no mesmo relatório que as Cortes já lhe concederam uma parte do que o povo queria e que se pede neste documento; mas que lhe negaram outra, por assim julgarem conveniente. Apesar desta confissão, foi aprovado o parecer da Comissão.

A Comissão de Constituição deu depois o seu parecer, que se discutiu na sessão 469ª, sobre a indicação do deputado Miranda; e ofereceu um projeto de decreto em que se diz que as determinações de s. a. r., o príncipe regente do Brasil, são contrárias à vontade do povo. A Comissão não alegou, nem podia alegar, documento ou prova alguma que indicasse sequer esse suposto fato; e, pelo contrário, nessa mesma sessão os deputados da Bahia recusavam assinar a Constituição, por estarem informados de que a vontade do povo de sua província era de acordo com as determinações do príncipe regente.

No segundo artigo do projeto de decreto que propôs a Comissão se diz que o ato por que o príncipe convoca os deputados do povo, para os ouvir e obrar conforme a sua vontade, é um ato despótico. Pela primeira vez se chamou despotismo o ato de consultar um governo a vontade dos povos para obrar conforme a ela. Este absurdo estava reservado para os regeneradores de Portugal. Querem eles caracterizar de despotismo o ato do governo do Brasil de consultar a vontade dos povos; mas o legislarem as Cortes de Portugal para o povo do Brasil sem consultar seus deputados, mais ainda, contra seus votos expressos, e contra a vontade expressa dos mesmos povos, isso não é despotismo, na frase dos tais regeneradores; a isso chamam fraternidade!

O terceiro artigo deste projeto de decreto contém uma falsidade manifesta, como provaram nas Cortes as declarações dos deputados da Bahia, São Paulo etc., e como prova a todas as luzes o fato da resistência que os decretos das Cortes encontram em toda a parte do Brasil. O quinto artigo do projeto mostra o cúmulo da cegueira dos regeneradores, porque em vez de insultar o príncipe regente, como têm feito, deviam considerar que ele, como herdeiro da coroa, tinha mais interesse do que ninguém na continuação da união com Portugal; e, por isso, é a todas as luzes contra a verdade que ele fautorizasse a desunião, e a acusação que sobre isso lhe fazem as Cortes é tão absurda e falsa, quanto impolítica e contraditória. A verdade é que as repetidas provocações das Cortes estimularam e, para assim dizer, forçaram os povos do Brasil a buscar o remédio de seus males na independência de seu país; e o príncipe regente tem dirigido todos os seus esforços, toda a sua autoridade, toda a sua influência, em prevenir a cisão total, persuadindo aos brasilienses que se contentem com estabelecer sua legislatura separada, sem romper a união, ficando sempre sujeitos ao mesmo rei de Portugal. Isto tem s. a. r. já conseguido em grande parte; mais não devia empreender, e quando o tentasse, as Cortes têm já levado seus descomedidos passos a tal ponto, que em vez do príncipe alcançar coisa alguma neste sentido, submergiria antes o Brasil na mais horrível anarquia do que houvera conseguido reduzi-lo à total sujeição de Portugal, como as Cortes desejavam.

No entanto, o decreto que a Comissão propôs às Cortes nessa sessão foi aprovado, e el-rei obrigado, como em tudo o mais, a dar-lhe a sua sanção. Fizeram-se algumas pequenas alterações ao projeto apresentado pela Comissão, e a mais importante é a seguinte:

"5°) O príncipe real embarcará em direitura para Portugal, no termo de um mês contado desde a intimação, sob pena de se proceder do mesmo modo que a Constituição prescreve para o caso em que el-rei ou o sucessor da coroa, tendo saído do reino de Portugal e Algarves com licença das Cortes, se não recolhe sendo chamado findo o prazo concedido."

Temos pois, aqui, que a Comissão recomendava o prazo de quatro meses para o regresso de s. a. r.; as Cortes, porém, emendaram isto, decretando simplesmente um mês. Palavras embrulhadas em papel! Mas a loucura dos portugueses em irritar o Brasil parece não ter limites, e aqui bem cabe o que disse o romano: *quos dii volunt perdere prius dementant*.

Quanto aos deputados do Brasil: Aguiar, Lino Coutinho, Barata e outros declararam suas opiniões a favor do Brasil, e sofreram os maiores insultos da gente que estava nas galerias; e falando Barata, a vozeria chegou a tal ponto, que nem o taquígrafo, como ele mesmo diz, pôde ouvir o que proferia o deputado, nem o presidente teve autoridade bastante para apaziguar o tumulto, havendo até quem gritasse "Morra, morra", ao deputado do Brasil.

E, à vista disto, haverá ainda quem se julgue nessas Cortes com direito a queixar-se de que os europeus são insultados no Brasil? Sim: disto se queixou mui formalmente o deputado Moura, e por isso lhe diremos uma palavra sobre o assunto.

No mesmo *Diário do Governo* de Lisboa (de 26 de agosto) achará o deputado Moura que, em Lima, declarou o novo governo do Peru que todo o espanhol solteiro saísse daquele território dentro de um mês, exceto os velhos de 60 anos ou os que por seu mui acreditado comportamento merecessem exceção; quanto aos espanhóis casados que quisessem ficar no país, e não tendo carta de cidadão americano, seriam privados de ocupar lugares públicos, e não se ajuntando jamais nas praças etc., em maior número que três.

Onde encontra o deputado Moura que no Brasil se adotassem medidas semelhantes de rigorosa precaução, apesar das provocações e das intrigas dos europeus contra o país em que residem? Mesmo em Pernambuco, onde as atrocidades de Rego, aprovadas pelo deputado Moura e seus colegas, se acham tão frescas na memória de todos, o único passo que se pode chamar vexame, da parte do Governo Provisório de Pernambuco, o qual permite livremente a saída dos europeus, foi ordenar que pagassem, antes de sair, suas dívidas; e isto para que não sucedesse o que aconteceu no Rio de Janeiro, donde Avilez trouxe consigo quantos caixeiros se quiseram aproveitar daquela aberta para seus amos, e decamparem com a presa ao abrigo do general Avilez.

Mas nós estamos persuadidos que o deputado Moura já não fala para ser ouvido no Brasil: as suas falas publicam-se em 1ª, 2ª e 3ª edição no *Diário do Governo*, com variantes, emendas, acréscimos e reformas de seu autor, para lançar poeira aos olhos de seus conterrâneos de Portugal; os quais, contudo, tarde ou cedo, chegarão a conhecer a verdade, posto que quando nada se possa remediar; mas quando esse tempo chegar, os do partido do deputado Moura experimentarão as consequências do errado sistema que têm seguido a respeito do Brasil, porque sofrerão o peso que desta parte lhes há de vir, sendo o Brasil o instrumento de sua ruína, quando, se não fosse a depravação obstinada desse partido imoral, o Brasil houvera sido o mais firme apoio de seu sistema constitucional.

Em tudo, porém, segue esse partido em Lisboa o sistema da ilusão e do engano, para levar os portugueses ao precipício. Ao mesmo tempo que as Cortes em Lisboa estavam blasonando da constante adesão da província das Alagoas a seu sistema, e isto com o argumento de que assim lhe mandavam dizer seus partidistas europeus naquele país, o povo daquela província deitava abaixo ali esse partido; e, com efeito, chegaram já a Lisboa o presidente da Junta das Alagoas, o desembargador José Antônio Ferreira Bracklang, e muitos outros europeus que ali exerciam empregos públicos, os quais todos ou foram demitidos, ou julgaram necessário dar por si mesmos sua demissão e embarcaram-se no navio inglês *Alice*, em que vieram ter a Portugal.

Com todos estes desenganos, as Cortes continuam no mesmo sistema de obscurecer a verdade e desfigurar os fatos. A decisão da Paraíba, a opinião da Bahia, foram patentes às Cortes na sessão 455ª, onde o leitor poderá ver o que se manifestou. Mas, não obstante isto, continuam a permitir na Bahia a insolência das tropas, chamando aos do Brasil irmãos, e clamando contra a anarquia que essas tropas fomentam; e disto fez um dos deputados da Bahia (Barata) a mais ampla exposição, que seria digna do maior louvor se não viesse tão tarde; e as Cortes, para continuar a ilusão, só mandaram fazer uma publicação parcial dos documentos que haviam recebido da Bahia, com o pretexto de pouparem as despesas da impressão.

Mas não é a resistência de algumas províncias do Brasil aos decretos arbitrários e medidas subversivas das Cortes quem induziu a estas a desejar que os brasilienses sejam governados com cetro de ferro; porque, além do exemplo da Bahia, onde, quanto mais submissa se mostra a junta daquela cidade, tanto mais a carregaram de tropas e de incômodos, acontece que no Pará, onde a submissão às Cortes tem sido cega e ilimitada, existe um governador das armas, o brigadeiro Moura, tão despótico e intolerável, que o governo provisório daquela província, apesar de sua humildade para com as Cortes, se viu na precisão de suplicar ao governo de Lisboa que aquele governador fosse retirado, e tal súplica não encontrou a menor atenção.

Luiz do Rego foi nomeado governador das armas na província do Minho, porque esse partido não pôde obter o mandá-lo de novo a queimar o Brasil. Assim, não só ficaram impunes as atrocidades que ele cometeu em Pernambuco, mas até foram premiadas, dando-se-lhe esse novo despacho.

O Conselho Militar que se estabeleceu em Montevidéu foi chamado monstruoso pelo deputado Barreto Feio, na sessão extraordinária das Cortes de 23 de agosto e nisto convieram todos os mais deputados que falaram na matéria. Mas esse revoltoso Conselho Militar ficou sem castigo, e nem sequer repreensão. E por quê? Porque se esperava que essas tropas pudessem obrar hostilmente contra o Brasil, como agora se verifica, declarando tal Conselho Militar, que a província de Montevidéu ficaria sujeita a Portugal, e não ao príncipe regente do Brasil.

Que este era o danado motivo das Cortes, bem se mostra, porque, ao mesmo tempo que tão horrorosa rebelião nas tropas de Montevidéu fica sem castigo, o coronel Rosado, porque deixou ficar no Rio de Janeiro alguns soldados da expedição que comandava, e ao que não podia obstar, foi condenado a um Conselho de Guerra.

O comandante da esquadra, que se achava envolvido nas mesmas acusações, foi absolvido na instância superior; mas o motivo foi porque este tinha em seu poder as instruções que lhe deram para fazer guerra ao Brasil, e ameaçou publicá-las e desmascarar o partido se o condenassem.

Apenas o comandante da esquadra, Prego, estava nomeado para a última expedição, quando em 31 de agosto foi apeado daquela comissão, alegando-se nas Cortes, entre as mais correntes razões para que ele não fosse, a intenção que tinha de levar consigo sua mulher; o que também outros oficiais desejavam fazer e que parece haver-se remediado com a ordem que se passou, para que os militares da expedição não levassem consigo suas famílias.

O desacordo das Cortes, enfim, tem chegado ao ponto que o deputado Pessanha fez uma indicação, na sessão 456ª, para que se mandassem interceptar e remeter ao governo as cartas de alguns sujeitos, escritas de Lisboa para a Bahia. Mas quando se lhe expôs quão diretamente deliberava contra as Bases da Constituição, que asseguram a inviolabilidade da correspondência, escapou-se, declarando que só intentava falar das cartas que tinham sido impressas.

Temos, pois, visto que as províncias todas do Brasil, exceto Maranhão e Pará, têm declarado a sua intenção de aderir ao sistema brasiliense, tendo naquele país sua legislatura particular e independente de Portugal. Temos visto que os deputados do Brasil nas Cortes de Lisboa recusaram a dar a sua sanção à Constituição. Temos visto, enfim, que s. a. r., o príncipe regente, declarou de fato a independência do Brasil e decretou a resistência com força armada a qualquer violência que contra aquele país intentar o governo de Portugal.

E dirão ainda esses facciosos de Lisboa que o que se passa no Brasil é só obra do descontentamento de meia dúzia de facciosos? Por fim, fazendo correr o boato de que se adotaria contra os deputados do Brasil a mesma legislação que foi decretada contra o patriarca de Lisboa, e talvez com outras manobras, conseguiram que muitos deputados, que tinham protestado contra assinarem a Constituição, fossem com efeito assiná-la.

Que ganharam com isso? Depois dos protestos e declarações por esses deputados, as suas assinaturas é outra tanta tinta perdida, e poderiam poupar o pergaminho em que se lavraram essas tão inúteis quanto indiferentes assinaturas, já que tanto falam de economias.

78.
GUERRA DE PORTUGAL AO BRASIL

[Nº 173, vol. XXIX, outubro de 1822, pp. 486-9]

Anunciamos no nosso número passado que se tinha dado de Lisboa uma expedição, com 600 ou 700 homens, para reforçar as operações do general Madeira, onde o governo de Lisboa intentava formar o seu centro de apoio, para dali conquistar o Brasil. Esta expedição chegou à Bahia poucas horas antes de aparecer a que vinha do Rio de Janeiro, mandada pelo príncipe regente a favor do povo e avistaram-se aos 8 de agosto.

A expedição de Portugal teve tempo de desembarcar suas tropas na Bahia; e a do Rio de Janeiro, sabendo que as tropas brasileiras coligidas na Cachoeira e outras partes do Recôncavo se tinham vindo postar na parte do norte da Bahia para bloquear a cidade, seguiu também para o norte a fim de desembarcar os socorros que levava no porto mais oportuno, para comunicar com os sitiantes; e, portanto, entrou nas Alagoas, deitou em terra a gente, munições e armas que levava, e foi depois a Pernambuco, para ulterior destino.

Este reforço, desembarcado nas Alagoas, ainda que pequeno no número da gente, será de grande vantagem para os sitiadores da Bahia, porque lhes leva cinco mil espingardas para equipar a gente do país, um parque de 6 peças de artilharia, 270 mil cartuchos, dois mil chumbos, 500 clavinas, 500 pistolas, 500 terçados e 260 homens de desembarque, principalmente oficiais, comandados pelo brigadeiro Labatut.

O general Madeira achava-se por tal modo encurralado na Bahia que não podiam sair os seus piquetes a maior distância do que légua e meia da cidade, havendo-se concentrado nas suas vizinhanças as tropas brasilienses do interior. O estado de guerra e a falta de comunicação com o interior da província têm estancado quase inteiramente o comércio da Bahia; a falta de crédito entre os negociantes chegou a ponto de que o banco suspendeu o desconto de letras, e recusou pagar em prata a indivíduo algum maior soma do que 30 mil-réis.

Atribuiu-se esta medida à manobra do banco para estreitar os recursos dos negociantes europeus, que são quase todos do partido antibrasílico; mas os diretores do banco publicaram sua justificação, fazendo ver que tinham fundos bastantes para pagar quanto deviam, mas que as críticas circunstâncias do momento exigiam estas medidas de precaução, para não arriscar a propriedade dos capitalistas; e para isto apresentaram uma conta segundo a qual as notas que o banco tem em circulação não excedem 285 contos de réis, e que o banco possui efeitos excedentes a 800 contos de réis.

As medidas do general Madeira têm reduzido a cidade da Bahia a tal penúria de mantimentos, que se não pode obter carne fresca: carne salgada e peixe salgado são os principais alimentos.

As tropas brasilienses que bloqueiam a Bahia estendem-se desde o engenho da Conceição até o rio Vermelho, e adiantam suas partidas até uma légua da cidade, interceptando inteiramente a entrada dos mantimentos. Este gênero de guerra será bastante para fazer decampar Madeira para a Europa, como já sucedeu a Rego em Pernambuco.

Logo que chegou a Pernambuco, o manifesto e decreto de s. a. r., o príncipe regente, de 1º de agosto fez-se público, com uma proclamação da Junta Provisória em que lhe declarava seu perfeito acordo com as vistas do príncipe regente, e a disposição daquela província em cooperar com ele por todos os modos possíveis; e já no dia 12 de julho tinham chegado ao Rio de Janeiro os três deputados nomeados por Pernambuco para o Conselho de Estado do Brasil.

O partido europeu estabeleceu na Bahia uma gazeta, com o título de *Analisador*, para insultar o Brasil e sustentar os princípios de governo despótico que só são adaptados à Turquia, parecendo que não esquece a esse partido coisa alguma que possa contribuir para fazer odiosa a dominação européia no Brasil. Mas para apoiar esses insultos precisavam-se forças, que Portugal não possui. Assim, tem o sistema atual brasiliense por si, a força e opinião pública, mesmo na província da Bahia.

O resto das províncias do Brasil estão já de todo livres, excetuando Montevidéu, Maranhão e Pará; e com estas exceções se acha todo o Brasil disposto a obedecer ao governo de s. a. r.

Quanto a Montevidéu, as insubordinadas tropas portuguesas declararam aquela província sujeita a Portugal e independente do governo do Brasil. Mas como poderão subsistir essas tropas, faltando-lhes o pagamento, que até aqui lhes ia do Rio de Janeiro? Ou se terão de embarcar para a Europa, ou marchar para o Rio Grande; e em ambos os casos fica a província livre para executar a resolução que tomou, de se unir ao sistema brasiliense, tendo já, como tem, o seu deputado no Conselho de Estado do Rio de Janeiro.

Se, porém, abraçarem o primeiro partido de retirar-se a Portugal, precisarão de um grande comboio de transportes, que não sabemos donde lhes possam ir, a menos que caiam da lua, visto o impotente estado de Portugal.

Na segunda hipótese, se marcharem por terra para o Rio Grande, acharão contra si tal superioridade de forças brasilienses naquela província, que por fim será aquele exército de todo aniquilado. Mas enfim não é da competência dos militares prever os acontecimentos políticos; nem aquele rebelde e amotinado Conselho Militar de Montevidéu é capaz de obrar em conformidade de plano algum meditado. Apenas supomos que o governo de Lisboa possa tirar algum partido de semelhantes tropas, na situação isolada em que se acham, e na falta de recursos que têm. Talvez sirvam de dar algum incômodo temporário.

79.
ELEIÇÕES DOS DEPUTADOS PARA AS FUTURAS CORTES DE PORTUGAL

[N° 173, vol. XXIX, outubro de 1822, pp. 492-4]

À p. 431[135] deste número achará o leitor um decreto d'el-rei em que anuncia a determinação das presentes Cortes para que fique reservado às futuras o conhecimento das ilegalidades e desordens que se têm praticado nas eleições atuais. Com efeito, nisto tem havido os fatos mais escandalosos, porque até achamos em uma das folhas de Lisboa que o coronel de um regimento se mancomunara com outro, para mandarem os respectivos soldados votar por eles mutuamente, e iludindo assim a lei que ordena que os soldados não possam votar pelos seus mesmos comandantes.

As intrigas nas eleições mostram um grau de depravação que apenas seria de esperar em povos de muito tempo acostumados a esta sorte de manejo. Por uma parte, a ingerência dos ministros de Estado, principalmente o de Justiça, cujo caráter se vai desenvolvendo a ponto de já não deixar uma dúvida sobre suas intenções. Por outra parte, os manejos dos descontentes do governo, que têm mostrado a sua desaprovação do presente partido dominante, propondo para membros das futuras Cortes os mais decididos oponentes do sistema constitucional. Em Braga propuseram para deputados Ricardo Raimundo, um dos ex-regentes do passado governo, Forjaz, o notável Forjaz!, e outros homens desta laia. Em Évora, propuseram não menos que inquisidores, membros da extinta Inquisição. Ora, quando vemos, já a princípio, semelhantes desconcertos nas eleições para as primeiras Cortes Ordinárias, que presságios tão funestos se não apresentam sobre a consolidação do atual sistema constitucional?

Contudo, estão concluídas as eleições para as futuras Cortes Ordinárias, e em breve acabarão as presentes Extraordinárias, que tiveram a habilidade de desmembrar a antiga monarquia portuguesa que durara por tantos séculos.

---

[135] Ver p. 631.

As seguintes Cortes não poderão já remediar este mal, porque o Brasil acha-se irremissivelmente independente, coisa que não pode voltar atrás.

Bem caro, pois, tem pago a nação o ter caído a sua regeneração nas mãos sacrílegas que a manejaram. Porém, mil vezes se acha repetido neste periódico que é impossível prever o caminho que levarão as revoluções, e por isso tanto mais criminosos são aqueles que, podendo impedir, o não fizeram.

Só em ponto de despesas custam as presentes Cortes à nação 20 contos de réis todos os meses, ou 240 contos de réis por ano; por outras palavras, coisa de 720 mil cruzados, além da perda do Brasil etc. De tudo podem os portugueses dar os agradecimentos aos atuais regeneradores, e principalmente aos mestres da intriga que se apossaram dos lugares da maior influência.

O presente ministro de Justiça tem-se mostrado um verdadeiro paxá, e é o centro de movimento do partido antibrasílico que tem arruinado Portugal. Não hesitamos em dizer que a nação portuguesa já começa a conhecê-lo, e que, recaindo sobre sua cabeça a principal parte dos males que Portugal vai a sofrer, impossível é que ele se possa afinal escapar a um condigno castigo.

Nunca dele tanto dissemos, antes buscamos de expor a seu respeito todos os fatos por que ele podia ser louvado; e isto por este princípio que, tendo-se ele sempre mostrado nosso inimigo pessoal, como já mais de uma vez declaramos, não queríamos que a nossa parcialidade contra ele nos fizesse cair em erro que lhe fosse desfavorável, e desejamos, na dúvida, pecar antes por lhe sermos demasiado favoráveis.

Mas chegou enfim o tempo em que, sem nos ficar nem escrúpulo, nem a menor dúvida, podemos declarar que ele, desde o princípio em que se associou com os revolucionários no Porto, até o presente momento em que ocupa o primeiro lugar no Ministério e em que usurpa mesmo as atribuições dos outros ministros seus colegas, nunca teve em vista senão o seu engrandecimento pessoal. E quanto ao Brasil, tendo daquele país as idéias mais desprezíveis, e mostrando até um rancor decidido a tudo que é do Brasil, tem sido o primeiro móvel de tudo quanto nas Cortes se tem feito a respeito da América Portuguesa.

Sem talentos bastantes, sem coragem suficiente para esperar sustentar-se na revolução, olha para a união de Portugal com a Espanha como âncora mais segura de sua salvação; e ele, com os mais sequazes de seu partido, tudo sacrificarão a este plano válido. Não temos ainda informações bastantes para ajuizar da têmpera em que se acharão as futuras Cortes; porém, do que até aqui temos ouvido, pelo que respeita o Brasil, não há esperanças de que o sistema mude; e, na verdade, ainda que agora mudasse, demasiado tarde vinha a mudança.

80.
Mais restrições à imprensa

[N° 173, vol. XXIX, outubro de 1822, pp. 496-7]

À p. 432 verá o leitor os aditamentos que se propuseram nas Cortes à lei que elas fizeram, e puseram por alcunha a da liberdade da imprensa. Deu lugar a estes aditamentos um ofício do ministro dos Negócios Estrangeiros, em que representava não haver naquela lei providência para se castigarem os libelos contra as nações ou soberanos estrangeiros. Os regeneradores valeram-se desta aberta para impor novas restrições à imprensa, e rejeitaram o único artigo que serviu de pretexto às novas emendas, deixando ficar como estava, não providenciando o caso dos libelos contra nações amigas ou soberanos aliados.

Se o partido dominante em Portugal tivesse em vista a liberdade do seu país, e não o poderio de indivíduos que se apossaram das rédeas do governo em conseqüência da revolução, se esse partido estivesse certo de que tinha por si a opinião do povo, assim como este se tem mostrado amigo do sistema constitucional bem administrado, não haveria recorrido a mais restrições da liberdade da imprensa; porque os sofismas de alguns escritores não seriam capazes de destruir a opinião pública a favor do governo, sendo esta fundada no convencimento que resulta dos fatos.

O deputado Pessanha, quando se discutiram estes aditamentos, propôs mais uma declaração ao primeiro artigo para especificar as obras que se imprimem em português nos países estrangeiros. O *Correio Braziliense*, por conseqüência, entra neste número; mas que mal lhe pode fazer o *Correio Braziliense*, quando os seus raciocínios sejam falsos? Este simples argumento prova qual é o sistema atual, que vem a ser o mesmo passado, com novos nomes. As coisas não podem existir assim por longo tempo.

81.
Manifesto do príncipe regente do Brasil às potências estrangeiras

[N° 174, vol. XXIX, novembro de 1822, pp. 558-61]

Assim mesmo os indivíduos costumam justificar os atos importantes de sua vida ante os homens-bons com quem lidam quando são censurados por pessoas de algum peso, assim convém que as nações façam saber umas às outras os princípios que as conduzem a adotar certos princípios gerais no seu governo. Seguindo esta cordata regra, s. a. r., o príncipe regente do Brasil, publicou o manifesto com que começamos este número[136], e onde se acham explicados todos os passos que têm dado as Cortes de Portugal na presente revolução acerca do Brasil, e as razões que impeliram a este a desejar a sua independência, ou seja, uma legislatura separada da de Portugal, posto que reconheça o mesmo rei.

Começa o manifesto recapitulando a história da descoberta, primeira povoação e subseqüente governo do Brasil, sempre em detrimento dos habitantes daquele país, quer fossem indígenas, quer europeus, quer descendentes deles. Passa depois a expor o benigno acolhimento que os brasilienses fizeram a el-rei, família real, nobreza e povo que de Portugal imigrou para o Brasil por causa da invasão francesa, sem com isso alcançar o Brasil o menor melhoramento na administração pública, que continuou a ser regida por portugueses.

Daí, expõe o manifesto a revolução de Portugal, que prometendo a regeneração política da monarquia, achou no Brasil o mais cordial e espontâneo apoio, confiando-se cegamente a seus ingratos irmãos de Portugal, que tentaram abusar sem pejo desta ilimitada confiança. Corre o manifesto sucintamente pelos desvarios das Cortes lisbonesas, que despertaram o Brasil e fizeram conhecer a seus povos o abismo em que Portugal o ia pre-

---

[136] Ver pp. 632-42.

cipitar, querendo tornar a reduzir o Brasil de reino separado em colônia subjugada.

Quanto aos fatos, remetemos o leitor ao manifesto, onde os achará clara, concisa e energicamente enumerados. Desses fatos, porém, vai deduzindo o manifesto os passos por que o Brasil foi conhecendo as pérfidas intenções de Portugal, e a explosão que se seguiu à publicação dos decretos das Cortes, pelos quais s. a. r. era mandado retirar a Portugal, ficavam extintos os Tribunais Superiores, e se desligavam as províncias de um centro comum, para dependerem todos os seus recursos somente de Portugal.

Considera depois o manifesto as vantagens que o Brasil possui para consolidar toda a monarquia portuguesa se nele existisse o chefe da nação; e declara s. a. r. que, apoiando a independência do Brasil, não tem em vista a separação da monarquia, antes a sua consolidação.

Esta importante declaração é a única parte do manifesto sobre que pretendemos fazer algumas observações, porque dela resulta o maior reproche aos facciosos das Cortes de Portugal, e é ao mesmo tempo a mais completa justificação do procedimento de s. a. r.

Sendo o príncipe regente o herdeiro do Reino Unido de Portugal, Brasil e Algarves, claro está que não havia indivíduo algum que mais oposto devesse ser à desmembração da monarquia do que s. a. r. Os ignorantes podiam suspeitar nele qualquer intenção sinistra, menos esta, que era diametralmente oposta a seu dever, seu interesse e sua reputação. Os malévolos podiam assacar-lhe qualquer projeto ambicioso, menos este, de dilacerar a monarquia que ele era chamado a governar um dia em sua integridade. Mas as Cortes, saltando por cima de todos estes absurdos, fingiram crer que s. a. r. podia favorecer a cisão ou desmembração do Brasil, e mandaram-no retirar para Portugal, sem proverem a um centro de união do Brasil, ao que era impossível que os povos brasilienses se acomodassem. Ainda mais: se as Cortes de Portugal julgavam útil a seus fins (que não podiam ser os que convinham à integridade da monarquia) o mandar retirar a s. a. r. para Portugal, deveriam para isto ter adotado os meios eficazes do respeito e da atenção, que mostrassem ao herdeiro da coroa que ele gozaria em Portugal da plenitude de sua dignidade, e de uma afeição popular pelo menos igual à que se lhe mostrava no Brasil. Pelo contrário, a facção dominante nas Cortes portuguesas expediu suas ordens a este respeito com tanto orgulho, e muitos deputados se expressaram depois com tal desacato, que s. a. r. devia ver claramente que se voltasse a Portugal não acharia ali senão insultos e desprezos em retribuição do acatamento e amor que lhe tributam os povos do Brasil, a quem está governando.

Acumulando as Cortes em Lisboa absurdo sobre absurdos, olharam para a rebelião do general Avilez como um ato de patriotismo, e deram a entender ao príncipe regente que dele só esperavam e receberiam humilhações.

A cegueira e espírito de partido podem fazer com que portugueses desconheçam semelhantes erros, mas as nações estrangeiras, a quem é dirigido o manifesto de s. a. r., não podem deixar de julgar com imparcialidade e atribuir a intenções que as Cortes Portuguesas se não atrevem a explicar, fatos tão incoerentes quando se comparam com a instrução que devem possuir os deputados do Congresso português.

Se os facciosos de Lisboa obram por algum plano premeditado, não se podem atribuir tão aparentes inconseqüências senão ao projeto de unir Portugal com a Espanha, no que as nações européias nunca consentiriam enquanto o Brasil juntamente com Portugal constituíssem uma única monarquia. Mas se essas são suas intenções (e mal podem as nações estrangeiras conjecturar outras), então danados são os meios que se têm para isso adotado, de fomentar a guerra civil ao Brasil, irritando aqueles povos com desprezos e o seu regente com insultos, enviando tropas que não são capazes, por sua pouquidade, para realizar conquistas, mas que são bastantes para conservar o incêndio da discórdia.

Considerando pois, as nações estrangeiras, que o príncipe regente, como herdeiro da coroa, devia trabalhar por impedir a desmembração do Brasil, não podem deixar de convencer-se, à vista deste manifesto, que a culpa da dissensão que atualmente existe só provém das Cortes, e que ainda que o Brasil se declare reino independente, com sua legislatura separada, somente a proterva conduta dos facciosos de Portugal, mas nunca a vontade de s. a. r., poderia excitar a completa cisão.

E contudo, tal vai sendo o comportamento das Cortes em Lisboa, que mal poderá conseguir-se a unidade da monarquia, ou impedir que o Brasil, declarado independente, cesse também de constituir um corpo político com o reino de Portugal.

As Cortes decretaram que se o príncipe regente não saísse do Brasil dentro de um mês depois de lhe ser intimado o decreto para sua regressão a Portugal, incorreria na pena imposta pela Constituição, isto é, perderia o direito à coroa. Neste caso, como é impossível que s. a. r. deixe o Brasil nas atuais circunstâncias, claro está que o decreto das Cortes envolvem a desmembração da monarquia.

As nações estrangeiras não se iludem com os sofismas ou vozerias das Cortes e da população de Portugal; estes fatos são patentes, e olhando as potências européias para a desmembração do Brasil como um ato das mesmas

Cortes de Portugal, adotarão seu procedimento nessa conformidade: o Brasil será reconhecido independente, e quanto à união de Portugal com Espanha, decidirão as potências européias segundo as circunstâncias ditarem.

Se essa união se julgar incompatível com o sistema europeu, Portugal sem o Brasil terá, na ordem das monarquias européias, a mesma graduação que, entre as repúblicas, tem a de San Marino; e os portugueses deverão agradecer isso à facção das Cortes que infelizmente rege por agora os destinos daquele país.

82.
SEPARAÇÃO DE ALGUNS DEPUTADOS DO BRASIL DAS CORTES DE PORTUGAL

[N° 174, vol. XXIX, novembro de 1822, pp. 562-4]

Da p. 530 em diante[137] achará o leitor os protestos e declarações de sete deputados do Brasil nas Cortes de Portugal, que recusando jurar a Constituição como prejudicial e indecorosa ao Brasil, se retiraram de Lisboa, passando-se à Inglaterra, indo depois para o Rio de Janeiro.

Da exposição que fazem estes deputados, e do selo que puseram à sinceridade de suas declarações, abandonando as Cortes, fica manifesta a repugnância que há, no Brasil, para se sujeitarem aqueles povos às pretensões de superioridade que Portugal deseja firmar sobre o Brasil; principalmente decidindo que a residência d'el-rei seja perpetuamente em Lisboa e até que perca a coroa se residir no Brasil sem permissão das Cortes; declarando alguns deputados portugueses que se el-rei houvesse em tempo algum residir no Brasil, não queriam de forma alguma a união dos dois reinos.

O passo que deram estes deputados, abandonando as Cortes, deve ter sumo peso e influência no Brasil; e suposto que eles assim obrassem, como declaram, por motivos públicos, nem por isso deixam as Cortes de Portugal de merecer grande reproche pelo tratamento individual que esses mesmos deputados tiveram em Lisboa.

Não só os deputados portugueses tratavam aos brasilienses com indecoroso menoscabo nos debates e discussões das Cortes, mas sofriam estas que fossem interrompidos e insultados, pelas vozerias e vitupérios dos espectadores nas galerias; procedimento indigno e intolerável em qualquer assembléia deliberante e que não podia deixar de magoar profundamente a sensibilidade dos brasilienses; e requeria em seus deputados não pequena firmeza e consideração por seus deveres para se sujeitarem pelo bem público a tão penosa e humilhante tarefa.

---

[137] Ver pp. 643-6.

E agora, se nas Cortes houvesse algum desejo de conciliar o Brasil, seria possível que se buscassem estes meios de alienar a afeição dos seus deputados nas Cortes? Estes indivíduos se não podiam deixar de supor com mais ou menos influência entre os povos que os elegeram, e assim, a desejar-se uma conciliação com o Brasil era um passo mui óbvio captar a benevolência destes deputados; mas, pelo contrário, não se fez mais do que irritá-los.

As ameaças de assassínios, cartas anônimas e a conspiração, mesmo, contra a vida de alguns, de que houve denúncia, poderiam talvez atribuir-se unicamente ao caráter da nação onde o assassínio e os ataques atraiçoados são tão comuns; mas estes atentados, dirigidos contra as pessoas dos deputados do Brasil, provam que os facciosos de Portugal têm conseguido generalizar no povo sentimentos aversos ao Brasil, ao ponto de pensar em assassinar os legítimos defensores daquele país nas Cortes. Além de que, um desses deputados, Andrada, atribui claramente esses projetos malvados a pessoas influentes, que maquinam em associações secretas.

De mais, sendo a inviolabilidade dos deputados das Cortes e sua segurança pessoal matéria da mais essencial importância, porque sem esta circunstância não poderiam os representantes dos povos deliberar com a franqueza necessária, nem as Cortes nem o governo deram passo algum para averiguar donde procediam os continuados insultos das galerias, as cartas anônimas ou as ameaças de assassínios. E tanto basta para dar a conhecer, que, se isto não provinha dos mesmos homens influentes nas Cortes e no governo, pelo menos havia a sua conivência e criminosa aquiescência.

Mas quanto a estes meios por que os facciosos de Lisboa se propunham obter os seus fins, nada há mais desarrazoado. Ninguém se pode livrar das ciladas de um assassino, e numa nação que até disso se gloria, não faltariam desesperados que por módico salário executassem tais projetos. Mas os insultos, a morte mesma de um ou outro indivíduo, só causariam maior irritação no Brasil, a retorsão devia esperar-se e o ódio tornar-se-ia irreconciliável. Os sucessos do Brasil não dependem da vida de um ou outro indivíduo, têm causas gerais que abrangem grande totalidade da nação, e um deputado morto seria substituído por outro de igual tenacidade de caráter, e, de mais a mais, estimulado pela injúria feita a seu predecessor.

Nenhum deputado ou outro homem de consideração no Brasil existe de tanta influência que de sua vida dependa a sorte daquele país; e quando o houvera, o cessar ele de viver não destruía as causas gerais que produziram a presente revolução, e por isso ela sempre iria adiante. A morte de César não serviu para restaurar a república de Roma, porque causas gerais tinham feito aos romanos incapazes de terem um governo republicano; e os assassinos de tantos outros imperadores não causaram outro efeito senão o suceder ao morto, novo imperador, quase sempre de pior caráter que o precedente.

Em conclusão, o tratamento que os deputados do Brasil receberam em Lisboa, quando não houvessem outras tantas causas, era por si só bastante para decidir o Brasil a nunca mais mandar seus deputados a Lisboa, levassem as coisas o caminho que levassem; porque nem os povos quereriam jamais nomear representantes seus para os verem tratados com tanto desprezo, nem haveria quem quisesse tomar sobre si o encargo de tal representação, quando dela, em vez de honra, só resultava ignomínia.

83.
CONSTITUIÇÃO DO BRASIL

[N° 174, vol. XXIX, novembro de 1822, pp. 564-8]

Achando-se convocada a Assembléia Constituinte do Brasil, e devendo entrar brevemente nas suas funções, convém que os membros eleitos olhem para os erros das Cortes de Portugal a fim de evitarem cair nos mesmos escolhos.

A designação de Assembléia Constituinte está por si mesma indicando que o principal e quase único trabalho daquela reunião é formar a Constituição do Estado, e não atender a outra alguma coisa enquanto esta obra não estiver concluída. Não queremos contudo dizer que não haja algum caso mui extraordinário em que estes representantes do povo se devam ingerir além da fatura da Constituição, mas esse caso será raríssimo.

As Cortes de Portugal, convocadas também para organizar a Constituição da monarquia, começaram por intrometer-se em todos os ramos de administração, descendo até a inquirir se um porteiro da Secretaria de Estado fora justa ou injustamente demitido de seu lugar.

Enquanto a Constituição não designava quais eram os poderes que pertenciam às Cortes, tudo quando elas determinavam, não se fundando em lei alguma existente, não podia ser outra coisa mais do que atos de arbitrariedade. Porém, deixando ainda de parte esta questão de direito para considerar somente a de utilidade, é claro que as Cortes de Lisboa, advogando a si, como fizeram, tanta variedade e tão grande multiplicidade de negócios, empataram a maior parte deles por falta de tempo para os examinar, e demoraram por tal modo a Constituição, que durou por 18 meses a sua redação.

No Brasil, onde a máquina do governo estava por tal modo desarranjada que não só se precisa melhoramentos, mas até que se refunda tudo de novo, a Assembléia Constituinte não se poderia meter em qualquer negócio ou ramo particular da administração sem se achar confundida e atropelada por embaraços. Reformas de tal magnitude não se fazem em um só dia: o primeiro passo é a Constituição; depois dela feita e posta em vigor, o Parlamento brasiliense irá acomodando a administração em todos os seus ramos e, uns após os outros, às regras normais que a Constituição estabelecer. As reformas são tanto mais duradouras quanto são mais lentas, meditadas e fundadas mais na experiência do que na teoria.

As medidas de defesa que pedem pressa, a cobrança dos impostos, a administração da Justiça, devem progredir debaixo do cuidado do Executivo por agora, enquanto não há Constituição; porque, por isso mesmo que toda a máquina política está podre e desconcertada, é preciso não lhe tocar enquanto o plano de concerto não estiver arranjado, aliás, cairá a pedaços antes que esteja preparada a outra máquina que a deve substituir. A Assembléia Constituinte do Brasil, pois, deve cuidadosamente evitar não se meter a governar tudo, para que não suceda deixar tudo por fazer, ou fazer mal, por apressada, aquilo mesmo que fizer.

Quanto à Constituição, demos já um esboço dela como opinião individual, e nisto cada um dirá o que entender; mas devemos ainda fazer alguma observação sobre a principal feição da forma de governo por que nos decidimos, que é a monarquia.

Não entraremos na questão de direito, bastando para nosso fim considerar o ponto de expediente e utilidade da nação. O governo é atualmente monárquico e a monarquia hereditária, e acha-se no Brasil o herdeiro da coroa do monarca; logo, o Brasil não podia escolher outra forma de governo sem se expor a concussões violentas, tanto externas como internas.

O atual príncipe regente, herdeiro da coroa, tem, pelo seu excelente comportamento na crise atual, ganhado a afeição ilimitada dos povos; estes foram criados e educados debaixo da forma de governo monárquico, e portanto a tentativa para admitir outro qualquer governo acharia uma resistência invencível, do que viria por fim a resultar um despotismo formal, que se introduziria facilmente com a capa de sopitar rebeliões.

Assentado, pois, que a forma de governo que mais convém ao Brasil é a monárquica, devem todas as mais instituições tender para o firme estabelecimento da monarquia; porque seria um absurdo escolher uma forma de governo e deixar no Estado os elementos que servem a destruí-la. Limitar a monarquia é um dos meios de a preservar, mas deixá-la sem apoio é seguro caminho de a ver derrubada e ter a porta aberta para novas convulsões.

Foi com estas vistas que recomendamos a segunda Câmara, ou Senado, que servindo de corpo intermediário entre o monarca e os representantes imediatos do povo, mantenha o justo equilíbrio entre as pretensões de um e outros, evitando a aceleração na fatura das leis e o demasiado desejo de inovação que sempre existe, mais ou menos, nas assembléias populares; e contendo os abusos do Executivo, pelo respeito que lhe deve inspirar uma corporação com atribuições mais duradouras e permanentes do que a mera cooperação legislativa.

Na república dos Estados Unidos da América se acha ser o Senado uma instituição da mais alta importância; e as funções que exerce ali são análogas às que apontamos no nosso esboço de Constituição, mas com diferenças que julgamos essenciais, para adaptar este Senado a uma monarquia.

A maior e mais transcendente utilidade prática de um tal Senado, no governo monárquico, consiste em conciliar a autoridade do monarca com a dos representantes do povo. Sem este Senado, quando haja choques de interesses de pretensões entre o monarca e os representantes e a disputa se leve a extremidades, ou um ou outros decairão do poder e ficará destruída a forma de governo. Havendo o Senado, é sempre necessário, para a ruína da forma de governo, que dois dos três poderes se liguem contra o terceiro, união difícil em corpos de interesses distintos e até em certo modo opostos, como se experimenta nos Estados Unidos, onde, por isso que os senadores são escolhidos de certa classe de proprietários para servirem por mais tempo que os representantes, adquire a corporação certo caráter de aristocracia, sempre ciosa do poder do monarca, e sempre inimiga das precipitadas inovações do povo.

Outro ponto sobre que desejamos trazer a atenção dos brasilienses é a organização da sua magistratura para a administração da Justiça. No esboço que demos, pomos os magistrados independentes do monarca e dos povos, porque destes só vem a primeira escolha dos indivíduos para a magistratura; sua continuação depende de seu bom comportamento, e sua promoção, meramente da antiguidade.

Ainda assim evitamos o erro em que caiu a Constituição de Espanha, fazendo a corporação dos magistrados dependente só de si mesma, o que virá a ser um verdadeiro *status in statu*. Ao Brasil propomos certo modo de recursos, que acabam no Senado, e fazendo assim a mesma corporação dos magistrados subordinada, não fica, contudo, sujeita à arbitrariedade do Executivo.

O resto de nosso esboço, no que pertence à particularidade, pode admitir infinitas modificações; mas é essencial que se considere o nexo que propusemos entre os diferentes ramos de administração pública, de eleições e de Justiça, para que se não altere alguma parte que, parecendo de pouca conseqüência, possa, contudo, destruir a unidade do sistema.

Isto que aqui recomendamos é aplicável a qualquer Constituição que se adote; porque do nexo que se der às atribuições das diversas autoridades, dependerá sempre a maior ou menor permanência do sistema do governo, salvo se os costumes se deixarem perverter ao ponto que só o despotismo possa conter a nação; porque em tal caso, *Quid leges? Vane proficiunt!*

84.
Estado político do Brasil

[Nº 174, vol. XXIX, novembro de 1822, pp. 568-72]

Há um ano que o Brasil se achava unido com Portugal e, apesar dos sintomas bem claros que já então apareciam nas Cortes de Lisboa, era tal a afeição ao sistema constitucional promulgado e tão grande o desejo de ver continuada a união do Brasil com Portugal, que a tudo quanto faziam as Cortes davam os brasilienses a interpretação mais favorável; nós recomendávamos, no *Correio Braziliense*, com as forças de que éramos capazes, essa suspirada união, retumbava o eco das nossas vozes no Brasil e copiavam-se do nosso periódico longos extratos em todas as gazetas do Brasil.

As Cortes, porém, declararam pouco depois os planos de escravização que meditavam em oculto; abriram os brasilienses os olhos, nós fomos obrigados também a expor o engano em que a hipocrisia nos envolvia, ressoou o mesmo grito de uma extremidade a outra do Brasil, e as nossas expressões, publicadas em Londres, se acharam exatamente conformes com as queixas que ao mesmo tempo apareciam em todas as partes do Brasil, onde a imprensa podia propalá-las. Donde provém semelhante coincidência entre nós e os escritos do Brasil? A grande distância e a identidade do tempo demonstram claramente que não podia haver concerto, e daí se manifesta que o procedimento das Cortes a respeito do Brasil feriu do mesmo modo a todos brasilienses que tinham a peito o bem da sua pátria, porque é impossível que todos se enganassem ao mesmo tempo, fundando os seus raciocínios, sem poder haver combinação de uns com outros, nos mesmos atos da orgulhosa facção que domina em Portugal.

Essa facção, irritada por ver descobertas suas tramas, recorreu aos ameaços e daí mostrou, com as expedições de tropas ao Brasil, que intentava impor pela força o jugo que já não era possível introduzir pela intriga. O Brasil pegou também em armas para se defender; expulsou os invasores e desde o rio da Prata até o Ceará tudo se acha da mesma opinião: o Maranhão e Pará são as duas únicas províncias do Brasil onde domina ainda a facção portuguesa, e na cidade da Bahia se acha ainda a guarnição de tropas de Portugal.

As gazetas do Rio de Janeiro de agosto e setembro passado vêm cheias de ofícios de parabéns, de agradecimentos e de testemunhos de adesão a s. a. r., o príncipe regente, de todas as cidades, vilas, aldeias e freguesias das províncias de beira-mar, e das do interior, Minas, Goiás e Mato Grosso. Só faltam, como dissemos, Maranhão e Pará.

Ao mesmo tempo que se blasonava nas Cortes de Lisboa da adesão, com que contavam, da Junta das Alagoas, chegaram dali os portugueses autores desses falsificados ofícios às Cortes; o mesmo presidente dessa junta, um dos portugueses expulsos, foi o portador do ofício em que o povo das Alagoas declarava às Cortes de Portugal que estava decidido a obedecer ao governo de s. a. r., o príncipe regente.

No dia 7 de outubro souberam as Cortes da decisão de Pernambuco, que resolvera seguir e obedecer ao governo do príncipe regente, e foi portador desta notícia o ex-governador das armas daquela província; mas nem assim cessaram os hipócritas de dizer em Lisboa que a maioria dos povos do Brasil estava contente com a sua sujeição a Portugal e que a vontade de todas as províncias do Brasil, exceto duas (que bem depressa veremos em outra postura), não era senão mera ficção de meia dúzia de facciosos.

Esta decidida e conexa oposição do Brasil à despejada arbitrariedade das Cortes e aos projetos de recolonização da facção dominante em Lisboa está tão longe de ser mera comoção de alguns indivíduos, que é a expressão geral de todos os povos, declarada pelos órgãos mais legais que aquele país conhece, pois se acham esses votos expressos nos diferentes ofícios dirigidos ao príncipe regente, pelas Câmaras, pelos governos provisionais que as circunstâncias têm permitido ao povo organizar nas províncias e, enfim, por muitos indivíduos que figuram por suas propriedades ou graduação nas diversas terras em que residem.

Enfim, a totalidade dessas províncias não obra acéfala, reconhece um centro de poder a que deseja obedecer, e esse centro não é nada menos do que um príncipe, o qual é ao mesmo tempo o herdeiro da coroa da monarquia portuguesa.

Que conceito, pois, podemos fazer da facção dominante em Lisboa, quando chama a tudo isto obra de meia dúzia de desorganizadores no Brasil, e procede em tudo essa facção portuguesa como se, com efeito, fosse verdade que a combinação de todas as províncias do Brasil com o príncipe herdeiro à sua testa fosse mera comoção de meia dúzia de facciosos, que se acomodam impondo-se-lhes a pena de rebeldes?

A denominação de maníacos seria a única que deveríamos aplicar a tais homens, se não os víssemos sistematicamente, se não tivéssemos tanta razão para suspeitar que essas medidas, na aparência contraditórias e absurdas, têm um fim oculto, que é entregar Portugal para ser uma província da Espanha. E aos portugueses que escandalizarem dessas nossas suspeitas, só diremos que portugueses já uma vez venderam a sua pátria a Castela; e, diz o rifão, cesteiro que faz um cesto, pode fazer um cento: ao que responde outro — se lhe derem com quê e tempo.

Mas o Brasil, assim unido, impelido pelas Cortes a organizar a sua legislatura separada e aguilhoado por tantas provocações, mostra ainda a moderação inaudita de querer continuar a sua união com Portugal, ainda lhe chama irmão; e, como se demonstra do manifesto de s. a. r., o príncipe regente, só tende a organizar sua Constituição separada, para o quê, pela confissão dos mais exaltados membros das Cortes de Lisboa, tem os mesmos direitos que Portugal, o qual, com tudo isso, se não contenta com menos do que ver o Brasil reduzido de novo ao estado de colônia sua.

Isto é impossível, está decretado que não, e que o Brasil será, como é já de fato, independente; e se é do interesse dos facciosos de Lisboa continuar nas suas pretensões, a cisão formal e absoluta será o fim dessa desigual contenda.

Entre os novos estados que se têm erigido na América meridional, o Brasil é o mais poderoso e o que promete em mais breve tempo um governo sólido e permanente. Portanto, na grande liga americana que se vai a estabelecer, o Brasil deve ter a maior preponderância; e daquela parte do Atlântico existem todas as suas relações políticas, de maneira que as combinações da Europa lhe ficam sendo objeto secundário. Ao mesmo tempo, o acanhado Portugal será obrigado a ter uma existência precária, tal qual as potências européias julgarem conveniente aos arranjamentos e interesses dos diversos Estados europeus, sem que o pobre Portugal seja sequer ouvido.

O Brasil, cheio de todas as produções necessárias à vida, tem sobejos gêneros de que não precisa para trocar pelos artigos de luxo que as nações manufatoras lhe fornecerem, recebendo-os daquelas que os venderem a melhor mercado. Que diferente não é a posição de Portugal, que até nem tem pão para comer!

Até as últimas notícias que recebemos do Brasil, procediam as eleições para os deputados da Assembléia Constituinte com geral satisfação dos povos e nada parecia entorpecer a marcha da regeneração política daquele país.

85.
RELAÇÕES DO BRASIL COM PORTUGAL

[N° 174, vol. XXIX, novembro de 1822, pp. 572-3]

Segundo os manifestos, decretos e ordens de s. a. r., o príncipe regente, conservam-se ainda inalteráveis as relações comerciais entre o Brasil e Portugal; quanto às relações políticas, os dois reinos acham-se unidos, em tanto quanto reconhecem o mesmo rei e a coroa descendente, como hereditária, na dinastia da Casa de Bragança.

Os portugueses não querem que exista nem ainda este mesmo nexo político; porque, havendo as Cortes de Lisboa decretado que o príncipe regente saísse do Brasil e voltasse a Lisboa dentro de um mês depois de lhe ser intimado o decreto, e isto sob a pena de perder o direito à sucessão na coroa, parece claro que o nexo único que por ora existe, que é a obediência ao mesmo monarca, vai a ser dissolvido por aquele decreto das Cortes.

Com efeito, sendo um dos artigos fundamentais das Bases da Constituição que se juraram em Portugal e adotaram no Brasil que a coroa fosse hereditária na dinastia da Casa de Bragança, deserdando agora as Cortes o príncipe herdeiro que governa no Brasil como regente só por esse fato de ele governar o Brasil, não é possível que os brasilienses se sujeitem a tal decreto, e antes resolverão romper todas as relações políticas entre eles e Portugal do que abandonarem um príncipe que os não abandonou a eles na hora do perigo, e cujo crime só consiste em seguir a vontade daqueles povos.

O haver uma legislatura separada no Brasil não implica com a unidade da monarquia, governada toda ela pelo mesmo monarca, porque assim subsistiu por muitos anos a Escócia com a Inglaterra, depois a Irlanda e em tempos mais antigos, a Áustria, os Países Baixos e a Espanha. Não é muito, pois, que o mesmo agora se fizesse com o Brasil e Portugal.

E contudo, se a facção de Portugal declara que só pode haver união política com o Brasil ficando este sujeito como colônia dos portugueses, forçoso é que o Brasil obre só por si, que rompa todos os vínculos políticos, e que se dispa da idéia de relações íntimas políticas com Portugal, não se podendo verificar a única hipótese porque os facciosos de Portugal querem essa união.

Contendem os portugueses dessa facção que nada perdem com a separação total do Brasil; seja assim, mas nesse caso não há razão para que o Brasil pense em fazer o menor sacrifício a favor de uma união com Portugal quando esses portugueses a supõem inútil.

Mas falando agora com o Brasil, devemos dizer que as coisas nos parecem muito ao contrário. Se continuar a subsistir uma íntima união política entre Portugal e o Brasil, este, além de ter de cuidar em seus interesses com as outras potências, se verá obrigado a ter muitas contemplações com os arranjamentos políticos da Europa, unicamente pela consideração de que Portugal é parte de sua monarquia. Ora, isto é em pura perda do Brasil, porque não se pode considerar hipótese alguma em que semelhantes sacrifícios possam ser úteis aos brasilienses.

Desejavam, e desejam ainda os brasilienses, a sua união política com Portugal, mais por sentimentos de afeição, por efeito do hábito, do que por cálculos de política; porque se estes fossem consultados, ninguém pensaria em tal união política, mas as nações, assim como os indivíduos, resolvem-se muitas vezes por estas parcialidades da amizade, ainda que, infelizmente, no nosso caso Portugal não dá ao Brasil o menor louvor por estas marcas de afeição que são nisto tão manifestas.

A conseqüência, pois, mui deplorável para Portugal, deve ser o rompimento total dessas relações, que será inevitável mais dia menos dia, se a facção portuguesa não desandar o caminho perdido que até aqui tem trilhado; e se o não fizer, seguramente não é o Brasil quem perde.

86.
ESCRAVATURA NO BRASIL

[N° 174, vol. XXIX, novembro de 1822, pp. 574-7]

Não podemos deixar de louvar todos os procedimentos que têm havido no Brasil, porque todos eles se têm achado na mais admirável coincidência com as idéias que temos anunciado não sabendo ainda dos planos que no Brasil intentavam seguir.

Há, porém, um ponto sobre que mais de uma vez temos falado em nosso periódico, dando nisso nossa decidida opinião e a respeito do qual observamos que todos escritores do Brasil guardam ainda silêncio; e é este ponto, a gradual e prudente extinção da escravatura.

É idéia contraditória querer uma nação ser livre, e se o consegue ser, blasonar em toda a parte e em todos os tempos de sua liberdade e manter dentro em si a escravatura, isto é, o idêntico costume oposto à liberdade.

Seria a desesperada medida de um louco destruir de uma vez a escravatura, quando ela, além de constituir parte da propriedade do país, está também ligada ao atual sistema da sociedade tal qual se acha constituída. Mas se a sua abolição repentina seria um absurdo rematado, a sua perpetuação num sistema de liberdade constitucional é uma contradição de tal importância, que uma coisa ou outra devem acabar. Os brasilienses, portanto, devem escolher entre estas duas alternativas: ou eles nunca hão de ser um povo livre, ou hão de resolver-se a não ter consigo a escravatura.

Argumentar-nos-ão que os escravos são necessários para a cultura dos campos e para lavrar as minas; e que, sem escravos, esses ramos essenciais de indústria do país desaparecerão e com eles a riqueza do Brasil.

Negamos redondamente, e o provaremos quando for conveniente, que o Brasil deixe de ser igualmente rico quando não tiver escravatura; mas raciocinando mesmo nesta hipótese, que não admitimos, perguntamos: que preferem os brasilienses, serem pobres mas serem homens livres com governo constitucional, ou serem ricos e submissos a governos arbitrários, sem outra Constituição política que a que lhes prescrever o despotismo?

Da continuação da escravatura no Brasil deve sempre resultar uma educação que fará os homens menos virtuosos e mais suscetíveis a submeterem-se ao governo arbitrário de seus superiores; e nem se argumentará, para alegar como regra geral, a energia e sentimentos nobres que nesta crise têm mostrado os brasilienses, porque nas comoções políticas desenvolvem-se extraordinariamente os talentos e as virtudes cívicas; mas nós falamos do estado ordinário das coisas, da constituição permanente que deve reger os povos.

Para tratar com alguma profundeza esta questão, seria preciso entrar em miudezas que, na verdade, afligiriam o nosso pensamento e o de todos os brasilienses amantes de sua pátria; escolhemos, pois, o método de fazer algumas perguntas e deixamos aos brasilienses honrados, patriotas e pensadores, responder a essas perguntas segundo suas consciências, e tirar de suas mesmas respostas as conseqüências.

Na nossa educação, durante a infância, com quem vivemos nós mais, e de quem tiramos a maior parte das idéias e dos costumes, dos pais ou das mães?

Com quem associam as mulheres no Brasil antes de casar, e de quem tiram suas idéias da vida doméstica?

Quais são as virtudes das criadas com quem essas senhoras solteiras devem por necessidade viver na mais íntima sociedade?

Se essas criadas, e diárias companheiras das senhoras solteiras, são escravas, que virtudes lhes podemos supor?

E se as não supusermos virtuosas, que sentimentos podem elas inspirar em suas senhoras solteiras que tendam a fazê-las boas mães de família?

Se tem comparação os motivos que há em uma criada livre para ser honrada, com os de uma criada escrava para ser depravada, quando conhece que de sua virtude nenhuma vantagem lhe pode resultar (e alguma ganhará com sua depravação), ao mesmo tempo que a criada livre tem diante dos olhos a esperança que, por sua virtude somente, poderá fazer tal casamento que venha a figurar um dia no mundo tanto ou mais como sua senhora?

Os sentimentos dos brasilienses são tão elevados que não supomos que suas almas nobres se abatam a preferir os lucros que lhe podem provir da continuação da escravatura, com o desar da falta de educação virtuosa em suas famílias; e desprezem o possuir essa educação virtuosa que os faça dignos de serem homens livres. Se o contrário se observar na prática, não será isso senão o resultado de não haverem pensado na matéria com a madureza que ela requer; e por isso é que desejamos que os escritores do Brasil chamem para este ponto o bom senso do povo, fazendo-o refletir na impossibilidade de ser livre não tendo uma educação virtuosa, e na incompatibilidade que há em ter uma educação virtuosa quando a mocidade se acha cercada dos vícios inerentes aos escravos com quem vivem.

Não queremos generalizar esta idéia ao ponto de dizer que por isso que as criadas em uma família são viciosas, as senhoras meninas dessa mesma família o devam ser também; mas dizemos que as idéias vis que, por força, devem entreter as escravas, hão de contaminar o espírito (quando não derranquem o corpo) das senhoras meninas com quem vivem. E que maior mal se pode conceber em uma nação que deseja ser livre e virtuosa?

A maior parte de nossos sentimentos e de nossas ações depende dos acidentes de nossa educação; e um homem educado com escravos não pode deixar de olhar o despotismo como uma ordem de coisas natural. Ulteriores ocorrências na vida, que são (como diz Helvécio) ainda traços na educação do homem, podem fazer mudar em alguns indivíduos essa errada preocupação; mas a maioridade dos homens que são educados com escravos deve ser inclinada à escravidão, e quem se habitua a olhar para o seu inferior como escravo, acostuma-se também a ter um superior que o trate como escravo.

Repetindo, pois, o que dissemos acima, que este mal, no Brasil, só se deve remediar gradualmente e com muita prudência, declaramos ao mesmo tempo que os brasilienses devem escolher entre terem Constituição política, duradoura, sem escravatura, ou conservar seus escravos e as supostas riquezas que deles lhes provêm, sendo a sua pátria sujeita ao despotismo.

Não achamos meio termo nesta alternativa, e por isso nos admiramos que depois que a imprensa é livre no Brasil não tenha havido quem examine esta questão, iluminando o público e fazendo entrar os povos no conhecimento dos interesses que tão importante matéria envolve. Agora é o tempo de começar.

Mas tratamos só do começo, e mesmo para isso chamamos em auxílio da boa razão a pena dos escritores no Brasil; porque não basta que o governo obre segundo o que é conforme aos interesses da nação; é, ademais, necessário que o povo esteja persuadido que isso assim é realmente; para isto é que se requerem os serviços daqueles homens que se acham em situação de dirigir a opinião pública, e os que nisso se empregarem farão assim um relevante e essencial serviço a sua pátria.

Enfim, remetemos o leitor ao que já sobre isto escrevemos no ano de 1815, no volume 15 deste periódico, p. 735 e seguintes.

87.
ESTADO DE COAÇÃO D'EL-REI

[N° 174, vol. XXIX, novembro de 1822, pp. 584-8]

Temos já notado vários exemplos do estado de coação em que se acha el-rei, e principalmente naquele de proibir que se solenizasse o dia dos anos do príncipe, seu filho. Agora acrescentaremos outro, que não é de pequena marca.

Nas instruções que o secretário de Estado dos Negócios Estrangeiros, Silvestre Pinheiro Ferreira, deu ao ministro português em Londres, no 1° de dezembro de 1821, se acha a seguinte passagem:

"... Que se o governo inglês anuir às pretensões dos aliados do norte, e se não opuser a elas formal, positiva e muito publicamente, lhe fará sentir, não omitindo o fazer entrar nisto mesmo a massa da nação, que a conseqüência deste abandono da nossa antiga aliada será formar entre os dois povos da península uma união que não podendo ter firmeza senão pela fusão de ambas em uma só nação, debaixo de uma só Constituição e um só governo, resultará infalivelmente malograrem-se todos os esforços dos séculos passados feitos com o fim de se evitar aquela união; ao que acresce que não podendo-se verificar este fenômeno político sem preceder a abolição de uma das dinastias reinantes, e talvez de ambas, para ceder o lugar a um novo governo, porventura conduziria este fatal desfecho a tomarem os dois congressos o partido de que a história nos oferece mais do que um exemplo, de se ir chamar para chefe do poder Executivo personagem de alguma das dinastias da Europa que, desposando deste modo os interesses da península, trouxesse em seu apoio uma força efetiva com que provavelmente não teriam contado os soberanos..."

Ora, este extrato foi publicado, mesmo em Lisboa, no periódico intitulado *Gazeta Universal*, n° 226, em uma carta assinada por Heliodoro Jacinto de Araújo Carneiro; e, para tudo dizermos, foi copiado o extrato dos mesmos originais remetidos pelo ministro dos Negócios Estrangeiros às Cortes, e por eles referidos à Comissão Diplomática.

Vejamos agora como o ministro se tira deste embaraço. Escreveu a seguinte carta, que foi publicada na *Gazeta Universal*, n° 227, depois do escritor dela ter-se retirado para Inglaterra.

"Sr. redator da *Gazeta Universal*:

Posto que não tenho a honra, que me conste, de seu pessoal conhecimento, espero da sua retidão que tendo dado lugar, no seu periódico, a um artigo que me diz respeito, no n° 226 dele, se dignará de inserir no de amanhã a carta da cópia inclusa; princípio da satisfação que devo ao público, depois de tão fementida acusação.

Tenho a honra de ser seu muito atento venerador.
Silvestre Pinheiro Ferreira.
Rua Augusta, 13 de outubro de 1822."

Cópia

"Tenho a honra de levar ao conhecimento v. s., no incluso exemplar do n° 226 da *Gazeta Universal*, um artigo assinado por Heliodoro Jacinto de Araújo Carneiro que, não se limitando já, como por muitas outras vezes o tem feito em vários papéis públicos, a indecentes, mas vagas invectivas, leva no presente artigo a sua audaciosa animosidade a citar em prova das monstruosas calúnias que nele contra mim vomita um denominado 'Extrato essencial' das instruções que ele diz ter eu dado ao encarregado de Negócios de s. m. na corte de Londres. As instruções foram, como costumam ser todos os ofícios de importância, aprovadas por s. m. e pelo Conselho dos Ministros; entretanto que presente 'Extrato essencial' contém abomináveis asserções que eu nunca disse, nunca escrevi, nem pensei. Sou, pois, obrigado a denunciar a v. s. aquele artigo, e determinadamente o apontado 'Extrato Essencial', como contendo as mais atrozes calúnias. E portanto requeiro a v. s. se sirva de o fazer processar, na forma da lei, contra os abusos da liberdade da imprensa no competente juízo, onde lhe serei parte.

Deus guarde a v. s.

Rua Augusta, 12 de outubro de 1822.
Silvestre Pinheiro Ferreira.
Ao ilmo. sr. Luiz Manuel de Sousa Cabral."

Enquanto Silvestre Pinheiro não provar que o parágrafo do "Extrato essencial" se não acha nas tais instruções, e Silvestre mesmo não assevera isso, continuaremos a crer que esse parágrafo foi extraído da cópia enviada às Cortes pelo ministro e lida em sessão secreta. E quanto ao dizer que foi aprovado por s. m., nisso mesmo é que consiste o pior mal.

Aqui temos, pois, como instruções expedidas em nome d'el-rei, ameaças à Inglaterra com a extinção da dinastia da Casa de Bragança; donde salta aos olhos que el-rei tal não aprovou, e se a isso deu sua sanção, não podia deixar de ser coacto; porque ninguém se lembra de ameaçar a outrem com cometer suicídio se lhe não fizerem o que pede. Como, porém, evidentemente, ou el-rei tal não fez, ou se o fez, foi coacto, como o é em tudo, escusado fica lembrar mais o nome de s. m. nesta matéria; mas diremos alguma coisa sobre os motivos dos que organizaram tais instruções.

Silvestre Pinheiro é quem assina essas instruções, mas far-lhe-íamos injustiça se não disséssemos que esse miserável entra nisso como Pilatos no Credo; porque é mero amanuense da facção dominante, e a isso se tem submetido para conservar-se em seu lugar; mas que intenta essa facção com suas ameaças e planos da união de Portugal com a Espanha?

Ao mesmo tempo que estão jurando uma Constituição onde a conservação da coroa na dinastia de Bragança é um artigo essencial, anunciam esses perjuros a uma nação estrangeira que se não fizer o que esses facciosos querem, aniilar-se-á em Portugal a dinastia que juram conservar, propondo, como motivo para serem atendidos, o cometerem um ato de lesa-majestade contra o soberano, uma violação expressa da Constituição e uma traição a todo povo português, riscando-o da lista das nações independentes.

É nestas circunstâncias que os facciosos de Lisboa tramavam fazer regressar do Brasil para Portugal o príncipe regente, e para quê? Para testemunhar a aniilação de sua dinastia e ver consumada a ignomínia de Portugal, deixando de existir como nação independente; mas quis a boa fortuna que esses danados intentos dos facciosos fossem penetrados no Brasil a tempo de se prevenir o mal; e consiga ou não esse partido em Lisboa seus perversos fins, já não está em seu poder aniilar a dinastia de Bragança no Brasil; ali governa o príncipe herdeiro, e ali continuará a governar sua dinastia, porque assim o querem os povos e assim é seu interesse quererem; e quanto a desfazer-se a atual ordem de coisas no Brasil pelas expedições que lá forem de Portugal, é isso tão ridícula idéia como as ameaças feitas à Inglaterra por Silvestre Pinheiro.

Com essas expedições conseguirão os facciosos um de seus fins, que é reduzir Portugal ao estado de não se poder absolutamente defender e deixar a porta aberta para os espanhóis; mas o remédio para isto só o podem dar os mesmos portugueses se tiverem assaz vigor para se oporem aos planos dos facciosos que os governam. Já foi assim que em 1580, quando os governadores venderam o reino de Portugal a Castela, dispuseram de todas as tropas de maneira que Felipe III entrou por Portugal sem achar resistência.

Se estas acusações contra o partido dominante em Lisboa fossem vagas, anônimas, do mero murmúrio que não fosse possível descobrir a origem, talvez os acusados não tivessem meios de se justificar. Mas acham-se assinadas e repetidas, com outras muitas, em vários periódicos impressos em Lisboa, e principalmente em um intitulado o *Hercules*, onde o denodo do redator é igual à seriedade de suas alegações.

Este periódico começa o seu nº 7 dizendo: "Nada mais devemos esperar para nos convencer que marchamos a grandes passos para uma contra-revolução". Daí passa a escrever neste e nos seguintes números no mesmo sentido, mostrando os abusos e vistas sinistras e criminosas do partido dominante, sem rebuço nem disfarce. O mesmo faz outro periódico intitulado *Gazeta de Portugal*; e todos, a uma, designam os procedimentos contra os chamados conspiradores da rua Formosa como uma manifesta violação da Constituição e da lei contra a liberdade da imprensa recentemente publicada pelas Cortes.

Se tivéramos lugar, faríamos extratos desses papéis, pelos quais o leitor veria que tudo quanto temos dito acerca do mau comportamento da facção dominante em Lisboa até se poderia chamar elogio dos facciosos, quando se compara com o que proferem esses outros papéis de Lisboa, que todos se expressam denunciando os ministros e seus protetores nas Cortes como réus de pérfidas traições.

Do que temos lido nesses papéis, concluímos que a presente facção não pode continuar a dominar em Portugal e talvez seja sucedida por outra pior, mas mal podemos conceber como o ministro de Justiça, a quem tão abertamente se denomina ministro das Injustiças, possa manter-se contra a torrente de tantas acusações assim publicadas nos periódicos de Lisboa. Os facciosos poderão tentar fechar os olhos a isso nas Cortes, mas quando os fatos se fazem tão públicos não deixará de clamar a nação toda; e a parte sã do povo, conhecendo que o constitucionalismo só é capa de crimes, romperá os diques da obediência e mostrar-se-á em rebelião aberta; e parece, como diz o *Hercules*, que a isso se marcha a passos rápidos.

88.
Império do Brasil

[Nº 175, vol. XXIX, dezembro de 1822, pp. 593-8]

Cumpriram-se enfim os prognósticos, e alcançaram as Cortes de Portugal realizar a desmembração da antiga monarquia portuguesa, estimulando o Brasil, apesar dos desejos de união daqueles povos, a declarar a sua total independência e constituir-se em nação separada de Portugal; porque não era possível que sofressem por mais tempo ser tranqüilos espectadores da guerra civil com que se intentava incendiar o Brasil, debaixo do aparente e enganoso nome de confraternidade e das palavras de iguais direitos, e com os fatos, em oposição, tendentes reduzir o Brasil a colônia de Portugal.

Clamava todo o Brasil que não queria perder a sua dignidade de Reino, posto que desejasse continuar a sua união com Portugal; mas as Cortes, com a mais contraditória hipocrisia, pretendiam crer que o povo do Brasil não desejava conservar ao seu país a categoria de Reino e, ao mesmo tempo, que só tendia a fazer-se independente; e neste sentido continuaram as provocações e as expedições hostis, os decretos absurdos de proscrições e ordem de prisões contra os cidadãos mais conspícuos do Brasil, não excetuando sequer de seus fulminantes decretos o mesmo príncipe regente, cujos serviços na causa da união mereciam cordiais agradecimentos dos portugueses.

Chegou por fim o momento em que o povo brasiliense, desesperado pelo comportamento das Cortes, que não prometia melhora nem oferecia sinais de arrependimento, conheceu que a sua prosperidade, a sua segurança e até a sua existência como nação só lhe podia provir da completa separação de Portugal; e tal era o entusiasmo com que se decidiu a esta medida, que foi preciso que a Câmara do Rio de Janeiro tentasse, pelo edital que copiamos à p. 582[138], acalmar algum tanto os espíritos do povo, rogando-lhe que de-

---

[138] Ver p. 647.

ferisse a sua declaração até o dia 12 de outubro, por ser o natalício do seu destinado monarca.

Aos 18 de setembro decretou s. a. r. o escudo d'armas para o Reino do Brasil, sendo, em campo verde, uma esfera armilar de ouro atravessada por uma cruz da Ordem de Cristo e circulada a mesma esfera de 19 estrelas de prata em uma orla azul; e firmada a coroa real diamantina sobre o escudo, cujos lados são abraçados por dois ramos das plantas do café e tabaco. Ordenou também o mesmo decreto que a bandeira nacional fosse composta de um paralelogramo verde, e nele inscrito um quadrilátero romboidal cor de ouro, ficando no centro deste o escudo das armas do Brasil.

Outro decreto da mesma data fixou o laço ou tope nacional brasiliense, composto de verde de primavera e amarelo de ouro; e para divisa voluntária dos patriotas do Brasil, uma flor verde no braço esquerdo, dentro de um ângulo de ouro, com a legenda "Independência ou Morte" lavrada no dito ângulo.

Nada disto era bastante para satisfazer um povo irritado, e foi preciso ceder à torrente, sendo aclamado, no dia 12 de outubro, o sr. d. Pedro I imperador constitucional do Brasil, e conservando o título, que já o povo lhe havia dado, de defensor perpétuo, como se vê da ata que deixamos copiada no princípio deste número.

No seguinte dia, 13 de outubro, expediu s. m. i. um decreto pelo qual ordenou que nos tribunais e mais repartições públicas se use geralmente do título de majestade imperial, quando no expediente dos negócios se dirigirem à sua augusta pessoa; que nas provisões se principie pela fórmula "D. Pedro pela Graça de Deus, e unânime aclamação dos povos, imperador constitucional e defensor perpétuo do império do Brasil"; e que nos alvarás se use da fórmula "Eu, o imperador constitucional e defensor perpétuo do império do Brasil, faço saber etc.".

Temos, pois, o Brasil erigido em novo império e o seu monarca com o título de imperador; e sem nos demorarmos sobre a fórmula escolhida para designar o monarca, passaremos a considerar os efeitos reais da independência do Império do Brasil, tanto no interior como no exterior.

Os povos brasilienses sabem agora qual é a sua sorte irrevogável, e tanto que, pelo decreto copiado à p. 580[139], todos os habitantes daquele país que não aprovarem a presente ordem de coisas deverão sair dali dentro do

---

[139] Ver pp. 647-8.

prazo que se lhes estabeleceu; e isto vai como deve ir, porque, tendo a grande maioria da nação expressado a sua vontade, não deve ser perturbada, no gozo das instituições que escolheu, pela discordância de um ou outro dissidente que não aprova o atual sistema de governo e da independência.

Aprovamos mui cordialmente a declaração de independência do Brasil porque estamos persuadidos há muito tempo que já não havia outro meio de se conduzirem com regularidade e quietação os negócios públicos daqueles povos; mas ainda que esta declaração de independência trouxesse consigo inconvenientes maiores do que lhe supomos, nenhum desses seria tão grande como o mal de se conservarem os brasilienses na incerteza de sua sorte política. A vacilação, a desconfiança, a sucessiva proposição de vários planos conforme as circunstâncias fossem mudando, produziriam uma fermentação continuada no espírito público, donde necessariamente viria a anarquia furiosa que não poderia depois remediar-se senão com a introdução do mais funesto despotismo.

Nestes termos, os brasilienses patriotas, que tinham influência na sua nação, deviam à sua consciência, deviam a seus concidadãos, deviam à posteridade e ao mundo inteiro prevenir a tempo esses males da anarquia, como fizeram, declarando a sua independência, a fim de que os povos olhassem para um objeto fixo; e trataram de constituir-se em nação, aclamando seu monarca e convocando este os deputados do povo para estabelecerem solenemente sua forma de governo.

O primeiro inconveniente que se segue desta medida é a continuação da guerra com os portugueses, a que já não podemos chamar guerra civil, porque é feita entre duas nações independentes. Mas este inconveniente, além de não ser novo, visto que essa guerra já existia, e de um modo mais ruinoso para o Brasil, sendo-lhe feita a título de amizade, é ele de muito menos consideração do que a anarquia que se deveria seguir ao estado de incerteza em que os povos se achavam, e continuariam a sofrer, a não se adotar esta medida da independência. Os males da guerra são conhecidos, os meios para ela são tão abundantes no Brasil, quanto escassos no seu inimigo, Portugal; quando que o outro mal da anarquia tem conseqüências incalculáveis, porque podia trazer consigo uma série de revoluções parciais e dissensões intestinas, às quais, como dissemos acima, se não pode prever outro fim senão um despotismo todo poderoso.

O segundo inconveniente da declaração da independência e ereção do Brasil em um império é a dificuldade de ser aquele governo reconhecido pelas potências estrangeiras. Será isto incômodo ao Brasil nas suas relações políticas e comerciais com as outras nações; porém seria a maior imprudência que o Brasil deixasse de consolidar a sua paz e tranqüilidade interna, de que depende até a sua existência, pelo receio de que outras nações pudessem hesitar em prestar-lhe a mera formalidade de um reconhecimento, do qual, considerado só em si, não resulta benefício nenhum real ao Brasil. Quanto às relações comerciais com as demais nações, quer haja quer não a formalidade do reconhecimento, o governo do Brasil terá sempre o direito de prescrever, aos estrangeiros que lá forem comerciar, os regulamentos que bem lhe aprouver; e seguramente a prudência desses regulamentos equivale bem, quando não seja preferível, aos onerosos tratados de comércio com que muitas vezes as nações ligam, sem o saberem, as mãos à sua indústria.

Ademais, as nações estrangeiras com quem mais importa ao Brasil ter relações políticas e comerciais também têm grande interesse no comércio que ali fazem; seus governos não deixarão de conhecer a necessidade que teve o Brasil de se constituir em nação separada para se não precipitar na anarquia; enfim, não quererão expor a perigo seus mesmos interesses reais, só por negar um reconhecimento do governo do Brasil, o que, depois de tudo, não é mais que uma formalidade de mero cumprimento e civilidade que se usa de umas nações para com outras.

Havendo assim mostrado quão insignificantes são esses inconvenientes, comparados com o transcendente mal da anarquia a que o Brasil se veria irremediavelmente reduzido se não declarasse sua independência, convém agora que notemos a necessidade de tomar as medidas próprias para obstar os maus efeitos desses inconvenientes, que suposto os reputemos de pequena monta quando comparados ao maior mal, estamos bem longe de os reputar nulos.

Os preparativos de guerra são essenciais, por mais fraco que se suponha o inimigo; e se a Força Armada é necessária a qualquer governo que deseja fazer-se respeitar, muito mais é precisa a um governo novo, a quem até falta o habitual, que resulta do costume. Por isso louvamos muito que o Ministério do Rio de Janeiro se tenha já aplicado à formação de uma Força Naval, não menos do que a de um exército de terra.

E contudo julgarmos que as forças navais do Brasil se não devem limitar aos pequenos esforços que se precisam agora para contender com a mesquinha esquadra de Portugal; requer-se, outrossim, que se preparem de antemão vasos, munições e gente para constituir tal Marinha de Guerra que sirva para proteger eficazmente o Brasil nas futuras dificuldades que se lhe suscitarem, e não poucas prevemos nós.

É verdade que para isto se requerem despesas mui consideráveis e sacrifícios, mas o Brasil pode e deve fazê-los; os seus recursos estão quase intactos e não podem ter de presente uma aplicação mais útil do que empregarem-se em garantir os avanços de dinheiro necessário para a formação da Marinha de que falamos. Uma invasão ao Brasil, não dizemos já pelos portugueses, mas ainda por qualquer nação poderosa, é perigo meramente imaginário; mas é não só possível, mas muito factível, que por mais possante que seja o Império do Brasil, se não tiver uma esquadra proporcional à sua extensão de costas e multiplicidade de portos, seja insultado em suas praias até por um bando de corsários que deseje roubar-lhe suas riquezas, e muito é de recear, nesse caso, um ataque da parte de alguma nação que possua forças marítimas.

Não escrevemos isto porque julguemos que tais advertências são necessárias ao Ministério do Brasil: o governo de s. m. i. mostra-se bem convencido disto, pelas medidas que sabemos ir adotando; mas julgamos mui útil que o povo todo se persuada destas verdades, para que de boa vontade se sujeite aos sacrifícios das despesas que requerem tais medidas, e das quais se devem seguir o respeito e a consideração, a segurança e a prosperidade do Brasil, já que com tanta razão resolveram fazer dele um império independente.

A construção de navios requer tempo e demora; a aquisição de vasos nos países estrangeiros é pronta, mas é dispendiosa, e provavelmente as naus serão pouco duradouras; contudo, a necessidade de presente exige que o Ministério do Brasil se sujeite a esta dupla desvantagem, para obter de súbito uma esquadra no momento em que ela se faz indispensável; porque meias medidas podem causar desmanchos que levem longos anos a consertar. Nem ouviremos contra esta opinião objeções triviais, porque quando observamos a força marítima que apresentou o novo governo de Chile, quem negará a facilidade com que o império do Brasil pode não só imitar, mas sobrepujar o mesmo plano?

Fora inútil ao Brasil condecorar-se com o título de Império e ver-se ao mesmo tempo sujeito a serem suas costas varridas por duas fragatas velhas de Portugal; e seria descuido injustificável declarar-se nação independente e não cuidar em adquirir os meios de sustentar essa independência; e os meios não são outros senão a criação de poderosa força naval. Sem esta não haverá segurança, nem comércio livre, nem riquezas, nem caráter nacional, nem prosperidade individual.

89.
CONSTITUIÇÃO DO BRASIL

[N° 175, vol. XXIX, dezembro de 1822, pp. 604-9]

A dificuldade de formalizar a Constituição política de qualquer país acha-se mais na ansiedade dos legisladores em quererem abranger todos os casos futuros, do que em estabelecer as regras fundamentais que se exigem de presente para designar a forma de governo, distribuir os poderes políticos quando essa forma é mista, e indicar em geral a maneira por que se hão de fazer e promulgar as leis.

Tudo quanto vai além disto só pode ser obra do tempo e da experiência; porque a providência humana, sendo mui limitada, não pode nunca precaver todos os acontecimentos resultantes de combinações infinitamente variadas que se não sujeitam aos nossos cálculos, porque não podemos descobrir todos os seus elementos. E portanto a Constituição que mais quiser abranger casos particulares, menos perfeita deve ser. E tanto melhores serão as leis fundamentais de um Estado, quanto mais se limitarem às regras gerais, claras e compreensivas.

Se considerarmos as partes mais belas da Constituição inglesa, as que são mais dignas de imitar-se e mais suscetíveis de serem adotadas em todos os governos constitucionais, acharemos, pela lição da história, que essas sábias instituições inglesas não foram arranjadas por uma vez, nem apareceram repentinamente à voz do legislador, como o decreto do onipotente *fiat lux* produziu em um momento o efeito que o criador se propunha. Foi a experiência, foram os repetidos ensaios, foram os melhoramentos sucessivos, foi, enfim, a prudência dos legisladores em aproveitar os momentos, em adaptar suas medidas às circunstâncias em que se iam achando os povos na série dos acontecimentos políticos, que fez chegar essas partes da Constituição inglesa, a que aludimos, ao grau de perfeição em que as vemos agora.

Não há quem ignore que o supremo poder Legislativo na Inglaterra reside no rei, *lords* e comuns; e que poder Executivo existe só no rei, e que a lei exige obediência a tudo quanto se faz pela autoridade destes poderes. As Câmaras do Parlamento podem ser corruptas, a representação defeituosa, a administração absurda e má; e, contudo, não é menos sedicioso negar a sua autoridade, nem menos traição resistir às suas leis. Mas, por outra parte, o povo pode expor os seus sofrimentos, notar a impolítica das medidas públicas, representar contra os abusos e procurar, com maior força do argumento, reformas e melhoramentos; mas dentro dos limites das leis, não pode sair daí, posto que nisto tenha grande amplitude.

Nos processos que houve por crimes de alta traição, em Inglaterra no ano de 1794, o grão juiz *Sir* James Eyre, notável jurisconsulto e magistrado integérrimo, foi que fez a fala usual aos do grão jurado, em que se lhes explica a lei nas matérias de que têm de tomar conhecimento. Nesta ocasião se explicou aquele juiz nos seguintes termos:

> "Todos os homens podem, e até devem, se possuem a faculdade de pensar, raciocinar sobre todas as coisas que lhes são suficientemente interessantes para que venham a ser objetos de sua atenção; e entre os objetos da atenção de homens livres, os princípios de governo, a Constituição de particulares governos, e sobretudo a Constituição do governo sob que vivem, naturalmente atrairão a sua atenção e provocarão a sua especulação. O poder da comunicação de pensamentos e opiniões é dom de Deus, e a liberdade dele é a fonte de toda a ciência, o primeiro fruto e última felicidade da sociedade; e, portanto, daí parece que se segue que as leis humanas se não devem interpor e até não se podem interpor para impedir a comunicação de sentimentos e opiniões, em assembléias voluntárias dos homens."

Aqui temos, pois, como se combina a liberdade prática do indivíduo com a obediência às leis, e este acordo tão desejado, esta harmonia social garantida pela Constituição inglesa, não foi o efeito de uma só lei, minutada teoricamente no gabinete de um político; foi, sim, o resultado de muitas leis sucessivas que a experiência sugeriu pouco a pouco, e que um direito consuetudinário consolidou no espírito dos povos e arraigou na nação, ao ponto de fazer já parte do caráter nacional.

Pelo contrário, a história antiga e moderna nos oferece muitos exemplos de Constituições políticas que, por mais bem arranjadas que parecessem aos sábios políticos que as fizeram, por mais lindas que se mostrassem no gabinete, quando postas em prática acharam tais entraves nas ocorrências dos tempos e nos costumes dos povos a que eram destinadas, que se anularam de todo em breve período.

Poderíamos lembrar Licurgo e outros legisladores antigos, mas limitar-nos-emos ao recente exemplo da França. A ansiedade de seus sábios políticos em querer que o povo francês se amoldasse às teorias de uma Constituição feita no gabinete, em vez de fazer uma Constituição adaptada ao povo francês tal qual é e tal que se achava, não fez mais que produzir interminável confusão; seguiam-se as Constituições umas às outras na Revolução Francesa como a moda dos vestidos, e caíam com a mesma facilidade, pela falta do necessário alicerce na opinião dos povos e no conhecimento prático das circunstâncias.

Por outra parte, nos Estados Unidos da América setentrional, tomando-se por base que os costumes daqueles povos eram análogos aos dos ingleses, adotou-se a Constituição da Inglaterra, só com aquelas modificações que a natureza das circunstâncias exigia; essa Constituição dura, e durará, porque foi fundada na experiência, e só estabeleceu regras gerais; as ocorrências vão mostrando a maneira de a pôr em prática e essa mesma prática estabelece uma Constituição de costume, que é a mais duradoura que uma nação pode ter.

Tomemos por exemplo as eleições para os deputados do povo no Parlamento do Brasil. Por mais minuciosos que sejam os legisladores em dispor na Constituição todas as formalidades das eleições a fim de precaver a confusão, o suborno e os atos irregulares, nunca poderão lembrar-se de todos os subterfúgios com que se poderão pôr ao abrigo da lei aqueles que intentarem iludi-la. Far-se-á um código imenso e sempre haverão casos omissos; o remédio, pois, deve vir das subseqüentes legislaturas, estabelecendo a primeira unicamente as regras gerais, e deixando às outras o providenciar conforme a experiência lhe for indicando.

A Constituição de qualquer Estado, bem como as demais leis, não podem durar eternamente; porque é sempre mudável a situação dos homens e quando as circunstâncias variam, forçoso é que variem também as leis. Alguns têm querido remediar este inconveniente propondo que a Constituição seja revista e emendada a períodos fixos, por exemplo, cada dez anos. Porém, quem nos assegura que as circunstâncias que exigem alteração na Constituição hão de ocorrer precisamente em dez anos, e não em nove, ou em 11? Tal providência supõe que o legislador pode prescrever limites às obras da natureza, o que é absurdo.

As regras gerais, como, por exemplo, a forma de governo, podem estabelecer-se de um golpe, e com a bem fundada esperança de uma continuação por séculos; mas quanto aos regulamentos de conveniência sobre a execução dessas regras gerais, de dia em dia se descobrem motivos para os alterar, à proporção que a experiência vai mostrando os meios de os melhorar. A única objeção que se faz contra esta doutrina é que as legislaturas seguintes, tendo essa faculdade, poderão alterar os pontos essenciais da Constituição que se desejam fazer perpétuos. Mas a isto respondemos que esses pontos essenciais são os que desejamos que se façam expressos e inalteráveis na Constituição. Além disto, repetiremos uma vez mais que se as legislaturas subseqüentes forem tão corrompidas, e o Executivo tão depravado, ou os costumes tão alterados, que todos consintam na derrogação desses pontos essenciais da Constituição expressamente declarados, então com muito mais facilidade destruirão artigos de menor conseqüência, e o introduzi-los como parte da Constituição já não pode, nesse caso, impedir a sua derrogação; no outro caso, isto é, sendo o Executivo e legislaturas seguintes compostas de homens virtuosos e patriotas iluminados, servirão tais artigos de impedir os melhoramentos que se podiam introduzir, quando a experiência mostrasse a sua utilidade. A educação, os costumes, a ilustração do espírito nos povos são as únicas garantias da perpetuação da Constituição e da conservação da liberdade civil.

 Disse-se de Calígula que jamais houve melhor escravo, nem pior amo; com efeito, estas duas coisas ligam-se mui bem, porque a mesma disposição de espírito que faz receber uma impressão forte do poder ilimitado do que governa, faz que se julgue da mesma forma quando esse indivíduo chega a governar.

 A decadência do povo romano envileceu de tal modo os nobres, que o Senado e todos os magistrados andavam à porfia de quem faria mais baixezas aos imperadores; e não é a estes a quem se devem atribuir diretamente aqueles sentimentos indignos dos nobres romanos. Quando um povo está preparado para receber a tirania, nunca lhe faltará um tirano, nem faltarão jamais ao tirano instrumentos de sua tirania. O mesmo Tibério se queixava da inclinação que tinha o Senado para a servidão; ainda que, por uma contradição mui ordinária nos homens, desejava um Senado de sentimentos nobres, capaz de lhe fazer respeitar seu governo e ao mesmo tempo submisso para se submeter a seus caprichos.

 Sobretudo, devemos aqui repetir o que já temos dito em outros números acerca das funções da Assembléia Constituinte, a qual recebe seus poderes *ad hoc*, isto é, para fazer uma Constituição. A ingerência desse Corpo Constituinte em outros pontos que não forem a Constituição desviará seus trabalhos do fim principal a que se destina; e se essa ingerência for nos negócios do Executivo, introduzirá nele irremediável confusão.

 Lembra-nos sobre isto o conspícuo exemplo dos Estados Unidos na guerra da sua independência, quando o Congresso se viu necessitado a conferir ao general Washington poderes ilimitados; e sem esta medida teriam sido baldadas todas as vistas dos independentes. Ora, o Congresso americano não era só Constituinte, mas também Legislativo e Executivo, e tinha, outrossim, uma comissão permanente secreta para os negócios que exigiam segredo; e ainda assim foi necessário revestirem o general em chefe de poderes ditatoriais.

No Brasil é este raciocínio ainda mais corrente; porque achando-se s. m. i. em posse de toda a força executiva, não há necessidade de criar nada de novo, não há a dificuldade na escolha de pessoa ou pessoas que exercitem os poderes do Executivo; nem há a menor precisão de se interromper a marcha dos negócios urgentes com deliberações sobre um ponto que as circunstâncias têm felizmente decidido.

Talvez seja preciso fazer algum arranjamento nas finanças, que, para lhes dar mais peso e solidez, requeira a sanção da Assembléia Constituinte. Este caso poderá constituir uma exceção da regra que temos estabelecido; mas grande cuidado deve haver para que isto se faça temporariamente, pela exigência das circunstâncias; e que nisso se distraia a atenção da Assembléia o menos que for possível do seu objeto primário, que é a Constituição.

90.
ESTADO POLÍTICO DA AMÉRICA, NO FIM DE 1822

[N° 175, vol. XXIX, dezembro de 1822, pp. 609-15]

Há muitos anos que os Estados Unidos da América formam uma nação que se faz conspícua no mundo por seu poderio; e quando por outros motivos não merecesse contemplação, bastava aquele de ter dado ao resto da América a idéia de sua independência; mas não pára aqui.

Os Estados Unidos têm alcançado considerável grau de poder, e bem o mostraram na última guerra com a Grã-Bretanha, única potência européia que, por suas forças marítimas, podia pretender ditar a lei no outro lado do Atlântico. A Inglaterra desistiu da empresa, e estamos seguros que todo o resto das potências européias, tomadas juntamente, não era capaz de efetuar o que a Inglaterra somente poderia fazer com sua esquadra.

Eis aqui, no novo hemisfério, uma potência que é inconquistável às forças européias; consideraremos agora as outras seções da América.

As ex-colônias espanholas declararam-se independentes de sua antiga metrópole e dividiram-se em vários Estados separados, estabelecendo seus governos, alguns dos quais se têm mantido por vários anos e vão adquirindo poderio e riquezas de bastante consideração.

Seguiu-se o Brasil em declarar sua independência da jurisdição européia, e se jamais houve alguma potência que tivesse o seu começo em legitimidade de direitos, e em prospecto de grandeza e poder, como logo veremos, é o Brasil.

Sucede, porém, que todos esses países da América, à exceção dos Estados Unidos, têm sido até aqui, e continuam a ser, considerados pelas potências européias como pequenas províncias em rebelião e não dignas de serem tratadas como nações independentes.

Dois podem ser os motivos deste procedimento dos governos europeus a respeito da América: um, porque pensem que a fraqueza e falta de meios dos novos estados americanos lhes não permitam figurar no mundo a par das demais nações; outro, porque julguem as nações européias que esses novos governos americanos não são fundados em princípios legítimos.

Quanto ao primeiro motivo, observamos que no Congresso das Grandes Potências Aliadas, recentemente convocado em Viena, trataram-se com suma seriedade os interesses de vários príncipes da Alemanha cujos territórios e forças políticas eram mero nada em comparação de qualquer dos novos estados da América austral; pois nenhuma comparação tem o príncipe de Papenheim, o duque Mecklembourg, a República de Hamburgo etc. com os estados de Colômbia, La Plata ou Chile.

O governo inglês tem muitas vezes reconhecido e feito tratados com outros governos na Índia, cuja fraqueza e falta de poderio também não admitem comparação com esses estados americanos a que aludimos; e até há inumeráveis exemplos de tratados feitos entre a Inglaterra e algumas pequeníssimas tribos de índios na América.

Seria, pois, uma inconseqüência ridícula o alegar-se o primeiro motivo, que é a fraqueza dos novos estados da América, para as potências européias não tratarem com eles como as demais nações independentes. Vamos ao segundo motivo, que é a falta de legitimidade naqueles governos americanos, e para isto remontaremos as coisas um pouco mais ao longe.

Entre muitos melhoramentos que a renovação do estudo das ciências e da cultura das artes tem trazido ao mundo, sem dúvida devemos contar a separação da América dos governos europeus a que estava sujeita. Que a Europa tem melhorado em sua condição civil depois da revificação das ciências e que a mudança para melhor tem sido na mesma progressão do adiantamento dos conhecimentos humanos nos parece uma verdade indubitável, quando se consulta a história, desde a ruína do Império Romano.

À proporção que os conhecimentos filosóficos se foram desenvolvendo, as nações européias foram deixando suas práticas bárbaras e até mesmo se estabeleceram, de comum acordo, certas regras, que foram chamadas Direito das Gentes, que continham as violências de uma nação para com outra, ainda quando estavam em guerra.

Sendo os preceitos da sã filosofia os mesmos em todos os povos, os governos pouco a pouco se viram obrigados a ceder a estes impulsos da razão para obterem o respeito de seus súditos; e só ficou pertencendo a alguns velhos rabugentos louvar tempos passados em contradição das manifestas vantagens presentes.

Lendo-se a história e começo das atuais monarquias da Europa, fundadas, quase todas, depois da queda dos romanos pelas nações bárbaras do norte, não se acha mais do que fraudes, violências, traições, fanatismo, venenos, assassínios, crueldades contra os povos vencidos etc.; mas gradualmente foram aparecendo leis, quando as ciências começaram a cultivar-se de novo; e, contudo, restaram sempre os prejuízos a combater, porque eram sustentados por homens interessados em manter os abusos.

Entre estes devemos contar a absurda idéia de quererem aquelas nações européias que estabeleceram colônias na América, governá-las como se fossem povos conquistados e reduzir seus próprios cidadãos, emigrados para países distantes, à categoria de escravos. Contra este sistema declamaram os mais sábios escritores europeus, mas o erro estava demasiado arraigado para que se pudesse dissipar de um golpe; e repetidas lições da experiência ainda não têm bastado para trazer os governos a pensar da maneira que a simples razão lhes devia sugerir que obrassem.

Estabelecidos, pois, todos os atuais governos da Europa nas ruínas do Império Romano, e pelos meios violentos que a história testifica, ficando uns com governos eletivos, outros com monarquias hereditárias, mudando-se muitas vezes as dinastias, já por escolha dos povos, já por violências e conquistas, qual é o princípio de legitimidade que supõem as potências européias que deve existir para se reputar outro qualquer governo?

Cada povo tem o direito de escolher para si o governo que melhor lhe convier; a razão ensina isto, e a história mostra que essa tem sido a prática em todo o mundo, reputando-se sempre violência e injustiça a ingerência de nação estrangeira nesse arranjamento interno de qualquer outra nação. E por que se negará aos povos americanos um direito que sempre têm exercitado todos os mais povos do mundo?

Argumentar-se-á que esses povos da América foram outrora colônias de potências européias; mas então, como conheceram essas potências européias os Estados Unidos da América, tratando com eles como potência independente, havendo esses estados também sido uma colônia da Inglaterra?

Pelo que respeita o Brasil, o nosso modo de raciocinar tem ainda mais peso.

A nação a que esse país pertencera como colônia declarou extinta sua antiga forma de governo e passou a organizar outra; o Brasil era a parte mais grande e mais poderosa dessa nação; seguramente tinha o direito de aceitar ou rejeitar esse novo pacto social, e rejeitando-o para abraçar outro que lhe parece mais conveniente, seguiu o exemplo que lhe deu sua antiga metrópole; e com que jus pode então qualquer potência estrangeira disputar-lhe esse direito?

Resta, portanto, uma só consideração que pode justificar as nações européias em não tratarem com as novas potências americanas como nações independentes; e vem a ser o receio de que esses novos governos, não se podendo manter, não tenham garantias que oferecer aos tratados que fizerem com outras potências.

Como este motivo seja de mera prudência, têm seguramente as potências européias o direito de obrar nisso como lhes convier; mas então, nada embarga que essas novas potências americanas, que se conhecem umas às outras, que sabem os recursos de que são capazes, formem entre si alianças com que se façam respeitar no mundo, e ponham, de comum acordo, em pé tais forças de mar e terra que mostrem à Europa enganada o poder que têm para manterem sua independência e garantirem os tratados em que entrarem.

Nenhuma das novas potências americanas tem agora menos forças físicas do que tinham os Estados Unidos quando esses declararam a sua independência, e algumas delas, como é o Brasil, têm recursos e proporções infinitamente superiores; logo, se os Estados Unidos puderam manter a sua independência e garantir os tratados que fizeram com as demais potências, não se pode julgar que outra coisa suceda com os Estados da América do Sul.

Mas se, não obstante, as potências européias continuarem nesse receio de entrar em tratados com a América, esta deve limitar-se a regular o comércio dos estrangeiros em seus portos como lhe convier, na certeza de que as suas riquezas lá atrairão a Europa, quanto desta precisarem os americanos.

Os princípios de liberdade nacional dos povos, tão bem desenvolvidos neste nosso século, e que são o fundamento da independência dos novos governos da América, remediarão o grande mal que a falta desses mesmos princípios e a ignorância dos direitos inalienáveis dos homens em que a Europa laborava ao tempo da descoberta da América, ali fez introduzir.

Falamos da escravatura, que é o maior obstáculo que podia ter a América para promover sua indústria. Como estas revoluções da América são agora fundadas nos princípios de liberdade, claro está que fica sendo incompatível com a existência desses governos a conservação da escravatura. Assim vemos que todos os governos da América Espanhola, imitando o exemplo dos Estados Unidos, têm já proibido o comércio da escravatura da África, como passo preliminar para a aniilação total da escravidão; e o Brasil, pelas mesmas razões, há de necessariamente seguir a mesma linha de política; e eis aqui um bem de considerável magnitude, que procede não simplesmente da independência da América, mas dos princípios liberais em que se estribam os promotores dessa independência.

Se a independência da América fosse promovida pelo espírito de conquista e de fanatismo que assombrava a Europa no século de Carlos V, mal poderíamos esperar que esta revolução produzisse tal benefício ao gênero humano, como é a extinção da escravatura. Nesse caso, talvez um conquistador afortunado conseguisse fazer na América um estado independente da Europa, mas seria para estabelecer um despotismo nas ruínas de outro despotismo.

Porém, diferente e mui diverso é o caso em nossos dias; os homens já não pelejam uns contra outros para escolherem o despotismo que os deve esmagar; já não disputam para decidir se o tigre que os há de devorar deve ser amarelo ou preto; a questão, agora, é como se há de estabelecer um governo em que o povo goze da maior porção de liberdade possível, e com o qual se assegure a prosperidade nacional.

Quando da independência da América se não seguissem outras utilidades, bastava o grande benefício da abolição da escravatura, para que todo o homem filantropo aplaudisse tão faustos acontecimentos; as preocupações, o interesse mal entendido, as intrigas da Europa poderão causar ainda por algum tempo a confusão na América, mas os resultados finais da presente revolução são inevitáveis; eles virão, porque são produzidos pelas idéias do século, e quando a liberdade fosse de todo expulsa da Europa, acharia um abrigo na América, assim como o achou na Europa quando foi banida da Ásia.

Agora, quando os fatos históricos que temos referido são conhecidos de todo o mundo, e quando não há nenhum prestígio civil ou religioso semelhante àqueles que ocasionaram conquistas em outras épocas, não concebemos que haja forças na Europa capazes de conquistar ou ditar a lei aos povos habitantes da América meridional. Poderão haver guerras que durem por algum tempo; poderá restringir-se o comércio, poderão haver outros inconvenientes; porém a sorte da América está decidida e chegou a época de sua total independência da Europa; e chegou essa independência, proclamada pelos princípios da justiça e dos sentimentos da humanidade.

91.
Portugal

[Nº 175, vol. XXIX, dezembro de 1822, pp. 615-22]

Mui pouco importa já a nossos leitores no Brasil as medidas que Portugal vai seguindo na sua política interna; mas, ainda assim, não são indiferentes alguns fatos que ou respeitam o Brasil, ou lhes devem servir de farol, para evitar caírem nos mesmos escolhos.

A Junta Preparatória das Cortes em Lisboa abriu a sua primeira sessão aos 15 de novembro com uma fala do seu presidente, Braancamp; e logo o deputado Trigoso, como secretário da deputação permanente, leu o relatório do que nesta se passou.

Aos 20 de novembro tomou o lugar do presidente das novas Cortes o deputado Moura e nomeou-se uma deputação para informar disto a el-rei, designando o dia 1º de dezembro para se abrir a sessão das Cortes Ordinárias. Com efeito, começou a sessão nesse dia, mas s. m. (el-rei) não pôde apresentar-se ante s. m. (as Cortes), por se achar el-rei gravemente incomodado com uma moléstia que havia sofrido por alguns dias, e ainda assim fez o esforço de vir da Quinta de Alfeite para o Palácio da Bemposta, mas aumentando-se a moléstia, não lhe permitiram os médicos que saísse.

Em conseqüência, leu um dos ministros de Estado a fala d'el-rei às Cortes, e o presidente fez a sua resposta, não contendo nem uma nem outra mais do que palavras vagas, sem alusão aos negócios do Brasil, ou às relações com as potências estrangeiras, ou ao estado das finanças da nação.

Mas se esta cerimônia se passou sem coisa notável, a sessão de 4 de dezembro apresentou um fato de bastante importância. Leu-se um relatório sobre a participação do ministro dos Negócios do Reino, no qual informava às Cortes que a rainha tinha recusado jurar a Constituição e que el-rei resolvera pôr em execução o decreto das Cortes segundo o qual toda a pessoa que recusar jurar a Constituição sairá do reino e renunciará os direitos de cidadão português. Porém, havendo a rainha representado que o seu mau estado de saúde lhe não permitia viajar sem perigo de vida, e havendo sobre isso consultado os médicos da Casa Real, declararam estes unanimemente que a vida da rainha ficaria atualmente em perigo se no seu presente estado fosse obrigada a viajar, por mar ou por terra.

Nestes termos expediu el-rei um decreto, ordenando que a rainha se retirasse para a Quinta do Ramalhão com os seus criados, mas negando-lhe o que ela pedia, de levar consigo as infantas suas filhas; determinava mais el-rei, que a rainha continuasse na Quinta do Ramalhão até que o seu estado de saúde lhe permitisse sair do reino.

Sobre isto propôs o deputado Xavier Monteiro que se imprimissem estes ofícios para conhecimento de toda a nação, e que os originais se referissem a uma comissão especial, e assim foi resolvido. Mas na sessão do dia seguinte o deputado Pato Moniz propôs que sendo indispensável que se executasse a lei, tanto a respeito da ex-rainha de Portugal, como de qualquer outra pessoa que recusasse jurar a Constituição política da monarquia, e tendo a sua execução sido deferida pelo relatório dos dez médicos, os quais diziam que a sua vida se poria em perigo pela severidade do tempo se ela viajasse no presente mau estado de sua saúde, propunha o deputado que se dissesse ao governo que ordenasse que os mesmos dez médicos continuassem a estar com a ex-cidadã portuguesa durante a sua residência na Quinta do Ramalhão, e que a acompanhassem até o período dela sair do território português. Ficou para segunda leitura.

Nota-se logo, neste extraordinário acontecimento, que as mulheres portuguesas não foram obrigadas a jurar a Constituição, e assim não vemos o fundamento por que se quisesse obrigar a rainha a prestar esse juramento.

Mas ainda independente disto, era de presumir que antes de privar alguém de seus direitos, antes de banir alguém do reino e antes de impor uma pena, a que se costuma chamar morte civil, alguma forma de processo era necessária; que se provaria o fato, que se ouviria a defesa da pessoa acusada, que alguém serviria de juiz para sentenciar a pessoa declarada criminosa.

Mas nada disto observou o governo constitucional de Portugal. Declara-se que a rainha não quer jurar a Constituição; não sabe o público, nem consta que isso assim fosse; e só o asseveram os ministros de Estado, não se ouve a rainha em sua defesa; os ministros passam a decretar que seja expulsa do reino; e nas Cortes trata-se ela já por ex-rainha.

Eis o modo por que o rei de Argel administraria a justiça nesse caso; e é a isto a que se chama em Portugal um governo constitucional?

A severidade da execução não é menos repreensível de que a injustiça da medida; porque se o perigoso estado de saúde da rainha ou ex-rainha exigia que se suspendesse a determinação da lei e ela podia, não obstante, ficar ainda em Portugal, por que arbitrariedade, e sem haver lei que o ordene, é ela mandada sair de sua residência e recolher-se na Quinta do Ramalhão? Acaso a lei fala em tal Quinta do Ramalhão ou outra qualquer quinta?

O estado de saúde da rainha não permitia que se executasse a lei; mas, no entanto, dá-se-lhe outro castigo de que não fala a lei, que é ser presa na Quinta do Ramalhão; e acrescenta-se a isto mais outro refinamento de castigo, e é que não possa ter ali a companhia das princesas suas filhas. Com que autoridade, pois, ou por que lei se impõem a se agravar assim as penas a um indivíduo, ainda supondo o crime provado e a sentença legalmente pronunciada?

Estas as provas do constitucionalismo de Portugal; e nem nos dirão que a rainha, por ser rainha, tenha menos direito a que se lhe faça justiça do que outrem qualquer; essa diferença seria de todo absurda. Mas isto já aconteceu com o príncipe herdeiro, agora imperador do Brasil, e o mesmo está sucedendo todos os dias com outros particulares, do que bastantes exemplos temos dado; porém daremos mais um, na carta régia por que se mandou ao príncipe herdeiro que jurasse a Constituição, e é concebida nestes termos:

"Príncipe real, d. Pedro de Alcântara:

"Eu, el-rei, vos envio saudar. Achando-se estabelecido, pela lei de 11 do corrente, o método por que em todas as províncias do Reino Unido se deve prestar o juramento à Constituição Política da monarquia, ordeno-vos que, pela parte que vos toca, a executeis bem e fielmente, como é do vosso dever e eu muito vos recomendo, dando vós o exemplo e fazendo que a mesma lei se observe religiosamente por todos aqueles que vos obedecem.

"Escrita no Palácio de Queluz, em 20 de outubro de 1822.

"Rei.

"Felipe Ferreira de Araújo e Castro.

"Para o príncipe real d. Pedro de Alcântara."

No entanto, outra carta régia que se dirigiu ao infante d. Miguel, é exarada desta forma:

"Infante d. Miguel:

"Meu muito amado e prezado filho. Eu, el-rei, vos envio muito saudar, como aquele que muito amo e prezo. Depois de haverdes prestado o juramento à Constituição Política da monarquia, na forma prescrita na lei de 11 do corrente, ordeno-vos que, na qualidade de presidente da Academia das Ciências, defirais o mesmo juramento ao seu vice-presidente, para que ele, no primeiro dia seguinte não feriado o haja de tomar aos mais sócios e empregados da referida academia, de que se fará lavrar termo, e remeterá certidão à Secretaria de Estado dos Negócios do Reino, em observância do artigo 10 da citada lei. O que me pareceu participar-vos, para que assim o tenhais entendido e executeis.

"Escrita no Palácio de Queluz, em 29 de outubro de 1822 etc."

Agora perguntamos: com que autoridade, ou por que lei, fizeram os ministros a distinção do formulário nas cartas régias, fazendo que el-rei chame ao infante "Seu muito amado e querido filho a quem envia muito saudar, como aquele que muito ama e preza", quando na outra ao príncipe se omitem esses termos e se diz unicamente "que el-rei lhe envia saudar".

É, pois, o sistema constitucional poderem os ministros alterar e destruir a seu bel-prazer as fórmulas que inculcam direitos nos indivíduos, a quem o costume tem dado força de lei e que a falta delas se reputa insulto? Por que lei se arrogam os ministros de Estado o direito de insultar o príncipe herdeiro da coroa? Pelo sistema constitucional português.

Agora passaremos a outro ponto, também importante, que é o tratado concluído entre Portugal e Espanha, para que aquele envie aos espanhóis um contingente de oito mil homens de pronto, e depois mais tropas se forem necessárias. Os governos de Espanha e Portugal não podem deixar de prever a tormenta que os ameaça da parte das mais potências européias; e injusta como é em muitos pontos essa ingerência estrangeira, não pode, por outra parte, duvidar-se que ela tem sido provocada pelos desmanchos, erros e desmedido orgulho desses governos da península; e, sem dúvida, o presente tratamento da rainha de Portugal não tenderá a conciliar-lhe maior amizade dos gabinetes das outras potências.

Porém, entrado Portugal na ruinosa guerra do Brasil, que forças são as que lhe restam para auxiliar a Espanha; ou, por outras palavras, debelar o inimigo nos Pirineus em vez de se defender em Almeida ou Elvas?

Sabemos mui bem que o estribilho desta cantiga é a união com Espanha; mas então, para que andam esses políticos d'água morna exaurindo as suas forças no Brasil, quando elas lhes podiam servir nessa mesma união espanhola, primeiro para obter termos mais favoráveis na união, segundo, para melhor defenderem o todo depois dessa união?

Estas inconseqüências procedem de que os homens que estão à testa dos negócios em Portugal não têm conhecimento algum do que se chama o grande mundo, e só sabem a teoria dos livros; o único homem dentre eles que sabe o que é esse mundo é um canguinhas, um donato nas maneiras e no espírito, que nunca terá assaz espírito ou solução para obrar. Praza a Deus que o Brasil, olhando para este espelho, veja os defeitos que lhe convém evitar, e não se lembre do que passa em Portugal, senão para desviar-se da mesma fatal carreira.

O secretário da Guerra, Cândido, pediu a sua demissão, já porque suas moléstias lhe faziam mui incômodo o trabalho da Secretaria, já porque os continuados ataques que o público lhe fazia, em conseqüência de sua péssima conduta política passada, o declaravam absolutamente indigno do lugar que ocupava. Sucedeu-lhe na ocupação Manuel Gonçalves de Miranda, um oficial militar cujo mérito para ser secretário de Estado na repartição da Guerra parece consistir principalmente nos sentimentos desarrazoadamente hostis que manifestou contra o Brasil nas Cortes passadas, em que foi deputado.

A política de Portugal, pelo que respeita o Brasil, continua a ser constantemente absurda, esperançado ainda o governo, e iludido igualmente o povo, com as idéias de reconquistar o Brasil e fundando-se nas forças que tem na Bahia e na dominação que ainda conserva no Maranhão e Pará.

Quanto às forças da Bahia, o general Madeira acha-se bloqueado por terra tão estreitamente que nenhuma subsistência pode tirar do país; e assim é claro que quantas mais tropas lhe mandarem de Lisboa, tanto maior será a dificuldade de as sustentar, porque não tem outros mantimentos senão os que lhe entram por mar. Estes lhe serão também interceptados, logo que a esquadra do Brasil seja assaz numerosa para manter o bloqueio da barra, e então Madeira será obrigado a render-se pela fome.

O Maranhão e o Pará, sujeitos unicamente pelas tropas portuguesas que ali guarnecem as capitais, só esperam o momento favorável para as expulsar e ajuntarem-se à liga brasiliense; isto sabe mui bem o governo de Lisboa, mas continua a iludir o povo, como se contasse com a permanente posse daquelas duas províncias e como se essa posse fosse do agrado do povo.

Dissemos que o governo português sabe isto, porque até nas gazetas de Lisboa se têm publicado cartas, escritas por portugueses residentes naqueles países, que dizem haver no Maranhão muitos patifes; isto é, muitos que aprovem a independência e união geral do Brasil debaixo do governo de s. m. i. No Pará, passam as coisas de opiniões a fatos, porque nas mesmas gazetas de Lisboa se têm publicado os procedimentos do governo do Pará que tem mandado prender muitos homens de importância como implicados no plano da independência do Brasil.

Com estas notícias já assim públicas em Lisboa, dissemos que o governo português não pode ignorar que a sua dominação, mesmo no Maranhão e Pará, está a expirar; e se fala e obra em sentido contrário, não é senão para iludir o povo. O sertão do Piauí, que negocia em gados somente com a Bahia e Pernambuco, é por isso naturalmente ligado ao resto da confederação brasileira, e como a capital não tem outros recursos, ela deve seguir o impulso da província.

Assim fica manifesto que logo que o Brasil se desembarace das forças portuguesas que estão na Bahia, pode formar um exército no Piauí que, pela vizinhança do Maranhão, lhe cortará todas as comunicações com o interior, em cujo estado nem as forças portuguesas se poderão ali manter, nem, quando o pudessem, valeria a pena de o fazer. O mesmo se pode dizer do Pará.

Como o entusiasmo que o governo de Portugal tem excitado no povo para o fazer entrar na guerra contra o Brasil não é fundado em razão, mas sim em paixões particulares, esse entusiasmo deve esfriar com o tempo, e tanto mais depressa quanto a interrupção do comércio for mostrando aos povos que a presente administração vai, com seus erros, solapando a prosperidade nacional.

Já na cidade de Braga houve uma comoção que se supôs de considerável magnitude; nós não julgamos isso, por ora, coisa de grande importância, exceto enquanto é um sintoma do efeito que vai produzindo no espírito público a guerra do Brasil. Os chapéus de Braga e as facas de Guimarães, que não podem ir vender-se ao Brasil, começam a despertar a gente, tocando-a por seus interesses; e os negociantes de Lisboa e Porto conhecerão também, dentro em pouco tempo, os lucros que tiram dessa guerra que tanto têm aplaudido.

92.
ANÚNCIO AOS LEITORES DO *CORREIO BRAZILIENSE*

[Nº 175, vol. XXIX, dezembro de 1822, pp. 615-23]

Este periódico, destinado sempre a tratar com objeto primário dos negócios relativos ao Brasil, tem há alguns meses sido quase exclusivamente ocupado com os sucessos daquele país, ou com os de Portugal que lhe diziam respeito; e os acontecimentos últimos do Brasil fazem desnecessário ao redator o encarregar-se da tarefa de recolher novidades estrangeiras para aquele país, quando a liberdade da imprensa nele, e as muitas gazetas que se publicam nas suas principais cidades, excusam este trabalho dantes tão necessário.

Deixará, pois, o *Correio Braziliense* de imprimir-se mensalmente; e só, sim, todas as vezes que se oferecer matéria sobre que julguemos dever dar a nossa opinião a bem da nossa pátria e houver ocasião oportuna de fazer as remessas que, pela incerteza das saídas dos paquetes e navios, inutilizam a pontualidade da publicação mensal de um periódico cujo escopo é unicamente o Brasil e aonde não pode chegar com regularidade de tempo.

93.
Documentos citados

I. Parecer da Comissão de Constituição
sobre a abolição dos tribunais no Rio de Janeiro
(nº 164, vol. XXVIII)

"A Comissão de Constituição, encarregada por este soberano Congresso de interpor a sua opinião sobre os assuntos que ficaram indecisos a respeito das províncias do Brasil, tem a honra de apresentar o resultado das suas conferências, com a urgência que lhe foi recomendada. A mesma comissão, depois de ter ouvido os ilustres deputados das referidas províncias, concordou nos seguintes artigos:

"Art. 1) Que fiquem extintos todos os tribunais que el-rei criou na cidade do Rio de Janeiro, depois que para ali se trasladou com a sua Corte.
"Art. 2) Que as funções do Desembargo do Paço e da Mesa da Consciência sejam exercidas de ora em diante do mesmo modo que o eram antes de serem criados estes tribunais no Brasil.
"Art. 3) Que as funções do Conselho da Fazenda e do Erário, no que respeita a província do Rio de Janeiro, serão exercidas por uma junta de Fazenda, que será instalada do mesmo modo e com as mesmas atribuições que estão decretadas para as outras províncias do Brasil, e para esta junta passarão os documentos parciais que lhe são necessários para a administração da Fazenda da província.
"Art. 4) Que o governo seja autorizado para nomear outra junta temporária, para ser particularmente encarregada de inventariar todos os livros, documentos e tudo o que pertence em geral ao Reino Unido; e para arrecadar, liquidar e remeter para Lisboa, ao Ministério da Fazenda Nacional, o que sucessivamente for liquidando, arrecadando e inventariando, com a necessária clareza, tanto em relação ao Conselho da Fazenda, como ao Erário, notando especialmente o que for entregue à Junta da Fazenda Provincial.

"Art. 5) Que a esta mesma Junta do Comércio de liquidação fique pertencendo o que respeita a contabilidade, liquidação e arrecadação dos objetos da extinta Junta do Comércio, nos termos do artigo antecedente; e a inspeção sobre os melhoramentos da agricultura, comércio, fábricas e navegação da província fique pertencendo à Junta Provincial Administrativa, a qual proporá as reformas ou alterações que lhe ocorrerem para se obterem os pretendidos melhoramentos.

"Art. 6) Que a Casa da Suplicação do Rio de Janeiro fique reduzida a uma Relação provincial, e que nela, assim como nas outras relações do Brasil, seja a última instância em que findem as demandas, salvo o recurso da revista, nas causas que excederem o valor de dois contos de réis, para Lisboa, no juízo e nos termos que prescreve a atual legislação existente. As províncias que atualmente não têm relações continuarão a interpor os seus recursos para aquelas a que atualmente recorrem, enquanto se vão decretar e fazer instalar as outras relações de províncias.

"Art. 7) Que provisoriamente fique excetuado da abolição indicada no art. 1 o Supremo Conselho de Justiça, estabelecido no Rio de Janeiro, para serem remetidos a ele, como atualmente, os Conselhos de Guerra, enquanto se não faz extensiva às outras províncias a providência estabelecida a favor da província do Maranhão.

"Art. 8) Que os membros dos tribunais extintos fiquem aposentados com meios ordenados, enquanto o governo os não chamar e empregar como lhe parecer conveniente para o bom serviço público.

"Art. 9) Que a todos os oficiais e empregados subalternos das extintas repartições se conservem metade dos ordenados por tempo de um ano, e só àqueles que não tiverem vencimento por outra repartição que iguale os meios ordenados.

"Art. 10) Que a Junta Provisional empregue com preferência aqueles dos indicados no artigo antecedente que o merecem, no serviço que por estas novas disposições se ordena. A mesma junta formará uma relação de todos eles, com explicação de seus estados, dos serviços para que têm aptidão, da sua conduta, de todos os vencimentos que percebem; consulte o governo, sobre os que, em presença da mesma relação, merecem ser inteiramente demitidos, os empregados privados de meio ordenado, os conservados na continuação deles.

"Progressivamente se irá fazendo a reforma de outros estabelecimentos, e se adianta esta pela sua urgência.

"Paço das Cortes, em 10 de outubro de 1821."

II. Consulado Geral Português
(nº 166, vol. XXVIII)

"29, Great Winchester Street, 7 de março de 1822.
"Senhor!
"Permiti-me que vos exponha, para informação dos senhores do Lloyd, e todos os outros a quem importe, que tenho ordens do meu governo para não permitir que vaso algum destinado aos portos das províncias portuguesas transatlânticas tendo a bordo algum artigo de guerra denominado munições navais (*naval stores*) seja despachado neste consulado. Outrossim, que se tais munições chegarem aos ditos portos, serão apreendidas e as partes interessadas punidas com a maior severidade da lei, a menos que produza uma licença do governo português, permitindo a importação de munições de guerra ou navais.
"Anthony Lopes da Cunha.
"Mr. João Bennet Jr., de Lloyds."

III. Consulado Geral Português [2]
(nº 166, vol. XXVIII)

"Great Winchester Street, 15 de março 1822.
"Senhor!
"S. exc., o ministro português, me transmitiu uma ordem relativa à exportação deste país de produtos portugueses em navios britânicos ou outros estrangeiros; pelo que, permiti-me que vos passe uma cópia da mesma, para informação dos senhores de Lloyd, e de todos os outros a quem importe. A seguinte é a ordem:
"'A lei de s. m. f., que proíbe a importação de produtos ou mercadorias portuguesas em vasos estrangeiros, seja de porto a porto nos domínios portugueses, ou importadas em vasos estrangeiros de portos estrangeiros para serem reexportadas para os portugueses, não tem ainda sido executada neste país; portanto, é-vos ordenado que façais público que se não concederão papéis consulares a nenhum vaso estrangeiro destinado a algum dos ditos portos portugueses tendo a bordo produto do crescimento português; e que se não permitirá a entrada de tais produtos em algum dos portos dos estados portugueses importados a bordo de qualquer vaso estrangeiro. Debaixo da dita denominação de produto português se incluem igualmente todas as fazendas da Índia oriental e mercadorias importadas de Macau em

vasos portugueses para os domínios portugueses, aos quais também se não permitirão daqui em diante papéis consulares nos portos deste Reino Unido, nem entrada nos portos dos estados portugueses.

"Tenho a honra de ser, senhor, vosso mui obediente criado'.

"[Assinado Anthony Lopes da Cunha.

"João Bennet, Esq., secretário do Comitê de Lloyd.]"

IV. REPRESENTAÇÃO DA JUNTA DE GOVERNO
PROVISÓRIO DA PROVÍNCIA DE SÃO PAULO,
A S. A. R., O PRÍNCIPE REGENTE DO BRASIL
(n° 167, vol. XXVIII)

"Senhor!

"Tínhamos já escrito a v. a. r. antes de pelo último correio recebermos a *Gazeta Extraordinária* do Rio de Janeiro, de 11 do corrente, e apenas fixamos nossa atenção sobre o primeiro decreto das Cortes, acerca da organização dos governos das províncias do Brasil, logo ferveu em nossos corações uma nobre indignação; porque vimos nele exarado o sistema da anarquia e da escravidão; mas o segundo, pelo qual v. a. r. deve regressar para Portugal, a fim de viajar incógnito, somente pela Espanha, França e Inglaterra, causou-nos um verdadeiro horror.

"Nada menos se pretende do que desunir-nos, enfraquecer-nos e até deixar-nos em mísera orfandade, arrancando do seio da grande família brasiliense o único pai comum que nos restava, depois de terem esbulhado o Brasil do benéfico fundador deste Reino, o augusto pai de v. a. r. Enganam-se, assim o esperamos em Deus, que é o vingador das injustiças; ele nos dará coragem e sabedoria.

"Se pelo artigo 21 das Bases da Constituição, que aprovamos e juramos, por serem princípios de direito público universal, os deputados de Portugal se viram obrigados a determinar, que a Constituição, que se fizesse em Lisboa, só obrigaria por ora aos portugueses residentes naquele reino, e quanto aos que residem nas outras três partes do mundo, ela somente se lhes tornaria comum quando seus legítimos representantes declarassem ser esta a sua vontade, como agora esses deputados de Portugal, sem esperarem pelos do Brasil, ousam já legislar sobre os interesses mais sagrados de cada província e de um reino inteiro? Como ousam desmembrá-lo em porções desatadas, isoladas, sem lhes deixarem um centro comum de força e de união? Como ousam roubar a v. a. r. o lugar tenência, que seu augusto pai, nosso rei, lhe concedera? Como querem despojar o Brasil do Desembargo do Paço, Mesa da Consciência e Ordens, Conselho da Fazenda, Junta do Comércio, Casa da Suplicação e de tantos outros estabelecimentos novos que já prometiam futuras prosperidades? Para onde recorrerão os povos desgraçados, a bem de seus interesses econômicos e judiciais? Irão agora, depois de acostumados por 12 anos a recursos prontos, a sofrer outra vez, como vis colonos, as delongas e trapaças dos tribunais de Lisboa, através de duas mil léguas do Oceano, onde os suspiros dos vexados perdiam todo o alento e esperança? Quem o crerá, depois de tantas palavras meigas, mas dolosas, de recíproca igualdade, e de felicidade futuras!!

"Na sessão de 6 de agosto, disse o deputado das Cortes, Pereira do Carmo (e disse uma verdade eterna), que a Constituição era o pacto social, em que se expressavam e declaravam as condições, pelas quais uma nação se quer constituir em corpo político; e que o fim desta Constituição é o bem geral de todos os indivíduos, que devem entrar neste pacto social. Como pois ousa agora uma mera fração da grande nação portuguesa, sem esperar a conclusão desse solene pacto social, atentar contra o bem geral da parte principal da mesma, qual o vasto e riquíssimo reino do Brasil, despedaçando-o em míseros retalhos, e pretendendo arrancar, por fim, de seu seio o representante do poder Executivo, e aniilar de um golpe de pena todos os tribunais e estabelecimentos necessários à sua existência e futura prosperidade? Este inaudito despotismo, este horroroso perjúrio político, de certo não o merecia o bom e generoso Brasil. Mas enganam-se os inimigos da ordem nas Cortes de Lisboa, se se capacitam, que podem ainda iludir, com vãs palavras e ocos fantasmas, o bom siso dos honrados portugueses de ambos os mundos.

"Note v. a. r. que se o reino de Irlanda, que faz uma parte do Reino Unido da Grã-Bretanha, apesar de ser infinitamente pequeno, em comparação do vasto império do Brasil, e estar separado da Inglaterra por um estreito braço de mar, que se atravessa em poucas horas, todavia conserva um governo geral, ou vice-reinado, que representa o poder Executivo do rei do Reino Unido, como poderá vir à cabeça de ninguém, que não seja ou profundamente ignorante, ou loucamente atrevido, pretender que o vastíssimo reino do Brasil haja de ficar sem centro de atividade e sem representante do poder Executivo, como igualmente sem uma mola de energia e direção das nossas tropas, para poderem obrar rapidamente, e de mãos dadas, a favor da defesa do Estado, contra qualquer imprevisto ataque de inimigos externos, ou contra as desordens e facções internas, que procurem atacar a segurança pública e a união recíproca das províncias!

"Sim, augusto senhor, é impossível que os habitantes do Brasil, que forem honrados, e se prezarem de ser homens, e mormente os paulistas, possam jamais consentir em tais absurdos e despotismos: sim, augusto senhor, v. a. r. deve ficar no Brasil, quaisquer que sejam os projetos das Cortes Constituintes, não só para nosso bem geral, mas até para a independência e prosperidade futura do mesmo Portugal. Se v. a. r. estiver, o que não é crível, pelo deslumbrado e indecoroso decreto de 29 de setembro, além de perder para o mundo a dignidade de homem e de príncipe, tornando-se escravo de um pequeno número de desorganizadores, terá também que responder, perante o Céu, do rio de sangue, que decerto vai correr pelo Brasil com sua ausência, pois seus povos, quais tigres raivosos, acordarão decerto do sono amadornado, em que o velho despotismo os tinha sepultado, e em que a astúcia de um novo maquiavelismo constitucional os pretende agora conservar. Nós rogamos, portanto, a v. a. r., com o maior fervor, ternura e respeito, haja de suspender a sua volta para a Europa, por onde o querem fazer viajar, como um pupilo, rodeado de aios e de espias; nós lhe rogamos, que confie corajosamente, no amor e fidelidade dos seus brasileiros e mormente dos seus paulistas, que estão todos prontos a verter a última gota do seu sangue e a sacrificar todos os seus haveres, para não perderem o príncipe idolatrado, em quem têm posto todas as esperanças bem fundadas da sua felicidade e da sua honra nacional. Espere pelo menos v. a. r. pelos deputados nomeados por este governo e pela Câmara desta capital, que devem quanto antes levar à sua augusta presença nossos ardentes desejos e firmes resoluções, dignando-se acolhê-los e ouvi-los com o amor e atenção, que lhe devem merecer seus paulistas.

"À augusta pessoa de v. a. r. guarde Deus muitos anos.
"Palácio do Governo de São Paulo, em 24 de dezembro de 1821.
"João Carlos Augusto Oeinhausen, presidente.
"José Bonifácio de Andrada e Silva, vice-presidente.
"Martim Francisco de Andrade, secretário.
"Lazaro José Gonçalves, secretário.
"Miguel José de Oliveira Pinto, secretário.
"Manuel Rodrigues Jordão.
"Francisco Inácio de Souza Guimaraens.
"João Ferreira de Oliveira Bueno.
"Antônio Leite Pereira da Gama Lobo.
"Daniel Pedro Muller.
"André da Silva Gomes.
"Francisco de Paula e Oliveira.
"Antônio Maria Quartim."

V. Sessão das Cortes: 327ª sessão, 18 de março
[trecho do resumo]
(nº 167, vol. XXVIII)

"O sr. Guerreiro leu o seguinte parecer da Comissão Especial sobre os Negócios do Brasil:

"'A Comissão Especial dos Negócios Políticos do Brasil, examinando atentamente as cartas de s. a. r. a s. m. que foram presentes ao Congresso, e tomando em consideração os ofícios da Junta Administrativa de Pernambuco, não pode deixar de convencer-se da franqueza e lealdade do procedimento de s. a. r., da fermentação e tendência perigosa dos ânimos nas províncias do Rio de Janeiro, Minas Gerais e São Paulo, e do desgosto ainda que surdo da província de Pernambuco, a que dera ocasião as ordens e decretos do Congresso, decisões gerais e atos do governo, tudo desfigurado por escritores venais e desorganizadores que, inspirados pelo gênio do mal, afanam-se em dividir irmãos e esperam consegui-lo, certo que um povo a quem se abriu pela primeira vez a estrada da liberdade, fácil é de seduzir e incutir terrores, imaginando perda de um bem que mais estimam, porque menos o gozaram.

"'A Comissão deplora o engano em que laboram os brasileiros e não concebe como se possam atribuir ao Congresso vistas contrárias aos sentimentos liberais que lhe deram nascimento, e que decerto o animam. A Constituição fala por si mesma e convence a impostura dos que a abocanham: aos povos do Brasil nada se negou do que se concedeu aos de Portugal: igualdade de direitos, de comando e vantagens, tanto quanto o permitia a situação de ambos os países, está sancionada enquanto se tem decretado. As mesmas leis devem reger a ambos os hemisférios quando a prudência não aponte modificações saudáveis e necessárias. Os empregos de proveito e confiança são dados ao merecimento, ou d'aquém ou d'além do Atlântico; o lugar natalício não influi sobre a escolha. O Congresso levou mesmo a delicadeza a especificar a partilha na deputação permanente e no Conselho de Estado. Todavia, nem assim sossegam os receios; a nobre declaração do Congresso, conteúda no artigo 21 das Bases, em vez de ganhar-lhe os corações dos brasileiros, pelo respeito mostrado aos seus direitos, é hoje o tema dos seus gravames. O Congresso não legislou para o Brasil, senão porque ele aderiu sem condições ao que decretassem as Cortes; nem se pode dizer que, não estando presente a maior parte dos representantes do Brasil, no Congresso se faltava ao prometido, estendendo-se àquele país leis que não tinha aprovado, porquanto se lhes resguardavam para o tempo do comparecimento dos seus deputados as modificações que exigisse a peculiaridade de suas circunstâncias. E de mais, seria absurdo que uma assembléia deliberante ficasse em inação, só porque algumas partes do reino se descuidavam do mais sagrado dos seus deveres, isto é, auxiliar-nos e colaborar na regeneração geral da nação. Isto seria o mesmo que premiar a falta, que merecia antes repreensão, e punir a atividade retardando-lhe uma organização de que dependia a sua salvação. Donde está a culpa? Certamente da parte dos povos do Brasil, que apesar dos rogos e admoestações ainda não têm mandado os seus representantes, e que nem ao menos instruções algumas deram aos deputados eleitos por eles, que, residentes há muito tempo fora das respectivas províncias, ignoram as suas necessidades.

"'Se não têm peso as queixas gerais contra a desigualdade que não existe, menos contemplação merecem os gravames específicos que se alegam, e bem acrisolados reputá-los-ão benefícios os brasileiros, quando abrindo os olhos, que lhes cerra a desconfiança, virem as coisas como elas são.

"'O Rio de Janeiro, por efeito do desgoverno e dilapidações de um ministério corrompido, está à borda de uma bancarrota quase infalível; a estada ali de s. a. r., exigindo a mantença de uma corte, impossibilita as economias precisas e acelera a queda fatal daquela parte do império português. Demais, é mister que o herdeiro do trono resida em um país que faz parte do sistema europeu, cujas negociações tanto podem, principalmente nas circunstâncias atuais, influir na sorte do Reino Unido.

"'Estas considerações necessitaram o seu chamamento, e nada têm de comum com a sua vinda a privação temida de um centro geral de governo no Reino do Brasil, que a Constituição lhe não nega, e que o Congresso não terá jamais a barbaridade de disputar à vontade reconhecida do Brasil. É porém pasmoso sobremaneira que se queira a conservação de tribunais, que tanto peso fazem à nação, e que estão em perfeita contradição com o sistema representativo por ela admitido. Eles eram precisos numa monarquia absoluta, para que a vontade de um só, que é a lei em tais estados, refletisse ao menos as luzes emprestadas pela sabedoria de muitos; mas que préstimos podiam ter no atual sistema? Uma representação formada da flor da nação, e animada de espírito da mesma nação, não há mister escorar-se nas fórmulas decrépitas de corporações permanentes, para quem o dia de hoje é como o de ontem. Semelhantes estabelecimentos são o luxo da ordem social, que a política reforma, todas as vezes que, na organização de um povo, se olha para a utilidade, e não para o vão aparato. É verdade que a abolição, não sendo simultânea *[ilegível]* os reinos, podia gerar suspeita; mas *[ilegível]* fosse sensato duvidaria um só instante, que os *[ilegível]* houvessem de ter aqui a final igual sorte aos do *[ilegível]*. E que perdia o reino do Brasil com a sua extinção. No mesmo decreto que os extinguia estava provido de remédio tudo o que expediam os dois tribunais da Mesa da Consciência e Desembargo do Paço; no contencioso, já na Constituição está declarado que as revistas serão concedidas mesmo no Brasil; e quanto ao expediente de certas graças, bem que por enquanto pudesse sofrer algum embaraço, não podia prever o Congresso que um incômodo temporário, e que certo seria remediado quando se ultimasse o regime final do Brasil, produzisse tanto desassossego e desconfiança.

"'O Congresso, talvez levado por um demasiado respeito aos princípios, dividiu a administração das províncias em três ramos que, devendo concorrer todos para o mesmo fim, não eram porém subordinados uns aos outros; pareceu-lhe que o serviço público seria melhor desempenhado quando fosse partilhado o trabalho, e creio mesmo que, sendo a Força Armada, por sua natureza, sempre obediente ao poder Executivo, e por isso competindo a este a nomeação e responsabilidade do chefe da dita força, seria anomalia subordiná-lo a um poder popular e eletivo, acrescendo a necessária dificuldade da efetiva responsabilidade em semelhante caso, por pesar imediatamente sobre um corpo moral que, escorado na confiança dos eleitores, pode talvez iludir a mesma responsabilidade e conservar-se, a despeito do poder Executivo, nos empregos em que tenha sido negligente. Todavia o Congresso não pode afirmar que às províncias do Brasil não convenha outra organização; a experiência não o podia então ilustrar; o que porém pode asseverar-lhe é que falta de experiência nunca envolveu intenções sinistras, que aliás se não depreendem do contexto da sua conduta. Quiçá se lhe queira negar a realidade da asseveração acima à vista da remessa de tropas a algumas províncias do reino do Brasil; mas custa a crer a Comissão que seriamente se increpe esta medida que, a não ser adotada, mostraria ao mundo vergonhosa negligência do Congresso. Uma das províncias pediu expressamente a remessa das tropas, e se o Congresso não anuísse seria com razão argüido de frouxo e descuidado; em outras apareciam centelhas de facção, e não devia o Congresso buscar abafá-las pelos meios que a nação pôs à sua disposição? O Congresso não podia ignorar que, conquanto mereça toda a atenção a voz geral das províncias, jamais devem ser escutados os gritos de facciosos, que só têm em vista a ruína nacional; contra as facções, e não contra a província em geral é que foram remetidas as forças de que as províncias se queixam. Basta uma vista de olhos sobre o seu número para convencer-nos do fim da sua remessa, sobejas para aquietar rebeliões parciais e restabelecer o sossego perdido, são nada para conquistar uma província.

"'Restam por fim alguns atos do governo e do Congresso que a calúnia envenenou; tais são as nomeações de governadores das armas para o Brasil, de agentes diplomáticos e a escolha interina de conselheiros de Estado. Pode parecer, à primeira vista, ter havido alguma desigualdade, aparecendo em tão numerosa lista mui poucos nomes de naturais do Brasil; mas porventura deve imputar-se à má vontade o que antes procederia talvez da falta de conhecimento que o governo tinha de brasileiros que devessem ser empregados em semelhantes ramos? Uma falta involuntária poderá jamais justificar o indecente fervor com que se insinua malícia, ou decerto a não houve? Demais, quanto ao Conselho de Estado, não providencia já a Constituição, partilhando-o igualmente? Diferenças entre irmãos podem admitir expostulações amigáveis, mas nunca azedume decidido.

"'Quanto até aqui se expôs é suficiente para persuadir a lealdade e franqueza com que o Congresso tem tratado ao reino irmão; talvez mesmo se inculque de fraqueza esta condescendência; mas como uma mãe terna jamais desce da sua dignidade, escutando e providenciando remédio aos queixumes de um filho que adora, é de parecer a Comissão:

"'1º) Que se expeçam ordens para que o príncipe real não abandone o Rio de Janeiro, não o tendo já feito, enquanto se não fizer a organização geral do governo do Brasil.

"'2º) Que se não instale ali a Junta Provisional, por ser inconsistente com a sua estada naquela província.

"'3º) Que faça, porém, executar o decreto da abolição dos tribunais, simultânea ou sucessivamente, segundo o seu entender, principalmente a Junta do Comércio, cuja imediata extinção parece ter mais fortes inconvenientes.

"'4º) Que se declare que a Junta da Fazenda das províncias do reino do Brasil é subordinada à Junta Provisional, e deve ser presidida por um dos membros desta junta.

"'5º) Que o comandante da força armada de cada uma das províncias fique subordinado à Junta Provisional, da qual, porém, será membro nato, com voto tão somente na parte militar.

"'6º) Que se discuta, e desde logo se remeta às províncias do reino do Brasil, o projeto de decreto sobre as relações comerciais que a Comissão reputa um dos mais fortes vínculos da união; nele não descobrirão os brasileiros um só artigo que não descubra a mais perfeita igualdade e reciprocidade, antes convencer-se-ão que o Congresso trata o Brasil como verdadeiro irmão e amigo.

"'7º) Que se especifiquem as bases do sistema de Fazenda que deve reger ambos os reinos, dividindo as despesas, em gerais, da união e particulares, de cada um deles; declarando-se que as particulares serão satisfeitas por aquele a quem interessarem; e as gerais, tais como a dotação da família real, as despesas com agentes diplomáticos, as da Marinha e as extraordinárias de guerra, ficarão a cargo de ambos os reinos.

"'8º) Que a dívida passada do Brasil seja declarada nacional.

"'9º) Que a dívida contraída com o Banco do Brasil seja classificada como dívida pública, e desde logo se assinem prestações suficientes para sustentar tão útil estabelecimento.

"'10º) Que se indique em termos enérgicos e claros às províncias do Brasil que o Congresso não tem dúvida de conceder àquele reino um ou dois centros de delegação do poder Executivo que previnam os inconvenientes da grande distância daquele reino a este, ficando imediatamente subordinados ao poder Executivo aquelas províncias que assim o requererem, por convir à sua posição e interesses.

"'Enfim, que o Congresso, uma vez salvo o princípio essencial da união, não disputará sobre a concessão de tudo que convenha ao Brasil, para sua melhor e mais pronta administração interna. Que para esse efeito, finda a discussão da Constituição, se formarão artigos adicionais, que serão discutidos igualmente, esperando-se que já a esse tempo se tenham reunido as deputações do Brasil que ainda faltam, ficando porém os brasileiros certos que se não aparecerem ao tempo indicado, nem por isso se demorará a discussão; e as províncias que, por sua frouxidão, não tiverem parte nelas, apesar disso não ficarão desobrigadas da obediência, visto o seu anterior reconhecimento da unidade dos dois hemisférios portugueses, e não poder admitir-se em política que o veto de uma província inutilize os operações da Assembléia de toda a nação.

"'Quanto às tropas européias que atualmente estão no Brasil, a Comissão é de parecer que elas somente se devem retirar quando as circunstâncias particulares das províncias façam que seja inútil a sua estada ali, ficando ao arbítrio do governo mandá-las retirar, quando assim lhe parecer conveniente, tendo primeiro ouvido as Juntas Provinciais.

"'Paço das Cortes, em 28 de março de 1822.

"'Antônio Carlos Ribeiro de Andrada Machado e Silva.

"'Bento Pereira do Carmo.

"'Joaquim Pereira Annes de Carvalho.

"'José Joaquim Ferreira de Moura.

"'Luiz Paulino de Oliveira Pinto da França.

"'Manuel Borges Carneiro.

"'Francisco Manuel Trigoso de Aragão Morato.

"'Custódio Gonçalves Ledo.
"'Joaquim Antônio Vieira Belford.
"'Inácio Pinto de Almeida e Castro.
"'Manuel Marques Grangeiro.
"'José Antônio Guerreiro.'"

VI. Carta ao redator sobre a proibição de exportar certos gêneros da Inglaterra para o Brasil (nº 167, vol. XXVIII)

"Consulado Geral de Portugal.
"Londres, 12 de abril de 1822.
"Lendo o seu periódico do mês passado, vi o que vossa mercê diz a respeito das duas cartas deste Consulado Geral ao sr. Bennett, secretário da Casa de Seguros, que vossa mercê em dúvida explica, como se não fora um fato muito exato que este Conselho Geral julgou logo no dia seguinte àquele em que escreveu a anterior destas, saber do senhor encarregado dos Negócios uma explicação a esse respeito; quais eram os armamentos de guerra que por ordem superior se não deviam dar despachos.
"A carta aqui junta, que melhor explica, foi logo escrita e se fez pública, o mesmo que as mais. Em abono da regularidade do seu periódico, ao qual agora sucedeu haverem-se omitido uns e aparecerem outros documentos, rogo o favor da sua imparcialidade, publicando mais a carta junta, visto fazer parte das outras três que se escreveram ao sr. Bennett.
"De vossa mercê atento venerador.
"Duarte Lloyd.
"Secretário do C. G.

"Copy

"Portuguese Consulate General.
"28, Great Winchester Street.
"11th march 1822.
"Sir,
"In consequence of the applications made to me by some of the gentlemen in the portuguese trade, wishing to be informed what stores, naval or others were comprehended in the letter I had the honour to write you on the 7th instant, I applied for explanation to H. M. F. M. Minister-Chargé

d'Affairs, and I have now to state to you, for general information, that the articles comprehended in the prohibition are

"Gun powder.
"Guns for vessels or land service.
"Muskets and all other war arms.
"And nothing else.
"I have the honour to be, etc.
"[Signed] Antônio Lopes da Cunha.
"C. G.
"J. Bennett, Jun. Esq.
"Secretary to the Committee of Lloyds."

VII. Ofício das Cortes ao ministro dos Negócios Estrangeiros sobre a aplicação dos dinheiros em Londres pertencentes a negociantes do Brasil
(nº 167, vol. XXVIII)

"Ilmo. e exmo. sr.:
"As Cortes Gerais e Extraordinárias da nação portuguesa ordenam que v. exc. remeta a este soberano Congresso as informações necessárias acerca de uma ordem que se diz expedida pela Secretaria de Estado dos Negócios Estrangeiros, para que os encarregados de negócios em Londres recebessem, para pagamento dos agentes diplomáticos pretéritos e presentes, certas quantias que naquela capital estavam depositadas, pertencentes a negociantes do Brasil, principalmente da Bahia, em conseqüência de indenizações de tomadias de navios na costa da África. O que participo a v. exc. para sua inteligência e execução.
"Deus guarde à v. exc.
"Paço das Cortes, em 27 de fevereiro de 1822.
"João Batista Felgueiras.
"Silvestre Pinheiro Ferreira."

VIII. Resposta do ministro
(nº 167, vol. XXVIII)

"Ilmo. e exmo. sr.:
"Convencido o governo britânico da injustiça da maior parte das to-

madias feitas pelas suas forças navais ao comércio português, com o pretexto de ilícito tráfico de escravatura, calculou que era do seu interesse pôr à disposição do governo português a quantia de 300 mil libras esterlinas, em que avaliou a totalidade das perdas e danos, para indenização das pessoas que se mostrassem lesadas.

"Feitas estas legalizações perante a Junta do Comércio do Brasil, e pagos, daquelas 300 mil libras, os capitais que cada uma das pessoas lesadas justificou ter perdido, sobrava ainda uma soma considerável; e entrou em dúvida, na Junta do Comércio, se estas sobras se deviam dividir todas pelos interessados, à proporção dos capitais que a cada um se acabava de embolsar; ou se, dando-se-lhes como equivalentes de juros e lucros 30% a cada um, se deveriam reputar por indenizados, cedendo a quantia que restasse a favor do Público Tesouro.

"Sendo este último o parecer do Tribunal, e tendo s. m. havido por bem conformar-se com ele, expediu o ministro, que então era dos Negócios Estrangeiros, ordens ao enviado de s. m. em Londres, para que das mencionadas sobras, deduzidos os 30% dos capitais julgados às pessoas lesadas, pagasse aos empregados do corpo diplomático e consular, o que se lhes estava a dever de mais de oito meses de seus ordenados e despesas das respectivas secretarias.

"Tal era o estado deste negócio, pelos fins do ano de 1820; mas entrando eu no Ministério em 26 de fevereiro seguinte, levei à presença de s. m. um requerimento dos interessados, reclamando contra aquela apropriação que o governo se havia feito das mencionadas sobras; e pedindo que, visto ter-se já disposto delas para o serviço do Estado, s. m. lhes mandasse embolsar o equivalente pelo Erário do Rio de Janeiro.

"Eu, que tendo voto na citada consulta da Junta do Comércio, tinha feito voto separado, sustentando que das 300 mil libras e seus juros nada pertencia ao Estado, não podia deixar de apoiar este requerimento perante s. m., que declarando haver condescendido, não sem grande repugnância, com o parecer da Junta e dos ministros meus predecessores, que com ele se haviam conformado, me ordenou que expedisse aviso àquele tribunal, para que, procedendo a rateio das mencionadas sobras, desse a um dos interessados seu competente título, para serem embolsados pelo Erário do Rio de Janeiro na forma por eles mesmos proposta e requerida.

"É nesta conformidade, e só depois de haver firmado aos interessados o direito ao seu embolso pelo Tesouro Público, que eu ratifiquei as ordens dadas meses antes pelos meus predecessores, e que era natural acharem-se já cumpridas na Europa.

"Desta exposição, em que tenho cumprido com as ordens das Cortes Gerais e Extraordinárias, que v. exc. me transmitiu em ofício de 27 do passado, será presente ao soberano Congresso que o pagamento feito aos diplomáticos das sobras das 300 mil libras existentes em Londres foi uma transação mui regular e ordinária em comércio; que, em vez de remeter fundos do Brasil para pagar aos diplomáticos na Europa, fazendo-se regressar desta as sobras pertencentes a particulares existentes no Brasil, assinou a estes seu embolso pelo Erário do Rio de Janeiro e desse modo, além do seu expresso consentimento, adquiriu direito a dispor daquelas sobras para objetos do público serviço na Europa.

"Deus guarde a v. exc.

"Secretaria de Estado dos Negócios Estrangeiros, em 6 de março de 1822.

"Ao ilmo. e exmo. sr. João Batista Felgueiras — Silvestre Pinheiro Ferreira."

IX. DECRETO DE S. A. R., O PRÍNCIPE REGENTE DO BRASIL,
PARA A CONVOCAÇÃO DE PROCURADORES DOS POVOS NA CAPITAL
(n° 168, vol. XXVIII)

"Tendo eu anuído aos repetidos votos e desejos dos leais habitantes desta Corte, e das províncias de São Paulo e Minas Gerais, que me requereram houvesse eu de conservar a Regência deste Reino, que meu augusto pai me havia conferido, até que pela Constituição da monarquia se lhe desse uma final organização, sábia, justa e adequada aos seus inalienáveis direitos, decoro e futura felicidade: porquanto, de outro modo, este rico e vasto reino do Brasil ficaria exposto aos males da anarquia e da guerra civil; e desejando eu para utilidade geral do Reino Unido, e particular do bom povo do Brasil, ir de antemão dispondo e arreigando o sistema constitucional, que ele merece, e eu jurei dar-lhe, formando desde já um centro de meios e de fins, com que melhor se sustente e defenda a integridade e liberdade deste fertilíssimo e grandioso país, e se promova a sua futura felicidade. Hei por bem mandar convocar um Conselho de Procuradores-Gerais das Províncias do Brasil, que as representem interinamente, nomeando aquelas, que têm até quatro deputados em Cortes, um; as que têm de quatro até oito, dois; e as outras, daqui para cima, três; os quais procuradores-gerais poderão ser removidos dos seus cargos, pelas suas respectivas províncias, no caso de não desempenharem devidamente as suas obrigações, se assim o requererem os dois terços das suas Câmaras, em vereação geral e extraordinária, procedendo-se à nomeação de outros em seu lugar.

"Estes procuradores serão nomeados pelos eleitores de paróquia, juntos nas cabeças de comarca, cujas eleições serão apuradas pela Câmara da capital da província, saindo eleitos afinal os que tiverem maior número de votos entre os nomeados, e em caso de empate decidirá a sorte; procedendo-se em todas estas nomeações e apurações, na conformidade das instruções, que mandou executar meu augusto pai, pelo decreto de 7 de março de 1821, na parte em que for aplicável, e não se achar revogada pelo presente decreto.

"Serão as atribuições deste Conselho: 1°) Aconselhar-me, todas as vezes, que por mim lhe for mandado, em todos os negócios mais importantes e difíceis; 2°) Examinar os grandes projetos de reforma, que se deverão fazer na administração geral e particular do Estado, que forem comunicados; 3°) Propor-me as medidas e planos, que lhe parecerem mais urgentes e vantajosos ao bem do Reino Unido e à prosperidade do Brasil; 4°) Advogar e zelar cada um dos seus membros, pela utilidade de sua província respectiva.

"Este Conselho se reunirá em uma sala do meu Paço, todas as vezes que eu o mandar convocar, e, além disto, todas as outras mais que parecer ao mesmo Conselho necessário de se reunir, se assim o exigir a urgência dos negócios públicos, para o que dará parte pelo ministro e secretário de Estado dos Negócios do Reino.

"Este Conselho será por mim presidido, e às sessões assistirão os meus ministros e secretários de Estado, que terão nelas assento e voto. Para o bom regime e expediente dos negócios, nomeará o Conselho, por pluralidade de votos, um vice-presidente mensal dentre os seus membros, que poderá ser reeleito de novo, se assim lhe parecer conveniente; e nomeará de fora um secretário, sem voto, que fará o protocolo das sessões e redigirá e escreverá os projetos aprovados e as decisões que se tomarem em Conselho.

"Logo que estiverem reunidos os procuradores de três províncias, entrará o Conselho no exercício das suas funções.

"Para honrar, como devo, tão úteis cidadãos, hei por bem conceder-lhes só tratamento de excelência, enquanto exercerem os seus importantes empregos; e mando, outrossim, que, nas funções públicas, preceda o Conselho a todas as outras corporações do Estado, e gozem os seus membros de todas as preeminências de que gozavam até aqui os conselheiros de Estado, no reino de Portugal.

"José Bonifácio de Andrada e Silva, ministro e secretário de Estado dos Negócios do Reino e Estrangeiros, o tenha assim entendido e faça executar, com os despachos necessários.

"Paço, em 10 de fevereiro de 1822.
"Com a rubrica de s. a. r., o príncipe regente.
"José Bonifácio de Andrada e Silva."

X. Ofícios do general e chefes da
Divisão Auxiliadora destacada no Rio de Janeiro,
ao ministro da Guerra em Lisboa
(nº 168, vol. XXVIII)

"Ilmo. e exmo. sr.:
"O general e os chefes da Divisão Auxiliadora, destacada nesta Corte, têm o sentimento de pôr ao conhecimento de v. exc. os sucessos ocorridos no dia 12 do corrente nesta cidade.
"Desde a partida de s. m. à antiga sede do Reino, formou-se logo um partido forte, para desmembrar esta parte do Brasil da monarquia portuguesa: intenções de opressão ao augusto Congresso nacional se atribuíam cuidadosamente, excitando deste modo o descontentamento geral, até que se chegasse a formar um ponto de apoio, capaz de realizar a separação intentada. Esta tendência se manifestou decididamente à chegada do decreto das Cortes, para o regresso de s. a. r. e então se desenvolveram todos os meios de discórdia, por via da imprensa: os apóstolos da divisão espalharam por toda a parte esta doutrina, que tomou tal vigor, que obrigou a Câmara a dirigir a s. a. r. um requerimento precursor da independência intentada para que ficasse aqui: s. a. anuiu, significando que queria até dar parte às Cortes, e a seu augusto pai, nosso amado rei: esta resposta não pareceu suficiente aos interesses, e pediu-se se declarasse por um edital a absoluta resolução de ficar. O general e os chefes da Divisão conheciam o fim a que se dirigia esta resolução, e conhecendo os passos dos corifeus inovadores, estavam informados dos meios, que se empregavam, para conseguir os seus projetos, e do que darão parte à v. exc. e às Cortes Gerais, na primeira ocasião. Estas circunstâncias reunidas convenceram o general, que a sua pessoa era inútil ao serviço, como general das armas desta província, e pediu a s. a. r. o desonerasse deste emprego: os resultados de sua demissão constam do manifesto, que fez à cidade; e neste breve bosquejo verá v. exc. a necessidade, que houve, de retirar a Divisão, a fim de salvar o povo dos horrores da guerra civil, para a qual a Divisão foi induzida e provocada por todos os meios possíveis. A súplica dirigida a s. a. r. para a passagem da Divisão para a Praia Grande e a ordem do ministro da Guerra para a sua execução, mos-

tram-nas os documentos 3 e 4. Depois que se aquartelou a Divisão nesta parte oposta à cidade, onde se tem guardado a melhor ordem e disciplina, tem tido o sentimento de ver-se atacada de um modo inesperado, escandaloso e subversivo à ordem militar presente e futura.

"O suplemento à *Gazeta do Rio de Janeiro* dará uma idéia justa do ânimo, com que se faz esta operação, para cuja exempção se têm empregado todos os meios possíveis de sedução, admitindo-se até requerimentos por terceira pessoa, e enganando o público com relações falsas, pois que muitos soldados dos apontados nelas têm regressado para as suas companhias, entregando as baixas, que tinham recebid, e tenho a satisfação de segurar a v. exc., que até agora a maior parte fica firme e unida às suas bandeiras, e por este motivo temos levado a s. a. r. a representação inclusa. A alta penetração da v. exc. conhecerá a irregularidade destes procedimentos. E é evidente, que só um conceito equívoco e malicioso das virtudes militares é que pode haver sugerido a idéia de desorganizar e desmembrar um corpo, que é a coluna do Estado, e defensor dos direitos da nação e da coroa. Por esta razão temos a honra de comunicar a v. exc., para que leve ao conhecimento de s. m., e às Cortes Gerais, o amor mais decidido à sua real pessoa, assegurando-lhe, que qualquer que seja o caráter dos inimigos desta divisão, esta se conservará sempre nos seus justos limites, respeitando o direito dos povos, vigiando na sua tranqüilidade interior, ao mesmo tempo que pugnará sempre pela incolumidade e indivisibilidade da nação. Não podem os chefes deixar de levar ao conhecimento de v. exc. que somos todos perseguidos e que há um empenho em fazer-nos aparecer como inimigos do Brasil, que faz continuar em agitações a este inocente povo, dobrando guardas, aumentando as forças das fortalezas, arrancando de suas casas e loges aos mestres e oficiais de ofícios, para conservá-los sobre as armas, como se esta divisão fosse agressora do povo; este empenho temerário tem chegado até a animar a canalha, para que insultem os soldados, que são enviados à cidade, pelo que se fez necessário dirigir a s. exc. o ministro da Guerra o como também sobre a alteração das rações.

"Deus guarde a v. exc.

"Quartel da Praia Grande, em 18 de janeiro de 1822.

"Jorge de Avilez Jusarte de Sousa Tavares.

"Francisco Joaquim Carretti, brigadeiro.

"Antônio José Soares Borges e Vasconcelos, coronel.

"José Maria da Costa, tenente-coronel.

"Jozé da Silva Rig, tenente-coronel.

"Antônio Valeriano de Souza Castro, segundo-tenente comandante.

"Ilmo. e exmo. sr. ministro de Estado dos Negócios da Guerra."

XI. Termo de juramento às autoridades de
Pernambuco, reconhecendo o príncipe regente
(nº 171, vol. XXIX)

"Aos 2 dias do mês de junho de 1822 anos, nesta vila do Recife e paços do Conselho dela, onde se achavam o juiz de fora pela lei, presidente, vereadores e procuradores abaixo assinados; e sendo aí, compareceram os senhores da Junta Provisória desta província e o exmo. governador das armas José Corrêa de Melo, com toda a sua oficialidade e a ilustríssima Junta da Fazenda e autoridades desta praça, os quais todos declararam estarem conformes aos termos supra e retro e de prestarem o juramento de obediência e fidelidade, como prestaram nas mãos do exmo. presidente da Junta Provisória desta província, a Câmara desta vila e todas as mais corporações e autoridades, nas mãos deste Senado; juramento de fidelidade e obediência ao soberano Congresso da nação portuguesa, torna-se a repetir, a el-rei o sr. d. João VI, ao príncipe real o sr. d. Pedro de Alcântara, regente constitucional do Brasil, na forma dos termos retro. E logo o exmo. sr. presidente da Junta do Governo Provisório desta província deferiu o juramento dos Santos Evangelhos à ilustríssima Câmara desta vila, a qual, pelo seu presidente o deferiu às mais corporações e autoridades, as quais todas, de como receberam e prometeram cumprir, assinaram. E logo no mesmo ato disse o ilmo. presidente da Junta Provisória que podendo ser suspeita a necessidade deste novo juramento, de que a sua conduta e da excelentíssima Junta do Governo até hoje divergia dos sentimentos de amor, fidelidade e respeito a el-rei o sr. d. João VI, ao príncipe regente do Brasil, tudo constitucional, declaravam que tais tinham sido até hoje os seus sentimentos, juravam que seriam até morrer; segundo, que não tendo nascido para escravos jamais se sujeitariam ao despotismo ministerial, qualquer que ele fosse, e pudesse reviver; terceiro, que protestam não sacrificar os interesses desta província e, pelo contrário, sustentá-los à força de armas contra qualquer que os pretendesse invadir; e, finalmente, quarto, que dependendo a força física da união das suas partes integrantes, juram, à face do Grande Deus dos Exércitos, promover e concorrer para a união da grande família portuguesa, quanto deles depender; o que, ouvido pelo ilmo. Senado, declarou estar aprovado e seguido pelo exmo. governador das armas, com a sua oficialidade, corporações e autoridades e todo o povo; e achando-se presente o reverendo cônego José Rebelo Pereira Torres, que fora enviado pelo ilmo. cabido desta diocese como seu delegado em virtude de um ofício da data do 1º do corrente, que foi dirigido ao ilmo. cabido para concorrer na presente junção e dar o seu parecer, disse o dito cônego que estava conforme em todos os sentimentos da excelentíssima Junta Provisória e mais repartições, pois a tudo anuía de bom grado; por estar conforme aos sentimentos, como já disse, e ao respeito que devemos ter a el-rei constitucional, o sr. d. João VI, às Cortes, e ao príncipe regente do Brasil. Declarou o Senado, na presença de todos, que a brevidade com que o povo requereu a declaração deste ato não deu lugar a convocar-se a Câmara da capital e todas as mais da província, indispensáveis a este ato, mas que ficavam de acordo por ofícios participá-las do sobredito ato, e procurar a sua anuidade; e para de tudo constar, mandaram fazer este termo, em que assinaram.

"José Maria de Albuquerque e Melo, escrivão da Câmara o escrevi.
"[Seguiam-se as assinaturas.]"

XII. PORTARIA DO MINISTRO DA JUSTIÇA EM LISBOA
À JUNTA PROVISÓRIA DO CEARÁ
(n° 171, vol. XXIX)

"Manda el-rei, pela Secretaria de Estado dos Negócios da Justiça, significar à Junta Provisória do Governo da província do Ceará, que lhe foram tão bem aceitas as medidas adotadas pela mesma junta, e mencionadas no seu ofício de 15 de abril, quanto não pode deixar de mostrar a sua alta desaprovação por tudo o que faz o objeto do ofício da referida junta, na data de 24 de maio último, combinado com o da Câmara do dia 18, a que se refere. Antes do que entreter-se essa junta em fomentar a discórdia com a Câmara, e viverem em um estado de desunião por simples palavras ou pontos, que nada influem no bem geral, esperava s. m. que todas as autoridades se unissem em espírito e vontade para concorrerem a este fim de todas as sociedades, objeto incessante dos seus reais desvelos. Mas o que sobremaneira o desgostou, foi ver que apesar dos mais sagrados juramentos aí prestados às Bases da Constituição, que não admitem mais que um só corpo Legislativo que seja o compêndio de todas as vontades da nação, a Junta e as pessoas por ela convocadas se arrojassem, assim como a Câmara, a prescindir de tão sagrado vínculo e até da obediência devida à sua real pessoa, para tratarem de aceder a um decreto do príncipe real que subverte estes princípios, já tão solenemente sancionados, tentando atrair ao Rio de Janeiro procuradores das diversas províncias ultramarinas, a fim de comporem ali umas Cortes que não podem ser senão um frívolo simulacro e uma representação parcial da grande nação portuguesa, já tão dignamente representada nas Cortes Gerais e Extraordinárias que se acham em pleno exercício das suas augustas funções na corte de Lisboa. El-rei, não reconhecendo outro corpo Legislativo senão este, que representa a nação inteira, e nesta só o poder de nomear os seus representantes, declara iminentemente nulo quanto se obrar em contrário; e abusivo o decreto que motivou tais eleições, como excedendo as atribuições delegadas por s. m. ao príncipe real, e como tendente a produzir uma desunião e um cisma político entre as diversas províncias do Reino Unido. Por cujo motivo, nega a sua real aprovação a essas eleições, em que talvez a precipitação teve mais parte do que a má-fé; e há por mui recomendado novamente à Junta que seja a primeira a dar o exemplo de exato cumprimento ao prestado juramento, e de não reconhecer por legítimo outro corpo Legislativo senão aquele que s. m. reconhece.

"Palácio de Queluz, em 18 de julho de 1822.

"José da Silva Carvalho."

XIII. PORTARIA DO PRÍNCIPE REGENTE
À JUNTA DE PERNAMBUCO
(n° 172, vol. XXIX)

"Manda s. a. r., o príncipe real, pela Secretaria de Estado dos Negócios do Reino, participar à Junta Provisória do Governo da Província de Pernambuco, que lhe foram presentes os seus ofícios de 18 e 26 de março deste ano. No primeiro, louva a Junta, com expressões próprias do seu zelo pelo bem da pátria, a grandiosa resolução de s. a. r. ficar no Brasil, tão necessária para a união das províncias entre si, como para a dos dois reinos; censura com inteligência e acerto a funesta medida de enviar Portugal tropas para o Brasil; e declara, por atiladas razões, inconveniente e monstruosa a forma dada pelo soberano Congresso aos governos provinciais deste reino. No segundo expõe os motivos que a determinam a demorar a execução do decreto de 16 de fevereiro, até que chegue resolução das Cortes sobre este objeto. E tomando s. a. r. na devida consideração os referidos motivos, não entende que eles assentem em sólidas bases e inclina-se a pensar que se derivam talvez de excesso de desconfiança, suscitada por alguns escritos indiscretos, mas que deve desvanecer-se pela marcha regular e constitucional do governo, cujos trabalhos constantemente se dirigem a fazer gozar o Brasil do fruto inestimável da liberdade bem entendida, que só pode produzir a árvore preciosa da Constituição. Não vê s. a. r., como parece à Junta, que se encontrem as disposições do decreto com as atribuições do soberano

Congresso, não havendo nele nada de Legislativo. Achando-se à testa do governo das províncias austrais do Brasil, e confiando que as setentrionais em breve se lhe hão de unir para se formar de todas uma só família, julgou indispensável, para o acerto das providências que lhe cumpre dar como chefe do poder Executivo, ter junto de si quem lhe mostrasse as necessidades das diferentes províncias e lhe indicasse, segundo as várias circunstâncias de cada uma, os remédios mais acomodados à natureza do mal. Guiado por este luminoso princípio, decretou a formação do Conselho de Procuradores-Gerais de Província, não para fazer leis, porque estas são da competência exclusiva da Assembléia dos Representantes da Nação, mas para julgar das que se fizerem nas Cortes de Lisboa, onde, por desgraça, sobejas vezes se entende que, sem distinção, pode servir no Brasil a legislação acomodada ao terreno de Portugal; e para promover, dentro dos limites do poder Executivo, todas as reformas e melhoramentos de que tanto precisa este vasto território, assaz e por longo tempo desprezado pelos que tinham rigorosa obrigação de cuidar do seu engrandecimento e prosperidade.

"Se os ministros de Estado têm, pelo decreto, assento e voto no Conselho, longe de ser esta prerrogativa, como receia a Junta, um meio de ressuscitar o antigo despotismo ministerial, é antes um providente recurso que habilita os procuradores a inquirir dos ministros, face a face, das razões de qualquer medida tomada ou proposta, a rebater diretamente seus argumentos e a convencê-los da falsidade dos seus princípios ou da sua má-fé; não sendo, ao mesmo tempo, de esperar de pessoas que devem ser escolhidas entre as mais distintas em luzes, probidade e patriotismo, que tanto degenerem, pela nomeação honrosa da sua província, que subscrevam cegamente à vontade dos ministros, prejudicando os interesses dos seus constituintes; muito mais, podendo estes removê-los desse mesmo cargo que lhes conferiram.

"Nem pode também dizer-se ilusório, como insinua a Junta, o direito consultivo dos procuradores, por depender da vontade do ministério a sua reunião em Conselho; porquanto no decreto expressamente se declara que também se reunirão todas as vezes que o mesmo Conselho o julgar necessário; a qual declaração, ou antes, segunda forma de o convocar para sessão, destrói radicalmente a interpretação sinistra que se poderia dar à primeira, se fosse única e, como tal, privativa do ministério.

"Persuade-se s. a. r. que a lição mais refletida do decreto e madura ponderação dos princípios liberais que o motivaram, serão suficientes a acabar com todas as suspeitas da Junta e a decidi-la a formar mais favorável juízo das suas disposições, devendo ficar segura a mesma Junta que s. a. r. não estranhou, nem estranhará nunca, as reflexões que se lhe fizerem com tão sinceros e honrados sentimentos e desinteressado desejo de acertar, pois unicamente se dirigem seus fervorosos cuidados e fadigas a sustentar os direitos inauferíveis deste riquíssimo reino, firmar a sua união com Portugal nas bases perduráveis da igualdade e da justiça, e promover, enfim, por todos os meios, a felicidade geral, cujo supremo bem em vão se procura sem a sujeição de todas as províncias e uma autoridade central, como a Junta reconhece e da qual s. a. r. espera, pela firme confiança que tem em suas luzes e patriotismo, que o ajudará, pela parte que lhe toca, neste glorioso trabalho de que depende a sorte futura do Brasil, digno por tantos títulos da mais elevada e permanente ventura.

"Palácio do Rio de Janeiro, em 27 de maio de 1822.

"José Bonifácio de Andrada e Silva."

XIV. Decreto de S. A. R., o príncipe regente, ordenando a resistência às hostilidades de Portugal (n° 173, vol. XXIX)

"Tendo-me sido confirmada, por unânime consentimento dos povos do Brasil, a dignidade e poder de regente deste vasto império, que el-rei, meu augusto pai, me tinha outorgado; dignidade de que as Cortes de Lisboa, sem serem ouvidos todos os deputados, ousaram despojar-me, como é notório: e tendo eu aceitado, outrossim, o título e encargo de defensor perpétuo deste reino, que os mesmos povos tão generosa e lealmente me conferiram; cumprindo-me portanto, em desempenho dos meus sagrados deveres e em reconhecimento de tanto amor e fidelidade, tomar todas as medidas indispensáveis à salvação desta máxima parte da monarquia portuguesa que em mim se confiou, e cujos direitos jurei conservar ilesos de qualquer ataque; e como as Cortes de Lisboa continuam no mesmo errado sistema, e a todas as luzes injusto, de recolonizar o Brasil, ainda à força de armas, apesar de ter o mesmo já proclamado a sua independência política, a ponto de estar já legalmente convocada pelo meu real decreto de 3 de julho próximo passado uma Assembléia Geral Constituinte e Legislativa, a requerimento geral de todas as Câmaras, procedendo-se assim com uma formalidade que não houve em Portugal, por ser a convocação do Congresso em sua origem somente um ato de clubes ocultos e facciosos; e considerando eu, igualmente, s. m. el-rei, o sr. d. João VI, de cujo nome e autoridade pretendem as Cortes servir-se para os seus sinistros fins, como prisioneiro naquele reino, sem vontade própria e sem aquela liberdade de ação que é dada ao poder Executivo nas monarquias constitucionais; mando a todas as Juntas Provisórias de Governo, governadores de armas, comandantes militares e a todas as autoridades constituídas, a quem a execução deste decreto pertencer, o seguinte:

"1) Que sejam reputadas inimigas todas e quaisquer tropas, que de Portugal ou de outra qualquer parte forem mandadas ao Brasil sem prévio consentimento meu, debaixo de qualquer pretexto que seja; assim como todas as tripulações e guarnições dos navios em que forem transportadas, se pretenderem desembarcar; ficando porém livres as relações comerciais e amigáveis entre ambos os reinos, para conservação da união política que muito desejo manter.

"2) Que se chegarem em boa paz, deverão logo regressar, ficando porém retidas a bordo e incomunicáveis, até que se prestem todos os mantimentos e auxílios necessários, para a sua volta.

"3) Que no caso de não quererem as ditas tropas obedecer a estas ordens e ousarem desembarcar, sejam rechaçadas com as armas na mão, por todas as forças militares da primeira e segunda linha, e até pelo povo em massa; pondo-se em execução todos os meios possíveis para, se preciso for, se incendiarem os navios e se meterem a pique as lanchas de desembarque.

"4) Que se, apesar de todos estes esforços, suceder que estas tropas tomem pé em algum porto ou parte da costa do Brasil, todos os habitantes que o não puderem impedir, se retirem para o centro, levando para as matas e montanhas todos os mantimentos e boiadas de que elas possam utilizar-se; e as tropas do país lhes façam crua guerra de postos e guerrilhas, evitando toda a ocasião de combates gerais, até que consigam ver-se livres de semelhantes inimigos.

"5) Que desde já fiquem obrigadas todas as autoridades militares e civis, a quem isto competir, a fortificarem todos os portos do Brasil em que possam efetuar-se semelhantes desembarques, debaixo da mais restrita e rigorosa responsabilidade.

"6) Que se, por acaso, em algumas das províncias do Brasil não houverem as munições e petrechos necessários para estas fortificações, as mesmas autoridades acima nomeadas representem logo a esta Corte o que precisam, para daqui lhes ser fornecido, ou dêem parte imediatamente à província mais vizinha, que ficará obrigada a dar-lhes todos os socorros precisos para o bom desempenho de tão importantes obrigações.

"As autoridades civis e militares a quem competir a execução deste meu real decreto assim o executem e hajam de cumprir, com todo o zelo, energia e prontidão, debaixo da responsabilidade de ficarem criminosas de lesa-nação, se assim decididamente o não cumprirem.

"Palácio do Rio de Janeiro, em 1º de agosto de 1822.
"Com a rubrica de s. a. r. o príncipe regente.
"Luiz Pereira da Nóbrega de Sousa Coutinho.

XV. Manifesto de S. A. R., o príncipe regente
constitucional e defensor perpétuo do
Reino do Brasil, aos povos deste reino
(nº 173, vol. XXIX)

"Brasileiros!
"Está acabado o tempo de enganar os homens. Os governos que ainda querem fundar o seu poder sobre a pretendida ignorância dos povos, ou sobre antigos erros e abusos, têm de ver o colosso da sua grandeza tombar da frágil base sobre que se erguera outrora. Foi por assim o não pensarem, que as Cortes de Lisboa forçaram as províncias do sul do Brasil a sacudir o jugo que lhes preparavam; foi por assim pensar, que eu agora já vejo reunido todo o Brasil em torno de mim, requerendo-me a defesa de seus direitos e a mantença de sua liberdade e independência. Cumpre portanto, oh! brasileiros, que eu vos diga a verdade; ouvi-me pois.
"O Congresso de Lisboa, arrogando-se o direito tirânico de impor ao Brasil um artigo de nova crença, firmado em um juramento parcial e promissório, e que de nenhum modo podia envolver a aprovação da própria ruína, o compeliu a examinar aqueles pretendidos títulos e a conhecer a injustiça de tão desassisadas pretensões. Este exame, que a razão insultada aconselhava e requeria, fez conhecer aos brasileiros que Portugal, destruindo todas as formas estabelecidas, mudando todas as antigas e respeitáveis instituições da monarquia, correndo a esponja de ludibrioso esquecimento por todas as suas relações, e reconstituindo-se novamente, não podia compulsá-los a aceitar um sistema desonroso e aviltador, sem atender contra aqueles mesmos princípios em que fundara a sua revolução e o direito de mudar as suas instituições políticas, sem destruir essas bases que estabeleceram seus novos direitos nos direitos inalienáveis dos povos, sem atropelar a marcha da razão e da justiça, que derivam suas leis da mesma natureza das coisas e nunca dos caprichos particulares dos homens.
"Então as províncias austrais do Brasil, coligando-se entre si, e tomando a atitude majestosa de um povo que reconhece entre os seus direitos os da liberdade e o da própria felicidade, lançaram os olhos sobre mim, o filho do seu rei e seu amigo, que encarando no seu verdadeiro ponto de vista esta

tão rica e grande porção do nosso globo, que conhecendo os talentos dos seus habitantes e os recursos imensos do seu solo, via com dor a marcha desorientada e tirânica dos que tão falsa e prematuramente haviam tomado os nomes de pais da pátria, saltando de representantes de povo de Portugal a soberanos de toda a vasta monarquia portuguesa. Julguei então indigno de mim, e do grande rei de quem sou filho e delegado, o desprezar os votos de súditos tão fiéis, que sopeando talvez desejos e propensões republicanas, desprezaram exemplos fascinantes de alguns povos vizinhos, e depositaram em mim todas as suas esperanças, salvando deste modo a realeza neste grande continente americano, e os reconhecidos direitos da augusta Casa de Bragança.

"Acedi a seus generosos e sinceros votos, e conservei-me no Brasil, dando parte desta minha firme resolução ao nosso bom rei, persuadido que este passo devera ser para as Cortes de Lisboa o termômetro das disposições do Brasil, da sua bem sentida dignidade e da nova elevação de seus sentimentos; e que os faria parar na carreira começada e entrar no trilho da justiça, de que se tinham desviado. Assim mandava a razão, mas as vistas vertiginosas do egoísmo continuaram a sufocar os seus brados e preceitos, e a discórdia apontou-lhes novas tramas; subiram então de ponto, como era de esperar, o ressentimento e a indignação das províncias coligadas, e como por uma espécie de mágica, em um momento, todas as suas idéias e sentimentos convergiram em um só ponto, e para um só fim. Sem o estrépito das armas, sem as vozerias da anarquia, requereram-me elas, como ao garante da sua preciosa liberdade e honra nacional, a pronta instalação de uma Assembléia Geral Constituinte e Legislativa no Brasil. Desejara eu poder alongar este momento, para ver se o devaneio das Cortes de Lisboa cedia às vozes da razão e da justiça, e a seus próprios interesses; mas a ordem por elas sugerida, transmitida aos cônsules portugueses, de proibir despachos de petrechos e munições para o Brasil, era um sinal de guerra e um começo real de hostilidades.

"Exigia pois este Reino, que já me tinha declarado seu defensor perpétuo, que eu provesse do modo mais enérgico e pronto à sua segurança, honra e prosperidade. Se eu fraquejasse na minha resolução, atraiçoava por um lado minhas sagradas promessas, e por outro, quem poderia sobrestar os males da anarquia, desmembração das suas províncias e os furores da democracia? Que luta porfiosa entre os partidos encarniçados, entre mil sucessivas e encontradas facções? A quem ficariam pertencendo o ouro e os diamantes das nossas inesgotáveis minas; esses rios caudalosos, que fazem a força dos Estados; esta fertilidade prodigiosa, fonte inexaurível de riquezas e de prosperidade? Quem acalmaria tantos partidos dissidentes, quem civilizaria a nossa povoação disseminada e partida por tantos rios, que são mares? Quem iria procurar os nossos índios no centro das suas matas impenetráveis, através de montanhas altíssimas inacessíveis? Decerto, brasileiros, lacerava-se o Brasil: esta grande peça da benéfica natureza, que faz a inveja e a admiração das nações do mundo, e as vistas benfazejas da Providência, se destruíam, ou pelo menos se retardavam por longos anos.

"Eu fora responsável por todos estes males, pelo sangue que ia a derramar-se, e pelas vítimas que infalivelmente seriam sacrificadas às paixões e aos interesses particulares: resolvi-me portanto; tomei o partido que os povos desejavam, e mandei convocar a Assembléia do Brasil, a fim de cimentar a independência política deste reino sem romper, contudo, os vínculos da fraternidade portuguesa; harmonizando-se, com decoro e justiça, todo o Reino Unido de Portugal, Brasil e Algarves e conservando-se debaixo do mesmo chefe duas famílias, separadas por imensos mares, que só podem ser reunidas pelos vínculos da igualdade de direitos e recíprocos interesses.

"Brasileiros! Para vós não é preciso recordar todos os males a que estáveis sujeitos e que vos impeliram à representação que me fez a Câmara e povo desta cidade no dia 23 de maio, que motivou o meu real decreto de 3 de junho do corrente ano; mas o respeito que devemos ao gênero humano exige que demos as razões da vossa justiça e do meu comportamento. A história dos feitos do Congresso de Lisboa a respeito do Brasil é uma história de enfiadas injustiças e sem razões; seus fins eram paralisar a prosperidade do Brasil, consumir toda a sua vitalidade e reduzi-lo a tal inação e fraqueza que tornasse infalível a sua ruína e escravidão. Para que o mundo se convença do que digo, entremos na simples exposição dos seguintes fatos.

"Legislou o Congresso de Lisboa sobre o Brasil sem esperar pelos seus representantes, postergando assim a soberania da maioridade da nação.

"Negou-lhe uma delegação do poder Executivo, de que tanto precisava para desenvolver todas as forças da sua virilidade, vista a grande distância que o separa de Portugal, deixando-o assim sem leis apropriadas ao seu clima e circunstâncias locais, sem prontos recursos às suas necessidades.

"Recusou-lhe um centro de união e de força para o debilitar incitando previamente as suas províncias a despegarem-se daquele que já dentro de si tinham, felizmente.

"Decretou-lhe governo sem estabilidade e sem nexo, com três centros de atividade diferentes, insubordinados, rivais e contraditórios, destruindo assim a sua categoria de Reino, aluindo assim as bases da sua futura grandeza e prosperidade, e só deixando-lhe todos os elementos da desordem e da anarquia.

"Excluiu de fato os brasileiros de todos os empregos honoríficos, e encheu vossas cidades de baionetas européias, comandadas por chefes forasteiros, cruéis e imorais.

"Recebeu com entusiasmo e prodigalizou louvores a todos esses monstros que abriram chagas dolorosas nos vossos corações, ou prometeram não cessar de as abrir.

"Lançou mãos roubadoras aos recursos aplicados ao Banco do Brasil, sobrecarregado de uma dívida enorme nacional, de que nunca se ocupou o Congresso, quando o crédito deste banco estava enlaçado com o crédito público do Brasil e com a sua prosperidade.

"Negociava com as nações estranhas a alienação de porções do vosso território, para vos enfraquecer e escravizar.

"Desarmava fortalezas, despia vossos arsenais, deixava indefesos vossos portos, chamando aos de Portugal toda a vossa Marinha; esgotava vossos Tesouros com os saques repetidos para despesa de tropas, que vinham sem pedimento vosso, para verterem o vosso sangue e destruir-vos, ao mesmo tempo que vos proibia a introdução de armas e munições estrangeiras com que pudésseis armar vossos braços vingadores e sustentar a vossa liberdade.

"Apresentou um projeto de relações comerciais que sob falsas aparências de quimera reciprocidade e igualdade, monopolizava vossas riquezas, fechava vossos portos aos estrangeiros, e assim destruía a vossa agricultura e indústria, e reduzia os habitantes do Brasil outra vez ao estado de pupilos e colonos.

"Tratou desde o princípio, e trata ainda, com indigno aviltamento e desprezo os representantes do Brasil, quando tem a coragem de punir pelos seus direitos e até (quem ousará dizê-lo!) vos ameaça com libertar a escravatura e armar seus braços contra seus próprios senhores.

"Para acabar finalmente esta longa narração de horrorosas injustiças, quando pela primeira vez ouviu aquele Congresso as expressões da vossa justa indignação, dobrou de escárnio, oh, brasileiros, querendo desculpar seus atentados com a vossa própria vontade e confiança.

"A delegação do poder Executivo que o Congresso rejeitara por anticonstitucional, agora já uma Comissão do seio deste Congresso no-la oferece, e com tal liberalidade, que em vez de um centro do mesmo poder, de que só precisáveis, vos querem conceder dois e mais. Que generosidade inaudita! Mas quem não vê que isto só tem por fim destruir a vossa força e integridade, armar províncias contra províncias e irmãos contra irmãos.

"Acordemos, pois, generosos habitantes deste vasto e poderoso império, está dado o grande passo da vossa independência e felicidade, há tantos tempos preconizadas pelos grandes políticos da Europa. Já sois um povo soberano, já entrastes na grande sociedade das nações independentes a que tínheis todo o direito. A honra e dignidade nacional, os desejos de ser venturosos, a voz da mesma natureza mandam que as colônias deixem de ser colônias quando chegam à sua virilidade; e ainda que tratados como colônias, não o éreis realmente, e até por fim éreis um reino. Demais, o mesmo direito que teve Portugal para destruir as suas instituições antigas e constituir-se, com mais razão o tendes vós, que habitais um vasto e grandioso país, com uma povoação (bem que disseminada) já maior que a de Portugal, e que irá crescendo com a rapidez com que caem pelo espaço os corpos graves. Se Portugal vos negar esse direito, renuncia ele mesmo ao direito que pode alegar para ser reconhecida a sua nova Constituição pelas nações estrangeiras, as quais então poderiam alegar motivos justos para se intrometerem nos seus negócios domésticos, e para violarem os atributos da soberania e independência das nações.

"Que vos resta, pois, brasileiros? Resta-vos reunir-vos todos em interesses, em amor, em esperanças, fazer entrar a augusta Assembléia do Brasil no exercício das suas funções, para que, maneando o leme da razão e prudência, haja de evitar os escolhos que nos mares das revoluções apresentam desgraçadamente França, Espanha e o mesmo Portugal, para que marque com mão segura e sábia a partilha dos poderes e firme o código da vossa legislação na sã filosofia, e o aplique às vossas circunstâncias peculiares.

"Não o duvideis, brasileiros, vossos representantes ocupados hão de vencer resistências, mas de marcar direitos, sustentarão os vossos, calcados aos pés e desconhecidos há três séculos; consagrarão os verdadeiros princípios da monarquia representativa brasileira; declararão rei deste belo país o sr. d. João VI, meu augusto pai, de cujo amor estais altamente possuídos; cortarão todas as cabeças à hidra da anarquia e à do despotismo; imporão a todos os empregados e funcionários públicos a necessária responsabilidade; e a vontade legítima e justa da nação nunca mais verá tolhido, a todo o instante, o seu vôo majestoso.

"Firmes no princípio invariável de não sancionar abusos, donde, a cada passo, germinam novos abusos, vossos representantes espalharão a luz e nova ordem no caos tenebroso da Fazenda Pública, da administração econômica e das leis civis e criminais. Terão o valor de crer que idéias úteis, necessárias ao bem da nossa espécie, não são destinadas somente para ornar páginas de livros, e que a perfectibilidade concedida ao homem pelo Ente

Criador e Supremo deve não achar tropeço e concorrer para a ordem social e felicidade das nações.

"Dar-vos-ão um código de leis adequadas à natureza das vossas circunstâncias locais, da vossa povoação, interesses e relações, cuja execução será confiada a juízes íntegros, que vos administrem justiça gratuita e façam desaparecer todas as trapaças do vosso foro, fundadas em antigas leis obscuras, ineptas, complicadas e contraditórias. Eles vos darão um Código Penal ditado pela razão e humanidade, em vez dessas leis sanguinárias e absurdas de que até agora fostes vítimas cruentas. Tereis um sistema de impostos que respeite os suores da agricultura, os trabalhos da indústria, os perigos da navegação e a liberdade do comércio; um sistema claro e harmonioso, que facilite o emprego e circulação dos cabedais, e arranque as cem chaves misteriosas que fechavam o escuro labirinto das finanças, que não deixavam ao cidadão lobrigar o rasto do emprego que se dava às rendas da nação.

"Valentes soldados, também vós tereis um Código Militar que, formando um exército de cidadãos disciplinados, reúna o valor que defende a pátria às virtudes cívicas que a protegem e seguram.

"Cultores das letras e ciências, quase sempre aborrecidos ou desprezados pelo despotismo, agora tereis a entrada aberta e desempeçada para adquirirdes glória e honra. Virtude, merecimento, vós vireis juntos ornar o santuário da pátria, sem que a intriga vos feche as avenidas do trono, que só estavam abertas à hipocrisia e à impostura.

"Cidadãos de todas as classes, mocidade brasileira, vós tereis um código de instrução pública nacional, que fará germinar e vegetar viçosamente os talentos deste clima abençoado, e colocará a nossa Constituição debaixo da salvaguarda das gerações futuras, transmitindo a toda a nação uma educação liberal, que comunique aos seus membros a instrução necessária para promoverem a felicidade do grande todo brasileiro.

"Encarai, habitantes do Brasil, encarai a perspectiva de glória e de grandeza que se vos ante olha; não vos assustem os atrasos da vossa situação atual: o fluxo da civilização começa a correr já impetuoso desde os desertos da Califórnia até ao Estreito de Magalhães. Constituição e liberdade legal são fontes inesgotáveis de prodígios, e serão a ponte por onde o bom da velha e convulsa Europa passará ao nosso continente. Não temais as nações estrangeiras: a Europa, que reconheceu a independência dos Estados Unidos de América e que ficou neutral na luta das colônias espanholas, não pode deixar de reconhecer a do Brasil, que com tanta justiça, e tantos meios e recursos, procura também entrar na grande família das nações. Nós nunca nos envolveremos nos seus negócios particulares; mas elas também não quererão perturbar a paz e comércio livre que lhes oferecemos, garantidos por um governo representativo, que vamos estabelecer.

"Não se ouça, pois, entre vós, outro grito que não seja: união. Do Amazonas ao Prata, não retumbe outro eco que não seja: independência. Formem todas nossas províncias o feixe misterioso que nenhuma força pode quebrar. Desapareçam de uma vez antigas preocupações, substituindo o amor do bem geral ao de qualquer província ou de qualquer cidade. Deixai, oh, brasileiros, que escuros blasfemadores soltem contra vós, contra mim, e contra o nosso liberal sistema injúrias, calúnias e baldões: lembrai-vos que, se eles vos louvassem, o Brasil estava perdido. Deixai que digam que atentamos contra Portugal, contra a mãe-pátria, contra os nossos benfeitores; nós, salvando os nossos direitos, punindo pela nossa justiça e consolidando a nossa liberdade, queremos salvar a Portugal de uma nova classe de tiranos.

"Deixai que clamem que nos rebelamos contra o nosso rei: ele sabe que o amamos como a um rei-cidadão, e queremos salvá-lo do afrontoso estado de cativeiro a que o reduziram; arrancando a máscara da hipocrisia a demagogos infames, e marcando com verdadeiro liberalismo os justos limites dos poderes políticos. Deixai que vos vozeem, querendo persuadir ao mundo que quebramos todos os laços de união com nossos irmãos da Europa; não, nós queremos firmá-la em bases sólidas, sem a influência de um partido que vilmente desprezou nossos direitos e que, mostrando-se à cara descoberta tirano e dominador em tantos fatos que já se não podem esconder, com desonra e prejuízo nosso enfraquece e destrói irremediavelmente aquela força moral tão necessária em um Congresso, e que toda se apóia na opinião pública e na justiça.

"Ilustres baianos, porção generosa e malfadada do Brasil, a cujo solo se têm agarrado mais essas famintas e empestadas harpias; quanto me punge o vosso destino! Quanto, o não poder a mais tempo ir enxugar as vossas lágrimas e abrandar a vossa desesperação! Baianos, o brio é a vossa divisa, expeli do vosso seio esses monstros que se sustentam do vosso sangue; não os temais, vossa paciência faz a sua força. Eles já não são portugueses, expeli-os e vinde reunir-vos a nós, que vos abrimos os braços.

"Valentes mineiros, intrépidos pernambucanos defensores da liberdade brasílica, voai em socorro dos vossos vizinhos irmãos: não é a causa de uma província, é a causa do Brasil que se defende na primogênita de Cabral. Extingui esse viveiro de fardados lobos que ainda sustentam os sanguinários caprichos do partido faccioso. Recordai-vos, pernambucanos, das fogueiras do Bonito e das cenas do Recife. Poupai, porém, e amai como irmãos, a todos os portugueses pacíficos, que respeitam nossos direitos e desejam a nossa e sua verdadeira felicidade.

"Habitantes do Ceará, do Maranhão, do riquíssimo Pará, vós todos das belas e amenas províncias do norte, vinde exarar e assinar o ato da nossa emancipação, para figurarmos (é tempo) diretamente na grande associação política: brasileiros em geral, amigos, reunamo-nos; sou vosso compatriota, sou vosso defensor; encaremos como único prêmio de nossos suores, a honra, a prosperidade do Brasil. Marchando por esta estrada ver-me-eis sempre à vossa frente e no lugar do maior perigo. A minha felicidade (convencei-vos) existe na vossa felicidade: é minha glória reger um povo brioso e livre. Dai-me o exemplo das vossas virtudes e da vossa união. Serei digno de vós.

"Palácio do Rio de Janeiro, em 1º de agosto de 1822.

"[Assinado príncipe regente.]"

XVI. Decreto de el-rei sobre certas irregularidades nas eleições dos deputados para as Cortes
(nº 173, vol. XXIX)

"Tendo as Cortes Gerais e Extraordinárias da nação portuguesa resolvido, na data de hoje, não tomar conhecimento das questões suscitadas em algumas das Juntas Eleitorais das Cabeças de Círculo, por ficar este objeto reservado para a Junta Preparatória das próximas Cortes, à qual as mencionadas juntas devem dar conta dos seus procedimentos, e das razões em que os fundaram atendendo todavia a que a nota de inconstitucional, que motivou exclusão de alguns cidadãos que deviam entrar em segundo escrutínio, nem foi provada nem julgada por autoridade competente; declaram que a sobredita nota não pode de maneira alguma fazer quebra na reputação dos cidadãos, contra os quais se dirigia, recomendando a mais exata observância das disposições do decreto de 11 de julho do presente ano nos subseqüentes atos das atuais eleições. Portanto hei por bem fazê-lo assim presente a todas as autoridades, para sua inteligência e execução.

"Palácio de Queluz, em 14 de setembro de 1822.

"Com a rubrica de s. m.

"Felipe Ferreira de Araújo e Castro."

XVII. Manifesto do príncipe regente do Brasil
aos governos e nações amigas
(n° 174, vol. XXIX)

"Desejando eu e os povos que me reconhecem como seu príncipe regente conservar as relações políticas e comerciais com os governos e nações amigas deste Reino, e continuar a merecer-lhes a aprovação e estimação de que se faz credor o caráter brasileiro, cumpre-me expor-lhes sucinta, mas verdadeiramente, a série de fatos e motivos que me tem obrigado a anuir à vontade general do Brasil, que proclama à face do universo a sua independência política e quer, como reino irmão e como nação grande e poderosa, conservar ilesos e firmes seus imprescritíveis direitos contra os quais Portugal sempre atentou, e agora mais que nunca, depois da decantada regeneração política da monarquia pelas Cortes de Lisboa.

"Quando por um acaso se apresentara pela vez primeira esta rica e vasta região brasílica aos olhos do venturoso Cabral, logo a avareza e o proselitismo religioso, móveis dos descobrimentos e colônias modernas, se apoderaram dela por meio de conquista; e leis de sangue, ditadas por paixões e sórdidos interesses firmaram a tirania portuguesa. O indígena bravio e o colono europeu foram obrigados a trilhar a mesma estrada da miséria e escravidão. Se cavavam o seio de seus montes para deles extraírem o ouro, leis absurdas e o quinto vieram logo esmorecê-los em seus trabalhos apenas encetados; ao mesmo tempo que o Estado português com sôfrega ambição devorava os tesouros que a benigna natureza lhe ofertava, fazia também vergar as desgraçadas minas sob o peso do mais odioso dos tributos, a capitação. Queriam que os brasileiros pagassem até o ar que respiravam e a terra que pisavam.

"Se a indústria de alguns homens mais ativos tentava dar nova forma aos produtos do seu solo para com eles cobrir a nudez de seus filhos, leis tirânicas o empeciam e castigavam estas nobres tentativas. Sempre quiseram os europeus conservar este rico país na mais dura e triste dependência da metrópole, porque julgavam ser-lhes necessário estancar, ou pelo menos empobrecer, a fonte perene de suas riquezas. Se a atividade de algum colono oferecia a seus concidadãos, de quando em quando, algum novo ramo de riqueza rural, naturalizando vegetais exóticos, úteis e preciosos, impostos onerosos vinham logo dar cabo de tão felizes começos. Se homens empreendedores ousavam mudar o curso de caudalosos ribeirões para arrancarem de seus álveos os diamantes, eram logo impedidos pelos agentes cruéis do monopólio e punidos por leis inexoráveis. Se o supérfluo de suas produções convidava e reclamava a troca de outras produções estranhas, privado o Brasil do mercado geral das nações, e por conseguinte da sua concorrência, que encareceria as compras e abarataria as vendas, nenhum outro recurso lhe restava senão mandá-las aos portos da metrópole e estimular assim cada vez mais a sórdida cobiça e prepotência de seus tiranos. Se finalmente o brasileiro, a quem a provida natureza deu talentos não vulgares, anelava instruir-se nas ciências e nas artes para melhor conhecer os seus direitos, ou saber aproveitar as preciosidades naturais com que a Providência dotara o seu país, mister lhe era i-las mendigar a Portugal, que pouco as possuía e de onde muitas vezes lhe não era permitido regressar.

"Tal foi a sorte do Brasil por quase três séculos, tal a mesquinha política que Portugal, sempre acanhado em suas vistas, sempre faminto e tirânico, imaginou para cimentar o seu domínio e manter o seu fictício esplendor. Colonos e indígenas, conquistados e conquistadores, seus filhos e os filhos de seus filhos, tudo foi confundido, tudo ficou sujeito a um anátema geral. E porquanto a ambição do poder e a sede de ouro são sempre insaciáveis e sem freio, não se esqueceu Portugal de mandar continuamente baxás desapiedados, magistrados corruptos e enxames de agentes ficais de toda a espécie, que no delírio de suas paixões e avareza despedaçavam os laços da moral, assim pública como doméstica, devoravam os mesquinhos restos dos suores e fadigas dos habitantes, e dilaceravam as entranhas do Brasil, que os sustentava e enriquecia, para que, reduzidos à última desesperação, seus povos, quais submissos muçulmanos fossem em romarias à nova Meca, comprar com ricos dons e oferendas uma vida, bem que obscura e lânguida, ao menos mais suportável e folgada. Se o Brasil resistiu a esta torrente de males, se medrou no meio de tão vil opressão, deveu-se a seus filhos fortes e animosos, que a natureza tinha talhado para gigantes; deveu-se aos benefícios dessa boa mãe, que lhes dava forças sempre renascentes para zombarem dos obstáculos físicos e morais que seus ingratos pais e irmãos opunham acintemente ao seu crescimento e prosperidade.

"Porém o Brasil, ainda que ulcerado com a lembrança de seus passados infortúnios, sendo naturalmente bom e honrado, não deixou de receber com inexplicável júbilo a augusta pessoa do sr. d. João VI e a toda a real família. Fez ainda mais: acolheu com braços hospedeiros a nobreza e povo que emigrara, acossados pela invasão do Déspota da Europa. Tomou contente sobre seus ombros o peso do trono de meu augusto pai. Conservou com esplendor o diadema que lhe cingia a fronte. Supriu com generosidade e profusão as despesas de uma nova corte desregrada — e, o que mais é, em grandíssima distância, sem interesse algum seu particular, mas só pelos simples laços da fraternidade, contribuiu também para as despesas da guerra que Portugal tão gloriosamente tentara contra os seus invasores. E que ganhou o Brasil em paga de tantos sacrifícios? A continuação dos velhos abusos e o acréscimo de novos, introduzidos parte pela imperícia e parte pela imoralidade e pelo crime. Tais desgraças clamavam altamente por uma pronta reforma de governo, para o qual o habilitavam o acréscimo de luzes e os seus inauferíveis direitos como homens que formavam a porção maior e mais rica da nação portuguesa, favorecidos pela natureza na sua posição geográfica e central no meio do globo, nos seus vastos portos e enseadas e nas riquezas naturais do seu solo; porém, sentimentos de lealdade excessiva e um extremado amor para com seus irmãos de Portugal embargaram seus queixumes, sopearam sua vontade e fizeram ceder esta palma gloriosa a seus pais e irmãos da Europa.

"Quando em Portugal se levantou o grito da regeneração política da monarquia, confiados os povos do Brasil na inviolabilidade dos seus direitos e incapazes de julgar aqueles seus irmãos diferentes em sentimentos e generosidade, abandonaram a estes ingratos a defesa de seus mais sagrados interesses e o cuidado da sua completa reconstituição; e na melhor fé do mundo, adormeceram tranqüilos à borda do mais terrível precipício. Confiando tudo da sabedoria e justiça do Congresso lisbonense, esperava o Brasil receber dele tudo o que lhe pertencia por direito. Quão longe estava então de presumir que este mesmo Congresso fosse capaz de tão vilmente atraiçoar suas esperanças e interesses, interesses que estão estreitamente enlaçados com os gerais da nação!

"Agora já conhece o Brasil o erro em que caíra; e se os brasileiros não fossem dotados daquele generoso entusiasmo que tantas vezes confunde fósforos passageiros com a verdadeira luz da razão, veriam desde o primeiro manifesto que Portugal dirigira aos povos da Europa, que um dos fins ocultos da sua apregoada regeneração consistia em restabelecer astutamente o velho sistema colonial, sem o qual creu sempre Portugal, e ainda hoje o crê, que não pode existir rico e poderoso. Não previu o Brasil que seus deputados, tendo de passar a um país estranho e arredado, tendo de lutar contra preocupações e caprichos inveterados da metrópole, faltos de todo o apoio pronto de amigos e parentes, decerto haviam de cair na nulidade em que ora os vemos; mas foi-lhe necessário passar pelas duras lições da experiência para reconhecer a ilusão das suas erradas esperanças.

"Mas merecem desculpa os brasileiros, porque almas cândidas e generosas muita dificuldade teriam de capacitar-se que a gabada regeneração da monarquia houvesse de começar pelo restabelecimento do odioso sistema colonial. Era mui difícil, e quase incrível, conciliar este plano absurdo e tirânico com as luzes e liberalismo que altamente apregoava o Congresso português! E ainda mais incrível era que houvessem homens tão atrevidos e insensatos, que ousassem, como depois direi, atribuir à vontade e ordens de meu augusto pai, el-rei o sr. d. João VI, a quem o Brasil deveu a sua categoria de Reino, querer derribar de um golpe o mais belo padrão, que o há de eternizar na história do universo. É incrível por certo tão grande alucinação; porém falam os fatos, e contra a verdade manifesta não pode haver sofismas.

"Enquanto meu augusto pai não abandonou, arrastado por ocultas e pérfidas manobras, as praias do Janeiro para ir desgraçadamente habitar de novo as do velho Tejo, afetava o Congresso de Lisboa sentimentos de fraternal igualdade para com o Brasil e princípios luminosos de recíproca justiça, declarando formalmente, artigo 21 das Bases da Constituição, que a lei fundamental que se ia organizar e promulgar só teria aplicação a este Reino, se os deputados dele, depois de reunidos, declarassem ser esta a vontade dos povos que representavam. Mas qual foi o espanto desses mesmos povos, quando viram, em contradição daquele artigo, e com desprezo de seus inalienáveis direitos, uma fração do Congresso geral decidir dos seus mais caros interesses, quando viram legislar o partido dominante daquele Congresso incompleto e imperfeito, sobre objetos de transcendente importância e privativa competência do Brasil, sem a audiência sequer de dois terços dos seus representantes!

"Este partido dominador, que ainda hoje insulta sem pejo as luzes e probidade dos homens sensatos e probos que nas Cortes existem, tenta todos os meios infernais e tenebrosos da política para continuar a enganar o crédulo Brasil com aparente fraternidade, que nunca mora em seus corações; e aproveita astutamente os desvarios da Junta Governativa da Bahia (que ocultamente promovera) para despedaçar o sagrado nó que ligava todas as províncias do Brasil à minha legítima e paternal regência. Como ousou reconhecer o Congresso naquela junta facciosa, legítima autoridade para cortar os vínculos políticos da sua província e apartar-se do centro do sistema a que estava ligada, e isto ainda depois do juramento de meu augusto pai à Constituição prometida à toda a monarquia? Com que direito, pois, sancionou esse Congresso, cuja representação nacional então só se limitava à Portugal, atos tão ilegais, criminosos e das mais funestas conseqüências para todo o Reino Unido? E quais foram as utilidades que daí vieram à Bahia? O vão e ridículo nome de província de Portugal; e o pior é, os males da guerra civil e da anarquia em que hoje se acha submergida por culpa do seu primeiro governo, vendido aos demagogos lisbonenses, e de alguns outros homens deslumbrados com idéias anárquicas e republicanas. Por ventura ser a Bahia província do pobre e acanhado reino de Portugal, quando assim pudesse conservar-se, era mais do que ser uma das primeiras do vasto e grandioso império do Brasil? Mas eram outras as vistas do Congresso. O Brasil não devia mais ser Reino; devia descer do trono da sua categoria, despojar-se do manto real da s. m., depor a coroa e cetro e retroceder na ordem política do universo, para receber novos ferros e humilhar-se como escravo perante Portugal.

"Não paremos aqui — examinemos a marcha progressiva do Congresso. Autorizam e estabelecem governos provinciais anárquicos e independentes uns dos outros, mas sujeitos à Portugal. Rompem a responsabilidade e harmonia mútua entre os poderes civis, militar e financeiro, sem deixar aos povos outro recurso a seus males inevitáveis senão através do vasto oceano, recurso inútil e ludibrioso. Bem via o Congresso que despedaçava a arquitetura majestosa do império brasileiro; que ia separar e pôr em contínua luta suas partes; aniquilar suas forças e até converter as províncias em outras tantas repúblicas inimigas. Mas pouco lhe importavam as desgraças do Brasil, bastava-lhe por então proveitos momentâneos; a nada se lhe dava de cortar a árvore pela raiz, contanto que, à semelhança dos selvagens da Louisiana, colhesse logo seus frutos, sequer uma vez somente.

"As representações e esforços da Junta Governativa e dos deputados de Pernambuco para se verem livres das baionetas européias, às quais aquela província devia as tristes dissensões intestinas que a dilaceravam, foram baldadas. Então o Brasil começou a rasgar o denso véu que cobria seus olhos e foi conhecendo o para que se destinavam essas tropas; examinou as causas do mau acolhimento que recebiam as propostas dos poucos deputados que já tinha em Portugal e foi perdendo cada vez mais a esperança de melhoramento e reforma nas deliberações do Congresso; pois via que não valia a justiça de seus direitos, nem as vozes e patriotismo de seus deputados.

"Ainda não é tudo. Bem conheciam as Cortes de Lisboa que o Brasil estava esmagado pela imensa dívida do Tesouro ao seu banco nacional, e que se este viesse a falir, decerto inumeráveis famílias ficariam arruinadas ou reduzidas à total indigência. Este objeto era da maior urgência; todavia, nunca o crédito deste banco lhes deveu a menor atenção; antes parece que se empenhavam com todo o esmero em dar-lhe o último golpe, tirando ao Brasil as sobras das rendas provinciais, que deviam entrar no seu Tesouro Público e Central e até esbulharam o banco da administração dos contratos que el-rei, meu augusto pai, lhe havia concedido, para amortização desta dívida sagrada.

"Chegam enfim ao Brasil os fatais decretos da minha retirada para a Europa e da extinção total dos tribunais do Rio de Janeiro, ao mesmo tempo que ficavam subsistindo os de Portugal. Desvaneceram-se então em um momento todas as esperanças, até mesmo de conservar uma delegação do poder Executivo que fosse o centro comum de união e de força entre todas as províncias deste vastíssimo país, pois que sem este centro comum, que dê regularidade e impulso a todos os movimentos da sua máquina social, debalde a natureza teria feito tudo o que dela profusamente dependia, para o rápido desenvolvimento das suas forças e futura prosperidade. Um governo forte e constitucional era só quem podia desempeçar o caminho para o aumento da civilização e riqueza progressiva do Brasil; quem podia defendê-lo de seus inimigos externos, e coibir as facções internas de homens ambiciosos e malvados que ousassem atentar contra a liberdade e propriedade individual e contra o sossego e segurança pública do Estado em geral e de cada uma das suas províncias em particular. Sem este centro comum, torno a dizer, todas as relações de amizade e comércio mútuo entre este Reino com o de Portugal e países estrangeiros teriam mil colisões e embates; e em vez de se aumentar a nossa riqueza debaixo de um sistema sólido e adequado de economia pública, a veríamos pelo contrário entorpecer e definhar e acabar talvez de todo. Sem este centro de força e união, finalmente, não poderiam os brasileiros conservar as suas fronteiras e limites naturais e perderiam, como agora maquina o Congresso, tudo o que ganharam a custa de tanto sangue e cabedais; e o que é pior, com menoscabo da honra e brio nacional e dos seus grandes e legítimos interesses políticos e comerciais. Mas, felizmente para nós, a justiça ultrajada e a sã política levantaram um brado universal e ficou suspensa a execução de tão maléficos decretos.

"Resentiram-se de novo os povos deste Reino, vendo o desprezo com que foram tratados os cidadãos beneméritos do Brasil, pois na numerosa lista de diplomáticos, ministros de Estado, conselheiros e governadores militares não apareceu o nome de um só brasileiro. Os fins sinistros por que se nomearam estes novos baxás, com o título dourado de governadores de armas, estão hoje manifestos; basta atender ao comportamento uniforme que hão tido em nossas províncias, opondo-se à dignidade e liberdade do Brasil — e basta ver a consideração com que as Cortes ouvem seus ofícios e a ingerência que tomam em matérias civis e políticas, muito alheias de qualquer mando militar. A condescendência com que as Cortes receberam as felicitações da tropa fratricida expulsa de Pernambuco e, há pouco, as aprovações dadas pelo partido dominante do Congresso aos revoltosos procedimentos do general Avilez que, para cúmulo de males e sofrimento, até deu causa à prematura morte de meu querido filho, o príncipe d. João; o pouco caso e escárnio com que foram ultimamente ouvidas as sanguinosas cenas da Bahia, perpetradas pelo infame Madeira, a quem vão reforçar com novas tropas, apesar dos protestos dos deputados do Brasil, tudo isto evidencia que depois de subjugada a liberdade das províncias, sufocados os gritos de suas justas reclamações, denunciados como anticonstitucionais o patriotismo e honra dos cidadãos, só pretendem esses desorganizadores estabelecer debaixo das palavras enganosas de união e fraternidade um completo despotismo militar com que esperam esmagar-nos.

"Nenhum governo justo, nenhuma nação civilizada deixará de compreender que, privado o Brasil de um poder Executivo, que extintos os tribunais necessários e obrigado a ir mendigar a Portugal através de delongas e perigos as graças e a justiça, que chamadas a Lisboa as sobras das rendas das suas províncias, que aniquilada a sua categoria de Reino, e que dominado este pelas baionetas que de Portugal mandassem, só restava ao Brasil ser riscado para sempre do número das nações e povos livres, ficando outra vez reduzido ao antigo estado colonial, e de comércio exclusivo. Mas não convinha ao Congresso patentear à face do mundo civilizado seus ocultos e abomináveis projetos; procurou, portanto, rebuçá-los de novo, nomeando comissões encarregadas de tratar dos negócios políticos e mercantis deste Reino. Os pareceres destas comissões correm pelo universo e mostram terminantemente todo o maquiavelismo e hipocrisia das Cortes de Lisboa, que só podem iludir a homens ignorantes e dar novas armas aos inimigos solapados que vivem entre nós. Dizem agora esses falsos e maus políticos que o Congresso deseja ser instruído dos votos do Brasil e que sempre quis acertar em suas deliberações; se isto é verdade, por que ainda agora rejeitam as Cortes de Lisboa tudo quanto propõem os poucos deputados que lá temos?

"Essa Comissão Especial, encarregada dos negócios políticos deste reino, já lá tinha em seu poder as representações de muitas das nossas províncias e Câmaras em que pediam a derrogação do decreto sobre a organização dos governos provinciais e a minha conservação neste Reino como príncipe regente. Que fez porém a Comissão? A nada disso atendeu, e apenas propôs a minha estada temporária no Rio de Janeiro, sem entrar nas atribuições que me deviam pertencer, como delegado do poder Executivo. Reclamavam os povos um centro único daquele poder, para se evitar a desmembração do Brasil em partes isoladas e rivais. Que fez a Comissão? Foi tão maquiavélica, que propôs se concedesse ao Brasil dois ou mais centros, e até que se correspondessem diretamente com Portugal as províncias que assim o desejassem.

"Muitas e muitas vezes levantaram seus brados a favor do Brasil os nossos deputados, mas suas vozes expiraram sufocadas pelos insultos da gentalha assalariada das galerias. A todas as suas reclamações responderam sempre que eram ou contra os artigos já decretados da Constituição, ou contra o regulamento interior das Cortes, ou que não podiam derrogar o que já estava decidido, ou, finalmente, respondiam orgulhosos — aqui não há deputados de províncias, todos são deputados da nação, e só deve valer a pluralidade — falso e inaudito princípio de direito público, porém muito útil aos dominadores, porque, escudados pela maioria dos votos europeus, tornavam nulos os dos brasileiros, podendo assim escravizar o Brasil a seu sabor. Foi presente ao Congresso a carta que me dirigiu o governo de São Paulo, e logo depois o voto unânime da deputação, que me foi enviada pelo governo, Câmara e clero da sua capital. Tudo foi baldado. A junta daquele governo foi insultada, tachada de rebelde e digna de ser criminalmente processada. Enfim, pelo órgão da imprensa livre os escritores brasileiros manifestaram ao mundo as injustiças e erros do Congresso, e em paga da sua lealdade e patriotismo foram invectivados de venais e só inspirados pelo gênio do mal, no maquiavélico parecer da Comissão.

"À vista de tudo isto, já não é mais possível que o Brasil lance um véu de eterno esquecimento sobre tantos insultos e atrocidades; nem é igualmente possível que ele possa jamais ter confiança nas Cortes de Lisboa, vendo-se a cada passo ludibriado, já dilacerado por uma guerra civil começada por essa iníqua gente e até ameaçado com as cenas horrorosas de Haiti, que nossos furiosos inimigos muito desejam reviver.

"Por ventura, não é também um começo real de hostilidades proibir aquele governo que as nações estrangeiras com quem livremente comerciávamos nos importem petrechos militares e navais? Deveremos igualmente sofrer que Portugal ofereça ceder à França uma parte da província do Pará, se aquela potência lhe quiser subministrar tropas e navios com que possa melhor algemar nossos pulsos e sufocar nossa justiça? Poderão esquecer-se os briosos brasileiros de que iguais propostas, e para o mesmo fim, foram feitas à Inglaterra, com oferecimento de se perpetuar o Tratado de Comércio de 1810, e ainda com maiores vantagens? A quanto chega a má vontade, e impolítica dessas Cortes!

"Demais, o Congresso de Lisboa, não poupando a menor tentativa de oprimir-nos e escravizar-nos, tem espalhado uma coorte de emissários ocultos que empregam todos os recursos da astúcia e da perfídia para desorientarem o espírito público, perturbarem a boa ordem e fomentarem a desunião e anarquia no Brasil. Certificados do justo rancor que têm estes povos ao despotismo, não cessam estes pérfidos emissários, para perverterem a opinião pública, de envenenar as ações mais justas e puras de meu governo, ousando temerariamente imputar-me desejo de separar inteiramente o Brasil de Portugal e de reviver a antiga arbitrariedade. Debalde tentam porém desunir os habitantes deste reino; os honrados europeus nossos conterrâneos não serão ingratos ao país que os adotou por filhos e os tem honrado e enriquecido.

"Ainda não contentes os facciosos das Cortes com toda esta série de perfídias e atrocidades, ousam insinuar que grande parte destas medidas desastrosas são emanações do poder Executivo, como se o caráter de el-rei, do benfeitor do Brasil, fosse capaz de tão maquiavélica perfídia; como se o Brasil e o mundo inteiro não conhecessem que o sr. d. João VI, meu augusto pai, está realmente prisioneiro de Estado, debaixo de completa coação e sem vontade livre, como a deveria ter um verdadeiro monarca que gozasse daquelas atribuições que qualquer legítima Constituição, por mais estreita e suspeitosa que seja, lhe não deve denegar; sabe toda a Europa, e o mundo inteiro, que dos seus ministros, uns se acham nas mesmas circunstâncias, e outros são criaturas e partidistas da facção dominadora.

"Sem dúvida as provocações e injustiças do Congresso para com o Brasil são filhas de partidos contrários entre si, mas ligados contra nós: querem uns forçar o Brasil a se separar de Portugal, para melhor darem ali garrote ao sistema constitucional; outros querem o mesmo, porque desejam unir-se à Espanha: por isso não admira em Portugal escrever-se e assoalhar-se descaradamente que aquele reino utiliza com a perda do Brasil.

"Cegas, pois, de orgulho, ou arrastadas pela vingança e egoísmo, decidiram as Cortes com dois rasgos de pena uma questão da maior importância para a grande família lusitana, estabelecendo, sem consultar a vontade geral dos portugueses de ambos os hemisférios, o assento da monarquia em Portugal, como se essa mínima parte do território português e a sua povoação estacionária e acanhada devessem ser o centro político e comercial da nação inteira. Com efeito, se convém a estados espalhados, mas reunidos debaixo de um só chefe, que o princípio vital de seus movimentos e energia exista na parte a mais central e poderosa da grande máquina social, para que o impulso se comunique a toda a periferia com a maior presteza e vigor, de certo o Brasil tinha o incontrastável direito de ter dentro de si o assento do poder Executivo. Com efeito, este rico e vasto país, cujas alongadas costas se estendem desde dois graus além do Equador até o rio da Prata e são banhadas pelo Atlântico, fica quase no centro do globo, à borda do grande canal por onde se faz o comércio das nações, que é o liame que une as quatro partes do mundo. À esquerda tem o Brasil a Europa e a parte mais considerável da América, em frente a África, à direita o resto da América e a Ásia, com o imenso arquipélago da Austrália, e nas costas, o mar Pacífico ou o máximo oceano, com o Estreito de Magalhães e o Cabo Horn quase à porta.

"Quem ignora, igualmente, que é quase impossível dar nova força e energia a povos envelhecidos e defecados? Quem ignora hoje que os belos dias de Portugal estão passados e que só do Brasil pode esta pequena porção da monarquia esperar seguro arrimo e novas forças para adquirir outra vez a sua virilidade antiga? Mas de certo não poderá o Brasil prestar-lhe estes socorros, se alcançarem esses insensatos decepar-lhe as forças, desuni-lo e arruiná-lo.

"Em tamanha e tão sistemática série de desatinos e atrocidades, qual deveria ser o comportamento do Brasil? Deveria supor acaso as Cortes de Lisboa ignorantes de nossos direitos e conveniências? Não, por certo: porque ali há homens, ainda mesmo dentre os facciosos, bem que malvados, não de todo ignorantes. Deveria o Brasil sofrer e contentar-se somente com pedir humildemente o remédio de seus males a corações desapiedados e egoístas? Não vê ele que mudados os déspotas, continua o despotismo? Tal comportamento, além de inepto e desonroso, precipitaria o Brasil em um pélago insondável de desgraças; e perdido o Brasil está perdida a monarquia.

"Colocado pela Providência no meio deste vastíssimo e abençoado país, como herdeiro e legítimo delegado de el-rei, meu augusto pai, é a primeira das minhas obrigações não só zelar o bem dos povos brasileiros; mas igualmente os de toda a nação que um dia devo governar. Para cumprir estes deveres sagrados, anui aos votos das províncias, que me pediram não as abandonasse; desejando acertar em todas as minhas resoluções, consultei a opinião pública dos meus súditos, e fiz nomear e convocar procuradores-gerais de todas as províncias, para me aconselharem nos negócios de Estado e da sua comum utilidade. Depois, para lhes dar uma nova prova da minha sinceridade e amor, aceitei o título e encargos de defensor perpétuo deste Reino, que os povos me conferiram; e, finalmente, vendo a urgência dos acontecimentos e ouvindo os votos gerais do Brasil, que queria ser salvo, mandei convocar uma Assembléia Constituinte e Legislativa, que trabalhasse a bem da sua sólida felicidade. Assim requeriam os povos, que consideram a meu augusto pai e rei privado da sua liberdade e sujeito aos caprichos desse bando de facciosos que domina nas Cortes de Lisboa, das quais seria absurdo esperar medidas justas e úteis aos destinos do Brasil e ao verdadeiro bem de toda a nação portuguesa.

"Eu seria ingrato aos brasileiros — seria perjuro às minhas promessas — e indigno do nome de príncipe real do Reino Unido de Portugal, Brasil e Algarves — se obrasse de outro modo. Mas protesto ao mesmo tempo perante Deus e à face de todas as nações amigas e aliadas, que não desejo cortar os laços de união e fraternidade que devem fazer de toda a nação portuguesa um só todo político bem organizado; protesto igualmente que, salva a devida e justa reunião de todas as partes da monarquia debaixo de um só rei, como chefe supremo do poder Executivo de toda a nação, hei de defender os legítimos direitos e a Constituição futura do Brasil, que espero seja boa e prudente, com todas as minhas forças e à custa do meu próprio sangue, se assim for necessário.

"Tenho exposto com sinceridade e concisão aos governos e nações a quem me dirijo neste manifesto, as causas da final resolução dos povos deste reino. Se el-rei, o sr. d. João VI, meu augusto pai, estivesse ainda no seio do Brasil, gozando de sua liberdade e legítima autoridade, de certo se comprazeria com os votos deste povo leal e generoso; e o imortal fundador deste Reino, que já em fevereiro de 1821 chamara ao Rio de Janeiro Cortes brasileiras, não poderia deixar neste momento de convocá-las, do mesmo modo que eu agora fiz; mas achando-se o nosso rei prisioneiro e cativo, a mim me compete salvá-lo do afrontoso estado a que o reduziram os facciosos de Lisboa. A mim pertence, como seu delegado e herdeiro, salvar não só ao Brasil, mas com ele toda a nação portuguesa.

"A minha firme resolução e a dos povos que governo estão legitimamente promulgadas. Espero, pois, que os homens sábios e imparciais de todo o mundo e que os governos e nações amigas do Brasil hajam de fazer justiça a tão justos e nobres sentimentos. Eu os convido a continuarem com o Reino do Brasil as mesmas relações de mútuo interesse e amizade. Estarei pronto a receber os seus ministros e agentes diplomáticos, e a enviar-lhes os meus, enquanto durar o cativeiro de el-rei, meu augusto pai. Os portos do Brasil continuarão a estar abertos a todas as nações pacíficas e amigas, para o comércio lícito, que as leis não proíbem; os colonos europeus que para aqui emigrarem poderão contar com a mais justa proteção neste país rico e hospitaleiro. Os sábios, os artistas, os capitalistas e os empreendedores encontrarão também amizade e acolhimento. E como o Brasil sabe respeitar os direitos dos outros povos e governos legítimos, espera igualmente, por justa retribuição, que seus inalienáveis direitos sejam também por eles respeitados e reconhecidos, para se não ver, em caso contrário, na dura necessidade de obrar contra os desejos de seu generoso coração.

"Palácio do Rio de Janeiro, em 6 de agosto de 1822.

"Príncipe regente."

XVIII. Protesto dos deputados de São Paulo, abaixo assinados
(n° 174, vol. XXIX)

"Os abaixo assinados, representantes da província de São Paulo nas Cortes de Portugal, forçados pelos mais ponderosos motivos a abandonar a comissão com que os honraram os seus constituintes, julgam do seu dever expor ao mundo e mormente ao Brasil, um resumo da sua vida parlamentar, e causa da resolução que tomaram. Os abaixo assinados guardariam o mais profundo silêncio e não teriam a pretensão de chamar sobre si a atenção da Europa, se na qualidade de homens públicos não temessem que, sendo a sua conduta atribuída a motivos menos puros, pelo partido que nas Cortes tem pretendido escravizar o Brasil, houvessem de refletir algum desar sobre a província que os elegeu. Quando o Brasil repetiu sôfrego o grito de liberdade que em Portugal se erguera, jamais cuidou que palavras meigas e convites açucarados de fraternidade e igualdade cobrissem as mais sinistras e dolosas intenções; julgando a Portugal por si, aderiu de coração à nova ordem apregoada com tanta ênfase, e na escolha dos seus deputados deu maior testemunho de sua boa-fé e afinco aos princípios liberais. O primeiro dos abaixo assinados não deveu seguramente a confiança da sua província, senão ao decidido e incontestável amor do seu país, pelo qual tantos trabalhos acabara de sofrer, lançado por espaço de quatro anos em lôbregas prisões, e por mais de dois e meio conservado no mais estreito segredo, privado de luz, ar e de toda a comunicação humana. Da escolha do segundo dos abaixo assinados foi igualmente o único título, o conhecido teor das suas opiniões políticas. Com que altas esperanças chegaram os abaixo assinados às Cortes de Lisboa é fácil de conhecer, atentando-se nas insidiosas expressões das ditas Cortes tantas vezes repetidas, e tantas vezes vergonhosamente desmentidas pelas suas obras. Mas bem depressa esfriou o ardor de sua expectação. Assim, em fevereiro do presente ano, tomou assento o primeiro dos abaixo assinados, viu com dor a extensão da sua ilusão, e bem malgrado seu convenceu-se que as Cortes tinham na boca amor e irmandade para com o Brasil e, no coração, projetos de cizânia, divisão, enfraquecimento, humilhação e tirania. Concedera-se em Portugal ao poder Executivo a suspensão temporária dos magistrados que abusassem da confiança pública, sob a condição de os apresentar em juízo, em prazo determinado; requereu-se a extensão da prerrogativa ao Brasil, onde pela distância do centro da execução era mais fácil o abuso que se pretendia remediar em Portugal, foi absolutamente denegada a providência, com o pretexto de não poderem delegar-se atribuições executivas, contra a convicção da razão e contra o testemunho dos fatos, sem outro algum fim senão marcar a inferioridade do Brasil a respeito de Portugal; porque o orgulho português se não contentava que a nossa humilhação se deduzisse somente de induções, era mister, para fartá-lo, que fosse clara e distintamente enunciada. Apareceram logo depois as primeiras centelhas do incêndio que a imprudência das Cortes ateava no Brasil, com os seus insensatos e impolíticos decretos de organização dos governos provinciais, retirada de s. a. r., abolição dos tribunais, ereção de novos beblierbeys em cada província, debaixo do nome de generais das armas, e impraticável unidade dos dois exércitos de Portugal e Brasil, que antes existiam separados. Estrovinhadas as Cortes, recorreram então a tardonhas carícias; e encarregado o primeiro dos abaixo assinados de um relatório que corasse as suas faltas, não duvidou prestar-se a tão ingrata tarefa, esperançado que o comportamento futuro lavasse as manchas do passado e crendo que o amor da paz o aconselhava a cerrar os olhos ainda a palpáveis ofensas do seu país, quando o patenteado arrependimento parecia segurar a mudança do plano até então seguido. Mas nada satisfaz o orgulho malogrado, nada contenta a malícia aguilhoada pelo interesse e sedenta de vingança. Relevava que os bravos campeões da liberdade brasílica, os membros da Junta de São Paulo fossem sacrificados à sanha do Congresso, com menoscabo dos direitos imprescritíveis do Brasil, com invasão das atribuições judiciárias; e a só demora irritou de maneira a facção, que se não pouparam injúrias a todo deputado que tentou ao menos espaçar a injusta resolução. A só asserção do primeiro dos abaixo assinados, que o Ministério do Rio de Janeiro era igual em probidade aos deputados do Congresso, e o franco desafio que ministrassem provas em contrário, o sujeitou à mais grosseira linguagem e horríveis ameaças da parte da canalha assalariada pela facção jacobínica do Congresso, que com urros canibais o proscrevia. Levaram por fim ao cabo os seus fins, passou o odioso decreto de proscrição dos patriotas brasileiros, apesar da oposição de todos os deputados do Brasil, e foi crime naquele reino amar a pátria. Um general rebelde faltou no Rio de Janeiro ao respeito devido a s. a. r.; requereu o primeiro dos abaixo assinados que se lhe não recebessem as felicitações, antes de conhecer-se em juízo competente de sua conduta; espaçaram-se as felicitações, mas afinal foi elogiado pela quebra de fé e ultrajante conduta para com o herdeiro do trono. Outro general, na Bahia, instala-se, por seu arbítrio, sem outro título que uma informe nomeação, em general da província e, para segurar o mando usurpado, mata e rouba homens e mulheres, naquela desgraçada cidade; exige o primeiro dos abaixo assinados a responsabilidade do ministro que o nomeou e do general perpetrador de tantos crimes, e não é atendida a moção, com o falso pretexto de não haver documentos comprobatórios dos delitos, quando existiam sobre a mesa as suas mesmas confissões. Até onde chega o despejo de partido! E o mais pasmoso é que se expedem, apesar da uniforme oposição dos deputados do Brasil, frescos bandos de janízaros que vão de novo espezinhar os míseros baianos, e são os abaixo assinados tachados no Congresso nada menos que de defensores de facciosos, por tomarem a peito a defesa dos seus ultrajados compatriotas. Na revisão da desigual Constituição, sem embargo da impugnação dos deputados do Brasil, confirma-se a humilhante inabilidade desse reino, quanto à capital do império português, e até se desaportuguesa, erguendo-se em causa de abdicação a estada do rei e do herdeiro do trono naquele país. Apresenta-se um projeto de relações comerciais entre os dois reinos, no qual, ajuntando o escárnio à fraude, quer-se arteiramente soldar os já quebrados ferros do sistema colonial, erigir de novo Portugal em depósito privativo dos gêneros do Brasil, e fechar quase aquele reino à indústria estranha, por proibições diretas ou por meio de restrições equivalentes a proibições, sem se tomar em conta que um país inteiramente agrícola, como o Brasil, tem interesses mui diversos dos de Portugal, que quer à força ser manufatureiro; e que não pode ser político, e menos justo, que uma parte do império seja sacrificada ao bem da outra, sem alguma compensação da sacrificada e até sem duradoura utilidade daquela a quem se sacrifica. Um sistema de ilusão só calculado para o horizonte da rude Nigrícia, achou no primeiro dos abaixo assinados a mais aturada repulsa; passou, porém, pela decidida maioria dos deputados de Portugal, e sua conformidade de idéias interessadas e inimigas do aumento e prosperidade do Brasil. Chegou enfim o remate do ardimento das Cortes de Portugal: o herdeiro do trono, o generoso jovem príncipe, escolhido para defensor do Brasil pelo amor dos povos, em reforço dos direitos do seu nascimento reconhecidos pela mesma Constituição; o ídolo, enfim, de todo aquele vasto continente, pretendeu-se arrancar aos corações que o idolatram, e às necessidades que demandam a sua presença benfazeja, e na falta de obediência se lhe comina a pena da perda dos direitos que as instituições da monarquia lhe seguram. E donde tanta raiva? Só porque o Brasil o ama, só porque ele tem para o Brasil entranhas de paz. Os abaixo assinados trabalharam quanto neles esteve por arredar da nação portuguesa a desonra de tamanho atentado, mas desejos nem sempre asseguram o bom êxito; quis o mau destino de Portugal que vencessem os facciosos. Depois deste golpe final dado ao Brasil, que restava aos abaixo assinados? Deixar um Congresso onde eles eram meras cifras, e onde eram espectadores do mal que não podiam remediar. Já muito antes tinham os abaixo assinados proposto a vacância dos seus assentos no Congresso, visto a dissidência da sua província e aberta resistência às pretensões desvairadas das Cortes; os abaixo assinados, guardados como reféns, eram apropriado intermédio para trabalhar-se a sensibilidade do Brasil, e pelo receio da quase certa violação das suas pessoas reter-se a justa indignação daquele país. Apesar da convicção dos abaixo assinados de que a sua presença no Congresso era desnecessária, foi-lhes mister aturar a fastidiosa e inútil residência, até que se ultimou a denominada Constituição da monarquia portuguesa, e se marcasse o tempo em que devia ser assinada e jurada. Então, com a franqueza própria do seu caráter público e individual, declararam os abaixo assinados a firme resolução em que estavam, de jamais assinarem, e menos jurarem uma Constituição contrária à sua dignidade, porque o não podiam fazer sem ofenderem sua consciência, e sem se desonrarem a seus próprios olhos; e persistiram em sua declaração, desprezando os sofismas e subterfúgios dos seus opressores. Choviam as ameaças anônimas, repetiam-se os avisos de alguns poucos bem intencionados, que lhes pregavam cautelas e avisavam do resolvido projeto de assassiná-los adotado pelas sociedades secretas a que pertencem a mor parte dos deputados influentes do Congresso; ainda assim tentou o primeiro dos abaixo assinados reclamar ao caminho da justiça e da razão as encarniçadas Cortes, mostrando-lhes a necessidade de se lhe darem passaportes para largar uma cidade em que corria o maior risco a sua segurança. Frustrado foi o seu trabalho, pois remetida sua requisição a uma comissão, sem se declarar urgente, transluzia o projeto de o demorar, até que caísse vítima da sanha da plebe assalariada pelo partido jacobínico. E de fato se os abaixo assinados não tivessem dado o saudável passo de baldarem com a sua retirada os intentos dos canibais, teriam perecido vítimas da sua cega fúria, como se depreende da denúncia feita ao intendente geral da polícia. Todavia, se os abaixo assinados pudessem enxergar ainda o mais pequeno bem que da sua morte viesse ao Brasil, se mesmo não devessem obedecer à voz do chefe do seu governo, oferecer-se-iam em voluntário sacrifício à brutalidade dos portugueses. Mas nem a prudência, nem o patriotismo lhes apontava este verdadeiro suicídio. Seguros os abaixo assinados com o testemunho da sua consciência, apresentam-se sem medo ao tribunal da geração presente, e não declinam o severo escrutínio da posteridade, cuja imparcial decisão esperam favorável.

"Antônio Carlos Ribeiro de Andrada Machado e Silva.

"José Ricardo da Costa Aguiar e Andrada."

XIX. Edital pelo Senado da Câmara
do Rio de Janeiro
(n° 175, vol. XXIX)

"O Senado da Câmara faz saber ao povo e tropa desta cidade, que, tendo previsto que era vontade unânime de todos aclamar *imperador constitucional do Brasil* a s. a. r. o príncipe regente, desejando acautelar que algum passo precipitado apresentasse com as cores de partido faccioso um ato que a vontade de todo o Brasil requer, e que, por esta razão e pela importância de suas conseqüências, deve aparecer à face do mundo inteiro revestido das formalidades solenes que estão reconhecidas por enunciativa da vontade unânime dos povos, tem principiado a dar as providências necessárias para que a aclamação de s. a. r. se faça solenemente no dia 12 de outubro, natalício do mesmo senhor, não só nesta capital, mas em todas as vilas desta província, e tem justos motivos para esperar que a maior parte das províncias coligadas pratiquem outro tanto no mesmo fausto dia.

"E porque será muito importante à causa do Brasil, muito glorioso ao acerto com que este vai dirigindo a grande obra da sua independência, e de muita admiração, finalmente, para os povos espectadores, se no mesmo dia 12 de outubro for s. a. r. aclamado imperador constitucional do Brasil solenemente em todas, ou quase todas, as suas províncias, roga o mesmo Senado ao povo e tropa desta cidade que suspendam os transportes do seu entusiasmo até o expressado dia; e ao mesmo tempo os convida para que, unindo-se a ele, o acompanhem a fazer solene, grande e glorioso tão importante ato.

"Rio de Janeiro, em 20 de setembro de 1822.
"José Clemente Pereira."

XX. Decreto de S. A. R., o príncipe regente
do Brasil, ordenando que despejem o país
os que não aprovarem o seu sistema de independência
(n° 175, vol. XXIX)

"Podendo acontecer que existam ainda no Brasil dissidentes da grande causa da sua independência política, que os povos proclamaram e eu jurei defender, os quais, ou por crassa ignorância, ou por cego fanatismo pelas antigas opiniões, espalhem rumores nocivos à união e tranqüilidade de todos os bons brasileiros e até mesmo ousem formar prosélitos de seus erros, cumpre imperiosamente atalhar ou prevenir este mal, separando os pérfidos, expurgando deles o Brasil, para que as suas ações e a linguagem das suas opiniões depravadas não irritem os bons e leais brasileiros, a ponto de se atear a guerra civil, que tanto me esmero em evitar; e porque eu desejo sempre aliar a bondade com a justiça e com a salvação pública, suprema lei das nações; hei por bem, e com o parecer do meu Conselho de Estado, ordenar o seguinte:

"Fica concedida anistia geral para todas as passadas opiniões políticas até a data deste meu real decreto, excluídos todavia dela aqueles que já se acharem presos e em processo. Todo o português europeu ou brasileiro, que abraçar o atual sistema do Brasil e estiver pronto para defendê-lo, usará por distinção da flor verde dentro do ângulo d'ouro no braço esquerdo, com a legenda — 'Independência ou Morte'. Todo aquele porém que não quiser abraçá-lo, não devendo participar com os bons cidadãos dos benefícios da sociedade cujos direitos não respeita, deverá sair do lugar em que reside dentro de 30 dias, e do Brasil dentro de quatro meses nas cidades centrais, e dois meses das marítimas, contados do dia em que for publicado este meu real decreto, nas respectivas províncias do Brasil em que residir, ficando obrigado a solicitar o competente passaporte.

"Se, entretanto, porém, atacar o dito sistema e a sagrada causa do Brasil, ou de palavra ou por escrito, será processado sumariamente, e punido com todo o rigor que as leis impõem aos réus de lesa-nação a perturbadores da tranqüilidade pública.

"Nestas mesmas incorrerá todo aquele que, ficando no reino do Brasil, cometer igual atentado

"José Bonifácio de Andrada e Silva, do meu Conselho de Estado e do Conselho de s. m. f., el-rei o sr. d. João VI, e meu ministro e secretário de Estado dos Negócios do Reino e Estrangeiros, assim o tenha entendido e faça executar, mandando-o publicar, correr, e expedir por cópia aos governos provinciais do Reino do Brasil.

"Palácio do Rio de Janeiro, em 18 de setembro de 1822.

"Com a rubrica de s. a. r.

"José Bonifácio de Andrada e Silva."

Coleção
Formadores do Brasil

Direção geral
Jorge Caldeira

Conselho editorial
Boris Fausto
Evaldo Cabral de Mello
Fernando Novais
José Murilo de Carvalho
Sergio Goes de Paula

Edição de texto
Gabriela Nunes Ferreira

Secretaria editorial
Assahi Pereira Lima

Preparação de texto
Paula Ladeira Colonelli

Transcrições
Márcia Bueno dos Reis Rial

Projeto gráfico original
Carlos Azevedo

Coleção
Formadores do Brasil

Diogo Antônio Feijó
Organização e introdução de Jorge Caldeira

Bernardo Pereira de Vasconcelos
Organização e introdução de José Murilo de Carvalho

Visconde de Cairu
Organização e introdução de Antonio Penalves Rocha

Hipólito José da Costa
Organização e introdução de Sergio Goes de Paula

Este livro foi composto em Cochin pela Bracher & Malta, com fotolitos do Bureau 34 e impresso pela Prol Editora Gráfica em papel Pólen Soft 80 g/m² da Cia. Suzano de Papel e Celulose para a Editora 34, em junho de 2001.